해커스
IFRS
김원종
중급회계 하

🏛 해커스 경영아카데미

█ 이 책의 저자

김원종

학력

연세대학교 경영학과(경영학사)

성균관대학교 경영대학원(석사과정 수료)

경력

현 | 해커스 경영아카데미 교수

　　해커스금융 교수

전 | 한화케미칼 회계팀

　　삼일회계법인

　　웅지세무대학교 교수(회계학)

　　웅지경영아카데미 재무회계 강사(회계사, 세무사)

　　삼일아카데미 IFRS 실무 강사

　　송원세무회계 대표 회계사

　　경기도학교 안전공제회 감사

자격증

한국공인회계사, 세무사

저서

해커스 IFRS 김원종 중급회계 상/하

해커스 세무사 IFRS 元고급회계

해커스 회계사 IFRS 김원종 고급회계

해커스 IFRS 김원종 POINT 중급회계

해커스 IFRS 김원종 POINT 고급회계

해커스 IFRS 김원종 객관식 중급회계

해커스 IFRS 김원종 객관식 고급회계

해커스 회계사 IFRS 김원종 재무회계 1차 기출문제집

해커스 세무사 IFRS 김원종 재무회계연습

해커스 회계사 IFRS 김원종 재무회계연습

IFRS 회계원리

머리말

본서는 공인회계사 및 세무사 시험을 준비하는 수험생들이 회계원리 공부를 통하여 기초개념을 정립한 후 본격적인 응용능력을 향상시켜 원하는 시험에 효과적으로 대비하여 합격할 수 있도록 쓰여진 중급회계 기본서이다. 회계학의 기본개념들을 정확히 이해하고 다양한 상황에서 응용능력을 갖추기 위해서는 회계의 기본개념을 정립한 이후에도 끊임없는 연습과정이 수반되어야 한다. 이러한 취지에서 본서는 중급회계를 처음 접하는 수험생들이 단기간에 회계학의 기본개념을 올바로 정립하는 동시에 다양한 연습문제 풀이를 통하여 공인회계사 및 세무사 시험에 철저하게 대비하도록 하는 데 그 목적을 두었다. 본서의 특징은 다음과 같다.

첫째, 최근까지 개정된 한국채택국제회계기준의 내용을 충실히 반영하였다. 최근까지 발표된 국제회계기준에 관한 내용 중 중급회계에서 반드시 학습해야 할 주요 내용들을 알기 쉽게 설명하였다. 이에 따라 본서는 현재 시행 중인 K-IFRS 제1109호 '금융상품', K-IFRS 제1115호 '고객과의 계약에서 생기는 수익', K-IFRS 제1116호 '리스' 및 K-IFRS '재무보고를 위한 개념체계'의 내용까지 반영하였다.

둘째, 본서는 수험생의 입장에서 한국채택국제회계기준을 쉽게 이해할 수 있도록 본문을 구성하였으며, 아울러 공인회계사 및 세무사 시험에 기출되었던 문제를 복원 및 수정하여 수록함으로써 수험생들의 응용능력을 배양할 수 있도록 하였다.

셋째, 본서는 각 챕터별로 본문의 주제별 핵심내용을 [POINT]로 요약 및 정리하여 수험생들이 보다 효율적으로 공부할 수 있도록 세심하게 배려하였다. 이러한 배려는, 다수의 회계학 서적들의 본문은 서술식으로만 구성되어 있어, 중급회계를 처음 접하는 학생들이 중요한 부분과 중요하지 않은 부분을 구별하는 것이 쉽지 않은 현실을 반영한 것이다.

넷째, 본서는 주제별로 일관된 접근방법과 문제풀이방법을 제시하여 수험생들의 혼란을 최소화하고자 노력하였다. 본서의 [예제], [사례], [O, X 연습문제], [객관식 연습문제] 및 [주관식 연습문제]는 회계학의 기본인 회계처리를 시작으로 각 주제별로 산식, 그림, 표 등으로 시각화하여 올바른 접근방법을 쉽게 익힐 수 있도록 하였다.

본서가 완성되어 출간되기까지 많은 분들의 도움을 받았다. 교재의 출간을 허락하시고 많은 격려를 보내주신 (주)챔프스터디의 전재윤 사장님과 책의 완성도를 높이기 위해 최선을 다해 노력하시는 해커스 경영아카데미에도 감사의 뜻을 전한다. 마지막으로 본서가 완성되기까지 항상 옆에서 자리를 지키며 기다려준 가족들에게도 감사의 마음을 전하고 싶다.

2018년 6월 저자가 본서의 집필을 계획하였다. 회계법인에서의 실무경험과 대학 등에서의 강의경험을 이 책에 담기 위해 부단한 노력으로 달려왔지만, 여전히 아쉬움이 많이 남는 책이다. 본서에 포함된 어떠한 오류도 저자의 책임이며 본서와 관련된 독자 여러분들의 비평과 건설적인 의견에 항상 귀를 기울일 것이다. 또한 사랑받는 교재가 되기 위하여 개정판마다 더욱 발전할 수 있도록 최선을 다할 것을 약속드린다.

공인회계사 김원종

목차

해커스 IFRS 김원종 중급회계 하

회계사 · 세무사 · 경영지도사 단번에 합격!
해커스 경영아카데미 cpa.Hackers.com

Chapter 13

자본

I | 자본회계의 일반론

01 자본의 의의

자본(Equity)은 기업의 자산에서 모든 부채를 차감한 후의 잔여지분이다. 따라서 재무상태표에 표시되는 자본의 금액은 독립적으로 인식하고 측정하는 대상이 아니라 자산과 부채금액의 인식과 측정에 따라 종속적으로 결정된다는 특징이 있다. 일반적으로 자본총액은 그 기업이 발행한 주식의 시가총액, 또는 순자산을 나누어서 처분하거나 계속기업을 전제로 기업 전체를 처분할 때 받을 수 있는 총액과는 다른 금액이다. 설사 이 금액이 자본총액과 일치하는 경우 이는 우연의 일치이다.

한편 자본은 기업이 보유한 경제적 자원에 대한 주주의 청구권을 나타내기 때문에 주주지분(Stock-holder's Equity) 또는 소유주지분(Owner's Equity)이라고 하며, 채권자의 지분인 부채를 차감한 이후의 지분이라는 의미에서 잔여지분(Residual Equity)이라고도 한다. 자본을 청구권적인 개념에서 이해할 때, 주주의 청구권인 자본은 기업이 보유한 자산을 분할한 특정한 개별자산에 대한 주주의 권리를 의미하는 것이 아니라 자산의 총량 중에서 일정한 부분에 해당하는 비율적 의미에서의 몫을 의미한다.

또한 자본을 자금(Capital)의 개념으로 이해하는 경우 기업 소유주의 순수한 자금이라는 의미에서 자기자본(Owner's capital)이라고도 하는데, 이러한 개념하에서는 기업의 자산은 총자본이라고 표현하며 부채는 타인자본이라고 표현한다.

⚡POINT 자본의 정의와 특성

자본의 정의	기업의 자산에서 모든 부채를 차감한 후의 잔여지분
자본의 특성	① 주주의 청구권의 나타냄: 주주지분, 소유주지분 ② 채권자의 지분을 차감한 후의 지분임: 잔여지분 ③ 기업 소유주의 순수한 자금임: 자기자본

02 자본의 분류

(1) 경제적 관점에서의 분류

자본은 경제적 관점에서 크게 불입자본(Paid-in Capital)과 유보이익(Retained Earnings)으로 분류할 수 있다. 여기서 불입자본은 주주와의 자본거래를 통해 직접 형성된 자본을 의미하고, 유보이익은 자본거래 이외의 거래(이를 통상 '손익거래'라고 함)를 통해 발생한 손익의 누적액을 의미한다.

(2) 법률적 관점에서의 분류

불입자본은 우리나라 상법의 규정에 의거 자본금과 자본잉여금 및 자본조정으로 구분되고, 유보이익은 포괄손익의 구성요소인 당기순이익과 기타포괄손익의 누적잔액을 의미하는 이익잉여금과 기타포괄손익 누계액으로 구성된다.

(3) 국제회계기준과 일반기업회계기준에서의 분류

한편, K-IFRS는 자본을 납입자본, 이익잉여금 및 기타자본구성요소로 분류하고 있으나 그 구체적인 포함항목에 대해서는 규정하고 있지 않다. 다만 일반기업회계기준에서는 자본을 자본금, 자본잉여금, 자본조정, 기타포괄손익누계액 및 이익잉여금으로 분류하도록 규정하고 있다. 자본의 경제적 관점, 법률적 관점, K-IFRS, 일반기업회계기준에 의한 구체적인 자본의 분류 및 세부항목을 살펴보면 다음과 같다.

⚡POINT 자본의 분류

발생원천	경제적 관점	상법 (일반기업회계기준)	자본 분류별 성격	K-IFRS (예시)
자본거래	불입자본	자본금	법정자본금	납입자본
		자본잉여금	자본거래상의 잉여금	
		자본조정	자본거래손실 및 임시계정	기타자본구성요소
손익거래	유보이익	기타포괄손익누계액	기타포괄손익의 누적잔액	
		이익잉여금	당기순손익의 누적잔액 (배당으로 유출된 금액 등의 제외)	이익잉여금

⚡POINT 자본의 세부항목

자본금	보통주자본금, 우선주자본금
자본잉여금	주식발행초과금, 감자차익, 자기주식처분이익 등
자본조정	주식할인발행차금, 감자차손, 자기주식처분손실, 자기주식, 미교부주식배당금 등
기타포괄손익누계액	재평가잉여금, 기타포괄손익공정가치측정금융자산평가손익 등
이익잉여금	법정적립금, 임의적립금, 미처분이익잉여금

> ⊘참고 **재무상태표에 자본 공시 사례**
>
> 국제회계기준에서는 자본을 납입자본, 이익잉여금 및 기타자본구성요소로 분류하고 있으나 그 구체적인 공시방법에 대해서 규정하고 있지 않다. 따라서 우리나라 상장기업들이 자본을 공시하는 방법은 일치하지 않는다. 우리나라의 대표적인 화학기업인 주식회사 LG화학과 한화케미칼 주식회사의 재무상태표상 자본의 공시방법은 다음과 같다.
>
> 재무상태표
>
> 주식회사 LG화학
>
> | | ⋮ | ⋮ |
> |---|---|---|
> | 자본금 | ××× | |
> | 자본잉여금 | ××× | |
> | 기타자본항목 | ××× | |
> | 기타포괄손익누계액 | ××× | |
> | 이익잉여금 | ××× | |
> | **자본총계** | ××× | |
>
> 재무상태표
>
> 한화케미칼 주식회사
>
> | | ⋮ | ⋮ |
> |---|---|---|
> | 자본금 | ××× | |
> | 자본잉여금 | ××× | |
> | 기타포괄손익누계액 | ××× | |
> | 이익잉여금 | ××× | |
> | **자본총계** | ××× | |

03 자본거래와 손익거래

거래는 거래상대방에 따라 자본거래(Capital Transaction)와 손익거래(Income Transaction)로 구분하여 기록된다. 자본거래는 보고기업과 보고기업의 지분참여자 사이의 거래를 말하고, 손익거래는 그 밖의 제3자와의 거래[1] 등을 말한다.

자본거래(Capital Transaction)는 해당 거래의 결과가 포괄손익계산서에 영향을 주지 않고 곧바로 재무상태표에 반영되지만, 손익거래의 결과는 포괄손익계산서에 수익과 비용으로 인식될 수 있으며, 이렇게 인식된 거래결과는 최종적으로 재무상태표에 반영된다.

한편, 손익거래(Income Transaction)의 결과로 발생하는 손익은 당기손익(PL, Profit and Loss; NI, Net Income)과 기타포괄손익(OCI, Other Comprehensive Income)으로 구분된다. 개념적으로 당기손익은 실현된 손익을 의미하고, 기타포괄손익은 실현되지 않은 손익을 의미하지만, K-IFRS에서는 이러한 개념을 엄격히 적용하여 손익을 구분하지는 않는다. 국제회계기준에서는 기타포괄손익으로 처리할 항목을 열거식으로 규정하고 있으며, 이에 해당하지 않는 손익은 모두 당기손익으로 반영하도록 하고 있다.

자본은 발생원천에 따라 불입자본과 유보이익으로 구분된다. 일반적으로 불입자본은 지분참여자와의 거래, 즉 자본거래를 통해 유입된 자본을 의미하고 유보이익은 손익거래의 결과 인식된 포괄손익의 누적액(유출되거나 처분되지 않은)을 의미한다. 한편 포괄손익은 다시 당기손익과 기타포괄손익으로 구분되기 때문에, 유보이익도 당기손익의 누적부분과 기타포괄손익의 누적부분으로 구분하는 것이 일반적이다. 당기손익의 누적부분을 이익잉여금(Retained Earnings)이라고 하고, 기타포괄손익의 누적부분을 기타포괄손익누계액(Accumulated Other Comprehensive Income)이라고 한다. 다음의 그림은 이러한 거래, 손익 그리고 자본의 관계를 요약적으로 나타내고 있다.

---

1) 거래상대방이 없는 거래 중 회계상 거래의 정의를 충족하는 거래를 포함한다.

[그림 13-1] 거래, 손익 그리고 자본의 관계

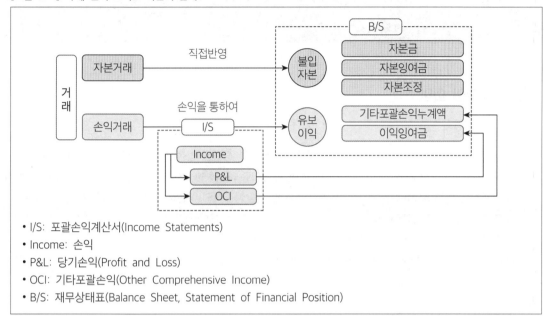

- I/S: 포괄손익계산서(Income Statements)
- Income: 손익
- P&L: 당기손익(Profit and Loss)
- OCI: 기타포괄손익(Other Comprehensive Income)
- B/S: 재무상태표(Balance Sheet, Statement of Financial Position)

위의 그림은 기업에서 발생한 모든 거래(자본거래와 손익거래 모두)가 기업의 자본(불입자본과 유보이익)에 영향을 미치는 과정을 보여주고 있다. 다만, 자본거래의 경우에는 직접 불입자본(자본)을 증가시키고 기업의 손익에는 아무런 영향을 주지 못하는 반면, 손익거래의 경우에는 기업의 손익에 미치는 영향이 일단은 포괄손익계산서에 반영되고 이렇게 반영된 손익의 집계결과가 최종적으로 기업의 유보이익(자본)에 반영되는 모습을 나타내고 있다.

본 장에서는 먼저 자본거래의 결과로 발생하는 자본금, 자본잉여금, 자본조정의 계정과목을 살펴본 후 손익거래의 결과로 발생하는 이익잉여금과 기타포괄손익누계액을 살펴보기로 한다.

Ⅱ | 자본금

01 자본금의 의의

(1) 자본금의 정의

자본금(Capital Stock)은 상법에서 정하는 바에 따라 적립된 법정자본금으로서 소유주가 채권자의 권리를 보호하기 위하여 확보해야 하는 최소한의 자본으로 해석한다. 자본금은 상법상에 규정된 바에 따라, 액면주식(Par Value Stock)을 발행한 경우에는 발행주식의 액면금액 합계액으로 계상해야 하며, 무액면주식(Non-Par Value Stock)을 발행한 경우에는 발행금액의 1/2에 미달하지 않는 금액 범위 내에서 이사회가 정한 금액으로 계상해야 한다. 한편 기업이 여러 종류의 주식을 발행한 경우에는 주식의 종류별로 각각의 자본금, 즉 보통주자본금과 우선주자본금 등으로 구분하여 표시해야 한다. 구체적인 회계처리를 설명하기에 앞서 주식의 종류(보통주와 우선주)에 대해 먼저 살펴보기로 한다.

⚡POINT 자본금의 의의

자본금의 정의	자본금은 상법에서 정하는 바에 따라 적립된 법정자본금으로서 소유주가 채권자의 권리를 보호하기 위하여 확보해야 하는 최소한의 자본임
자본금의 결정	① 액면주식을 발행한 경우: 자본금은 발행주식의 액면금액 합계액으로 계상 ② 무액면주식을 발행한 경우: 자본금은 발행금액의 1/2에 미달하지 않는 금액 범위 내에서 이사회가 정한 금액으로 계상

(2) 주식의 종류

주식의 종류를 크게 구분하면 주식에 내재된 권리의 내용에 따라 보통주와 우선주로 구분하거나, 액면금액의 존재 여부에 따라 액면주식과 무액면주식으로 구분하기도 한다. 이들을 구체적으로 살펴보면 다음과 같다.

① 권리의 내용에 따른 구분

a. **보통주**: 보통주(Common Stock)란 기업이 여러 종류의 주식을 발행한 경우 주주의 권리를 규정함에 있어 다른 종류의 주식과 구분하기 위한 표준이 되는 주식을 말한다. 따라서 기업이 한 종류의 주식만을 발행하고 있어 굳이 표준이 되는 주식을 따로 정할 필요가 없는 경우에는 기업이 발행한 모든 주식은 보통주가 되는 것이다.

기업이 발행한 보통주를 보유하고 있는 자를 보통주주라고 하는데, 보통주주는 기본적으로 의결권(Voting Right)과 신주인수권(Preemptive Right)을 가진다. 의결권은 주식회사의 최고 의사결정기관인 주주총회에 참석하여 이익의 배당 및 경영진의 선임 등 기업의 중요한 영업 및 재무정책 결정에 참여할 수 있는 권리를 말한다. 그리고 신주인수권은 기업이 추가적으로 주식을 발행하는 경우 동 신주를 우선적으로 배정받을 수 있는 권리를 말한다.

한편, 기업이 보통주와 우선주를 모두 발행한 경우, 우선주주가 보통주주에 비해 이익배당이나 잔여재산 분배에 대한 우선적 권리를 가지는 것이 일반적이다.

b. **우선주**: 보통주에 대한 설명에서 언급한 바와 같이, 기업이 여러 종류의 주식을 발행한 경우 보통주(표준이 되는 주식)와 구분되는 다른 종류의 주식을 우선주(Preferred Stock)라 한다. 우선주에는 일반적으로 보통주가 가지지 못하는 권리가 내재될 수 있는데, 이 경우 우선주는 보통주에 기본적으로 내재되어 있는 의결권(Voting Right)과 신주인수권(Preemptive Right)이 제한되는 것이 일반적이다.

한편 기업이 발행한 우선주를 보유하고 있는 자를 우선주주라고 한다. 우선주주는 보통주가 가지지 못한 권리를 가지는데 이를 우선권(Preferred Right)이라고 한다. 우선주주는 이러한 우선권을 가지는 대신 보통주의 기본적 권리(의결권과 신주인수권)를 가지지 못하게 되는 것이다. 여기서 우선권의 종류는 다시 여러 가지로 구분되는데, 가장 흔히 볼 수 있는 형태가 이익배당우선권, 전환우선권 그리고 상환우선권 등이 있다. 이익배당우선권은 기업의 이익배당 시 보통주보다 먼저 배당금을 수령할 수 있는 권리를 말하고, 전환우선권은 우선주를 보통주로 전환할 수 있는 권리를 말하며, 상환우선권은 기업이 미래의 특정 시점에 미리 정한 가격으로 상환할 수 있는 권리를 말한다. 이에 따라 이익배당우선권이 있는 우선주를 이익배당우선주, 전환우선권이 있는 우선주를 전환우선주(Convertible Preferred Stock) 그리고 상환우선권이 내재된 우선주를 상환우선주(Callable Preferred Stock)라고 부른다.

② 액면금액의 존재 여부에 따른 구분

주식의 액면금액(Par Value, Face Value)이란 주권의 권면에 기재된 금액으로 주식의 거래가격과 무관하게 해당 주식의 명목상 가치를 나타내는데, 주주배당금 등을 계산하거나 기타자본거래금액의 산정 시 기준이 되는 역할을 한다. 우리나라에서는 액면주식(Par Stock)을 발행하는 것이 보통이나, 무액면주식(Non-Par Stock)을 발행하는 것도 허용하고 있다. 다만, 기업은 액면주식과 무액면주식 중 어느 하나만을 선택하여 발행하여야 한다. 이는 기업이 보통주와 우선주 모두를 함께 발행할 수 있도록 한 것과 대비되는 점이다. 본서에서는 특별한 언급이 없는 한 액면주식을 전제로 하여 추가적인 내용을 살펴보도록 하겠다.

⚡ POINT 주식의 종류

주식에 내재된 권리의 내용	보통주	① 보통주란 기업이 여러 종류의 주식을 발행한 경우 주주의 권리를 규정함에 있어 다른 종류의 주식과 구분하기 위한 표준이 되는 주식을 말함 ② 보통주는 기본적으로 의결권과 신주인수권을 가짐
	우선주	① 우선주란 표준이 되는 주식(보통주)과 구분되는 다른 종류의 주식을 말함 ② 보통주에 기본적으로 내재되어 있는 의결권과 신주인수권이 제한되는 것이 일반적임 ③ 우선권의 종류에 따라 이익배당우선주, 전환우선주, 상환우선주 등으로 구분됨
액면금액의 존재 여부	액면주식	액면금액이 기재되어 있는 주식
	무액면주식	액면금액이 기재되지 않는 주식

③ 배당금의 배분

기업이 보통주와 우선주(이익배당우선주)를 동시에 발행하고 있는 경우에는 보통주와 이익배당우선주 간의 배당금 배분문제가 생길 수 있다. 여기서 이익배당우선주란 보통주보다 우선적으로 배당을 받을 권리가 있는 우선주로서, 과거에 못 받은 배당분을 받을 수 있는지 여부에 따라 누적적 우선주와 비누적적 우선주로 구분되고, 기본배당 이후의 추가적인 배당에 보통주와 함께 참여할 수 있는지 여부에 따라 참가적 우선주[2]와 비참가적 우선주로 구분된다.

⚡ POINT 이익배당우선주의 구분

누적적 우선주	과거 연도분에 대한 배당의 일부 또는 전부를 지급받지 못한 경우 그 이후 연도에 대한 배당 시 과거 연도분 배당을 우선적으로 받을 수 있는 우선주
참가적 우선주	우선주와 보통주에게 약정된 배당률 해당분만큼 배당을 하고 남은 부분에 대한 추가배당 시 보통주와 함께 참여할 수 있는 우선주

이익배당우선주와 보통주 간에 배당금을 배분하는 절차는 다음과 같다. 먼저 누적적 우선주가 있는 경우, 과거 연도분에 대한 배당금을 먼저 배분한 후, 당기분 배당금을 배분한다. 배당금은 보통 해당 주식의 액면금액에 약정 배당률을 곱하여 계산한다. 당기분 배당금을 배분한 후에도 배당재원이 남아 있는 경우에는 보통주와 참가적 우선주에게 남은 금액을 배분하는데, 이때에는 각 주식의 자본금에 비례하여 배분한다.

---

2) 참가적 우선주는 추가적인 배당에 보통주와 동일한 자격으로 참여하는지 아니면 일정한 한도 내에서 참여하는지에 따라 완전참가적 우선주와 부분참가적 우선주로 구분된다.

예제 1 ▏배당금의 배분

제조업을 영위하는 12월 말 결산법인인 (주)대한의 20×1년 말 현재 자본내역은 다음과 같다.

(1) 20×1년 말 현재 자본	
보통주자본금(2,000주, 액면금액 ₩5,000)	₩10,000,000
우선주자본금(배당률 5%, 1,000주, 액면금액 ₩5,000)	₩5,000,000
	₩15,000,000

(2) (주)대한은 주주총회를 개최하여 배당금 ₩3,000,000의 배당을 지급하기로 결의하였다.

(3) 회사는 사업을 개시한 후 지속적으로 결손이 발생하여 우선주에 대하여 3년분 배당금을 지급하지 못하였다.

(주)대한의 우선주가 다음과 같을 경우 주주총회에서 지급하기로 결정한 배당금을 보통주식과 우선주식에 배분하시오.

1. 비누적적, 비참가적
2. 비누적적, 완전참가적
3. 누적적, 비참가적
4. 누적적, 완전참가적
5. 누적적, 부분참가적(10%)

해답 기본배당액 등 계산
- 보통주: ₩10,000,000 × 5% = ₩500,000
- 우선주: ₩5,000,000 × 5% = ₩250,000
- 보통주와 참가적 우선주의 배분비율 = 2 : 1(자본금비율)

1. 비누적적, 비참가적

구분	우선주	보통주	합계
과거분 배당	–	–	–
당기분 배당	₩250,000	₩3,000,000 - ₩250,000 = ₩2,750,000	₩3,000,000
합계	₩250,000	₩2,750,000	₩3,000,000

2. 비누적적, 완전참가적

구분	우선주	보통주	합계
과거분 배당	–	–	–
당기분 배당	₩250,000	₩500,000	₩750,000
참가분 배당	₩2,250,000 × 1/3 = ₩750,000	₩2,250,000 × 2/3 = ₩1,500,000	₩2,250,000
합계	₩1,000,000	₩2,000,000	₩3,000,000

3. 누적적, 비참가적

구분	우선주	보통주	합계
과거분 배당	₩250,000 × 3년 = ₩750,000	–	₩750,000
당기분 배당	₩250,000	₩3,000,000 - ₩1,000,000 = ₩2,000,000	₩2,250,000
합계	₩1,000,000	₩2,000,000	₩3,000,000

4. 누적적, 완전참가적

구분	우선주	보통주	합계
과거분 배당	₩250,000 × 3년 = ₩750,000	–	₩750,000
당기분 배당	₩250,000	₩500,000	₩750,000
참가분 배당	₩1,500,000 × 1/3 = ₩500,000	₩1,500,000 × 2/3 = ₩1,000,000	₩1,500,000
합계	₩1,500,000	₩1,500,000	₩3,000,000

5. 누적적, 부분참가적(10%)

구분	우선주	보통주	합계
과거분 배당	₩250,000 × 3년 = ₩750,000	–	₩750,000
당기분 배당	₩250,000	₩500,000	₩750,000
참가분 배당	Min[①, ②] = ₩250,000 ① ₩1,500,000 × 1/3 = ₩500,000 ② ₩5,000,000 × (10% - 5%) = ₩250,000	₩3,000,000 - ₩1,750,000 = ₩1,250,000	₩1,500,000
합계	₩1,250,000	₩1,750,000	₩3,000,000

(3) 자본금의 변동유형

자본금은 통상 발행주식에 1주당 액면금액을 곱한 금액으로 정의되기 때문에, 자본금이 증가되는 대표적인 유형은 주식의 발행이고, 자본금이 감소되는 대표적인 유형은 발행된 주식을 재취득하여 소각하는 것이다. 다만, 주식의 발행과 재취득처럼 자본금의 증감과 함께 기업의 순자산이 실질적으로 변화될 수도 있지만 경우에 따라서는 그렇지 않을 수도 있다. 이를 구분하기 위해 유상증(감)자와 무상증(감)자라는 용어를 사용한다. 다음은 자본금의 변동유형을 요약적으로 정리한 것이다.

⚡ POINT 자본금의 변동유형

자본금 증가 (증자)	유상증자	주식의 발행과 함께 기업의 순자산이 실질적으로 증가되는 형태의 자본금 변동
	무상증자	자본의 다른 분류(자본잉여금 등)를 자본에 전입하여 자본금을 증가시키고 동 금액에 해당하는 신주를 발행하여 기존 주주들에게 무상으로 교부하는 형태의 자본금 변동
자본금 감소 (감자)	유상감자	주식을 유상으로 취득하여 소각(법적인 감소)시킴으로서 자본금 감소대가가 실질적으로 주주에게 이전되는 형태의 자본금 변동
	무상감자	결손보전 등의 목적으로 자본금 감소부분을 자본의 다른 분류(결손금 등)로 대체시킴으로서 주주에 대한 실질적인 대가 지급이 없는 형태의 자본금 변동

02 자본금의 증가(증자)

기업의 자본금을 증가시키는 절차를 증자(Increase of Capital)라고 하는데, 이는 자본총계 전체의 증가가 아니라는 점에 유의할 필요가 있다. 왜냐하면 기업의 자본금이 증가될 때 기업의 순자산이 함께 증가할 수도 있지만 경우에 따라서는 순자산이 변동하지 않는 자본금의 증가도 있기 때문이다. 순자산의 증가가 없는 증자의 경우에는 실질적인 자금조달 효과가 없기 때문에 보통 형식적 증자 또는 무상증자라고 부르며, 이와 구별하여 순자산의 증가가 있는 증자를 실질적 증자 또는 유상증자라고 부른다. 이하에서는 유상증자와 무상증자에 대해 자세히 살펴보기로 한다.

(1) 유상증자

유상증자(Capital Increase with Consideration)란 기업의 자본금을 증가시키면서 동시에 순자산이 증가되는 형태의 자본거래를 말한다. 유상증자는 기업이 주식을 발행함으로서 이루어지기 때문에 유상증자를 유상신주의 발행과 동일한 용어로 사용하는 것이 일반적이다.

주식발행 시의 회계처리는 발행되는 주식의 종류와 주식발행의 결과로 발생하는 순자산 증가의 형태가 무엇인지에 따라 달라진다. 현재 우리나라에서는 주식의 종류로서 액면주식과 무액면주식을 발행할 수 있으며, 주식발행 시 발생가능한 순자산 증가의 형태는 현금의 유입, 비화폐성자산의 유입 그리고 부채의 감소 등으로 구분할 수 있다. 여기서 주식의 발행으로 현금이 유입되는 형태를 주식의 현금발행이라 하고, 비화폐성자산이 유입되는 형태는 현물출자라 하며, 부채가 감소되는 형태는 출자전환이라고 한다. 여기서는 주식발행의 가장 대표적인 형태라 할 수 있는 액면주식의 현금발행에 대해 먼저 살펴보기로 하고, 무액면주식의 발행 및 현물출자와 출자전환에 대해서는 후술하기로 한다.

주식의 현금발행	주식의 발행으로 현금이 유입되는 형태의 주식발행
현물출자	주식의 발행으로 비화폐성자산이 유입되는 형태의 주식발행
출자전환	주식의 발행으로 부채가 감소되는 형태의 주식발행

① 액면주식의 현금발행

기업이 액면주식을 현금으로 발행하는 경우, 유입된 현금(이를 '발행금액'이라 함)이 주식의 액면금액을 초과하는 경우(이를 '할증발행'이라 함) 액면금액까지는 자본금으로 계상하고, 액면금액을 초과하는 금액은 주식발행초과금의 계정과목으로 하여 자본잉여금으로 계상한다. 따라서 주식의 발행금액이 액면금액과 동일한 경우(이를 '액면발행'이라 함)에는 자본금만이 계상된다.

한편 경우에 따라서는 주식의 발행금액이 액면금액에 미달하는 경우(이를 '할인발행'이라 함)도 있는데, 이때에는 주식의 액면금액에 해당하는 금액을 자본금으로 계상한 후 동 액면금액과 발행금액의 차이는 주식할인발행차금의 계정과목으로 하여 자본조정에 계상된다.

다만, 주식을 할증발행하거나 할인발행하여 액면초과액이나 액면미달액을 회계처리할 때에는 발행 시점에 남아있는 주식발행초과금이나 주식할인발행차금의 잔액을 고려하여야 한다. 즉, 주식의 할증발행 시 액면금액을 초과하는 발행금액을 무조건 주식발행초과금으로 계상하는 것이 아니라 주식할인발행차금의 잔액과 먼저 상계한 후 나머지 금액에 대해서만 주식발행초과금으로 계상한다. 이와 마찬가지로, 주식의 할인발행 시 액면금액에 미달하는 발행금액을 무조건 주식할인발행차금으로 계상하는 것이 아니라 주식발행초과금의 잔액과 먼저 상계한 후 나머지 금액에 대해서만 주식할인발행차금으로 계상한다. 관련된 회계처리를 예시하면 다음과 같다.

[액면주식의 할증발행]

(차) 현금	×××	(대) 자본금	×××
		주식발행초과금(자본잉여금)	×××

[액면주식의 액면발행]

(차) 현금	×××	(대) 자본금	×××

[액면주식의 할인발행]

(차) 현금	×××	(대) 자본금	×××
주식할인발행차금(자본조정)	×××		

위의 회계처리를 통하여 주식의 발행유형(할증발행, 액면발행, 할인발행)에도 불구하고, 주식발행 시 발행금액과 동일한 금액의 자본총계 증가가 있음을 알 수 있다.

한편, 주식의 발행 시 주식발행과 직접적으로 관련된 여러 가지 원가가 발생할 수 있는데, 대표적으로 모집광고 및 증권의 인쇄원가, 각종 자문 및 대행 수수료 등이 있다. 이러한 주식발행원가를 일반적으로 주식발행비(Stock Issue Cost)라 부른다. 이러한 주식발행비는 주식의 발행금액에서 차감하여 주식발행초과금을 감소시키거나 주식할인발행차금을 증가시키게 된다. K-IFRS 제1032호 '금융상품 표시'에서 자기지분상품의 발행하거나 취득하는 과정에서 발생하는 다양한 거래원가에 대해서 다음과 같이 규정하고 있다. 일반적으로 자기지분상품을 발행하거나 취득하는 과정에서 다양한 원가가 발생한다. 이러한 원가는 등록 및 그 밖의 감독과 관련된 수수료, 법률, 회계, 그 밖의 자문수수료, 주권인쇄비, 인지세 등을 포함한다. 이러한 자본거래의 거래원가 중 해당 자본거래가 없었다면 회피할 수 있고 해당 자본거래에 직접 관련하여 생긴 증분원가는 자본에서 차감하여 회계처리한다. 중도에 포기한 자본거래의 원가는 비용으로 인식한다.

⚡ POINT 주식의 할증발행, 할인발행 및 액면발행

구분	발행조건	주식발행초과금과 주식할인발행차금의 계상
할증발행	발행금액 > 액면금액	주식할인발행차금의 잔액과 먼저 상계한 후 잔액에 대해서만 주식발행초과금으로 계상
할인발행	발행금액 < 액면금액	주식발행초과금의 잔액과 먼저 상계한 후 잔액에 대해서만 주식할인발행차금으로 계상
액면발행	발행금액 = 액면금액	주식발행초과금 및 주식할인발행차금이 발생하지 아니함
신주발행비	주식의 발행금액에서 차감함	

예제 2 주식의 발행

보통주(주당 액면금액 ₩5,000)만을 발행하고 있는 A회사는 20×1년 3월 중 다음과 같이 주식을 발행하였다. 단, 당기 2월 말까지 주식발행초과금 및 주식할인발행차금의 잔액은 없었다.

(1) 3월 2일: 당사 보통주 10주를 주당 ₩6,000에 현금발행하였다.
(2) 3월 13일: 당사 보통주 10주를 주당 ₩3,000에 현금발행하였다.
(3) 3월 25일: 당사 보통주 10주를 주당 ₩7,000에 현금발행하였는데, 이와 별도로 주식발행과 직접 관련된 ₩8,000의 모집대행 수수료를 지급하였다.

위의 자료를 기초로 각 일자별 회계처리를 나타내시오.

해답

일자	회계처리			
3월 2일	(차) 현금	60,000[1]	(대) 자본금	50,000[2]
			주식발행초과금	10,000
	[1] 10주 × ₩6,000 = ₩60,000			
	[2] 10주 × ₩5,000 = ₩50,000			
3월 13일	(차) 현금	30,000[1]	(대) 자본금	50,000[2]
	주식발행초과금	10,000		
	주식할인발행차금	10,000		
	[1] 10주 × ₩3,000 = ₩30,000			
	[2] 10주 × ₩5,000 = ₩50,000			
3월 25일	(차) 현금	62,000[1]	(대) 자본금	50,000[2]
			주식할인발행차금	10,000
			주식발행초과금	2,000
	[1] 10주 × ₩7,000 - ₩8,000 = ₩62,000			
	[2] 10주 × ₩5,000 = ₩50,000			

해설 1. 주식의 할증발행 시 액면금액을 초과하는 발행금액을 무조건 주식발행초과금으로 계상하는 것이 아니라 주식할인발행차금의 잔액과 먼저 상계한 후 나머지 금액에 대해서만 주식발행초과금을 계상한다.
2. 주식의 할인발행 시 액면금액에 미달하는 발행금액을 무조건 주식할인발행차금으로 계상하는 것이 아니라 주식발행초과금의 잔액과 먼저 상계한 후 나머지 금액에 대해서만 주식할인발행차금으로 계상한다.

② 무액면주식의 발행

　　기업이 무액면주식을 발행한 경우에는 발행금액의 1/2에 미달하지 않는 금액 범위 내에서 이사회가 정한 금액을 자본금으로 계상하고 동 자본금을 초과하는 주식발행금액이 있는 경우에는 동 초과액을 주식발행초과금(자본잉여금)으로 계상한다. 무액면주식의 발행 시에는 발행금액 중 일정금액을 자본금으로 계상하므로, 발행금액이 계상한 자본금에 미달하는 상황이 발생하지 않는다. 따라서 무액면주식의 발행으로 주식할인발행차금이 계상되는 경우는 발생하지 않는다.

| 사례 |

예를 들어, 어떤 기업이 주식 100주를 주당 ₩1,000씩 총 ₩100,000에 발행한 경우, 자본금으로 계상할 금액은 ₩50,000 이상의 금액으로서 기업의 이사회가 정한 금액이 된다. 만약 이사회에서 자본금을 ₩60,000으로 결정하였다면, 주식발행 시 주식발행초과금 ₩40,000이 함께 계상된다. 관련된 회계처리를 예시하면 다음과 같다.

구분	회계처리
무액면주식의 발행	(차) 현금　　　　100,000　　　(대) 자본금　　　　60,000 　　　　　　　　　　　　　　　　　　　주식발행초과금　　40,000

（⚡POINT） **무액면주식의 발행**

> ① 발행금액의 1/2에 미달하지 않는 금액 범위 내에서 이사회가 정한 금액을 자본금으로 계상하고 동 자본금을 초과하는 주식발행금액은 주식발행초과금(자본잉여금)으로 계상
> ② 발행금액이 계상한 자본금에 미달하는 상황이 발생하지 않음(주식할인발행차금이 발생하지 않음)

③ 청약에 의한 신주발행

　　회사를 처음 설립하여 주식을 발행하거나 또는 상장을 통하여 추가적인 신주를 발행할 경우 청약에 의한 신주발행이 주로 사용된다. 여기서 청약에 의한 신주발행이란 주식청약 시 신주청약증거금(계약금)만 지급하고 나머지 잔액은 주식발행일에 지불할 것을 서명날인하여 신주청약증거금과 나머지 잔액이 모두 납입되었을 때만 주식을 발행하여 주는 것을 의미한다. 이와 관련된 회계처리를 예시하면 다음과 같다.

[청약시점]

(차) 현금　　　　×××　　　(대) 신주청약증거금(자본조정)　　×××

[주식발행시점]

(차) 현금　　　　　　　　　　　×××　　　(대) 자본금　　　　　　××× 　　신주청약증거금(자본조정)　×××　　　　　주식발행초과금　×××

(2) 현물출자

현물출자(Investment in Kind)란 신주발행의 대가로 현금이 납입되는 것이 아니라 유형자산 등의 비화폐성자산이 납입되는 것을 말한다. 현물출자에서 발생하는 회계문제는 발행금액을 별도로 결정하여야 한다는 것인데, 발행금액을 결정하는 방법으로는 납입된 비화폐성자산의 공정가치에 해당하는 금액을 발행금액으로 결정하는 방법과 발행된 주식의 공정가치에 해당하는 금액으로 발행금액을 결정하는 방법이 있다. 이론적으로 볼 때 납입된 비화폐성자산의 공정가치와 발행된 주식의 공정가치는 동일하여야 하지만, 실무적으로는 양자에 차이가 존재할 수 있다.

회계 이론적으로 볼 때, 자본의 측정은 자산의 측정에 따라 종속적으로 결정되는 것이므로 납입된 비화폐성자산의 공정가치를 발행금액으로 결정하는 것이 타당할 것이지만, 납입된 비화폐성자산의 공정가치가 신뢰성 있게 측정되지 않는다면, 발행된 주식의 공정가치를 참고하여 발행금액을 결정할 수도 있다.

─┤ 사례 ├─

예를 들어, 어떤 기업이 주당 액면금액 ₩5,000인 보통주 10주를 발행하고, 건물을 현물출자받은 경우로서, 건물의 공정가치를 신뢰성 있게 측정한 결과 공정가치가 ₩150,000으로 측정되었다면, 다음과 같이 회계처리한다.

구분	회계처리				
현물출자	(차) 건물	150,000	(대)	자본금	50,000[1]
				주식발행초과금	100,000
	[1] 10주 × ₩5,000 = ₩50,000				

만약, 건물의 공정가치를 신뢰성 있게 측정할 수 없는 상황에서 발행된 주식의 주당 공정가치가 ₩13,000으로 측정되는 경우의 회계처리는 다음과 같다.

구분	회계처리				
현물출자	(차) 건물	130,000	(대)	자본금	50,000[1]
				주식발행초과금	80,000
	[1] 10주 × ₩5,000 = ₩50,000				

⚡ POINT 현물출자

① 원칙: 납입된 비화폐성자산의 공정가치를 발행금액으로 결정
② 예외: 납입된 비화폐성자산의 공정가치가 신뢰성 있게 측정되지 않는다면, 발행된 주식의 공정가치를 참고하여 발행금액을 결정

(3) 출자전환

금융부채는 일반적으로 현금으로 상환하지만 채권자와 채무자의 채권·채무의 재조정을 통하여 금융부채를 주식으로 전환하여 소멸되기도 하는데, 이를 실무에서는 출자전환이라고 한다. 한국채택국제회계기준해석서 제2119호 '지분상품에 의한 금융부채의 소멸'에서 이러한 회계처리를 규정하고 있다. 이러한 상황에서는 금융부채의 전부 또는 일부를 소멸시키기 위하여 발행된 지분상품이 금융부채를 소멸시키기 위해 지급한 대가인지 여부, 그러한 금융부채를 소멸시키기 위하여 발행된 지분상품의 최초 측정, 소멸된 금융부채의 장부금액과 발행된 지분상품의 최초 측정금액의 차이를 어떻게 회계처리해야 하는지의 회계논제가 발생한다.

금융부채의 전부 또는 일부를 소멸시키기 위하여 채권자에게 발행한 지분상품은 금융부채를 제거하기 위한 지급한 대가이다. 따라서 금융부채가 소멸되는 경우에만 재무상태표에서 해당 금융부채를 제거한다. 금융부채의 전부 또는 일부를 소멸시키기 위하여 채권자에게 발행한 지분상품을 최초에 인식할 때, 해당 지분상품의 공정가치를 신뢰성 있게 측정할 수 있다면 공정가치로 측정한다. 그러나 발행된 지분상품의 공정가치를 신뢰성 있게 측정할 수 없다면 소멸된 금융부채의 공정가치를 반영하여 지분상품을 측정한다. 소멸된 금융부채의 장부금액과 지급한 대가의 차이는 채무조정이익 과목으로 당기손익으로 인식한다. 발행된 지분상품은 금융부채가 소멸된 날에 최초로 인식하고 측정한다. 관련 회계처리를 예시하면 다음과 같다.

[회계처리] 지분상품에 의한 금융부채의 소멸

(차) 금융부채	×××	(대) 자본금	×××
		주식발행초과금	×××
		채무조정이익	×××

| 사례 |

20×1년 말 A회사는 재무상태표상 금융부채의 장부금액은 ₩9,000이다. 20×1년 말에 채권자와의 합의를 통하여 지분상품을 발행하여 금융부채를 소멸시키기로 합의하고 20×2년 초 액면금액 ₩5,000이며 공정가치가 ₩7,000인 지분상품을 발행하였으며, 동일 금융부채의 공정가치는 ₩8,000이다. 관련 회계처리를 예시하면 다음과 같다.

1. 지분상품의 공정가치가 신뢰성 있게 측정된 경우의 회계처리

일자	회계처리			
20×2년 초	(차) 금융부채	9,000	(대) 자본금	5,000
			주식발행초과금	2,000
			채무조정이익	2,000

2. 지분상품의 공정가치가 신뢰성 있게 측정되지 않은 경우의 회계처리

일자	회계처리			
20×2년 초	(차) 금융부채	9,000	(대) 자본금	5,000
			주식발행초과금	3,000
			채무조정이익	1,000

정의		지분상품에 의한 금융부채의 소멸이란 채무자가 지분상품(주식)을 발행하여 금융부채의 전부 또는 일부를 소멸시키는 것을 말하며, 출자전환이라고도 함
측정	원칙	지분상품의 공정가치를 신뢰성 있게 측정할 수 있는 경우 : 지분상품의 공정가치로 측정
	예외	지분상품의 공정가치를 신뢰성 있게 측정할 수 없는 경우 : 소멸된 금융부채의 공정가치를 반영하여 지분상품을 측정

(4) 무상증자

무상증자(Capital Increase without Consideration)란 기업의 자본금을 증가시켰음에도 불구하고 기업의 순자산에는 변화가 없는 형태의 자본금 증가를 의미한다. 일반적으로 무상증자는 자본잉여금이나 법정적립금[3]을 재원으로 기존 주주들에게 해당 주주들이 보유하는 지분율에 비례하여 무상신주를 교부하는 형태를 취하는데, 이에 대한 회계처리를 예시하면 다음과 같다.

[회계처리] 무상증자

(차) 자본잉여금(주식발행초과금 등)	×××	(대) 자본금	×××
법정적립금(이익준비금 등)	×××		

이러한 형태의 무상증자는 해당 기업의 입장에서도 자본총계의 변화가 없지만, 무상신주를 교부받는 기존 주주 입장에서도 자신들의 부(富)에 아무런 변화가 없기 때문에 보유기업은 보통 별도의 회계처리를 수행하지 않고 보유주식수에 대한 관리만을 수행한다.

03 자본금의 감소(감자)

기업의 자본금을 감소시키를 절차를 감자(Decrease of Capital)라고 하는데, 이는 자본총계 전체의 감소가 아니라는 점에 유의할 필요가 있다. 왜냐하면 기업의 자본금이 감소될 때 기업의 순자산이 함께 감소할 수 있지만 경우에 따라서는 순자산이 변동하지 않는 자본금의 감소도 있기 때문이다. 순자산의 감소가 없는 감자의 경우에는 실질적인 자금의 유출이 없기 때문에 보통 형식적 감자 또는 무상감자라고 부르며, 이와 구별하여 순자산의 감소가 있는 감자를 실질적 감자 또는 유상감자라고 부른다. 이하에서는 유상감자와 무상감자에 대해 자세히 살펴보기로 한다.

---

3) 상법에서는 '이익준비금'이라 말한다.

(1) 유상감자

유상감자(Capital Decrease with Consideration)는 기존의 주주들에게 현금 등의 대가를 지급하고 해당 주주들로부터 주식을 반환받아 소각하는 것을 말한다. 기업이 신주를 발행하였을 때 자본금이 증가하였던 것처럼, 발행되었던 주식을 다시 매입하여 소각한 경우 기업의 자본금은 감소하게 된다. 이때 지급한 현금 등의 대가와 감소된 자본금의 차액이 생길 수도 있는데, 지급한 현금 등의 대가가 더 많다면 감자차손이 발생하고 감소된 자본금이 더 많다면 감자차익이 발생한다. 감자차익은 자본거래에서 발생한 잉여금에 해당하므로 자본잉여금으로 분류하고, 감자차손은 자본거래에서 발생한 손실에 해당하므로 자본조정으로 분류하였다가, 주주총회 결의를 거쳐 이익잉여금의 처분으로 상각하게 된다. 다만, 소각되는 주식의 액면금액과 지급된 대가와 차이가 있어서 감자차손(익)을 계상하여야 하는 경우, 소각시점에 남아 있는 감자차손(익)의 잔액을 고려하여야 한다. 즉, 소각주식의 액면금액보다 지급되는 대가(감자대가)가 더 적어 해당 차익을 감자차익으로 계상할 때에는 그 시점에 존재하는 감자차손이 있는 경우 감자차손 잔액을 먼저 감소시킨 후 나머지 금액만을 감자차익으로 계상한다. 이와 마찬가지로, 소각주식의 액면금액이 지급된 대가(감자대가)보다 더 적은 경우 해당 시점의 감자차익 잔액을 먼저 감소시킨 후 나머지 금액을 감자차손으로 계상하여야 한다.

[회계처리] 유상감자

① 감자대가 = 액면금액

(차) 자본금	×××	(대) 현금	×××

② 감자대가 < 액면금액

(차) 자본금	×××	(대) 현금	×××
		감자차익(자본잉여금)	×××

③ 감자대가 > 액면금액

(차) 자본금	×××	(대) 현금	×××
감자차손(자본조정)	×××		

예제 3 **주식의 소각**

보통주(주당 액면금액 ₩5,000)만을 발행하고 있는 A회사는 20×1년 4월 중 다음과 같이 주식을 재취득하여 취득 즉시 소각하였다. 단, 20×1년 3월 말 현재 자본금은 ₩1,000,000이고, 감자차익 잔액 ₩30,000이 존재한다.

> (1) 4월 1일: 당사 보통주 10주를 주당 ₩7,000에 매입하여 즉시 소각하였다.
> (2) 4월 15일: 당사 보통주 10주를 주당 ₩4,000에 매입하여 즉시 소각하였다.
> (3) 4월 20일: 당사 보통주 10주를 주당 ₩8,000에 매입하여 즉시 소각하였다.

위의 자료를 기초로 각 일자별 회계처리를 나타내시오.

해답	일자	회계처리			
	4월 1일	(차) 자본금 감자차익	50,000[1)] 20,000	(대) 현금	70,000[2)]
		[1)] 10주 × ₩5,000 = ₩50,000 [2)] 10주 × ₩7,000 = ₩70,000			
	4월 15일	(차) 자본금	50,000[1)]	(대) 현금 감자차익	40,000[2)] 10,000
		[1)] 10주 × ₩5,000 = ₩50,000 [2)] 10주 × ₩4,000 = ₩40,000			
	4월 20일	(차) 자본금 감자차익 감자차손	50,000[1)] 20,000 10,000	(대) 현금	80,000[2)]
		[1)] 10주 × ₩5,000 = ₩50,000 [2)] 10주 × ₩8,000 = ₩80,000			

(2) 무상감자

무상감자(Capital Decrease without Consideration)는 자본금을 감소시켜 누적된 결손금을 보전하기 위한 목적으로 수행되는데, 자본총계에 변화가 없고 유출되는 순자산이 없기 때문에 형식적 감자라고도 한다. 자본금을 감소시키는 방법으로는 발행주식수를 감소시키는 방법(주식병합)과 액면금액을 감소시키는 방법 또는 이 둘을 병행하는 방법이 사용될 수 있다.

예를 들어, 발행주식수가 400주(주당 액면금액은 ₩5,000)인 기업이 결손금 ₩1,000,000을 보전하기 위하여 무상감사를 실시하였다.

① 발행주식수의 감소

첫 번째 방법은 주식병합의 방법으로서 액면금액 ₩5,000인 주식 200주를 감소시켜 무상감자를 하는 방법이다. 이 기업은 발행주식 2주를 1주로 병합하는 방법을 사용하여 주식수를 400주에서 200주로 감소시킬 수 있다. 이를 주식병합이라고 하는데, 이 경우의 회계처리는 다음과 같다.

구분	회계처리			
방법 1	(차) 자본금	1,000,000[1]	(대) 결손금	1,000,000
	[1] 200주 × ₩5,000 = ₩1,000,000			

② 액면금액의 감소

두 번째 방법은 주식의 액면금액을 주당 ₩5,000에서 주당 ₩2,500으로 감소시키는 것이다. 이 경우는 자본금 ₩1,000,000이 감소되고, 결손금 ₩1,000,000이 감소하므로 결국 주식병합의 경우에 제시한 상기 회계처리와 같다.

구분	회계처리			
방법 2	(차) 자본금	1,000,000[1]	(대) 결손금	1,000,000
	[1] 400주 × ₩2,500 = ₩1,000,000			

다만, 첫 번째 방법과 두 번째 방법은 다음과 같이 자본금 감소액의 계산방법이 서로 다를 뿐이다.

감자의 방법	자본금 감소액의 계산	
주식병합의 방법	변경 전 자본금: 400주 × ₩5,000 =	₩2,000,000
	변경 후 자본금: 200주 × ₩5,000 =	₩(1,000,000)
	감소한 자본금	₩1,000,000
액면감소의 방법	변경 전 자본금: 400주 × ₩5,000 =	₩2,000,000
	변경 후 자본금: 400주 × ₩2,500 =	₩(1,000,000)
	감소한 자본금	₩1,000,000

③ 발행주식수와 액면금액의 병행 감소

세 번째 방법은 첫 번째와 두 번째 방법을 병행 적용하는 것이다. 이 방법을 사용하게 되면 변경 후 자본금은 주식수 200주에 주당 액면금액 ₩2,500을 곱한 ₩500,000이 되기 때문이다. 자본금 감소액 ₩1,500,000이 보전할 결손금 ₩1,000,000보다 많게 되어 차액 ₩500,000은 감자차익으로 계상된다. 이 경우의 회계처리를 제시하면 다음과 같다.

구분	회계처리			
방법 3	(차) 자본금	1,500,000[1]	(대) 결손금	1,000,000
			감자차익	500,000
	[1] 400주 × ₩5,000 - 200주 × ₩2,500 = ₩1,500,000			

무상감자와 관련하여 한 가지 알아둘 점은 결손을 보전하는 과정에서 감자차익이 발생하는 것은 가능하지만, 감자차손이 발생하는 회계처리는 적절하지 않다. 감자차손이 발생하려면, 감소되는 자본금보다 보전할 결손금이 더 많아야 하는데, 그렇다면 보전되지 않은 결손금을 보유하는 상태에서 자본거래손실을 발생시키는 결과가 된다. 자본거래손실은 주주총회의 결의를 통하여 미처분이익잉여금과 상계될 부분인데, 아직 결손금이 남아 있는 회사에 미처분이익잉여금이란 있을 수 없다. 따라서 결손보전의 과정에서 감자차손이 발생하는 회계처리는 적절하지 않다.

무상감자의 회계처리를 학습하는 과정에서 주식의 병합에 대해 살펴보았는데, 이에 대응되는 개념으로서 주식분할도 존재한다. 주식병합과 주식분할의 개념 및 효과에 대해서는 다음의 [참고]를 활용하여 정리하기 바란다.

> ⊘ 참고 **주식병합과 주식분할**
>
> 주식병합(Reverse Stock Split)이란 여러 개의 주식을 함께 묶어 더 적은 수의 주식으로 교체하는 것을 말한다. 이 과정에서는 대부분 발행주식수가 감소하고, 이에 반비례하여 1주당 액면금액이 증가하게 되어 자본금 전체에 변화가 없게 된다. 그러나 이와는 달리 발행주식수만 감소하고 1주당 액면금액의 변화가 없는 형태의 주식병합(감자의 형태)도 있기 때문에 주식병합으로 반드시 기업의 자본금 변화가 없다고만 볼 수는 없다. 한편, 주식분할(Stock Split)은 감자형태 이외의 주식병합에 대응되는 개념으로서 한 개의 주식을 여러 개의 주식으로 교체하는 것을 말하는데, 이 과정에서 증가된 주식수에 반비례하여 1주당 액면금액은 감소하게 된다. 따라서 주식분할이 있게 되면 발행주식수는 증가하고 1주당 액면금액은 감소하며 자본금 총계에는 영향이 없게 된다.

🔆 POINT 감자의 회계처리

유상감자	① 소각주식의 액면금액 > 감자대가 : 감자차손 잔액을 먼저 감소시킨 후 잔액을 감자차익으로 계상 ② 소각주식의 액면금액 < 감자대가 : 감자차익 잔액을 먼저 감소시킨 후 잔액을 감자차손으로 계상
무상감자	① 자본금을 감소시켜 누적된 결손금을 보전하기 위한 목적으로 수행 : 자본금 감소액이 결손보전액보다 더 큰 경우에는 감자차익 발생 ② 자본금을 감소시키는 방법 • 발행주식수를 감소시키는 방법(주식병합) • 액면금액을 감소시키는 방법 • 발행주식수와 액면금액을 모두 감소시키는 방법 ③ 유상감자와 다르게 감자차익만 발생함

01 자본거래유형과 자본거래손익

자본잉여금은 소유주와의 자본거래에서 발생된 잉여금을 말하고, 자본조정은 자본거래손실 및 기타자본의 임시계정을 말한다. 자본잉여금이나 자본조정이 발생하는 주요한 자본거래의 유형으로 주식의 발행, 주식의 매입소각 및 자기주식의 처분 등이 있는데, 이 과정에서 잉여금이 발생하기도 하고, 손실이 발생하기도 한다. 다음은 자본거래손익의 발생유형을 정리한 것이다.

POINT 자본거래손익의 발생유형

자본거래유형	자본거래이익	자본거래손실
주식발행	주식발행초과금	주식할인발행차금
주식소각	감자차익	감자차손
자기주식처분	자기주식처분이익	자기주식처분손실

위의 표에서 자본거래이익에 해당하는 주식발행초과금, 감자차익 및 자기주식처분이익은 자본잉여금으로 분류하고, 자본거래손실에 해당하는 주식할인발행차금, 감자차손 및 자기주식처분손실은 자본조정으로 분류한다. 한편, 자본조정에는 자본거래손실 이외에도 주주와의 거래에서 임시적으로 발생하는 자기주식과 미교부주식배당금, 신주청약증거금 등이 포함된다.

주요한 자본거래의 유형 중 주식의 발행과 소각에 대해서는 이미 본 장의 제2절에서 살펴본 바 있고, 주식배당의 과정에서 발생하는 미교부주식배당금은 제5절 '이익잉여금의 처분'에서 설명할 것이므로, 여기서는 자기주식의 회계처리방법에 대해 살펴보기로 한다.

02 자기주식의 회계처리

자기주식(Treasury Stock)이란 기업이 이미 발행한 주식을 재취득하여 보유하는 경우 해당 주식을 말한다. 자기주식의 이론적인 회계처리방법에 대해서는 서로 다른 여러 학설이 존재하나 K-IFRS에서는 자기주식을 취득한 경우 자본전체에서 차감할 성격으로 보아 자본조정으로 계상하도록 하고 있다.

⊘ 참고 미발행주식설

회계학적으로 자기주식을 바라보는 관점은 크게 자산으로 보는 관점과 미발행주식으로 보는 관점으로 구분된다. 자산으로 보는 관점은 자기주식을 처분할 경우 현금이 유입되어 미래경제적효익을 기대할 수 있으므로 자기주식을 자산으로 인식하자는 관점이다. 그러나 기업이 자기주식을 취득한 이후에 상법상 소각 또는 처분 둘 중 하나의 의사결정을 할 수 있는데, 소각할 경우에는 미래경제적효익이 유입되지 않으며, 회사가 발행한 주식을 자산으로 계상하는 것 자체에 모순이 있으므로, 자기주식은 미발행주식설로 보아 총자본에서 차감하는 형식으로 표시한다. 이러한 이론적인 근거에 입각하여 K-IFRS 제 1032호 '금융상품 표시'에서는 기업이 자기지분상품을 재취득하는 경우에는 이러한 지분상품인 자기주식은 자본에서 차감한다고 규정하고 있다. 또한 자기지분상품을 매입, 매도, 발행, 소각하는 경우의 손익은 당기손익으로 인식하지 않는다.

자기주식의 회계처리는 자기주식의 취득시점과 처분시점 그리고 자기주식의 소각시점으로 나누어 살펴볼 수 있다.

(1) 자기주식의 취득

자기주식을 취득한 경우 취득에 소요된 금액을 자기주식의 계정으로 하여 자본조정으로 표시한다. 만약 자기주식을 주주로부터 증여받은 경우에는 회계처리를 하지 않는다. 왜냐하면 자본은 평가의 대상이 아니므로 주주로부터 증여받은 금액을 신뢰성 있게 측정할 수 없으며, 자기주식을 차기하고 자산수증이익 (자본잉여금)을 대기하면 자본의 총계에 미치는 영향이 없으므로 회계처리의 실익이 없기 때문이다.

[회계처리] 자기주식의 취득

① 유상 취득한 경우

(차) 자기주식(자본조정)	×××	(대) 현금	×××

② 주주로부터 증여받은 경우

회계처리 없음

(2) 자기주식의 처분

기업이 보유하던 자기주식을 처분하는 경우 자기주식의 취득원가와 처분금액의 차이를 자기주식처분이익 이나 자기주식처분손실로 인식한다. 여기서 자기주식처분이익은 자본잉여금으로 분류하며, 자기주식처분손실은 자본조정으로 분류한다.

[회계처리] 자기주식의 처분

① 취득원가 < 처분금액

(차) 현금	×××	(대) 자기주식	×××
		자기주식처분이익(자본잉여금)	×××

② 취득원가 > 처분금액

(차) 현금	×××	(대) 자기주식	×××
자기주식처분손실(자본조정)	×××		

(3) 자기주식의 소각

매입하여 소유하던 자기주식을 소각하는 경우에는 감자의 회계처리를 수행한다. 앞서 주식을 매입하여 즉시 소각하는 경우에는 곧바로 자본금을 감소시키고 자본금 감소액과 주식 매입대가와의 차액을 감자차익이나 감자차손으로 인식한다고 설명한 바 있다. 이와 유사하게, 감소되는 자본금과 자기주식의 취득원가를 비교하여 자본금 감소금액이 더 많은 경우에는 감자차익의 과목으로 하여 자본잉여금으로 처리하고, 자본금 감소금액이 더 적은 경우에는 감자차손의 과목으로 하여 자본조정으로 처리한다.

[회계처리] 자기주식의 소각

① 자본금 감소액 > 자기주식의 취득원가

(차) 자본금	×××	(대) 자기주식	×××
		감자차익(자본잉여금)	×××

② 자본금 감소액 < 자기주식의 취득원가

(차) 자본금	×××	(대) 자기주식	×××
감자차손(자본조정)	×××		

⚡POINT 자기주식의 회계처리

자기주식의 취득	① 유상취득: 취득에 소요된 금액을 자기주식의 계정으로 하여 자본조정으로 표시 ② 증여취득: 회계처리 없음
자기주식의 처분	① 자기주식의 취득원가 < 처분금액: 자기주식처분이익(자본잉여금) ② 자기주식의 취득원가 > 처분금액: 자기주식처분손실(자본조정)
자기주식의 소각	① 감소되는 자본금 > 자기주식의 취득원가: 감자차익(자본잉여금) ② 감소되는 자본금 < 자기주식의 취득원가: 감자차손(자본조정)

예제 4 자기주식의 회계처리

다음은 A회사의 20×1년 초 자본의 상태 및 20×1년 중 주식의 매입과 소각 그리고 재발행(처분)과 관련된 자료이다.

(1) 20×1년 1월 1일: 보통주자본금 ₩10,000,000, 자기주식처분이익 ₩200,000, 감자차익 ₩700,000, 이익잉여금 ₩1,000,000, 기타포괄손익누계액 ₩500,000이 있다.

(2) 20×1년 4월 1일: 자기주식 10,000주를 주당 ₩700에 취득하였다. 취득한 자기주식은 주당 ₩600(주당 액면금액 ₩500)에 발행한 보통주이었다.

(3) 20×1년 7월 1일: 20×1년 4월 1일에 취득한 자기주식 5,000주를 소각하였다.

(4) 20×1년 9월 1일: 20×1년 4월 1일에 취득한 자기주식 3,000주를 주당 ₩600에 처분하였다.

(5) 20×1년 10월 1일: 20×1년 10월 1일에 주주로부터 자기주식 2,000주를 증여받았다.

(6) 20×1년 12월 1일: 자기주식 2,000주를 주당 ₩900에 처분하였다. 단, 처분시점의 단가산정은 이동평균법에 의한다.

20×1년 보고기간 중 위 자료 이외의 거래는 없다고 가정할 때, 각 일자별 회계처리를 수행하고, 기말 (20×1년 12월 31일)의 자본만을 나타내는 부분재무상태표를 작성하시오.

해답　1. 일자별 회계처리

일자	회계처리			
4월 1일	(차) 자기주식	7,000,000[1]	(대) 현금	7,000,000
	[1] 10,000주 × ₩700 = ₩7,000,000			
7월 1일	(차) 자본금	2,500,000[1]	(대) 자기주식	3,500,000[2]
	감자차익	700,000		
	감자차손	300,000		
	[1] 5,000주 × ₩500 = ₩2,500,000			
	[2] 5,000주 × ₩700 = ₩3,500,000			
9월 1일	(차) 현금	1,800,000[1]	(대) 자기주식	2,100,000[2]
	자기주식처분이익	200,000		
	자기주식처분손실	100,000		
	[1] 3,000주 × ₩600 = ₩1,800,000			
	[2] 3,000주 × ₩700 = ₩2,100,000			
10월 1일	N/A			
12월 1일	(차) 현금	1,800,000[1]	(대) 자기주식	700,000[2]
			자기주식처분손실	100,000
			자기주식처분이익	1,000,000
	[1] 2,000주 × ₩900 = ₩1,800,000			
	[2] (2,000주 × ₩700) × 2,000주/4,000주 = ₩700,000			

2. 부분재무상태표

부분재무상태표

A회사　　　　　　　　　　　　　　20×1. 12. 31. 현재

I. 자본금		₩7,500,000
보통주자본금	₩7,500,000	
II. 자본잉여금		₩1,000,000
자기주식처분이익	₩1,000,000	
III. 자본조정		₩(1,000,000)
1. 감자차손	₩(300,000)	
2. 자기주식	₩(700,000)	
IV. 이익잉여금		₩1,000,000
V. 기타포괄손익누계액		₩500,000
자본총계		₩9,000,000

03 기타자본거래

(1) 전환권대가와 신주인수권대가

회사가 전환사채나 신주인수권사채를 발행하게 되면 이 금융상품에는 부채요소와 자본요소를 모두 포함하고 있다. 이를 복합금융상품이라고 한다. 전환권대가란 전환사채의 발행가액과 전환사채의 현재가치와의 차액으로서 전환사채에 부여된 자본요소를 말하며, 신주인수권대가란 신주인수권부사채의 발행가액과 신주인수권부사채의 현재가치와의 차액으로서 신주인수권부사채에 부여된 자본요소를 말한다. 전환권대가와 신주인수권대가는 자본조정항목이며, 구체적인 회계처리는 [Ch-14 복합금융상품]에서 설명하기로 한다.

(2) 주식선택권

기업이 종업원에게 용역을 제공받는 대가로 주식선택권을 부여하는 주식기준보상거래를 주식결제형 주식기준보상거래라고 한다. 이때 주식결제형(Equity - settled) 주식기준보상거래의 보상원가는 가득시점 또는 가득기간에 걸쳐 주식보상비용의 과목으로 하여 당기비용으로 처리되거나 자산의 취득원가에 포함시키고, 보상원가 상당액을 주식선택권(자본조정)으로 인식한다. 이와 관련된 구체적인 회계처리는 [Ch-19 주식기준보상]을 참조하기 바란다.

Ⅳ | 기타포괄손익누계액과 이익잉여금

01 기타포괄손익누계액

(1) 의의

K-IFRS에서는 재무성과의 측정과 관련된 재무제표 요소로서 수익과 비용을 정의하고 있고, 수익과 비용이 집계되면 기업의 총포괄손익이 결정된다. 기업의 총포괄손익(TCI, Total Comprehensive Income)은 당기손익(PL, Profit and Loss)과 기타포괄손익(OCI, Other Comprehensive Income)으로 구분된다는 것은 이미 앞서 살펴본 바 있다.

기타포괄손익누계액(AOCI, Accumulated Other Comprehensive Income)은 기업의 보고기간 동안 발생한 기타포괄손익을 누적한 금액으로서 기타포괄손익을 발생시킨 자산이나 부채의 실현 및 이행에 따라 해당 기타포괄손익이 당기손익으로 재분류되거나 자본의 다른 항목(이익잉여금 등)으로 대체된 부분을 제외한 금액이다. 따라서 기타포괄손익누계액은 기타포괄손익의 대체로 발생하고, 기타포괄손익누계액의 당기손익 재분류나 기타포괄손익누계액이 자본 내 대체로 소멸된다.

> **⚡ POINT** 기타포괄손익누계액의 발생과 소멸

기타포괄손익누계액의 발생	보고기간 중 발생된 기타포괄손익의 대체
기타포괄손익누계액의 소멸	① 당기손익 재분류 ② 이익잉여금 등으로 직접 대체(자본 내 대체)

(2) 기타포괄손익누계액의 종류

기타포괄손익누계액의 구체적인 항목은 다음과 같다.

① 재평가잉여금
② 재측정요소
③ 해외사업환산손익
④ 기타포괄손익공정가치측정금융자산평가손익(지분상품), 기타포괄손익공정가치측정금융자산평가손익(채무상품)
⑤ 기타포괄손익 - 공정가치로 측정하는 지분상품투자에 대한 위험회피에서 위험회피수단의 평가손익 중 효과적인 부분, 파생상품평가손익(현금흐름위험회피에서 위험회피수단의 평가손익 중 효과적인 부분)
⑥ 당기손익 - 공정가치측정 항목으로 지정한 특정 부채의 신용위험 변동으로 인한 공정가치 변동금액

우리는 본서의 [Ch-06 유형자산]에서 유형자산 등의 재평가증가액으로 인하여 발생하는 재평가잉여금을 학습한 바 있고, [Ch-09 금융자산]에서 기타포괄손익공정가치측정금융자산의 평가손익을 학습한 바 있으며, 당기손익 - 공정가치측정 항목으로 지정한 특정 부채의 신용위험 변동으로 인한 공정가치 변동금액을 기타포괄손익으로 인식하는 이유는 [Ch-11 금융부채]에서 살펴보았다. 이들 항목이 기타포괄손익의 대표적인 사례이다. 이외에 확정급여제도에서 발생하는 재측정요소는 [Ch-18 종업원급여]에서 살펴보기로 하고, 해외사업환산손익·파생상품평가손익은 고급회계를 참조하기 바란다.

02 이익잉여금

이익잉여금(Retained Earnings)이란 기업에 발생한 당기순이익의 누적액에서 배당으로 사외유출되거나 자본의 다른 항목으로 대체된 금액을 제외한 부분을 말한다. 이익잉여금은 기본적으로 주주에 대한 배당이 가능한 자본항목이기는 하지만, 각종 법률에서 배당을 제한하기 위해 법정적립금으로 규정하거나 기업 자발적으로 임의적립금으로 적립하여 배당이 불가능하도록 한 부분도 있다.

한편 기업이 지속적으로 당기순손실을 보고하는 경우에는 이익잉여금이 부(−)의 금액이 될 수도 있는데, 이러한 경우에는 재무상태표에 결손금으로 표시한다. 이러한 결손금은 임의적립금이나 법정적립금, 자본잉여금으로 처리하거나 감자의 방법으로 자본금과 상계하기도 한다. 이익잉여금은 다음과 같이 세부적으로 법정적립금과 임의적립금 및 미처분이익잉여금으로 구분된다.

(1) 법정적립금과 임의적립금

법정적립금(Legal Reserve)은 법률에 따라 기업의 이익 중 일부를 적립한 것으로서, 이익준비금이 대표적인 항목이다. 이익준비금은 우리나라의 상법에 따라 기업이 자본금의 1/2에 달할 때까지 매기 결산 시의 주식배당을 제외한 이익배당액의 1/10 이상을 적립한 금액이다. 만약, 기업이 법정한도를 초과하여 이익준비금을 적립한 경우 그 초과금액은 임의적립금으로 본다. 이익준비금을 적립하게 되면 기업의 미처분이익잉여금이 감소하게 되어, 배당가능한 금액이 그만큼 줄어드는 효과가 있다. 임의적립금(Voluntary Reserve)은 기업이 임의로 정관이나 주주총회의 결의에 따라 이익잉여금의 일부를 적립하여 그 금액만큼 배당을 제한시킨 금액을 말한다. 임의적립금의 종류는 기업의 목적에 따라 다양하게 나타날 수 있다. 임의적립금을 적립하는 경우에도 법정적립금과 마찬가지로 기업의 배당가능한 금액이 줄어드는 효과가 있다.

(2) 미처분이익잉여금

미처분이익잉여금(Unappropriated Retained Earnings)은 기업이 유보시킨 당기순이익 중에서 아직 배당되지 않았거나 적립금으로 적립되지 않거나 자본조정과 상각되지 않아 배당의 재원 또는 추가적인 적립금의 적립재원이 될 수 있는 금액이다.

⚡ POINT 이익잉여금의 종류

법정적립금과 임의적립금	사내적립되어 배당이 제한된 이익잉여금(적립금)으로서, 적립의 강제성 유무에 따라 다음과 같이 구분함 ① 법정적립금: 이익준비금 등 법률의 규정에 따라 적립 ② 임의적립금: 기업의 목적에 따라 정관이나 주주총회 결의로 적립
미처분이익잉여금	배당의 재원이 되거나 사내적립될 수 있는 금액

V | 이익잉여금의 처분

미처분이익잉여금(Unappropriated Retained Earnings)은 기업이 유보시킨 당기순이익 중에서 아직 배당되지 않았거나 적립금으로 적립되지 않거나 자본조정과 상각되지 않아 배당의 재원 또는 추가적인 적립금의 적립재원이 될 수 있는 금액이다. 여기서 처분이란 용어의 의미는 배당으로 사외유출되거나 법정적립금이나 임의적립금으로 적립하여 배당이 제한되도록 하는 행위를 말하는데, 미처분이익잉여금의 처분 권한은 주주총회에 있다. 이러한 미처분이익잉여금은 주로 다음과 같은 원인으로 변동한다.

① 당기순손익의 대체
② 기타포괄손익누계액의 대체
③ 배당: 현금배당 및 주식배당 등
④ 법정적립금 및 임의적립금의 적립과 이입
⑤ 자본거래손실의 상각: 주식할인발행차금, 자기주식처분손실, 감자차손
⑥ 결손의 보전

이러한 미처분이익잉여금의 변동원인과 변동 시 회계처리방법에 대해서 자세히 살펴보도록 한다.

01 당기순손익의 대체

회계순환과정 중 보고기간 동안 집계된 당기손익은 집합손익에 집계되었다가 미처분이익잉여금에 대체함으로서 마감된다. 이러한 과정에서 미처분이익잉여금이 증가하는 것이 일반적이지만, 당기순손실이 대체되는 경우에는 미처분이익잉여금이 감소되기도 한다.

[회계처리] 당기순손익의 이익잉여금 대체
① 당기순이익의 대체

(차) 집합손익(당기순이익)	×××	(대) 미처분이익잉여금	×××

② 당기순손실의 대체

(차) 미처분이익잉여금	×××	(대) 집합손익(당기순손실)	×××

02 기타포괄손익누계액의 대체

K-IFRS에 열거된 기타포괄손익의 각 항목(예 재평가잉여금이나 기타포괄손익공정가치측정금융자산평가손익 등)은 기타포괄손익누계액(Accumulated Other Comprehensive Income)에 누적적으로 집계되었다가, 해당 항목이 실현되는 경우 동 항목은 당기손익으로 재분류되거나 미처분이익잉여금에 직접 대체되어 미처분이익잉여금이 변동한다.

[회계처리] 기타포괄손익누계액의 이익잉여금 대체

① 기타포괄이익누계액의 대체

(차) 재평가잉여금 등	×××	(대) 미처분이익잉여금	×××

② 기타포괄손실누계액의 대체

(차) 미처분이익잉여금	×××	(대) 기타포괄손익공정가치측정 금융자산평가손실 등	×××

03 배당

배당(Dividends)이란 기업에게 발생된 이익을 주주에게 분배하는 행위를 말한다. 배당은 보통 배당의 대상이 되는 주주를 결정하기 위한 배당기준일('주주명부폐쇄일'이라고도 함)을 정하고, 해당 배당기준일 현재 주주로 등록되어 있는 주주에게 주주총회의 결의를 통하여 배당을 확정하여 선언한 후 일정 기간 이내에 배당금을 지급하게 된다.

배당을 크게 구분하면 현금배당, 주식배당 및 현물배당으로 구분할 수 있는데, 이하에서는 이들의 회계처리에 대해 살펴보기로 한다.

(1) 현금배당

현금배당(Cash Dividends)은 배당을 받을 권리를 가진 주주에게 현금을 지급하는 형태의 이익분배 행위이다. 기업이 현금배당을 하게 되면, 미처분이익잉여금의 감소와 함께 순자산의 금액이 함께 감소하게 된다. 현금배당 시 배당결의일(주주총회일)과 배당금지급일의 회계처리를 살펴보면 다음과 같다.

[회계처리] 현금배당의 회계처리

① 배당결의일(주주총회일)

(차) 미처분이익잉여금	×××	(대) 미지급배당금(유동부채)	×××

② 배당금지급일

(차) 미지급배당금(유동부채)	×××	(대) 현금	×××

위의 회계처리에 나타난 미지급배당금은 주주에게 지급할 확정된 금액이고, 보통 12개월(상법상 1개월 이내) 이내에 지급하여야 하기 때문에 유동부채로 처리한다.

> ⊘ **참고 중간배당**
>
> 연 1회의 결산기를 정한 회사는 영업연도 중 1회에 한하여 이사회의 결의로 일정한 날을 정하여 그 날의 주주에 대하여 이익을 배당할 수 있음을 정관으로 정할 수 있다. 이를 상법에서 중간배당이라고 한다. 중간배당은 현금뿐만 아니라 금전 외의 재산으로 배당을 할 수 있다. 중간배당을 현금배당으로 실시하였을 경우의 회계처리는 위에서 설명한 회계처리와 동일하다.

(2) 주식배당

주식배당(Stock Dividends)이란 배당기준일 현재의 주주들에게 현금을 배당하는 대신 기업의 주식을 교부해 주는 것을 말한다. 기업이 주식배당을 하게 되면, 현금배당과 같이 미처분이익잉여금이 감소하기는 하지만 순자산은 감소하지 않는다는 특징이 있다. 즉, 주식배당은 배당으로 인한 자본의 사외유출을 막음으로서 기업의 재무건전성 유지에 도움이 되므로, 주식배당을 '이익잉여금의 자본화'라고도 부른다. 주식배당의 경우 배당결의일(주주총회일)과 배당할 주식의 교부일에 해야 할 회계처리는 다음과 같다.

[회계처리] 주식배당의 회계처리

① 배당결의일(주주총회일)

(차) 미처분이익잉여금	×××	(대) 미교부주식배당금(자본조정)	×××

② 주식교부일

(차) 미교부주식배당금(자본조정)	×××	(대) 자본금	×××

위의 회계처리에 나타난 미교부주식배당금은 주주에게 확정 수량의 회사주식을 교부하기로 한 것이므로 자본의 임시계정인 자본조정으로 처리하며, 우리나라 상법은 액면배당만을 인정하므로 배당으로 발행되는 주식의 액면금액 합계와 일치한다.

(3) 현물배당

현물배당(Property Dividend)은 배당기준일 현재의 주주들에게 현금을 배당하는 대신 기업이 보유하는 비현금자산을 배분하는 것을 말한다. 자세한 회계처리는 보론에서 살펴보기로 한다.

⚡POINT 배당의 회계처리

현금배당	① 현금배당의 정의: 배당을 받은 권리를 가진 주주에게 현금을 지급하는 것으로 이익을 분배하는 행위 ② 현금배당의 효과: 미처분이익잉여금의 감소와 함께 순자산의 금액이 함께 감소
주식배당	① 주식배당의 정의: 배당기준일 현재의 주주들에게 현금을 배당하는 대신 기업의 주식을 교부해 주는 것 ② 주식배당의 효과: 현금배당과 같이 미처분이익잉여금이 감소하기는 하지만 순자산은 감소하지 않음

04 법정적립금 및 임의적립금의 적립과 이입

(1) 법정적립금

법정적립금(Legal Reserve)은 법률에 따라 기업의 이익 중 일부를 적립한 것으로서, 이익준비금이 대표적인 항목이다. 이익준비금은 우리나라의 상법에 따라 기업이 자본금의 1/2에 달할 때까지 매기 결산 시의 주식배당을 제외한 이익배당액의 1/10 이상을 적립한 금액이다. 만약, 기업이 법정한도를 초과하여 이익준비금을 적립한 경우 그 초과금액은 임의적립금으로 본다. 이익준비금을 적립하게 되면 기업의 미처분이익잉여금이 감소하게 되어, 배당가능한 금액이 그만큼 줄어드는 효과가 있다. 이러한 법정적립금은 법정적립금의 적립으로 증가하고, 결손보전 등 법정적립금의 사용에 따라 감소하는데, 법정적립금의 증감 시 회계처리는 다음과 같다.

[회계처리] 법정적립금의 증감
① 법정적립금의 적립

| (차) 미처분이익잉여금 | ××× | (대) 이익준비금 등 | ××× |

② 법정적립금을 재원으로 한 결손보전

| (차) 이익준비금 등 | ××× | (대) 결손금 | ××× |

(2) 임의적립금

임의적립금(Voluntary Reserve)은 기업이 임의로 정관이나 주주총회의 결의에 따라 이익잉여금의 일부를 적립하여 그 금액만큼 배당을 제한시킨 금액을 말한다. 임의적립금의 종류는 기업의 목적에 따라 다양하게 나타날 수 있다. 임의적립금을 적립하는 경우에도 법정적립금과 마찬가지로 기업의 배당가능한 금액이 줄어드는 효과가 있다. 이러한 임의적립금은 임의적립금의 적립으로 증가하고, 임의적립금을 다시 미처분이익잉여금에 이입함으로써 감소한다.

[회계처리] 임의적립금의 증감
① 임의적립금의 적립

| (차) 미처분이익잉여금 | ××× | (대) 임의적립금 | ××× |

② 임의적립금의 이입

| (차) 임의적립금 | ××× | (대) 미처분이익잉여금 | ××× |

05 자본거래손실의 상각

주식할인발행차금이나 감자차손 및 자기주식처분손실 등의 자본거래손실은 회사와 소유주(주주)와의 거래를 통해 회사가 손실을 입은 것이기 때문에 주주의 입장에서 본다면 회사로부터 이익을 분여받은 것으로 볼 수 있다. 따라서 이는 주주에 대한 배당으로 해석할 수 있다. 그러나 우리나라의 경우 이익잉여금의 처분 권한이 주주총회에 있으므로 곧바로 배당으로 회계처리하지 않고, 일단 자본조정으로 처리한 후 주주총회의 결의를 통하여 미처분이익잉여금과 상계하도록 하고 있다.

[회계처리] 자본거래손실과 이익잉여금의 상계

(차) 미처분이익잉여금	×××	(대) 주식할인발행차금	×××
		감자차손	×××
		자기주식처분손실	×××

06 결손의 보전

전술한 바와 같이 기업에 결손금이 누적되어 있는 경우 누적된 결손금은 자본의 다른 항목을 통하여 보전할 수 있는데, 이러한 과정에서 이익잉여금의 부(−)의 금액이 사라지게 된다. 관련된 회계처리 역시 앞서 살펴보았으므로 추가적인 설명은 생략하기로 한다.

예제 5 이익잉여금의 처분

(주)한국(결산일 12월 31일)의 20×1년 말 현재 자본내역은 다음과 같다.

> (1) 자본금(200주, 액면금액 ₩5,000): ₩1,000,000
> (2) 주식발행초과금: ₩500,000
> (3) 법정적립금: ₩50,000
> (4) 미처분이익잉여금: ₩300,000(20×1년 당기순이익 ₩200,000 포함)

20×2년 3월 8일에 개최된 정기주주총회에서 20×1년도 이익잉여금 처분을 승인하였다. 현금배당은 자본금의 10%, 주식배당은 자본금의 5%와 법정적립금은 법정 최소한 금액을 적립하기로 결정하였으며, 사업확장을 위하여 임의적립금을 ₩10,000만큼 적립하기로 하였다. 한편 현금배당과 주식배당은 20×2년 4월 7일에 지급이 완료되었다. (주)한국이 20×2년 3월 8일과 20×2년 4월 7일에 수행할 회계처리를 나타내시오.

해답	일자	회계처리				
	20×2. 3. 8.	(차) 미처분이익잉여금	170,000	(대) 미지급배당금	100,000[1]	
				미교부주식배당금	50,000[2]	
				법정적립금	10,000[3]	
				임의적립금	10,000	
		[1] ₩1,000,000 × 10% = ₩100,000 [2] ₩1,000,000 × 5% = ₩50,000 [3] ₩100,000 × 10% = ₩10,000				
	20×2. 4. 7.	(차) 미지급배당금	100,000	(대) 현금	100,000	
		(차) 미교부주식배당금	50,000	(대) 자본금	50,000	

07 이익잉여금처분계산서

이익잉여금처분계산서는 주식회사가 벌어들인 이익이 여러 용도로 처분되고 처분 후 남아 있는 미처분이익잉여금의 잔액을 알려주기 위하여 작성하는 보고서를 말한다. 이익잉여금처분계산서는 한국채택국제회계기준상 재무제표로 규정하고 있지 않지만, 상법에서 이익잉여금처분계산서의 작성을 요구하는 경우에 이익잉여금처분계산서를 주석으로 공시하도록 규정하고 있다.

[그림 13-2] 이익잉여금처분계산서

이익잉여금처분계산서

20×1년 1월 1일부터 20×1년 12월 31일까지
처분예정일: 20×2년 2월 25일

××회사 (단위: 원)

Ⅰ. 미처분이익잉여금		×××[1]
1. 전기이월미처분이익잉여금	×××	
2. 회계변경누적효과	×××	
3. 전기오류수정손익	×××	
4. 중간배당액	(×××)	
5. 기타포괄손익누계액의 대체	×××	
6. 당기순이익	×××	
Ⅱ. 임의적립금 이입액		×××
1. 임의적립금 이입	×××	
Ⅲ. 이익잉여금처분액		(×××)
1. 연차배당액(현금배당, 주식배당 및 현물배당)	×××	
2. 법정적립금(이익준비금)의 적립	×××	
3. 임의적립금의 적립	×××	
4. 주식할인발행차금 등의 상각	×××	
Ⅳ. 차기이월미처분이익잉여금		×××

[1] 20×1년 말 재무상태표상 미처분이익잉여금은 이익잉여금처분계산서의 Ⅰ. 미처분이익잉여금이며, Ⅳ. 차기이월미처분이익잉여금이 아님에 유의하기 바란다.

(1) 미처분이익잉여금

이익잉여금처분계산서의 미처분이익잉여금은 전기이월미처분이익잉여금에 회계변경누적효과 및 전기오류수정손익을 가감하고, 중간배당을 차감한 후 당기순손익을 가감하여 계산한다.

> Ⅰ. 미처분이익잉여금: 전기이월미처분이익잉여금 ± 회계변경누적효과 ± 전기오류수정손익 – 중간배당액
> ± 기타포괄손익누계액의 대체 ± 당기순손익

(2) 차기이월이익잉여금

이익잉여금처분계산서의 차기이월이익잉여금은 미처분이익잉여금에서 출발하여 임의적립금 이입액을 더하고, 이익잉여금처분액을 차감하여 계산한다.

> Ⅳ. 차기이월미처분이익잉여금: Ⅰ. 미처분이익잉여금 + Ⅱ. 임의적립금 이입액 – Ⅲ. 이익잉여금처분액

예제 6 이익잉여금처분계산서

20×1년 2월 개최된 주주총회 결의일 직후 작성된 (주)대경의 20×0년 말 재무상태표상 자본은 다음과 같다.

[2014 공인회계사 1차 수정]

• 보통주자본금	₩30,000,000
• 이익준비금	₩1,000,000
• 사업확장적립금	₩500,000
• 감채기금적립금	₩600,000
• 미처분이익잉여금	₩800,000

(주)대경의 20×1년도 당기순이익은 ₩1,200,000이고, 당기 이익잉여금처분 예정은 다음과 같다.

• 감채기금적립금 이입	₩300,000
• 현금배당	₩400,000
• 주식배당	₩100,000
• 사업확장적립금 적립	₩250,000
• 이익준비금 적립	법정최소금액 적립

위 사항들이 20×2년 2월 15일 개최된 주주총회에서 원안대로 승인되었다. 한국채택국제회계기준에 따라 20×1년도 이익잉여금처분계산서를 작성하여라.

해답 1. 이익잉여금처분계산서

이익잉여금처분계산서

20×1년 1월 1일부터 20×1년 12월 31일까지
처분예정일: 20×2년 2월 15일

(주)대경

Ⅰ. 미처분이익잉여금		₩2,000,000
1. 전기이월미처분이익잉여금	₩800,000	
2. 당기순이익	₩1,200,000	
Ⅱ. 임의적립금 이입액		₩300,000
1. 감채기금적립금 이입	₩300,000	
Ⅲ. 이익잉여금처분액		₩(790,000)
1. 연차배당액(현금배당, 주식배당 및 현물배당)	₩500,000	
2. 법정적립금(이익준비금)의 적립	₩40,000	
3. 임의적립금의 적립	₩250,000	
Ⅳ. 차기이월미처분이익잉여금		₩1,510,000

2. 회계처리

일자	회계처리				
20×1. 12. 31.	(차) 집합손익	1,200,000	(대) 미처분이익잉여금		1,200,000
20×2. 2. 15.	(차) 임의적립금	300,000	(대) 미처분이익잉여금		300,000
	(차) 미처분이익잉여금	790,000	(대) 미지급배당금		400,000
			미교부주식배당금		100,000
			법정적립금		40,000
			임의적립금		250,000

VI | 자본변동표

01 자본변동표의 의의

자본변동표(Statement of Changes in Equity)란 기업의 자본 분류별 변동내역을 포괄적으로 보고하는 재무제표이다. 자본변동표에는 자본의 각 구성요소별로 다음의 각 항목에 따른 변동액을 구분하여 표시한, 기초시점과 기말시점의 장부금액 조정내역 등을 표시한다.

> ① 당기순손익
> ② 기타포괄손익
> ③ 소유주로서의 자격을 행사하는 소유주와의 거래(소유주에 의한 출자와 소유주에 대한 배분, 그리고 지배력을 상실하지 않는 종속기업에 대한 소유지분의 변동을 구분하여 표시)

02 자본변동표의 양식

자본변동표의 양식은 다음과 같다.

[그림 13-3] 자본변동표의 양식

자본변동표

20×1년 1월 1일부터 20×1년 12월 31일까지

××회사 (단위: 원)

구분	납입자본	이익잉여금	기타자본요소	지배기업지분합계	비지배지분	자본총계
20×1년 1월 1일	×××	×××	×××	×××	×××	×××
회계변경누적효과		×××		×××	×××	×××
전기오류수정		×××		×××	×××	×××
재작성된 금액	×××	×××	×××	×××	×××	×××
연차배당		(×××)		(×××)		(×××)
유상증자	×××			×××		×××
재평가잉여금의 대체		×××	(×××)	–		–
총포괄손익		×××	×××	×××	×××	×××
20×1년 12월 31일	×××	×××	×××	×××	×××	×××

03 자본변동표의 작성

자본변동표의 작성방법에 대해서는 다음과 같은 사례를 이용하여 설명하도록 하겠다.

| 사례 |

(1) 20×1년 1월 1일 현재 A회사의 자본총계 ₩2,000,000은 자본금 ₩1,000,000, 자본잉여금 ₩200,000, 자본조정 ₩(100,000), 이익잉여금 ₩600,000, 기타포괄손익누계액 ₩300,000으로 구성된다.

(2) 20×1년 2월 1일 보통주 유상증자를 통하여 ₩200,000의 자본이 유입되었으며, 이 중 보통주자본금 증가액은 ₩100,000이다.

(3) 20×1년 3월 1일 주주에 대한 배당금 ₩100,000을 지급하면서, 법정적립금으로 이익준비금 ₩10,000을 적립하였다.

(4) 20×1년 4월 1일 자기주식 100주를 ₩40,000에 취득하여 20×1년 12월 31일까지 보유하고 있다.

(5) 20×1년 12월 31일 결산 시 당기순이익 ₩150,000과 기타포괄손실 ₩50,000을 보고하였다.

자본변동표는 자본의 각 분류별 변동내역을 표시하여야 하는 것이므로, 먼저 사례에 주어진 거래들을 회계처리하고, 이 결과를 토대로 자본변동표를 작성해 보도록 하겠다.

① 유상증자

20×1. 2. 1.	(차) 현금	200,000	(대) 자본금	100,000
			주식발행초과금	100,000

② 배당금지급과 이익준비금 적립

20×1. 3. 1.	(차) 미처분이익잉여금	110,000	(대) 현금	100,000
			법정적립금	10,000

③ 자기주식의 취득

20×1. 4. 1.	(차) 자기주식	40,000	(대) 현금	40,000

④ 손익의 대체

20×1. 12. 31.	(차) 집합손익(당기손익)	150,000	(대) 미처분이익잉여금	150,000
	(차) 기타포괄손익누계액	50,000	(대) 집합손익(기타포괄손실)	50,000

기초시점(20×1년 1월 1일)의 자본 분류별 내역과 위에 제시한 회계처리를 종합하여 A회사의 20×1년 보고기간에 대한 자본변동표를 작성하면 다음과 같다.

자본변동표

20×1년 1월 1일부터 20×1년 12월 31일까지

A회사

구분	자본금	자본잉여금	자본조정	이익잉여금	기타포괄손익누계액	자본총계
20×1. 1. 1.	₩1,000,000	₩200,000	₩(100,000)	₩600,000	₩300,000	₩2,000,000
유상증자	₩100,000	₩100,000	-	-	-	₩200,000
현금배당	-	-	-	₩(100,000)	-	₩(100,000)
자기주식취득	-	-	₩(40,000)	-	-	₩(40,000)
당기순이익	-	-	-	₩150,000	-	₩150,000
기타포괄손실	-	-	-	-	₩(50,000)	₩(50,000)
20×1. 12. 31.	₩1,100,000	₩300,000	₩(140,000)	₩650,000	₩250,000	₩2,160,000

⚡ POINT 자본의 계정과목 요약

자본금		보통주자본금, 우선주자본금
자본잉여금		주식발행초과금, 감자차익, 자기주식처분이익
자본조정	자본손실	주식할인발행차금, 감자차손, 자기주식처분손실, 자기주식
	임시계정	미교부주식배당금, 신주청약증거금, 전환권대가, 신주인수권대가, 주식선택권 등
기타포괄손익누계액		재평가잉여금, 재측정요소, 기타포괄손익공정가치측정금융자산평가손익, 파생상품평가손익, 해외사업환산손익, 당기손익공정가치측정지정금융부채평가손익 등
이익잉여금		법정적립금, 임의적립금, 미처분이익잉여금

Ⅶ | 금융부채와 지분상품의 구분

금융상품(Financial Instruments)은 거래당사자 어느 한쪽에게는 금융자산이 생기게 하고 거래상대방에게 금융부채나 지분상품이 생기게 하는 모든 계약을 말한다. 금융상품은 보유자와 발행자로 구분할 수 있는데, 보유자 입장에서는 금융자산으로 인식하고 발행자 입장에서는 금융부채 또는 지분상품으로 인식하게 된다.

[그림 13-4] 금융자산, 금융부채 및 지분상품의 관계

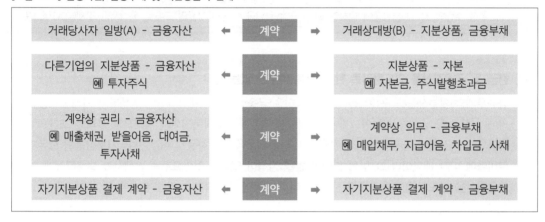

금융상품의 발행자는 계약의 실질과 금융부채, 금융자산 및 지분상품의 정의에 따라 최초 인식시점에 금융상품이나 금융상품의 구성요소를 금융부채, 금융자산, 지분상품으로 분류하여야 한다. 다음 조건을 모두 충족하는 금융상품만이 지분상품이다.

---

① 다음의 계약상 의무를 포함하지 아니한다.
    a. 거래상대방에게 현금 등 금융자산을 인도하기로 한 계약상 의무
    b. 잠재적으로 불리한 조건으로 거래상대방과 금융자산이나 금융부채를 교환하기로 한 계약상 의무
② 자기지분상품: 자기지분상품으로 결제되거나 결제될 수 있는 계약으로서, 다음 중 하나에 해당한다.
    a. 변동가능한 수량의 자기지분상품을 인도할 계약상 의무가 없는 비파생상품
    b. 확정 수량의 자기지분상품에 대하여 확정 금액의 현금 등 금융자산의 교환을 통해서만 결제될 파생상품

---

(1) 현금 등 금융자산을 인도하기로 한 계약상 의무가 없는 경우

금융부채와 지분상품을 구분하는 중요한 특성은 금융상품의 거래당사자인 발행자가 거래상대방인 보유자에게 현금 등 금융자산을 인도해야 할 계약상 의무를 부담하는지와 잠재적으로 불리한 조건으로 보유자와 금융자산이나 금융부채를 교환하는 계약상 의무를 부담하는지 여부이다. 지분상품의 보유자가 지분비율에 따라 배당이나 그 밖의 분배를 받을 자격이 있다는 것만으로는 발행자가 보유자에게 현금 등 금융자산을 반드시 인도해야 하는 것은 아니기 때문에 발행자가 그러한 분배를 해야 할 계약상 의무가 없다.

금융상품은 법적 형식이 아니라 실질에 따라 재무상태표에 분류하여야 한다. 일반적으로 실질과 법적 형식이 일치하지만 반드시 그런 것은 아니다. 어떤 금융상품은 지분상품의 법적 형식을 가지고 있지만 실질적으로는 금융부채에 해당되는 경우가 있고, 어떤 금융상품은 지분상품의 특성과 금융부채의 특성이 결합되어 있는 경우도 있다. 이러한 예는 다음과 같다.

① 상환우선주
    확정되었거나 결정 가능한 미래의 시점에 확정되었거나 결정 가능한 금액을 발행자가 보유자에게 의무적으로 상환해야 하는 우선주나 보유자가 발행자에게 특정일이나 그 후에 확정되었거나 결정 가능한 금액으로 상환해줄 것을 청구할 수 있는 권리가 있는 우선주는 금융부채이다. 그러나 현금으로 상환할 수 있는 권리가 발행자에게 있는 우선주는 발행자가 주식의 보유자에게 금융자산을 이전해야 할 현재의무가 없으므로 금융부채의 정의를 충족하지 못하므로 지분상품으로 분류해야 한다.
② 풋가능 금융상품
    금융상품의 보유자가 발행자에게 해당 금융상품의 환매를 요구하여 현금 등 금융자산을 수취할 권리가 부여된 금융상품(풋가능 금융상품)은 금융부채이다.

(2) 자기지분상품으로 결제되는 계약

자기지분상품으로 결제되는 계약의 경우 비파생상품의 경우 수량이 확정되면 지분상품, 수량이 확정되지 않으면 금융부채로 분류한다. 반면에 파생상품의 경우 수량과 금액이 모두 확정되면 지분상품, 수량과 금액 모두 확정되지 않으면 금융부채로 분류한다. 자기지분상품을 기초로 하는 여러 가지 유형의 계약을 분류하는 방법은 다음 예시와 같다.

① 미래에 확정 금액의 현금 등 금융자산을 대가로 하거나 대가 없이 확정 수량의 기업 자신의 주식을 수취하거나 인도하여 결제하는 계약은 지분상품이다. 따라서 이러한 계약에 따라 수취하거나 지급한 대가는 자본에 직접 가산하거나 차감한다.[4] 그러나 확정되었거나 결정 가능한 시점이나 보유자가 요구할 때에 발행자가 현금 등 금융자산으로 기업 자신의 주식을 매입(상환)해야 하는 계약이 있다면, 상환금액의 현재가치에 해당하는 금액을 금융부채로 인식한다.[5]

② 발행자가 매입해야 하는 주식의 수가 확정되지 않거나 기업 자신의 주식을 매입해야 하는 의무가 상대방의 권리행사 여부에 따라 결정되는 조건부 의무인 경우에도, 발행자가 현금으로 기업 자신의 주식을 매입하는 의무로 인하여 상환금액의 현재가치에 해당하는 금융부채가 생긴다.[6]

③ 계약을 결제하기 위하여 수취하거나 인도할 자기지분상품의 수량이 기초변수(예 일반상품가격)의 변동에 따라 결정되는 금액이나 확정 금액과 가치가 동일하게 결정되는 계약은 금융자산이나 금융부채이다.[7]

⚡ POINT 금융상품과 지분상품의 정의

금융상품의 정의	금융상품은 거래당사자 어느 한쪽에게는 금융자산이 생기게 하고 거래상대방에게 금융부채나 지분상품이 생기게 하는 모든 계약

지분상품의 정의	다음 조건을 모두 충족하는 금융상품만이 지분상품임
	① 다음의 계약상 의무를 포함하지 아니한다.
	  a. 거래상대방에게 현금 등 금융자산을 인도하기로 한 계약상 의무
	  b. 잠재적으로 불리한 조건으로 거래상대방과 금융자산이나 금융부채를 교환하기로 한 계약상 의무
	② 자기지분상품: 자기지분상품으로 결제되거나 결제될 수 있는 계약으로서, 다음 중 하나에 해당한다.
	  a. 변동가능한 수량의 자기지분상품을 인도할 계약상 의무가 없는 비파생상품
	  b. 확정 수량의 자기지분상품에 대하여 확정 금액의 현금 등 금융자산의 교환을 통해서만 결제될 파생상품

---

4) 이러한 예로는 상대방에게 확정 금액을 대가로 확정 수량의 발행자 주식을 매입할 수 있는 권리를 부여하는 주식옵션을 매도하는 경우를 들 수 있다.
5) 이러한 예로는 확정 금액의 현금으로 발행자가 확정 수량의 기업 자신의 주식을 매입해야 하는 선도계약에 따른 기업의 의무를 들 수 있다.
6) 조건부 의무의 예로는 상대방의 권리행사에 따라 기업 자신의 주식을 매입해야 하는 옵션을 발행한 경우를 들 수 있다.
7) 이러한 예로는 기초자산인 금을 매입하기로 하는 옵션을 매도하는 경우로서 옵션이 행사되면 옵션계약의 가치와 같은 가치에 해당하는 수량의 자기지분상품으로 차액 결제하는 경우를 들 수 있다.

02 상환우선주의 회계처리

금융상품은 법적 형식이 아니라 실질에 따라 재무상태표에 분류하여야 한다. 일반적으로 실질과 법적 형식이 일치하지만 반드시 그런 것은 아니다. 어떤 금융상품은 지분상품의 법적 형식을 가지고 있지만 실질적으로는 금융부채에 해당되는 경우가 있고, 어떤 금융상품은 지분상품의 특성과 금융부채의 특성이 결합되어 있는 경우도 있다. 이러한 금융상품에 대표적인 사례가 상환우선주이다. 상환우선주(Callable Preferred Stock)는 기업이 미래의 특정 시점에 미리 정한 가격으로 상환할 수 있는 권리가 내재된 우선주를 말한다. 상환우선주는 계약의 실질에 따라 발행자가 계약상의 의무를 부담하느냐에 의거하여 금융부채와 지분상품으로 다음과 같이 구분한다.

확정되었거나 결정 가능한 미래의 시점에 확정되었거나 결정 가능한 금액을 발행자가 보유자에게 의무적으로 상환해야 하는 우선주나 보유자가 발행자에게 특정일이나 그 후에 확정되었거나 결정 가능한 금액으로 상환해 줄 것을 청구할 수 있는 권리가 있는 우선주는 금융부채이다. 그러나 현금으로 상환할 수 있는 권리가 발행자에게 있는 우선주는 발행자가 주식의 보유자에게 금융자산을 이전해야 할 현재의무가 없으므로 금융부채의 정의를 충족하지 못하므로 지분상품으로 분류해야 한다. 이를 요약하면 다음과 같다.

[그림 13-5] 상환우선주

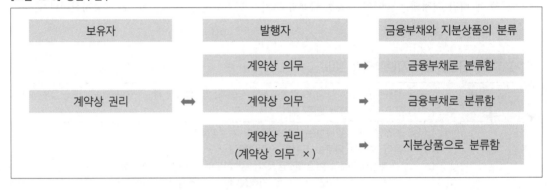

(1) 금융부채로 분류하는 상환우선주

K-IFRS에서는 우선주의 보유자가 상환을 청구할 수 있거나, 발행자가 계약상 의무가 있는 상환우선주를 자본이 아닌 금융부채로 분류하도록 규정하고 있는데, 금융부채로 분류되는 상환우선주는 배당의 지급 여부에 따라 다음과 같이 회계처리한다.

① 누적적 상환우선주

지급되지 않은 배당금의 상환금액에 가산되는 누적적 상환우선주는 배당을 포함한 금융부채 전체가 금융부채에 해당하며, 이 경우 배당은 이자비용으로 인식한다. 따라서 최초 인식 시 상환금액과 배당금의 현재가치를 부채로 인식하며, 배당금을 지급하는 경우 이자비용으로 인식한다.

② 비누적적 상환우선주

상환 전까지 발행자의 재량에 따라 배당이 지급되는 비누적적 상환우선주는 상환금액의 현재가치에 해당하는 부채요소와 배당에 해당하는 자본요소가 결합되어 있는 복합금융상품에 해당한다. 따라서 이 경우에는 부채요소와 관련된 현재가치의 할인상각액은 이자비용으로 인식하고, 배당은 자본요소와 관련된 것으로서 이익의 처분으로 인식한다.

⚡ POINT 금융부채로 분류되는 상환우선주의 회계처리

구분	원금	배당	분류	최초 인식(부채)	배당의 처리
누적적 우선주	계약상 의무 ○ (부채)	계약상 의무 ○ (부채)	금융부채	PV (상환금액 + 배당)	이자비용
비누적적 우선주	계약상 의무 ○ (부채)	계약상 의무 × (자본)	복합금융상품	PV(상환금액)	이익의 처분

(2) 지분상품으로 분류하는 상환우선주

상환우선주라 하더라도 현금으로 상환할 권리가 발행자에게 있는 경우에는 금융자산을 이전할 계약상 의무가 없으므로 자본으로 분류해야 한다. 또한 배당금을 지급하는 경우에도 이익의 처분으로 회계처리한다.

⚡ POINT 지분상품으로 분류되는 상환우선주의 회계처리

구분	원금	배당	분류	최초 인식(자본)	배당의 처리
상환우선주	계약상 의무 × (자본)	계약상 의무 × (자본)	지분상품	발행금액	이익의 처분

12월 말 결산법인인 (주)대한은 20×1년 1월 1일 다음과 같이 비참가적 우선주를 발행하였으며, 이 시점의 적절한 할인율은 연 10%이다. 주당 액면금액은 ₩5,000이고 연 배당률이 8%인 우선주 20주를 발행하였다. (주)대한은 20×3년 12월 31일 주당 ₩5,000에 동 우선주를 의무적으로 상환해야 한다. 10%의 3기간 현가계수는 0.75131이며, 10%의 3기간 연금현가계수는 2.48685이다. (주)대한은 20×1년도에는 배당을 현금으로 전액 지급하였다.

물음 1 (주)대한의 우선주가 누적적 우선주이며, 20×1년 초에 ₩95,026에 발행하였을 경우 20×1년에 수행할 모든 회계처리를 나타내시오.

물음 2 (주)대한의 우선주가 비누적적 우선주이며, 20×1년 초에 ₩95,026에 발행하였을 경우 20×1년에 수행할 모든 회계처리를 나타내시오.

해답 **물음 1**

1. 발행금액의 계산
   ① 미래현금흐름

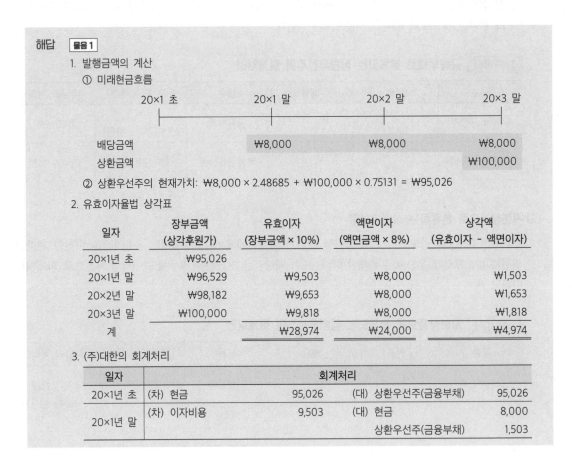

   ② 상환우선주의 현재가치: ₩8,000 × 2.48685 + ₩100,000 × 0.75131 = ₩95,026

2. 유효이자율법 상각표

일자	장부금액 (상각후원가)	유효이자 (장부금액 × 10%)	액면이자 (액면금액 × 8%)	상각액 (유효이자 - 액면이자)
20×1년 초	₩95,026			
20×1년 말	₩96,529	₩9,503	₩8,000	₩1,503
20×2년 말	₩98,182	₩9,653	₩8,000	₩1,653
20×3년 말	₩100,000	₩9,818	₩8,000	₩1,818
계		₩28,974	₩24,000	₩4,974

3. (주)대한의 회계처리

일자	회계처리			
20×1년 초	(차) 현금	95,026	(대) 상환우선주(금융부채)	95,026
20×1년 말	(차) 이자비용	9,503	(대) 현금	8,000
			상환우선주(금융부채)	1,503

물음 2

1. 발행금액의 배분

　① 부채요소의 미래현금흐름

```
        20×1 초          20×1 말          20×2 말          20×3 말
         ├────────────────┼────────────────┼────────────────┤
```

　　상환금액　　　　　　　　　　　　　　　　　　　　　　　　₩100,000

　② 부채요소의 현재가치: ₩100,000 × 0.75131 = ₩75,131

　③ 자본요소: ₩95,026 - ₩75,131 = ₩19,895

2. 유효이자율법 상각표

일자	장부금액 (상각후원가)	유효이자 (장부금액 × 10%)	액면이자 (액면금액 × 8%)	상각액 (유효이자 - 액면이자)
20×1년 초	₩75,131			
20×1년 말	₩82,644	₩7,513	-	₩7,513
20×2년 말	₩90,908	₩8,264	-	₩8,264
20×3년 말	₩100,000	₩9,092	-	₩9,092
계		₩24,869	-	₩24,869

3. (주)대한의 회계처리

일자	회계처리				
20×1년 초	(차) 현금	95,026	(대) 상환우선주(금융부채)	75,131
			상환우선주대가(자본)	19,895
20×1년 말	(차) 이자비용	7,513	(대) 상환우선주(금융부채)	7,513
	이익잉여금	8,000	현금	8,000

보론 1 | 청약에 의한 신주발행

회사를 처음 설립하여 주식을 발행하거나 또는 상장을 통하여 추가적인 신주를 발행할 경우 청약에 의한 신주발행이 주로 사용된다. 여기서 청약에 의한 신주발행이란 주식청약 시 신주청약증거금(계약금)만 지급하고 나머지 잔액은 주식발행일에 지불할 것을 서명날인하여 신주청약증거금과 나머지 잔액이 모두 납입되었을 때만 주식을 발행하여 주는 것을 의미한다.

주식청약 시 신주청약증거금은 회사와 주주와의 거래에서 발생한 임시계정이므로 자본조정으로 계상하였다가 주식발행일에 주식발행가액에 가산하여 자본금과 주식발행초과금으로 대체한다. 여기서 유의할 점은 만약 신주청약증거금은 납입하였으나 해당 주식의 실권이 발생하였다면 계약의 실질에 따라 신주청약증거금을 구분하여야 한다. 만약 신주청약증거금의 현금상환의무가 없다면 해당 신주청약증거금은 기타자본잉여금으로 대체하나, 신주청약증거금의 현금상환의무가 있다면 해당 신주청약증거금은 부채로 재분류해야 한다. 이와 관련된 회계처리를 예시하면 다음과 같다.

[청약시점]

(차) 현금	×××	(대) 신주청약증거금(자본조정)	×××

[주식발행시점]

(차) 현금	×××	(대) 자본금	×××
신주청약증거금(자본조정)	×××	주식발행초과금	×××

[실권시점(현금상환의무가 존재하지 않는 경우)]

(차) 신주청약증거금(자본조정)	×××	(대) 기타자본잉여금	×××

[실권시점(현금상환의무가 존재하는 경우)]

(차) 신주청약증거금(자본조정)	×××	(대) 미지급금(부채)	×××

예제 8 │ 청약에 의한 신주발행

A회사는 20×1년 5월 1일 사업확장과 운영자금 조달을 위하여 보통주 신주 1,000주를 임직원과 일반인에게 청약을 받아 발행하기로 이사회에서 의결하였다. 관련 자료는 다음과 같다.

(1) A회사가 발행하고자 하는 보통주 신주는 주당 액면금액이 ₩5,000이고 신주발행금액은 주당 액면금액이 ₩10,000이다.

(2) 청약자는 주식청약일에 청약한 주식대금의 30%를 납입하고, 주식대금잔액은 1개월 후인 6월 1일에 납입하며, 청약된 주식은 주식대금잔액 납부일에 즉시 발행된다.

(3) A회사의 보통주 신주에 대한 청약이 주식청약일에 1,000주가 청약되었으나 이후 주식시장의 상황 악화로 인하여 청약된 주식대금 잔액의 80%만 납입되었다.

물음 1 청약계약이 해약되는 경우 A회사는 이미 납입된 주식대금을 상환할 의무가 있다면, A회사가 수행할 각 일자별 회계처리를 나타내시오.

물음 2 청약계약이 해약되는 경우 A회사는 이미 납입된 주식대금을 상환할 의무가 없는 경우, A회사가 수행할 각 일자별 회계처리를 나타내시오.

물음 3 청약계약이 해약되는 경우 A회사는 이미 납입된 주식대금을 상환할 의무가 없으며, 청약자가 청약한 주식대금의 잔액을 비례기준(납입한 주식대금/신주의 발행금액)에 의거하여 청약자에게 주식을 발행할 경우 A회사가 수행할 각 일자별 회계처리를 나타내시오.

해답 **물음1**

현금상환의무가 있는 경우

일자	회계처리			
20×1. 5. 1.	(차) 현금	3,000,000	(대) 신주청약증거금	3,000,000[1]
	[1] 1,000주 × ₩10,000 × 30% = ₩3,000,000			
20×1. 6. 1.	(차) 신주청약증거금	2,400,000[1]	(대) 자본금	4,000,000[3]
	현금	5,600,000[2]	주식발행초과금	4,000,000
	(차) 신주청약증거금	600,000[4]	(대) 미지급금(부채)	600,000
	[1] ₩3,000,000 × 80% = ₩2,400,000			
	[2] 1,000주 × ₩10,000 × 70% × 80% = ₩5,600,000			
	[3] 1,000주 × ₩5,000 × 80% = ₩4,000,000			
	[4] ₩3,000,000 × 20% = ₩600,000			

물음2

현금상환의무가 없는 경우

일자	회계처리			
20×1. 5. 1.	(차) 현금	3,000,000	(대) 신주청약증거금	3,000,000[1]
	[1] 1,000주 × ₩10,000 × 30% = ₩3,000,000			
20×1. 6. 1.	(차) 신주청약증거금	2,400,000[1]	(대) 자본금	4,000,000[3]
	현금	5,600,000[2]	주식발행초과금	4,000,000
	(차) 신주청약증거금	600,000[4]	(대) 기타자본잉여금	600,000
	[1] ₩3,000,000 × 80% = ₩2,400,000			
	[2] 1,000주 × ₩10,000 × 70% × 80% = ₩5,600,000			
	[3] 1,000주 × ₩5,000 × 80% = ₩4,000,000			
	[4] ₩3,000,000 × 20% = ₩600,000			

물음3

현금상환의무가 없으며, 실권주에 대해서도 주식을 발행하는 경우

일자	회계처리			
20×1. 5. 1.	(차) 현금	3,000,000	(대) 신주청약증거금	3,000,000[1]
	[1] 1,000주 × ₩10,000 × 30% = ₩3,000,000			
20×1. 6. 1.	(차) 신주청약증거금	3,000,000	(대) 자본금	4,300,000[2]
	현금	5,600,000[1]	주식발행초과금	4,300,000
	[1] 1,000주 × ₩10,000 × 70% × 80% = ₩5,600,000			
	[발행될 주식수 (₩3,000,000 + ₩5,600,000)/₩10,000 = 860주]			
	[2] 860주 × ₩5,000 = ₩4,300,000			

보론 2 | 현물배당

현물배당(Property dividend)은 배당기준일 현재의 주주들에게 현금을 배당하는 대신 기업이 보유하는 비현금자산을 배분하는 것을 말한다. 현금배당을 실시하면 회사가 일시적인 유동성 위기를 겪을 수 있으므로 회사가 보유한 상품, 금융상품 등으로 배당을 지급하게 되면 주주에게 배당이 원활해지는 장점이 있어 최근에 상법에서 도입한 규정이다. 한국채택국제회계기준해석서 제2117호 '소유주에 대한 비현금자산의 분배'에 현물배당과 관련된 내용이 규정되어 있다.

기업은 소유주[8]로서의 자격을 행사하는 소유주에게 비현금자산을 배당으로 분배하는 경우가 있다. 그러한 경우에 기업은 비현금자산을 받거나 현금을 받을 수 있는 선택권을 소유주에게 부여할 수도 있다. 배당을 지급해야 하는 부채는 그 배당이 적절하게 승인되고 더 이상 기업에게 재량이 없는 시점에 인식된다. 소유주에게 배당으로 비현금자산을 분배해야 하는 부채는 분배될 자산의 공정가치로 측정한다. 비현금자산을 받거나 현금을 받을 수 있는 선택권을 기업이 소유주에게 부여한다면, 기업은 각 대안의 공정가치와 소유주가 각 대안을 선택할 확률을 고려하여 미지급배당을 추정한다.

각 보고기간말과 결제일에, 기업은 미지급배당의 장부금액을 검토하고 조정한다. 이 경우 미지급배당의 장부금액 변동은 분배금액에 대한 조정으로 자본에서 인식한다.

기업이 미지급배당을 결제할 때, 분배된 자산의 장부금액과 미지급배당의 장부금액이 차이가 있다면 이를 당기손익으로 인식한다.

[회계처리] 현금배당의 회계처리

① 배당결의일(주주총회일)

(차) 미처분이익잉여금	×××	(대) 미지급현물배당(유동부채)	×××

② 보고기간말 및 결제일

(차) 미처분이익잉여금	×××	(대) 미지급현물배당(유동부채)	×××

③ 배당금지급일

(차) 미지급현물배당(유동부채)	×××	(대) 비현금자산	×××
		비현금자산처분이익	×××

---

8) K-IFRS 제1001호 '재무제표 표시'는 소유주를 자본으로 분류되는 금융상품의 보유자로 정의한다.

예를 들어, A회사가 20×1년 12월 1일 이사회의 결의를 통하여 주주들에게 현물배당을 지급하기로 하였고 그 시점의 현물배당으로 분배될 비현금자산의 공정가치는 ₩1,000,000이다. 20×1년 12월 31일 현물배당으로 분배될 비현금자산의 공정가치가 ₩1,100,000으로 증가하였다. 20×2년 1월 15일 A회사 주주들에게 원안대로 현물배당을 지급하였으며, 이 시점의 현물배당으로 분배될 비현금자산의 공정가치는 ₩1,200,000이며, 비현금자산의 장부금액은 ₩900,000이다. 현물배당과 관련된 일련의 회계처리를 예시하면 다음과 같다.

일자	회계처리			
20×1. 12. 1.	(차) 미처분이익잉여금	1,000,000	(대) 미지급현물배당(부채)	1,000,000
20×1. 12. 31.	(차) 미처분이익잉여금	100,000[1]	(대) 미지급현물배당(부채)	100,000
	[1] ₩1,100,000 − ₩1,000,000 = ₩100,000			
20×2. 1. 15.	(차) 미처분이익잉여금	100,000[1]	(대) 미지급현물배당(부채)	100,000
	(차) 미지급현물배당(부채)	1,200,000	(대) 비현금자산	900,000
			비현금자산처분이익(NI)	300,000
	[1] ₩1,200,000 − ₩1,100,000 = ₩100,000			

Chapter 13

O, X 연습문제

01 주식발행비는 당기비용으로 인식한다. (O, X)

02 금융부채의 전부 또는 일부를 소멸시키기 위하여 채권자에게 발행한 지분상품을 최초에 인식할 (O, X)
때, 해당 지분상품의 공정가치를 신뢰성 있게 측정할 수 있다면 공정가치로 측정한다.

03 기업이 자기지분상품을 재취득하는 경우에는 이러한 지분상품인 자기주식은 자산으로 인식한다. (O, X)

04 기타포괄손익누계액에는 재평가잉여금, 기타포괄손익공정가치측정금융자산평가손익, 해외사업 (O, X)
환산손익, 재측정요소, 감자차익 등이 있다.

05 현물배당을 실시할 경우 각 보고기간말과 결제일에, 기업은 미지급배당의 장부금액을 검토하고 (O, X)
조정한다. 이 경우 미지급배당의 장부금액 변동은 분배금액에 대한 조정으로 당기손익으로 인식
한다.

정답 및 해설

01 X 주식발행비는 주식의 발행금액에서 차감하여 주식발행초과금을 감소시키거나 주식할인발행차금을 증가시키게 된다.

02 O

03 X K-IFRS 제1032호 '금융상품 표시'에서는 기업이 자기지분상품을 재취득하는 경우에는 이러한 지분상품인 자기주식은 자본에서 차
감한다고 규정하고 있다.

04 X 감자차익은 기타포괄손익누계액이 아니고 자본잉여금으로 분류한다.

05 X 각 보고기간말과 결제일에, 기업은 미지급배당의 장부금액을 검토하고 조정한다. 이 경우 미지급배당의 장부금액 변동은 분배금액
에 대한 조정으로 자본에서 인식한다.

06 잠재적으로 불리한 조건으로 거래상대방과 금융자산이나 금융부채를 교환하기로 한 계약상 의무 (O, X)
는 금융부채로 분류한다.

07 향후 금 100온스의 가치에 해당하는 확정되지 않은 금액의 현금을 대가로 자기지분상품 100주 (O, X)
를 인도하는 계약은 지분상품으로 분류하지 않는다.

08 발행자가 보유자에게 미래의 시점에 확정된 금액을 의무적으로 상환해야 하는 의무가 있는 우선 (O, X)
주는 금융부채로 분류한다.

09 100원과 동일한 공정가치에 해당하는 자기지분상품을 인도할 계약은 인도할 자기지분상품의 수 (O, X)
량이 확정되지 않았으므로 금융부채로 분류한다.

10 자기지분상품을 현금 등 금융자산으로 매입할 의무가 포함된 계약의 경우 그 의무가 상대방의 (O, X)
권리행사 여부에 따라 결정되는 경우에는 지분상품으로 분류한다.

정답 및 해설		
06	O	
07	O	
08	O	
09	O	
10	X	자기지분상품을 현금 등 금융자산으로 매입할 의무가 포함된 계약의 경우 매입 의무가 상대방의 권리행사 여부에 따라 결정되는 경우라고 하더라도 그 매입금액의 현재가치를 금융부채로 인식한다.

Chapter 13
객관식 연습문제

01 20×1년 1월 1일에 주식을 발행하고 영업을 개시한 (주)국세의 20×3년 12월 31일 현재 재무상태표상 보통주자본금과 우선주자본금은 각각 ₩5,000,000과 ₩3,000,000이고, 그동안 자본금의 변동은 없었다. 보통주 및 우선주의 주당 액면금액은 ₩5,000으로 동일하며, 우선주는 배당률 3%의 누적적·부분참가적(6%까지) 주식이다. 영업을 개시한 이래 한 번도 배당을 실시하지 않은 (주)국세가 20×4년 1월에 총 ₩600,000의 현금배당을 선언하였다. 보통주와 우선주에 배분될 배당금은 각각 얼마인가? (단, 현금배당액에 대한 법정적립금은 적립하지 않는 것으로 가정한다) [2011 세무사 1차]

	보통주	우선주
①	₩240,000	₩360,000
②	₩262,500	₩337,500
③	₩284,300	₩315,700
④	₩306,400	₩293,600
⑤	₩420,000	₩180,000

02 다음은 20×1년 중에 발생한 (주)여수의 자본거래내역이다.

> (1) 2월 28일: 주총에서 현금배당 ₩100,000, 주식배당 ₩100,000, 이익준비금 ₩10,000 적립, 감자차손 ₩20,000을 처분하기로 결의하였다.
> (2) 3월 3일: 주총에서 결의된 배당금을 지급하고 주식(주식배당)을 교부하였다.
> (3) 6월 11일: 회사가 발행한 보통주식(주당 액면금액 ₩5,000, 주당 발행가액 ₩5,000) 중 100주를 주당 ₩10,000에 취득하였다.
> (4) 7월 11일: 위 주식 중 50주를 주당 ₩12,000에 매각하였다.
> (5) 9월 5일: 위 주식 중 20주를 주당 ₩9,000에 매각하였다.
> (6) 12월 12일: 위 주식 중 나머지 30주를 모두 소각하였다.

상기 거래가 (주)여수의 자본에 미치는 영향은 얼마인가?

① ₩680,000   ② ₩(500,000)   ③ ₩(320,000)

④ ₩(220,000)   ⑤ ₩(1,100,000)

03 (주)백두의 20×1년 1월 1일의 자산과 부채의 총계는 각각 ₩3,500,000과 ₩1,300,000이었으며, (주)백두의 20×1년 중 발생한 모든 자본거래는 다음과 같다.

> - 3월 8일: 20×0년도 정기주주총회(2월 28일 개최)에서 결의한 배당을 지급하였다. 구체적으로 현금배당으로 ₩130,000을 지급하였으며, 주식배당으로 보통주 100주(주당 액면금액 ₩500, 주당 공정가치 ₩550)를 발행하였다. (주)백두는 현금배당액의 10%를 상법상의 이익준비금으로 적립하였다.
> - 5월 8일: 보통주 200주(주당 액면금액 ₩500)를 주당 ₩600에 발행하였으며, 이와 관련하여 직접적인 주식발행비용 ₩30,000이 발생하였다.
> - 10월 9일: 20×0년에 취득한 자기주식(취득원가 ₩70,000)을 ₩80,000에 재발행하였다.

(주)백두가 20×1년도 포괄손익계산서상 당기순이익과 총포괄이익으로 ₩130,000과 ₩40,000을 보고하였다면, (주)백두가 20×1년 말 현재 재무상태표상 자본의 총계로 보고할 금액은 얼마인가? (단, 법인세 효과는 고려하지 않는다) [2011 공인회계사 1차]

① ₩2,280,000 ② ₩2,283,000 ③ ₩2,293,000
④ ₩2,390,000 ⑤ ₩2,410,000

04 다음은 (주)대한의 자본과 관련된 자료이다.

> (1) 20×1년 초 현재 보통주 발행주식수는 1,000주이고 주당 액면금액은 ₩500이다. 다음은 (주)대한의 20×1년 초 현재의 자본내역이다.
>
> | | | | |
> |---|---|---|---|
> | • 보통주자본금 | ₩500,000 | • 감자차익 | ₩1,000 |
> | • 주식발행초과금 | ₩40,000 | • 재평가잉여금 | ₩30,000 |
> | • 자기주식 | ₩35,000 | • 미처분이익잉여금 | ₩10,000 |
>
> (2) 20×1년 중 다음의 거래가 발생하였다.
>
> | | |
> |---|---|
> | A | 20×1년 초 현재 보유하고 있는 자기주식 수량은 50주이다. 자기주식은 원가법으로 회계처리하며 자기주식 취득원가는 주당 ₩700이다. 20×1년 3월 초 자기주식 10주를 소각하였다. |
> | B | 20×1년 초 현재 보유하고 있는 토지는 ₩70,000에 취득하였는데 재평가잉여금은 토지의 재평가로 발생한 것이다. 20×1년 말 토지는 ₩80,000으로 재평가되었다. |
> | C | 20×1년 3월 말 자기주식 20주를 주당 ₩800에 재발행하였다. |
> | D | 20×1년 5월 초 현물출자방식으로 보통주 300주를 발행하여 건물을 취득하였다. 현물출자 시점에 건물의 공정가치는 ₩200,000이고, 원가모형을 적용한다. |
> | E | 20×1년 7월 초 이사회에서 중간배당으로 총 ₩1,500을 지급하기로 결의하고 7월 말에 지급하였다. 20×1년 당기순이익으로 ₩10,000을 보고하였다. |

상기 A부터 E까지의 거래가 반영된 20×1년 말 자본총계를 구하면? [2018 공인회계사 1차]

① ₩740,500 ② ₩742,500 ③ ₩747,500
④ ₩750,500 ⑤ ₩757,500

05 (주)대한은 20×1년 1월 1일에 상환우선주 200주(1주당 액면금액 ₩500)를 공정가치로 발행하였다. 동 상환우선주와 관련된 자료는 다음과 같다.

- (주)대한은 상환우선주를 20×2년 12월 31일에 1주당 ₩600에 의무적으로 상환해야 한다.
- 상환우선주의 배당률은 액면금액기준 연 3%이며, 배당은 매년 말에 지급한다. 배당이 지급되지 않는 경우에는 상환금액에 가산하여 지급한다.
- 20×1년 1월 1일 현재 상환우선주에 적용되는 유효이자율은 연 6%이며, 그 현가계수는 아래 표와 같다.

기간	할인율	6%	
		단일금액 ₩1의 현재가치	정상연금 ₩1의 현재가치
2년		0.8900	1.8334

- 20×1년 말에 (주)대한은 동 상환우선주의 보유자에게 배당을 결의하고 지급하였다.

(주)대한이 동 상환우선주와 관련하여 20×1년 포괄손익계산서상 이자비용으로 인식해야 할 금액은 얼마인가? (단, 단수차이로 인해 오차가 있다면 가장 근사치를 선택한다) [2021 공인회계사 1차]

① ₩0   ② ₩3,000   ③ ₩3,600
④ ₩6,408   ⑤ ₩6,738

정답 및 해설

정답

01 ②   02 ③   03 ①   04 ④   05 ⑤

해설

01 ②

구분	우선주	보통주
연체배당	₩3,000,000 × 3% × 2년 = ₩180,000	-
기본배당	₩3,000,000 × 3% = ₩90,000	₩5,000,000 × 3% = ₩150,000
잔여배당	₩67,500[1]	₩180,000 - ₩67,500 = ₩112,500
계	₩337,500	₩262,500

[1] Min $\begin{cases} ₩180,000 × 3,000,000/8,000,000 = ₩67,500 \\ 한도: ₩3,000,000 × (6\% - 3\%) = ₩90,000 \end{cases}$ = ₩67,500

02 ③

일자		회계처리					자본 영향
2월 28일	(차)	이익잉여금	230,000	(대)	미지급배당금	100,000	₩(100,000)
					미교부주식배당금	100,000	
					법정적립금	10,000	
					감자차손	20,000	
3월 3일	(차)	미지급배당금	100,000	(대)	현금	100,000	-
		미교부주식배당금	100,000		자본금	100,000	
6월 11일	(차)	자기주식	1,000,000	(대)	현금	1,000,000	₩(1,000,000)
7월 11일	(차)	현금	600,000	(대)	자기주식	500,000	₩600,000
					자기주식처분이익	100,000	
9월 5일	(차)	현금	180,000	(대)	자기주식	200,000	₩180,000
		자기주식처분이익	20,000				
12월 12일	(차)	자본금	150,000	(대)	자기주식	300,000	-
		감자차손	150,000				
합계							₩(320,000)

03 ① 20×1년 기초자본: ₩3,500,000 - ₩1,300,000 = ₩2,200,000
　　3월 8일(현금배당) ₩(130,000)
　　5월 8일(유상증자): 200주 × ₩600 - ₩30,000 = ₩90,000
　　10월 9일(자기주식 재발행) ₩80,000
　　총포괄이익 ₩40,000
　　20×1년 기말자본 ₩2,280,000

04 ④ 1. 20×1년 기초자본: ₩500,000 + ₩1,000 + ₩40,000 + ₩30,000 - ₩35,000 + ₩10,000 = ₩546,000
　　2. 20×1년 말 자본총계

　　　20×1년 기초자본 ₩546,000
　　　A. 자기주식의 소각 -
　　　B. 재평가잉여금의 감소: ₩80,000 - (₩70,000 + ₩30,000) = ₩(20,000)
　　　C. 자기주식의 재발행: 20주 × ₩800 = ₩16,000
　　　D. 현물출자 ₩200,000
　　　E. 중간배당 ₩(1,500)
　　　E. 당기순이익 ₩10,000
　　　20×1년 말 자본총계 ₩750,500

05 ⑤ 1. 20×1년 초 상환우선주 부채요소의 현재가치

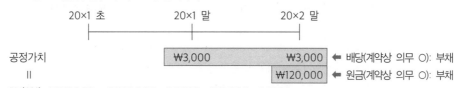

　　　　　　　　20×1 초　　　　　　20×1 말　　　　　　20×2 말

　공정가치　　　　　　　　　₩3,000　　　　₩3,000　◀ 배당(계약상 의무 O): 부채
　　　‖　　　　　　　　　　　　　　　₩120,000　◀ 원금(계약상 의무 O): 부채
　PV(6%): ₩112,300 = ₩120,000 × 0.8900 + ₩3,000 × 1.8334

　　2. 20×1년 당기비용: ₩112,300 × 6% = ₩6,738
　　3. 회계처리

일자	회계처리			
20×1년 초	(차) 현금	112,300	(대) 상환우선주(금융부채)	112,300
20×1년 말	(차) 이자비용	6,738	(대) 상환우선주(금융부채)	3,738
			현금	3,000

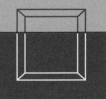

Chapter 13
주관식 연습문제

자본과 사채의 상환

01 다음에 제시되는 물음은 각각 독립된 상황이다. [2011 공인회계사 2차 수정]

물음1 12월 말 결산법인인 (주)사직은 20×1년 1월 1일 액면금액 ₩5,000인 보통주 10,000주를 주당 ₩5,000에 발행하여 설립되었다. (주)사직은 20×2년 3월 정기주주총회에서 1%의 주식배당을 결의하고, 결의한 주식을 20×2년 5월에 발행하였다. 배당결의일의 주가는 주당 ₩6,000이고, 발행일의 주가는 주당 ₩7,000이다. 20×2년 6월 1일에 (주)사직은 보통주 1,000주를 ₩6,000,000에 발행하고, 신주발행 직접비용 ₩100,000을 지급하였다. 당기순이익은 다음과 같다.

연도	당기순이익
20×1	₩2,000,000
20×2	₩2,500,000
20×3	₩3,000,000

20×3년 동안 (주)사직은 다음과 같은 거래를 하였다.

1. 3월 1일 자사 보통주 1,000주를 주당 ₩7,000에 취득하였다. (주)사직은 자기주식 회계 처리에 원가법을 사용하고 있다.
2. 5월 1일 자기주식 500주를 주당 ₩8,000에 매각하였다.
3. 6월 초에 기타포괄손익공정가치측정금융자산을 ₩1,000,000에 취득하였으며, 12월 말 공정가치는 ₩1,200,000이다.
4. 12월 15일 주주들에게 최초로 주당 ₩30의 현금배당을 결의하였다.

20×3년 12월 31일의 ① 자본금, ② 자본잉여금, ③ 자기주식, ④ 이익잉여금을 계산하시오.

물음 2 (주)흥덕은 20×1년 1월 1일 액면금액 ₩1,000,000, 표시이자율 연 8%(12월 말 지급), 만기 3년인 사채를 시장이자율 연 10%에 발행하였다. 20×2년 7월 1일 시장이자율이 연 12%로 상승하였을 때 동 사채의 액면금액 중 50%를 시장에서 경과기간 동안의 액면이자를 포함하여 조기상환하였다. (주)흥덕의 20×2년 7월 1일 ① 사채상환 시 지급액과 ② 조기상환손익을 계산하시오. (단, 현가계수는 다음과 같다)

기간	10%		12%	
	₩1의 현가계수	₩1의 연금현가계수	₩1의 현가계수	₩1의 연금현가계수
1	0.91	0.91	0.89	0.89
2	0.83	1.74	0.80	1.69
3	0.75	2.49	0.71	2.40

물음 3 자기지분상품으로 결제되거나 결제될 수 있는 계약이 지분상품으로 분류되기 위한 조건을 3줄 이내로 기술하시오.

해답

일자	회계처리
20×1. 1. 1.	(차) 현금 50,000,000 (대) 자본금 50,000,000[1] [1] 10,000주 × ₩5,000 = ₩50,000,000
20×1. 12. 31.	(차) 집합손익 2,000,000 (대) 이익잉여금 2,000,000
20×2. 3월	(차) 이익잉여금 500,000 (대) 미교부주식배당금 500,000[1] [1] 10,000주 × 1% × ₩5,000 = ₩500,000
20×2. 5월	(차) 미교부주식배당금 500,000 (대) 자본금 500,000
20×2. 6. 1.	(차) 현금 5,900,000[1] (대) 자본금 5,000,000[2] 주식발행초과금 900,000 [1] ₩6,000,000 - ₩100,000 = ₩5,900,000 [2] 1,000주 × ₩5,000 = ₩5,000,000
20×2. 12. 31.	(차) 집합손익 2,500,000 (대) 이익잉여금 2,500,000
20×3. 3. 1.	(차) 자기주식 7,000,000[1] (대) 현금 7,000,000 [1] 1,000주 × ₩7,000 = ₩7,000,000
20×3. 5. 1.	(차) 현금 4,000,000[1] (대) 자기주식 3,500,000[2] 자기주식처분이익 500,000 [1] 500주 × ₩8,000 = ₩4,000,000 [2] 500주 × ₩7,000 = ₩3,500,000
20×3. 6월 초	(차) 기타포괄손익공정가치측정금융자산 1,000,000 (대) 현금 1,000,000
20×3. 12. 15.	(차) 이익잉여금 318,000[1] (대) 미지급배당금 318,000 [1] (10,000주 + 1,000주 + 100주 - 1,000주 + 500주) × ₩30 = ₩318,000
20×3. 12. 31.	(차) 집합손익 3,000,000 (대) 이익잉여금 3,000,000 (차) 기타포괄손익공정가치측정금융자산 200,000[1] (대) 기타포괄손익공정가치측정금융자산평가이익 200,000 [1] ₩1,200,000 - ₩1,000,000 = ₩200,000

(1) 자본금: ₩50,000,000 + ₩500,000 + ₩5,000,000 = ₩55,500,000
(2) 자본잉여금: ₩900,000 + ₩500,000 = ₩1,400,000
(3) 자기주식: ₩(7,000,000) + ₩3,500,000 = ₩(3,500,000)
(4) 이익잉여금: ₩2,000,000 - ₩500,000 + ₩2,500,000 - ₩318,000 + ₩3,000,000 = ₩6,682,000

1. 사채상환 시 지급액: [(1) + (2)] × 50% = ₩991,312 × 50% = ₩495,656
   (1) 20×2년 1월 1일의 사채의 가치(12%): ₩1,000,000 × 0.80 + ₩80,000 × 1.69 = ₩935,200
   (2) 20×2년 1월 1일 ~ 6월 30일의 유효이자: ₩935,200 × 12% × 6/12 = ₩56,112
2. 조기상환손익
   (1) 장부금액: [① + ②] × 50% = ₩1,017,660 × 50% = ₩508,830
      ① 20×2년 1월 1일의 사채의 가치(10%): ₩1,000,000 × 0.83 + ₩80,000 × 1.74 = ₩969,200
      ② 20×2년 1월 1일 ~ 6월 30일의 유효이자: ₩969,200 × 10% × 6/12 = ₩48,460
   (2) 상환가액: ₩495,656
   (3) 사채상환이익: (1) - (2) = ₩13,174

자기지분상품 관련 계약이 다음 중 하나에 해당하면 지분상품으로 분류한다.
① 변동가능한 수량의 자기지분상품을 인도할 계약상 의무가 없는 비파생상품
② 확정 수량의 자기지분상품에 대하여 확정 금액의 현금 등 금융자산의 교환을 통해서만 결제된 파생상품

자본종합

02 ※ 다음의 각 물음은 독립적이다. [2023 공인회계사 2차]

다음의 <자료 1>을 이용하여 (물음 1)부터 (물음 3)까지 답하시오.

<자료 1>

1. (주)대한은 20×1년 1월 1일에 설립되었으며, 보통주와 우선주는 설립과 동시에 발행되었다.

2. 다음은 (주)대한의 20×2년 1월 1일의 <부분 재무상태표>이다.

<부분 재무상태표>

(단위: ₩)

자본금		6,000,000
1. 보통주자본금	4,000,000	
2. 우선주자본금	2,000,000	
자본잉여금		20,500,000
1. 주식발행초과금	20,000,000	
2. 감자차익	500,000	
자본조정		(1,000,000)
1. 자기주식(보통주)	(1,000,000)	
기타포괄손익누계액		2,000,000
1. 재평가잉여금	2,000,000	
이익잉여금		9,000,000
1. 이익준비금	3,000,000	
2. 임의적립금	2,000,000	
3. 미처분이익잉여금	4,000,000	
자본총계		36,500,000

3. (주)대한의 20×2년 1월 1일 현재 발행된 보통주는 8,000주이며, 주당 발행금액은 ₩2,000이고, 주당 액면금액은 ₩500이다. (주)대한의 20×2년 1월 1일 현재 발행된 우선주는 4,000주이며, 주당 액면금액은 ₩500이다.

4. 우선주는 한 종류만 발행되었으며 보통주 배당률은 연 4%, 우선주 배당률은 연 6%이다.

5. (주)대한이 20×2년 1월 1일 현재 보유하고 있는 자기주식의 수량은 1,000주이다. 자기주식의 취득은 원가법으로 처리하며, 자기주식의 처분 시 단가산정은 가중평균법에 의한다.

6. (주)대한의 20×2년 매출액은 ₩100,320,000이고, 당기순이익은 ₩1,950,000이다.

물음1 (주)대한은 설립 이래 처음으로 20×3년 3월 말에 20×2년 말을 기준일로 하는 ₩500,000의 현금배당을 선언하였다. 아래의 각 사례에 대응하여 (주)대한의 우선주와 보통주에 각각 배분되는 배당금을 계산하시오. 단, 답안 작성 시 원 이하는 반올림한다.

사례	우선주 금액	보통주 금액
(사례 1) 우선주는 누적적 우선주로 완전참가적 우선주	①	②
(사례 2) 우선주는 누적적 우선주로 7.5%까지 부분참가적 우선주	③	④

물음2 (주)대한은 공장을 증설하기 위하여 20×2년 12월 말에 (주)민국으로부터 공정가치가 ₩1,550,000인 공장부지를 취득하고 보통주 3,500주를 발행하여 지급하였다. 또한 (주)대한은 20×2년 12월 말에 주식발행초과금을 재원으로 보통주 200주를 무상증자하였다.

<요구사항 1> 상기의 보통주 신주 발행 및 무상증자 직후 20×2년 12월 말 (주)대한의 보통주 자본금과 자본잉여금을 각각 계산하시오.

보통주자본금	①
자본잉여금	②

<요구사항 2> (주)대한의 20×2년 말의 부채비율이 120%라고 할 때, (주)대한의 20×2년 기말 총자산회전율을 계산하시오. 단, 총자산회전율은 [(매출액/기말 자산) × 100], 부채비율은 [(기말 부채/기말 자본) × 100]을 사용하며, 계산 결과(%)는 소수점 첫째 자리에서 반올림한다 (예를 들어 53.2%는 53%로 계산).

기말 총자산회전율	①

물음3 상환우선주에 대해서 ① 주주가 상환권을 갖는 경우와 ② 발행회사가 상환권을 갖는 경우에 대해 한국채택국제회계기준 상의 분류 측면에서 이를 각각 서술하시오.

해답 | 물음1 |

1. 정답

사례	우선주 금액	보통주 금액
(사례 1) 우선주는 누적적 우선주로 완전참가적 우선주	① ₩283,636	② ₩216,364
(사례 2) 우선주는 누적적 우선주로 7.5%까지 부분참가적 우선주	③ ₩270,000	④ ₩230,000

(1) 우선주는 누적적 우선주로 완전참가적 우선주

구분	우선주	보통주	합계
과거분 배당	₩2,000,000 × 6% × 1년 = ₩120,000	−	₩120,000
당기분 배당	₩2,000,000 × 6% = ₩120,000	(8,000주 − 1,000주) × ₩500 × 4% = ₩140,000	₩260,000
참가분 배당	₩120,000 × ₩2,000,000/₩5,500,000 = ₩43,636	₩120,000 × ₩3,500,000/₩5,500,000 = ₩76,364	₩120,000
합계	₩283,636	₩216,364	₩500,000

(2) 우선주는 누적적 우선주로 7.5%까지 부분참가적 우선주

구분	우선주	보통주	합계
과거분 배당	₩2,000,000 × 6% × 1년 = ₩120,000	−	₩120,000
당기분 배당	₩2,000,000 × 6% = ₩120,000	(8,000주 − 1,000주) × ₩500 × 4% = ₩140,000	₩260,000
참가분 배당	Min[①, ②] = ₩30,000 ① ₩120,000 × ₩2,000,000/₩5,500,000 = ₩43,636 ② ₩2,000,000 × (7.5% − 6%) = ₩30,000	₩120,000 − ₩30,000 = ₩90,000	₩120,000
합계	₩270,000	₩230,000	₩500,000

| 물음2 |

<요구사항 1>

1. 정답

보통주자본금	① ₩5,850,000
자본잉여금	② ₩20,200,000

(1) 20×2년 12월 말 보통주자본금: ₩4,000,000 + ₩1,750,000 + ₩100,000 = ₩5,850,000

(2) 20×2년 12월 말 자본잉여금: ₩20,500,000 − ₩200,000 − ₩100,000 = ₩20,200,000

2. 회계처리

구분	회계처리			
20×2년 12월 말	(차) 토지	1,550,000	(대) 자본금	1,750,000[1)
	주식발행초과금	200,000		
	(차) 주식발행초과금	100,000	(대) 자본금	100,000[2)
	[1) 3,500주 × ₩500 = ₩50,000			
	[2) 200주 × ₩500 = ₩50,000			

<요구사항 2>

1. 정답

기말 총자산회전율	① 114%

(1) 20×2년 말 자본: ₩36,500,000 + ₩1,950,000(당기순이익) + ₩1,550,000(현물출자) = ₩40,000,000

(2) 20×2년 말 부채: ₩40,000,000 × 120%(부채비율) = ₩48,000,000

(3) 20×2년 말 자산: ₩40,000,000 + ₩48,000,000 = ₩88,000,000

(4) 20×2년 말 총자산회전율: ₩100,320,000(매출액) ÷ ₩88,000,000(기말총자산) × 100 = 114%

물음 3

1. 정답
   ① 주주가 상환권을 갖는 경우: 금융부채로 분류한다.
   ② 발행회사가 상환권을 갖는 경우: 지분상품(자본)으로 분류한다.

2. 상환우선주: 확정되었거나 결정 가능한 미래의 시점에 확정되었거나 결정 가능한 금액을 발행자가 보유자에게 의무적으로 상환해야 하는 우선주나 보유자가 발행자에게 특정일이나 그 후에 확정되었거나 결정 가능한 금액으로 상환해줄 것을 청구할 수 있는 권리가 있는 우선주는 금융부채이다. 그러나 현금으로 상환할 수 있는 권리가 발행자에게 있는 우선주는 발행자가 주식의 보유자에게 금융자산을 이전해야 할 현재의무가 없으므로 금융부채의 정의를 충족하지 못하므로 지분상품으로 분류해야 한다.

상환우선주

03 다음에 제시되는 물음 은 각각 독립된 상황이다.   [2014 공인회계사 2차]

〈공통자료〉

1. (주)민국의 상환우선주 발행 및 상환 등에 관련된 거래는 아래와 같다.
   - 20×1년 4월 1일: 우선주 100주 발행(주당 액면금액 ₩5,000, 주당 발행금액 ₩13,350)
   - 20×2년 3월 31일: 우선주에 대한 배당금지급
   - 20×3년 3월 31일: 우선주에 대한 배당금지급
   - 20×3년 4월 1일: 우선주에 대한 상환 절차 완료(주당 상환금액 ₩15,000)
2. 우선주 발행 시 유효이자율: 연 6%
3. (주)민국의 주주총회는 매년 3월 31일에 열리며, 위 우선주의 연 배당률은 4%로 고정되어 있고 주주총회에서 배당결의 후 즉시 배당금을 지급한다.

물음1 (주)민국이 발행한 우선주는 비누적적 우선주이며 우선주의 보유자가 20×3년 4월 1일에 상환을 청구할 수 있는 권리를 가지고 있다.

> (1) (주)민국이 20×1년에 해야 할 모든 회계처리(분개)를 하시오.
> (2) (주)민국의 20×3년도 재무상태표의 자본에 영향을 미치는 금액을 구하시오. 단, 감소의 경우에는 금액 앞에 (-)를 표시하시오.

물음2 (주)민국이 발행한 우선주는 누적적 우선주이며 발행자인 (주)민국이 20×3년 4월 1일까지 상환할 수 있는 권리를 가지고 있다.

> (1) (주)민국이 20×1년에 해야 할 모든 회계처리(분개)를 하시오.
> (2) (주)민국의 20×3년도 재무상태표의 자본에 영향을 미치는 금액을 구하시오. 단, 감소의 경우에는 금액 앞에 (-)를 표시하시오.

해답 **물음1**

1. 발행금액의 배분

   ① 부채요소의 미래현금흐름

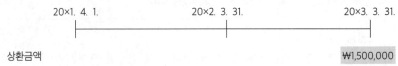

20×1. 4. 1.	20×2. 3. 31.	20×3. 3. 31.

   상환금액 ₩1,500,000

   ② 부채요소의 현재가치: ₩1,500,000/1.06^2 = ₩1,335,000(단수차이)

   ③ 자본요소: ₩1,335,000 - ₩1,335,000 = ₩0

2. 유효이자율법 상각표

일자	장부금액 (상각후원가)	유효이자 (장부금액 × 6%)	액면이자 (액면금액 × 0%)	상각액 (유효이자 - 액면이자)
20×1. 4. 1.	₩1,335,000			
20×2. 3. 31.	₩1,415,100	₩80,100	-	₩80,100
20×3. 3. 31.	₩1,500,000	₩84,900	-	₩84,900
계		₩165,000	-	₩165,000

(1) (주)민국이 20×1년에 해야 할 모든 회계처리(분개)

일자	회계처리			
20×1. 4. 1.	(차) 현금	1,335,000	(대) 상환우선주(금융부채)	1,335,000
20×1년 말	(차) 이자비용	60,075[1]	(대) 상환우선주(금융부채)	60,075
	[1] ₩1,335,000 × 6% × 9/12 = ₩60,075			

(2) (주)민국의 20×3년도 재무상태표의 자본에 영향을 미치는 금액

   ① 20×3년 이자비용: (₩1,335,000 × 1.06 - ₩0) × 6% × 3/12 = ₩(21,227)

   ② 20×3년 배당금: 100주 × ₩5,000 × 4% = ₩(20,000)

   ∴ 20×3년 자본에 영향을 미치는 금액: ₩(21,227) + ₩(20,000) = ₩(41,227)

(3) 20×3년 회계처리

일자	회계처리			
20×3. 3. 31.	(차) 이자비용	21,227	(대) 상환우선주(금융부채)	21,227
	(차) 이익잉여금	20,000	(대) 현금	20,000
	(차) 상환우선주(금융부채)	1,500,000	(대) 현금	1,500,000

물음2

(1) (주)민국이 20×1년에 해야 할 모든 회계처리(분개)

일자	회계처리			
20×1. 4. 1.	(차) 현금	1,335,000	(대) 우선주자본금	500,000[1]
			주식발행초과금	835,000
	[1] ₩5,000 × 100주 = ₩500,000			

(2) (주)민국의 20×3년도 재무상태표의 자본에 영향을 미치는 금액

   ① 20×3년 배당금: 100주 × ₩5,000 × 4% = ₩(20,000)

   ② 20×3년 상환금액: 100주 × ₩15,000 = ₩(1,500,000)

   ∴ 20×3년 자본에 영향을 미치는 금액: ₩(20,000) + ₩(1,500,000) = ₩(1,520,000)

(3) 20×3년 회계처리

일자	회계처리			
20×3. 3. 31.	(차) 이익잉여금	20,000	(대) 현금	20,000
	(차) 이익잉여금	1,500,000	(대) 현금	1,500,000

해설 1. K-IFRS에서는 우선주의 보유자가 상환을 청구할 수 있는 계약상 의무가 있는 상환우선주를 자본이 아닌 금융부채로 분류하도록 규정하고 있는데, 금융부채로 분류되는 상환우선주는 배당의 지급 여부에 따라 다음과 같이 회계처리한다.

   (1) 누적적 상환우선주: 지급되지 않은 배당금의 상환금액에 가산되는 누적적 상환우선주는 배당을 포함한 금융부채 전체가 금융부채에 해당하며, 이 경우 배당은 이자비용으로 인식한다.

   (2) 비누적적 상환우선주: 상환 전까지 발행자의 재량에 따라 배당이 지급되는 비누적적 상환우선주는 상환금액의 현재가치에 해당하는 부채요소와 배당의 자본요소가 결합되어 있는 복합금융상품에 해당한다. 따라서 이 경우에는 부채요소와 관련된 현재가치의 할인액상각액은 이자비용으로 인식하고, 배당은 자본요소와 관련된 것으로써 이익의 처분으로 인식한다.

   2. 상환우선주라 하더라도 현금으로 상환할 권리가 발행자에게 있는 경우에는 금융자산을 이전할 계약상 의무가 없으므로 자본으로 분류해야 한다.

해커스 IFRS 김원종 중급회계 하

회계사·세무사·경영지도사 단번에 합격!
해커스 경영아카데미 cpa.Hackers.com

Chapter 14

복합금융상품

I | 복합금융상품의 일반론

01 복합금융상품의 의의

복합금융상품(Compound Financial Instruments)이란 부채요소와 자본요소를 모두 가지고 있는 금융상품을 말한다. 즉, 복합금융상품은 하나의 금융상품에 거래상대방에게 현금 등 금융자산을 인도하기로 한 계약상 의무인 금융부채요소와 확정 수량의 자기지분상품에 대하여 확정 금액의 현금 등 금융자산의 교환을 통해서만 결제될 파생상품(예 옵션)의 자본요소로 구성된 신종금융상품이다.

복합금융상품: 부채요소 + 자본요소

이러한 복합금융상품의 대표적인 예는 전환사채(Convertible Bonds, CB)와 신주인수권부사채(Bonds with Stock Warrant, BW)가 있으며 각각의 정의는 다음과 같다.

① 전환사채: 사채를 보통주로 전환할 수 있는 권리(전환권)가 부여된 채무상품
② 신주인수권부사채: 보통주를 발행할 수 있는 권리(신주인수권)가 부여된 채무상품

전환사채나 신주인수권부사채와 같은 복합금융상품의 투자자는 발행회사의 주가가 상승할 경우 전환권 또는 신주인수권을 행사하여 매매차익을 실현할 수 있으며, 발행회사의 주가가 하락할 경우에는 사채에 부여된 이자수익을 안정적으로 얻을 수 있으므로 직접 주식에 투자하는 것보다 상대적으로 안정적인 투자수익률을 유지할 수 있다는 장점이 있다. 한편, 복합금융상품의 발행자는 전환사채의 경우 투자자가 전환권을 행사할 경우 부채가 자본으로 대체되므로 부채비율이 하락하여 재무구조가 개선되며, 복합금융상품은 이와 같은 장점들로 인하여 일반사채에 비하여 액면이자율이 낮게 책정되어 금융비용을 절감할 수 있다는 장점도 있다.

⚡ POINT 복합금융상품의 정의

복합금융상품	부채요소와 자본요소를 모두 가지고 있는 금융상품
전환사채	사채 + 전환권(사채를 보통주로 전환할 수 있는 권리)
신주인수권부사채	사채 + 신주인수권(보통주를 발행할 수 있는 권리)

02 복합금융상품의 회계처리

복합금융상품은 하나의 금융상품이지만 부채요소와 자본요소를 모두 가지고 있다. 따라서 복합금융상품의 자본요소를 별도로 분리하여 회계처리할 것인지의 문제가 발생한다. 이론적으로 복합금융상품은 하나의 금융상품이므로 자본요소를 별도로 분리하지 않고 모두 부채로 회계처리하는 방법(부채법)과 거래의 실질을 반영하여 부채요소와 자본요소를 별도로 분리하여 회계처리하는 방법(전환권가치인식법)이 있다.

K-IFRS에서는 복합금융상품의 발행자는 금융상품의 조건을 평가하여 당해 금융상품이 자본요소와 부채요소를 모두 포함하고 있는지를 판단해야 하며 각 요소별로 금융부채, 금융자산, 지분상품으로 분류해야 한다. 만약 자본요소와 부채요소를 모두 가지고 있다면 ① 금융부채가 생기게 하는 요소와 ② 발행자의 지분상품으로 전환할 수 있는 옵션(예 전환권, 신주인수권)을 부여하는 요소를 별도로 분리하여 인식하도록 규정하고 있다.

> ⊘ 참고 **전환권가치인식법과 부채법**
>
> 전환권의 가치를 별도로 인식하여야 한다는 주장(전환권가치인식법)에 따르면 전환사채는 일반사채와 전환권의 두 가지 성격이 혼합된 증권으로서 회계처리가 형식보다는 경제적 실질에 기초한다는 점에서 전환권의 가치를 별도로 인식하여야 한다는 것이다. 이에 반하여, 전환권의 가치를 별도로 인식하지 않아야 한다는 주장(부채법)의 기본 논리는 전환사채가 순수한 일반사채부분과 전환권으로 구분되어 거래되지 않고 있어, 전환사채는 한 시점에서 순수한 부채이거나 또는 전환이 이루어진 경우에는 자본으로 존재하는 것이지 부채와 자본으로 동시에 존재할 수 없다는 것이다. 한국채택국제회계기준은 개념적으로 보다 우월한 전환권가치인식법을 채택하고 있으며 미국에서는 실무적용상 보다 간편한 부채법을 채택하고 있다.

K-IFRS에 규정된 복합금융상품과 관련된 내용은 다음과 같다.

(1) 전환권을 행사할 가능성이 변동되는 경우에도(특히, 전환권의 행사로 일부 보유자가 경제적으로 유리해지는 경우에도) 전환상품의 부채요소와 자본요소의 분류를 수정하지 않는다.

(2) 지분상품(자본)은 기업의 자산에서 모든 부채를 차감한 후의 잔여지분을 나타낸다. 따라서 복합금융상품의 최초 장부금액을 부채요소와 자본요소에 배분하는 경우 복합금융상품 전체의 공정가치에서 별도로 결정된 부채요소의 금액을 차감한 나머지 금액을 자본요소에 배분한다. 왜냐하면 자본은 측정과 평가의 대상이 아니라 자산과 부채의 측정에 따라 종속적으로 측정되는 대상이기 때문이다.

> ① 복합금융상품 전체의 공정가치 = 부채요소 + 자본요소
> ② 자본요소 = 복합금융상품 전체의 공정가치 - 부채요소

(3) 복합금융상품의 자본요소(예 보통주 전환권)가 아닌 파생상품의 특성(예 콜옵션)에 해당하는 가치는 부채요소의 장부금액에 포함한다.

(4) 최초 인식시점에 부채요소와 자본요소에 배분된 금액의 합계는 항상 금융상품 전체의 공정가치와 같아야 한다. 따라서 금융상품의 구성요소를 분리하여 인식하는 최초 인식시점에는 어떠한 손익도 생기지 않는다.

(5) 복합금융상품 발행과 관련된 거래원가는 배분된 발행금액에 비례하여 부채요소와 자본요소로 배분한다.

⚡ POINT 복합금융상품의 회계처리

전환권가치인식법	① 복합금융상품의 발행자는 금융상품의 조건을 평가하여 당해 금융상품이 자본요소와 부채요소를 모두 포함하고 있는지를 판단해야 하며 각 요소별로 금융부채, 금융자산, 지분상품으로 분류해야 함 ② 만약 자본요소와 부채요소를 모두 가지고 있다면 금융부채가 생기게 하는 요소와 발행자의 지분상품으로 전환할 수 있는 옵션(예 전환권, 신주인수권)을 부여하는 요소를 별도로 분리하여 인식함
관련 K-IFRS 규정	① 복합금융상품의 최초 장부금액을 부채요소와 자본요소에 배분하는 경우 복합금융상품 전체의 공정가치에서 별도로 결정된 부채요소의 금액을 차감한 나머지 금액을 자본요소에 배분함 ② 최초 인식시점에 부채요소와 자본요소에 배분된 금액의 합계는 항상 금융상품 전체의 공정가치와 같아야 하므로 금융상품의 구성요소를 분리하여 인식하는 최초 인식시점에는 어떠한 손익도 생기지 않음 ③ 복합금융상품 발행과 관련된 거래원가는 배분된 발행금액에 비례하여 부채요소와 자본요소로 배분함

본 장에서는 복합금융상품의 대표적인 예인 전환사채와 신주인수권부사채의 발행자 입장의 회계처리를 자세히 살펴보기로 한다.

> ⊘ 참고 **복합금융상품의 보유자 입장의 회계처리**
>
> 내재파생상품(Embedded Derivative)은 파생상품이 아닌 주계약을 포함하는 복합상품의 구성요소로, 복합상품의 현금흐름 중 일부를 독립적인 파생상품의 경우와 비슷하게 변동시키는 효과를 가져오는 금융상품을 말한다.
>
> 복합계약이 K-IFRS 제1109호 '금융상품'의 적용범위에 포함되는 자산을 주계약으로 포함하는 경우에는 해당 복합계약 전체에 대해 현금흐름의 특성과 사업모형에 따라 상각후원가측정금융자산, 당기손익공정가치측정금융자산, 기타포괄손익공정가치측정금융자산으로 분류한다.
>
> 기업이 전환사채 또는 신주인수권부사채를 투자하여 보유하고 있는 경우에 주계약인 사채와 내재파생상품인 전환권 또는 신주인수권을 보유하고 있는 것이다. 그러나 앞서 설명한 대로 복합계약이 K-IFRS 제1109호 '금융상품'의 적용범위에 포함되는 자산을 주계약으로 포함하는 경우에는 해당 복합계약 전체에 대해 현금흐름의 특성과 사업모형에 따라 당기손익공정가치측정금융자산, 기타포괄손익공정가치측정금융자산으로 분류한다. 따라서 전환사채 또는 신주인수권부사채를 투자하여 보유하고 있는 경우에는 복합금융상품 전체에 대해 공정가치 변동분을 당기손익 또는 기타포괄손익으로 인식하며, 내재파생상품을 분리하지 않는다. 복합금융상품의 보유자 입장의 회계처리와 관련된 자세한 내용은 고급회계에서 구체적으로 설명하기로 하며, 중급회계에서는 발행자 입장의 회계처리만을 다루기로 한다.

Ⅱ | 전환사채

01 전환사채의 의의

(1) 전환사채의 정의

전환사채(Convertible Bonds)는 사채를 보통주로 전환할 수 있는 권리인 전환권이 부여된 채무상품을 말한다. 확정 수량의 발행자의 보통주로 보유자가 전환할 수 있는 사채는 복합금융상품이므로 발행자의 관점에서 이러한 금융상품은 금융부채(현금 등 금융자산을 인도하는 계약)의 요소와 지분상품(확정 수량의 발행자의 보통주로 전환할 수 있는 권리를 정해진 기간에 보유자에게 부여하는 콜옵션)의 요소로 구성된다. 이러한 금융상품을 발행하는 거래는 조기상환 조항이 있는 채무상품과 주식을 매입할 수 있는 주식매입권을 동시에 발행하는 거래나 분리형 주식매입권이 있는 채무상품을 발행하는 거래와 실질적으로 같은 경제적 효과가 있다. 따라서 발행자는 이러한 모든 거래를 부채요소와 자본요소로 분리하여 재무상태표에 표시해야 한다.

(2) 전환권가치

전환사채는 일반사채부분인 부채요소와 전환권에 해당하는 자본요소를 모두 가지고 있는 복합적 성격을 지닌 증권이며, 일반사채에 비하여 투자자 입장에서 유리하므로 동일한 액면이자율을 가진 일반사채에 비하여 가격이 높게 발행된다. 따라서 전환사채를 발행한 경우에는 발행가액을 일반사채에 해당하는 부채요소와 전환권에 해당하는 자본요소로 분리하여 회계처리하며, 자본요소의 가치를 전환권가치(전환권대가)로 인식해야 한다.

전환권가치는 당해 전환사채의 발행가액에서 전환권이 없는 일반사채의 공정가치를 차감하여 계산한다. 이 경우 일반사채의 공정가치는 만기일까지 기대되는 미래현금흐름을 사채발행일 현재 발행회사의 전환권이 없는 일반사채의 유효이자율로 할인한 금액이다.

> ① 전환사채의 발행가액(공정가치) = 일반사채의 현재가치(공정가치) + 전환권가치(공정가치)
> ② 전환권가치(공정가치) = 전환사채의 발행가액(공정가치) - 일반사채의 현재가치(공정가치)

(3) 전환사채의 종류

전환사채는 상환할증금이 존재하는지 여부에 따라 액면상환조건 전환사채와 상환할증금 지급조건 전환사채로 구분된다.

> ① 액면상환조건 전환사채: 만기까지 전환권을 행사하지 않더라도 상환할증금을 지급하지 않는 전환사채
> ② 상환할증금 지급조건 전환사채: 만기까지 전환권을 행사하지 않으면 상환할증금을 지급하는 전환사채

앞서 언급한 전환권가치를 계산할 때, 액면상환조건 전환사채의 경우 액면이자와 원금을 적절한 유효이자율로 할인하여 계산하면 되지만 상환할증금 지급조건 전환사채의 경우에는 액면이자와 원금뿐만 아니라 상환할증금도 사채의 미래현금흐름에 포함하여 현재가치를 계산해야 한다.

⚡POINT 전환사채의 종류

구분	미래현금흐름
액면상환조건 전환사채	원금 + 액면이자
상환할증 지급조건 전환사채	원금 + 액면이자 + 상환할증금

(4) 상환할증금

상환할증금(Repayment Premium)은 전환사채의 보유자가 만기까지 전환권을 행사하지 않아 만기상환하는 경우에 사채발행회사가 보유자에게 일정 수준의 수익률을 보장하기 위하여 만기가액에 추가하여 지급하기로 약정한 금액을 말한다. 전환사채에는 전환권이 부여되어 있기 때문에 액면이자가 동일한 일반사채보다 전환권가치만큼 가격이 더 높게 발행된다. 그러나 만기까지 발행회사의 주가가 상승하지 않는다면 전환권을 행사하여 매매차익을 얻을 수 없기 때문에 오히려 투자자들은 전환권가치만큼 투자성과에 있어 기회손실을 보게 된다. 이러한 기회손실을 보장하기 위하여 상환할증금을 지급하여 일정한 수익률을 보장해 준다. 여기서 상환할증금 지급조건 전환사채에 투자한 투자자는 만기까지 전환권을 행사하지 않아 만기상환하는 경우에 상환할증금을 추가로 수령함으로써 액면이자율 이상이 수익률을 보장해주는데, 이를 보장수익률이라고 한다. 그리고 상환할증금을 액면금액으로 나눈 값을 상환할증률이라고 한다. 이러한 각 용어의 정의에 따라 상환할증금을 다음과 같이 계산할 수 있다.

> 상환할증금 = 전환사채의 액면금액 × (보장수익률 − 액면이자율) × 연금의 미래가치요소(이자율: 보장수익률)
> = 전환사채의 액면금액 × 상환할증률[1]

[1] 상환할증률 = 상환할증금 ÷ 액면금액

위의 계산공식에서 상환할증금은 전환사채의 만기까지 액면이자를 지급하여 보장수익률보다 적게 지급한 이자를 만기에 일시에 지급하는 금액을 의미한다는 것을 알 수 있다. 즉, 상환할증금은 보장수익률에 의한 이자와 액면이자의 차이를 보장수익률로 계산한 미래가치로 계산된다.

⚡POINT 상환할증금

상환할증금	전환사채의 보유자가 만기까지 전환권을 행사하지 않아 만기상환하는 경우에 사채발행회사가 보유자에게 일정 수준의 수익률을 보장하기 위하여 만기가액에 추가하여 지급하기로 약정한 금액
보장수익률	상환할증금 지급조건 전환사채에 투자한 투자자는 만기까지 전환권을 행사하지 않아 만기상환하는 경우에 상환할증금을 추가로 수령함으로써 액면이자율 이상이 수익률을 보장해 주는 것
상환할증률	상환할증금 ÷ 액면금액
상환할증금의 계산	전환사채의 액면금액 × (보장수익률 − 액면이자율) × 연금의 미래가치요소(이자율: 보장수익률) or 전환사채의 액면금액 × 상환할증률

[그림 14-1] 전환사채의 미래현금흐름

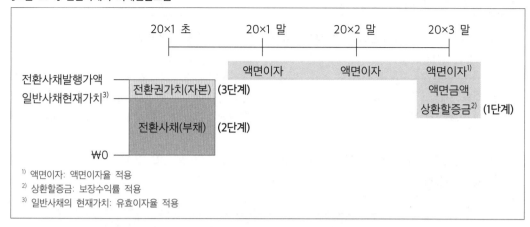

예제 1 상환할증금과 상환할증률

20×1년 초 A회사는 만기가 20×3년 말이고, 액면금액은 ₩100,000(액면이자율: 연 8%)이며, 매년 말 이자지급조건, 보장수익률 10%인 전환사채를 발행하였다. 20×1년 초 동일한 조건의 일반사채에 적용되는 시장이자율은 연 12%이다. 위의 전환사채가 만기 시 부담할 상환할증금과 상환할증률을 계산하시오.

해답 1. 그림풀이

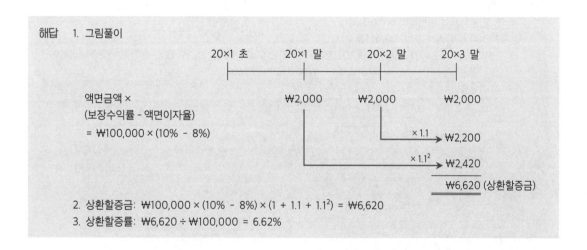

2. 상환할증금: ₩100,000 × (10% − 8%) × (1 + 1.1 + 1.1²) = ₩6,620
3. 상환할증률: ₩6,620 ÷ ₩100,000 = 6.62%

A회사는 20×1년 1월 1일에 3년 만기의 전환사채 ₩100,000을 액면발행하였다. 전환사채와 관련된 내용은 다음과 같다.

> (1) 전환사채의 액면이자율은 연 8%이고, 이자는 매년 말에 지급한다. 전환사채는 20×1년 7월 1일부터 보통주로 전환이 가능하며, 사채액면 ₩10,000당 1주의 보통주(주당 액면 ₩5,000)로 전환될 수 있다.
> (2) 사채발행일에 전환권이 부여되지 않은 일반사채의 시장이자율은 연 12%이다. 단, 현가계수는 아래 표를 이용하라.

구분	연 10%	연 12%
단일금액(3년)	0.75131	0.71178
정상연금(3년)	2.48685	2.40183

물음 1 위의 전환사채가 액면상환조건 전환사채인 경우 전환권가치를 계산하시오.

물음 2 위의 전환사채가 상환할증금 지급조건 전환사채인 경우 전환권가치를 계산하시오. (단, 보장수익률은 10%이다)

해답 **물음 1**

(1) 전환사채의 발행금액: ₩100,000
(2) 전환권이 없는 일반사채의 현재가치
  ₩8,000 × 2.40183(3년, 12%, 연금현가) + ₩100,000 × 0.71178(3년, 12%, 현가계수) = ₩90,393
(3) 전환권가치: (1) - (2) = ₩100,000 - ₩90,393 = ₩9,607
(4) 그림풀이

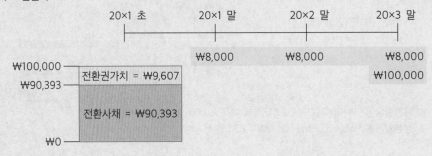

물음 2

(1) 전환사채의 발행금액: ₩100,000
(2) 상환할증금: ₩100,000 × (10% - 8%) × (1 + 1.1 + 1.1^2) = ₩6,620
(3) 전환권이 없는 일반사채의 현재가치
  ₩8,000 × 2.40183(3년, 12%, 연금현가) + ₩106,620 × 0.71178(3년, 12%, 현가계수) = ₩95,105
(4) 전환권가치: (1) - (3) = ₩100,000 - ₩95,105 = ₩4,895

(5) 그림풀이

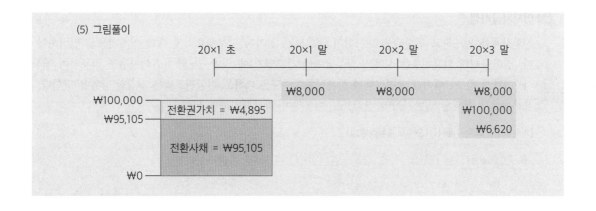

02 전환사채의 액면발행

전환사채가 액면발행된 경우 발행시점, 이자지급시점, 만기시점 및 전환권 행사시점의 회계처리를 살펴보아야 한다. 이와 관련된 내용은 다음과 같다.

> ⊘ 참고 **전환권조정과 사채상환할증금**
>
> 한국채택국제회계기준에서는 전환사채의 차감계정에 해당하는 전환권조정과 전환사채의 가산계정에 해당하는 사채상환할증금을 반드시 사용하라는 명문화된 규정이 없으므로 순액회계처리방법과 총액회계처리방법이 모두 인정된다고 봐야 한다. 실무에서는 주로 총액으로 회계처리하지만 시험대비용으로는 순액으로 회계처리하는 방법이 접근하기 쉬우며 재무상태표와 포괄손익계산서에 미치는 영향을 찾기 수월하다. 따라서 본서에서는 순액회계처리방법을 기초로 해답을 작성하고 실무에 적용하기 위하여 해설에서 총액으로 회계처리하는 방법을 참조형식으로 추가하여 설명하기로 한다.

(1) 발행시점

전환사채가 발행되는 시점에 발행자는 전환사채의 미래현금흐름의 현재가치를 부채로 인식하고, 전환권가치를 전환권대가로 구분하여 별도로 회계처리해야 한다. 만약 총액회계처리방법을 사용한다면 액면금액과 사채상환할증금의 합계액에 동 금액과 전환사채 미래현금흐름의 현재가치의 차액을 전환권조정으로 차감하여 표시한다. 즉, 전환권조정은 당해 전환사채의 액면금액에서 차감하고, 사채상환할증금은 당해 전환사채의 액면금액에 부가한다. 전환권대가는 자본거래에서 발생한 임시계정 성격이므로 자본조정으로 분류한 후 전환권이 행사되어 추가로 주식을 발행하는 시점에 주식발행초과금으로 대체할 수 있다. 전환사채 발행시점의 회계처리를 예시하면 다음과 같다.

[회계처리] 전환사채 발행 시(순액회계처리방법)

(차) 현금	×××	(대) 전환사채	×××
		전환권대가(자본조정)	×××

[회계처리] 전환사채 발행 시(총액회계처리방법)

(차) 현금	×××	(대) 전환사채	×××
전환권조정	×××	사채상환할증금	×××
		전환권대가(자본조정)	×××

(2) 이자지급시점

전환사채를 발행하고 전환권을 행사하여 전환되기 전까지는 부채요소에 대한 이자비용을 인식해야 한다. 전환사채의 이자비용은 사채의 장부금액(상각후원가)에 일반사채의 유효이자율을 적용하여 계산한다. 여기서 장부금액이란 액면금액에 사채상환할증금을 더하고 전환권조정을 차감한 금액을 말한다. 금융부채에서 살펴본 일반사채의 상각표를 이용하여 회계처리하면 된다.

[회계처리] 이자지급시점(순액회계처리방법)

(차) 이자비용	×××	(대) 현금	×××
		전환사채	×××

[회계처리] 이자지급시점(총액회계처리방법)

(차) 이자비용	×××	(대) 현금	×××
		전환권조정	×××

(3) 만기시점

전환사채가 만기시점까지 전환되지 않고 사채로 존속한다면 만기상환금액(액면금액 + 사채상환할증금)을 현금으로 상환하는 회계처리를 수행하면 된다.

[회계처리] 만기시점(순액회계처리방법)

(차) 전환사채	×××	(대) 현금	×××

[회계처리] 만기시점(총액회계처리방법)

(차) 전환사채	×××	(대) 현금	×××
사채상환할증금	×××		

(4) 전환권 행사시점

전환사채가 전환권이 행사되어 보통주를 추가로 발행하게 되면, 보통주의 발행금액을 얼마로 할 것인가의 문제가 발생한다. 이론적으로 보통주의 발행금액을 결정하는 방법은 전환사채의 장부금액으로 기록하는 장부금액법과 전환사채의 시가 또는 추가로 발행하는 보통주의 시가로 기록하는 시가법이 있다. 장부금액법을 사용하면 전환사채 장부금액이 발행주식의 발행금액이 되므로 전환손익이 발생하지 않는다. 그러나 시가법을 사용하게 되면 전환사채의 시가나 발행주식의 시가와 전환사채의 장부금액과의 차액만큼 전환손익이 발생한다. K-IFRS에서는 전환사채의 전환에 따라 어떠한 손익도 인식하지 못하도록 규정하고 있어 장부금액법을 따르고 있다. 즉, 전환사채의 장부금액이 추가로 발행하는 보통주의 발행금액이 된다. 또한 전환권대가는 자본거래에서 발생한 임시계정 성격이므로 자본조정으로 분류한 후 전환권이 행사되어 추가로 주식을 발행하는 시점에 주식발행초과금으로 대체할 수 있도록 규정하고 있다. 전환권 행사시점의 회계처리를 예시하면 다음과 같다.

[회계처리] 전환권 행사시점(순액회계처리방법)

(차) 전환사채	×××	(대) 자본금	×××
		주식발행초과금	×××
(차) 전환권대가	×××	(대) 주식발행초과금	×××

[회계처리] 전환권 행사시점(총액회계처리방법)

(차) 전환사채	×××	(대) 전환권조정	×××
사채상환할증금	×××	자본금	×××
		주식발행초과금	×××
(차) 전환권대가	×××	(대) 주식발행초과금	×××

예제 3 액면상환조건 전환사채의 액면발행

A회사는 20×1년 1월 1일에 3년 만기의 전환사채 ₩100,000을 액면발행하였다. 전환사채와 관련된 내용은 다음과 같다.

(1) 전환사채의 액면이자율은 연 8%이고, 이자는 매년 말에 지급한다. 전환사채는 20×1년 7월 1일부터 보통주로 전환이 가능하며, 사채액면 ₩10,000당 1주의 보통주(주당 액면 ₩5,000)로 전환될 수 있다.

(2) 사채발행일에 전환권이 부여되지 않은 일반사채의 시장이자율은 연 12%이다. 단, 현가계수는 아래 표를 이용하라.

구분	연 10%	연 12%
단일금액(3년)	0.75131	0.71178
정상연금(3년)	2.48685	2.40183

물음 1 위의 전환사채가 액면상환조건 전환사채인 경우 전환권가치를 계산하시오.

물음 2 위의 전환사채가 만기까지 전환되지 않았을 경우 만기까지 수행할 일련의 회계처리를 나타내시오.

물음 3 위의 전환사채가 20×2년 초에 100%의 전환권이 행사되었다고 할 경우 20×2년 초에 수행할 회계처리를 나타내시오.
(단, 전환권 행사시점에 전환권대가는 주식발행초과금으로 대체하고 있다)

해답 물음1

(1) 전환사채의 발행금액: ₩100,000
(2) 전환권이 없는 일반사채의 현재가치
    ₩8,000 × 2.40183(3년, 12%, 연금현가) + ₩100,000 × 0.71178(3년, 12%, 현가계수) = ₩90,393
(3) 전환권가치: (1) - (2) = ₩100,000 - ₩90,393 = ₩9,607
(4) 그림풀이

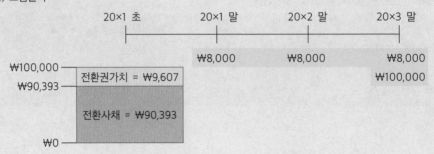

물음2

1. 유효이자율법 상각표

일자	장부금액 (상각후원가)	유효이자 (장부금액 × 12%)	액면이자 (액면금액 × 8%)	상각액 (유효이자 - 액면이자)
20×1년 초	₩90,393			
20×1년 말	₩93,240	₩10,847	₩8,000	₩2,847
20×2년 말	₩96,429	₩11,189	₩8,000	₩3,189
20×3년 말	₩100,000	₩11,571	₩8,000	₩3,571
계		₩33,607	₩24,000	₩9,607

2. 회계처리(순액회계처리방법)

일자	회계처리				
20×1년 초	(차) 현금	100,000	(대) 전환사채	90,393
			전환권대가	9,607
20×1년 말	(차) 이자비용	10,847	(대) 현금	8,000
			전환사채	2,847
20×2년 말	(차) 이자비용	11,189	(대) 현금	8,000
			전환사채	3,189
20×3년 말	(차) 이자비용	11,571	(대) 현금	8,000
			전환사채	3,571
	(차) 전환사채	100,000	(대) 현금	100,000

3. 재무상태표

구분	20×1년 초	20×1년 말	20×2년 말
[부채]			
전환사채	₩90,393	₩93,240	₩96,429
[자본]			
전환권대가	₩9,607	₩9,607	₩9,607

물음 3

1. 전환권 행사시점의 회계처리(순액회계처리방법)

일자	회계처리				
20×2년 초	(차) 전환사채	93,240	(대) 자본금	50,000[1]	
			주식발행초과금	43,240	
	(차) 전환권대가	9,607	(대) 주식발행초과금	9,607	
	[1] 10주 × ₩5,000 = ₩50,000				

2. 전환권 행사시점의 자본에 미치는 영향: ₩93,240
   전환사채의 장부금액 = ₩93,240

3. 전환권 행사시점의 주식발행초과금에 미치는 영향: ₩52,847
   전환사채의 장부금액 + 전환권대가 - 액면금액 = ₩93,240 + ₩9,607 - 10주 × ₩5,000 = ₩52,847

해설

1. **물음 2** 의 회계처리(총액회계처리방법)

일자	회계처리				
20×1년 초	(차) 현금	100,000	(대) 전환사채	100,000
	전환권조정	9,607	전환권대가	9,607
20×1년 말	(차) 이자비용	10,847	(대) 현금	8,000
			전환권조정	2,847
20×2년 말	(차) 이자비용	11,189	(대) 현금	8,000
			전환권조정	3,189
20×3년 말	(차) 이자비용	11,571	(대) 현금	8,000
			전환권조정	3,571
	(차) 전환사채	100,000	(대) 현금	100,000

2. 재무상태표

구분	20×1년 초	20×1년 말	20×2년 말
[부채]			
전환사채	₩100,000	₩100,000	₩100,000
전환권조정	₩(9,607)	₩(6,760)	₩(3,571)
장부금액	₩90,393	₩93,240	₩96,429
[자본]			
전환권대가	₩9,607	₩9,607	₩9,607

3. **물음 3** 의 회계처리(총액회계처리방법)

일자	회계처리				
20×2년 초	(차) 전환사채	100,000	(대) 전환권조정	6,760
			자본금	50,000[1]
			주식발행초과금	43,240
	(차) 전환권대가	9,607	(대) 주식발행초과금	9,607
	[1] 10주 × ₩5,000 = ₩50,000				

A회사는 20×1년 1월 1일에 3년 만기의 전환사채 ₩100,000을 액면발행하였다. 전환사채와 관련된 내용은 다음과 같다.

(1) 전환사채의 액면이자율은 연 8%이고, 이자는 매년 말에 지급한다. 전환사채는 20×1년 7월 1일부터 보통주로 전환이 가능하며, 사채액면 ₩10,000당 1주의 보통주(주당 액면 ₩5,000)로 전환될 수 있다.

(2) 이 전환사채의 보장수익률은 10%이며, 보장수익률로 계산한 금액으로 전환되지 않은 부분에 대하여 만기시점에 상환할증금을 지급한다.

(3) 사채발행일에 전환권이 부여되지 않은 일반사채의 시장이자율은 연 12%이다. 단, 현가계수는 아래 표를 이용하라.

구분	연 10%	연 12%
단일금액(3년)	0.75131	0.71178
정상연금(3년)	2.48685	2.40183

물음 1 위의 상환할증금 지급조건 전환사채의 전환권가치를 계산하시오.

물음 2 위의 전환사채가 만기까지 전환되지 않았을 경우 만기까지 수행할 일련의 회계처리를 나타내시오.

물음 3 위의 전환사채가 20×2년 초에 60%의 전환권이 행사되었다고 할 경우 만기까지 수행할 일련의 회계처리를 나타내시오.
(단, 전환권 행사시점에 전환권대가는 주식발행초과금으로 대체하고 있다)

해답 **물음 1**

(1) 전환사채의 발행금액: ₩100,000

(2) 상환할증금: ₩100,000 × (10% - 8%) × (1 + 1.1 + 1.1²) = ₩6,620

(3) 전환권이 없는 일반사채의 현재가치
   ₩8,000 × 2.40183(3년, 12%, 연금현가) + ₩106,620 × 0.71178(3년, 12%, 현가계수) = ₩95,105

(4) 전환권가치: (1) - (3) = ₩100,000 - ₩95,105 = ₩4,895

(5) 그림풀이

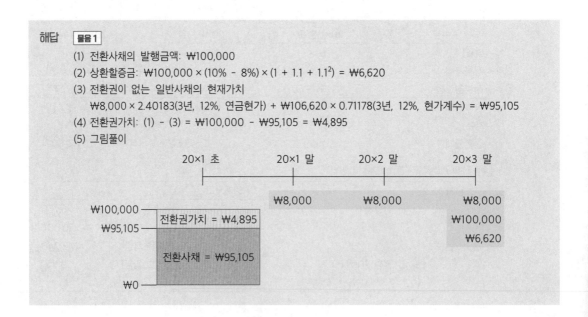

물음 2

1. 유효이자율법 상각표

일자	장부금액 (상각후원가)	유효이자 (장부금액 × 12%)	액면이자 (액면금액 × 8%)	상각액 (유효이자 - 액면이자)
20×1년 초	₩95,105			
20×1년 말	₩98,518	₩11,413	₩8,000	₩3,413
20×2년 말	₩102,340	₩11,822	₩8,000	₩3,822
20×3년 말	₩106,620	₩12,280[1]	₩8,000	₩4,280
계		₩35,515	₩24,000	₩11,515

[1] 단수차이조정

2. 회계처리(순액회계처리방법)

일자	회계처리			
20×1년 초	(차) 현금	100,000	(대) 전환사채	95,105
			전환권대가	4,895
20×1년 말	(차) 이자비용	11,413	(대) 현금	8,000
			전환사채	3,413
20×2년 말	(차) 이자비용	11,822	(대) 현금	8,000
			전환사채	3,822
20×3년 말	(차) 이자비용	12,280	(대) 현금	8,000
			전환사채	4,280
	(차) 전환사채	106,620	(대) 현금	106,620

3. 재무상태표

구분	20×1년 초	20×1년 말	20×2년 말
[부채]			
전환사채	₩95,105	₩98,518	₩102,340
[자본]			
전환권대가	₩4,895	₩4,895	₩4,895

물음 3

1. 전환권 행사시점까지 회계처리(순액회계처리방법)

일자	회계처리			
20×1년 초	(차) 현금	100,000	(대) 전환사채	95,105
			전환권대가	4,895
20×1년 말	(차) 이자비용	11,413	(대) 현금	8,000
			전환사채	3,413
20×2년 초	(차) 전환사채	59,111[1]	(대) 자본금	30,000[2]
			주식발행초과금	29,111
	(차) 전환권대가	2,937[3]	(대) 주식발행초과금	2,937

[1] ₩98,518 × 60% = ₩59,111
[2] 6주 × ₩5,000 = ₩30,000
[3] ₩4,895 × 60% = ₩2,937

2. 전환권 행사시점의 자본에 미치는 영향: ₩59,111

   전환사채의 장부금액 × 행사비율 = ₩98,518 × 60% = ₩59,111

3. 전환권 행사시점의 주식발행초과금에 미치는 영향: ₩32,048

   (전환사채의 장부금액 + 전환권대가 - 액면금액) × 행사비율 = (₩98,518 + ₩4,895 - 10주 × ₩5,000) × 60%
   = ₩32,048

4. 전환권 행사시점 이후 회계처리(순액회계처리방법)

일자	회계처리			
20×2년 말	(차) 이자비용	4,729[1]	(대) 현금	3,200[2]
			전환사채	1,529
	[1] ₩11,822 × 40% = ₩4,729			
	[2] ₩8,000 × 40% = ₩3,200			
20×3년 말	(차) 이자비용	4,912[1]	(대) 현금	3,200[2]
			전환사채	1,712
	(차) 전환사채	42,648[3]	(대) 현금	42,648
	[1] ₩12,280 × 40% = ₩4,912			
	[2] ₩8,000 × 40% = ₩3,200			
	[3] ₩106,620 × 40% = ₩42,648			

해설 1. 물음2 의 회계처리(총액회계처리방법)

일자	회계처리			
20×1년 초	(차) 현금	100,000	(대) 전환사채	100,000
	전환권조정	11,515	사채상환할증금	6,620
			전환권대가	4,895
20×1년 말	(차) 이자비용	11,413	(대) 현금	8,000
			전환권조정	3,413
20×2년 말	(차) 이자비용	11,822	(대) 현금	8,000
			전환권조정	3,822
20×3년 말	(차) 이자비용	12,280	(대) 현금	8,000
			전환권조정	4,280
	(차) 전환사채	100,000	(대) 현금	106,620
	사채상환할증금	6,620		

2. 재무상태표

구분	20×1년 초	20×1년 말	20×2년 말
[부채]			
전환사채	₩100,000	₩100,000	₩100,000
사채상환할증금	₩6,620	₩6,620	₩6,620
전환권조정	₩(11,515)	₩(8,102)	₩(4,280)
장부금액	₩95,105	₩98,518	₩102,340
[자본]			
전환권대가	₩4,895	₩4,895	₩4,895

3. 물음3의 회계처리(총액회계처리방법)

일자	회계처리			
20×1년 초	(차) 현금	100,000	(대) 전환사채	100,000
	전환권조정	11,515	사채상환할증금	6,620
			전환권대가	4,895
20×1년 말	(차) 이자비용	11,413	(대) 현금	8,000
			전환권조정	3,413
20×2년 초	(차) 전환사채	60,000[1]	(대) 전환권조정	4,861[3]
	사채상환할증금	3,972[2]	자본금	30,000[4]
			주식발행초과금	29,111
	(차) 전환권대가	2,937[5]	(대) 주식발행초과금	2,937
	[1] ₩100,000 × 60% = ₩60,000			
	[2] ₩6,620 × 60% = ₩3,972			
	[3] (₩11,515 − ₩3,413) × 60% = ₩4,861			
	[4] 6주 × ₩5,000 = ₩30,000			
	[5] ₩4,895 × 60% = ₩2,937			
20×2년 말	(차) 이자비용	4,729[1]	(대) 현금	3,200[2]
			전환권조정	1,529
	[1] ₩11,822 × 40% = ₩4,729			
	[2] ₩8,000 × 40% = ₩3,200			
20×3년 말	(차) 이자비용	4,912[1]	(대) 현금	3,200[2]
			전환권조정	1,712
	(차) 전환사채	40,000[3]	(대) 현금	42,648
	사채상환할증금	2,648[4]		
	[1] ₩12,280 × 40% = ₩4,912			
	[2] ₩8,000 × 40% = ₩3,200			
	[3] ₩100,000 × 40% = ₩40,000			
	[4] ₩6,620 × 40% = ₩2,648			

해커스 IFRS 김원종 중급회계 하

Chapter 14 복합금융상품

03 전환사채의 할인발행

전환사채는 할인발행되어 액면금액보다 낮은 금액으로 발행금액이 결정되기도 하며, 할증발행되어 액면금액보다 높은 금액으로 발행금액이 결정되기도 한다. 여기서는 할인발행의 회계처리 위주로 설명하며 할증발행된 경우는 할인발행된 경우와 회계처리가 동일하므로 구체적인 설명은 생략하기로 한다.

(1) 발행시점

전환사채가 발행되는 시점에 발행자는 전환사채의 미래현금흐름의 현재가치를 부채로 인식하고, 전환권가치를 전환권대가로 구분하여 별도로 회계처리해야 한다. 만약 총액회계처리방법을 사용한다면 액면금액과 사채상환할증금의 합계액에 동 금액과 전환사채 미래현금흐름의 현재가치의 차액을 전환권조정과 사채할인발행차금계정으로 분리하여 만기상환금액에서 차감하여 표시한다. 즉, 전환권조정과 사채할인발행차금은 당해 전환사채의 액면금액에서 차감하고, 사채상환할증금은 당해 전환사채의 액면금액에 부가한다. 전환권대가는 자본거래에서 발생한 임시계정 성격이므로 자본조정으로 분류한 후 전환권이 행사되어 추가로 주식을 발행하는 시점에 주식발행초과금으로 대체할 수 있다. 액면상환조건 전환사채와 상환할증금 지급조건 전환사채의 사채할인발행차금, 전환권조정 및 전환권대가는 다음과 같이 계산한다.

[액면상환조건 전환사채]

① 총상각액: 전환사채의 액면금액 - 전환사채의 현재가치
② 사채할인발행차금: 전환사채의 액면금액 - 전환사채의 발행금액
③ 전환권조정: 총상각액 - 사채할인발행차금
④ 전환권가치(전환권대가): 전환사채의 발행금액 - 전환사채의 현재가치

[상환할증금 지급조건 전환사채]

① 총상각액: 전환사채의 만기상환금액(액면금액 + 사채상환할증금) - 전환사채의 현재가치
② 사채할인발행차금: 전환사채의 액면금액 - 전환사채의 발행금액
③ 전환권조정: 총상각액 - 사채할인발행차금
④ 전환권가치(전환권대가): 전환사채의 발행금액 - 전환사채의 현재가치

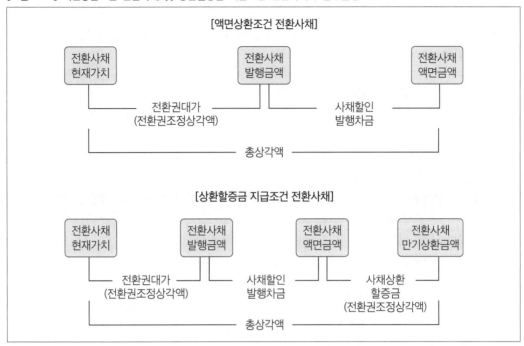

[그림 14-2] 액면상환조건 전환사채 및 상환할증금 지급조건 전환사채의 할인발행

(2) 이자지급시점

전환사채를 발행하고 전환권을 행사하여 전환되기 전까지는 부채요소에 대한 이자비용을 인식해야 한다. 전환사채의 이자비용은 사채의 장부금액(상각후원가)에 일반사채의 유효이자율을 적용하여 계산한다. 여기서 장부금액이란 액면금액에 사채상환할증금을 더하고 전환권조정과 사채할인발행차금을 차감한 금액을 말한다. 만약 총액회계처리를 수행할 경우 유효이자, 총상각액, 사채할인발행차금상각액, 전환권조정상각액은 다음과 같이 계산한다.

① 유효이자: 기초 전환사채의 장부금액 × 유효이자율
② 총상각액: 유효이자 - 액면이자
③ 사채할인발행차금상각액: 총상각액 × 사채할인발행차금/총상각액
④ 전환권조정상각액: 총상각액 × 전환권조정/총상각액

(3) 만기시점

전환사채가 만기시점까지 전환되지 않고 사채로 존속한다면 만기상환금액(액면금액 + 사채상환할증금)을 현금으로 상환하는 회계처리를 수행하면 된다.

(4) 전환권 행사시점

전환권 행사시점의 회계처리는 액면발행과 동일하다. 전환사채의 장부금액이 추가로 발행하는 보통주의 발행금액이 된다. 또한 전환권대가는 자본거래에서 발생한 임시계정 성격이므로 자본조정으로 분류한 후 전환권이 행사되어 추가로 주식을 발행하는 시점에 주식발행초과금으로 대체할 수 있다.

예제 5 상환할증금 지급조건 전환사채의 할인발행

A회사는 20×1년 1월 1일에 3년 만기의 전환사채 ₩100,000을 ₩98,000에 할인발행하였다. 전환사채와 관련된 내용은 다음과 같다.

(1) 전환사채의 액면이자율은 연 8%이고, 이자는 매년 말에 지급한다. 전환사채는 20×1년 7월 1일부터 보통주로 전환이 가능하며, 사채액면 ₩10,000당 1주의 보통주(주당 액면 ₩5,000)로 전환될 수 있다.
(2) 이 전환사채의 보장수익률은 10%이며, 보장수익률로 계산한 금액으로 전환되지 않은 부분에 대하여 만기시점에 상환할증금을 지급한다.
(3) 20×3년 1월 1일에 100%의 전환권이 행사되어 보통주를 발행하여 교부하였다. 전환권 행사시점의 주가는 주당 ₩15,000이다.
(4) 사채발행일에 전환권이 부여되지 않은 일반사채의 시장이자율은 연 12%이다. 단, 현가계수는 아래 표를 이용하라.

구분	연 10%	연 12%
단일금액(3년)	0.75131	0.71178
정상연금(3년)	2.48685	2.40183

물음 1 │ 위의 상환할증금 지급조건 전환사채의 전환권가치를 계산하시오.

물음 2 │ 위의 전환사채와 관련하여 20×3년 초까지 수행할 회계처리를 나타내시오.

해답 **물음 1**

(1) 전환사채의 발행금액: ₩98,000
(2) 상환할증금: ₩100,000 × (10% − 8%) × (1 + 1.1 + 1.1^2) = ₩6,620
(3) 전환권이 없는 일반사채의 현재가치
    ₩8,000 × 2.40183(3년, 12%, 연금현가) + ₩106,620 × 0.71178(3년, 12%, 현가계수) = ₩95,105
(4) 전환권가치: (1) − (3) = ₩98,000 − ₩95,105 = ₩2,895
(5) 그림풀이

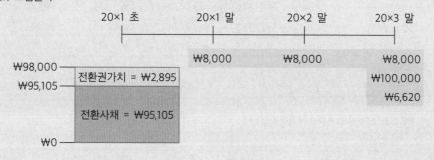

물음 2

1. 유효이자율법 상각표

일자	장부금액 (상각후원가)	유효이자 (장부금액 × 12%)	액면이자 (액면금액 × 8%)	상각액 (유효이자 − 액면이자)
20×1년 초	₩95,105			
20×1년 말	₩98,518	₩11,413	₩8,000	₩3,413
20×2년 말	₩102,340	₩11,822	₩8,000	₩3,822
20×3년 말	₩106,620	₩12,280[1]	₩8,000	₩4,280
계		₩35,515	₩24,000	₩11,515

[1] 단수차이조정

2. 회계처리(순액회계처리방법)

일자	회계처리			
20×1년 초	(차) 현금	98,000	(대) 전환사채	95,105
			전환권대가	2,895
20×1년 말	(차) 이자비용	11,413	(대) 현금	8,000
			전환사채	3,413
20×2년 말	(차) 이자비용	11,822	(대) 현금	8,000
			전환사채	3,822
20×3년 초	(차) 전환사채	102,340	(대) 자본금	50,000[1]
			주식발행초과금	52,340
	(차) 전환권대가	2,895	(대) 주식발행초과금	2,895

[1] 10주 × ₩5,000 = ₩50,000

3. 재무상태표

구분	20×1년 초	20×1년 말	20×2년 말
[부채]			
전환사채	₩95,105	₩98,518	₩102,340
[자본]			
전환권대가	₩2,895	₩2,895	₩2,895

해설 1. 유효이자율법 상각표

일자	장부금액 (상각후원가)	유효이자 (장부금액 × 12%)	액면이자 (액면금액 × 8%)	상각액 (유효이자 - 액면이자)	사채할인발행차금 상각액	전환권조정 상각액
20×1년 초	₩95,105					
20×1년 말	₩98,518	₩11,413	₩8,000	₩3,413	₩593[2]	₩2,820[3]
20×2년 말	₩102,340	₩11,822	₩8,000	₩3,822	₩664	₩3,158
20×3년 말	₩106,620	₩12,280[1]	₩8,000	₩4,280	₩743	₩3,537
계		₩35,515	₩24,000	₩11,515	₩2,000	₩9,515

[1] 단수차이조정
[2] ₩3,413 × ₩2,000/₩11,515 = ₩593
[3] ₩3,413 × ₩9,515/₩11,515 = ₩2,820

2. 물음2 의 회계처리(총액회계처리방법)

일자	회계처리			
20×1년 초	(차) 현금	98,000	(대) 전환사채	100,000
	사채할인발행차금	2,000	사채상환할증금	6,620
	전환권조정	9,515	전환권대가	2,895
20×1년 말	(차) 이자비용	11,413	(대) 현금	8,000
			사채할인발행차금	593
			전환권조정	2,820
20×2년 말	(차) 이자비용	11,822	(대) 현금	8,000
			사채할인발행차금	664
			전환권조정	3,158
20×3년 초	(차) 전환사채	100,000	(대) 사채할인발행차금	743
	사채상환할증금	6,620	전환권조정	3,537
			자본금	50,000[1]
			주식발행초과금	52,340
	(차) 전환권대가	2,895	(대) 주식발행초과금	2,895

[1] 10주 × ₩5,000 = ₩50,000

3. 재무상태표

구분	20×1년 초	20×1년 말	20×2년 말
[부채]			
전환사채	₩100,000	₩100,000	₩100,000
사채상환할증금	₩6,620	₩6,620	₩6,620
사채할인발행차금	₩(2,000)	₩(1,407)	₩(743)
전환권조정	₩(9,515)	₩(6,695)	₩(3,537)
장부금액	₩95,105	₩98,518	₩102,340
[자본]			
전환권대가	₩2,895	₩2,895	₩2,895

⚡POINT 전환사채의 회계처리 요약(발행자 입장)

정의	사채 + 전환권
자본요소(전환권가치)	전환권가치 = 총발행금액 - 전환사채의 미래현금흐름의 현재가치
최초 인식	(차) 현금 ××× (대) 전환사채 ××× 전환권대가 ×××
후속측정 (행사되지 않았을 경우)	[이자지급시점] (차) 이자비용 ××× (대) 현금 ××× 전환사채 ××× [만기시점] (차) 전환사채 ××× (대) 현금 ×××
전환권 행사시점	(차) 전환사채 ××× (대) 자본금 ××× 주식발행초과금 ××× (차) 전환권대가 ××× (대) 주식발행초과금 ×××
행사 시 자본에 미치는 영향	전환사채의 장부금액 × 행사비율
행사 시 주식발행초과금에 미치는 영향	(전환사채의 장부금액 + 전환권대가 - 액면금액) × 행사비율

04 전환사채의 유도전환(전환조건변경)

전환사채의 발행자는 전환사채의 조기전환을 유도하기 위하여 좀 더 유리한 전환비율을 제시하거나 특정 시점 이전의 전환에는 추가 대가를 지급하는 등의 방법으로 전환사채의 조건을 변경할 수 있다. 이러한 전환조건변경을 유도전환이라고 한다. 전환사채의 유도전환과 관련된 회계처리를 다음과 같이 수행한다.

조건이 변경되는 시점에 변경된 조건에 따라 전환으로 보유자가 수취하게 되는 대가의 공정가치와 원래의 조건에 따라 전환으로 보유자가 수취하였을 대가의 공정가치의 차이를 전환사채유도전환손실의 과목으로 당기손실로 인식한다. 왜냐하면 전환사채의 전환조건변경은 자본거래가 아니라 사채의 상환으로 간주되기 때문이다.

> 전환사채유도전환손실: 변경 후 조건의 공정가치 - 변경 전 조건의 공정가치

유도전환	전환사채의 발행자가 전환사채의 조기전환을 유도하기 위하여 좀 더 유리한 전환비율을 제시하거나 특정 시점 이전의 전환에는 추가 대가를 지급하는 등의 방법으로 전환사채의 조건을 변경하는 것
유도전환의 회계처리	조건이 변경되는 시점에 변경된 조건에 따라 전환으로 보유자가 수취하게 되는 대가의 공정가치와 원래의 조건에 따라 전환으로 보유자가 수취하였을 대가의 공정가치의 차이를 전환사채유도전환손실의 과목으로 당기손실로 인식함
전환사채유도전환손실	변경 후 조건의 공정가치 - 변경 전 조건의 공정가치

예제 6 전환사채의 유도전환

A회사는 20×1년 1월 1일에 3년 만기의 전환사채 ₩100,000을 액면발행하였다. 전환사채와 관련된 내용은 다음과 같다.

(1) 전환사채의 액면이자율은 연 8%이고, 이자는 매년 말에 지급한다. 전환사채는 20×1년 7월 1일부터 보통주로 전환이 가능하며, 사채액면 ₩10,000당 1주의 보통주(주당 액면 ₩5,000)로 전환될 수 있다.

(2) 사채발행일에 전환권이 부여되지 않은 일반사채의 시장이자율은 연 12%이다. 단, 현가계수는 아래 표를 이용하라.

구분	연 10%	연 12%
단일금액(3년)	0.75131	0.71178
정상연금(3년)	2.48685	2.40183

물음 1 A회사는 20×2년 초에 전환사채의 조기전환을 유도하기 위해 전환 시 교부되는 보통주 1주당 ₩1,000을 추가로 지급하기로 전환조건을 변경하였다. 20×2년 초에 100%의 전환권이 행사되었을 경우의 회계처리를 수행하시오.

물음 2 A회사는 20×2년 초에 사채액면 ₩10,000당 1주의 보통주(주당 액면 ₩5,000)로 전환되는 조건을 사채액면 ₩10,000당 1.2주의 보통주로 전환되는 조건으로 전환조건을 변경하였다. 20×2년 초에 100%의 전환권이 행사되었을 경우의 회계처리를 수행하시오. (단, 조건변경시점의 A회사 주식의 공정가치는 ₩10,000이다)

해답 **물음 1**

1. 액면상환조건 전환사채의 전환권가치
   (1) 전환사채의 발행금액: ₩100,000
   (2) 전환권이 없는 일반사채의 현재가치
      ₩8,000 × 2.40183(3년, 12%, 연금현가) + ₩100,000 × 0.71178(3년, 12%, 현가계수) = ₩90,393
   (3) 전환권가치: (1) - (2) = ₩100,000 - ₩90,393 = ₩9,607
   (4) 그림풀이

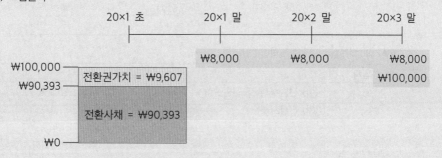

2. 유효이자율법 상각표

일자	장부금액 (상각후원가)	유효이자 (장부금액 × 12%)	액면이자 (액면금액 × 8%)	상각액 (유효이자 - 액면이자)
20×1년 초	₩90,393			
20×1년 말	₩93,240	₩10,847	₩8,000	₩2,847
20×2년 말	₩96,429	₩11,189	₩8,000	₩3,189
20×3년 말	₩100,000	₩11,571	₩8,000	₩3,571
계		₩33,607	₩24,000	₩9,607

3. 회계처리(순액회계처리방법)

일자	회계처리			
20×2년 초	(차) 전환사채유도전환손실	10,000[1]	(대) 현금	10,000
	(차) 전환사채	93,240	(대) 자본금	50,000[2]
			주식발행초과금	43,240
	(차) 전환권대가	9,607	(대) 주식발행초과금	9,607

[1] 10주 × ₩1,000 = ₩10,000
[2] 10주 × ₩5,000 = ₩50,000

물음 2

회계처리(순액회계처리방법)

일자	회계처리			
20×2년 초	(차) 전환사채유도전환손실	20,000[1]	(대) 유도전환대가(자본)	20,000
	(차) 전환사채	93,240	(대) 자본금	60,000[2]
			주식발행초과금	33,240
	(차) 전환권대가	9,607	(대) 주식발행초과금	9,607
	(차) 유도전환대가	20,000	(대) 주식발행초과금	20,000

[1] 2주 × ₩10,000 = ₩20,000
[2] 12주 × ₩5,000 = ₩60,000

해설 1. 물음1의 회계처리(총액회계처리방법)

일자	회계처리			
20×2년 초	(차) 전환사채유도전환손실	10,000	(대) 현금	10,000
	(차) 전환사채	100,000	(대) 전환권조정	6,760
			자본금	50,000[1)
			주식발행초과금	43,240
	(차) 전환권대가	9,607	(대) 주식발행초과금	9,607

1) 10주 × ₩5,000 = ₩50,000

2. 물음2의 회계처리(총액회계처리방법)

일자	회계처리			
20×2년 초	(차) 전환사채유도전환손실	20,000[1)	(대) 유도전환대가(자본)	20,000
	(차) 전환사채	100,000	(대) 전환권조정	6,760
			자본금	60,000[2)
			주식발행초과금	33,240
	(차) 전환권대가	9,607	(대) 주식발행초과금	9,607
	(차) 유도전환대가	20,000	(대) 주식발행초과금	20,000

1) 2주 × ₩10,000 = ₩20,000
2) 12주 × ₩5,000 = ₩60,000

05 전환사채의 조기상환 또는 재매입

최초의 전환권이 변동되지 않은 상태에서 조기상환이나 재매입으로 만기 전에 전환상품이 소멸되는 경우가 발생할 수 있다. 이러한 전환사채의 조기상환은 다음과 같이 회계처리한다.

① 최초의 전환권이 변동되지 않은 상태에서 조기상환이나 재매입으로 만기 전에 전환상품이 소멸되는 경우 조기상환하거나 재매입하기 위하여 지급한 대가와 거래원가를 거래 발생시점의 부채요소와 자본요소에 배분한다. 이러한 지급한 대가와 거래원가를 각 요소별로 배분하는 방법은 전환사채가 발행되는 시점에 발행금액을 각 요소별로 배분한 방법과 일관되어야 한다.

② 대가를 배분한 결과에서 생기는 손익은 관련 요소에 적용하는 회계원칙에 따라 다음과 같이 회계처리한다.
  a. 부채요소에 관련된 손익은 당기손익(사채상환손익)으로 인식한다.
  b. 자본요소와 관련된 대가는 자본(전환권대가상환손익)으로 인식한다.

- 상환시점의 자본요소의 공정가치 = 전환사채의 총공정가치 - 부채요소의 공정가치
- 사채상환손익(부채요소에 관련된 손익) = 전환사채의 장부금액 - 부채요소의 공정가치
- 전환권대가상환손익(자본요소에 관련된 손익) = 전환권대가의 장부금액 - 자본요소의 공정가치

POINT **전환사채의 조기상환**

조기상환의 회계처리	① 최초의 전환권이 변동되지 않은 상태에서 조기상환이나 재매입으로 만기 전에 전환상품이 소멸되는 경우 조기상환하거나 재매입하기 위하여 지급한 대가와 거래원가를 거래 발생시점의 부채요소와 자본요소에 배분함 ② 대가를 배분한 결과에서 생기는 손익은 관련 요소에 적용하는 회계원칙에 따라 다음과 같이 회계처리함 　a. 부채요소에 관련된 손익은 당기손익(사채상환손익)으로 인식함 　b. 자본요소와 관련된 대가는 자본(전환권대가상환손익)으로 인식함
계산방법	① 상환시점의 자본요소의 공정가치 = 전환사채의 총공정가치 - 부채요소의 공정가치 ② 사채상환손익(부채요소에 관련된 손익) = 전환사채의 장부금액 - 부채요소의 공정가치 ③ 전환권대가상환손익(자본요소에 관련된 손익) = 전환권대가의 장부금액 - 자본요소의 공정가치

예제 7 **전환사채의 조기상환**

A회사는 20×1년 1월 1일에 3년 만기의 전환사채 ₩100,000을 액면발행하였다. 전환사채와 관련된 내용은 다음과 같다.

(1) 전환사채의 액면이자율은 연 8%이고, 이자는 매년 말에 지급한다. 전환사채는 20×1년 7월 1일부터 보통주로 전환이 가능하며, 사채액면 ₩10,000당 1주의 보통주(주당 액면 ₩5,000)로 전환될 수 있다.
(2) 이 전환사채의 보장수익률은 10%이며, 보장수익률로 계산한 금액으로 전환되지 않은 부분에 대하여 만기시점에 상환할증금을 지급한다. 사채발행일에 전환권이 부여되지 않은 일반사채의 시장이자율은 연 12%이다.
(3) A회사는 20×2년 초 동 전환사채를 ₩110,000에 전액 조기상환하였다. 20×2년 초의 시장이자율을 14%이다.
(4) 현가계수는 아래 표를 이용하라.

구분	현가계수			연금현가계수		
	1년	2년	3년	1년	2년	3년
연 12%	0.89286	0.79719	0.71178	0.89286	1.69005	2.40183
연 14%	0.87719	0.76947	0.67497	0.87719	1.64666	2.32163

위의 전환사채와 관련된 모든 회계처리를 수행하시오.

해답 1. 상환할증금 지급조건 전환사채의 전환권가치

(1) 전환사채의 발행금액: ₩100,000

(2) 상환할증금: ₩100,000 × (10% - 8%) × (1 + 1.1 + 1.1²) = ₩6,620

(3) 전환권이 없는 일반사채의 현재가치

₩8,000 × 2.40183(3년, 12%, 연금현가) + ₩106,620 × 0.71178(3년, 12%, 현가계수) = ₩95,105

(4) 전환권가치: (1) - (3) = ₩100,000 - ₩95,105 = ₩4,895

(5) 그림풀이

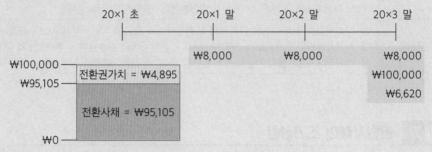

2. 유효이자율법 상각표

일자	장부금액 (상각후원가)	유효이자 (장부금액 × 12%)	액면이자 (액면금액 × 8%)	상각액 (유효이자 - 액면이자)
20×1년 초	₩95,105			
20×1년 말	₩98,518	₩11,413	₩8,000	₩3,413
20×2년 말	₩102,340	₩11,822	₩8,000	₩3,822
20×3년 말	₩106,620	₩12,280[1]	₩8,000	₩4,280
계		₩35,515	₩24,000	₩11,515

[1] 단수차이조정

3. 20×1년 초 및 20×1년 말 회계처리(순액회계처리방법)

일자	회계처리			
20×1년 초	(차) 현금	100,000	(대) 전환사채	95,105
			전환권대가	4,895
20×1년 말	(차) 이자비용	11,413	(대) 현금	8,000
			전환사채	3,413

4. 조기상환대가의 배분

(1) 조기상환대가: ₩110,000

(2) 상환시점의 부채요소의 공정가치

₩8,000 × 1.64666(2년, 14%, 연금현가) + ₩106,620 × 0.76947(2년, 14%, 현가계수) = ₩95,214

(3) 상환시점의 자본요소의 공정가치: (1) - (2) = ₩110,000 - ₩95,214 = ₩14,786

5. 사채상환이익 및 전환권대가상환손실

(1) 사채상환이익: ₩98,518(장부금액) - ₩95,214(부채요소의 공정가치) = ₩3,304

(2) 전환권대가상환손실: ₩4,895(장부금액) - ₩14,786(자본요소의 공정가치) = ₩(9,891)

6. 전환권 행사시점까지 회계처리(순액회계처리방법)

일자	회계처리			
20×2년 초	(차) 전환사채	98,518	(대) 현금	95,214
			사채상환이익(NI)	3,304
	(차) 전환권대가	4,895	(대) 현금	14,786
	전환권대가상환손실	9,891		
	(자본조정)			

해설   회계처리(총액회계처리방법)

일자	회계처리			
20×1년 초	(차) 현금	100,000	(대) 전환사채	100,000
	전환권조정	11,515	사채상환할증금	6,620
			전환권대가	4,895
20×1년 말	(차) 이자비용	11,413	(대) 현금	8,000
			전환권조정	3,413
20×2년 초	(차) 전환사채	100,000	(대) 전환권조정	8,102
	사채상환할증금	6,620	현금	95,214
			사채상환이익(NI)	3,304
	(차) 전환권대가	4,895	(대) 현금	14,786
	전환권대가상환손실 (자본조정)	9,891		

06 전환사채 발행과 관련된 거래원가

복합금융상품 발행과 관련된 거래원가는 배분된 발행금액에 비례하여 부채요소와 자본요소로 배분한다. 부채요소의 배분된 거래원가는 전환사채의 장부금액에서 차감하여 회계처리하고, 자본요소의 배분된 거래원가는 전환권대가의 장부금액에서 차감하여 회계처리한다. 전환사채와 관련된 거래원가가 발생하면 전환사채의 최초 인식금액이 줄어들기 때문에 해당 거래의 유효이자율은 상승함에 유의하기 바란다.

예제 8   전환사채 발행과 관련된 거래원가

(주)코리아는 20×1년 1월 1일 액면금액 ₩1,000,000의 전환사채를 ₩900,000에 발행하였다. 전환사채 발행과 관련된 중개수수료, 인쇄비 등 거래비용으로 ₩10,000을 지출하였다. 이자는 매년 말 액면금액의 4%를 지급하며 만기는 5년이다. 전환사채는 20×1년 7월 1일부터 만기일까지 액면금액 ₩5,000당 액면금액 ₩1,000의 보통주 1주로 전환이 가능하다. 전환사채 발행 당시 전환권이 없는 일반사채의 시장이자율은 연 10%이며, 만기일까지 전환권을 행사하지 않을 경우에는 액면금액의 106%를 지급한다. 단, 현가계수는 아래의 표를 이용하며 소수점 첫째 자리에서 반올림한다.   [2015 공인회계사 1차 수정]

이자율	기간	단일금액 ₩1의 현가	정상연금 ₩1의 현가
4%	5년	0.8219	4.4518
10%	5년	0.6209	3.7908

물음1   동 사채발행일에 (주)코리아의 부채 및 자본이 증가한 금액은 각각 얼마인지 계산하시오.

물음2   동 사채발행일에 (주)코리아가 행할 회계처리를 나타내시오.

해답 **물음1**

1. 상환할증금 지급조건 전환사채의 전환권가치
   (1) 전환사채의 발행금액: ₩900,000
   (2) 상환할증금: ₩1,000,000 × 6% = ₩60,000
   (3) 전환권이 없는 일반사채의 현재가치
      ₩40,000 × 3.7908(5년, 10%, 연금현가) + ₩1,060,000 × 0.6209(5년, 10%, 현가계수) = ₩809,786
   (4) 전환권가치: (1) – (3) = ₩900,000 – ₩809,786 = ₩90,214

2. 거래원가의 배분
   (1) 부채요소: ₩10,000 × ₩809,786/₩900,000 = ₩8,998
   (2) 자본요소: ₩10,000 × ₩90,214/₩900,000 = ₩1,002

3. 거래원가 배분 후 부채 및 자본증가액
   (1) 부채증가액: ₩809,786 – ₩8,998 = ₩800,788
   (2) 자본증가액: ₩90,214 – ₩1,002 = ₩89,212

물음2

회계처리(순액회계처리방법)

일자	회계처리			
20×1년 초	(차) 현금	900,000	(대) 전환사채	809,786
			전환권대가	90,214
	(차) 전환사채	8,998	(대) 현금	10,000
	전환권대가	1,002		

해설 1. 회계처리(총액회계처리방법)

일자	회계처리			
20×1년 초	(차) 현금	900,000	(대) 전환사채	1,000,000
	사채할인발행차금	100,000	사채상환할증금	60,000
	전환권조정	150,214	전환권대가	90,214
	(차) 사채할인발행차금	8,998	(대) 현금	10,000
	전환권대가	1,002		

2. 전환사채의 거래원가가 존재하는 경우 부채요소에 해당하는 부분의 이자비용을 인식하기 위한 새로운 유효이자율은 다음과 같이 계산하여야 한다.

$$\text{₩}800,788 = \frac{40,000}{(1+r\%)^1} + \frac{40,000}{(1+r\%)^2} + \frac{40,000}{(1+r\%)^3} + \frac{40,000}{(1+r\%)^4} + \frac{1,100,000}{(1+r\%)^5}$$

∴ 유효이자율(r) = 10.26885%

Ⅲ | 신주인수권부사채

01 신주인수권부사채의 의의

(1) 신주인수권부사채의 정의

신주인수권부사채(Bonds with Stock Warrant)란 보통주를 발행할 수 있는 권리인 신주인수권이 부여된 채무상품을 말한다. 확정 수량의 발행자의 보통주로 신주인수를 청구할 수 있는 사채는 복합금융상품이므로 발행자의 관점에서 이러한 금융상품은 금융부채(현금 등 금융자산을 인도하는 계약)의 요소와 지분상품(확정 수량의 발행자의 보통주로 신주인수를 청구할 수 있는 권리를 정해진 기간에 보유자에게 부여하는 콜옵션)의 요소로 구성된다. 따라서 발행자는 이러한 모든 거래를 부채요소와 자본요소로 분리하여 재무상태표에 표시해야 한다.

신주인수권부사채는 복합금융상품이므로 부채요소와 자본요소와 계산 및 회계처리방법이 전환사채와 유사하지만 행사방법에 큰 차이가 존재한다. 전환사채는 전환권이 행사되면 사채가 보통주로 전환되어 사채가 소멸되지만 신주인수권부사채는 신수인수권을 행사하면 보유자가 신주인수권의 행사가격만큼 현금을 납입하여 보통주를 교부받으므로 사채가 존속되는 특징이 있다.

(2) 신주인수권가치

신주인수권부사채는 일반사채부분인 부채요소와 신주인수권에 해당하는 자본요소를 모두 가지고 있는 복합적 성격을 지닌 증권이며, 일반사채에 비하여 투자자 입장에서 유리하므로 동일한 액면이자율을 가진 일반사채에 비하여 가격이 높게 발행된다. 따라서 신주인수권부사채를 발행한 경우에는 발행가액을 일반사채에 해당하는 부채요소와 신주인수권에 해당하는 자본요소로 분리하여 회계처리하며, 자본요소의 가치를 신주인수권가치(신주인수권대가)로 인식해야 한다.

신주인수권가치는 당해 신주인수권부사채의 발행가액에서 신주인수권이 없는 일반사채의 공정가치를 차감하여 계산한다. 이 경우 일반사채의 공정가치는 만기일까지 기대되는 미래현금흐름을 사채발행일 현재 발행회사의 신주인수권이 없는 일반사채의 유효이자율로 할인한 금액이다.

> ① 신주인수권부사채의 발행가액(공정가치) = 일반사채의 현재가치(공정가치) + 신주인수권가치(공정가치)
> ② 신주인수권가치(공정가치) = 신주인수권부사채의 발행가액(공정가치) - 일반사채의 현재가치(공정가치)

(3) 신주인수권부사채의 종류

① 상환할증금의 존재 여부

신주인수권부사채는 상환할증금이 존재하는지 여부에 따라 액면상환조건 신주인수권부사채와 상환할증금 지급조건 신주인수권부사채로 구분된다.

> • 액면상환조건 신주인수권부사채: 만기까지 신주인수권을 행사하지 않더라도 상환할증금을 지급하지 않는 신주인수권부사채
> • 상환할증금 지급조건 신주인수권부사채: 만기까지 신주인수권을 행사하지 않으면 상환할증금을 지급하는 신주인수권부사채

앞서 언급한 신주인수권가치를 계산할 때, 액면상환조건 신주인수권부사채의 경우 액면이자와 원금을 적절한 유효이자율로 할인하여 계산하면 되지만 상환할증금 지급조건 신주인수권부사채의 경우에는 액면이자와 원금뿐만 아니라 상환할증금도 사채의 미래현금흐름에 포함하여 현재가치를 계산해야 한다. 한편, 상환할증금 지급조건 신주인수권부사채는 신주인수권이 행사된 부분에 대해서 상환할증금을 제외한 액면금액만을 상환함에 유의해야 한다.

POINT 상환할증금의 존재 여부에 따른 신주인수권부사채의 종류

구분	미래현금흐름
액면상환조건 신주인수권부사채	원금 + 액면이자
상환할증 지급조건 신주인수권부사채	원금 + 액면이자 + 상환할증금

② 신주인수권의 분리 여부

일반적으로 전환사채는 사채와 전환권을 한 채권에 발행하지만, 신주인수권부사채의 경우 사채와 신주인수권을 한 채권에 발행할 수도 있고 별도의 증권으로 발행할 수 있다. 이러한 신주인수권을 별도로 발행할 수 있는지 여부에 따라 비분리형 신수인수권부사채와 분리형 신주인수권부사채로 구분된다.

> • 비분리형 신주인수권부사채: 사채와 신주인수권을 한 채권에 발행하는 신주인수권부사채
> • 분리형 신주인수권부사채: 사채와 신주인수권을 별도의 증권으로 발행하는 신주인수권부사채

상법에서는 비분리형 신주인수권부사채와 분리형 신주인수권부사채의 발행을 모두 허용하고 있으나 K-IFRS에서는 신주인수권의 분리 여부에 따라 회계처리의 차이가 존재하지 않으므로 회계 실무상 신주인수권의 분리 여부는 중요하지 않다.

POINT 신주인수권 분리 여부에 따른 신주인수권부사채의 종류

비분리형 신주인수권부사채	사채와 신주인수권을 한 채권에 발행하는 신주인수권부사채
분리형 신주인수권부사채	사채와 신주인수권을 별도의 증권으로 발행하는 신주인수권부사채

(4) 상환할증금

상환할증금(Repayment Premium)은 신주인수권부사채의 보유자가 만기까지 신주인수권을 행사하지 않아 만기상환하는 경우에 사채발행회사가 보유자에게 일정 수준의 수익률을 보장하기 위하여 만기가액에 추가하여 지급하기로 약정한 금액을 말한다. 신주인수권부사채에는 신주인수권이 부여되어 있기 때문에 액면이자가 동일한 일반사채보다 신주인수권가치만큼 가격이 더 높게 발행된다. 그러나 만기까지 발행회사의 주가가 상승하지 않는다면 신주인수권을 행사하여 매매차익을 얻을 수 없기 때문에 오히려 투자자들은 신주인수권가치만큼 투자성과에 있어 기회손실을 보게 된다. 이러한 기회손실을 보장하기 위하여 상환할증금을 지급하여 일정한 수익률을 보장해 준다. 여기서 상환할증금 지급조건 신주인수권부사채에 투자한 투자자는 만기까지 신주인수권을 행사하지 않아 만기상환하는 경우에 상환할증금을 추가로 수령함으로써 액면이자율 이상의 수익률을 보장해 주는데, 이를 보장수익률이라고 한다. 그리고 상환할증금을 액면금액으로 나눈 값을 상환할증률이라고 한다. 이러한 각 용어의 정의에 따라 상환할증금을 다음과 같이 계산할 수 있다.

> 상환할증금 = 신주인수권부사채의 액면금액 × (보장수익률 − 액면이자율) × 연금의 미래가치요소(이자율: 보장수익률)
> = 신주인수권부사채의 액면금액 × 상환할증률[1]

[1] 상환할증률 = 상환할증금 ÷ 액면금액

위의 계산공식에서 상환할증금은 신주인수권부사채의 만기까지 액면이자를 지급하여 보장수익률보다 적게 지급한 이자를 만기에 일시에 지급하는 금액을 의미한다는 것을 알 수 있다. 즉, 상환할증금은 보장수익률에 의한 이자와 액면이자의 차이를 보장수익률로 계산한 미래가치로 계산된다.

상환할증금	신주인수권부사채의 보유자가 만기까지 신주인수권을 행사하지 않아 만기상환하는 경우에 사채발행회사가 보유자에게 일정 수준의 수익률을 보장하기 위하여 만기가액에 추가하여 지급하기로 약정한 금액
보장수익률	상환할증금 지급조건 신주인수권부사채에 투자한 투자자는 만기까지 신주인수권을 행사하지 않아 만기상환하는 경우에 상환할증금을 추가로 수령함으로써 액면이자율 이상이 수익률을 보장해 주는 것
상환할증률	상환할증금 ÷ 액면금액
상환할증금의 계산	신주인수권부사채의 액면금액 × (보장수익률 − 액면이자율) × 연금의 미래가치요소(이자율: 보장수익률) or 신주인수권부사채의 액면금액 × 상환할증률

[그림 14-3] 신주인수권부사채의 미래현금흐름

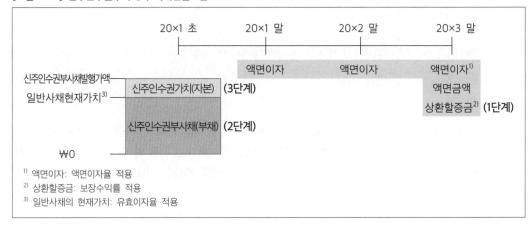

1) 액면이자: 액면이자율 적용
2) 상환할증금: 보장수익률 적용
3) 일반사채의 현재가치: 유효이자율 적용

02 신주인수권부사채의 액면발행

신주인수권부사채가 액면발행된 경우 발행시점, 이자지급시점, 만기시점 및 신주인수권행사시점의 회계처리를 살펴보아야 한다. 이와 관련된 내용은 다음과 같다.

(1) 발행시점

신주인수권부사채가 발행되는 시점에 발행자는 신주인수권부사채의 미래현금흐름의 현재가치를 부채로 인식하고, 신주인수권가치를 신주인수권대가로 구분하여 별도로 회계처리해야 한다. 만약 총액회계처리 방법을 사용한다면 액면금액과 사채상환할증금의 합계액에 동 금액과 신주인수권부사채 미래현금흐름의 현재가치의 차액을 신주인수권조정으로 차감하여 표시한다. 즉, 신주인수권조정은 당해 신주인수권부사채의 액면금액에서 차감하고, 사채상환할증금은 당해 신주인수권부사채의 액면금액에 부가한다. 신주인수권대가는 자본거래에서 발생한 임시계정 성격이므로 자본조정으로 분류한 후 신주인수권이 행사되어 추가로 주식을 발행하는 시점에 주식발행초과금으로 대체할 수 있다. 신주인수권부사채 발행시점의 회계처리를 예시하면 다음과 같다.

[회계처리] 신주인수권부사채 발행 시(순액회계처리방법)

(차) 현금	×××	(대) 신주인수권부사채	×××
		신주인수권대가(자본조정)	×××

[회계처리] 신주인수권부사채 발행 시(총액회계처리방법)

(차) 현금	×××	(대) 신주인수권부사채	×××
신주인수권조정	×××	사채상환할증금	×××
		신주인수권대가(자본조정)	×××

(2) 이자지급시점

신주인수권부사채를 발행하고 신주인수권이 행사되기 전까지는 부채요소에 대한 이자비용을 인식해야 한다. 신주인수권부사채의 이자비용은 사채의 장부금액(상각후원가)에 일반사채의 유효이자율을 적용하여 계산한다. 여기서 장부금액이란 액면금액에 사채상환할증금을 더하고 신주인수권조정을 차감한 금액을 말한다. 금융부채에서 살펴본 일반사채의 상각표를 이용하여 회계처리하면 된다.

[회계처리] 이자지급시점(순액회계처리방법)

(차) 이자비용	×××	(대) 현금	×××
		신주인수권부사채	×××

[회계처리] 이자지급시점(총액회계처리방법)

(차) 이자비용	×××	(대) 현금	×××
		신주인수권조정	×××

(3) 만기시점

신주인수권부사채가 만기시점까지 행사되지 않는다면 만기상환금액(액면금액 + 사채상환할증금)을 현금으로 상환하는 회계처리를 수행하면 된다.

[회계처리] 만기시점(순액회계처리방법)

(차) 신주인수권부사채	×××	(대) 현금	×××

[회계처리] 만기시점(총액회계처리방법)

(차) 신주인수권부사채	×××	(대) 현금	×××
사채상환할증금	×××		

(4) 신주인수권 행사시점

신주인수권 행사되더라도 신주인수권부사채는 소멸되지 않고 존속하므로 신주인수권부사채를 자본금과 주식발행초과금으로 대체하는 회계처리를 수행할 필요가 없다. 따라서 신주인수권부사채의 행사가격에 해당하는 현금납입액을 자본금과 주식발행초과금으로 대체해야 한다. 또한 신주인수권대가는 자본거래에서 발생한 임시계정 성격이므로 자본조정으로 분류한 후 신주인수권이 행사되어 추가로 주식을 발행하는 시점에 주식발행초과금으로 대체할 수 있다. 여기서 유의할 점은 상환할증금 지급조건 신주인수권부사채의 경우 신주인수권이 행사되면 만기에 상환할증금을 지급할 필요가 없으므로 신주인수권의 행사시점에 상환할증금의 현재가치에 해당하는 신주인수권부사채의 장부금액은 주식의 발행금액에 포함해야 한다는 것이다.

또한 전환사채의 경우에는 전환권이 행사된 이후에 전환권이 행사된 부분에 사채가 소멸되므로 미행사된 부분의 전환사채에 대해서만 이자비용을 인식하면 된다. 반면에 신주인수권부사채의 경우 사채가 존속하므로 신주인수권이 행사되더라도 100%의 이자비용을 인식한다. 그러나 상환할증금 지급조건 신주인수권부사채의 경우 신주인수권이 행사되면 원금과 액면이자와 관련된 이자비용은 100% 인식해야 하지만 상환할증금은 행사된 부분에 대해서 상환할증금을 지급할 필요가 없으므로 상환할증금과 관련된 이자비용 중 미행사 부분에 대해서만 인식해야 한다.

[회계처리] 신주인수권 행사시점(순액회계처리방법)

(차) 현금	×××	(대) 자본금	×××
신주인수권부사채[1]	×××	주식발행초과금	×××
(차) 신주인수권대가	×××	(대) 주식발행초과금	×××

[1] 상환할증금의 현재가치

[회계처리] 신주인수권 행사시점(총액회계처리방법)

(차) 현금	×××	(대) 신주인수권조정[2]	×××
사채상환할증금[1]	×××	자본금	×××
		주식발행초과금	×××
(차) 신주인수권대가	×××	(대) 주식발행초과금	×××

[1] 상환할증금 명목금액
[2] 상환할증금의 미상각잔액 = 상환할증금 - 상환할증금의 현재가치

예제 9 | 액면상환조건 신주인수권부사채의 액면발행

A회사는 20×1년 1월 1일에 3년 만기의 신주인수권부사채 ₩100,000을 액면발행하였다. 신주인수권부사채와 관련된 내용은 다음과 같다.

(1) 신주인수권부사채의 액면이자율은 연 8%이고, 이자는 매년 말에 지급한다. 신주인수권부사채는 20×1년 7월 1일부터 신주인수권이 행사 가능하며, 사채액면 ₩10,000당 1주의 보통주(주당 액면 ₩5,000)를 ₩10,000에 인수할 수 있다.
(2) 사채발행일에 신주인수권이 부여되지 않은 일반사채의 시장이자율은 연 12%이다. 단, 현가계수는 아래 표를 이용하라.

구분	연 10%	연 12%
단일금액(3년)	0.75131	0.71178
정상연금(3년)	2.48685	2.40183

물음 1 위의 신주인수권부사채가 액면상환조건 신주인수권부사채인 경우 신주인수권가치를 계산하시오.

물음 2 위의 신주인수권부사채가 만기까지 행사되지 않았을 경우 만기까지 수행할 일련의 회계처리를 나타내시오.

물음 3 위의 신주인수권부사채가 20×2년 초에 100%의 신주인수권이 행사되었다고 할 경우 20×2년 초와 20×2년 말에 수행할 회계처리를 나타내시오. (단, 신주인수권 행사시점에 신주인수권대가는 주식발행초과금으로 대체하고 있다)

해답 **물음 1**

(1) 신주인수권부사채의 발행금액: ₩100,000
(2) 신주인수권이 없는 일반사채의 현재가치
   ₩8,000 × 2.40183(3년, 12%, 연금현가) + ₩100,000 × 0.71178(3년, 12%, 현가계수) = ₩90,393
(3) 신주인수권가치: (1) - (2) = ₩100,000 - ₩90,393 = ₩9,607
(4) 그림풀이

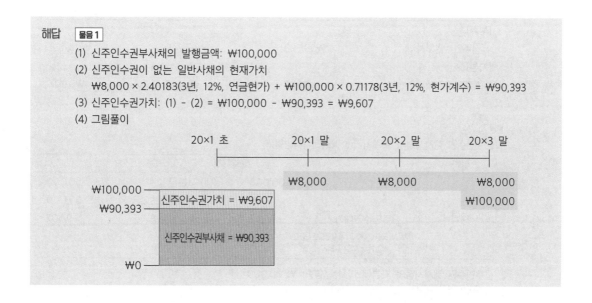

1. 유효이자율법 상각표

일자	장부금액 (상각후원가)	유효이자 (장부금액 × 12%)	액면이자 (액면금액 × 8%)	상각액 (유효이자 - 액면이자)
20×1년 초	₩90,393			
20×1년 말	₩93,240	₩10,847	₩8,000	₩2,847
20×2년 말	₩96,429	₩11,189	₩8,000	₩3,189
20×3년 말	₩100,000	₩11,571	₩8,000	₩3,571
계		₩33,607	₩24,000	₩9,607

2. 회계처리(순액회계처리방법)

일자	회계처리			
20×1년 초	(차) 현금	100,000	(대) 신주인수권부사채	90,393
			신주인수권대가	9,607
20×1년 말	(차) 이자비용	10,847	(대) 현금	8,000
			신주인수권부사채	2,847
20×2년 말	(차) 이자비용	11,189	(대) 현금	8,000
			신주인수권부사채	3,189
20×3년 말	(차) 이자비용	11,571	(대) 현금	8,000
			신주인수권부사채	3,571
	(차) 신주인수권부사채	100,000	(대) 현금	100,000

3. 재무상태표

구분	20×1년 초	20×1년 말	20×2년 말
[부채]			
신주인수권부사채	₩90,393	₩93,240	₩96,429
[자본]			
신주인수권대가	₩9,607	₩9,607	₩9,607

1. 신주인수권 행사시점의 회계처리(순액회계처리방법)

일자	회계처리			
20×2년 초	(차) 현금	100,000[1]	(대) 자본금	50,000[2]
			주식발행초과금	50,000
	(차) 신주인수권대가	9,607	(대) 주식발행초과금	9,607

[1] 10주 × ₩10,000 = ₩100,000
[2] 10주 × ₩5,000 = ₩50,000

2. 신주인수권 행사시점의 자본에 미치는 영향: ₩100,000
  현금납입액 = 10주 × ₩10,000 = ₩100,000

3. 신주인수권 행사시점의 주식발행초과금에 미치는 영향: ₩59,607
  현금납입액 + 신주인수권대가 - 액면금액 = 10주 × ₩10,000 + ₩9,607 - 10주 × ₩5,000 = ₩59,607

4. 신주인수권 행사시점 이후 회계처리(순액회계처리방법)

일자	회계처리			
20×2년 말	(차) 이자비용	11,189[1]	(대) 현금	8,000
			신주인수권부사채	3,189
	[1] ₩11,189 × 100% = ₩11,189(액면상환조건 신주인수권부사채의 경우 사채가 존속하므로 신주인수권이 행사되더라도 100%의 이자비용을 인식한다)			

해설 1. 물음2 의 회계처리(총액회계처리방법)

일자	회계처리			
20×1년 초	(차) 현금	100,000	(대) 신주인수권부사채	100,000
	신주인수권조정	9,607	신주인수권대가	9,607
20×1년 말	(차) 이자비용	10,847	(대) 현금	8,000
			신주인수권조정	2,847
20×2년 말	(차) 이자비용	11,189	(대) 현금	8,000
			신주인수권조정	3,189
20×3년 말	(차) 이자비용	11,571	(대) 현금	8,000
			신주인수권조정	3,571
	(차) 신주인수권부사채	100,000	(대) 현금	100,000

2. 재무상태표

구분	20×1년 초	20×1년 말	20×2년 말
[부채]			
신주인수권부사채	₩100,000	₩100,000	₩100,000
신주인수권조정	₩(9,607)	₩(6,760)	₩(3,571)
장부금액	₩90,393	₩93,240	₩96,429
[자본]			
신주인수권대가	₩9,607	₩9,607	₩9,607

3. 물음3 의 회계처리(총액회계처리방법)

일자	회계처리			
20×1년 초	(차) 현금	100,000[1]	(대) 자본금	50,000[2]
			주식발행초과금	50,000
	(차) 신주인수권대가	9,607	(대) 주식발행초과금	9,607
	[1] 10주 × ₩10,000 = ₩100,000 [2] 10주 × ₩5,000 = ₩50,000			
20×2년 말	(차) 이자비용	11,189[1]	(대) 현금	8,000
			신주인수권조정	3,189
	[1] ₩11,189 × 100% = ₩11,189(액면상환조건 신주인수권부사채의 경우 사채가 존속하므로 신주인수권이 행사되더라도 100%의 이자비용을 인식한다)			

예제 10 상환할증금 지급조건 신주인수권부사채의 액면발행

A회사는 20×1년 1월 1일에 3년 만기의 신주인수권부사채 ₩100,000을 액면발행하였다. 신주인수권부사채와 관련된 내용은 다음과 같다.

> (1) 신주인수권부사채의 액면이자율은 연 8%이고, 이자는 매년 말에 지급한다. 신주인수권부사채는 20×1년 7월 1일부터 신주인수권이 행사 가능하며, 사채액면 ₩10,000당 1주의 보통주(주당 액면 ₩5,000)를 ₩10,000에 인수할 수 있다.
>
> (2) 이 신주인수권부사채의 보장수익률은 10%이며, 보장수익률로 계산한 금액으로 행사되지 않은 부분에 대하여 만기시점에 상환할증금을 지급한다.
>
> (3) 사채발행일에 신주인수권이 부여되지 않은 일반사채의 시장이자율은 연 12%이다. 단, 현가계수는 아래 표를 이용하라.
>
> | 구분 | 연 10% | 연 12% |
> |---|---|---|
> | 단일금액(3년) | 0.75131 | 0.71178 |
> | 정상연금(3년) | 2.48685 | 2.40183 |

물음 1 위의 상환할증금 지급조건 신주인수권부사채의 신주인수권가치를 계산하시오.

물음 2 위의 신주인수권부사채가 만기까지 행사되지 않았을 경우 만기까지 수행할 일련의 회계처리를 나타내시오.

물음 3 위의 신주인수권부사채가 20×2년 초에 60%의 신주인수권이 행사되었다고 할 경우 만기까지 수행할 일련의 회계처리를 나타내시오. (단, 신주인수권 행사시점에 신주인수권대가는 주식발행초과금으로 대체하고 있다)

해답 **물음 1**

(1) 신주인수권부사채의 발행금액: ₩100,000

(2) 상환할증금: ₩100,000 × (10% − 8%) × (1 + 1.1 + 1.1²) = ₩6,620

(3) 신주인수권이 없는 일반사채의 현재가치

₩8,000 × 2.40183(3년, 12%, 연금현가) + ₩106,620 × 0.71178(3년, 12%, 현가계수) = ₩95,105

(4) 신주인수권가치: (1) − (3) = ₩100,000 − ₩95,105 = ₩4,895

(5) 그림풀이

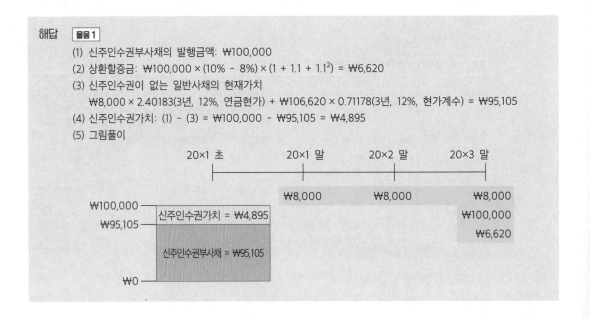

물음 2

1. 유효이자율법 상각표

일자	장부금액 (상각후원가)	유효이자 (장부금액 × 12%)	액면이자 (액면금액 × 8%)	상각액 (유효이자 – 액면이자)
20×1년 초	₩95,105			
20×1년 말	₩98,518	₩11,413	₩8,000	₩3,413
20×2년 말	₩102,340	₩11,822	₩8,000	₩3,822
20×3년 말	₩106,620	₩12,280[1]	₩8,000	₩4,280
계		₩35,515	₩24,000	₩11,515

[1] 단수차이조정

2. 회계처리(순액회계처리방법)

일자	회계처리			
20×1년 초	(차) 현금	100,000	(대) 신주인수권부사채	95,105
			신주인수권대가	4,895
20×1년 말	(차) 이자비용	11,413	(대) 현금	8,000
			신주인수권부사채	3,413
20×2년 말	(차) 이자비용	11,822	(대) 현금	8,000
			신주인수권부사채	3,822
20×3년 말	(차) 이자비용	12,280	(대) 현금	8,000
			신주인수권부사채	4,280
	(차) 신주인수권부사채	106,620	(대) 현금	106,620

3. 재무상태표

구분	20×1년 초	20×1년 말	20×2년 말
[부채]			
신주신수권부사채	₩95,105	₩98,518	₩102,340
[자본]			
신주인수권대가	₩4,895	₩4,895	₩4,895

물음 3

1. 유효이자율법 상각표

[총상각표]: 원금, 액면이자, 상환할증금

일자	장부금액 (상각후원가)	유효이자 (장부금액 × 12%)	액면이자 (액면금액 × 8%)	상각액 (유효이자 – 액면이자)
20×1년 초	₩95,105			
20×1년 말	₩98,518	₩11,413	₩8,000	₩3,413
20×2년 말	₩102,340	₩11,822	₩8,000	₩3,822
20×3년 말	₩106,620	₩12,280[1]	₩8,000	₩4,280
계		₩35,515	₩24,000	₩11,515

[1] 단수차이조정

[액면상환조건 사채의 상각표]: 원금, 액면이자

일자	장부금액 (상각후원가)	유효이자 (장부금액 × 12%)	액면이자 (액면금액 × 8%)	상각액 (유효이자 - 액면이자)
20×1년 초	₩90,393			
20×1년 말	₩93,240	₩10,847	₩8,000	₩2,847
20×2년 말	₩96,429	₩11,189	₩8,000	₩3,189
20×3년 말	₩100,000	₩11,571	₩8,000	₩3,571
계		₩33,607	₩24,000	₩9,607

[상환할증금 상각표]: 상환할증금

일자	장부금액 (상각후원가)	유효이자 (장부금액 × 12%)	액면이자 (액면금액 × 8%)	상각액 (유효이자 - 액면이자)
20×1년 초	₩4,712			
20×1년 말	₩5,277	₩565	₩0	₩565
20×2년 말	₩5,910	₩633	₩0	₩633
20×3년 말	₩6,620	₩710[1]	₩0	₩710
계		₩1,908	₩0	₩1,908

[1] 단수차이조정

2. 신주인수권 행사시점까지 회계처리(순액회계처리방법)

일자	회계처리			
20×1년 초	(차) 현금	100,000	(대) 신주인수권부사채	95,105
			신주인수권대가	4,895
20×1년 말	(차) 이자비용	11,413	(대) 현금	8,000
			신주인수권부사채	3,413
20×2년 초	(차) 현금	60,000[1]	(대) 자본금	30,000[2]
	신주인수권부사채	3,166[3]	주식발행초과금	33,166
	(차) 신주인수권대가	2,937[4]	(대) 주식발행초과금	2,937

[1] 6주 × ₩10,000 = ₩60,000
[2] 6주 × ₩5,000 = ₩30,000
[3] ₩5,277 × 60% = ₩3,166
[4] ₩4,895 × 60% = ₩2,937

3. 신주인수권 행사시점의 자본에 미치는 영향: ₩63,166
   (현금납입액 + 상환할증금의 현재가치) × 행사비율 = (10주 × ₩10,000 + ₩5,277) × 60% = ₩63,166

4. 신주인수권 행사시점의 주식발행초과금에 미치는 영향: ₩36,103
   (현금납입액 + 상환할증금의 현재가치 + 신주인수권대가 - 액면금액) × 행사비율
   = (10주 × ₩10,000 + ₩5,277 + ₩4,895 - 10주 × ₩5,000) × 60% = ₩36,103

5. 신주인수권 행사시점 이후 회계처리(순액회계처리방법)

일자	회계처리			
20×2년 말	(차) 이자비용	11,442[1]	(대) 현금	8,000
			신주인수권부사채	3,442
	[1] ₩11,189 × 100% + ₩633 × 40% = ₩11,442			
20×3년 말	(차) 이자비용	11,854[1]	(대) 현금	8,000
			신주인수권부사채	3,854
	(차) 신주인수권부사채	102,648[2]	(대) 현금	102,648
	[1] ₩11,571 × 100% + ₩710 × 40% = ₩11,854(단수차이조정)			
	[2] ₩100,000 × 100% + ₩6,620 × 40% = ₩102,648(단수차이조정)			

해설   1. 물음2 의 회계처리(총액회계처리방법)

일자	회계처리			
20×1년 초	(차) 현금	100,000	(대) 신주인수권부사채	100,000
	신주인수권조정	11,515	사채상환할증금	6,620
			신주인수권대가	4,895
20×1년 말	(차) 이자비용	11,413	(대) 현금	8,000
			신주인수권조정	3,413
20×2년 말	(차) 이자비용	11,822	(대) 현금	8,000
			신주인수권조정	3,822
20×3년 말	(차) 이자비용	12,280	(대) 현금	8,000
			신주인수권조정	4,280
	(차) 신주인수권부사채	100,000	(대) 현금	106,620
	사채상환할증금	6,620		

2. 재무상태표

구분	20×1년 초	20×1년 말	20×2년 말
[부채]			
신주인수권부사채	₩100,000	₩100,000	₩100,000
사채상환할증금	₩6,620	₩6,620	₩6,620
신주인수권조정	₩(11,515)	₩(8,102)	₩(4,280)
장부금액	₩95,105	₩98,518	₩102,340
[자본]			
신주인수권대가	₩4,895	₩4,895	₩4,895

3. 물음3 의 회계처리(총액회계처리방법)

일자	회계처리			
20×1년 초	(차) 현금	100,000	(대) 신주인수권부사채	100,000
	신주인수권조정	11,515	사채상환할증금	6,620
			신주인수권대가	4,895
20×1년 말	(차) 이자비용	11,413	(대) 현금	8,000
			신주인수권조정	3,413
20×2년 초	(차) 현금	60,000[1]	(대) 신주인수권조정	806[3]
	사채상환할증금	3,972[2]	자본금	30,000[4]
			주식발행초과금	33,166
	(차) 신주인수권대가	2,937[5]	(대) 주식발행초과금	2,937
20×2년 말	(차) 이자비용	11,442[1]	(대) 현금	8,000
			신주인수권조정	3,442
20×3년 말	(차) 이자비용	11,854[1]	(대) 현금	8,000
			신주인수권조정	3,854
	(차) 신주인수권부사채	100,000[2]	(대) 현금	102,648
	사채상환할증금	2,648[3]		

20×2년 초:
[1] 6주 × ₩10,000 = ₩60,000
[2] ₩6,620 × 60% = ₩3,972
[3] ₩6,620 × 60% − ₩5,277 × 60% = ₩806
[4] 6주 × ₩5,000 = ₩30,000
[5] ₩4,895 × 60% = ₩2,937

20×2년 말:
[1] ₩11,189 × 100% + ₩633 × 40% = ₩11,442

20×3년 말:
[1] ₩11,571 × 100% + ₩710 × 40% = ₩11,854(단수차이조정)
[2] ₩100,000 × 100% = ₩100,000
[3] ₩6,620 × 40% = ₩2,648

⚡ POINT 신주인수권부사채의 회계처리 요약(발행자 입장)

정의	사채 + 신주인수권
자본요소(신주인수권가치)	신주인수권가치 = 총발행금액 − 신주인수권부사채의 미래현금흐름의 현재가치
최초 인식	(차) 현금 ××× (대) 신주인수권부사채 ××× 신주인수권대가 ×××
후속측정 (행사되지 않았을 경우)	[이자지급시점] (차) 이자비용 ××× (대) 현금 ××× 신주인수권부사채 ××× [만기시점] (차) 신주인수권부사채 ××× (대) 현금 ×××
신주인수권 행사시점	(차) 현금 ××× (대) 자본금 ××× 신주인수권부사채[1] ××× 주식발행초과금 ××× (차) 신주인수권대가 ××× (대) 주식발행초과금 ××× [1] 상환할증금의 현재가치
행사 시 자본에 미치는 영향	(현금납입액 + 상환할증금의 현재가치) × 행사비율
행사 시 주식발행초과금에 미치는 영향	(현금납입액 + 상환할증금의 현재가치 + 신주인수권대가 − 액면금액) × 행사비율

Ⅳ | 전환우선주

전환우선주(Convertible Preferred Stock)란 우선주의 보유자가 전환권을 행사할 수 있는 우선주로서, 전환권을 행사하면 보통주로 전환되는 주식을 말한다. 전환우선주는 우선주와 전환권의 두 가지 요소로 구성된 복합증권이지만 우선주 요소와 전환권 요소가 모두 자본요소이므로 전환권 요소를 별도로 회계처리할 필요가 없다. 즉, 우선주와 보통주는 의결권행사, 이익배당 및 잔여재산분배청구권에서 차이가 있을 뿐 지분상품이라는 점에서는 차이가 없다. 전환우선주의 발행 시는 전환권의 가치를 인식하지 아니하고 일반우선주와 동일하게 회계처리한다. 한편, 전환우선주가 보통주로 전환되는 경우에는 우선주와 보통주 모두 지분상품이라는 점에서 경제적 실질이 크게 달라지지 않기 때문에 보통주의 발행금액은 전환우선주의 장부금액으로 한다.

⚡POINT 전환우선주

전환우선주의 정의	우선주의 보유자가 전환권을 행사할 수 있는 우선주로서, 전환권을 행사하면 보통주로 전환되는 주식
발행 시 회계처리	전환권의 가치를 인식하지 아니하고 일반우선주와 동일하게 회계처리함
전환 시 회계처리	보통주의 발행금액은 전환우선주의 장부금액으로 함

예제 11 | 전환우선주

A회사는 20×1년 1월 1일에 전환우선주 10주(주당 액면 ₩5,000)를 ₩6,000에 발행하였다. 20×1년 말에 동 전환우선주가 모두 보통주 8주(주당 액면 ₩5,000)로 전환되어 보통주를 발행하여 주주에게 교부하였다. 20×1년 말 전환시점의 보통주의 시가는 ₩7,000이며, 전환우선주의 시가는 ₩6,800이었다. A회사가 위의 전환우선주와 관련하여 20×1년에 수행할 회계처리를 나타내시오.

해답 1. 회계처리

일자	회계처리			
20×1년 초	(차) 현금	60,000	(대) 우선주자본금	50,000
			주식발행초과금(우선주)	10,000
20×1년 말	(차) 우선주자본금	50,000	(대) 자본금	40,000
	주식발행초과금(우선주)	10,000	주식발행초과금(보통주)	20,000

2. 전환우선주가 보통주로 전환되는 경우에는 우선주와 보통주 모두 지분상품이라는 점에서 경제적 실질이 크게 달라지지 않기 때문에 보통주의 발행금액은 전환우선주의 장부금액으로 한다.

전환사채에서 전환권을 행사하는 시점이 기초시점이나 기말시점이 아니라 보고기간 중일 경우 이론적으로 발행자는 전환일까지 전환사채이므로 이자를 지급해야 하며, 전환일 이후에는 보통주의 주주이므로 배당금을 지급해야 한다. 다만, 우리나라 상법에 따르면 이자 및 배당금지급의 실무적 편의를 위하여 보고기간 중에 전환된 경우 기초나 기말에 전환된 것으로 간주하여 이자 및 배당금을 지급할 수 있도록 규정하고 있다. 이를 상법에서 전환간주일이라고 한다. 만약 전환간주일이 기초이면 기초에 전환된 것으로 보아 배당금만을 지급하고, 전환간주일이 기말이면 기말에 전환된 것으로 보아 이자만을 지급한다. 그러나 우리나라 상법(제350조)의 전환금융상품이 기중에 전환되는 경우 전환간주일 규정은 2021년 폐지되었다.

K-IFRS에서는 전환간주일과 관련된 명시적인 규정이 없다. 그러나 전환권 행사시점의 회계처리는 실제 전환이 이루어진 날을 기준으로 실시하며, 실제 전환일까지는 이자를 지급하고 전환일 이후에는 배당금을 지급하는 것으로 회계처리하는 것이 이론적으로 우수한 방법이다. 만약 실제 전환일까지 액면이자를 지급하지 않는다면 전환시점까지의 미지급이자는 지급되지 않으므로 전환 시에 주주지분으로 대체된다.

⚡ POINT 전환사채의 기중전환

전환사채 기중전환의 회계처리	① 전환권 행사시점의 회계처리는 실제 전환이 이루어진 날을 기준으로 실시하며, 실제 전환일까지는 이자를 지급하고 전환일 이후에는 배당금을 지급하는 것으로 회계처리함
	② 실제 전환일까지 액면이자를 지급하지 않는다면 전환시점까지의 미지급이자는 지급되지 않으므로 전환 시에 주주지분으로 대체됨

예제 12 전환사채의 기중전환

A회사는 20×1년 1월 1일에 3년 만기의 전환사채 ₩100,000을 액면발행하였다. 전환사채와 관련된 내용은 다음과 같다.

(1) 전환사채의 액면이자율은 연 8%이고, 이자는 매년 말에 지급한다. 전환사채는 20×1년 7월 1일부터 보통주로 전환이 가능하며, 사채액면 ₩10,000당 1주의 보통주(주당 액면 ₩5,000)로 전환될 수 있다.
(2) 전환권 행사시점에 전환권대가는 주식발행초과금으로 대체하고 있다.
(3) 사채발행일에 전환권이 부여되지 않은 일반사채의 시장이자율은 연 12%이다. 단, 현가계수는 아래 표를 이용하라.

구분	연 10%	연 12%
단일금액(3년)	0.75131	0.71178
정상연금(3년)	2.48685	2.40183

물음 1 위의 전환사채와 관련하여 20×1년 말까지 수행할 회계처리를 나타내시오.

물음 2 위의 전환사채가 20×2년 7월 1일에 100%의 전환권이 행사되었다고 할 경우 20×2년 7월 1일에 수행할 회계처리를 나타내시오. (단, 20×2년의 액면이자는 지급되지 않으며 20×2년의 배당금만이 지급된다)

물음 3 위의 전환사채가 20×2년 7월 1일에 100%의 전환권이 행사되었다고 할 경우 20×2년 7월 1일에 수행할 회계처리를 나타내시오. (단, 상법상 전환간주일과 관계없이 20×2년 7월 1일까지는 액면이자가 20×2년 7월 1일 이후에는 배당금이 지급된다)

해답 물음 1

1. 액면상환조건 전환사채의 전환권가치
   (1) 전환사채의 발행금액: ₩100,000
   (2) 전환권이 없는 일반사채의 현재가치
       ₩8,000 × 2.40183(3년, 12%, 연금현가) + ₩100,000 × 0.71178(3년, 12%, 현가계수) = ₩90,393
   (3) 전환권가치: (1) - (2) = ₩100,000 - ₩90,393 = ₩9,607

2. 유효이자율법 상각표

일자	장부금액 (상각후원가)	유효이자 (장부금액 × 12%)	액면이자 (액면금액 × 8%)	상각액 (유효이자 - 액면이자)
20×1년 초	₩90,393			
20×1년 말	₩93,240	₩10,847	₩8,000	₩2,847
20×2년 말	₩96,429	₩11,189	₩8,000	₩3,189
20×3년 말	₩100,000	₩11,571	₩8,000	₩3,571
계		₩33,607	₩24,000	₩9,607

3. 회계처리(순액회계처리방법)

일자	회계처리				
20×1년 초	(차) 현금	100,000	(대) 전환사채		90,393
			전환권대가		9,607
20×1년 말	(차) 이자비용	10,847	(대) 현금		8,000
			전환사채		2,847

4. 재무상태표

구분	20×1년 초	20×1년 말
[부채]		
전환사채	₩90,393	₩93,240
[자본]		
전환권대가	₩9,607	₩9,607

물음 2

1. 전환권 행사시점의 회계처리(순액회계처리방법)

일자	회계처리				
20×2. 7. 1.	(차) 이자비용	5,595[1]	(대) 미지급이자		4,000[2]
			전환사채		1,595
	(차) 전환사채	94,835	(대) 자본금		50,000[3]
	미지급이자	4,000	주식발행초과금		48,835
	(차) 전환권대가	9,607	(대) 주식발행초과금		9,607

[1] ₩11,189 × 50% = ₩5,595
[2] ₩8,000 × 50% = ₩4,000
[3] 10주 × ₩5,000 = ₩50,000

2. 전환시점까지의 미지급이자는 지급되지 않으므로 전환 시에 주주지분으로 대체된다.

물음 3

1. 전환권 행사시점의 회계처리(순액회계처리방법)

일자	회계처리				
20×2. 7. 1.	(차) 이자비용	5,595[1]	(대) 미지급이자		4,000[2]
			전환사채		1,595
	(차) 전환사채	94,835	(대) 자본금		50,000[3]
			주식발행초과금		44,835
	(차) 전환권대가	9,607	(대) 주식발행초과금		9,607
	(차) 미지급이자	4,000	(대) 현금		4,000

[1] ₩11,189 × 50% = ₩5,595
[2] ₩8,000 × 50% = ₩4,000
[3] 10주 × ₩5,000 = ₩50,000

2. 실제 전환일을 기준으로 전환일까지는 액면이자, 전환일 이후에는 배당금을 지급하는 경우에는 전환사채의 장부금액과 전환권대가는 주주지분으로 대체되며, 미지급이자는 현금을 수령하는 회계처리를 하면 된다.

해설 **물음 2** 와 **물음 3** 의 주주지분 증가액

구분	물음 2	물음 3
주주지분 증가액	₩94,835(전환사채의 장부금액) + ₩4,000(미지급이자) = ₩98,835	₩94,835(전환사채의 장부금액)

Chapter 14
O, X 연습문제

01 복합금융상품의 발행자는 금융상품의 조건을 평가하여 당해 금융상품이 자본요소와 부채요소를 모두 포함하고 있는지를 판단하여 자본요소와 부채요소를 모두 가지고 있다면 금융부채가 생기게 하는 요소와 발행자의 지분상품으로 전환할 수 있는 옵션을 부여하는 요소를 별도로 분리하여 인식한다. **(O, X)**

02 전환권을 행사할 가능성이 변동되는 경우에는 전환상품의 부채요소와 자본요소의 분류를 수정하여야 한다. **(O, X)**

03 복합금융상품의 최초 장부금액을 부채요소와 자본요소에 배분하는 경우 복합금융상품 전체의 공정가치에서 별도로 결정된 자본요소의 금액을 차감한 나머지 금액을 부채요소에 배분한다. **(O, X)**

04 복합금융상품 발행과 관련된 거래원가는 모두 부채요소에 배분한다. **(O, X)**

05 전환사채의 발행자는 전환사채의 조기전환을 유도하기 위하여 좀 더 유리한 전환비율을 제시하거나 특정 시점 이전의 전환에는 추가 대가를 지급하는 등의 방법으로 전환사채의 조건을 변경할 수 있다. 조건이 변경되는 시점에 변경된 조건에 따라 전환으로 보유자가 수취하게 되는 대가의 공정가치와 원래의 조건에 따라 전환으로 보유자가 수취하였을 대가의 공정가치의 차이를 전환사채유도전환손실의 과목으로 당기손실로 인식한다. **(O, X)**

정답 및 해설

01 O

02 X 전환권을 행사할 가능성이 변동되는 경우에도(특히, 전환권의 행사로 일부 보유자가 경제적으로 유리해지는 경우에도) 전환상품의 부채요소와 자본요소의 분류를 수정하지 않는다.

03 X 복합금융상품의 최초 장부금액을 부채요소와 자본요소에 배분하는 경우 복합금융상품 전체의 공정가치에서 별도로 결정된 부채요소의 금액을 차감한 나머지 금액을 자본요소에 배분한다.

04 X 복합금융상품 발행과 관련된 거래원가는 배분된 발행금액에 비례하여 부채요소와 자본요소로 배분한다.

05 O

※ 다음 자료는 **01 ~ 02**와 관련된 자료이다.

(주)한국은 20×1년 1월 1일에 3년 만기의 전환사채 ₩1,000,000을 액면발행했다. 전환사채의 표시이자율은 연 10%이고, 이자는 매년 말에 지급한다. 전환사채는 20×1년 7월 1일부터 보통주로 전환이 가능하며, 사채 액면 ₩10,000당 1주의 보통주(주당 액면 ₩5,000)로 전환될 수 있다. 사채발행일에 전환권이 부여되지 않은 일반사채의 시장이자율은 연 15%이다. 단, 사채발행과 관련한 거래비용은 없으며, 현가계수는 아래 표를 이용하라. 또한 계산금액은 소수점 첫째 자리에서 반올림하며, 이 경우 단수차이로 인해 약간의 오차가 있으면 가장 근사치를 선택한다.

기간	단일금액 ₩1의 현재가치			정상연금 ₩1의 현재가치		
	10%	12%	15%	10%	12%	15%
1년	0.9091	0.8929	0.8696	0.9091	0.8929	0.8696
2년	0.8264	0.7972	0.7561	1.7355	1.6901	1.6257
3년	0.7513	0.7118	0.6575	2.4868	2.4018	2.2832

01 20×2년 1월 1일에 전환사채의 70%가 전환되었다면 동 전환거래로 인하여 (주)한국의 자본총액은 얼마나 증가하는가? (단, 전환권대가는 전환 시 주식발행초과금으로 대체한다) [2010 공인회계사 1차]

① ₩350,000   ② ₩527,671   ③ ₩643,085
④ ₩700,000   ⑤ ₩723,011

02 **01**과는 독립적으로, 20×2년 1월 1일에 (주)한국은 전환사채의 조기전환을 유도하기 위하여 20×2년 6월 30일까지 전환사채를 전환하면 사채액면 ₩10,000당 2주의 보통주(주당 액면 ₩5,000)로 전환할 수 있도록 조건을 변경했다. 조건변경일의 (주)한국의 보통주 1주당 공정가치가 ₩7,000이라면 (주)한국이 전환조건의 변경으로 (주)한국이 인식하게 될 손실은 얼마인가? (단, 전환조건을 변경하기 전까지 전환청구가 없었으며, 법인세효과는 고려하지 않는다) [2010 공인회계사 1차]

① ₩400,000   ② ₩500,000   ③ ₩600,000
④ ₩700,000   ⑤ ₩800,000

03 (주)국세는 만기 3년, 액면금액 ₩300,000인 전환사채를 20×1년 1월 1일에 액면발행하였다. 전환사채의 액면이자율은 연 8%, 유효이자율은 연 10%이고, 이자지급일은 매년 12월 31일이다. 동 전환사채는 20×2년 1월 1일부터 사채액면 ₩10,000당 보통주 1주(주당 액면금액 ₩5,000)로 전환이 가능하다. 20×3년 1월 1일 전환사채의 50%가 전환되었으며 나머지는 만기에 상환하였다. 동 전환사채의 회계처리에 대한 다음 설명 중 옳지 않은 것은? (단, 사채발행과 관련한 거래비용은 없으며, 현가요소는 아래 표를 이용한다. 또한 계산금액은 소수점 첫째 자리에서 반올림하며, 이 경우 단수차이로 인해 약간의 오차가 있으면 가장 근사치를 선택한다) [2010 세무사 1차]

기간	기간 말 ₩1의 현재가치(단일금액)			정상연금 ₩1의 현재가치		
	10%	12%	15%	10%	12%	15%
1년	0.9091	0.8929	0.8696	0.9091	0.8929	0.8696
2년	0.8264	0.7972	0.7561	1.7355	1.6901	1.6257
3년	0.7513	0.7118	0.6575	2.4868	2.4018	2.2832

① 20×1년 1월 1일 전환사채와 관련하여 (주)국세가 부채로 인식할 금액은 ₩285,073이다.

② (주)국세가 전환사채와 관련하여 20×2년도에 인식할 이자비용은 ₩28,958이다.

③ 20×2년 12월 31일 (주)국세의 재무상태표상 자본계정(전환권대가)은 ₩5,462이다.

④ 20×3년 1월 1일 전환사채의 전환으로 인해 (주)국세의 자본증가액은 ₩147,269이다.

⑤ (주)국세가 전환사채와 관련하여 20×3년도에 인식할 이자비용은 ₩14,731이다.

04 (주)갑은 20×1년 1월 1일 1매당 액면금액이 ₩1,000인 전환사채 1,000매(만기 3년, 표시이자율 연 8%, 매년 말 이자지급)를 ₩950,352에 할인발행하였다. 발행된 전환사채는 만기 전 1매당 1주의 보통주로 전환될 수 있다. 전환사채 발행시점에서 자본요소가 결합되지 않은 유사한 일반사채의 시장이자율은 연 12%이다. 전환사채 발행시점에서 전환권 1매의 공정가치는 활성시장에서 ₩55이다. (주)갑이 20×1년 말 재무상태표에 표시할 전환권대가 및 전환사채의 장부금액과 가장 가까운 것은?

기간	기간 말 단일금액 ₩1의 현재가치		정상연금 ₩1의 현재가치	
	8%	12%	8%	12%
1년	0.9259	0.8929	0.9259	0.8929
2년	0.8573	0.7972	1.7833	1.6901
3년	0.7938	0.7118	2.5771	2.4018

	전환권대가	전환사채 장부금액
①	₩46,408	₩932,417
②	₩48,402	₩932,417
③	₩46,408	₩930,184
④	₩55,000	₩922,794
⑤	₩48,402	₩930,184

05 (주)코리아는 20×1년 1월 1일 신주인수권부사채를 ₩960,000에 발행하였는데, 이와 관련된 구체적인 내역은 다음과 같다.

> (1) 액면금액은 ₩1,000,000이며 만기는 3년이다.
> (2) 액면이자율은 연 5%이며 이자는 매년 말에 후급된다.
> (3) 보장수익률은 연 8%이며 동 신주인수권부사채는 액면금액 ₩10,000당 보통주 1주(액면금액 ₩1,000)를 인수할 수 있다.
> (4) 발행 당시 신주인수권이 없는 일반사채의 시장이자율은 연 10%이다.
> (5) 20×2년 1월 1일 신주인수권부사채의 50%(액면금액 기준)에 해당하는 신주인수권이 행사되었다.

(주)코리아가 20×3년 12월 31일 만기일에 액면이자를 포함하여 사채권자에게 지급해야 할 총금액은 얼마인가? (단, 만기 전에 상환된 신주인수권부사채는 없다) [2015 공인회계사 1차]

① ₩1,018,696 ② ₩1,038,696 ③ ₩1,058,696
④ ₩1,078,696 ⑤ ₩1,098,696

Ch14-52 회계사·세무사·경영지도사 단번에 합격! **해커스 경영아카데미** cpa.Hackers.com

06 (주)청명은 20×1년 1월 1일 비분리형 신주인수권부사채를 ₩98,000에 발행하였다. 다음은 이 사채와 관련된 사항이다.

> (1) 사채의 액면금액은 ₩100,000이고 만기는 20×3년 12월 31일이다.
> (2) 액면금액에 대해 연 6%의 이자를 매 연도 말 지급한다.
> (3) 신주인수권의 행사기간은 20×1년 2월 1일부터 20×3년 11월 30일까지이다.
> (4) 신주인수권 행사 시 사채의 액면금액 ₩1,000당 주식 1주를 인수할 수 있으며, 행사금액은 주당 ₩8,000이다. 발행하는 주식의 주당 액면금액은 ₩5,000이다.
> (5) 신주인수권부사채의 발행 시 동일조건을 가진 일반사채의 유효이자율은 연 10%이다.
>
> | 3년 기준 | 6% | 10% |
> |---|---|---|
> | 단일금액 ₩1의 현재가치 | 0.8396 | 0.7513 |
> | 정상연금 ₩1의 현재가치 | 2.6730 | 2.4869 |

위 신주인수권부사채의 액면금액 중 70%에 해당하는 신주인수권이 20×2년 1월 1일에 행사되었다. 신주인수권의 행사로 증가하는 주식발행초과금과 20×2년도 포괄손익계산서에 인식할 이자비용은 각각 얼마인가? (단, 신주인수권이 행사되는 시점에 신주인수권대가를 주식발행초과금으로 대체하며, 법인세효과는 고려하지 않는다. 또한 계산과정에서 소수점 이하는 첫째 자리에서 반올림한다. 그러나, 계산방식에 따라 단수차이로 인해 오차가 있는 경우, 가장 근사치를 선택한다)　　　[2014 공인회계사 1차]

	주식발행초과금	이자비용
①	₩210,000	₩2,792
②	₩215,564	₩2,792
③	₩212,385	₩8,511
④	₩216,964	₩9,005
⑤	₩215,564	₩9,306

정답 및 해설

정답

01 ③   02 ④   03 ③   04 ①   05 ⑤   06 ⑤

해설

01 ③ **1. 전환권대가**

(1) 전환사채의 발행금액 ₩1,000,000

(2) 전환사채의 현재가치

이자의 현재가치: ₩100,000 × 2.2832 = ₩228,320

원금의 현재가치: ₩1,000,000 × 0.6575 = ₩657,500 ₩(885,820)

(3) 전환권대가: (1) − (2) ₩114,180

(4) 그림풀이

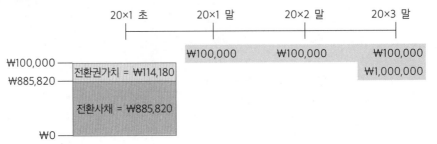

2. 유효이자율법에 의한 상각표

일자	장부금액 (상각후원가)	유효이자 (장부금액 × 15%)	액면이자 (액면금액 × 10%)	상각액 (유효이자 − 액면이자)
20×1년 초	₩885,820			
20×1년 말	₩918,693	₩132,873	₩100,000	₩32,873
20×2년 말	₩956,497	₩137,804	₩100,000	₩37,804
		(이하 생략)		

3. 20×2년 초 전환 시 자본증가액: ₩918,693 × 70% = ₩643,085

4. 20×2년 초 회계처리(순액회계처리방법)

구분	회계처리			
20×2년 초	(차) 전환사채	643,085[1]	(대) 자본금	350,000[2]
			주식발행초과금	293,085
	(차) 전환권대가	79,926[3]	(대) 주식발행초과금	79,926

[1] ₩918,693 × 70% = ₩643,085
[2] 70주 × ₩5,000 = ₩350,000
[3] ₩114,180 × 70% = ₩79,926

02 ④ 1. 전환조건의 변경에 따라 추가적으로 발행될 주식수

(₩1,000,000 ÷ ₩10,000) × 2주 - (₩1,000,000 ÷ ₩10,000) × 1주 = 100주

2. 전환조건의 변경으로 인한 손실

100주 × ₩7,000 = ₩700,000

3. 회계처리

구분	회계처리
20×2년 초	(차) 전환사채유도전환손실(NI)　700,000　　　　(대) 유도전환대가(자본)　　　　700,000

03 ③ 1. 전환권가치

(1) 전환사채의 발행금액: ₩300,000

(2) 전환사채의 현재가치: ₩24,000 × 2.4868 + ₩300,000 × 0.7513 = ₩285,073

(3) 전환권가치(전환권대가): (1) - (2) = ₩300,000 - ₩285,073 = ₩14,927

2. 유효이자율법에 의한 상각표

일자	장부금액 (상각후원가)	유효이자 (장부금액 × 10%)	액면이자 (액면금액 × 8%)	상각액 (유효이자 - 액면이자)
20×1년 초	₩285,073			
20×1년 말	₩289,580	₩28,507	₩24,000	₩4,507
20×2년 말	₩294,538	₩28,958	₩24,000	₩4,958
20×3년 말	₩300,000	₩29,462	₩24,000	₩5,462
계		₩86,927	₩72,000	₩14,927

3. 지문해설

① 20×1년 1월 1일 전환사채 발행 시 부채로 인식할 금액은 부채요소인 ₩285,073이다.

② 20×2년에 인식할 이자비용은 부채요소의 20×2년 유효이자인 ₩28,958이다.

③ 전환권이 행사되기 직전인 20×2년 12월 31일 현재의 자본계정(전환권대가)는 ₩14,927로 발행 시 인식한 금액과 동일하다.

④ 20×3년 1월 1일 전환사채의 전환으로 인한 자본증가액은 ₩147,269(= ₩294,538 × 50%)이다.

⑤ 20×3년에 인식할 이자비용은 ₩14,731(= ₩29,462 × 50%)이다.

04 ① 1. 전환권가치

(1) 전환사채의 발행가액　　　　　　　　　　　　　　　　　　　　　　　　₩950,352

(2) 전환사채의 현재가치

이자의 현재가치: ₩80,000 × 2.4018 =　　　　　₩192,144

원금의 현재가치: ₩1,000,000 × 0.7118 =　　　₩711,800　　　₩(903,944)

(3) 전환권가치　　　　　　　　　　　　　　　　　　　　　　　　　　　　₩46,408

2. 유효이자율법에 의한 상각표

일자	장부금액 (상각후원가)	유효이자 (장부금액 × 12%)	액면이자 (액면금액 × 8%)	상각액 (유효이자 - 액면이자)
20×1년 초	₩903,944			
20×1년 말	₩932,417	₩108,473	₩80,000	₩28,473
20×2년 말	₩964,307	₩111,890	₩80,000	₩31,890
20×3년 말	₩1,000,000	₩115,693	₩80,000	₩35,693
계		₩336,056	₩240,000	₩96,056

3. 20×1년 말 전환사채의 장부금액: ₩932,417

05 ⑤   1. 상환할증금: ₩30,000 × (1 + 1.08 + 1.08^2) = ₩97,392

      2. 20×3년 말 사채권자에게 지급해야 할 총금액: 액면금액 + 액면이자 + 사채상환할증금(미행사분)

        ₩1,000,000 + ₩50,000 + ₩97,392 × (1 - 50%) = ₩1,098,696

06 ⑤   1. 신주인수권대가

신주인수권부사채의 발행금액	₩98,000
신주인수권부사채의 현재가치: ₩6,000 × 2.4869 + ₩100,000 × 0.7513 =	₩(90,051)
신주인수권대가	₩7,949

      2. 주식발행초과금증가액: (현금납입액 + 상환할증금의 현재가치 + 신주인수권대가 - 액면금액) × 행사비율

        (₩100,000/₩1,000 × ₩8,000 + ₩0 + ₩7,949 - ₩100,000/₩1,000 × ₩5,000) × 70% = ₩215,564

      3. 20×2년 이자비용: (₩90,051 × 1.1 - ₩6,000) × 10% = ₩9,306

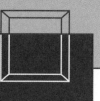

Chapter 14
주관식 연습문제

01 아래에서 제시되는 물음 은 각각 독립적인 상황이고, <공통자료>는 모든 물음 에 공통적으로 적용된다. 단, 금액(₩)은 소수점 첫째 자리에서 반올림한다.

(주)한국은 20×1년 1월 1일에 아래의 조건과 함께 액면금액 ₩100,000으로 전환사채를 발행하였다. 아래는 이와 관련된 자료들이다.

[2014 공인회계사 2차]

〈공통자료〉

(1) 표시이자율은 연 8%이며, 이자는 매 회계연도 말에 후급으로 지급한다.

(2) 상환기일은 20×3년 12월 31일로 3년 만기이다.

(3) 전환권이 없는 일반사채에 적용되는 시장이자율은 연 10%이다.

(4) 사채액면금액 ₩2,000당 보통주(주당 액면금액 ₩1,000) 1주로 전환된다.

(5) 주식의 액면금액을 초과하는 주식의 발행금액은 주식발행초과금으로 표시한다.

(6) 전환청구기간은 발행일 이후 2개월 경과일로부터 상환기일 60일 전까지로 한다.

(7) 이자율에 대한 단일금액 및 연금현가계수는 아래와 같다.

기간 및 구분	이자율		
	8%	9%	10%
단일금액현가(3년)	0.7938	0.7722	0.7513
연금현가(3년)	2.5771	2.5313	2.4868

물음1 ① 전환사채 발행시점에서의 전환권가치를 구하시오. ② 전환사채의 발행과 관련하여 거래원가(Transaction Costs) ₩2,000이 발생할 경우 전환사채 발행시점에서의 전환권가치를 구하시오.

물음2 전환사채의 만기일까지 투자자가 전환권을 행사하지 않는 경우 만기일에 연 9%의 수익률을 보장받는 금액을 액면금액에 추가하여 수령할 수 있다고 한다면 전환사채 발행시점에서의 전환권가치를 구하시오.

물음3 전환사채의 발행금액이 ₩98,000이며 20×2년 1월 1일 50%의 전환권이 행사되었다고 하자. 즉, 전환사채 중 1/2인 액면금액 ₩50,000이 보통주로 전환되었다. ① 이로 인해 증가되는 자본을 구하시오. ② 전환권이 행사될 때 (주)한국이 해야 할 회계처리를 하시오.

물음4 20×1년 1월 1일 액면금액으로 발행한 전환사채의 표시이자율을 연 8%가 아닌 연 5%로 가정한다. 또한 전환사채 보유자가 전환권을 행사하지 않은 부분에 대해서는 (주)한국이 만기일에 액면금액의 115%를 상환하는 전환사채라고 가정한다. 20×3년 1월 1일에 50%의 전환권이 행사되었다. 즉, 전환사채 중 1/2인 액면금액 ₩50,000이 보통주로 전환되었다. 20×3년 12월 31일에 인식할 당기 이자비용을 구하시오.

해답 | **물음 1**

1. 전환사채 발행시점에서의 전환권가치: ₩4,976
   (1) 전환사채의 발행금액: ₩100,000
   (2) 전환권이 없는 일반사채의 현재가치: ₩8,000 × 2.4868 + ₩100,000 × 0.7513 = ₩95,024
   (3) 전환권가치: (1) - (2) = ₩100,000 - ₩95,024 = ₩4,976
2. 거래원가가 발생한 경우 전환사채 발행시점에서의 전환권가치: ₩4,876
   (1) 부채요소 거래원가의 배분: ₩2,000 × ₩95,024/₩100,000 = ₩1,900
   (2) 자본요소 거래원가의 배분: ₩2,000 × ₩4,976/₩100,000 = ₩100
   (3) 거래원가 배분 후 전환권가치: ₩4,976 - ₩100 = ₩4,876

물음 2

상환할증금 지급조건 전환사채의 전환권가치
(1) 전환사채의 발행금액: ₩100,000
(2) 상환할증금: ₩100,000 × (9% - 8%) × (1 + 1.09 + 1.09^2) = ₩3,278
(3) 전환권이 없는 일반사채의 현재가치
   ₩8,000 × 2.4868(3년, 10%, 연금현가) + ₩103,278 × 0.7513(3년, 10%, 현가계수) = ₩97,487
(4) 전환권가치: (1) - (3) = ₩100,000 - ₩97,487 = ₩2,513
(5) 그림풀이

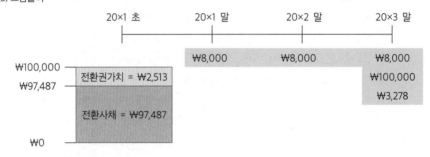

물음 3

1. 전환 시 증가되는 자본: ₩48,263
   (1) 20×1년 초 전환사채의 장부금액: ₩8,000 × 2.4868 + ₩100,000 × 0.7513 = ₩95,024
   (2) 20×2년 초 전환사채의 장부금액: ₩95,024 × 1.1 - ₩8,000 = ₩96,526
   (3) 전환 시 증가되는 자본: 전환사채의 장부금액 × 행사비율 = ₩96,526 × 50% = ₩48,263
2. 회계처리(순액회계처리방법)

일자	회계처리			
20×2년 초	(차) 전환사채	48,263	(대) 자본금	25,000[1]
			주식발행초과금	23,263
	(차) 전환권대가	1,488[2]	(대) 주식발행초과금	1,488
	[1] ₩50,000 ÷ ₩2,000 × ₩1,000 = ₩25,000			
	[2] (₩98,000 - ₩95,024) × 50% = ₩1,488			

3. 회계처리(총액회계처리방법)

일자	회계처리			
20×2년 초	(차) 전환사채	50,000	(대) 사채할인발행차금	698[1]
			전환권조정	1,039[2]
			자본금	25,000[3]
			주식발행초과금	23,263
	(차) 전환권대가	1,488[4]	(대) 주식발행초과금	1,488
	[1] (₩50,000 - ₩48,263) × ₩2,000/₩4,976 = ₩698			
	[2] (₩50,000 - ₩48,263) × ₩2,976/₩4,976 = ₩1,039			
	[3] ₩50,000 ÷ ₩2,000 × ₩1,000 = ₩25,000			
	[4] (₩98,000 - ₩95,024) × 50% = ₩1,488			

물음 4　(1) 상환할증금: ₩100,000 × 15% = ₩15,000

(2) 20×1년 초 전환사채의 장부금액

　₩5,000 × 2.4868(3년, 10%, 연금현가) + ₩115,000 × 0.7513(3년, 10%, 현가계수) = ₩98,834

(3) 20×1년 말 전환사채의 장부금액: ₩98,834 × 1.1 - ₩5,000 = ₩103,717

(4) 20×2년 말 전환사채의 장부금액: ₩103,717 × 1.1 - ₩5,000 = ₩109,089

(5) 20×3년 이자비용: ₩109,089 × (1 - 50%) × 10% = ₩5,454

해설　복합금융상품 발행과 관련된 거래원가는 배분된 발행금액에 비례하여 부채요소와 자본요소로 배분한다. 부채요소의 배분된 거래원가는 전환사채의 장부금액에서 차감하여 회계처리하고, 자본요소의 배분된 거래원가는 전환권대가의 장부금액에서 차감하여 회계처리한다.

02 다음의 <공통 자료>는 (주)대한이 20×1년 1월 1일 발행한 복합금융상품에 대한 내용이다. 이를 이용하여 다음의 독립된 세 가지 물음에 답하시오. 답안 작성 시 금액은 소수점 아래 첫째 자리에서 반올림한다.

[2016 공인회계사 2차]

〈공통 자료〉

1. 액면금액은 ₩1,000,000이며, 만기일은 20×3년 12월 31일이다.
2. 표시이자율은 연 5%이며, 이자는 매년 말 후급이다.
3. (주)대한은 납입자본에 자본금과 주식발행초과금을 표시한다.
4. (주)대한은 전환권(혹은 신주인수권)이 행사될 때 전환권대가(혹은 신주인수권대가)를 주식의 발행금액으로 대체한다.
5. 발행 당시 회사의 일반사채에 적용되는 시장이자율은 연 9%이며, 동 이자율에 대한 현가계수는 다음과 같다.

기간	1년	2년	3년
단일금액 ₩1의 현가계수	0.9174	0.8417	0.7722
정상연금 ₩1의 현가계수	0.9174	1.7591	2.5313

물음1 상기 복합금융상품이 전환사채이며 액면발행되었다고 가정하자. (주)대한은 전환사채의 만기일에 액면금액의 일정비율을 상환할증금으로 지급한다. 20×2년 1월 1일 40%의 전환권이 행사되어 주식이 발행되었으며, 20×2년 12월 31일에 인식한 이자비용은 ₩52,474이다. ① 전환사채 발행시점에서의 전환권대가와 ② 20×1년 12월 31일 전환사채의 장부금액을 계산하시오.

20×1년 초 전환권대가	①
20×1년 말 전환사채 장부금액	②

물음2 상기 복합금융상품이 전환사채이며 발행금액은 ₩980,000이라 가정하자. 전환으로 발행되는 주식 1주에 요구되는 사채액면금액은 ₩20,000이며, 주식의 액면금액은 주당 ₩10,000이다. 20×2년 1월 1일 60%의 전환권이 행사되어 주식이 발행되었다고 할 때 ① 전환권 행사로 증가하는 주식발행초과금과 ② 전환권이 행사된 직후 전환사채의 장부금액을 계산하시오.

주식발행초과금 증가분	①
전환권 행사 직후 전환사채의 장부금액	②

물음3 상기 복합금융상품이 비분리형 신주인수권부사채이며 발행금액은 ₩980,000이라 가정하자. 행사비율은 사채권면액의 100%이며, 행사가격은 보통주 1주당 ₩20,000이다. 주식의 액면금액은 주당 ₩10,000이다. 20×2년 1월 1일 60%의 신주인수권이 행사되어 주식이 발행되었다고 할 때 ① 신주인수권 행사로 증가하는 주식발행초과금과 ② 신주인수권이 행사된 직후 신주인수권부사채의 장부금액을 계산하시오.

주식발행초과금 증가분	①
신주인수권 행사 직후 신주인수권부사채의 장부금액	②

해답

물음 1

20×1년 초 전환권대가	① ₩62,625
20×1년 말 전환사채 장부금액	② ₩971,739

1. 20×1년 초 상환할증금: x
2. 20×2년 초 전환사채의 장부금액: ₩52,474 ÷ 0.09 = ₩583,044
   (₩1,000,000 × 0.8417 + x × 0.8417 + ₩50,000 × 1.7591) × 60% = ₩583,044
   ∴ x = ₩50,000
3. 20×1년 초 전환권대가: ₩1,000,000 - (₩1,050,000 × 0.7722 + ₩50,000 × 2.5313) = ₩62,625
4. 20×1년 말 전환사채의 장부금액: (₩1,050,000 × 0.7722 + ₩50,000 × 2.5313) × 1.09 - ₩50,000 = ₩971,739

물음 2

주식발행초과금 증가분	① ₩306,533
전환권 행사 직후 전환사채의 장부금액	② ₩371,862

1. 20×1년 초 전환사채의 장부금액: ₩50,000 × 2.5313 + ₩1,000,000 × 0.7722 = ₩898,765
2. 20×1년 초 전환권대가: ₩980,000 - ₩898,765 = ₩81,235
3. 20×2년 초 전환사채의 장부금액: ₩898,765 × 1.09 - ₩50,000 = ₩929,654
4. 주식발행초과금 증가분: (전환사채의 장부금액 + 전환권대가 - 액면금액) × 행사비율
   (₩929,654 + ₩81,235 - ₩500,000) × 60% = ₩306,533
5. 전환권 행사 직후 전환사채의 장부금액: ₩929,654 × 40% = ₩371,862

물음 3

주식발행초과금 증가분	① ₩348,741
신주인수권 행사 직후 신주인수권부사채의 장부금액	② ₩929,654

1. 20×1년 초 신주인수권부사채의 장부금액: ₩50,000 × 2.5313 + ₩1,000,000 × 0.7722 = ₩898,765
2. 20×1년 초 신주인수권대가: ₩980,000 - ₩898,765 = ₩81,235
3. 20×2년 초 신주인수권의 장부금액: ₩898,765 × 1.09 - ₩50,000 = ₩929,654
4. 주식발행초과금 증가분: (현금납입액 + 신주인수권대가 - 액면금액) × 행사비율
   (₩1,000,000 + ₩81,235 - ₩500,000) × 60% = ₩348,741
5. 전환권 행사 직후 전환사채의 장부금액: ₩929,654 × 100% = ₩929,654

03 12월 말 결산법인인 (주)한국은 20×1년 7월 1일 다음과 같은 조건의 비분리형 신주인수권부사채를 액면발행하였다.

> (1) 사채액면금액: ₩1,000,000
> (2) 사채의 만기: 20×4년 6월 30일
> (3) 표시이자율: 연 5%
> (4) 이자지급: 매년 6월 30일(연 1회)
> (5) 신주인수권 행사비율: 사채액면금액의 100%
> (6) 원금상환방법: 상환기일에 액면금액의 100%를 상환하되, 신주인수권이 행사되지 않은 부분에 대해서는 액면금액의 109.74%를 상환
> (7) 신주인수권의 행사가액: ₩10,000
> (8) 발행주식의 액면금액: ₩5,000
> (9) 발행일 현재 일반사채 시장이자율: 연 10%

동 사채 액면금액 중 ₩700,000에 해당하는 신주인수권이 20×3년 1월 1일에 행사되었다. (주)한국은 신주인수권이 행사되는 시점에 신주인수권대가를 주식발행초과금으로 대체한다. 각 물음의 현재가치 계산 시 아래의 현가계수를 반드시 이용하시오. [2013 공인회계사 2차]

기간	단일금액 ₩1의 현가계수		정상연금 ₩1의 현가계수	
	5%	10%	5%	10%
3	0.8638	0.7513	2.7233	2.4869

물음1 20×1년 7월 1일 발행시점에 인식되는 신주인수권대가와 신주인수권조정을 구하시오. (단, 소수점 아래 첫째 자리에서 반올림하시오)

신주인수권대가	①
신주인수권조정	②

물음2 동 사채와 관련하여 20×3년 1월 1일부터 6월 30일까지 발생한 이자비용을 구하시오. (단, 소수점 아래 첫째 자리에서 반올림하시오)

해답   [물음 1]

신주인수권대가	① ₩51,178
신주인수권조정	② ₩148,578

(1) 신주인수권부사채의 발행금액: ₩100,000

(2) 상환할증금: ₩1,000,000 × 9.74% = ₩97,400

(3) 신주인수권이 없는 일반사채의 현재가치

    ₩50,000 × 2.4869 + (₩1,000,000 + ₩97,400) × 0.7513 = ₩948,822

(4) 신주인수권대가: (1) - (3) = ₩1,000,000 - ₩948,822 = ₩51,178

(5) 신주인수권조정: (₩1,097,400 - ₩1,000,000) + ₩51,178 = ₩148,578

[물음 2]

(1) 20×1. 7. 1. 신주인수권부사채의 장부금액: ₩948,822

(2) 20×2. 6. 30. 신주인수권부사채의 장부금액: ₩948,822 × 1.1 - ₩50,000 = ₩993,704

(3) 20×3. 1. 1. ~ 20×3. 6. 30. 이자비용: ① - ② = ₩49,685 - ₩2,817 = ₩46,868

   ① 권리행사가 없었을 경우 이자비용: ₩993,704 × 10% × 6/12 = ₩49,685

   ② 소멸된 상환할증금 관련 이자비용: ₩80,495 × 10% × 70% × 6/12 = ₩2,817

해커스 IFRS 김원종 중급회계 하

회계사 · 세무사 · 경영지도사 단번에 합격!
해커스 경영아카데미 cpa.Hackers.com

Chapter 15

리스

I | 리스의 일반론

01 리스의 의의

리스(Lease)란 대가와 교환하여 자산의 사용권을 일정 기간 이전하는 계약이나 계약의 일부를 말한다. 리스제공자가 리스이용자에게 자산의 사용권을 제공하는 리스의 대상이 되는 자산을 기초자산이라고 한다. 여기서 리스제공자(Lessor)는 대가와 교환하여 기초자산 사용권을 일정 기간 제공하는 기업을 말하며, 리스이용자(Lessee)는 대가와 교환하여 기초자산의 사용권을 일정 기간 얻게 되는 기업을 말한다.

이러한 리스거래는 외관상 임대차 형식의 계약이나 경제적 실질과 법률적인 관계에서 일반적인 임대차와는 차이가 존재한다. 리스란 리스제공자가 리스료를 수취하는 조건으로 리스이용자에게 기초자산을 사용하도록 하는 계약으로 민법상 임대차계약을 포함하는 개념이나, 최근 리스의 개념은 건물, 기계장치 등의 유형자산을 구입하는 데 필요한 자금을 조달하는 금융기법의 형태로 발전하였다. 즉, 법률상으로는 임대차계약의 형태이나 경제적 실질로는 물적금융의 성격을 지니고 있다.

일반적인 리스거래의 형태는 우선 리스제공자와 리스이용자가 리스자산을 지정하여 구체적인 리스료를 확정하여 리스계약을 체결한다. 이 계약을 바탕으로 리스제공자는 리스자산을 리스자산의 제조회사 또는 판매회사에게 주문하고 대금을 지급하며, 리스자산의 제조회사 또는 판매회사는 리스이용자에게 리스자산을 사용할 수 있도록 인도한다. 그리고 리스이용자는 리스제공자에게 리스계약에 따라 리스자산의 사용대가로 일정 리스료를 정해진 시점에 리스제공자에게 지급하게 된다. 이러한 리스거래의 형태를 그림으로 요약하면 다음과 같다.

[그림 15-1] 리스거래와 형태

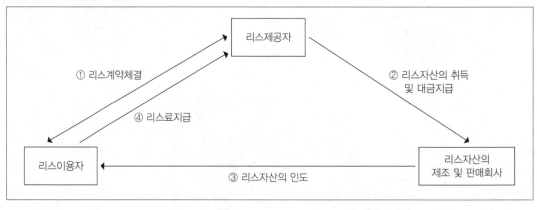

K-IFRS 제1116호 '리스'는 다음을 제외한 모든 리스에 적용한다.

① 광물, 석유, 천연가스, 이와 비슷한 비재생 천연자원을 탐사하거나 사용하기 위한 리스
② 리스이용자가 보유하는, K-IFRS 제1041호 '농림어업'의 적용범위에 포함되는 생물자산 리스
③ 기업회계기준해석서 제2112호 '민간투자사업'의 적용범위에 포함되는 민간투자사업
④ 리스제공자가 부여하는, K-IFRS 제1115호 '고객과의 계약에서 생기는 수익'의 적용범위에 포함되는 지적재산 라이선스
⑤ K-IFRS 제1038호 '무형자산'의 적용범위에 포함되는, 라이선싱 계약에 따라 영화필름, 비디오 녹화물, 희곡, 원고, 특허권, 저작권과 같은 항목에 대하여 리스이용자가 보유하는 권리

리스이용자는 무형자산의 적용범위에 포함되는, 라이선싱 계약에 따라 리스이용자가 보유하는 권리와 같은 항목이 아닌 다른 무형자산 리스에 이 기준서를 적용할 수 있으나 반드시 적용해야 하는 것은 아니다.

🔆 POINT 리스의 정의

리스	대가와 교환하여 자산의 사용권을 일정 기간 이전하는 계약이나 계약의 일부
기초자산	리스제공자가 리스이용자에게 자산의 사용권을 제공하는 리스의 대상이 되는 자산
리스제공자	대가와 교환하여 기초자산 사용권을 일정 기간 제공하는 기업
리스이용자	대가와 교환하여 기초자산의 사용권을 일정 기간 얻게 되는 기업

02 금융리스와 운용리스

리스계약은 법률적인 소유권을 리스제공자가 가지고 있지만 리스자산의 위험과 보상은 리스이용자에게 있으므로 리스제공자와 리스이용자 중 누구의 자산으로 인식할 것인지 여부의 문제가 발생한다. 이러한 리스의 분류는 기초자산의 위험과 보상이 리스이용자에게 이전되는지 여부에 따라 구분된다. 즉, 금융리스(Financing Lease)는 기초자산의 소유에 따른 위험과 보상의 대부분을 이전하는 리스를 말하며, 운용리스(Operating Lease)는 기초자산의 소유에 따른 위험과 보상의 대부분을 이전하지 않는 리스를 말한다.

(1) 운용리스

운용리스(Operating Lease)란 기초자산의 소유에 따른 위험과 보상의 대부분을 이전하지 않는 리스를 말한다. 운용리스는 실질적으로 임대차거래와 유사하며 비교적 리스기간이 짧으며, 리스기간 전에 중도해지가 인정되는 특징이 있다. 기초자산의 보수나 관리비용은 리스제공자가 부담하며 물적금융의 성격이라기보다는 서비스의 제공이라는 측면이 강하다. 따라서 운용리스는 리스제공자가 리스자산을 인식하며 수취하는 리스료를 매 보고기간 수익으로 인식하며, 리스자산의 감가상각비를 인식해야 한다. 한편 리스이용자는 리스자산을 인식하지 않고 지급하는 리스료를 매 보고기간 비용으로 인식한다. 운용리스의 리스제공자와 리스이용자의 회계처리를 예시하면 다음과 같다.

[회계처리] 운용리스

구분	리스제공자	리스이용자
리스자산 구입 시	(차) 선급리스자산 ××× (대) 현금 ×××	
리스기간 개시일	(차) 운용리스자산 ××× (대) 선급리스자산 ×××	

리스료
 수취 및 지급
	(차) 현금 ×××
	    (대) 운용리스료수익 ×××
		(차) 운용리스료 ×××
		    (대) 현금 ×××

감가상각	(차) 감가상각비 ××× (대) 감가상각누계액 ×××	

(2) 금융리스

금융리스(Financing Lease)란 기초자산의 소유에 따른 위험과 보상의 대부분을 이전하는 리스를 말한다. 회계는 법적인 형식보다는 경제적 실질에 따라 회계처리해야 하므로 금융리스는 법률적으로는 리스계약이나 그 경제적 실질은 자금을 차입하여 리스자산을 구입한 것과 동일하다. 따라서 금융리스는 리스이용자가 리스자산(사용권자산)과 리스부채를 인식하고 매 보고기간에 이자비용과 감가상각비를 인식해야 한다. 한편, 리스제공자는 리스자산을 할부로 판매한 것으로 회계처리하여 매 보고기간에 이자수익을 인식해야 한다. 금융리스의 리스제공자와 리스이용자의 회계처리를 예시하면 다음과 같다.

[회계처리] 금융리스

구분	리스제공자	리스이용자
리스자산 구입 시	(차) 선급리스자산 ××× (대) 현금 ×××	

리스기간 개시일	(차) 리스채권 ×××
	    (대) 선급리스자산 ×××
		(차) 사용권자산 ×××
		    (대) 리스부채 ×××

리스료
 수취 및 지급
	(차) 현금 ×××
	    (대) 이자수익 ×××
	        리스채권 ×××
		(차) 이자비용 ×××
		       리스부채 ×××
		    (대) 현금 ×××

감가상각		(차) 감가상각비 ××× (대) 감가상각누계액 ×××

⚡ POINT 금융리스와 운용리스

금융리스	기초자산의 소유에 따른 위험과 보상의 대부분을 이전하는 리스
운용리스	기초자산의 소유에 따른 위험과 보상의 대부분을 이전하지 않는 리스

03 리스의 효익과 한계

(1) 리스의 효익

리스는 리스이용자 입장에서 다음과 같은 효익이 있다.

① 자산구입대금을 실질적으로 차입한 것과 동일한 효과가 있다.
② 리스기간 종료 시 리스자산의 반환, 구입 및 재리스 중에서 선택할 수 있으므로 기술혁신에 따른 진부화 위험이 감소된다.
③ 자산구입대금을 차입금으로 조달하면 원금을 상환하는 부담이 있으나, 리스의 경우에는 일정 리스료만 정기적으로 지급하면 되므로 자금의 관리가 간편하다.
④ 운용리스로 리스하는 경우에는 재무상태표에 부채로 보고하지 않으므로 부외금융효과가 있어 기업의 자본조달능력이 증가된다.

(2) 리스의 한계

리스는 리스이용자 입장에서 다음과 같은 한계가 있다.

① 리스료가 감가상각비와 이자비용을 합한 것보다 고액이다.
② 리스제공자에 귀속된 소유권으로 인하여 리스이용자는 자산처분, 용도변경 및 중도해약 등이 사실상 불가능하다.

04 리스의 식별

계약의 약정시점에, 계약 자체가 리스인지, 계약이 리스를 포함하는지를 판단한다. 계약에서 대가와 교환하여, 식별되는 자산의 사용 통제권을 일정 기간 이전하게 한다면 그 계약은 리스이거나 리스를 포함한다. 일정 기간은 식별되는 자산의 사용량(예 기계장치를 사용하여 생산할 생산 단위의 수량)의 관점에서 기술될 수도 있다. 계약조건이 변경된 경우에만 계약이 리스인지, 리스를 포함하는지를 다시 판단한다.

(1) 식별되는 자산

자산은 일반적으로 계약에서 분명히 특정되어 식별된다. 그러나 어떤 자산은 고객이 사용할 수 있는 시점에 암묵적으로 특정되어 식별될 수도 있다. 자산이 특정되더라도, 공급자가 그 자산을 대체할 실질적 권리(대체권)를 사용기간 내내 가지면 고객은 식별되는 자산의 사용권을 가지지 못한다. 다음 조건을 모두 충족하는 경우에만 공급자의 자산 대체권이 실질적이다.

> ① 공급자가 대체 자산으로 대체할 실질적인 능력을 사용기간 내내 가진다.
>   예 고객은 공급자가 그 자산을 대체하는 것을 막을 수 없고 공급자가 대체 자산을 쉽게 구할 수 있거나 적정한 기간 내에 공급받을 수 있음
> ② 공급자는 자산 대체권의 행사에서 경제적으로 효익을 얻을 것이다.
>   예 자산 대체에 관련되는 경제적 효익이 자산 대체에 관련되는 원가를 초과할 것으로 예상됨

특정일이 되거나 특정한 사건이 일어난 이후에만 공급자가 자산을 대체할 권리 또는 의무를 가지는 경우에 공급자의 대체권은 실질적이지 않다. 공급자가 대체 자산으로 대체할 실질적인 능력을 사용기간 내내 가지지는 못하기 때문이다.

자산의 용량 일부가 물리적으로 구별된다면(예 건물의 한 층) 자산의 해당 부분은 식별되는 자산이다. 물리적으로 구별되지 않는 자산의 용량 일부나 그 밖의 일부(예 광케이블의 용량 일부)는 식별되는 자산이 아니다. 다만 자산의 용량 일부나 그 밖의 일부가 그 자산 용량의 대부분을 나타내고 따라서 고객에게 그 자산의 사용으로 생기는 경제적 효익의 대부분을 얻을 권리를 제공한다면 그 용량 일부나 그 밖의 일부는 식별되는 자산이다.

(2) 사용통제권

계약이 식별되는 자산의 사용 통제권을 일정 기간 이전하는지를 판단하기 위하여 고객이 사용기간 내내 다음 권리를 모두 갖는지를 판단한다.

> ① 식별되는 자산의 사용으로 생기는 경제적 효익의 대부분을 얻을 권리
> ② 식별되는 자산의 사용을 지시할 권리

식별되는 자산의 사용을 통제하려면, 고객은 사용기간 내내 자산의 사용으로 생기는 경제적 효익의 대부분을 얻을 권리를 가질 필요가 있다. (예 사용기간 내내 그 자산을 배타적으로 사용함)

고객은 그 자산의 사용, 보유, 전대리스와 같이 여러 가지 방법으로 직접적으로나 간접적으로 자산을 사용하여 경제적 효익을 얻을 수 있다. 자산의 사용으로 생기는 경제적 효익은 주요 산출물과 부산물, 자산의 사용으로 생기는 그 밖의 경제적 효익으로 제3자와의 상업적 거래에서 실현될 수 있는 것을 포함한다.

다음 중 어느 하나에 해당하는 경우에만 고객은 사용기간 내내 식별되는 자산의 사용을 지시할 권리를 가진다.

> ① 고객이 사용기간 내내 자산을 사용하는 방법 및 목적을 지시할 권리를 가진다.
> ② 자산을 사용하는 방법 및 목적에 관련되는 결정이 미리 내려지고 다음 중 어느 하나에 해당한다.
>   a. 고객이 사용기간 내내 자산을 운용할(또는 고객이 결정한 방식으로 자산을 운용하도록 다른 자에게 지시할) 권리를 가지며, 공급자는 그 운용 지시를 바꿀 권리가 없다.
>   b. 고객이 사용기간 내내 자산을 사용할 방법 및 목적을 미리 결정하는 방식으로 자산(또는 자산의 특정 측면)을 설계하였다.

⚡ POINT 리스의 식별

리스의 식별	계약에서 대가와 교환하여, 식별되는 자산의 사용 통제권을 일정 기간 이전하게 한다면 그 계약은 리스이거나 리스를 포함함
식별되는 자산	다음 조건을 모두 충족하는 경우에만 공급자의 자산 대체권이 실질적임 ① 공급자가 대체 자산으로 대체할 실질적인 능력을 사용기간 내내 가진다. ② 공급자는 자산 대체권의 행사에서 경제적으로 효익을 얻을 것이다.
사용통제권	계약이 식별되는 자산의 사용 통제권을 일정 기간 이전하는지를 판단하기 위하여 고객이 사용기간 내내 다음 권리를 모두 갖는지를 판단함 ① 식별되는 자산의 사용으로 생기는 경제적 효익의 대부분을 얻을 권리 ② 식별되는 자산의 사용을 지시할 권리

예제 1 리스의 식별(K-IFRS 사례 수정)

고객은 공급자와 5년간 특정 선박을 사용하는 계약을 체결하였다. 이 선박은 계약에 분명히 특정되어 있고 공급자는 대체권이 없다. 고객은 계약에 규정된 제약에 따라 사용기간 5년 내내 어떤 화물을 운송할지를 정하고 항해 여부와 언제, 어느 항구로 출항할지를 정한다. 그 제약은 고객이 해적의 위험이 높은 해역으로 선박을 운행하거나 위험한 물질을 화물로 운반하는 것을 금지하고 있다. 공급자는 선박을 운용하고 유지하며 선박에 실린 화물을 안전하게 운반할 책임을 진다. 고객이 계약기간에 그 선박에 다른 운용자를 고용하거나 직접 선박을 운용하는 것은 금지되어 있다.

위의 계약이 리스를 포함하고 있는 계약인지 답하시오.

해답　이 계약은 리스를 포함한다. 즉, 고객은 5년간 선박 사용권을 가진다.
　　　선박은 계약에 분명히 특정되어 있고 공급자는 그 특정 선박을 대체할 권리가 없으므로 이 계약에는 식별되는 자산이 있다.
　　　고객은 다음과 같은 이유로 사용기간 5년 내내 선박의 사용 통제권을 가진다.
　　　(1) 고객은 사용기간 5년에 걸쳐 선박의 사용으로 생기는 경제적 효익의 대부분을 얻을 권리를 가진다. 고객은 선박을 사용기간 내내 독점적으로 사용한다.
　　　(2) 고객은 선박의 사용을 지시할 권리를 가진다. 선박이 항해할 수 있는 곳과 선박으로 운송할 화물에 대한 계약상 제약은 고객의 선박 사용 범위를 정한다. 그 제약들은 공급자의 선박 투자와 공급자의 직원을 보호하는 방어권이다. 사용권의 범위에서, 고객은 운송할 화물뿐만 아니라 출항 여부와 선박을 언제, 어디로 출항할지를 결정하므로 사용기간 5년 내내 선박의 사용 방법 및 목적에 관련되는 결정을 내린다. 고객은 사용기간 5년 내내 이 결정을 변경할 권리를 가진다.

[그림 15-2] 리스의 식별

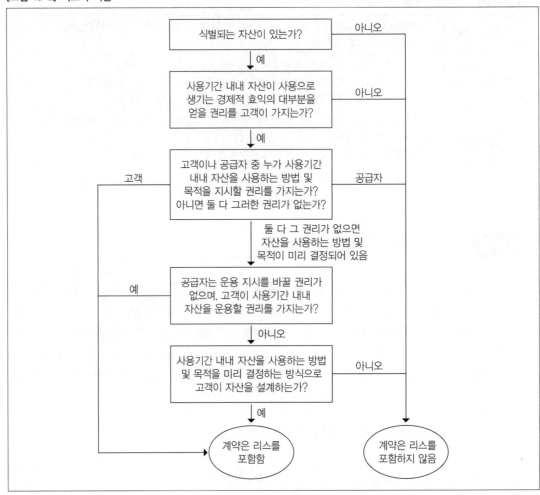

식별되는 자산이 있는가? ──아니오──┐

예

사용기간 내내 자산이 사용으로
생기는 경제적 효익의 대부분을
얻을 권리를 고객이 가지는가? ──아니오──┐

예

고객이나 공급자 중 누가 사용기간
내내 자산을 사용하는 방법 및
목적을 지시할 권리를 가지는가?
아니면 둘 다 그러한 권리가 없는가?

├── 고객

└── 공급자

둘 다 그 권리가 없으면
자산을 사용하는 방법 및
목적이 미리 결정되어 있음

공급자는 운용 지시를 바꿀 권리가
없으며, 고객이 사용기간 내내
자산을 운용할 권리를 가지는가?

예

아니오

사용기간 내내 자산을 사용하는 방법
및 목적을 미리 결정하는 방식으로
고객이 자산을 설계하는가? ──아니오──┐

예

계약은 리스를
포함함

계약은 리스를
포함하지 않음

05 계약의 구성요소 분리

리스계약이나 리스를 포함하는 계약에서 계약의 각 리스요소를 리스가 아닌 요소(이하 '비리스요소'라고 함)와 분리하여 리스로 회계처리한다.[1]

(1) 리스이용자

하나의 리스요소와, 하나 이상의 추가 리스요소나 비리스요소를 포함하는 계약에서 리스이용자는 리스요소의 상대적 개별 가격과 비리스요소의 총 개별 가격에 기초하여 계약 대가를 각 리스요소에 배분한다. 리스요소와 비리스요소의 상대적 개별 가격은 리스제공자나 이와 비슷한 공급자가 그 요소나 그와 비슷한 요소에 개별적으로 부과할 가격을 기초로 산정한다. 관측 가능한 개별 가격을 쉽게 구할 수 없다면, 리스이용자는 관측 가능한 정보를 최대한 활용하여 그 개별 가격을 추정한다.

(2) 리스제공자

하나의 리스요소와, 하나 이상의 추가 리스요소나 비리스요소를 포함하는 계약에서 리스제공자는 K-IFRS 제1115호 '고객과의 계약에서 생기는 수익'을 적용하여 계약 대가를 배분한다.

⚡ POINT 계약의 구성요소 분리

계약의 구성요소의 분리	리스계약이나 리스를 포함하는 계약에서 계약의 각 리스요소를 비리스요소와 분리하여 리스로 회계처리함
리스이용자	하나의 리스요소와, 하나 이상의 추가 리스요소나 비리스요소를 포함하는 계약에서 리스이용자는 리스요소의 상대적 개별 가격과 비리스요소의 총 개별 가격에 기초하여 계약 대가를 각 리스요소에 배분함
리스제공자	하나의 리스요소와, 하나 이상의 추가 리스요소나 비리스요소를 포함하는 계약에서 리스제공자는 K-IFRS 제1115호 '고객과의 계약에서 생기는 수익'을 적용하여 계약 대가를 배분함

---

[1] 다만, 실무적 간편법을 적용하는 경우에는 비리스요소를 리스요소와 분리하지 않고, 각 리스요소와 이에 관련되는 비리스요소를 하나의 리스요소로 회계처리하는 방법을 기초자산의 유형별로 선택할 수 있다.

06 용어의 정의

(1) 리스약정일(약정일)

리스약정일이란 리스계약일과 리스의 주요 조건에 대하여 계약 당사자들의 합의한 날 중 이른 날을 말한다. 리스는 리스약정일을 기준으로 운용리스나 금융리스로 분류하며, 리스변경이 있는 경우에만 분류를 다시 판단한다.

(2) 리스개시일(개시일)

리스개시일(Commencement Data)은 리스제공자가 리스이용자에게 기초자산을 사용할 수 있게 하는 날을 말한다. 즉, 리스개시일은 리스의 최초 인식일(즉, 리스에 따른 자산, 부채, 수익 및 비용을 적절하게 인식하는 날로서 감가상각개시일임)을 일컫는다.

(3) 리스기간

리스기간(Lease Term)이란 리스이용자가 기초자산 사용권을 갖는 해지불능기간을 말한다. 리스기간에는 리스이용자가 리스 연장선택권을 행사할 것이 상당히 확실한 경우에 그 선택권의 대상 기간과 리스이용자가 리스 종료선택권을 행사하지 않을 것이 상당히 확실한 경우에 그 선택권의 대상 기간 당해 추가 기간을 포함한다.[2]

> **⚡POINT** **리스약정일, 리스개시일, 리스기간**

리스약정일	리스계약일과 리스의 주요 조건에 대하여 계약 당사자들의 합의한 날 중 이른 날 ➡ 리스약정일을 기준으로 운용리스와 금융리스 분류
리스개시일	리스제공자가 리스이용자에게 기초자산을 사용할 수 있게 하는 날 ➡ 리스에 따른 자산, 부채, 수익, 비용을 최초로 인식하는 날
리스기간	리스이용자가 기초자산 사용권을 갖는 해지불능기간 ➡ 리스기간에는 리스이용자가 리스 연장선택권을 행사할 것이 상당히 확실한 경우에 그 선택권의 대상 기간과 리스이용자가 리스 종료선택권을 행사하지 않을 것이 상당히 확실한 경우에 그 선택권의 대상 기간 당해 추가기간을 포함함

---

2) 리스의 해지불능기간이 달라진다면 리스기간을 변경한다. 예를 들면 다음과 같은 경우에 리스의 해지불능기간이 달라질 것이다.
  (1) 전에 리스기간을 산정할 때 포함되지 않았던 선택권을 리스이용자가 행사한다.
  (2) 전에 리스기간을 산정할 때 포함되었던 선택권을 리스이용자가 행사하지 않는다.
  (3) 전에 리스기간을 산정할 때 포함되지 않았던 선택권을 리스이용자가 계약상 의무적으로 행사하게 하는 사건이 일어난다.
  (4) 전에 리스기간을 산정할 때 포함되었던 선택권을 리스이용자가 행사하는 것을 계약상 금지하는 사건이 일어난다.

(4) 리스료

리스료(Lease Payments)는 기초자산 사용권과 관련하여 리스기간에 리스이용자가 리스제공자에게 지급하는 금액으로 다음 항목으로 구성된다. 다만, 조정리스료와 리스제공자가 지급하고 리스이용자에게 청구할 수 있는 용역원가와 세금 등은 제외한다.

① 고정리스료(실질적인 고정리스료를 포함하고, 리스 인센티브는 차감): 리스기간의 기초자산 사용권에 대하여 리스이용자가 리스제공자에게 지급하는 금액에서 변동리스료를 뺀 금액
② 지수나 요율(이율)에 따라 달라지는 변동리스료: 리스기간에 기초자산의 사용권에 대하여 리스이용자가 리스제공자에게 지급하는 리스료의 일부로서 시간의 경과가 아닌 리스개시일 후 사실이나 상황의 변화때문에 달라지는 부분
③ 리스이용자가 매수선택권을 행사할 것이 상당히 확실한 경우에 그 매수선택권의 행사가격
④ 리스기간이 리스이용자의 종료선택권 행사를 반영하는 경우에, 그 리스를 종료하기 위하여 부담하는 금액

리스이용자의 경우에 리스료는 잔존가치보증에 따라 리스이용자가 지급할 것으로 예상되는 금액도 포함한다. 리스이용자가 비리스요소와 리스요소를 통합하여 단일 리스요소로 회계처리하기로 선택하지 않는다면 리스료는 비리스요소에 배분되는 금액을 포함하지 않는다. 한편, 리스제공자의 경우에 리스료는 잔존가치보증에 따라 리스이용자, 리스이용자의 특수관계자, 리스제공자와 특수관계에 있지 않고 보증의무를 이행할 재무적 능력이 있는 제3자가 리스제공자에게 제공하는 잔존가치보증을 포함한다. 리스료는 비리스요소에 배분되는 금액은 포함하지 않는다.

> • 리스료(리스이용자): 고정리스료 + 변동리스료 + 매수선택권의 행사가격 + 종료선택권 + 잔존가치보증에 따라 지급이 예상되는 금액
> • 리스료(리스제공자): 고정리스료 + 변동리스료 + 매수선택권의 행사가격 + 종료선택권 + 잔존가치보증

(5) 잔존가치보증

잔존가치보증(Residual Value Guarantee)이란 리스제공자와 특수관계에 있지 않은 당사자가 리스제공자에게 제공한, 리스종료일의 기초자산 가치(또는 가치의 일부)가 적어도 특정 금액이 될 것이라는 보증을 말한다.

(6) 무보증잔존가치

무보증잔존가치(Unguaranteed Residual Value)는 리스제공자가 실현할 수 있을지 확실하지 않거나 리스제공자의 특수관계자만이 보증한, 기초자산의 잔존가치 부분을 말한다.

> **⚡POINT 잔존가치보증과 무보증잔존가치**

잔존가치보증	리스제공자와 특수관계에 있지 않은 당사자가 리스제공자에게 제공한, 리스종료일의 기초자산 가치(또는 가치의 일부)가 적어도 특정 금액이 될 것이라는 보증
무보증잔존가치	리스제공자가 실현할 수 있을지 확실하지 않거나 리스제공자의 특수관계자만이 보증한, 기초자산의 잔존가치 부분

(7) 리스총투자, 리스순투자 및 미실현 금융수익

리스총투자(Gross Investment in the Lease)는 금융리스에서 리스제공자가 받게 될 리스료와 무보증잔존가치의 합계액을 말하며, 리스순투자(Net Investment in the Lease)는 리스총투자를 리스의 내재이자율로 할인한 금액을 말한다. 또한 미실현 금융수익(Unearned Finance Income)은 리스총투자와 리스순투자의 차이를 말한다.

> - 리스총투자 = 리스료 + 무보증잔존가치
> - 리스순투자 = 리스총투자를 리스의 내재이자율로 할인한 현재가치
>   = 리스료의 현재가치 + 무보증잔존가치의 현재가치
> - 미실현 금융수익 = 리스총투자 - 리스순투자

(8) 내재이자율

내재이자율(Interest Rate Implict in the Lease)이라 함은 리스료 및 무보증잔존가치의 현재가치 합계액을, 기초자산의 공정가치와 리스제공자의 리스개설직접원가의 합계액과 동일하게 하는 할인율을 말한다. 이는 리스제공자 입장에서 리스투자에 대한 수익률과 동일한 개념이다.

> - 리스순투자 = 리스총투자의 현재가치[1]
> - 기초자산의 공정가치 + 리스개설직접원가 = (리스료 + 무보증잔존가치)의 현재가치[1]

[1] 리스제공자의 내재이자율로 할인함

(9) 리스개설직접원가

리스개설직접원가(Initial Direct Costs)란 리스를 체결하지 않았더라면 부담하지 않았을 리스체결의 증분원가를 말한다. 다만, 금융리스와 관련하여 제조자나 판매자인 리스제공자가 부담하는 원가는 제외한다.

(10) 경제적 내용연수와 내용연수

경제적 내용연수(Economic Life)란 하나 이상의 사용자가 자산을 경제적으로 사용할 수 있을 것으로 예상하는 기간이나 자산에서 얻을 것으로 예상하는 생산량 또는 이와 비슷한 단위 수량을 말한다. 한편, 내용연수(Useful Life)는 기업이 자산을 사용할 수 있을 것으로 예상하는 기간이나 자산에서 얻을 것으로 예상하는 생산량 또는 이와 비슷한 단위 수량을 말한다.

(11) 증분차입이자율

리스이용자의 증분차입이자율(Incremental Borrowing Rate)은 리스이용자가 비슷한 경제적 환경에서 비슷한 기간에 걸쳐 비슷한 담보로 사용권자산과 가치가 비슷한 자산 획득에 필요한 자금을 차입한다면 지급해야 하는 이자율을 말한다. 리스제공자 입장에서 리스료와 무보증잔존가치의 합계액은 미래 현금수취예상액이고 이를 현재시점에서 평가하기 위하여 내재이자율을 사용한다. 리스이용자의 경우에도 리스거래를 리스제공자와 동일한 방법으로 회계처리하기 위해서는 리스제공자의 내재이자율을 알아야 하나 쉽게 산정할 수 없는 경우 리스이용자의 증분차입이자율을 사용한다.

(12) 선택권 리스료

선택권 리스료(Optional Lease Payments)는 리스를 연장하거나 종료하는 선택권의 대상 기간(리스기간에 포함되는 기간은 제외)에 기초자산 사용권에 대하여 리스이용자가 리스제공자에게 지급하는 리스료를 말한다.

(13) 리스 인센티브

리스 인센티브(Lease Incentives)는 리스와 관련하여 리스제공자가 리스이용자에게 지급하는 금액이나 리스의 원가를 리스제공자가 보상하거나 부담하는 금액을 말한다.

(14) 고정리스료와 변동리스료

고정리스료(Fixed Payments)란 리스기간의 기초자산 사용권에 대하여 리스이용자가 리스제공자에게 지급하는 금액에서 변동리스료를 뺀 금액을 말한다. 한편, 변동리스료(Variable Lease Payments)는 리스기간에 기초자산의 사용권에 대하여 리스이용자가 리스제공자에게 지급하는 리스료의 일부로서 시간의 경과가 아닌 리스개시일 후 사실이나 상황의 변화 때문에 달라지는 부분을 말한다.

(15) 단기리스

단기리스(Short-term Lease)는 리스개시일에, 리스기간이 12개월 이하인 리스를 말하며, 매수선택권이 있는 리스는 단기리스에 해당하지 않는다.

07 리스료의 결정

리스료(Lease Payments)는 기초자산 사용권과 관련하여 리스기간에 리스이용자가 리스제공자에게 지급하는 금액을 말한다. 이러한 리스료는 리스이용자가 결정하는 것이 아니라 물적금융을 제공하는 리스제공자가 결정한다. 리스제공자는 기초자산을 취득하고 취득시점에 리스개설직접원가를 부담한다. 즉, 리스제공자는 리스순투자(기초자산의 공정가치 + 리스개설직접원가)의 금액만큼 투자하여 리스제공자의 목표수익률을 산정하여 리스총투자(리스료 + 무보증잔존가치)의 금액을 회수하도록 리스를 설계한다. 따라서 미래에 수취할 리스총투자와 현재 투자한 리스순투자의 차이금액은 리스기간 동안 이자수익으로 인식된다. 이러한 목표수익률은 리스제공자의 내재이자율과 정확히 일치하며 이를 산식으로 나타내면 다음과 같다.

> • 리스순투자 = 리스총투자의 현재가치[1]
> • 기초자산의 공정가치 + 리스개설직접원가 = (리스료 + 무보증잔존가치)의 현재가치[1]

[1] 리스제공자의 내재이자율로 할인함

[그림 15-3] 리스순투자와 리스총투자의 관계

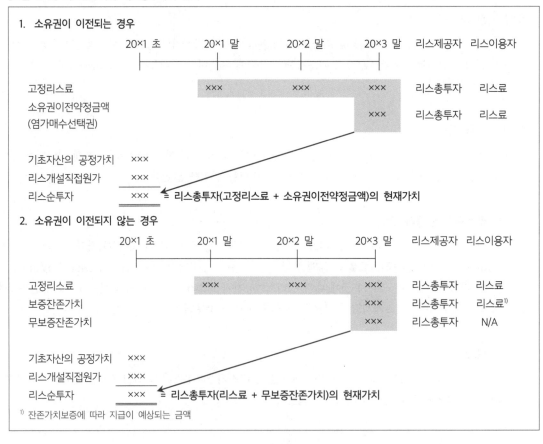

리스제공자인 (주)대한리스는 20×1년 초 리스이용자인 (주)민국과 기계장치에 대하여 금융리스계약을 체결하였다. 리스개시일은 20×1년 초이며, (주)대한리스와 (주)민국의 결산일은 모두 12월 31일이다.

(1) (주)대한리스는 기초자산인 기계장치를 20×1년 초의 공정가치 ₩250,000에 취득하였으며, 리스계약과 관련하여 리스개설직접원가 ₩6,198을 지출하였다.
(2) 기초자산의 내용연수는 4년이고 잔존가치는 ₩0으로 추정되며, 정액법으로 감가상각한다.
(3) (주)대한리스와 (주)민국이 체결한 금융리스의 계약서상 리스기간은 3년이며, 매년 말 동일한 고정리스료를 수취하도록 되어 있다.
(4) (주)대한리스는 리스기간 종료 시 기초자산의 소유권을 (주)민국에게 이전하지 않고 반환받기로 되어 있다. 리스기간 종료 시 추정잔존가치는 ₩10,000이며, 이 중 (주)민국은 ₩5,000을 보증하였다.
(5) (주)대한리스의 내재이자율은 10%이며, 10%의 현가계수는 다음과 같다.

할인율	단일금액 ₩1의 현가			정상연금 ₩1의 현가		
	1년	2년	3년	1년	2년	3년
10%	0.90909	0.82645	0.75131	0.90909	1.73554	2.48685

물음1 (주)대한리스가 위 리스계약에 따라 매년 말 수령해야 할 고정리스료를 계산하시오.

물음2 물음1 과 달리 (주)대한리스가 리스기간 종료 시 기초자산의 소유권을 (주)민국에게 이전하기로 하고 ₩10,000에 매수할 선택권을 부여하였을 경우 (주)대한리스가 위 리스계약에 따라 매년 말 수령해야 할 고정리스료를 계산하시오.

해답 | 물음 1 |

1. 리스순투자와 리스총투자

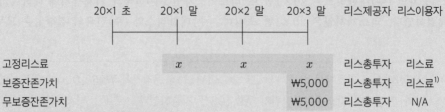

	20×1 초	20×1 말	20×2 말	20×3 말	리스제공자	리스이용자
고정리스료		x	x	x	리스총투자	리스료
보증잔존가치				₩5,000	리스총투자	리스료[1]
무보증잔존가치				₩5,000	리스총투자	N/A

[1] 잔존가치보증에 따라 지급이 예상되는 금액

기초자산의 공정가치	₩250,000
리스개설직접원가	₩6,198
리스순투자	₩256,198 = 리스총투자(리스료 + 무보증잔존가치)의 현재가치

2. 고정리스료

(1) 리스순투자 = 리스총투자의 현재가치

(2) 기초자산의 공정가치 + 리스개설직접원가 = 고정리스료의 현재가치 + 보증잔존가치의 현재가치 + 무보증잔존가치의 현재가치

(3) 기초자산의 공정가치 + 리스개설직접원가 = 고정리스료의 현재가치 + 추정잔존가치의 현재가치

$$₩250,000 + ₩6,198 = x \times 2.48685 + ₩10,000 \times 0.75131$$

$$\therefore x(고정리스료) = ₩100,000$$

| 물음 2 |

1. 리스순투자와 리스총투자

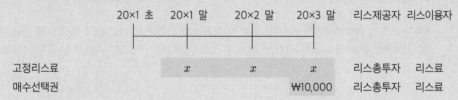

	20×1 초	20×1 말	20×2 말	20×3 말	리스제공자	리스이용자
고정리스료		x	x	x	리스총투자	리스료
매수선택권				₩10,000	리스총투자	리스료

기초자산의 공정가치	₩250,000
리스개설직접원가	₩6,198
리스순투자	₩256,198 = 리스총투자(고정리스료 + 매수선택권)의 현재가치

2. 고정리스료

(1) 리스순투자 = 리스총투자의 현재가치

(2) 기초자산의 공정가치 + 리스개설직접원가 = 고정리스료의 현재가치 + 매수선택권의 현재가치

$$₩250,000 + ₩6,198 = x \times 2.48685 + ₩10,000 \times 0.75131$$

$$\therefore x(고정리스료) = ₩100,000$$

Ⅱ | 리스의 분류

K-IFRS에서 규정하고 있는 리스제공자의 리스 분류는 기초자산의 소유에 따른 위험과 보상을 이전하는 정도에 기초한다. 즉, 기초자산의 소유에 따른 위험과 보상의 대부분이 리스이용자에게 이전되는 경우에는 리스제공자는 금융리스로 분류하고, 기초자산의 소유에 따른 위험과 보상 대부분이 리스이용자에게 이전되지 않은 경우에는 운용리스로 분류하여야 한다.3)

[그림 15-4] 리스제공자의 리스 분류

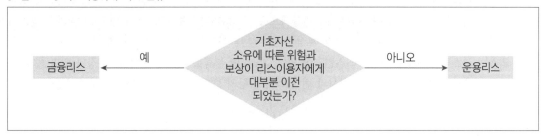

01 리스제공자의 리스의 분류기준

리스제공자는 각 리스를 운용리스 아니면 금융리스로 분류한다. 기초자산의 소유에 따른 위험과 보상의 대부분(Substantially All)을 이전하는 리스는 금융리스로 분류하며, 기초자산의 소유에 따른 위험과 보상의 대부분을 이전하지 않는 리스는 운용리스로 분류한다. 따라서 어느 경우에 소유에 따른 위험과 보상4)이 이전된 것으로 볼 것이냐에 대한 판단기준이 필요하다.

리스가 금융리스인지 운용리스인지는 계약의 형식보다는 거래의 실질에 달려 있다. 리스가 일반적으로 금융리스로 분류되는 상황의 예는 다음과 같다.

① 소유권이전 약정기준: 리스기간 종료시점 이전에 기초자산의 소유권이 리스이용자에게 이전되는 리스
② 염가매수선택권 약정기준: 리스이용자가 선택권을 행사할 수 있는 날의 공정가치보다 충분히 낮을 것으로 예상되는 가격으로 기초자산을 매수할 수 있는 선택권을 가지고 있고, 그 선택권을 행사할 것이 리스약정일 현재 상당히 확실한 경우
③ 리스기간 기준: 기초자산의 소유권이 이전되지는 않더라도 리스기간이 기초자산의 경제적 내용연수의 상당 부분을 차지하는 경우
④ 공정가치 회수기준: 리스약정일 현재, 리스료의 현재가치가 적어도 기초자산 공정가치의 대부분에 해당하는 경우
⑤ 범용성 없는 자산: 기초자산이 특수하여 해당 리스이용자만이 주요한 변경 없이 사용할 수 있는 경우

---

3) 리스이용자는 단기리스와 소액 기초자산 리스를 제외하고는 모두 금융리스로 회계처리하여야 한다. 리스이용자와 관련된 내용은 후술하기로 한다.
4) 위험은 유휴 생산능력이나 기술적 진부화로 생기는 손실 가능성과 경제적 상황의 변화로 생기는 수익의 변동성을 포함하며, 보상은 기초자산의 경제적 내용연수에 걸친 수익성 있는 운영과 가치의 상승이나 잔존가치 실현에서 생기는 차익에 대한 예상으로 나타날 수 있다.

한편, 리스가 금융리스로 분류될 수 있는 상황의 지표는 다음과 같다.

> ① 리스이용자가 리스를 해지할 수 있는 경우에 리스이용자가 해지에 관련되는 리스제공자의 손실을 부담하는 경우
> ② 잔존자산의 공정가치 변동에서 생기는 손익이 리스이용자에게 귀속되는 경우(예를 들어, 리스 종료시점에 매각대가의 대부분에 해당하는 금액이 리스료 환급의 형태로 리스이용자에게 귀속되는 경우)
> ③ 리스이용자가 시장리스료보다 현저하게 낮은 리스료로 다음 리스기간에 리스를 계속할 능력이 있는 경우

여기서 유의할 점은 앞에서 열거한 경우에 해당할 때에도 항상 금융리스로 분류하는 것은 아니라는 것이다. 계약의 다른 속성들을 고려할 때 리스자산의 소유에 따른 위험과 보상의 대부분을 이전하지 않는다는 사실이 분명하다면 그 리스는 운용리스로 분류한다. 예를 들어, 리스기간 종료시점에 기초자산의 소유권을 그 시점의 공정가치에 해당하는 변동지급액으로 이전하거나, 변동리스료가 있고 그 결과로 리스제공자가 기초자산의 소유에 따른 위험과 보상의 대부분을 이전하지 않는 경우가 있다.

리스는 리스약정일에 분류하며 리스변경이 있는 경우에만 분류를 다시 판단한다. 추정의 변경(예 기초자산의 내용연수 또는 잔존가치 추정치의 변경)이나 상황의 변화(예 리스이용자의 채무불이행)는 회계 목적상 리스를 새로 분류하는 원인이 되지 않는다.

⚡POINT 리스제공자의 리스 분류

금융리스	기초자산의 소유에 따른 위험과 보상의 대부분을 이전하는 리스
운용리스	기초자산의 소유에 따른 위험과 보상의 대부분을 이전하지 않는 리스
일반적으로 금융리스로 분류되는 상황의 예	① 소유권이전 약정기준: 리스기간 종료시점 이전에 기초자산의 소유권이 리스이용자에게 이전되는 리스 ② 염가매수선택권 약정기준: 리스이용자가 선택권을 행사할 수 있는 날의 공정가치보다 충분히 낮을 것으로 예상되는 가격으로 기초자산을 매수할 수 있는 선택권을 가지고 있고, 그 선택권을 행사할 것이 리스약정일 현재 상당히 확실한 경우 ③ 리스기간 기준: 기초자산의 소유권이 이전되지는 않더라도 리스기간이 기초자산의 경제적 내용연수의 상당 부분을 차지하는 경우 ④ 공정가치 회수기준: 리스약정일 현재, 리스료의 현재가치가 적어도 기초자산 공정가치의 대부분에 해당하는 경우 ⑤ 범용성 없는 자산: 기초자산이 특수하여 해당 리스이용자만이 주요한 변경 없이 사용할 수 있는 경우
금융리스로 분류될 수 있는 상황의 지표	① 리스이용자가 리스를 해지할 수 있는 경우에 리스이용자가 해지에 관련되는 리스제공자의 손실을 부담하는 경우 ② 잔존자산의 공정가치 변동에서 생기는 손익이 리스이용자에게 귀속되는 경우(예 리스 종료시점에 매각대가의 대부분에 해당하는 금액이 리스료 환급의 형태로 리스이용자에게 귀속되는 경우) ③ 리스이용자가 시장리스료보다 현저하게 낮은 리스료로 다음 리스기간에 리스를 계속할 능력이 있는 경우

02 인식면제

리스이용자는 다음 리스에는 사용권자산과 리스부채를 인식하지 않기로 선택할 수 있다.

> ① 단기리스
> ② 소액 기초자산 리스

단기리스나 소액 기초자산 리스에 사용권자산과 리스부채를 인식하지 않기로 선택한 경우에 리스이용자는 해당 리스에 관련되는 리스료를 리스기간에 걸쳐 정액 기준이나 다른 체계적인 기준에 따라 비용으로 인식한다. 다른 체계적인 기준이 리스이용자의 효익의 형태를 더 잘 나타내는 경우에는 그 기준을 적용한다.

리스이용자가 단기리스를 회계처리하는 경우에, 다음 중 어느 하나에 해당하면 이 기준서의 목적상 리스이용자는 그 리스를 새로운 리스로 본다.

> ① 리스변경이 있는 경우
> ② 리스기간에 변경이 있는 경우(예 리스이용자가 전에 리스기간을 산정할 때에 포함되지 않았던 선택권을 행사한다)

단기리스에 대한 선택은 사용권이 관련되어 있는 기초자산의 유형별로 한다. 기초자산의 유형은 기업의 영업에서 특성과 용도가 비슷한 기초자산의 집합이다. 소액 기초자산 리스에 대한 선택은 리스별로 할 수 있다.

> ⊘ 참고 **소액 기초자산 리스**
>
> 리스이용자는 리스대상 자산이 사용된 기간에 관계없이 기초자산이 새것일 때의 가치에 기초하여 기초자산의 가치를 평가한다. 기초자산이 소액인지는 절대적 기준에 따라 평가한다. 소액자산 리스는 그 리스가 리스이용자에게 중요한지와 관계없이 그 평가는 리스이용자의 규모, 특성, 상황에 영향을 받지 않는다. 따라서 서로 다른 리스이용자라도 특정한 기초자산이 소액인지에 대해서는 같은 결론에 이를 것으로 예상된다.
>
> 다음 조건을 모두 충족하는 경우에만 소액 기초자산이 될 수 있다.
>
> ① 리스이용자가 기초자산 그 자체를 사용하여 효익을 얻거나 리스이용자가 쉽게 구할 수 있는 다른 자원과 함께 그 자산을 사용하여 효익을 얻을 수 있다.
> ② 기초자산은 다른 자산에 대한 의존도나 다른 자산과의 상호 관련성이 매우 높지는 않다.
>
> 새것일 때 일반적으로 소액이 아닌 특성이 있는 자산이라면, 해당 기초자산 리스는 소액자산 리스에 해당하지 않는다. 예를 들면 자동차는 새것일 때 일반적으로 소액이 아닐 것이므로, 자동차 리스는 소액자산 리스에 해당하지 않을 것이다. 리스이용자가 자산을 전대리스(Sublease)하거나 전대리스할 것으로 예상하는 경우에 상위리스(Head Lease)는 소액자산 리스에 해당하지 않는다. 소액 기초자산의 예로는 태블릿·개인 컴퓨터, 소형 사무용 가구, 전화기를 들 수 있다.

⚡ POINT 인식면제

리스이용자의 인식면제	리스이용자는 다음 리스에는 사용권자산과 리스부채를 인식하지 않기로 선택할 수 있음 ① 단기리스 ② 소액 기초자산 리스
회계처리	단기리스나 소액 기초자산 리스에 사용권자산과 리스부채를 인식하지 않기로 선택한 경우에 리스이용자는 해당 리스에 관련되는 리스료를 리스기간에 걸쳐 정액 기준이나 다른 체계적인 기준에 따라 비용으로 인식함

Ⅲ | 운용리스의 리스제공자

리스제공자는 기초자산의 소유에 따른 위험과 보상 대부분이 리스이용자에게 이전되지 않은 경우에는 운용리스로 분류하여야 한다. 리스이용자는 단기리스와 소액 기초자산 리스를 제외하고 금융리스로 회계처리하는 것이 원칙이므로 여기서는 리스제공자가 운용리스로 분류하였을 경우 회계처리를 살펴보기로 한다.

01 리스개시일

리스제공자가 리스이용자와 운용리스계약을 체결하면 리스개시일에 리스자산의 취득에 소요된 지출액을 운용리스자산으로 인식한다. 만약 리스제공자가 리스를 체결하지 않았더라면 부담하지 않았을 리스체결의 증분원가인 리스개설직접원가가 발생하였다면 운용리스자산의 장부금액에 가산한다. 최초 인식 시 리스제공자의 회계처리를 예시하면 다음과 같다.

[회계처리] 리스개시일

(차) 운용리스자산	×××	(대) 현금(취득원가)	×××
		현금(리스개설직접원가)	×××

02 인식과 측정

(1) 운용리스료수익

리스제공자는 정액 기준이나 다른 체계적인 기준으로 운용리스의 리스료를 리스기간 동안 수익으로 인식한다. 다른 체계적인 기준이 기초자산의 사용으로 생기는 효익이 감소되는 형태를 더 잘 나타낸다면 리스제공자는 그 기준을 적용한다. 운용리스료수익과 관련된 리스제공자의 회계처리를 예시하면 다음과 같다.

[회계처리] 운용리스료수익

(차) 현금	×××	(대) 운용리스료수익	×××

(2) 감가상각과 손상

리스제공자는 리스료수익 획득 과정에서 부담하는 원가(감가상각비를 포함함)를 비용으로 인식한다. 운용리스에 해당하는 감가상각 대상 기초자산의 감가상각 정책은 리스제공자가 소유한 비슷한 자산의 보통 감가상각 정책과 일치해야 한다. 즉, 리스제공자는 운용리스자산을 내용연수 동안 감가상각한다. 한편, 리스제공자는 운용리스의 대상이 되는 기초자산이 손상되었는지를 판단하고, 식별되는 손상차손을 회계처리하기 위하여 K-IFRS 제1036호 '자산손상'을 적용한다.

(3) 리스개설직접원가

리스제공자는 운용리스 체결 과정에서 부담하는 리스개설직접원가를 기초자산의 장부금액에 더하고 리스료수익과 같은 기준으로 리스기간에 걸쳐 비용으로 인식한다. 즉, 리스개설직접원가는 운용리스자산의 장부금액에 가산하여 리스기간 동안 감가상각비로 인식한다. 리스제공자의 감가상각과 관련된 회계처리를 예시하면 다음과 같다.

[회계처리] 감가상각비

(차) 감가상각비	×××[1]	(대) 감가상각누계액	×××

[1] (취득원가 – 잔존가치) ÷ 내용연수 + 리스개설직접원가 ÷ 리스기간

03 제조자 또는 판매자인 리스제공자의 운용리스

제조자 또는 판매자인 리스제공자의 운용리스 체결은 판매와 동등하지 않으므로 운용리스 체결 시점에 매출이익을 인식하지 않는다.

04 리스변경

리스제공자는 운용리스의 변경을 변경 유효일부터 새로운 리스로 회계처리한다. 이 경우에 변경 전 리스에 관련하여 선수하였거나 발생한 미수리스료를 새로운 리스의 리스료의 일부로 본다.

🔑 POINT 운용리스의 제공자

리스개시일		① 취득에 소요된 지출액: 운용리스자산으로 인식함 ② 리스개설직접원가: 운용리스자산의 장부금액에 가산함
인식과 측정	운용리스료수익	정액 기준이나 다른 체계적인 기준으로 운용리스의 리스료를 리스기간 동안 수익으로 인식함
	감가상각비	유형자산과 동일하게 내용연수 동안 감가상각함
	리스개설직접원가	운용리스자산의 장부금액에 가산하여 리스기간 동안 감가상각비로 인식함

(주)대한리스는 (주)민국과 20×1년 초에 기계장치를 구입하고 즉시 운용리스계약을 체결하였다. 운용리스계약과 관련된 자료는 다음과 같다.

> (1) 20×1년 초에 구입한 기계장치의 취득원가는 ₩1,000,000이다. 동 기계장치의 내용연수는 10년이고 잔존가치는 ₩100,000이며, 정액법으로 감가상각한다.
> (2) 동 운용리스계약서상 리스기간은 3년이며, 매년 말 수취하는 리스료의 금액은 다음과 같다.
>
> | 20×1년 말 | 20×2년 말 | 20×3년 말 |
> |---|---|---|
> | ₩180,000 | ₩300,000 | ₩120,000 |
>
> (3) (주)대한리스는 동 리스계약과 관련하여 리스개설직접원가 ₩30,000을 지출하였다.

물음 1 (주)대한리스는 정액기준으로 운용리스의 리스료를 리스기간 동안 수익으로 인식한다고 가정한다면, 매 보고기간에 (주)대한리스가 인식할 운용리스료수익을 계산하고 리스기간 종료시점까지 수행할 회계처리를 나타내시오.

물음 2 위의 리스계약으로 인하여 (주)대한리스의 20×1년 포괄손익계산서의 당기손익에 미치는 영향을 계산하시오.

해답 **물음 1**

1. 매 보고기간의 운용리스료수익

　(₩180,000 + ₩300,000 + ₩120,000) ÷ 3년 = ₩200,000

2. 회계처리

일자	회계처리			
20×1년 초	(차) 운용리스자산	1,030,000[1]	(대) 현금	1,030,000
	[1] ₩1,000,000(취득원가) + ₩30,000(리스개설직접원가) = ₩1,030,000			
20×1년 말	(차) 현금	180,000	(대) 운용리스료수익	200,000
	미수리스료	20,000		
	(차) 감가상각비	100,000[1]	(대) 감가상각누계액	100,000
	[1] (₩1,000,000 − ₩100,000) ÷ 10년 + ₩30,000 ÷ 3년 = ₩100,000			
20×2년 말	(차) 현금	300,000	(대) 운용리스료수익	200,000
			미수리스료	20,000
			선수리스료	80,000
	(차) 감가상각비	100,000[1]	(대) 감가상각누계액	100,000
	[1] (₩1,000,000 − ₩100,000) ÷ 10년 + ₩30,000 ÷ 3년 = ₩100,000			
20×3년 말	(차) 현금	120,000	(대) 운용리스료수익	200,000
	선수리스료	80,000		
	(차) 감가상각비	100,000[1]	(대) 감가상각누계액	100,000
	[1] (₩1,000,000 − ₩100,000) ÷ 10년 + ₩30,000 ÷ 3년 = ₩100,000			

물음 2

20×1년 포괄손익계산서의 당기손익에 미치는 영향: (1) + (2) = ₩100,000

(1) 운용리스료수익: (₩180,000 + ₩300,000 + ₩120,000) ÷ 3년 = ₩200,000

(2) 감가상각비: (₩1,000,000 − ₩100,000) ÷ 10년 + ₩30,000 ÷ 3년 = ₩(100,000)

Ⅳ | 금융리스

금융리스(Financing Lease)란 기초자산의 소유에 따른 위험과 보상의 대부분을 이전하는 리스를 말한다. 회계는 법적인 형식보다는 경제적 실질에 따라 회계처리해야 하므로 금융리스는 법률적으로는 리스계약이나 그 경제적 실질은 자금을 차입하여 리스자산을 구입한 것과 동일하다. 따라서 금융리스는 리스이용자가 리스자산(사용권자산)과 리스부채를 인식하고 매 보고기간에 이자비용과 감가상각비를 인식해야 한다. 한편, 리스제공자는 리스자산을 할부로 판매한 것으로 회계처리하여 매 보고기간에 이자수익을 인식해야 한다.

01 리스제공자

(1) 최초 인식

리스제공자는 리스개시일에 금융리스에 따라 보유하는 자산을 재무상태표에 인식하고 그 자산을 리스순투자와 동일한 금액의 수취채권으로 표시한다. 앞에서 설명했듯이 리스순투자는 리스총투자를 리스의 내재이자율로 할인한 금액을 말한다.[5] 이때 리스제공자는 리스순투자를 측정할 때 리스의 내재이자율을 사용하여 할인한다.

> 리스채권 = 리스순투자
>   = 리스자산의 공정가치 + 리스개설직접원가
>   = 리스총투자(리스료 + 무보증잔존가치)를 리스의 내재이자율로 할인한 현재가치
>   = 리스료의 현재가치 + 무보증잔존가치의 현재가치

리스개설직접원가는 리스순투자의 최초 측정치에 포함되어 리스기간에 걸쳐 인식되는 수익금액을 줄인다. 리스개설직접원가가 자동적으로 리스순투자에 포함되도록 리스의 내재이자율이 정의되었으므로 리스개설직접원가를 별도로 더할 필요가 없다.

---

[5] 전대리스(Sublease)의 경우에 전대리스의 내재이자율을 쉽게 산정할 수 없다면, 중간리스제공자는 전대리스의 순투자를 측정하기 위하여 상위리스(Head Lease)에 사용된 할인율(전대리스에 관련되는 리스개설직접원가를 조정함)을 사용할 수 있다.

(2) 후속측정

리스제공자는 자신의 리스순투자 금액에 일정한 기간수익률을 반영하는 방식으로 리스기간에 걸쳐 금융수익을 인식한다. 이 경우 리스제공자는 체계적이고 합리적인 기준으로 리스기간에 걸쳐 금융수익이 배분되도록 하며, 리스제공자는 해당 기간의 리스료를 리스총투자에 대응시켜 원금과 미실현 금융수익을 줄인다.

- 이자수익(유효이자) = 기초 리스채권 × 내재이자율(유효이자율)
- 리스채권 원금회수액 = 리스료 − 이자수익(유효이자)

리스기간 종료시점에 리스자산을 리스제공자가 반환받는 조건으로 리스계약을 체결하였다면 리스제공자는 리스순투자에 K-IFRS 제1009호 '금융상품'의 제거 및 손상의 요구사항을 적용하여 리스제공자는 리스총투자를 계산할 때 사용한 추정무보증잔존가치를 정기적으로 검토한다. 만약, 추정무보증잔존가치가 줄어든 경우에 리스제공자는 리스기간에 걸쳐 수익 배분액을 조정하고 발생된 감소액을 즉시 당기비용(리스채권손상차손)으로 인식한다.

(3) 리스기간 종료시점

리스기간 종료시점에 리스제공자는 리스이용자에게 소유권을 이전하거나 리스자산을 반환받는다.

① 리스자산의 소유권이 이전되는 경우

리스기간 종료시점에 리스자산의 소유권이 리스이용자에게 이전되는 경우 소유권이전약정금액 또는 염가매수선택권 행사가격인 리스채권에 해당하는 금액을 현금으로 수령하는 회계처리를 수행한다.

[회계처리] 리스기간 종료시점에 리스자산의 소유권이 리스이용자에게 이전되는 경우

(차) 현금	×××	(대) 리스채권	×××[1]

[1] 소유권이전약정금액 또는 염가매수선택권 행사가격

② 리스자산의 소유권이 이전되지 않는 경우

리스기간 종료시점에 리스자산의 소유권이 리스이용자에게 이전되지 않는 경우에는 보증잔존가치와 무보증잔존가치의 합계액인 추정잔존가치를 리스자산으로 반환받는다. 이때 리스자산의 공정가치가 리스채권 잔액에 해당하는 추정잔존가치에 미달하는 경우 그 차액을 리스채권손상차손 과목으로 당기손실로 인식한다. 여기서 회수된 자산의 공정가치가 보증잔존가치에 미달하여 리스이용자 등으로부터 차액을 수취한 경우 리스이용자로부터 수취한 현금은 리스보증이익 과목으로 당기이익으로 인식한다.

[회계처리] 리스기간 종료시점에 리스자산의 소유권이 리스이용자에게 이전되지 않는 경우

(차) 리스자산	×××[1]	(대) 리스채권	×××[2]
리스채권손상차손	×××		
(차) 현금	×××	(대) 리스보증이익	×××[3]

[1] 리스기간 종료시점의 리스자산의 공정가치
[2] 추정잔존가치(보증잔존가치 + 무보증잔존가치)
[3] 보증잔존가치 − 리스자산의 공정가치

02 리스이용자

(1) 최초 인식

리스이용자는 리스개시일에 그날 현재 지급되지 않은 리스료[6]의 현재가치로 리스부채를 측정한다. 이때 리스의 내재이자율을 쉽게 산정할 수 있는 경우에는 그 이자율로 리스료를 할인한다. 그 이자율을 쉽게 산정할 수 없는 경우에는 리스이용자의 증분차입이자율을 사용한다. 리스기준서의 개정으로 인하여 리스자산을 반환받는 리스인 경우 보증잔존가치가 아니라, 잔존가치보증에 따라 리스이용자가 지급할 것으로 예상되는 금액을 리스료에 포함하여 리스부채를 측정함에 유의하기 바란다.

리스이용자는 리스개시일에 사용권자산을 원가로 측정한다. 사용권자산의 원가는 다음 항목으로 구성된다.

> ① 리스부채의 최초 측정금액
> ② 리스개시일이나 그 전에 지급한 리스료(받은 리스 인센티브는 차감)
> ③ 리스이용자가 부담하는 리스개설직접원가
> ④ 리스 조건에서 요구하는 대로 기초자산을 해체하고 제거하거나, 기초자산이 위치한 부지를 복구하거나, 기초자산 자체를 복구할 때 리스이용자가 부담하는 원가의 추정치

리스개시일에 리스이용자가 리스부채와 사용권자산으로 인식할 금액을 요약하면 다음과 같다.

> • 리스부채 = 리스료의 현재가치[1]
> • 사용권자산 = 리스부채의 최초 측정금액 + 리스개시일 전에 지급한 리스료
>   + 리스이용자 부담 리스개설직접원가 + 복구원가

[1] 리스제공자의 내재이자율을 사용하나 쉽게 산정할 수 없는 경우 리스이용자의 증분차입이자율로 할인함

> ⊙ 참고 **사용권자산과 리스부채의 재무상태표 표시**
>
> 리스이용자는 사용권자산을 다음과 같이 재무상태표에 표시하거나 주석으로 공시한다.
> ① 사용권자산을 다른 자산과 구분하여 표시하거나 공시한다. 리스이용자가 재무상태표에서 사용권자산을 구분하여 표시하지 않으면, 다음과 같이 한다.
>   • 리스이용자가 대응하는 기초자산을 보유하였을 경우에 표시하였을 항목과 같은 항목에 사용권자산을 포함한다.
>   • 재무상태표의 어떤 항목에 그 사용권자산이 포함되어 있는지를 공시한다.
> ② 투자부동산의 정의를 충족하는 사용권자산에는 적용하지 않고, 그 사용권자산은 재무상태표에 투자부동산으로 표시한다.
> ③ 리스부채를 다른 부채와 구분하여 표시하거나 공시한다. 리스이용자가 재무상태표에서 리스부채를 구분하여 표시하지 않으면 재무상태표의 어떤 항목에 그 부채가 포함되어 있는지를 공시한다.

---

6) 리스개시일에 리스부채의 측정치에 포함되는 리스료는, 리스기간에 걸쳐 기초자산을 사용하는 권리에 대한 지급액 중 그날 현재 지급되지 않은 다음 금액으로 구성된다.
   (1) 고정리스료(실질적인 고정리스료를 포함하고, 받을 리스 인센티브는 차감)
   (2) 지수나 요율(이율)에 따라 달라지는 변동리스료. 처음에는 리스개시일의 지수나 요율(이율)을 사용하여 측정한다.
   (3) 잔존가치보증에 따라 리스이용자가 지급할 것으로 예상되는 금액
   (4) 리스이용자가 매수선택권을 행사할 것이 상당히 확실한 경우에 그 매수선택권의 행사가격
   (5) 리스기간이 리스이용자의 종료선택권 행사를 반영하는 경우에 그 리스를 종료하기 위하여 부담하는 금액

(2) 후속측정

① 리스부채

리스이용자는 리스개시일 이후 리스부채에 대한 이자를 반영하여 장부금액을 증액하고, 지급한 리스료를 반영하여 장부금액을 감액한다. 여기서 리스기간 중 각 기간의 리스부채에 대한 이자는 리스부채 잔액에 대하여 일정한 기간이자율이 산출되도록 하는 금액이다. 기간이자율은 리스의 내재이자율을 쉽게 산정할 수 있는 경우에는 내재이자율을 적용하며, 그 이자율을 쉽게 산정할 수 없는 경우에는 리스이용자의 증분차입이자율을 적용한다.

> • 이자비용 = 기초 리스부채 × 유효이자율
> • 리스부채 원금지급액 = 리스료 - 이자비용

② 사용권자산

리스이용자가 투자부동산으로 분류하여 K-IFRS 제1040호 '투자부동산'의 공정가치모형을 적용하거나 유형자산으로 분류하여 K-IFRS 제1016호 '유형자산'의 재평가모형 중 어느 하나를 적용하지 않는 경우에, 리스이용자는 리스개시일 후에 원가모형을 적용하여 사용권자산을 측정한다.

리스이용자는 사용권자산을 감가상각할 때 K-IFRS 제1016호 '유형자산' 감가상각에 대한 요구사항을 적용한다. 리스가 리스기간 종료시점 이전에 리스이용자에게 기초자산의 소유권을 이전하는 경우나 사용권자산의 원가에 리스이용자가 매수선택권을 행사할 것임이 반영되는 경우에, 리스이용자는 리스개시일부터 기초자산의 내용연수 종료시점까지 사용권자산을 감가상각한다. 그 밖의 경우에는 리스이용자는 리스개시일부터 사용권자산의 내용연수 종료일과 리스기간 종료일 중 이른 날까지 사용권자산을 감가상각한다. 리스이용자가 리스개시일 후에 원가모형을 적용하여 매 보고기간에 인식할 감가상각비를 요약하면 다음과 같다.

⚡POINT 금융리스 이용자의 감가상각비

구분	소유권이 이전되는 경우	소유권이 이전되지 않는 경우
상황	리스기간 종료시점 이전에 리스이용자에게 기초자산의 소유권을 이전하는 경우, 사용권자산의 원가에 리스이용자가 매수선택권을 행사할 것임이 반영되는 경우	그 밖의 경우
감가상각비 (정액법)	(취득원가 - 잔존가치) ÷ 내용연수	취득원가 ÷ Min[리스기간, 내용연수]

> ⊘참고 **감가상각비의 적용**
>
> 소유권이 이전되지 않은 경우의 리스이용자의 감가상각비는 다음과 같이 적용해야 한다는 주장도 있다.
> (취득원가 - 잔존가치보증에 따라 지급이 예상되는 금액) ÷ Min[리스기간, 내용연수]
> 해당 문제에 언급에 따라 계산하도록 출제가 되니 문제를 주의깊게 읽는 것에 유의하기 바란다.

리스이용자는 사용권자산이 손상되었는지를 판단하고 식별되는 손상차손을 회계처리하기 위하여 K-IFRS 제1036호 '자산손상'을 적용하여 회계처리한다.

⊘ 참고 다른 측정모형

리스이용자가 투자부동산에 K-IFRS 제1040호 '투자부동산'의 공정가치모형을 적용하는 경우에는, K-IFRS 제1040호의 투자부동산 정의를 충족하는 사용권자산에도 공정가치모형을 적용한다. 사용권자산이 K-IFRS 제1016호의 재평가모형을 적용하는 유형자산의 유형에 관련되는 경우에, 리스이용자는 그 유형자산의 유형에 관련되는 모든 사용권자산에 재평가모형을 적용하기로 선택할 수 있다.

---

(3) 리스기간 종료시점

리스기간 종료시점에 리스이용자는 리스제공자에게 소유권을 이전받거나 리스자산을 반환한다.

① 리스자산의 소유권이 이전되는 경우

리스기간 종료시점에 리스자산의 소유권이 리스이용자에게 이전되는 경우 소유권이전약정금액 또는 염가매수선택권 행사가격인 리스부채에 해당하는 금액을 현금으로 지급하는 회계처리를 수행한다. 이때 사용권자산은 기계장치, 건물 등의 유형자산으로 계정을 대체하는 회계처리를 수행한다.

[회계처리] 리스기간 종료시점에 리스자산의 소유권이 리스이용자에게 이전되는 경우

(차) 리스부채	×××	(대) 현금	×××[1]
(차) 기계장치 등	×××	(대) 사용권자산	×××
감가상각누계액(사용권자산)	×××	감가상각누계액(기계장치)	×××

[1] 소유권이전약정금액 또는 염가매수선택권 행사가격

② 리스자산의 소유권이 이전되지 않는 경우

리스기간 종료시점에 리스이용자의 재무상태표에 사용권자산과 리스부채가 계상되어 있다. 사용권자산은 리스기간 동안 취득원가를 내용연수 동안 감가상각하므로 장부금액이 '0(영)'이며, 리스부채는 리스이용자가 잔존가치보증에 따라 지급할 것으로 예상한 금액이 장부금액이다. 사용권자산과 감가상각누계액을 재무상태표에서 제거하는 회계처리를 수행한 후 리스부채와 리스자산의 공정가치가 보증잔존가치에 미달하여 발생하는 차액을 비교하여 리스자산보증이익 또는 리스자산보증손실을 인식한다.

[회계처리] 리스기간 종료시점에 리스자산의 소유권이 리스이용자에게 이전되지 않는 경우

(차) 감가상각누계액	×××	(대) 사용권자산	×××
(차) 리스부채	×××	(대) 현금	×××[1]
리스보증손실	×××		

[1] 보증잔존가치 - 리스자산의 공정가치

예제 4 | 금융리스: 소유권이 이전되는 경우

리스제공자인 (주)대한리스는 20×1년 초 리스이용자인 (주)민국과 기계장치에 대하여 금융리스계약을 체결하였다. 리스개시일은 20×1년 초이며, (주)대한리스와 (주)민국의 결산일은 모두 12월 31일이다.

(1) (주)대한리스는 기초자산인 기계장치를 20×1년 초의 공정가치 ₩250,000에 취득하였으며, 리스계약과 관련하여 리스개설직접원가 ₩6,198을 지출하였다.

(2) 기초자산의 내용연수는 4년이고 잔존가치는 ₩16,198으로 추정되며, 정액법으로 감가상각한다.

(3) (주)대한리스와 (주)민국이 체결한 금융리스의 계약서상 리스기간은 3년이며, 매년 말 동일한 고정리스료를 ₩100,000을 수취하도록 되어 있다.

(4) (주)대한리스는 리스기간 종료 시 기초자산의 소유권을 (주)민국에게 이전하는 ₩10,000의 매수선택권이 있으며, 리스이용자가 이를 행사할 것이 상당히 확실하다.

(5) (주)대한리스의 내재이자율은 10%이며, 10%의 현가계수는 다음과 같다.

할인율	단일금액 ₩1의 현가			정상연금 ₩1의 현가		
	1년	2년	3년	1년	2년	3년
10%	0.90909	0.82645	0.75131	0.90909	1.73554	2.48685

물음1 (주)대한리스가 위 리스계약에 따라 리스기간 동안 수행할 회계처리를 나타내시오.

물음2 (주)민국이 위 리스계약에 따라 리스기간 동안 수행할 회계처리를 나타내시오.

해답 | 물음 1 |

1. 리스순투자와 리스총투자

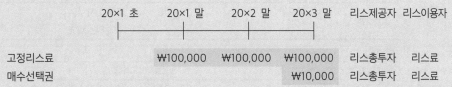

	20×1 초	20×1 말	20×2 말	20×3 말	리스제공자	리스이용자
고정리스료		₩100,000	₩100,000	₩100,000	리스총투자	리스료
매수선택권				₩10,000	리스총투자	리스료

기초자산의 공정가치 ₩250,000
리스개설직접원가   ₩6,198
리스순투자   ₩256,198 = ₩100,000 × 2.48685 + ₩10,000 × 0.75131

2. 리스상각표(리스제공자)

일자	장부금액	유효이자 (장부금액 × 10%)	리스료	리스채권 회수액
20×1년 초	₩256,198			
20×1년 말	₩181,818	₩25,620	₩100,000	₩74,380
20×2년 말	₩100,000	₩18,182	₩100,000	₩81,818
20×3년 말	₩10,000[1]	₩10,000	₩100,000	₩90,000
계		₩53,802	₩300,000	₩246,198

[1] 매수선택권

3. 그림상각표

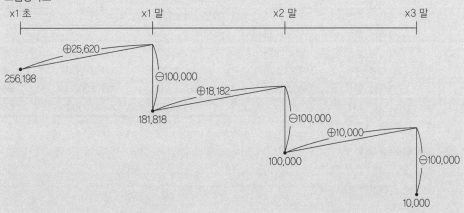

4. 리스제공자의 회계처리
   (1) 20×1년

일자	회계처리			
20×1년 초	(차) 선급리스자산	250,000	(대) 현금	250,000
	(차) 리스채권	256,198	(대) 선급리스자산	250,000
			현금	6,198
20×1년 말	(차) 현금	100,000	(대) 이자수익	25,620
			리스채권	74,380

(2) 20×2년

일자	회계처리			
20×2년 말	(차) 현금	100,000	(대) 이자수익	18,182
			리스채권	81,818

(3) 20×3년

일자	회계처리			
20×3년 말	(차) 현금	100,000	(대) 이자수익	10,000
			리스채권	90,000
	(차) 현금	10,000	(대) 리스채권	10,000

물음 2

1. 리스료의 현재가치

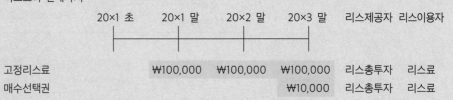

	20×1 초	20×1 말	20×2 말	20×3 말	리스제공자	리스이용자
고정리스료		₩100,000	₩100,000	₩100,000	리스총투자	리스료
매수선택권				₩10,000	리스총투자	리스료

리스료의 현재가치: ₩256,198 = ₩100,000 × 2.48685 + ₩10,000 × 0.75131

2. 리스상각표(리스이용자)

일자	장부금액	유효이자 (장부금액 × 10%)	리스료	리스부채 지급액
20×1년 초	₩256,198			
20×1년 말	₩181,818	₩25,620	₩100,000	₩74,380
20×2년 말	₩100,000	₩18,182	₩100,000	₩81,818
20×3년 말	₩10,000[1]	₩10,000	₩100,000	₩90,000
계		₩53,802	₩300,000	₩246,198

[1] 매수선택권

3. 그림상각표

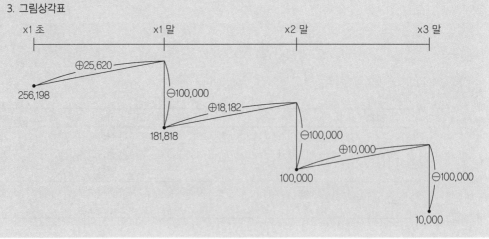

4. 리스이용자의 회계처리
   (1) 20×1년

일자	회계처리				
20×1년 초	(차) 사용권자산	256,198	(대) 리스부채	256,198
20×1년 말	(차) 이자비용	25,620	(대) 현금	100,000
	리스부채	74,380		
	(차) 감가상각비	60,000[1]	(대) 감가상각누계액	60,000
	[1] (₩256,198 - ₩16,198) ÷ 4년(내용연수) = ₩60,000			

20×1년 말 재무상태표				20×1년 포괄손익계산서	
사용권자산	₩256,198	리스부채	₩181,818	이자비용	₩(25,620)
감가상각누계액	₩(60,000)			감가상각비	₩(60,000)
	₩196,198				

(2) 20×2년

일자	회계처리				
20×2년 말	(차) 이자비용	18,182	(대) 현금	100,000
	리스부채	81,818		
	(차) 감가상각비	60,000	(대) 감가상각누계액	60,000

20×2년 말 재무상태표				20×2년 포괄손익계산서	
사용권자산	₩256,198	리스부채	₩100,000	이자비용	₩(18,182)
감가상각누계액	₩(120,000)			감가상각비	₩(60,000)
	₩136,198				

(3) 20×3년

일자	회계처리				
20×3년 말	(차) 이자비용	10,000	(대) 현금	100,000
	리스부채	90,000		
	(차) 감가상각비	60,000	(대) 감가상각누계액	60,000
	(차) 기계장치	256,198	(대) 사용권자산	256,198
	감가상각누계액	180,000	감가상각누계액	180,000
	(사용권자산)		(기계장치)	
	(차) 리스부채	10,000	(대) 현금	10,000

20×3년 말 재무상태표				20×3년 포괄손익계산서	
기계장치	₩256,198	리스부채	-	이자비용	₩(10,000)
감가상각누계액	₩(180,000)			감가상각비	₩(60,000)
	₩76,198				

예제 5 금융리스: 소유권이 이전되지 않는 경우

리스제공자인 (주)대한리스는 20×1년 초 리스이용자인 (주)민국과 기계장치에 대하여 금융리스계약을 체결하였다. 리스개시일은 20×1년 초이며, (주)대한리스와 (주)민국의 결산일은 모두 12월 31일이다.

> (1) (주)대한리스는 기초자산인 기계장치를 20×1년 초의 공정가치 ₩250,000에 취득하였으며, 리스
>   계약과 관련하여 리스개설직접원가 ₩6,198을 지출하였다. 또한 (주)민국은 동 리스계약과 관련하
>   여 리스개설직접원가 ₩3,315을 지출하였다.
> (2) 기초자산의 내용연수는 4년이고 잔존가치는 ₩16,198으로 추정되며, 정액법으로 감가상각한다.
> (3) (주)대한리스와 (주)민국이 체결한 금융리스의 계약서상 리스기간은 3년이며, 매년 말 동일한 고정
>   리스료를 ₩100,000을 수취하도록 되어 있다.
> (4) (주)대한리스는 리스기간 종료 시 추정잔존가치는 ₩10,000이며, 이 중 리스이용자가 보증한 부분
>   은 ₩5,000이며, 리스이용자가 잔존가치 보증에 따라 지급할 것으로 예상한 금액은 ₩3,000이다.
> (5) (주)대한리스의 내재이자율은 10%이며, 10%의 현가계수는 다음과 같다.
>
> | 할인율 | 단일금액 ₩1의 현가 | | | 정상연금 ₩1의 현가 | | |
> |---|---|---|---|---|---|---|
> | | 1년 | 2년 | 3년 | 1년 | 2년 | 3년 |
> | 10% | 0.90909 | 0.82645 | 0.75131 | 0.90909 | 1.73554 | 2.48685 |

물음 1 (주)대한리스가 리스개시일인 20×1년 초에 리스채권으로 인식할 금액은 얼마인가?

물음 2 리스 종료시점에 리스자산의 실제잔존가치가 ₩4,000인 경우 (주)대한리스가 위 리스계약에 따라 리스기간 동안 수행할 회계처리를 나타내시오.

물음 3 (주)민국이 리스개시일인 20×1년 초에 사용권자산과 리스부채로 인식할 금액은 얼마인가?

물음 4 리스 종료시점에 리스자산의 실제잔존가치가 ₩4,000인 경우 (주)민국이 위 리스계약에 따라 리스기간 동안 수행할 회계처리를 나타내시오.

해답 **물음1**

1. 리스순투자와 리스총투자

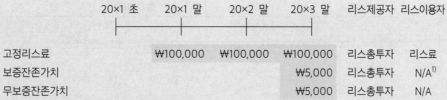

	20×1 초	20×1 말	20×2 말	20×3 말	리스제공자	리스이용자
고정리스료		₩100,000	₩100,000	₩100,000	리스총투자	리스료
보증잔존가치				₩5,000	리스총투자	N/A[1]
무보증잔존가치				₩5,000	리스총투자	N/A

[1] 잔존가치보증에 따라 지급이 예상되는 금액(₩3,000)

기초자산의 공정가치 ₩250,000
리스개설직접원가   ₩6,198
리스순투자   ₩256,198 = ₩100,000 × 2.48685 + ₩10,000 × 0.75131

2. 20×1년 초 리스채권: ₩256,198

물음2

1. 리스상각표(리스제공자)

일자	장부금액	유효이자 (장부금액 × 10%)	리스료	리스채권 회수액
20×1년 초	₩256,198			
20×1년 말	₩181,818	₩25,620	₩100,000	₩74,380
20×2년 말	₩100,000	₩18,182	₩100,000	₩81,818
20×3년 말	₩10,000[1]	₩10,000	₩100,000	₩90,000
계		₩53,802	₩300,000	₩246,198

[1] 보증잔존가치 + 무보증잔존가치

2. 그림상각표

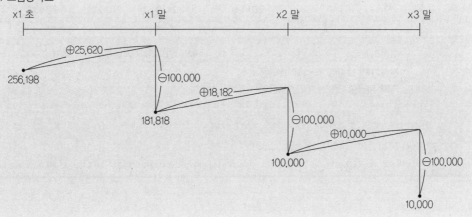

3. 리스제공자의 회계처리
  (1) 20×1년

일자	회계처리			
20×1년 초	(차) 선급리스자산	250,000	(대) 현금	250,000
	(차) 리스채권	256,198	(대) 선급리스자산	250,000
			현금	6,198
20×1년 말	(차) 현금	100,000	(대) 이자수익	25,620
			리스채권	74,380

(2) 20×2년

일자	회계처리			
20×2년 말	(차) 현금	100,000	(대) 이자수익	18,182
			리스채권	81,818

(3) 20×3년

일자	회계처리			
20×3년 말	(차) 현금	100,000	(대) 이자수익	10,000
			리스채권	90,000
	(차) 리스자산	4,000	(대) 리스채권	10,000
	리스채권손상차손	6,000[1]		
	(차) 현금	1,000	(대) 리스보증이익	1,000[2]

[1] ₩10,000(추정잔존가치) - ₩4,000(실제잔존가치) = ₩6,000
[2] ₩5,000(보증잔존가치) - ₩4,000(실제잔존가치) = ₩1,000

물음 3

1. 20×1년 초 리스부채
  (1) 리스료의 현재가치

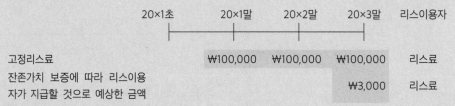

	20×1초	20×1말	20×2말	20×3말	리스이용자
고정리스료		₩100,000	₩100,000	₩100,000	리스료
잔존가치 보증에 따라 리스이용자가 지급할 것으로 예상한 금액				₩3,000	리스료

리스료의 현재가치: ₩250,939 = ₩100,000 × 2.48685 + ₩3,000 × 0.75131

  (2) 20×1년 초 리스부채: ₩250,939

2. 20×1년 초 사용권자산: 리스부채 + 리스개설직접원가 = ₩250,939 + ₩3,315 = ₩254,254

물음 4

1. 리스상각표(리스이용자)

일자	장부금액	유효이자 (장부금액 × 10%)	리스료	리스부채 지급액
20×1년 초	₩250,939			
20×1년 말	₩176,033	₩25,094	₩100,000	₩74,906
20×2년 말	₩93,636	₩17,603	₩100,000	₩82,397
20×3년 말	₩3,000[1]	₩9,364	₩100,000	₩90,636
계		₩52,061	₩300,000	₩247,939

[1] 잔존가치보증에 따라 지급이 예상되는 금액

2. 그림상각표

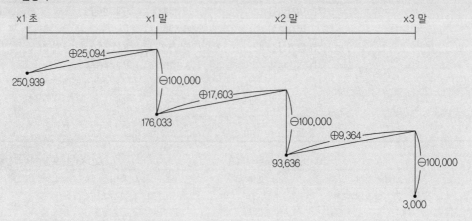

3. 리스이용자의 회계처리

(1) 20×1년

일자	회계처리			
20×1년 초	(차) 사용권자산	254,254	(대) 리스부채	250,939
			현금	3,315
20×1년 말	(차) 이자비용	25,094	(대) 현금	100,000
	리스부채	74,906		
	(차) 감가상각비	84,751[1]	(대) 감가상각누계액	84,751
	[1] ₩254,254 ÷ 3년(리스기간) = ₩84,751			

20×1년 말 재무상태표			20×1년 포괄손익계산서	
사용권자산	₩254,254	리스부채 ₩176,033	이자비용	₩(25,094)
감가상각누계액	₩(84,751)		감가상각비	₩(84,751)
	₩169,503			

(2) 20×2년

일자	회계처리			
20×2년 말	(차) 이자비용	17,603	(대) 현금	100,000
	리스부채	82,397		
	(차) 감가상각비	84,751	(대) 감가상각누계액	84,751

20×2년 말 재무상태표			20×2년 포괄손익계산서	
사용권자산	₩254,254	리스부채	₩93,636	이자비용	₩(17,603)
감가상각누계액	₩(169,502)			감가상각비	₩(84,751)
	₩84,752				

(3) 20×3년

일자	회계처리			
20×3년 말	(차) 이자비용	9,364	(대) 현금	100,000
	리스부채	90,636		
	(차) 감가상각비	84,752[1]	(대) 감가상각누계액	84,752
	(차) 리스부채	3,000	(대) 현금	1,000[2]
			리스보증이익	2,000
	(차) 감가상각누계액	254,254	(대) 사용권자산	254,254

[1] ₩254,254 ÷ 3년(리스기간) = ₩84,752(단수차이조정)
[2] ₩5,000(보증잔존가치) - ₩4,000(실제잔존가치) = ₩1,000

20×3년 말 재무상태표			20×3년 포괄손익계산서	
사용권자산	-	리스부채	-	이자비용	₩(9,364)
감가상각누계액	-			감가상각비	₩(84,752)
	-			리스보증이익	₩2,000

⚡ POINT 금융리스: 리스제공자

구분		리스제공자의 재무제표에 미치는 영향
B/S	최초 인식	리스채권 = 리스자산의 공정가치 + 리스개설직접원가 = 리스총투자를 내재이자율로 할인한 PV
	후속측정	리스채권: 상각후원가로 측정
I/S	당기손익에 미치는 영향	① 매 보고기간말 • 이자수익: 유효이자율법에 의한 상각표상 유효이자 ② if 보증잔존가치가 있을 경우 리스기간 종료시점에 인식할 손익 • 리스채권손상차손 = 추정잔존가치 - 실제잔존가치 • 리스보증이익 = 보증잔존가치 - 실제잔존가치

⚡ POINT | 금융리스: 리스이용자

구분		리스이용자의 재무제표에 미치는 영향
B/S	최초 인식	① 리스부채 = 리스료를 내재이자율[1]로 할인한 현재가치 ② 사용권자산 = 리스부채의 최초 측정금액 + 리스개시일 전에 지급한 리스료 　　　　　　　　 + 리스이용자 부담 리스개설직접원가 + 복구원가 [1] 리스제공자의 내재이자율을 쉽게 산정할 수 없다면 리스이용자의 증분차입이자율
	후속측정	① 리스부채: 상각후원가로 측정 ② 사용권자산 = 취득원가 - 감가상각누계액
I/S	당기손익에 미치는 영향	① 매 보고기간말 　• 이자비용: 유효이자율법에 의한 상각표상 유효이자 　• 감가상각비 	구분	소유권이 이전되는 경우	소유권이 이전되지 않는 경우 | 　 |---|---|---| 　 | 상황 | 소유권이전약정, 염가매수선택권 등 | 그 밖의 경우 | 　 | 감가상각비 (정액법) | (취득원가 - 잔존가치) ÷ 내용연수 | 취득원가 ÷ Min[리스기간, 내용연수] | ② if 보증잔존가치가 있을 경우 리스기간 종료시점에 인식할 손익 　• 리스보증손익 = (보증잔존가치 - 실제잔존가치) - 리스이용자가 지급할 것으로 예상한 금액

03 추정무보증잔존가치의 감소

리스기간 종료시점에 리스자산을 리스제공자가 반환받는 조건으로 리스계약을 체결하였다면 리스제공자는 리스순투자에 K-IFRS 제1009호 '금융상품'의 제거 및 손상의 요구사항을 적용하여 리스제공자는 리스총투자를 계산할 때 사용한 추정무보증잔존가치를 정기적으로 검토한다. 만약, 추정무보증잔존가치가 줄어든 경우에 리스제공자는 리스기간에 걸쳐 수익 배분액을 조정하고 발생된 감소액을 즉시 당기비용(리스채권손상차손)으로 인식한다.

즉, 추정무보증잔존가치가 감소하면 리스채권의 장부금액이 감소하므로 당해 리스채권의 감소분인 추정무보증잔존가치의 감소분을 내재이자율로 할인한 금액을 즉시 리스채권손상차손과목으로 당기비용으로 인식한다.

> 리스채권손상차손 = 추정무보증잔존가치의 감소분을 내재이자율로 할인한 금액

⚡ POINT | 추정무보증잔존가치의 감소

회계처리	① 리스제공자는 리스총투자를 계산할 때 사용한 추정무보증잔존가치를 정기적으로 검토함 ② 추정무보증잔존가치가 줄어든 경우에 리스제공자는 리스기간에 걸쳐 수익 배분액을 조정하고 발생된 감소액을 즉시 당기비용(리스채권손상차손)으로 인식함
리스채권손상차손	리스채권손상차손 = 추정무보증잔존가치의 감소분을 내재이자율로 할인한 금액

예제 6 금융리스: 추정무보증잔존가치의 감소

리스제공자인 (주)대한리스는 20×1년 초 리스이용자인 (주)민국과 기계장치에 대하여 금융리스계약을 체결하였다. 리스개시일은 20×1년 초이며, (주)대한리스와 (주)민국의 결산일은 모두 12월 31일이다.

(1) (주)대한리스는 기초자산인 기계장치를 20×1년 초의 공정가치 ₩250,000에 취득하였으며, 리스계약과 관련하여 리스개설직접원가 ₩6,198을 지출하였다. 또한 (주)민국은 동 리스계약과 관련하여 리스개설직접원가 ₩3,315을 지출하였다.

(2) 기초자산의 내용연수는 4년이고 잔존가치는 ₩16,198으로 추정되며, 정액법으로 감가상각한다.

(3) (주)대한리스와 (주)민국이 체결한 금융리스의 계약서상 리스기간은 3년이며, 매년 말 동일한 고정 리스료를 ₩100,000을 수취하도록 되어 있다.

(4) (주)대한리스는 리스기간 종료 시 추정잔존가치는 ₩10,000이며, 이 중 리스이용자가 보증한 부분은 ₩5,000이다.

(5) (주)대한리스의 내재이자율은 10%이며, 10%의 현가계수는 다음과 같다.

할인율	단일금액 ₩1의 현가			정상연금 ₩1의 현가		
	1년	2년	3년	1년	2년	3년
10%	0.90909	0.82645	0.75131	0.90909	1.73554	2.48685

물음1 (주)대한리스가 리스개시일인 20×1년 초에 리스채권으로 인식할 금액은 얼마인가?

물음2 20×1년 말 리스자산의 잔존가치가 ₩8,000으로 추정되었다면 (주)대한리스가 위 리스계약에 따라 20×1년에 수행할 모든 회계처리를 나타내시오.

해답 물음1

1. 리스순투자와 리스총투자

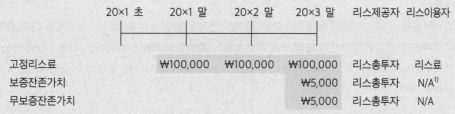

	20×1 초	20×1 말	20×2 말	20×3 말	리스제공자	리스이용자
고정리스료		₩100,000	₩100,000	₩100,000	리스총투자	리스료
보증잔존가치				₩5,000	리스총투자	N/A[1]
무보증잔존가치				₩5,000	리스총투자	N/A

기초자산의 공정가치 ₩250,000
리스개설직접원가   ₩6,198
리스순투자   ₩256,198 = ₩100,000 × 2.48685 + ₩10,000 × 0.75131

[1] 잔존가치보증에 따라 지급이 예상되는 금액(문제에 제시된 자료에는 없음)

2. 20×1년 초 리스채권: ₩256,198

물음2

1. 리스상각표(리스제공자)

일자	장부금액	유효이자 (장부금액 × 10%)	리스료	리스채권 회수액
20×1년 초	₩256,198			
20×1년 말	₩181,818	₩25,620	₩100,000	₩74,380
		(이하 생략)		

2. 리스제공자의 회계처리

일자	회계처리				
20×1년 초	(차) 선급리스자산	250,000	(대) 현금		250,000
	(차) 리스채권	256,198	(대) 선급리스자산		250,000
			현금		6,198
20×1년 말	(차) 현금	100,000	(대) 이자수익		25,620
			리스채권		74,380
	(차) 리스채권손상차손	1,653[1]	(대) 리스채권		1,653
	[1] (₩5,000 - ₩3,000) × 0.82645 = ₩1,653				

04 리스부채의 재평가

(1) 의의

리스이용자는 리스개시일 후에 리스료에 생기는 변동을 반영하기 위하여 리스부채를 다시 측정한다. 이때 리스이용자는 사용권자산을 조정하여 리스부채의 재측정금액을 인식한다. 그러나 사용권자산의 장부금액이 영(0)으로 줄어들고 리스부채 측정치가 그보다 많이 줄어드는 경우에 리스이용자는 나머지 재측정금액을 당기손익으로 인식한다.

⚡ POINT 리스부채의 재평가

리스부채의 재평가	① 리스이용자는 리스개시일 후에 리스료에 생기는 변동을 반영하기 위하여 리스부채를 다시 측 정함 ② 리스이용자는 사용권자산을 조정하여 리스부채의 재측정금액을 인식함 ③ 사용권자산의 장부금액이 영(0)으로 줄어들고 리스부채 측정치가 그보다 많이 줄어드는 경우 에 리스이용자는 나머지 재측정금액을 당기손익으로 인식함

(2) 변경되지 않은 할인율을 사용하는 리스부채의 재평가

리스이용자는 다음 중 어느 하나에 해당하는 경우에 수정 리스료를 변경되지 않은 할인율로 할인하여 리스부채를 다시 측정한다.[7)]

> ① 잔존가치보증에 따라 지급할 것으로 예상되는 금액에 변동이 있는 경우
>   리스이용자는 잔존가치보증에 따라 지급할 것으로 예상되는 금액의 변동을 반영하여 수정 리스료를 산정한다.
> ② 리스료를 산정할 때 사용한 지수나 요율(이율)의 변동으로 생기는 미래 리스료에 변동이 있는 경우
>   예를 들면 시장 대여료를 검토한 후 시장 대여요율 변동을 반영하는 변동을 포함한다. 리스이용자는 현금흐름에 변동이 있을 경우(리스료 조정액이 유효할 때)에만 수정 리스료를 반영하여 리스부채를 다시 측정한다. 리스이용자는 변경된 계약상 지급액에 기초하여 남은 리스기간의 수정 리스료를 산정한다.

리스이용자는 리스개시일 후에 변동리스료를 유발하는 사건 또는 조건이 생기는 기간의 리스부채 측정치에 포함되지 않는 변동리스료를 모두 당기손익으로 인식한다. 리스료를 산정할 때 사용한 지수나 요율(이율)의 변동으로 생기는 미래 리스료에 변동이 있는 경우는 리스부채를 다시 측정하지만, 미래 성과나 기초자산의 사용에 연동되는 변동리스료는 모두 당기손익으로 인식한다. 미래 성과나 기초자산의 사용에 연동되는 변동리스료의 예는 상가 부동산 리스는 그 부동산에서 생기는 매출의 특정 비율에 기초하도록 리스료를 정하는 경우와 차량 리스에서 리스이용자가 특정 주행거리를 초과하면 추가 리스료를 지급하도록 요구하는 경우를 들 수 있다.

---

7) 리스료의 변동이 변동이자율의 변동으로 생긴 경우에 리스이용자는 그 이자율 변동을 반영하는 수정 할인율을 사용한다.

⊘ 참고 **리스부채의 측정치에 포함하는 변동리스료**

지수나 요율(이율)에 따라 달라지는 변동리스료를 리스부채의 측정치에 포함하는 이유는 그 지급액은 회피할 수 없고 리스이용자의 미래 행위에 따라 달라지지 않으므로 리스이용자의 부채의 정의를 충족하기 때문이다. 또한, 불확실성은 그 지급액에서 생기는 부채의 측정치에는 관련되지만 부채의 존재에는 관련되지 않기 때문이다.

반면에 미래 성과나 기초자산의 사용에 연동되는 변동리스료는 그 성과가 생기거나 사용될 때까지 리스이용자의 부채의 정의를 충족하지 않기 때문에 리스부채의 측정치에 포함하지 않는다. 그 지급액은 리스이용자가 회피할 수 있으며, 리스이용자는 개시일에 지급할 현재의무가 없다고 판단되기 때문이다.

💡 POINT 변경되지 않은 할인율을 사용하는 리스부채의 재평가

변경되지 않은 할인율을 사용하는 리스부채의 재평가	리스이용자는 다음 중 어느 하나에 해당하는 경우에 수정 리스료를 변경되지 않은 할인율로 할인하여 리스부채를 다시 측정함 ① 잔존가치보증에 따라 지급할 것으로 예상되는 금액에 변동이 있는 경우 ② 리스료를 산정할 때 사용한 지수나 요율(이율)의 변동으로 생기는 미래 리스료에 변동이 있는 경우
유의사항	리스료를 산정할 때 사용한 지수나 요율(이율)의 변동으로 생기는 미래 리스료에 변동이 있는 경우는 리스부채를 다시 측정하지만, 미래 성과나 기초자산의 사용에 연동되는 변동리스료는 모두 당기손익으로 인식함

예제 7 지수에 따라 달라지는 변동리스료와 매출에 연동되는 변동리스료(K-IFRS 사례)

리스이용자는 매년 초에 연간 리스료를 ₩50,000씩 지급하기로 하고, 부동산을 10년간 리스하는 계약을 20×1년 초에 체결하였다.

(1) 계약에서는 앞선 24개월의 소비자물가지수 상승에 기초하여 리스료가 2년마다 오르도록 정한다. 리스개시일의 소비자물가지수는 125이다.
(2) 리스의 내재이자율은 쉽게 산정할 수 없다. 리스이용자의 증분차입이자율은 연 5%이고, 이 이자율은 리스이용자가 비슷한 담보로 사용권자산의 가치와 비슷한 금액을 같은 통화로 10년간 빌릴 수 있는 고정이율을 반영하고 있다.
(3) 리스의 20×3년 초에 소비자물가지수는 135이다. 소비자물가지수에 따라 조정한 20×3년의 지급액은 ₩54,000(= ₩50,000 × 135 ÷ 125)이다.
(4) 5%의 연금현가계수는 다음과 같다.

구분	7기간 연금현가	9기간 연금현가
5%	5.78637	7.10782

물음 1 리스이용자가 20×1년 초부터 20×4년 말까지 수행할 모든 회계처리를 나타내시오.

물음 2 물음 1 에 추가하여 리스이용자가 리스한 부동산에서 생기는 매출의 1%로 산정하는 변동리스료도 매년 말 지급해야 한다. 20×1년에 리스이용자는 리스한 부동산에서 ₩800,000의 매출을 창출하였다. 20×1년의 리스이용자가 수행할 회계처리를 나타내시오.

해답 물음1

1. 20×1년 초 리스부채
   ₩50,000 + ₩50,000 × 7.10782 = ₩405,391

2. 20×1년 초 사용권자산
   ₩405,391

3. 리스상각표

일자	장부금액	유효이자 (장부금액 × 5%)	리스료	리스부채 지급액
20×1년 초	₩405,391			
20×1년 초	₩355,391		₩50,000	₩50,000
20×1년 말	₩373,161	₩17,770		
20×2년 초	₩323,161		₩50,000	₩50,000
20×2년 말	₩339,319	₩16,158		

4. 20×1년과 20×2년의 회계처리

일자	회계처리			
20×1년 초	(차) 사용권자산	405,391	(대) 현금	50,000
			리스부채	355,391
20×1년 말	(차) 이자비용	17,770	(대) 리스부채	17,770
	(차) 감가상각비	40,539[1]	(대) 감가상각누계액	40,539
	[1] ₩405,391 ÷ 10년(리스기간) = ₩40,539			
20×2년 초	(차) 리스부채	50,000	(대) 현금	50,000
20×2년 말	(차) 이자비용	16,158	(대) 리스부채	16,158
	(차) 감가상각비	40,539[1]	(대) 감가상각누계액	40,539
	[1] ₩405,391 ÷ 10년(리스기간) = ₩40,539			

5. 20×3년 초 변경 전 리스부채의 장부금액: ₩339,319

6. 20×3년 초 리스부채의 재측정금액: ₩54,000 + ₩54,000 × 5.78637 = ₩366,464

7. 20×3년 초 리스부채의 증가액: ₩366,464 - ₩339,319 = ₩27,145

8. 리스상각표

일자	장부금액	유효이자 (장부금액 × 5%)	리스료	리스부채 지급액
20×3년 초	₩366,464			
20×3년 초	₩312,464		₩54,000	₩54,000
20×3년 말	₩328,087	₩15,623		
20×4년 초	₩274,087		₩54,000	₩54,000
20×4년 말	₩287,791	₩13,704		

9. 20×3년과 20×4년의 회계처리

일자	회계처리			
20×3년 초	(차) 사용권자산	27,145	(대) 리스부채	27,145
	(차) 리스부채	54,000	(대) 현금	54,000
20×3년 말	(차) 이자비용	15,623	(대) 리스부채	15,623
	(차) 감가상각비	43,932[1)]	(대) 감가상각누계액	43,932
	[1)] (₩405,391 - ₩40,539 - ₩40,539 + ₩27,145) ÷ 8년 = ₩43,932			
20×4년 초	(차) 리스부채	54,000	(대) 현금	54,000
20×4년 말	(차) 이자비용	13,704	(대) 리스부채	13,704
	(차) 감가상각비	43,932[1)]	(대) 감가상각누계액	43,932
	[1)] (₩405,391 - ₩40,539 - ₩40,539 + ₩27,145) ÷ 8년 = ₩43,932			

물음 2

1. 리스료를 산정할 때 사용한 지수나 요율(이율)의 변동으로 생기는 미래 리스료에 변동이 있는 경우는 리스부채를 다시 측정하지만, 미래 성과나 기초자산의 사용에 연동되는 변동리스료는 모두 당기손익으로 인식한다. 리스이용자는 리스와 관련하여 ₩8,000(= ₩800,000 × 1%)의 추가 비용을 부담한다. 따라서 리스이용자는 이를 리스의 20×1년에 당기손익으로 인식한다.

2. 20×1년의 회계처리

일자	회계처리			
20×1년 초	(차) 사용권자산	405,391	(대) 현금	50,000
			리스부채	355,391
20×1년 말	(차) 이자비용	17,770	(대) 리스부채	17,770
	(차) 감가상각비	40,539[1)]	(대) 감가상각누계액	40,539
	(차) 수수료비용	8,000[2)]	(대) 현금	8,000
	[1)] ₩405,391 ÷ 10년(리스기간) = ₩40,539			
	[2)] ₩800,000 × 1% = ₩8,000			

(3) 수정 할인율을 사용하는 리스부채의 재평가

리스이용자는 다음 중 어느 하나에 해당하는 경우에 수정 할인율로 수정 리스료를 할인하여 리스부채를 다시 측정한다.

① 리스기간에 변경이 있는 경우: 리스이용자는 변경된 리스기간에 기초하여 수정 리스료를 산정한다.
② 기초자산을 매수하는 선택권 평가에 변동이 있는 경우: 리스이용자는 매수선택권에 따라 지급할 금액의 변동을 반영하여 수정 리스료를 산정한다.

위의 경우 리스이용자는 내재이자율을 쉽게 산정할 수 있는 경우에는 남은 리스기간의 내재이자율로 수정 할인율을 산정하나, 리스의 내재이자율을 쉽게 산정할 수 없는 경우에는 재평가시점의 증분차입이자율로 수정 할인율을 산정한다.

🔆 POINT 수정 할인율을 사용하는 리스부채의 재평가

수정 할인율을 사용하는 리스부채의 재평가	리스이용자는 다음 중 어느 하나에 해당하는 경우에 수정 할인율로 수정 리스료를 할인하여 리스부채를 다시 측정함 ① 리스기간에 변경이 있는 경우 ② 기초자산을 매수하는 선택권 평가에 변동이 있는 경우
수정 할인율	리스이용자는 내재이자율을 쉽게 산정할 수 있는 경우에는 남은 리스기간의 내재이자율로 수정 할인율을 산정하나, 리스의 내재이자율을 쉽게 산정할 수 없는 경우에는 재평가시점의 증분차입이자율로 수정 할인율을 산정함

예제 8 리스기간의 변경

(주)대한은 20×1년 초 매년 말에 연간리스료를 지급하기로 하고, 건물을 5년간 리스하는 계약을 (주)민국리스회사와 체결하였다. 이 리스에는 2년간 연장할 수 있는 선택권이 있다. 리스료는 최초 기간에는 매년 ₩100,000씩이고, 선택권에 따라 가감될 수 있는 기간(이하 '선택권 기간'이라 한다)에는 매년 ₩110,000이며, 모든 지급액은 연말에 지급한다.

(1) (주)대한은 그 리스계약을 체결하기 위하여 리스개설직접원가 ₩20,000을 부담하였다.
(2) 리스개시일에는 (주)대한이 리스 연장선택권을 행사할 것이 상당히 확실하지가 않으므로 리스기간이 5년이라고 추정하였다.
(3) 리스개시일에는 리스의 내재이자율은 쉽게 산정할 수 없다. 리스이용자의 증분차입이자율은 연 10%이고, 이 이자율은 리스이용자가 비슷한 담보로 사용권자산의 가치와 비슷한 금액을 같은 통화로 5년간 빌릴 수 있는 고정이율을 반영하고 있다.
(4) 20×3년 초 리스이용자는 동 리스의 연장선택권을 행사하는 것이 상당히 확실하다.
(5) (주)대한의 20×3년 초 증분차입이자율은 12%이고, 이 이자율은 리스이용자가 비슷한 담보로 사용권자산의 가치와 비슷한 금액을 같은 통화로 5년간 빌릴 수 있는 고정이율을 반영하고 있다.
(6) 리스이용자는 사용권자산의 미래경제적효익을 리스기간에 걸쳐 고르게 소비할 것으로 예상하기 때문에 사용권자산을 정액법으로 감가상각한다.
(7) 연금현가계수는 다음과 같다.

구분	10%	12%
1기간 연금현가	0.90909	0.89286
2기간 연금현가	1.73554	1.69005
3기간 연금현가	2.48685	2.40183
4기간 연금현가	3.16987	3.03735
5기간 연금현가	3.79079	3.60478

물음 1 (주)대한이 20×2년 말 재무상태표에 표시될 리스부채와 사용권자산을 계산하시오.

20×2년 말 재무상태표에 표시될 리스부채	(1)
20×2년 말 재무상태표에 표시될 사용권자산	(2)

물음 2 (주)대한이 20×3년 초에 수행할 회계처리를 나타내시오.

물음 3 (주)대한이 20×3년 포괄손익계산서에 인식할 이자비용과 감가상각비를 계산하시오.

20×3년 포괄손익계산서에 인식할 이자비용	(1)
20×3년 포괄손익계산서에 인식할 감가상각비	(2)

해답 물음 1

1. 20×2년 말 재무상태표에 표시될 리스부채와 사용권자산

20×2년 말 재무상태표에 표시될 리스부채	(1) ₩248,685
20×2년 말 재무상태표에 표시될 사용권자산	(2) ₩239,447

(1) 20×2년 말 재무상태표에 표시될 리스부채
   ① 20×1년 초 리스부채: ₩100,000 × 3.79079(5년, 10%, 연금현가) = ₩379,079
   ② 20×1년 말 리스부채: ₩379,079 × 1.1 - ₩100,000 = ₩316,987
   ③ 20×2년 말 리스부채: ₩316,987 × 1.1 - ₩100,000 = ₩248,685(단수차이조정)

(2) 20×2년 말 재무상태표에 표시될 사용권자산
   ① 20×1년 초 사용권자산: ₩379,079 + ₩20,000 = ₩399,079
   ② 20×2년 말 사용권자산: ₩399,079 - ₩399,079 × 2년/5년 = ₩239,447

2. 리스상각표

일자	장부금액	유효이자 (장부금액 × 10%)	리스료	리스부채 지급액
20×1년 초	₩379,079			
20×1년 말	₩316,987	₩37,908	₩100,000	₩62,092
20×2년 말	₩248,685	₩31,698	₩100,000	₩68,302

3. 20×1년과 20×2년의 회계처리

일자	회계처리			
20×1년 초	(차) 사용권자산	399,079	(대) 리스부채	379,079
			현금	20,000
20×1년 말	(차) 이자비용	37,908	(대) 현금	100,000
	리스부채	62,092		
	(차) 감가상각비	79,816[1]	(대) 감가상각누계액	79,816
	[1] ₩399,079 ÷ 5년(리스기간) = ₩79,816			
20×2년 말	(차) 이자비용	31,698	(대) 현금	100,000
	리스부채	68,302		
	(차) 감가상각비	79,816[1]	(대) 감가상각누계액	79,816
	[1] ₩399,079 ÷ 5년(리스기간) = ₩79,816			

물음 2

1. 20×3년 초 변경 전 리스부채의 장부금액: ₩248,685

2. 20×3년 초 리스부채의 재측정금액: ₩372,508(수정할인율 12% 적용)

   ₩100,000 × 2.40183(3년, 12%, 연금현가) + ₩110,000 × (3.60478 - 2.40183) = ₩372,508

3. 20×3년 초 리스부채의 증가액: ₩372,508 - ₩248,685 = ₩123,823

4. 리스상각표

일자	장부금액	유효이자 (장부금액 × 12%)	리스료	리스부채 지급액
20×3년 초	₩372,508			
20×3년 말	₩317,209	₩44,701	₩100,000	₩55,299

5. 20×3년 초 회계처리

일자	회계처리			
20×3년 초	(차) 사용권자산	123,823	(대) 리스부채	123,823

물음 3

1. 20×3년 포괄손익계산서에 인식할 이자비용과 감가상각비

20×3년 포괄손익계산서에 인식할 이자비용	(1) ₩44,701
20×3년 포괄손익계산서에 인식할 감가상각비	(2) ₩72,654

(1) 20×3년 포괄손익계산서에 인식할 이자비용: ₩372,508 × 12% = ₩44,701

(2) 20×3년 포괄손익계산서에 인식할 감가상각비

   (₩399,079 - ₩79,816 - ₩79,816 + ₩123,823) ÷ 5년 = ₩72,654

2. 20×3년 말 회계처리

일자	회계처리			
20×3년 말	(차) 이자비용	44,701	(대) 현금	100,000
	리스부채	55,299		
	(차) 감가상각비	72,654[1]	(대) 감가상각누계액	72,654
	[1] (₩399,079 - ₩79,816 - ₩79,816 + ₩123,823) ÷ 5년 = ₩72,654			

V | 판매형리스

01 의의

리스거래유형이 다양화되면서 제조자 또는 판매자가 취득 또는 제조한 자산을 고객에게 금융리스방식으로 판매하는 경우가 있는데, 리스제공자가 제조자나 판매자인 금융리스는 일반판매에 대한 회계정책에 따라 매출손익(매출액과 매출원가의 차이)과 리스기간 동안의 이자수익이 발생한다. 즉, 판매형리스(Sales - Type Lease)란 제조자 또는 판매자가 취득 또는 제조한 자산을 고객에게 금융리스방식으로 판매하는 경우의 리스계약을 말한다.[8]

02 회계처리

(1) 매출액

제조자나 판매자인 리스제공자는 일반판매에 대하여 리스개시일에 매출액을 인식하는데, 기초자산의 공정가치와 리스제공자에게 귀속되는 리스료를 시장이자율로 할인한 현재가치 중 적은 금액으로 수익(매출액)을 인식하여야 한다.

> 매출액 = Min[기초자산의 공정가치, 리스료의 현재가치[1]]

[1] 시장이자율로 할인

> ⊘ 참고 **판매형리스의 매출액**
>
> 1. **무보증잔존가치를 제외하는 이유**
>   매출액은 받았거나 받을 대가의 공정가치로 측정해야 한다. 그러나 무보증잔존가치는 경제적효익의 유입가능성이 불분명한 상태이므로 무보증잔존가치를 제외한 리스료의 현재가치로 수익을 인식한다.
>
> 2. **시장이자율로 할인하는 이유**
>   제조자 또는 판매자인 리스제공자는 고객을 끌기 위하여 의도적으로 낮은 이자율을 제시하기도 한다. 이러한 낮은 이자율의 사용은 리스제공자가 거래에서 생기는 전체 이익 중 과도한 부분을 리스개시일에 인식하는 결과를 가져온다. 의도적으로 낮은 이자율을 제시하는 경우라면 제조자 또는 판매자인 리스제공자는 시장이자율을 부과하였을 경우의 금액으로 매출이익을 제한한다. 즉, 제조자 또는 판매자가 자의적인 내재이자율의 선택으로 인하여 기간손익을 왜곡하는 것을 제한하기 위한 규정이다.

---

[8] 제조자 또는 판매자인 리스제공자의 운용리스 체결은 판매와 동등하지 않으므로 운용리스 체결시점에 매출손익을 인식할 수 없다.

(2) 매출원가

제조자 또는 판매자인 리스제공자는 리스개시일에 매출원가를 인식하는데, 매출원가는 기초자산의 원가에서 무보증잔존가치의 현재가치를 차감한 금액으로 매출원가를 인식한다. 만약 리스자산의 원가와 리스자산의 장부금액이 다를 경우에는 기초자산의 장부금액에서 무보증잔존가치의 현재가치를 차감한 금액을 매출원가로 한다.

> 매출원가 = 기초자산의 원가[1] - 무보증잔존가치의 현재가치

[1] 원가와 장부금액이 다를 경우 장부금액 적용

> ⊘ 참고 **매출원가에서 무보증잔존가치를 제외하는 이유**
>
> 수익이 발생한 부분에 대하여 비용을 대응하여 인식하여야 하며, 이를 수익·비용 대응 원칙이라고 한다. 매출액을 인식할 때 경제적효익의 유입가능성이 불분명한 부분인 무보증잔존가치의 현재가치를 제외하였으므로 이에 대응되는 매출원가에도 무보증잔존가치의 현재가치를 제외하여 매출원가를 인식해야 한다. 참고로 K-IFRS 제1116호 '리스'에서는 매출액과 매출원가로 인식되는 매출손익에 대해서만 구체적으로 규정하고 있으며, 리스채권과 재고자산의 회계처리에 대해서는 아무런 언급이 없으므로 전문가마다 다양한 회계처리를 제시할 수 있다. 본서에서는 판매형리스는 법적인 형식과 다르게 실질적인 판매에 해당하므로 리스개시일에 재고자산을 전액 제거하고 무보증잔존가치의 현재가치는 리스채권으로 인식한다. 따라서 리스채권은 리스총투자의 현재가치로 인식하며, 매출액은 리스료의 현재가치로 인식하는 회계처리를 제시하였다.

(3) 리스개설직접원가

제조자 또는 판매자인 리스제공자는 금융리스 체결과 관련하여 부담하는 원가를 리스개시일에 비용으로 인식한다. 그 원가는 주로 제조자 또는 판매자인 리스제공자가 매출이익을 벌어들이는 일과 관련되기 때문이다. 제조자 또는 판매자인 리스제공자가 금융리스 체결과 관련하여 부담하는 원가는 리스개설직접원가의 정의에서 제외되고, 따라서 리스순투자에서도 제외된다.

🔆 POINT 판매형리스

정의	제조자 또는 판매자가 제조하거나 구매한 자산을 금융리스계약의 형태로 판매
수익(매출액)	수익(매출액): Min[기초자산의 공정가치, 리스료의 현재가치[1]] [1] 시장이자율을 적용
매출원가	리스자산의 취득원가[1] - 무보증잔존가치의 현재가치[2] [1] 리스자산의 장부금액과 다를 경우에는 리스자산의 장부금액 [2] 리스제공자의 재고자산을 차감하고 리스채권으로 인식함
리스개설직접원가	당기비용으로 인식(∵ 판매비 성격)

자동차제조사인 A회사는 20×1년 1월 1일 직접 제조한 추정내용연수가 5년인 자동차를 B회사에게 금융리스 방식으로 판매하는 계약을 체결하였다. 관련된 자료는 다음과 같다.

---

(1) 동 자동차의 제조원가는 ₩2,500,000이고 20×1년 1월 1일의 공정가치는 ₩2,700,000이다.

(2) 리스기간은 20×1년 1월 1일부터 20×3년 12월 31일까지이며, B회사는 리스기간 종료 시 자동차를 반환하기로 하였다. B회사는 매년 말 리스료로 ₩1,000,000을 지급하며, 20×3년 12월 31일의 예상잔존가치 ₩300,000 중 ₩200,000은 B회사가 보증하기로 하였다.

(3) A회사는 20×1년 1월 1일 B회사와의 리스계약을 체결하는 과정에서 ₩100,000의 직접비용이 발생하였다.

(4) 리스개시일 현재 시장이자율은 10%이고 리스이용자의 증분차입이자율은 12%이며, 리스이용자는 리스제공자의 내재이자율을 알지 못한다. 해당 이자율에 대한 현가계수는 다음과 같다.

구분	연 10%	연 12%
단일금액(3년)	0.75131	0.71178
연금(3년)	2.48685	2.40183

물음 1 A회사가 동 리스계약과 관련하여 리스개시일에 수익과 비용의 순액은 얼마인가?

물음 2 A회사가 리스거래와 관련하여 20×1년에 행할 회계처리를 나타내시오.

물음 3 B회사가 리스거래와 관련하여 20×1년에 행할 회계처리를 나타내시오. (단, B회사가 리스기간 종료시점에 잔존가치보증에 따라 지급할 것으로 예상한 금액이 ₩200,000으로 추정되었다)

해답 **물음 1**

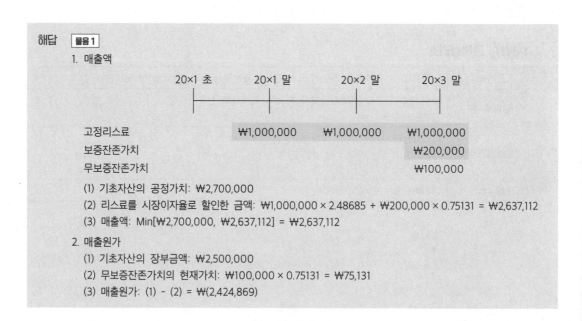

1. 매출액

	20×1 초	20×1 말	20×2 말	20×3 말
고정리스료		₩1,000,000	₩1,000,000	₩1,000,000
보증잔존가치				₩200,000
무보증잔존가치				₩100,000

(1) 기초자산의 공정가치: ₩2,700,000

(2) 리스료를 시장이자율로 할인한 금액: ₩1,000,000 × 2.48685 + ₩200,000 × 0.75131 = ₩2,637,112

(3) 매출액: Min[₩2,700,000, ₩2,637,112] = ₩2,637,112

2. 매출원가

(1) 기초자산의 장부금액: ₩2,500,000

(2) 무보증잔존가치의 현재가치: ₩100,000 × 0.75131 = ₩75,131

(3) 매출원가: (1) - (2) = ₩(2,424,869)

3. 리스개설직접원가(당기비용): ₩(100,000)

4. 리스개시일에 수익과 비용의 순액

  1. + 2. + 3. = ₩112,243

물음 2

1. 리스상각표(리스제공자)

일자	장부금액	유효이자 (장부금액 × 10%)	리스료	리스채권 회수액
20×1년 초	₩2,712,243[1]			
20×1년 말	₩1,983,467	₩271,224	₩1,000,000	₩728,776
		(이하 생략)		

[1] ₩2,637,112 + ₩75,131 = ₩2,712,243

2. 회계처리

일자	회계처리			
20×1년 초	(차) 리스채권	2,637,112	(대) 매출	2,637,112
	(차) 매출원가	2,424,869	(대) 재고자산	2,500,000
	리스채권	75,131		
	(차) 판매비	100,000	(대) 현금	100,000
20×1년 말	(차) 현금	1,000,000	(대) 이자수익	271,224
			리스채권	728,776

물음 3

1. 리스부채: 리스료를 리스이용자의 증분차입이자율로 할인한 금액

  ₩1,000,000 × 2.40183 + ₩200,000 × 0.71178 = ₩2,544,186

2. 사용권자산: 리스부채 + 리스개설직접원가

  ₩2,544,186 + ₩0 = ₩2,544,186

3. 리스상각표(리스이용자)

일자	장부금액	유효이자 (장부금액 × 12%)	리스료	리스채권 회수액
20×1년 초	₩2,544,186			
20×1년 말	₩1,849,488	₩305,302	₩1,000,000	₩694,698
		(이하 생략)		

4. 회계처리

일자	회계처리			
20×1년 초	(차) 사용권자산	2,544,186	(대) 리스부채	2,544,186
20×1년 말	(차) 이자비용	305,302	(대) 현금	1,000,000
	리스부채	694,698		
	(차) 감가상각비	848,062[1]	(대) 감가상각누계액	848,062
	[1] ₩2,544,186 ÷ 3년(리스기간) = ₩848,062			

Ⅵ | 판매후리스

01 의의

판매후리스(Sales and Leaseback)란 판매자인 리스이용자가 구매자인 리스제공자에게 자산을 이전하고, 그 구매자인 리스제공자에게서 그 자산을 다시 리스하는 경우를 말한다. 이러한 판매후리스 거래는 자산 이전이 판매인지 여부에 따라 회계처리가 달라진다. 따라서 기업은 자산 이전을 자산의 판매로 회계처리할지를 판단하기 위하여 수행의무의 이행시기 판단에 대한 K-IFRS 제1115호 '고객과의 계약에서 생기는 수익'의 요구사항을 적용한다. 즉, 고객에게 약속한 재화나 용역, 즉 자산을 이전하여 수행의무를 이행할 때 수익을 인식하며, 자산은 고객이 그 자산을 통제할 때 이전된다.

02 자산 이전이 판매에 해당하는 경우

판매자인 리스이용자가 행한 자산 이전이 자산의 판매로 회계처리하게 하는 K-IFRS 제1115호 '고객과의 계약에서 생기는 수익'의 요구사항을 충족한다면 다음과 같이 회계처리한다.

> ① 판매자인 리스이용자는 계속 보유하는 사용권에 관련되는 자산의 종전 장부금액에 비례하여 판매후리스에서 생기는 사용권자산을 측정한다. 따라서 판매자인 리스이용자는 구매자인 리스제공자에게 이전한 권리에 관련되는 차손익 금액만을 인식한다.
> ② 구매자인 리스제공자는 자산의 매입에 적용할 수 있는 기준서를 적용하고 리스에는 리스기준서의 리스제공자 회계처리 요구사항을 적용하여 금융리스 또는 운용리스로 회계처리한다.

자산 판매대가(Consideration for the Sale)의 공정가치가 그 자산의 공정가치와 같지 않거나 리스에 대한 지급액이 시장요율이 아니라면 판매금액(Sale Proceeds)을 공정가치로 측정하기 위하여 다음과 같이 조정한다.

> ① 시장조건을 밑도는 부분은 리스료의 선급으로 회계처리한다.
> ② 시장조건을 웃도는 부분은 구매자인 리스제공자가 판매자인 리스이용자에 제공한 추가 금융으로 회계처리한다.

[회계처리] 판매자인 리스이용자

(차) 현금	×××	(대) 유형자산 등	×××
사용권자산	×××	리스부채	×××
선급리스료	×××	금융부채	×××
		자산처분이익	×××

[회계처리] 구매자인 리스제공자

(차) 리스채권	×××	(대) 현금	×××

판매자인 리스이용자	계속 보유하는 사용권에 관련되는 자산의 종전 장부금액에 비례하여 판매후리스에서 생기는 사용권자산을 측정함. 따라서 판매자인 리스이용자는 구매자인 리스제공자에게 이전한 권리에 관련되는 차손익 금액만을 인식함 ① 시장조건을 밑도는 부분: 리스료의 선급으로 회계처리함(판매대가 < 자산의 공정가치) ② 시장조건을 웃도는 부분: 구매자인 리스제공자가 판매자인 리스이용자에 제공한 추가 금융으로 회계처리함(판매대가 > 자산의 공정가치)
구매자인 리스제공자	자산의 매입에 적용할 수 있는 기준서를 적용하고 리스에는 리스기준서의 리스제공자 회계처리 요구사항을 적용하여 금융리스 또는 운용리스로 회계처리함

03 자산 이전이 판매에 해당하지 않는 경우

판매자인 리스이용자가 행한 자산 이전이 자산의 판매로 회계처리하게 하는 K-IFRS 제1115호 '고객과의 계약에서 생기는 수익'의 요구사항을 충족하지 못한다면 다음과 같이 회계처리한다.

① 판매자인 리스이용자는 이전한 자산을 계속 인식하고, 이전금액(Transfer Proceeds)과 같은 금액으로 금융부채를 인식한다.
② 구매자인 리스제공자는 이전된 자산을 인식하지 않고, 이전금액과 같은 금액으로 금융자산을 인식한다.

판매자인 리스이용자와 구매자인 리스제공자의 회계처리를 예시하면 다음과 같다.

[회계처리] 판매자인 리스이용자

(차) 현금	×××	(대) 금융부채	×××

[회계처리] 구매자인 리스제공자

(차) 금융자산	×××	(대) 현금	×××

판매자인 리스이용자	이전한 자산을 계속 인식하고, 이전금액과 같은 금액으로 금융부채를 인식함
구매자인 리스제공자	이전된 자산을 인식하지 않고, 이전금액과 같은 금액으로 금융자산을 인식함

20×1년 초에 판매자‑리스이용자인 (주)대한이 구매자‑리스제공자인 (주)민국캐피탈에 건물을 ₩1,200,000(공정가치 ₩1,000,000)에 판매하였다. 거래 직전 건물의 장부금액은 ₩600,000이며, 동시에 (주)대한은 (주)민국캐피탈과 3년간 연간 리스료를 매년 말에 ₩241,269씩 지급하기로 하는 건물 사용권 계약을 체결하였다. 거래의 조건에 따르면, (주)대한의 건물 이전은 K‑IFRS 제1115호 '고객과의 계약에서 생기는 수익'의 수행의무 이행시기 판단에 대한 요구사항을 충족하였다. 관련된 내용은 다음과 같다.

> (1) 리스의 내재이자율은 연 10%이고 (주)대한이 이를 쉽게 산정할 수 있다. 10% 3기간 현가계수는 0.75131이며, 10% 3기간 연금현가계수는 2.48685이다.
> (2) (주)민국캐피탈은 그 건물 리스를 운용리스로 분류한다. 건물의 잔존내용연수는 6년이며, 잔존가치는 없으며, 양회사 모두 정액법으로 감가상각한다.
> (3) 리스기간 종료시점에 기초자산인 건물을 반환해야 하는 조건이며, 리스기간 종료시점의 보증잔존가치는 없다고 가정한다.

(주)대한이 20×1년에 포괄손익계산서에 인식할 (1) 유형자산처분이익, (2) 이자비용 및 (3) 감가상각비를 계산하시오.

유형자산처분이익	(1)
이자비용	(2)
감가상각비	(3)

해답   1. 정답

유형자산처분이익	(1) ₩240,000
이자비용	(2) ₩(60,000)
감가상각비	(3) ₩(80,000)

(1) 유형자산처분이익: ₩240,000

(2) 이자비용: ₩600,000 × 10% = ₩(60,000)

(3) 감가상각비: ₩240,000 ÷ 3년(리스기간) = ₩(80,000)

2. 판매후리스에서 시장조건을 웃도는 부분(₩200,000)은 구매자인 리스제공자가 판매자인 리스이용자에 제공한 추가 금융으로 회계처리한다.

3. 상환금액의 현재가치: ₩241,269 × 2.48685 = ₩600,000

4. 리스료의 현재가치: ₩600,000 - ₩200,000 = ₩400,000

5. 사용권자산

사용권자산의 장부금액 × $\dfrac{\text{사용권자산에 대한 할인된 리스료}}{\text{건물의 공정가치}}$

= ₩600,000 × $\dfrac{₩400,000}{₩1,000,000}$ = ₩240,000

6. 건물의 판매차익

(공정가치 - 장부금액) × $\dfrac{\text{건물의 공정가치 - 사용권자산에 대한 할인된 리스료}}{\text{건물의 공정가치}}$

= (₩1,000,000 - ₩600,000) × $\dfrac{₩1,000,000 - ₩400,000}{₩1,000,000}$ = ₩240,000

7. (주)대한의 회계처리

일자	회계처리				
20×1년 초	(차) 현금	1,200,000	(대) 건물	600,000	
	사용권자산	240,000	리스부채	400,000	
			금융부채	200,000	
			유형자산처분이익	240,000	
20×1년 말	(차) 이자비용	40,000[1]	(대) 현금	160,846[2]	
	리스부채	120,846			
	(차) 이자비용	20,000[3]	(대) 현금	80,432[4]	
	금융부채	60,432			
	(차) 감가상각비	80,000[5]	(대) 감가상각누계액	80,000	

[1] ₩400,000 × 10% = ₩40,000

[2] ₩241,269 × ₩400,000/₩600,000 = ₩160,846

[3] ₩200,000 × 10% = ₩20,000

[4] ₩241,269 × ₩200,000/₩600,000 = ₩80,432

[5] ₩240,000 ÷ 3년(리스기간) = ₩80,000

보론 1 | 리스변경

01. 의의

리스변경(Lease Modification)이란 변경 전 리스 조건의 일부가 아니었던 리스의 범위 또는 리스대가의 변경을 말한다. 이러한 리스변경의 예로는 하나 이상의 기초자산 사용권을 추가하거나 종료하는 경우와 계약상 리스기간을 연장하거나 단축하는 경우를 들 수 있다.

02. 리스제공자의 리스변경

(1) 별도 리스로 회계처리하는 금융리스의 변경

리스제공자는 다음 조건을 모두 충족하는 금융리스의 변경을 별도 리스로 회계처리한다.

> ① 하나 이상의 기초자산 사용권이 추가되어 리스의 범위가 넓어진다.
> ② 넓어진 리스 범위의 개별 가격에 상응하는 금액과 특정한 계약의 상황을 반영하여 그 개별 가격에 적절히 조정하는 금액만큼 리스대가가 증액된다.

(2) 별도 리스로 회계처리하지 않는 금융리스의 변경

별도 리스로 회계처리하지 않는 금융리스의 변경에 대하여 리스제공자는 다음과 같이 그 변경을 회계처리한다.

> ① 변경이 리스약정일에 유효하였다면 그 리스를 운용리스로 분류하였을 경우에, 리스제공자는 다음과 같이 처리한다.
>   a. 리스변경을 변경 유효일부터 새로운 리스로 회계처리한다.
>   b. 기초자산의 장부금액을 리스변경 유효일 직전의 리스순투자로 측정한다.
> ② 그 밖에는 K-IFRS 제1109호 '금융상품'의 요구사항을 적용한다.

(3) 운용리스의 변경

리스제공자는 운용리스의 변경을 변경 유효일부터 새로운 리스로 회계처리한다. 이 경우에 변경 전 리스에 관련하여 선수하였거나 발생한(미수) 리스료를 새로운 리스의 리스료 일부로 본다.

별도 리스로 회계처리하는 금융리스의 변경	리스제공자는 다음 조건을 모두 충족하는 금융리스의 변경을 별도 리스로 회계처리함 ① 하나 이상의 기초자산 사용권이 추가되어 리스의 범위가 넓어짐 ② 넓어진 리스 범위의 개별 가격에 상응하는 금액과 특정한 계약의 상황을 반영하여 그 개별 가격에 적절히 조정하는 금액만큼 리스대가가 증액됨
별도 리스로 회계처리하지 않는 금융리스의 변경	별도 리스로 회계처리하지 않는 금융리스의 변경에 대하여 리스제공자는 다음과 같이 그 변경을 회계처리함 ① 변경이 리스약정일에 유효하였다면 그 리스를 운용리스로 분류하였을 경우에, 리스제공자는 다음과 같이 처리함 　a. 리스변경을 변경 유효일부터 새로운 리스로 회계처리함 　b. 기초자산의 장부금액을 리스변경 유효일 직전의 리스순투자로 측정함 ② 그 밖에는 K-IFRS 제1109호 '금융상품'의 요구사항을 적용함
운용리스의 변경	리스제공자는 운용리스의 변경을 변경 유효일부터 새로운 리스로 회계처리하며, 이 경우 변경 전 리스에 관련하여 선수하였거나 발생한(미수) 리스료를 새로운 리스의 리스료 일부로 봄

03. 리스이용자의 리스변경

(1) 별도 리스로 회계처리하는 리스변경

리스이용자는 다음 조건을 모두 충족하는 리스변경을 별도 리스로 회계처리한다.

> ① 하나 이상의 기초자산 사용권이 추가되어 리스의 범위가 넓어진다.
> ② 넓어진 리스 범위의 개별 가격에 상응하는 금액과 특정한 계약의 상황을 반영하여 그 개별 가격에 적절히 조정하는 금액만큼 리스대가가 증액된다.

(2) 별도 리스로 회계처리하지 않는 리스변경

별도 리스로 회계처리하지 않는 리스변경에 대하여 리스이용자는 리스변경 유효일에 다음과 같이 처리한다.

> ① 변경된 계약의 대가를 배분한다.
> ② 변경된 리스의 리스기간을 산정한다.
> ③ 수정 할인율로 수정 리스료를 할인하여 리스부채를 다시 측정한다. 내재이자율을 쉽게 산정할 수 있는 경우에는 남은 리스기간의 내재이자율로 수정 할인율을 산정하나, 리스의 내재이자율을 쉽게 산정할 수 없는 경우에는 리스변경 유효일 현재 리스이용자의 증분차입이자율로 수정 할인율을 산정한다.

별도 리스로 회계처리하지 않는 리스변경에 대하여 리스이용자는 다음과 같이 리스부채의 재측정을 회계처리한다.

> ① 리스의 범위를 좁히는 리스변경에 대하여 리스의 일부나 전부의 종료를 반영하기 위하여 사용권자산의 장부금액을 줄인다. 리스이용자는 리스의 일부나 전부의 종료에 관련되는 차손익을 당기손익으로 인식한다.
> ② 그 밖의 모든 리스변경에 대하여 사용권자산에 상응하는 조정을 한다.

별도 리스로 회계처리하는 리스변경	리스이용자는 다음 조건을 모두 충족하는 리스변경을 별도 리스로 회계처리함 ① 하나 이상의 기초자산 사용권이 추가되어 리스의 범위가 넓어짐 ② 넓어진 리스 범위의 개별 가격에 상응하는 금액과 특정한 계약의 상황을 반영하여 그 개별 가격에 적절히 조정하는 금액만큼 리스대가가 증액됨
별도 리스로 회계처리하지 않는 리스변경	별도 리스로 회계처리하지 않는 리스변경에 대하여 리스이용자는 리스변경 유효일에 다음과 같이 처리함 ① 변경된 계약의 대가를 배분함 ② 변경된 리스의 리스기간을 산정함 ③ 수정 할인율로 수정 리스료를 할인하여 리스부채를 다시 측정함
리스부채의 재측정 (별도 리스로 회계처리하지 않는 리스변경)	별도 리스로 회계처리하지 않는 리스변경에 대하여 리스이용자는 다음과 같이 리스부채의 재 측정을 회계처리함 ① 리스의 범위를 좁히는 리스변경: 리스의 일부나 전부의 종료를 반영하기 위하여 사용권자 산의 장부금액을 줄이고, 리스이용자는 리스의 일부나 전부의 종료에 관련되는 차손익을 당기손익으로 인식함 ② 그 밖의 모든 리스변경: 사용권자산에 상응하는 조정을 함

예제 11 리스변경(K-IFRS 사례)

다음의 사례들에 대하여 물음에 답하시오. 단, 각각의 사례는 서로 독립적이다.

〈사례 1〉

20×1년 초 리스이용자는 사무실 공간 5,000제곱미터를 10년간 리스하는 계약을 체결하였다. 연간 리스료는 매년 말에 ₩50,000씩 지급해야 한다. 리스의 내재이자율은 쉽게 산정할 수 없으며, 리스개시일에 리스이용자의 증분차입이자율은 연 6%이다. 20×6년 초 동 리스계약에 따른 사용권자산의 장부금액은 ₩184,002이며, 리스부채의 장부금액은 ₩210,618이다.

20×6년 초에 리스이용자와 리스제공자는 기존 리스를 수정하여 20×6년의 첫 번째 분기 말부터 기존 공간의 2,500제곱미터만으로 공간을 줄이기로 합의한다. 연간 고정리스료(6차 연도부터 10차 연도까지)는 ₩30,000씩이다. 20×6년 초에 리스이용자의 증분차입이자율은 연 5%이며, 변경유효일에 리스이용자는 남은 리스기간 5년, 연간 리스료 ₩30,000과 리스이용자의 증분차입이자율 연 5%에 기초하여 리스부채를 다시 측정한 금액은 ₩129,884이다.

〈사례 2〉

20×1년 초 리스이용자는 사무실 공간 5,000제곱미터를 10년간 리스하는 계약을 체결한다. 연간 리스료는 매년 말에 ₩100,000씩 지급해야 한다. 리스의 내재이자율은 쉽게 산정할 수 없으며, 리스개시일에 리스이용자의 증분차입이자율은 연 6%이다. 리스변경 직전 리스부채의 장부금액은 ₩346,511이다.

20×7년 초에 리스이용자와 리스제공자는 기존 리스를 수정하여 계약상 리스기간을 4년 연장하기로 합의한다. 연간 리스료는 변동되지 않는다. (20×7년 말부터 2×14년 말까지 매년 말에 ₩100,000씩을 지급) 20×7년 초에 리스이용자의 증분차입이자율은 연 7%이며, 변경 유효일에 리스이용자는 나머지 리스기간 8년, 연간 리스료 ₩100,000과 리스이용자의 증분차입이자율 연 7%에 기초하여 리스부채를 다시 측정한 금액은 ₩597,130이다.

<사례 3>

20×1년 초 리스이용자는 사무실 공간 5,000제곱미터를 10년간 리스하는 계약을 체결한다. 20×6년 초에 리스이용자와 리스제공자는 기존 리스를 수정하여 남은 5년간의 리스료를 연 ₩100,000에서 연 ₩95,000으로 줄이기로 합의한다. 리스의 내재이자율은 쉽게 산정할 수 없다. 리스개시일에 리스이용자의 증분차입이자율은 연 6%이다. 리스변경 직전 리스부채의 장부금액은 ₩421,236이다.

20×6년 초에 리스이용자의 증분차입이자율은 연 7%이다. 연간 리스료는 매년 말에 지급해야 한다. 변경 유효일에 리스이용자는 남은 리스기간 5년, 연간 리스료 ₩95,000과 리스이용자의 증분차입이 자율 연 7%에 기초하여 리스부채를 다시 측정한 금액은 ₩389,519이다.

물음 1 <사례 1>의 리스변경일인 20×6년 초 리스이용자의 회계처리를 나타내시오.

물음 2 <사례 2>의 리스변경일인 20×7년 초 리스이용자의 회계처리를 나타내시오.

물음 3 <사례 3>의 리스변경일인 20×6년 초 리스이용자의 회계처리를 나타내시오.

해답 **물음 1**

1. 리스의 범위를 좁히는 변경
   (1) 사용권자산의 장부금액 감소액: ₩184,002 × 50% = ₩92,001
   (2) 리스부채의 장부금액 감소액: ₩210,618 × 50% = ₩105,309
   (3) 리스변경이익: 리스부채 감소액과 사용권자산 감소액의 차이
       ₩105,309 - ₩92,001 = ₩13,308
   (4) 리스부채의 재측정으로 인한 증감액: ₩129,884 - ₩210,618 × 50% = ₩24,575

2. 20×6년 초 회계처리

일자	회계처리			
20×6년 초	(차) 리스부채	105,309	(대) 사용권자산	92,001
			리스변경이익	13,308
	(차) 사용권자산	24,575	(대) 리스부채	24,575

물음 2

1. 계약상 리스기간을 연장하여 리스의 범위를 넓히는 변경
   리스부채의 재측정으로 인한 증감액: ₩597,130 - ₩346,511 = ₩250,619

2. 20×7년 초 회계처리

일자	회계처리			
20×7년 초	(차) 사용권자산	250,619	(대) 리스부채	250,619

물음 3

1. 대가만 달라지는 변경
   리스부채의 재측정으로 인한 증감액: ₩389,519 - ₩421,236 = ₩(31,717)

2. 20×6년 초 회계처리

일자	회계처리			
20×6년 초	(차) 리스부채	31,717	(대) 사용권자산	31,717

전대리스(Sublease)란 리스이용자(중간리스제공자)가 기초자산을 제3자에게 다시 리스하는 거래를 말한다. 여기서 유의할 점은 상위리스제공자와 리스이용자 사이의 리스(상위리스)는 여전히 유효하다는 것이다.

01. 전대리스의 분류

전대리스를 분류할 때, 중간리스제공자는 다음과 같은 방법으로 전대리스를 금융리스 아니면 운용리스로 분류한다.

> ① 상위리스가 리스이용자인 기업이 사용권자산을 인식하지 않고 회계처리하는 단기리스인 경우에, 그 전대리스는 운용리스로 분류한다.
> ② 그 밖의 경우에는 기초자산(예 리스 대상인 유형자산)이 아니라 상위리스에서 생기는 사용권자산에 따라 전대리스를 분류한다.

전대리스(Sublease)의 경우에 전대리스의 내재이자율을 쉽게 산정할 수 없다면, 중간리스제공자는 전대리스의 순투자를 측정하기 위하여 상위리스(Head Lease)에 사용된 할인율(전대리스에 관련되는 리스개설직접원가를 조정함)을 사용할 수 있다.

02. 금융리스로 분류되는 전대리스

(1) 전대리스이용자에게 이전하는 상위리스에 관련되는 사용권자산을 제거하고 전대리스 순투자를 인식한다.

(2) 사용권자산과 전대리스 순투자의 모든 차이를 당기손익으로 인식한다.

(3) 상위리스제공자에게 지급하는 리스료를 나타내는 상위리스 관련 리스부채를 재무상태표에 유지한다.

(4) 전대리스 기간에 중간리스제공자는 전대리스의 금융수익과 상위리스의 이자비용을 모두 인식한다.

03. 운용리스로 분류되는 전대리스

(1) 중간리스제공자가 전대리스를 체결할 때, 중간리스제공자는 상위리스에 관련되는 리스부채와 사용권자산을 재무상태표에 유지한다.

(2) 사용권자산에 대한 감가상각비와 리스부채에 대한 이자를 인식한다.

(3) 전대리스에서 생기는 운용리스료수익을 인식한다.

⚡POINT 전대리스

전대리스의 정의	리스이용자(중간리스제공자)가 기초자산을 제3자에게 다시 리스하는 거래
전대리스의 분류	중간리스제공자는 다음과 같은 방법으로 전대리스를 금융리스 아니면 운용리스로 분류함 ① 상위리스가 단기리스인 경우: 전대리스는 운용리스로 분류함 ② 그 밖의 경우: 기초자산(예 리스 대상인 유형자산)이 아니라 상위리스에서 생기는 사용권자산에 따라 전대리스를 분류함

보론 3 │ 리스제공자의 부동산리스

01. 의의

리스가 토지 요소와 건물 요소를 모두 포함할 때, 리스제공자는 각 요소별로 적용하여 각 요소를 금융리스와 운용리스 중 무엇으로 분류할지를 판단한다. 토지 요소가 운용리스인지, 금융리스인지를 판단할 때 중요한 고려사항은 보통 토지의 경제적 내용연수가 한정되지 않는다는 점이다.

02. 회계처리

토지 및 건물의 리스를 분류하고 회계처리하기 위하여 필요할 때마다, 리스제공자는 약정일에 리스의 토지 요소와 건물 요소에 대한 임차권의 상대적 공정가치에 비례하여 토지 및 건물 요소에 리스료(일괄 지급된 선수리스료를 포함함)를 배분한다. 여기서 유의할 점은 리스제공자는 약정일에 토지와 건물의 상대적 공정 가치가 아니라 임차권의 상대적 공정가치에 비례하여 토지 및 건물 요소에 리스료를 배분한다는 것이다. 그러나 이 두 요소에 리스료를 신뢰성 있게 배분할 수 없는 경우에는, 두 요소가 모두 운용리스임(전체 리스를 운용리스로 분류함)이 분명하지 않다면 전체 리스를 금융리스로 분류한다.

토지 및 건물의 리스에서 토지 요소의 금액이 그 리스에서 중요하지 않은 경우에, 리스제공자는 리스 분류 목적상 토지와 건물 전체를 하나의 단위로 처리하고 운용리스 아니면 금융리스로 분류할 수 있다. 그 경우에 리스제공자는 건물의 경제적 내용연수를 전체 기초자산의 내용연수로 본다.

🔋 POINT 리스제공자의 부동산리스

의의	리스가 토지 요소와 건물 요소를 모두 포함할 때, 리스제공자는 각 요소별로 적용하여 각 요소를 금융리스와 운용리스 중 무엇으로 분류할지를 판단함
리스료를 신뢰성 있게 배분할 수 있는 경우	리스제공자는 약정일에 리스의 토지 요소와 건물 요소에 대한 임차권의 상대적 공정가치에 비례하여 토지 및 건물 요소에 리스료를 배분함
리스료를 신뢰성 있게 배분할 수 없는 경우	두 요소가 모두 운용리스임이 분명하지 않다면 전체 리스를 금융리스로 분류함
토지 요소의 금액이 그 리스에서 중요하지 않은 경우	리스제공자는 리스 분류 목적상 토지와 건물 전체를 하나의 단위로 처리하고 운용리스 아니면 금융리스로 분류할 수 있음

01 계약에서 대가와 교환하여, 식별되는 자산의 사용 통제권을 일정 기간 이전하게 한다면 그 계약은 (O, X) 리스이거나 리스를 포함한다.

02 하나의 리스요소와, 하나 이상의 추가 리스요소나 비리스요소를 포함하는 계약에서 리스제공자 (O, X) 는 리스요소의 상대적 개별 가격과 비리스요소의 총 개별 가격에 기초하여 계약 대가를 각 리스 요소에 배분한다.

03 리스총투자는 금융리스에서 리스제공자가 받게 될 리스료와 무보증잔존가치의 합계액을 말하며, (O, X) 리스순투자는 리스총투자를 리스의 내재이자율로 할인한 금액을 말한다.

04 리스이용자가 선택권을 행사할 수 있는 날의 공정가치보다 충분히 낮을 것으로 예상되는 가격으 (O, X) 로 기초자산을 매수할 수 있는 선택권을 가지고 있고, 그 선택권을 행사할 것이 리스약정일 현재 상당히 확실한 경우에는 리스제공자는 운용리스로 분류한다.

05 리스이용자는 모든 리스에 대해서 사용권자산과 리스부채를 인식해야 한다. (O, X)

정답 및 해설

01 O

02 X 하나의 리스요소와, 하나 이상의 추가 리스요소나 비리스요소를 포함하는 계약에서 리스이용자는 리스요소의 상대적 개별 가격과 비리스요소의 총 개별 가격에 기초하여 계약 대가를 각 리스요소에 배분한다.

03 O

04 X 리스이용자가 선택권을 행사할 수 있는 날의 공정가치보다 충분히 낮을 것으로 예상되는 가격으로 기초자산을 매수할 수 있는 선택권을 가지고 있고, 그 선택권을 행사할 것이 리스약정일 현재 상당히 확실한 경우에는 리스제공자는 금융리스로 분류한다.

05 X 리스이용자는 단기리스와 소액기초자산 리스에는 사용권자산과 리스부채를 인식하지 않기로 선택할 수 있다.

06 리스제공자는 리스개시일에 금융리스에 따라 보유하는 자산을 재무상태표에 인식하고 그 자산을 (O, X) 리스순투자와 동일한 금액의 수취채권으로 표시한다.

07 리스이용자는 리스개시일에 그날 현재 지급되지 않은 리스료의 현재가치로 리스부채를 측정한 (O, X) 다. 이때 리스의 내재이자율은 증분차입이자율만을 사용한다.

08 리스기간 종료시점에 리스자산을 리스제공자가 반환받는 조건으로 리스계약을 체결하였다면 리 (O, X) 스제공자는 리스순투자에 K-IFRS 제1009호 '금융상품'의 제거 및 손상의 요구사항을 적용하여 리스제공자는 리스총투자를 계산할 때 사용한 추정무보증잔존가치를 정기적으로 검토하며, 추정 무보증잔존가치가 줄어든 경우에 리스제공자는 리스기간에 걸쳐 수익 배분액을 조정하고 발생된 감소액을 즉시 당기비용으로 인식한다.

09 리스이용자는 리스개시일 후에 리스료에 생기는 변동을 반영하기 위하여 리스부채를 다시 측정 (O, X) 한다. 이때 리스이용자는 당기손익으로 리스부채의 재측정금액을 인식한다.

10 리스료를 산정할 때 사용한 지수나 요율(이율)의 변동으로 생기는 미래 리스료에 변동이 있는 (O, X) 경우는 당기손익으로 인식한다.

정답 및 해설

06 O

07 X 리스이용자는 리스개시일에 그날 현재 지급되지 않은 리스료의 현재가치로 리스부채를 측정한다. 이때 리스의 내재이자율을 쉽게 산정할 수 있는 경우에는 그 이자율로 리스료를 할인한다. 그 이자율을 쉽게 산정할 수 없는 경우에는 리스이용자의 증분차입이자율을 사용한다.

08 O

09 X 리스이용자는 리스개시일 후에 리스료에 생기는 변동을 반영하기 위하여 리스부채를 다시 측정한다. 이때 리스이용자는 사용권자산을 조정하여 리스부채의 재측정금액을 인식한다.

10 X 리스료를 산정할 때 사용한 지수나 요율(이율)의 변동으로 생기는 미래 리스료에 변동이 있는 경우는 리스부채를 다시 측정하지만, 미래 성과나 기초자산의 사용에 연동되는 변동리스료는 모두 당기손익으로 인식한다.

11 판매자인 리스이용자가 행한 자산 이전이 자산의 판매로 회계처리하게 하는 K-IFRS 제1115호 (O, X) '고객과의 계약에서 생기는 수익'의 요구사항을 충족한다면 판매자인 리스이용자는 이전한 자산을 계속 인식하고, 이전금액과 같은 금액으로 금융부채를 인식한다.

12 제조자나 판매자인 리스제공자는 일반판매에 대하여 리스개시일에 매출액을 인식하는데, 기초자 (O, X) 산의 공정가치와 리스제공자에게 귀속되는 리스료를 시장이자율로 할인한 현재가치 중 적은 금액으로 수익(매출액)을 인식한다.

13 리스의 범위를 좁히는 리스변경에 대하여 리스의 일부나 전부의 종료를 반영하기 위하여 사용권 (O, X) 자산의 장부금액을 줄이며, 리스이용자는 리스의 일부나 전부의 종료에 관련되는 차손익을 당기 손익으로 인식한다.

정답 및 해설

11　X　판매자인 리스이용자가 행한 자산 이전이 자산의 판매로 회계처리하게 하는 K-IFRS 제1115호 '고객과의 계약에서 생기는 수익'의 요구사항을 충족한다면 판매자인 리스이용자는 계속 보유하는 사용권에 관련되는 자산의 종전 장부금액에 비례하여 판매후리스에 서 생기는 사용권자산을 측정한다.

12　O

13　O

객관식 연습문제

01 리스사업을 하고 있는 (주)코리아리스는 (주)서울과 다음과 같은 조건으로 해지불능 금융리스계약을 체결하였다. 아래의 자료를 기초로 리스기간 개시일 현재 (주)코리아리스가 리스채권으로 인식할 금액 및 (주)서울이 20×1년 감가상각비로 인식해야 할 금액은 각각 얼마인가? 리스제공자인 (주)코리아리스의 내재이자율은 연 10%이며, 양사 모두 리스자산의 감가상각방법으로 정액법을 사용한다. 10% 현가계수는 아래의 표를 이용하며, 소수점 첫째 자리에서 반올림한다. (단, 계산결과 단수차이로 인한 약간의 오차가 있으면 가장 근사치를 선택한다)　　　　　　　　　　　　　　　　　　　　　　　　[2015 공인회계사 1차 수정]

기간	단일금액 ₩1의 현가	정상연금 ₩1의 현가
4	0.6830	3.1699
5	0.6209	3.7908

(1) 리스기간 개시일: 20×1년 1월 1일

(2) 리스기간: 리스기간 개시일로부터 4년(리스기간 종료시점의 추정잔존가치는 ₩50,000이며, 이 중에서 리스이용자가 ₩30,000을 보증하였으며, 잔존가치보증에 따라 리스이용자가 지급할 것으로 예상한 금액은 없다)

(3) 리스자산의 내용연수: 5년

(4) 연간 리스료: 매년 말에 ₩4,000,000씩 지급함

(5) 리스개설직접원가: (주)코리아리스가 지출한 리스개설직접원가는 ₩0이며, (주)서울이 지출한 리스개설직접원가는 ₩80,000임

(6) 소유권이전약정: 리스기간 종료 시까지 소유권이전약정 없음

	리스채권	감가상각비
①	₩12,713,750	₩2,550,018
②	₩12,713,750	₩3,189,900
③	₩12,713,750	₩3,187,523
④	₩15,181,827	₩3,046,365
⑤	₩15,194,245	₩2,550,018

02 (주)대한은 20×1년 1월 1일 (주)한국리스로부터 기계장치를 리스하기로 하고, 동 일자에 개시하여 20×3년 12월 31일에 종료하는 금융리스계약을 체결하였다. 연간 정기리스료는 매년 말 ₩1,000,000을 후급하며, 내재이자율은 연 10%이다. 리스기간 종료 시 예상 잔존가치는 ₩1,000,000이다. 리스개설과 관련한 법률비용으로 (주)대한은 ₩100,000을 지급하였다. 리스기간 종료시점에 (주)대한은 염가매수선택권을 ₩500,000에 행사할 것이 리스약정일 현재 거의 확실하다. 기계장치의 내용연수는 5년이고, 내용연수 종료시점의 잔존가치는 없으며, 기계장치는 정액법으로 감가상각한다. (주)대한이 동 리스거래와 관련하여 20×1년도에 인식할 이자비용과 감가상각비의 합계는 얼마인가? (단, 계산방식에 따라 단수차이로 인해 오차가 있는 경우, 가장 근사치를 선택한다) [2014 공인회계사 1차]

기간	단일금액 ₩1의 현재가치(할인율 = 10%)	정상연금 ₩1의 현재가치(할인율 = 10%)
1	0.9091	0.9091
2	0.8265	1.7355
3	0.7513	2.4869
4	0.6830	3.1699
5	0.6209	3.7908

① ₩746,070 ② ₩766,070 ③ ₩858,765
④ ₩878,765 ⑤ ₩888,765

03 20×1년 1월 1일 (주)강원리스는 제조사로부터 공정가치 ₩600,000인 기계장치를 구입하여 (주)원주에게 금융리스계약을 통하여 리스하였다. 리스약정일과 리스기간 개시일은 동일하며, 경제적 내용연수와 리스기간도 동일하다. 리스료는 20×1년부터 5년간 매년 말 ₩150,000을 수취한다. 리스기간 종료 후 그 잔존가치는 ₩50,540이며, (주)원주가 이 중 ₩30,000을 보증한다. 동 금융리스에 적용되는 유효이자율(내재이자율)은 연 10%이며, 현가요소는 다음과 같다.

기간	기간 말 ₩1의 현재가치(10%)	정상연금 ₩1의 현재가치(10%)
4년	0.6830	3.1699
5년	0.6209	3.7908

20×1년 말에 이 리스자산의 잔존가치가 ₩50,540에서 ₩30,540으로 감소하였다. 이 리스계약이 리스제공자인 (주)강원리스의 20×1년도 당기순이익에 미치는 영향은 얼마인가? (단, 소수점 이하는 반올림하며, 이 경우 단수차이로 인해 약간의 오차가 있으면 가장 근사치를 선택한다) [2010 공인회계사 1차]

① ₩40,500 ② ₩42,340 ③ ₩44,500
④ ₩46,340 ⑤ ₩60,000

04 에어컨제조사인 (주)태풍은 20×1년 1월 1일 직접 제조한 추정내용연수가 5년인 에어컨을 (주)여름에게 금융리스 방식으로 판매하는 계약을 체결하였다. 동 에어컨의 제조원가는 ₩9,000,000이고, 20×1년 1월 1일의 공정가치는 ₩12,500,000이다. 리스기간은 20×1년 1월 1일부터 20×4년 12월 31일까지이며, (주)여름은 리스기간 종료 시 에어컨을 반환하기로 하였다. (주)여름은 매년 말 리스료로 ₩3,500,000을 지급하며, 20×4년 12월 31일의 에어컨 예상잔존가치 ₩1,000,000 중 ₩600,000은 (주)여름이 보증하기로 하였다. (주)태풍은 20×1년 1월 1일 (주)여름과의 리스계약을 체결하는 과정에서 ₩350,000의 직접비용이 발생하였다. (주)태풍이 동 거래로 인하여 리스기간 개시일인 20×1년 1월 1일에 인식할 수익과 비용의 순액(수익에서 비용을 차감한 금액)은 얼마인가? (단, 20×1년 1월 1일 현재 시장이자율과 (주)태풍이 제시한 이자율은 연 8%로 동일하다) [2013 공인회계사 1차]

기간	기간 말 단일금액 ₩1의 현재가치(8%)	정상연금 ₩1의 현재가치(8%)
4	0.7350	3.3121

① ₩2,575,250   ② ₩2,683,250   ③ ₩2,977,350

④ ₩3,327,350   ⑤ ₩3,444,000

정답 및 해설

정답

01 ②   02 ④   03 ④   04 ③

해설

01 ②
1. 리스채권(20×1년 초): ₩4,000,000 × 3.1699 + ₩50,000 × 0.6830 = ₩12,713,750
2. 리스부채(20×1년 초): ₩4,000,000 × 3.1699 = ₩12,679,600
3. 사용권자산(20×1년 초): ₩12,679,600 + ₩80,000 = ₩12,759,600
4. 감가상각비(20×1년): ₩12,759,600 × 1/4 = ₩3,189,900

02 ④
1. 20×1년 초 리스부채와 사용권자산
   (1) 리스부채: ₩1,000,000 × 2.4869 + ₩500,000 × 0.7513 = ₩2,862,550
   (2) 사용권자산: ₩2,862,550 + ₩100,000 = ₩2,962,550
2. 20×1년 이자비용과 감가상각비
   (1) 이자비용: ₩2,862,550 × 10% = ₩286,255
   (2) 감가상각비: ₩2,962,550 × 1/5 = ₩592,510
   (3) 이자비용과 감가상각비 합계: ₩286,255 + ₩592,510 = ₩878,765
3. 20×1년 회계처리

구분	회계처리			
20×1년 초	(차) 사용권자산	2,962,550	(대) 리스부채	2,862,550
			현금	100,000
20×1년 말	(차) 이자비용	286,255	(대) 현금	1,000,000
	리스부채	713,745		
	(차) 감가상각비	592,510[1]	(대) 감가상각누계액	592,510

[1] ₩2,962,550 ÷ 5년(내용연수) = ₩592,510

20×1년 말 재무상태표			20×1년 포괄손익계산서	
사용권자산	₩2,962,550		이자비용	₩(286,255)
감가상각누계액	₩(592,510)		감가상각비	₩(592,510)
	₩2,370,040			

03 ④ 1. 20×1년도 당기순이익에 미치는 영향

이자수익: ₩600,000[1] × 10% =	₩60,000
리스채권손상차손: ₩20,000[2] × 0.6830 =	₩(13,660)
계	₩46,340

[1] 20×1년 초 리스채권: (₩150,000 × 3.7908 + ₩50,540 × 0.6209) = ₩600,000
[2] 무보증잔존가치 감소액: (₩50,540 - ₩30,000) - (₩30,540 - ₩30,000) = ₩20,000

2. 회계처리

구분	회계처리				
20×1년 초	(차) 선급리스자산	600,000	(대) 현금		600,000
	리스채권	600,000	선급리스자산		600,000
20×1년 말	(차) 현금	150,000	(대) 이자수익		60,000
			리스채권		90,000
	(차) 리스채권손상차손	13,660[1]	(대) 리스채권		13,660
	[1] ₩20,000 × 0.6830 = ₩13,660				

3. 리스기간 종료시점에 리스자산을 리스제공자가 반환받는 조건으로 리스계약을 체결하였다면 리스제공자는 리스순투자에 K-IFRS 제1009호 '금융상품'의 제거 및 손상의 요구사항을 적용하여 리스제공자는 리스총투자를 계산할 때 사용한 추정무보증잔존가치를 정기적으로 검토한다. 만약, 추정무보증잔존가치가 줄어든 경우에 리스제공자는 리스기간에 걸쳐 수익 배분액을 조정하고 발생된 감소액을 즉시 당기비용(리스채권손상차손)으로 인식한다.

04 ③ 1. 매출액: Min[₩3,500,000 × 3.3121 + ₩600,000 × 0.7530, ₩12,500,000] = ₩12,033,350
2. 매출원가: ₩9,000,000 - ₩400,000 × 0.7530 = ₩8,706,000
3. 순이익: ₩12,033,350 - ₩8,706,000 - ₩350,000(판매비) = ₩2,977,350

해설
1. 제조자나 판매자인 리스제공자는 일반판매에 대하여 리스개시일에 매출액을 인식하는데, 기초자산의 공정가치와 리스제공자에게 귀속되는 리스료를 시장이자율로 할인한 현재가치 중 적은 금액으로 수익(매출액)을 인식하여야 한다.
2. 제조자 또는 판매자인 리스제공자는 리스개시일에 매출원가를 인식하는데, 매출원가는 기초자산의 원가에서 무보증잔존가치의 현재가치를 차감한 금액으로 매출원가를 인식한다.
3. 제조자 또는 판매자인 리스제공자는 금융리스 체결과 관련하여 부담하는 원가를 리스개시일에 비용으로 인식한다.

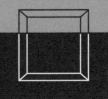

Chapter 15
주관식 연습문제

01 (주)서울은 회사에 필요한 기계장치를 리스하기로 결정하고, 이를 리스회사 (주)한국리스와 합의하였다. (주)한국리스는 20×0년 12월 31일 이 기계장치를 현금 취득하고, 다음과 같은 조건으로 (주)서울과 금융리스계약을 체결하였다. [2012 세무사 2차 수정]

〈계약조건〉
1. 리스기간은 20×1년 1월 1일부터 20×3년 12월 31일까지이고, 리스자산의 취득원가는 ₩6,000,000이고, 경제적 내용연수는 5년이고, 예상잔존가치는 없다. 한편, 리스기간 종료 후 (주)서울은 해당 리스자산을 반환하기로 하였다.
2. 리스기간 개시일에 리스자산의 공정가치는 ₩6,000,000이고, 리스개설직접원가는 20×1년 1월 1일에 (주)서울에서 ₩150,000이 발생하였고, (주)한국리스에서 ₩50,000이 발생하였다. 이들 리스개설직접원가는 모두 현금으로 지급되었다.
3. 고정리스료는 매년 12월 31일 지급하기로 하고, 리스자산의 리스기간 종료 시 잔존가치는 ₩500,000으로 추정되며, (주)서울은 예상잔존가치 ₩500,000 중 ₩200,000을 보증하였다. 잔존가치보증에 따라 리스이용자가 지급할 것으로 예상한 금액은 없다.
4. 두 회사의 감가상각방법은 정액법이다.
5. 계약체결 당시 (주)서울의 증분차입이자율은 연 12%이고, (주)한국리스의 내재이자율은 연 10%이다. (주)서울은 리스의 내재이자율을 쉽게 산정할 수 있으며, 이를 알고 있다.
6. 현재가치계수는 다음과 같다.

기간	단일금액		정상연금	
	10%	12%	10%	12%
3년	0.75131	0.71178	2.48685	2.40183

단, 금액(₩)은 소수점 첫째 자리에서 반올림하시오.

물음1 (주)한국리스의 입장에서 다음 일자별 회계처리(분개)를 하시오. 또한 리스기간 개시일에 계상할 리스채권의 금액을 구하시오.

(1) 리스약정일의 회계처리(분개)
(2) 리스기간 개시일의 회계처리(분개)
(3) 리스채권의 금액

물음2 고정리스료는 리스료의 현재가치와 무보증잔존가치의 현재가치 합계액이 리스자산의 공정가치와 리스제공자의 리스개설직접원가의 합계액과 일치하도록 결정한다. 이 경우 고정리스료는 얼마인지 구하시오.

물음 3 (주)한국리스의 입장에서 20×1년 12월 31일에 필요한 회계처리(분개)를 하시오.

물음 4 (주)서울이 리스기간 개시일에 계상해야 할 사용권자산과 리스부채의 금액을 구하고, 리스기간 개시일에 필요한 회계처리(분개)를 하시오.

> (1) 사용권자산금액
> (2) 리스부채금액
> (3) 회계처리(분개)

물음 5 (주)서울이 20×1년 12월 31일에 계상해야 할 이자비용과 감가상각비를 구하고, 20×1년 12월 31일에 필요한 회계처리(분개)를 하시오.

> (1) 이자비용
> (2) 감가상각비
> (3) 회계처리(분개)

물음 6 20×2년 12월 31일 (주)서울이 재무상태표에 인식해야 할 리스부채의 금액을 구하시오.

물음 7 (주)서울의 입장에서 20×3년 12월 31일에 필요한 모든 회계처리(분개)를 하시오. (단, 리스기간 종료 시 리스자산의 실제잔존가치는 ₩100,000이다)

해답 **물음1** (1) 리스약정일의 회계처리(분개)

일자	회계처리				
20×0. 12. 31.	(차) 선급리스자산	6,000,000	(대) 현금		6,000,000

(2) 리스기간 개시일의 회계처리(분개)

일자	회계처리				
20×1. 1. 1.	(차) 리스채권	6,050,000	(대) 선급리스자산		6,000,000
			현금		50,000

(3) 리스채권의 금액: 기초자산의 공정가치 + 리스개설직접원가
  ₩6,000,000 + ₩50,000 = ₩6,050,000

물음2 1. 리스순투자와 리스총투자

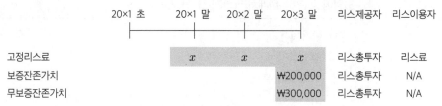

기초자산의 공정가치	₩6,000,000	
리스개설직접원가	₩50,000	
리스순투자	₩6,050,000	= 리스총투자(리스료 + 무보증잔존가치)의 현재가치

2. 고정리스료
  리스순투자 = 리스총투자의 현재가치
  기초자산의 공정가치 + 리스개설직접원가 = 고정리스료의 현재가치 + 보증잔존가치의 현재가치 + 무보증잔존가치의 현재가치
  기초자산의 공정가치 + 리스개설직접원가 = 고정리스료의 현재가치 + 추정잔존가치의 현재가치
  ₩6,000,000 + ₩50,000 = x × 2.48685 + ₩500,000 × 0.75131
  ∴ x(고정리스료) = ₩2,281,740

물음3 (주)한국리스의 20×1년 12월 31일 회계처리

일자	회계처리				
20×1년 말	(차) 현금	2,281,740	(대) 이자수익		605,000[1]
			리스채권		1,676,740
	[1] ₩6,050,000 × 10% = ₩605,000				

물음4 (1) 사용권자산금액: 리스부채의 최초 측정금액 + 리스개설직접원가
  ₩5,674,345 + ₩150,000 = ₩5,824,345
(2) 리스부채금액: 리스료의 현재가치
  ₩2,281,740 × 2.48685 = ₩5,674,345
(3) 회계처리(분개)

일자	회계처리				
20×1년 초	(차) 사용권자산	5,824,345	(대) 리스부채		5,674,345
			현금		150,000

물음 5

(1) 이자비용: ₩5,674,345 × 10% = ₩567,435
(2) 감가상각비: ₩5,824,345 ÷ 3년(리스기간) = ₩1,941,448
(3) 회계처리(분개)

일자	회계처리				
20×1년 말	(차) 이자비용	567,435	(대) 현금		2,281,740
	리스부채	1,714,305			
	(차) 감가상각비	1,941,448	(대) 감가상각누계액		1,941,448

물음 6

20×2년 말 리스부채
(1) 20×1년 초 리스부채: ₩2,281,740 × 2.48685 = ₩5,674,345
(2) 20×1년 말 리스부채: ₩5,674,345 × 1.1 - ₩2,281,740 = ₩3,960,040
(3) 20×2년 말 리스부채: ₩3,960,040 × 1.1 - ₩2,281,740 = ₩2,074,304

물음 7

(주)서울의 20×3년 말 회계처리(분개)

일자	회계처리				
20×3년 말	(차) 이자비용	207,430[1]	(대) 현금		2,281,740
	리스부채	2,074,310			
	(차) 감가상각비	1,941,449	(대) 감가상각누계액		1,941,449
	(차) 감가상각누계액	5,824,345	(대) 사용권자산		5,824,345
	(차) 리스보증손실	100,000[2]	(대) 현금		100,000
	[1] ₩2,074,304 × 10% = ₩207,430				
	[2] ₩200,000(보증잔존가치) - ₩100,000(실제잔존가치) = ₩100,000				

02 (주)한국은 A리스회사와 20×1년 1월 1일에 금융리스계약을 체결하였다. 리스계약 종료 시 리스물건은 반환하는 조건이다. [2013 공인회계사 2차 수정]

- 리스개시일: 20×1년 1월 1일
- 리스자산: 공정가치 ₩897,000, 경제적 내용연수와 내용연수는 모두 5년, 내용연수 종료시점의 추정 잔존가치 ₩30,000, 리스기간 종료시점의 추정 잔존가치 ₩200,000, 정액법 상각
- 리스기간: 리스개시일로부터 3년
- 고정리스료: 매년 말 ₩300,000
- 보증잔존가치: 리스기간 종료 시 ₩150,000이며, 잔존가치보증에 따라 리스이용자가 지급할 것으로 예상한 금액은 없다.
- 내재이자율: 연 10%
- (주)한국은 리스계약체결을 위하여 법률자문 등 수수료 ₩100,000을 지출하였다.

물음1 리스개시일에 (주)한국이 인식할 ① 사용권자산의 장부금액과 ② 리스부채의 장부금액, A리스회사가 인식할 리스채권의 장부금액을 계산하시오. (단, 현재가치 계산 시 아래의 현가계수를 반드시 이용하시오)

기간	단일금액 ₩1의 현가계수	정상연금 ₩1의 현가계수
1	0.91	0.91
2	0.83	1.74
3	0.75	2.49

물음2 **물음1** 에서 (주)한국이 인식한 사용권자산의 장부금액은 ₩960,000, 리스부채의 장부금액은 ₩890,000으로 가정하는 것 이외의 다른 조건은 그대로 이용한다. (주)한국이 리스와 관련하여 20×1년 포괄손익계산서에 인식할 비용을 계산하시오.

물음3 20×3년 12월 31일에 A리스회사는 (주)한국으로부터 금융리스자산을 반환받았다. 리스종료 시 리스자산의 실제잔존가치가 ₩110,000이었다. 리스자산 반환이 A리스회사의 20×3년 당기순이익에 미치는 영향을 계산하시오. (단, 당기순이익이 감소하는 경우에는 금액 앞에 (-)를 표시하시오)

해답

물음 1

① 사용권자산의 장부금액: ₩747,000 + ₩100,000 = ₩847,000
② 리스부채의 장부금액: ₩300,000 × 2.49 = ₩747,000
③ 리스채권의 장부금액: ₩300,000 × 2.49 + ₩200,000 × 0.75 = ₩897,000

물음 2

포괄손익계산서에 인식할 비용: (1) + (2) = ₩(409,000)
(1) 이자비용: ₩890,000 × 0.1 = ₩(89,000)
(2) 감가상각비: ₩960,000/3년 = ₩(320,000)

물음 3

당기순이익에 미치는 영향: (1) + (2) = ₩(50,000)
(1) 리스채권손상차손: (₩110,000 - ₩200,000) = ₩(90,000)
(2) 리스보증이익: (₩150,000 - ₩110,000) = ₩40,000

03 (주)세무는 20×1년 1월 1일에 (주)한국리스로부터 기초자산 A와 기초자산 B를 리스하는 계약을 체결하였다. 리스개시일은 20×1년 1월 1일로 리스기간은 3년이며, 리스료는 매년 초 지급한다. 리스 내재이자율은 알 수 없으며, (주)세무의 20×1년 초와 20×2년 초 증분차입이자율은 각각 8%와 10%이다. 리스계약은 다음의 변동리스료 조건을 포함한다.

[2019 세무사 1차]

(1) 변동리스료 조건

기초자산 A	리스개시일 1회차 리스료: ₩50,000 변동조건: 기초자산 사용으로 발생하는 직전연도 수익의 1%를 매년 초 추가지급
기초자산 B	리스개시일 1회차 리스료: ₩30,000 변동조건: 직전연도 1년간의 소비자물가지수 변동에 기초하여 2회차 리스료부터 매년 변동

(2) 시점별 소비자물가지수

구분	20×0년 12월 31일	20×1년 12월 31일
소비자물가지수	120	132

20×1년 기초자산 A의 사용으로 ₩200,000의 수익이 발생하였다.

(3) 현가계수

기간	단일금액 ₩1의 현재가치 (할인율 8%)	단일금액 ₩1의 현재가치 (할인율 10%)
1년	0.9259	0.9091
2년	0.8573	0.8264
3년	0.7938	0.7513

리스료 변동으로 인한 20×1년 말 리스부채 증가금액은?

해답 1. 기초자산 A

(1) 리스료를 산정할 때 사용한 지수나 요율(이율)의 변동으로 생기는 미래 리스료에 변동이 있는 경우는 리스부채를 다시 측정하지만, 미래 성과나 기초자산의 사용에 연동되는 변동리스료는 모두 당기손익으로 인식함

(2) 리스료 변동으로 인한 20×1년 말 리스부채 증가금액: ₩0

2. 기초자산 B

(1) 리스이용자는 다음 중 어느 하나에 해당하는 경우에 수정 리스료를 변경되지 않은 할인율로 할인하여 리스부채를 다시 측정함

① 잔존가치보증에 따라 지급할 것으로 예상되는 금액에 변동이 있는 경우

② 리스료를 산정할 때 사용한 지수나 요율(이율)의 변동으로 생기는 미래 리스료에 변동이 있는 경우

(2) 리스료 변동으로 인한 20×1년 말 리스부채 증가금액: ③ - ② = ₩63,555 - ₩57,776 = ₩5,779

① 20×1년 초 리스부채: ₩30,000 × (0.9259 + 0.8573) = ₩53,496

② 20×1년 말 리스부채 장부금액: ₩53,496 × 1.08 = ₩57,776

③ 20×1년 말 리스부채 재측정금액: ₩30,000 × 132/120 × (1 + 0.9259) = ₩63,555

해커스 IFRS 김원종 중급회계 하

회계사·세무사·경영지도사 단번에 합격!
해커스 경영아카데미 cpa.Hackers.com

Chapter 16

수익(1): 고객과의 계약에서 생기는 수익

I | 수익의 일반론

01 정의

수익(Income)이란 자산의 증가 또는 부채의 감소로서 자본의 증가를 가져오며, 자본청구권 보유자의 출자와 관련된 것을 제외한 것을 말한다. 이와 같은 정의에 비추어 수익은 다음과 같은 특징이 있다.

(1) 이러한 수익의 정의에 따라, 자본청구권 보유자로부터의 출자는 수익이 아니다.

(2) 광의의 수익(Income)의 정의에는 수익(Revenue)과 차익(Gains)이 모두 포함된다. 수익(Revenue)은 기업의 정상영업활동의 일환으로 발생하며 매출액, 수수료수익, 이자수익, 배당수익, 로열티수익 및 임대료수익 등 다양한 명칭으로 구분된다. 차익(Gains)은 광의의 수익(Income)의 정의를 충족하는 그 밖의 항목으로 기업의 정상영업활동의 일환이나 그 이외의 활동에서 발생할 수 있다. 차익(Gains)도 경제적효익의 증가를 나타내므로 본질적으로 수익(Revenue)과 차이가 없으므로 차익을 별개의 요소로 보지 아니한다.

(3) 수익은 기업의 재무성과와 관련된 재무제표 요소이다. 재무제표이용자들은 기업의 재무상태와 재무성과에 대한 정보가 필요하다. 따라서 수익은 자산과 부채의 변동으로 정의되지만, 수익에 대한 정보는 자산과 부채에 대한 정보만큼 중요하다.

(4) 서로 다른 거래나 그 밖의 사건은 서로 다른 특성을 지닌 수익을 발생시킨다. 수익의 서로 다른 특성별로 정보를 별도로 제공하면 재무제표이용자들이 기업의 재무성과를 이해하는 데 도움이 될 수 있다.

> **⊘ 참고 K-IFRS 제1115호 '고객과의 계약에서 생기는 수익'**
>
> 2016년 11월 15일 의결된 K-IFRS 제1115호 '고객과의 계약에서 생기는 수익'은 고객과의 계약에서 생기는 수익 및 현금흐름의 특성, 금액, 시기, 불확실성에 대한 유용한 정보를 재무제표이용자들에게 보고하기 위한 기준을 정하고 있다. 수익은 재무제표이용자가 기업의 재무성과와 재무상태를 평가할 때 중요한 수치이다. 따라서 이 개정된 기준서는 종전 수익인식 규정의 불일치와 취약점을 제거하고, 수익 논제를 다루기 위한 확고한 체계를 제공하며, 기업·산업·국가·자본시장 간 수익인식 실무의 비교가능성을 향상시켜 재무제표이용자에게 더 유용한 정보를 제공하는 것이 그 목적이다. 이 기준서의 핵심 원칙은 기업이 고객에게 약속한 재화나 용역의 이전을 나타내도록 해당 재화나 용역의 대가로 받을 권리를 갖게 될 것으로 예상하는 대가를 반영한 금액으로 수익을 인식해야 한다는 것이다.

이러한 수익의 특징에 따라 수익을 인식하기 위해서는 K-IFRS 제1115호 '고객과의 계약에서 생기는 수익'에서 규정한 수익인식의 5단계를 적용해야 하는데, 이에 대해서 본 단원에서 구체적으로 설명하기로 한다.

⚡ POINT 수익의 정의

수익의 정의	자산의 증가 또는 부채의 감소로서 자본의 증가를 가져오며, 자본청구권 보유자의 출자와 관련된 것을 제외한 것
수익과 차익	광의의 수익의 정의에는 수익과 차익이 모두 포함되며, 차익도 경제적효익의 증가를 나타내므로 본질적으로 수익과 차이가 없으므로 차익을 별개의 요소로 보지 아니함

02 이론적인 수익인식방법

수익을 인식하는 방법에는 현금기준과 발생기준이 있다. 발생기준(Accrual Basis)은 거래가 발생한 시점에 수익을 인식하는 방법이며, 현금기준(Cash Basis)은 현금을 회수하는 시점에 수익을 인식하는 방법이다. 여기서 현금을 회수하는 시점을 경영자가 자의적인 의도로 조작할 경우 현금기준에 의한 수익인식방법은 이익조작가능성이 있으며, 재무성과를 정확하게 표시할 수 없다. 따라서 현대회계는 재무성과를 보다 정확하게 표시하는 발생기준을 채택하고 있다. 그러나 실무적으로 수익은 기업의 경영활동에 전반에 걸쳐 발생하므로 그 금액을 정확하게 측정하는 것은 쉽지 않다. 따라서 실무적으로 수익은 발생기준을 후퇴시켜 일정요건을 충족한 시점에 수익을 인식하게 된다.

이 수익인식기준을 이론적으로 실현기준(Realization Basis)라고 하며, 다음 2가지 요건을 모두 충족한 시점에 수익을 인식하여야 한다.

> ① 실현요건: 실현되었거나 실현가능해야 한다. 즉, 수익금액을 신뢰성 있게 측정할 수 있고 경제적효익의 유입가능성이 높아야 한다.
> ② 가득요건: 가득과정이 완료되어야 한다. 즉, 수익획득과정과 관련된 경제적 의무를 완료하여 수익을 얻을 만한 자격이 있어야 한다.

이러한 수익획득과정은 기업의 업종마다 차이가 있다. 그러나 일반적으로 제조업의 경우 제품을 생산하여 이를 판매하고 대금을 회수하는 과정이 수익획득과정이다. 위의 실현기준이 충족되는 시점에 따라 생산시점, 생산완료시점, 판매시점, 대금회수시점에 각각 수익을 인식하면 된다.

[그림 16-1] 실현기준에 따른 수익인식

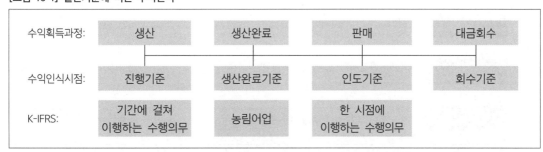

고객(Customer)이란 기업의 통상적인 활동의 산출물인 재화나 용역을 대가와 교환하여 획득하기로 그 기업과 계약한 당사자를 말한다. 예를 들면 계약상대방이 기업의 통상적인 활동의 산출물을 취득하기 위해서가 아니라 어떤 활동이나 과정(예 협업약정에 따른 자산 개발)에 참여하기 위해 기업과 계약하였고, 그 계약당사자들이 그 활동이나 과정에서 생기는 위험과 효익을 공유한다면, 그 계약상대방은 고객이 아니다. K-IFRS 제1115호 '고객과의 계약에서 생기는 수익'은 고객과의 모든 계약에 적용한다.[1]

K-IFRS 제1115호 '고객과의 계약에서 생기는 수익'의 핵심원칙은 기업이 고객에게 약속한 재화나 용역의 이전을 나타내도록 해당 재화나 용역의 대가로 받을 권리를 갖게 될 것으로 예상하는 대가를 반영한 금액으로 수익을 인식해야 한다는 것이다. 이러한 핵심원칙에 따라 수익을 인식하기 위해서는 다음의 5단계를 적용해야 한다.

[그림 16-2] 수익인식의 5단계

[1단계]	:	고객과의 계약의 식별	(수익의 인식)
[2단계]	:	수행의무의 식별	(수익의 인식)
[3단계]	:	거래가격의 산정	(수익의 측정)
[4단계]	:	거래가격을 계약 내 수행의무에 배분	(수익의 측정)
[5단계]	:	수행의무를 이행할 때 수익을 인식	(수익의 인식)

---

1) 다음을 제외한다.
   ① K-IFRS 제1017호 '리스'의 적용범위에 포함되는 리스계약
   ② K-IFRS 제1104호 '보험계약'의 적용범위에 포함되는 보험계약
   ③ K-IFRS 제1109호 '금융상품', 제1110호 '연결재무제표', 제1111호 '공동약정', 제1027호 '별도재무제표', 제1028호 '관계기업과 공동기업에 대한 투자'의 적용범위에 포함되는 금융상품과 그 밖의 계약상 권리 또는 의무
   ④ 고객이나 잠재적 고객에게 판매를 쉽게 하기 위해 행하는 같은 사업 영역에 있는 기업 사이의 비화폐성 교환. 예를 들면 두 정유사가 서로 다른 특정 지역에 있는 고객의 수요를 적시에 충족하기 위해, 두 정유사끼리 유류를 교환하기로 합의한 계약에는 이 기준서를 적용하지 않는다.

┌─ 사례 ───

예를 들어, (주)한국소프트웨어는 고객에게 소프트웨어 라이선스를 이전하고 30개월 동안 기술지원용역을
제공하는 계약을 체결하였다. 개별적으로 소프트웨어 라이선스는 ₩1,000,000에 판매하고, 기술지원용역
의 경우 월 ₩100,000씩 30개월 동안 ₩3,000,000을 수령하고 있다. (주)한국소프트웨어는 소프트웨어
라이선스를 이전하고 30개월간 기술지원용역을 묶어서 ₩1,000,000을 할인하여 ₩3,000,000에 공급하
기로 고객과 계약을 체결하였다. 이를 수익인식의 5단계 절차를 적용하여 설명하면 다음과 같다.

① 계약의 식별: 소프트웨어 라이선스와 30개월간 기술지원용역을 대가와 교환하기로 한 계약의 당사자
　이므로 고객과의 계약이다.
② 수행의무의 식별: 소프트웨어 라이선스의 인도와 기술지원용역을 제공하여야 한다.
③ 거래가격의 산정: ₩3,000,000(= ₩4,000,000 − ₩1,000,000)
④ 거래가격을 계약 내 수행의무에 배분: 소프트웨어 라이선스는 ₩750,000(= ₩3,000,000 ×
　₩1,000,000/₩4,000,000)이 배분되고, 기술지원용역은 ₩2,250,000(= ₩3,000,000 ×
　₩3,000,000/₩4,000,000)이 배분된다.
⑤ 수행의무를 이행할 때 수익을 인식: 소프트웨어 라이선스는 ₩750,000을 한 시점에 이행하는 수행
　의무로 통제를 이전하는 시점에 수익으로 인식하며, 기술지원용역은 기간에 걸쳐 이행하는 수행의무
　로 30개월 동안 월 ₩75,000(= ₩2,250,000/30개월)씩 기간에 걸쳐 수익을 인식한다.
───

01 [1단계] 계약의 식별

(1) 계약의 식별

계약(Contract)은 둘 이상의 당사자 사이에 집행 가능한 권리와 의무가 생기게 하는 합의이다. 계약상
권리와 의무의 집행 가능성은 법률적인 문제이다. 계약은 서면으로, 구두로, 기업의 사업 관행에 따라
암묵적으로 체결할 수 있다. 다음 기준을 모두 충족하는 때에만, 고객과의 계약으로 회계처리한다.

> ① 계약 당사자들이 계약을 승인하고 각자의 의무를 수행하기로 확약한다.
> ② 이전할 재화나 용역과 관련된 각 당사자의 권리를 식별할 수 있다.
> ③ 이전할 재화나 용역의 지급조건을 식별할 수 있다.
> ④ 계약에 상업적 실질이 있다.[2]
> ⑤ 고객에게 이전할 재화나 용역에 대하여 받을 권리를 갖게 될 대가의 회수가능성이 높다.[3]

고객과의 어떤 계약은 존속 기간이 고정되지 않을 수 있고 당사자 중 한 편이 언제든지 종료하거나 수정할
수도 있다. 또 다른 계약은 계약에서 정한 바에 따라 주기적으로 자동 갱신될 수 있다. 고객과의 계약에서
생기는 수익은 계약 당사자들이 현재 집행 가능한 권리와 의무가 있는 계약의 존속 기간에 적용한다.
계약의 각 당사자가 전혀 수행되지 않은 계약에 대해 상대방에게 보상하지 않고 종료할 수 있는 일방적이
고 집행 가능한 권리를 갖는다면, 그 계약은 존재하지 않는다고 본다. 다음의 기준을 모두 충족한다면,
계약은 전혀 수행되지 않은 것이다.

---

2) 계약의 결과로 기업의 미래현금흐름의 위험, 시기, 금액이 변동될 것으로 예상된다.
3) 대가의 회수가능성이 높은지를 평가할 때에는 지급기일에 고객이 대가(금액)를 지급할 수 있는 능력과 지급할 의도만을 고려한다.
　기업이 고객에게 가격할인(Price Concessions)을 제공할 수 있기 때문에 대가가 변동될 수 있다면, 기업이 받을 권리를 갖게
　될 대가는 계약에 표시된 가격보다 적을 수 있다.

① 기업이 약속한 재화나 용역을 아직 고객에게 이전하지 않았다.
② 기업이 약속한 재화나 용역에 대하여 어떤 대가도 아직 받지 않았고 아직 받을 권리도 없다.

고객과의 계약이 계약 개시시점에 계약의 식별기준을 충족하는 경우에는 사실과 상황에 유의적인 변동 징후가 없는 한 위의 기준들을 재검토하지 않는다. 그러나 사실과 상황에 유의적인 징후가 존재한다면 위의 기준을 재검토해야 한다. 예를 들면 고객의 대가 지급 능력이 유의적으로 악화된다면 고객에게 이전할 나머지 재화나 용역에 대하여 받을 권리를 갖게 될 대가를 회수할 가능성이 높은지를 재검토할 것이다. 만약, 고객과의 계약이 계약의 식별기준을 충족하지 못한다면, 나중에 충족되는지를 판단하기 위해 그 계약을 지속적으로 검토한다.

고객과의 계약의 식별기준을 충족하지 못하지만 고객에게서 대가를 받은 경우에는 다음 사건 중 어느 하나가 일어난 경우에만 받은 대가를 수익으로 인식한다.

> ① 고객에게 재화나 용역을 이전해야 하는 의무가 남아 있지 않고, 고객이 약속한 대가를 모두(또는 대부분) 받았으며 그 대가는 환불되지 않는다.
> ② 계약이 종료되었고 고객에게서 받은 대가는 환불되지 않는다.

고객에게서 미리 받은 대가는 수익으로 인식하기 전까지 부채로 인식한다. 인식된 부채는 계약과 관련된 사실 및 상황에 따라, 재화나 용역을 미래에 이전해야 하는 의무나 받은 대가를 환불해야 하는 의무를 나타낸다. 이 모든 경우에 그 부채는 고객에게서 받은 대가로 측정한다.

⚡POINT 계약의 식별

정의	둘 이상의 당사자 사이에 집행 가능한 권리와 의무가 생기게 하는 합의
고객과의 계약	다음의 조건을 모두 충족해야 함 ① 계약 당사자들이 계약을 승인하고 각자의 의무를 수행하기로 확약함 ② 이전할 재화나 용역과 관련된 각 당사자의 권리를 식별할 수 있음 ③ 이전할 재화나 용역의 지급조건을 식별할 수 있음 ④ 계약에 상업적 실질이 있음 ⑤ 고객에게 이전할 재화나 용역에 대하여 받을 권리를 갖게 될 대가의 회수가능성이 높음
계약 개시시점에 계약의 식별기준을 충족하는 경우	① 사실과 상황에 유의적인 변동 징후가 없는 경우: 식별기준을 재검토하지 않음 ② 사실과 상황에 유의적인 징후가 존재하는 경우: 식별기준을 재검토함
고객과의 계약의 식별기준을 충족하지 못하지만 고객에게서 대가를 받은 경우	다음 사건 중 어느 하나가 일어난 경우에만 받은 대가를 수익으로 인식함 ① 고객에게 재화나 용역을 이전해야 하는 의무가 남아 있지 않고, 고객이 약속한 대가를 모두(또는 대부분) 받았으며 그 대가는 환불되지 않는다. ② 계약이 종료되었고 고객에게서 받은 대가는 환불되지 않는다.
고객에게서 미리 받은 대가	고객에게서 미리 받은 대가는 수익으로 인식하기 전까지 부채로 인식

예제 1 계약의 식별(K-IFRS 사례)

부동산개발업자인 (주)서울이 ₩1,000,000에 건물을 판매하기 위해 20×1년 초에 고객과 계약을 체결하였다. 관련 자료는 다음과 같다.

> (1) 고객은 그 건물에 레스토랑을 개업하려고 한다. 그 건물은 새로운 레스토랑을 운영하기에는 경쟁이 심한 지역에 위치하고 있으며, 고객은 레스토랑 산업에서 경험이 거의 없다. 고객은 차입금 상환에 사용할 수 있는 다른 수익이나 자산이 부족하여 고객은 주로 레스토랑 사업에서 얻는 수익으로 차입금을 상환하려고 한다. 이러한 이유로 건물의 이전에 대하여 받을 권리가 있는 대가의 회수가능성은 높지 않다고 추정된다.
> (2) 고객은 계약 개시시점에 환불되지 않는 계약금 ₩50,000을 지급하고, 약속된 대가의 95%인 나머지 금액은 기업과 장기 금융약정을 체결하였다. 금융약정은 비소구(Non-Recourse) 조건으로 제공되었는데, 이는 고객이 채무를 이행하지 못할 경우에 기업이 그 건물을 회수하고, 그 담보물의 가치가 받아야 할 금액보다 적더라도 고객에게 더는 보상을 요구할 수 없음을 뜻한다.
> (3) 기업의 건물 원가는 ₩600,000이다. 고객은 계약 개시시점에 건물을 통제하게 된다.

물음1 부동산개발업자인 (주)서울이 20×1년 초에 수행할 회계처리를 나타내시오.

물음2 물음1 과 달리 (주)서울이 20×1년 초에 고객에게 이전할 재화나 용역에 대하여 받을 권리를 갖게 될 대가의 회수가능성이 높다고 판단되는 경우에 수행할 회계처리를 나타내시오. (단, (주)서울은 매출원가를 계속기록법에 의하여 기록하고 있다)

해답 물음1

1. 20×1년 초 회계처리

일자	회계처리			
20×1. 1. 1.	(차) 현금	50,000	(대) 계약부채(선수금)	50,000

2. 고객은 주로 레스토랑 사업(그 사업이 속한 산업의 심한 경쟁과 고객의 경험 부족으로 유의적인 위험에 직면한 사업)에서 얻는 수익으로 차입금(유의적인 잔액)을 상환하려고 한다. 고객은 차입금 상환에 사용할 수 있는 다른 수익이나 자산이 부족하다. 또한, 대여금이 비소구 조건이기 때문에 차입에 따른 고객의 책임이 제한되어 있다. 이러한 이유로 기업은 건물의 이전에 대하여 받을 권리가 있는 대가를 회수할 가능성이 높지 않기 때문에 고객과의 계약으로 식별할 수 없다. 따라서 고객에서 미리 받은 대가는 수익으로 인식하기 전까지 부채로 인식한다.

물음2

1. 20×1년 초 회계처리

일자	회계처리			
20×1. 1. 1.	(차) 현금	50,000	(대) 매출	1,000,000
	매출채권	950,000		
	(차) 매출원가	600,000	(대) 재고자산	600,000

2. 고객에게 이전할 재화나 용역에 대하여 받을 권리를 갖게 될 대가의 회수가능성이 높으므로 고객과의 계약을 식별할 수 있다. 따라서 한 시점에 이행하는 수행의무이므로 통제를 이전하는 시점에 수익을 인식한다.

(2) 계약의 결합

다음 기준 중 하나 이상을 충족한다면, 같은 고객 또는 그 고객의 특수관계자와 동시에 또는 가까운 시기에 체결한 둘 이상의 계약을 결합하여 단일 계약으로 회계처리한다.

① 복수의 계약을 하나의 상업적 목적으로 일괄 협상한다.
② 한 계약에서 지급하는 대가는 다른 계약의 가격이나 수행에 따라 달라진다.
③ 복수의 계약에서 약속한 재화나 용역(또는 각 계약에서 약속한 재화나 용역의 일부)은 단일 수행의무에 해당한다.

⟨💡POINT⟩ 계약의 결합

계약의 결합	다음 기준 중 하나 이상을 충족한다면, 둘 이상의 계약을 결합하여 단일 계약으로 회계처리함 ① 복수의 계약을 하나의 상업적 목적으로 일괄 협상함 ② 한 계약에서 지급하는 대가는 다른 계약의 가격이나 수행에 따라 달라짐 ③ 복수의 계약에서 약속한 재화나 용역(또는 각 계약에서 약속한 재화나 용역의 일부)은 단일 수행의무에 해당함

(3) 계약변경

계약변경(Contract Modification)이란 계약 당사자들이 승인한 계약의 범위나 계약가격의 변경을 말한다. 다른 말로는 계약변경을 주문변경, 공사변경, 수정이라고 표현하기도 한다. 계약변경은 계약 당사자가 집행 가능한 권리와 의무를 새로 설정하거나 기존의 집행 가능한 권리와 의무를 변경하기로 승인할 때 존재한다. 계약변경은 서면으로, 구두 합의로, 기업의 사업 관행에서 암묵적으로 승인될 수 있다. 계약변경은 별도계약으로 처리하는 경우와 별도계약으로 처리하지 않는 경우로 구분되는데 구체적인 내용은 다음과 같다.

[별도계약으로 처리하는 경우]

다음 두 조건을 모두 충족하는 경우에 계약변경은 별도계약으로 회계처리한다.
① 구별되는 약속한 재화나 용역이 추가되어 계약의 범위가 확장된다.
② 계약가격이 추가로 약속한 재화나 용역의 개별 판매가격에 특정 계약 상황을 반영하여 적절히 조정한 대가만큼 상승한다.[4]

---

4) 예를 들면 기업은 기존 고객이 받는 할인을 고려하여 추가 재화나 용역의 개별 판매가격을 조정할 수 있는데, 이는 새로운 고객에게 비슷한 재화나 용역을 판매할 때 들 판매 관련 원가를 들일 필요가 없기 때문이다.

[별도계약으로 처리하지 않는 경우]

별도계약으로 회계처리하는 계약변경이 아니라면, 계약변경일에 아직 이전되지 않은 약속한 재화나 용역(나머지 약속한 재화나 용역)을 다음 중 해당하는 방법으로 회계처리한다.

① 나머지 재화나 용역이 계약변경일이나 그 전에 이전한 재화나 용역과 구별된다면, 그 계약변경은 기존 계약을 종료하고 새로운 계약을 체결한 것처럼 회계처리한다. 나머지 수행의무에 배분하는 대가는 다음 항목의 합계로 한다.

   a. 고객이 약속한 대가(고객에게서 이미 받은 대가 포함) 중 거래가격 추정치에는 포함되었으나 아직 수익으로 인식되지 않은 금액

   b. 계약변경의 일부로 약속한 대가

② 나머지 재화나 용역이 구별되지 않아서 계약변경일에 부분적으로 이행된 단일 수행의무의 일부를 구성한다면, 그 계약변경은 기존 계약의 일부인 것처럼 회계처리한다. 계약변경이 거래가격과 수행의무의 진행률에 미치는 영향은 계약변경일에 수익을 조정(수익의 증액이나 감액)하여 인식한다.[5]

③ 나머지 재화나 용역이 ①과 ②의 경우로 결합되어 있다면, 변경된 계약에서 이행되지 아니한 수행의무에 미치는 계약변경의 영향을 목적에 맞는 방법으로 회계처리한다.

⚡ POINT 계약변경

정의	계약 당사자들이 승인한 계약의 범위나 계약가격의 변경
별도계약으로 처리하는 경우	다음의 조건을 모두 충족해야 함 ① 계약의 범위가 확장 ② 계약가격이 개별 판매가격에 특정 계약 상황을 반영하여 적절히 조정한 대가만큼 상승
별도계약으로 처리하지 않는 경우	① 나머지 재화나 용역이 이전한 재화나 용역과 구별되는 경우: 계약을 종료하고 새로운 계약을 체결한 것처럼 회계처리 ② 나머지 재화나 용역이 구별되지 않아서 계약변경일에 부분적으로 이행된 단일 수행의무의 일부를 구성: 기존 계약의 일부인 것처럼 회계처리 ③ 나머지 재화나 용역이 ①과 ②와 결합: 목적에 맞는 방법으로 회계처리

---

5) 수익을 누적효과 일괄조정기준(Cumulative Catch - Up Basis)으로 조정한다.

(주)강남은 20×1년 10월 1일에 제품 120개를 고객에게 ₩12,000(개당 ₩100)에 판매하기로 약속하였고, 제품은 6개월에 걸쳐 고객에게 이전된다.

(1) (주)강남과 고객은 제품에 대한 통제를 한 시점에 이전한다. 20×1년 12월 31일에 (주)강남이 제품 60개에 대한 통제를 고객에게 이전한 다음에, 추가로 제품 30개(총 150개의 동일한 제품)를 고객에게 납품하기로 계약을 변경하였다. 추가 제품 30개는 최초 계약에 포함되지 않았다.

(2) 20×2년 1월 31일에 제품 60개에 대한 통제를 고객에게 이전되었으며, 나머지 제품 30개에 대한 통제는 20×2년 3월 31일에 고객에게 이전되었다. 회사는 고객에게 제품에 대한 통제를 이전할 때 대가를 현금으로 수령하였다.

물음 1 20×1년 12월 31일 계약을 변경할 때, 추가 제품 30개에 대한 계약변경의 가격은 추가 금액 ₩2,850이며 개당 ₩95이다. 추가 제품은 계약변경 시점에 그 제품의 개별 판매가격을 반영하여 가격이 책정되고 원래 제품과는 구별된다. 추가 제품 30개의 계약변경이 별도계약인지 여부를 설명하고 20×1년과 20×2년에 수익으로 인식할 금액을 계산하시오.

물음 2 추가 제품 30개를 구매하는 협상을 진행하면서, 양 당사자는 처음에 개당 ₩80에 합의하였다. 그러나 고객은 이전받은 최초 제품 60개에 그 인도된 제품 특유의 사소한 결함이 있음을 알게 되었다. 따라서 (주)강남은 그 제품의 낮은 질에 대한 보상으로 고객에게 개당 ₩15씩 일부 공제를 약속하였고, (주)강남과 고객은 (주)강남이 추가 제품 30개에 부과하는 가격에서 ₩900(공제 ₩15 × 제품 60개)을 공제하기로 합의하였다. 따라서 계약변경에서는 추가 제품 30개의 가격을 ₩1,500, 즉 개당 ₩50으로 정하였다. 즉, 추가 제품 30개에 대하여 ₩2,400에서 ₩900을 공제하기로 합의한 가격으로 구성된다. 20×2년 1월 31일과 20×2년 3월 31일에 통제를 고객에게 이전할 때, 각각 현금 ₩4,700과 ₩2,800을 수령하였다. 추가 제품 30개의 계약변경이 별도계약인지 여부를 설명하고 20×1년과 20×2년에 수익을 인식할 금액을 계산하시오.

해답 **물음 1**

1. 제품 30개를 추가하는 계약변경은 구별되는 약속한 재화나 용역이 추가되어 계약의 범위가 확장되고, 계약가격이 추가로 약속한 재화나 용역의 개별 판매가격에 특정 계약 상황을 반영하여 적절히 조정한 대가만큼 상승하고 있다. 따라서, 기존 계약의 회계처리에 영향을 미치지 않는, 사실상 미래 제품에 대한 별도의 새로운 계약이다.

2. (주)강남은 원래 계약의 제품 120개에 개당 ₩100씩 ₩12,000, 새로운 계약의 제품 30개에 개당 ₩95씩 수익을 ₩2,850, 총 ₩14,850을 수익으로 인식한다.

   (1) 20×1년 수익으로 인식할 금액: ₩6,000
      ① 20×1년 12월 31일: 60개 × ₩100 = ₩6,000

   (2) 20×2년 수익으로 인식할 금액: ① + ② = ₩8,850
      ① 20×2년 1월 31일: 60개 × ₩100 = ₩6,000
      ② 20×2년 3월 31일: 30개 × ₩95 = ₩2,850

3. 회계처리

일자	회계처리			
20×1. 12. 31.	(차) 현금 1) 60개 × ₩100 = ₩6,000	6,000	(대) 매출	6,000[1]
20×2. 1. 31.	(차) 현금 1) 60개 × ₩100 = ₩6,000	6,000	(대) 매출	6,000[1]
20×2. 3. 31.	(차) 현금 1) 30개 × ₩95 = ₩2,850	2,850	(대) 매출	2,850[1]

물음 2

1. 변경시점에 (주)강남은 ₩900을 거래가격에서 차감하여, 최초에 이전한 제품 60개에 대한 수익에서 차감하여 인식하여야 한다. 추가 제품 30개의 판매를 회계처리할 때 (주)강남은 개당 ₩80의 협상가격이 추가 제품의 개별 판매가격을 반영하지 않았다고 판단된다. 따라서 구별되는 약속한 재화나 용역이 추가되어 계약의 범위가 확장되고, 계약가격이 추가로 약속한 재화나 용역의 개별 판매가격에 특정 계약 상황을 반영하여 적절히 조정한 대가만큼 상승하고 있다는 별도계약으로 회계처리하는 요건을 충족하지 못하고 있다. 그러나, 인도할 나머지 제품이 이미 이전한 제품과 구별되기 때문에 계약변경을 원래 계약이 종료되고 새로운 계약이 체결된 것으로 회계처리한다.

2. 수익인식액
   (1) 20×1년 수익으로 인식할 금액: ₩5,100
      ① 20×1년 12월 31일: 60개 × ₩100 − ₩900 = ₩5,100
   (2) 20×2년 수익으로 인식할 금액: ② + ③ = ₩8,400
      ① 계약변경으로 인한 판매가: [₩100 × 60개(원래 계약에서 이전하지 않은 제품) + ₩80 × 30개(계약변경에 따라 이전할 제품)] ÷ 90개 = @93.33
      ② 20×2년 1월 31일: 60개 × ₩93.33 = ₩5,600
      ③ 20×2년 3월 31일: 30개 × ₩93.33 = ₩2,800

3. 회계처리

일자	회계처리			
20×1. 12. 31.	(차) 현금 매출 1) 60개 × ₩100 = ₩6,000 2) 60개 × ₩15 = ₩900	6,000 900	(대) 매출 선수금	6,000[1] 900[2]
20×2. 1. 31.	(차) 선수금 현금 1) 60개 × ₩93.33 = ₩5,600	900 4,700	(대) 매출	5,600[1]
20×2. 3. 31.	(차) 현금 1) 30개 × ₩93.33 = ₩2,800	2,800	(대) 매출	2,800[1]

02 [2단계] 수행의무의 식별

(1) 의의

수행의무(Performance Obligation)란 고객과의 계약에서 구별되는 재화나 용역을 고객에게 이전하기로 한 각 약속을 말한다. 일반적으로 하나의 계약은 고객에게 재화나 용역을 이전하는 여러 약속을 포함한다. 그 재화나 용역들이 구별된다면 약속은 수행의무이고 별도로 회계처리한다. 따라서 계약 개시시점에 고객과의 계약에서 약속한 재화나 용역을 검토하여 고객에게 다음 중 어느 하나를 이전하기로 한 각 약속을 하나의 수행의무로 식별한다.

> ① 구별되는 재화나 용역
> ② 실질적으로 서로 같고 고객에게 이전하는 방식도 같은 일련의 구별되는 재화나 용역

일반적으로 고객과의 계약에는 기업이 고객에게 이전하기로 약속하는 재화나 용역을 분명히 기재한다. 그러나 고객과의 계약에서 식별되는 수행의무는 계약에 분명히 기재한 재화나 용역에만 한정되지 않을 수 있다. 이는 계약체결일에 기업의 사업 관행, 공개한 경영방침, 특정 성명서에서 암시되는 약속이 기업이 재화나 용역을 고객에게 이전할 것이라는 정당한 기대를 하도록 한다면, 이러한 약속도 고객과의 계약에 포함될 수 있기 때문이다.

계약을 이행하기 위해 수행해야 하지만 고객에게 재화나 용역을 이전하는 활동이 아니라면 그 활동은 수행의무에 포함되지 않는다. 예를 들면 용역 제공자는 계약을 준비하기 위해 다양한 관리 업무를 수행할 필요가 있을 수 있다. 관리 업무를 수행하더라도, 그 업무를 수행함에 따라 고객에게 용역이 이전되지는 않기 때문에 그 준비 활동은 수행의무가 아니다.

(2) 구별되는 재화나 용역을 이전하기로 한 약속

다음 기준을 모두 충족한다면 고객에게 약속한 재화나 용역은 구별되는 것이다.[6]

> ① 고객이 재화나 용역 그 자체에서 효익을 얻거나 고객이 쉽게 구할 수 있는 다른 자원과 함께하여 그 재화나 용역에서 효익을 얻을 수 있다.
> ② 고객에게 재화나 용역을 이전하기로 하는 약속을 계약 내의 다른 약속과 별도로 식별해 낼 수 있다.

---

6) 약속한 재화나 용역은 계약에 따라 다음 항목을 포함할 수 있으나 이에 한정되지는 않는다.
   (1) 기업이 생산한 재화의 판매(예 제조업자의 재고자산)
   (2) 기업이 구매한 재화의 재판매(예 소매업자의 상품)
   (3) 기업이 구매한 재화 또는 용역에 대한 권리의 재판매(예 본인으로 활동하는 기업이 재판매하는 티켓)
   (4) 고객을 위해 계약상 합의한 업무의 수행
   (5) 재화나 용역을 언제라도 제공할 수 있는 상태에 있어야 하는 용역의 제공[예 사용할 수 있을 때 고객이 사용하면 제공되는, 소프트웨어의 특정되지 않은 갱신(Update)]이나 고객이 결정하는 시점에 그 결정에 따라 재화나 용역을 사용할 수 있는 용역의 제공
   (6) 다른 당사자가 재화나 용역을 고객에게 이전하도록 주선하는 용역의 제공(예 다른 당사자의 대리인 역할 수행)
   (7) 고객이 자신의 고객에게 재판매하거나 공급할 수 있도록 기업이 미래에 제공할 재화나 용역에 대한 권리를 고객에게 부여(예 소매업자에게 제품을 판매한 기업이 그 소매업자에게서 그 제품을 구매하는 개인에게 추가 재화나 용역을 이전하기로 약속한다)
   (8) 고객을 위하여 자산을 건설, 제조, 개발
   (9) 라이선스 부여
   (10) 추가 재화나 용역을 구매할 수 있는 선택권 부여(이러한 선택권으로 고객에게 중요한 권리가 제공되는 경우)

약속한 재화나 용역이 구별되지 않는다면, 구별되는 재화나 용역의 묶음을 식별할 수 있을 때까지 그 재화나 용역을 약속한 다른 재화나 용역과 결합한다. 경우에 따라서는 그렇게 함으로써 기업이 계약에서 약속한 재화나 용역 모두를 단일 수행의무로 회계처리하는 결과를 가져올 것이다.

> ⊘참고 **암묵적 약속**
>
> 기업은 과거부터 유통업자에게서 기업의 제품을 구매한 최종 고객에게 추가 대가 없이 무료로 유지보수용역을 제공해 왔다. 기업은 유통업자와 협상하는 과정에서 유지보수용역을 분명하게 약속하지 않았고 기업과 유통업자 간 최종 계약에 그 용역의 조건을 규정하지도 않았다. 그러나 사업 관행에 기초하여, 기업은 계약 개시시점에 유통업자와 협상한 교환의 일부로 유지보수용역을 제공하기로 하는 암묵적 약속을 하였다고 판단해야 한다. 즉 이 용역을 제공하는 기업의 과거 관행 때문에 고객(유통업자와 최종 고객)은 정당한 기대를 하게 된다. 따라서 기업은 유지보수용역의 약속이 수행의무인지를 파악한다. 기업은 이와 같은 이유로 제품과 유지보수용역이 별도 수행의무라고 판단하여 식별해야 한다.

(3) 일련의 구별되는 재화나 용역을 이전하기로 한 약속

일련의 구별되는 재화나 용역이 다음 기준을 모두 충족하는 경우에는 고객에게 이전하는 방식이 같다.

> ① 기업이 고객에게 이전하기로 약속한 일련의 구별되는 재화나 용역에서 각 구별되는 재화나 용역이 기간에 걸쳐 이행하는 수행의무의 기준을 충족할 것이다.
> ② 일련의 구별되는 재화나 용역에서 각 구별되는 재화나 용역을 고객에게 이전하는 수행의무의 진행률을 같은 방법을 사용하여 측정할 것이다.

즉, 위의 기준을 모두 충족하는 경우에는 일련의 구별되는 재화나 용역을 이전하기로 한 약속임에도 불구하고 단일의 수행의무로 판단한다.

⚡POINT 수행의무의 식별

수행의무의 정의	고객과의 계약에서 구별되는 재화나 용역을 고객에게 이전하기로 한 각 약속
수행의무의 식별기준	다음 중 어느 하나를 이전하기로 한 각 약속을 하나의 수행의무로 식별함 ① 구별되는 재화나 용역 ② 실질적으로 서로 같고 고객에게 이전하는 방식도 같은 일련의 구별되는 재화나 용역
구별되는 재화와 용역	다음의 조건을 모두 충족해야 함 ① 고객이 재화나 용역 그 자체에서 효익을 얻거나 고객이 쉽게 구할 수 있는 다른 자원과 함께하여 그 재화나 용역에서 효익을 얻을 수 있음 ② 고객에게 재화나 용역을 이전하기로 하는 약속을 계약 내의 다른 약속과 별도로 식별해 낼 수 있음
구별되지 않는 재화나 용역	구별되는 재화나 용역의 묶음을 식별할 수 있을 때까지 그 재화나 용역을 약속한 다른 재화나 용역과 결합함
일련의 구별되는 재화나 용역	일련의 구별되는 재화나 용역이 다음 기준을 모두 충족하는 경우에는 고객에게 이전하는 방식이 같음 ① 기업이 고객에게 이전하기로 약속한 일련의 구별되는 재화나 용역에서 각 구별되는 재화나 용역이 기간에 걸쳐 이행하는 수행의무의 기준을 충족할 것 ② 일련의 구별되는 재화나 용역에서 각 구별되는 재화나 용역을 고객에게 이전하는 수행의무의 진행률을 같은 방법을 사용하여 측정할 것

(4) 수행의무의 종류

고객과의 계약에서 구별되는 재화나 용역을 고객에게 이전하기로 한 각 약속인 수행의무는 기간에 걸쳐 이행하는 수행의무와 한 시점에 이행하는 수행의무로 구분할 수 있다. 이에 대해 구체적으로 살펴보면 다음과 같다.

① 기간에 걸쳐 이행하는 수행의무

다음 기준 중 어느 하나를 충족하면, 기업은 재화나 용역에 대한 통제를 기간에 걸쳐 이전하므로, 기간에 걸쳐 수행의무를 이행하는 것이고 기간에 걸쳐 수익을 인식한다.

> a. 고객은 기업이 수행하는 대로 기업의 수행에서 제공하는 효익을 동시에 얻고 소비한다.
> b. 기업이 수행하여 만들어지거나 가치가 높아지는 대로 고객이 통제하는 자산(예 재공품)을 기업이 만들거나 그 자산 가치를 높인다.
> c. 기업이 수행하여 만든 자산이 기업 자체에는 대체 용도가 없고, 지금까지 수행을 완료한 부분에 대해 집행 가능한 지급청구권이 기업에 있다.

② 한 시점에 이행하는 수행의무

수행의무가 기간에 걸쳐 이행되지 않는다면, 그 수행의무는 한 시점에 이행되는 것이다. 한 시점에 해당하는 수행의무는 고객이 약속된 자산을 통제하고 기업이 수행의무를 이행하는 시점에 수익을 인식하는데, 참고로 사용되는 고객에게 통제가 이전되었음을 나타내는 지표의 예는 다음과 같다.

> a. 기업은 자산에 대해 현재 지급청구권이 있다.[7]
> b. 고객에게 자산의 법적 소유권이 있다.[8]
> c. 기업이 자산의 물리적 점유를 이전하였다.[9]
> d. 자산의 소유에 따른 유의적인 위험과 보상이 고객에게 있다.[10]
> e. 고객이 자산을 인수하였다.[11]

---

7) 고객이 자산에 대해 지급할 현재의무가 있다면, 이는 고객이 교환되는 자산의 사용을 지시하고 자산의 나머지 효익의 대부분을 획득할 능력을 갖게 되었음을 나타낼 수 있다.
8) 법적 소유권은 계약 당사자 중 누가 '자산의 사용을 지시하고 자산의 나머지 효익의 대부분을 획득할 능력이 있는지' 또는 '그 효익에 다른 기업이 접근하지 못하게 하는 능력이 있는지'를 나타낼 수 있다. 그러므로 자산의 법적 소유권의 이전은 자산을 고객이 통제하게 되었음을 나타낼 수 있다. 고객의 지급불이행에 대비한 안전장치로서만 기업이 법적 소유권을 보유한다면, 그러한 기업의 권리가 고객이 자산을 통제하게 되는 것을 막지는 못할 것이다.
9) 자산에 대한 고객의 물리적 점유는 고객이 '자산의 사용을 지시하고 자산의 나머지 효익의 대부분을 획득할 능력'이 있거나 '그 효익에 다른 기업이 접근하지 못하게 하는 능력'이 있음을 나타낼 수 있다. 그러나 물리적 점유는 자산에 대한 통제와 일치하지 않을 수 있다. 예를 들면 일부 재매입약정이나 위탁약정에서는 고객이나 수탁자가 기업이 통제하는 자산을 물리적으로 점유할 수 있다. 이와 반대로, 일부 미인도청구약정에서는 고객이 통제하는 자산을 기업이 물리적으로 점유할 수 있다.
10) 자산의 소유에 따른 유의적인 위험과 보상이 고객에게 이전되었다는 것은 자산의 사용을 지시하고 자산의 나머지 효익의 대부분을 획득할 능력이 고객에게 있음을 나타낼 수 있다. 그러나 약속된 자산의 소유에 따른 위험과 보상을 평가할 때에는, 그 자산을 이전해야 하는 수행의무에 더하여 별도의 수행의무를 생기게 할 위험은 고려하지 않는다. 예를 들면 기업이 고객에게 자산에 대한 통제를 이전하였으나 이전한 자산과 관련된 유지용역을 제공해야 하는 추가되는 수행의무는 아직 이행하지 못하였을 수 있다.
11) 고객이 자산을 인수한 것은 '자산의 사용을 지시하고 자산의 나머지 효익의 대부분을 획득할 능력'이 고객에게 있음을 나타낼 수 있다.

⚡POINT 수행의무의 종류

기간에 걸쳐 이행하는 수행의무	다음 기준 중 어느 하나를 충족하면, 기업은 재화나 용역에 대한 통제를 기간에 걸쳐 이전하므로, 기간에 걸쳐 수행의무를 이행하는 것임 a. 고객은 기업이 수행하는 대로 기업의 수행에서 제공하는 효익을 동시에 얻고 소비함 b. 기업이 수행하여 만들어지거나 가치가 높아지는 대로 고객이 통제하는 자산(예 재공품)을 기업이 만들거나 그 자산 가치를 높임 c. 기업이 수행하여 만든 자산이 기업 자체에는 대체 용도가 없고, 지금까지 수행을 완료한 부분에 대해 집행 가능한 지급청구권이 기업에 존재함
한 시점에 이행하는 수행의무	• 수행의무가 기간에 걸쳐 이행되지 않는다면, 그 수행의무는 한 시점에 이행되는 것임 • 고객에게 통제가 이전되었음을 나타내는 지표의 예 a. 기업은 자산에 대해 현재 지급청구권이 있다. b. 고객에게 자산의 법적 소유권이 있다. c. 기업이 자산의 물리적 점유를 이전하였다. d. 자산의 소유에 따른 유의적인 위험과 보상이 고객에게 있다. e. 고객이 자산을 인수하였다.

예제 3 수행의무의 식별(K-IFRS 사례)

다음 사례들은 모두 독립적이다. 각 사례별로 수행의무를 식별하시오.

사례 1 기업(도급업자)은 고객에게 병원을 건설해 주는 계약을 체결하였다. 기업은 그 프로젝트 전체를 책임지고 있으며, 엔지니어링, 부지 정리, 기초공사, 조달, 구조물 건설, 배관·배선, 장비 설치, 마무리 등을 포함한 여러 가지 약속한 재화와 용역을 식별한다.

사례 2 기업(제조업자)은 최종 고객에게 재판매하는 유통업자(기업의 고객)에게 제품을 판매한다. 유통업자와의 계약에서, 기업은 제품을 구매하는 다른 당사자(최종 고객)에게 추가 대가 없이 무료로 유지보수용역을 제공하기로 약속하였다. 기업은 유통업자에게 유지보수용역을 수행하도록 외주하고, 기업을 대신하여 제공되는 그 용역에 대해 합의한 금액을 유통업자에게 지급한다. 최종 고객이 유지보수용역을 사용하지 않을 경우에는 기업이 유통업자에게 지급할 의무가 없다.

사례 3 기업(제약회사)은 승인된 제약화합물에 대한 특허권을 고객에게 10년 동안 라이선스하고 약의 제조도 약속한다. 이 약은 성숙기 제품이므로 기업은 약에 대한 어떠한 지원 활동도 하지 않을 것이다. 이는 기업의 사업 관행과 일관된다. 이 경우는 이 약을 생산하기 위해 사용되는 제조과정이 유일하거나 특수하지 않고 몇몇 다른 기업도 고객을 위해 약을 제조할 수 있다.

해답

사례 1

고객이 재화나 용역 그 자체에서 효익을 얻거나 고객이 쉽게 구할 수 있는 다른 자원과 함께하여 그 재화나 용역에서 효익을 얻을 수 있고, 고객에게 재화나 용역을 이전하기로 하는 약속을 계약 내의 다른 약속과 별도로 식별해 낼 수 있다는 두 가지 기준을 충족하지 못하기 때문에, 그 재화와 용역은 구별되지 않는다. 기업은 이 계약의 모든 재화와 용역을 단일 수행의무로 회계처리한다.

사례 2

고객과의 계약은 두 가지 약속된 재화나 용역[(1) 제품, (2) 유지보수용역]을 포함한다. 유지보수용역 약속은 미래에 재화나 용역을 이전하기로 한 약속이고 기업과 유통업자가 협상한 교환의 일부이다. 유지보수용역은 교환의 일부로써 계약 내의 다른 약속과 구별된다. 따라서 계약상 두 가지 수행의무인 제품과 유지보수용역 각각에 거래가격의 일부를 배분한다.

사례 3

제조과정이 유일하거나 특수하지 않고 몇몇의 기업도 고객을 위해 약을 제조할 수 있으므로 고객이 라이선스에서 효익을 얻을 능력에 유의적으로 영향을 미치지 않고 그 라이선스를 별도로 구매할 수 있다고 본다. 따라서 기업은 (1) 특허권의 라이선스와 (2) 제조용역을 별도의 수행의무로 회계처리해야 한다.

03 [3단계] 거래가격의 산정

거래가격을 산정하기 위해서는 계약조건과 기업의 사업 관행을 참고한다. 거래가격(Transaction Price)은 고객에게 약속한 재화나 용역을 이전하고 그 대가로 기업이 받을 권리를 갖게 될 것으로 예상하는 금액이며, 제3자를 대신해서 회수한 금액(예 일부 판매세[12])은 제외한다. 예를 들어 기업이 상품을 판매하고 부가가치세 10%를 포함하여 현금 ₩1,100,000을 수령한 경우 부가가치세 ₩100,000을 제외한 ₩1,000,000을 수익으로 인식해야 한다.

구분	회계처리				
판매시점	(차) 현금	1,100,000	(대) 매출		1,000,000
			부가가치세예수금		100,000
부가가치세 납부시점	(차) 부가가치세예수금	100,000	(대) 현금		100,000

고객이 약속한 대가의 특성, 시기, 금액은 거래가격의 추정치에 영향을 미친다. 거래가격을 산정할 때에는 변동대가, 환불부채, 계약에 있는 유의적인 금융요소, 비현금 대가, 고객에게 지급할 대가 등을 고려해야 한다. 거래가격을 산정하기 위하여 기업은 재화나 용역을 현행 계약에 따라 약속대로 고객에게 이전할 것이고 이 계약은 취소·갱신·변경되지 않을 것이라고 가정한다. 거래가격을 산정할 때 고려해야 할 사항을 구체적으로 살펴보기로 한다.

⚡ POINT 거래가격의 정의

고객에게 약속한 재화나 용역을 이전하고 그 대가로 기업이 받을 권리를 갖게 될 것으로 예상하는 금액이며, 제3자를 대신해서 회수한 금액(예 부가가치세 등)은 제외함

---

12) 제3자를 대신해서 회수한 금액의 대표적 예는 부가가치세이다.

(1) 변동대가

계약에서 약속한 대가에 변동금액이 포함된 경우에 고객에게 약속한 재화나 용역을 이전하고 그 대가로 받을 권리를 갖게 될 금액을 추정한다. 대가는 할인(Discount), 리베이트, 환불, 공제(Credits), 가격할인(Price Concessions), 장려금(Incentives), 성과보너스, 위약금이나 그 밖의 비슷한 항목 때문에 변동될 수 있다. 기업이 대가를 받을 권리가 미래 사건의 발생 여부에 달려 있는 경우에도 약속한 대가는 변동될 수 있다. 예를 들면 반품권을 부여하여 제품을 판매하거나 특정 단계에 도달해야 고정금액의 성과보너스를 주기로 약속한 경우에 대가는 변동될 것이다.

① 변동대가 추정방법

변동대가는 다음 중에서 기업이 받을 권리를 갖게 될 대가를 더 잘 예측할 것으로 예상하는 방법을 사용하여 추정한다.

> a. 기댓값: 기댓값은 가능한 대가의 범위에 있는 모든 금액에 각 확률을 곱한 금액의 합[13]
> b. 가능성이 가장 높은 금액: 가능성이 가장 높은 금액은 가능한 대가의 범위에서 가능성이 가장 높은 단일 금액(계약에서 가능성이 가장 높은 단일 결과치)[14]

② 변동대가 추정치의 제약

변동대가와 관련된 불확실성이 나중에 해소될 때, 이미 인식한 누적 수익금액 중 유의적인 부분을 되돌리지 않을 가능성이 매우 높은(Highly Probable) 정도까지만 추정된 변동대가의 일부나 전부를 거래가격에 포함한다.[15]

③ 변동대가의 재검토

각 보고기간말의 상황과 보고기간의 상황 변동을 충실하게 표현하기 위하여 보고기간말마다 추정 거래가격을 새로 수정한다.

---

13) 기업에 특성이 비슷한 계약이 많은 경우에 기댓값은 변동대가(금액)의 적절한 추정치일 수 있다.
14) 계약에서 가능한 결과치가 두 가지뿐일 경우(예 기업이 성과보너스를 획득하거나 획득하지 못하는 경우)에는 가능성이 가장 높은 금액이 변동대가의 적절한 추정치가 될 수 있다.
15) 변동대가와 관련된 불확실성이 나중에 해소될 때, 이미 인식한 누적 수익금액 중 유의적인 부분을 되돌리지 않을 가능성이 매우 높을지를 평가할 때는 수익의 환원 가능성 및 크기를 모두 고려한다. 수익 환원 가능성을 높이거나 그 크기를 크게 할 수 있는 요인에는 다음 항목이 포함되나 이에 한정되지는 않는다.
   (1) 대가(금액)가 기업의 영향력이 미치지 못하는 요인에 매우 민감하다. 그 요인에는 시장의 변동성, 제삼자의 판단이나 행동, 날씨 상황, 약속한 재화나 용역의 높은 진부화 위험이 포함될 수 있다.
   (2) 대가(금액)에 대한 불확실성이 장기간 해소되지 않을 것으로 예상된다.
   (3) 비슷한 유형의 계약에 대한 기업의 경험(또는 그 밖의 증거)이 제한적이거나, 그 경험(또는 그 밖의 증거)은 제한된 예측치만 제공한다.
   (4) 폭넓게 가격할인(Price Concessions)을 제공하거나, 비슷한 상황에 있는 비슷한 계약의 지급조건을 변경하는 관행이 있다.
   (5) 계약에서 생길 수 있는 대가가 다수이고 그 범위도 넓다.

⚡POINT 변동대가

변동대가	대가는 할인(Discount), 리베이트, 환불, 공제(Credits), 가격할인(Price Concessions), 장려금(Incentives), 성과보너스, 위약금이나 그 밖의 비슷한 항목 때문에 변동될 수 있음
추정방법	다음 중에서 기업이 받을 권리를 갖게 될 대가를 더 잘 예측할 것으로 예상하는 방법을 사용하여 추정함 ① 기댓값: 비슷한 제약이 많은 경우 사용 ② 가능성이 가장 높은 금액: 가능한 결과치가 두 가지뿐일 경우 사용
변동대가 추정치의 제약	이미 인식한 누적 수익금액 중 유의적인 부분을 되돌리지 않을 가능성이 매우 높은(Highly Probable) 정도까지만 추정된 변동대가의 일부나 전부를 거래가격에 포함함
변동대가의 재검토	보고기간말마다 추정 거래가격을 새로 수정함

예제 4 변동대가의 추정(K-IFRS 사례)

A회사는 주문제작 자산을 건설하기로 고객과 계약을 체결하였다. 자산을 이전하기로 한 약속은 기간에 걸쳐 이행하는 수행의무이다. 약속된 대가는 ₩2,500,000이지만, 자산의 완성 시기에 따라 증감될 것이다. 특히 20×1년 3월 31일까지 자산이 완성되지 않는다면, 약속된 대가는 그 다음 날부터 매일 ₩10,000씩 감소한다. 20×1년 3월 31일 전에 자산이 완성되면, 약속된 대가는 그 전날부터 매일 ₩10,000씩 증가한다. 그리고 자산이 완성되면, 제3자가 그 자산을 검사하고 계약에 규정된 척도에 기초하여 평점을 매길 것이다. 자산이 특정 평점을 받으면, 기업은 장려금 ₩150,000에 대한 권리를 갖게 된다.

A회사가 변동대가를 합리적으로 추정하는 방법에 대하여 설명하시오.

해답   A회사는 거래가격을 산정할 때 추정 방법을 사용하여 권리를 갖게 될 변동대가의 각 요소에 대해 별도로 추정한다.
(1) 기댓값
   A회사는 매일의 위약금이나 장려금(₩2,500,000 ± ₩10,000/일)과 관련된 변동대가를 추정하기 위하여 기댓값 방법을 사용하는 것이 합리적이다. 왜냐하면 이는 기업이 받을 권리를 갖게 될 대가(금액)를 더 잘 예측하는 방법이라고 예상하기 때문이다.
(2) 가능성이 가장 높은 금액
   A회사는 장려금과 관련된 변동대가를 추정하기 위해 가능성이 가장 높은 금액을 사용하기로 결정하는 것이 합리적이다. 왜냐하면 이는 가능한 결과가 ₩150,000이나 ₩0의 두 가지뿐이고 받을 권리를 갖게 될 대가를 더 잘 예측하는 방법이라고 예상하기 때문이다.

(2) 환불부채

고객에게서 받은 대가의 일부나 전부를 고객에게 환불할 것으로 예상하는 경우에는 환불부채를 인식한다. 환불부채(Refund Liability)는 기업이 받았거나 받을 대가 중에서 권리를 갖게 될 것으로 예상하지 않는 금액으로 측정한다. 환불부채는 보고기간말마다 상황의 변동을 반영하여 새로 수정한다. 자세한 회계처리는 반품권이 있는 판매에서 살펴보기로 한다.

(3) 계약에 있는 유의적인 금융요소

거래가격을 산정할 때, 계약 당사자들 간에 명시적으로나 암묵적으로 합의한 지급시기 때문에 고객에게 재화나 용역을 이전하면서 유의적인 금융 효익이 고객이나 기업에 제공되는 경우에는 화폐의 시간가치가 미치는 영향을 반영하여 약속된 대가를 조정한다. 이러한 상황에서 계약은 유의적인 금융요소를 포함하고 있다.[16]

유의적인 금융요소를 반영하여 약속한 대가를 조정하는 목적은 약속한 재화나 용역을 고객에게 이전할 때 그 고객이 그 재화나 용역 대금을 현금으로 결제했다면 지급하였을 가격을 반영하는 금액인 현금판매가격으로 수익을 인식하기 위해서이다. 계약에 금융요소가 포함되는지와 그 금융요소가 계약에 유의적인지를 평가할 때에는 다음 두 가지를 포함한 모든 관련 사실과 상황을 고려한다.

> ① 약속한 재화나 용역에 대하여 약속한 대가와 현금판매가격에 차이가 있다면, 그 차이
> ② 다음 두 가지의 결합 효과
>   a. 기업이 고객에게 약속한 재화나 용역을 이전하는 시점과 고객이 재화나 용역에 대한 대가를 지급하는 시점 사이의 예상 기간
>   b. 관련 시장에서의 일반적인 이자율

위의 평가에도 불구하고 고객과의 계약에 다음 요인 중 어느 하나라도 존재한다면 유의적인 금융요소가 없을 것이다.

① 고객이 재화나 용역의 대가를 선급하였고 그 재화나 용역의 이전 시점은 고객의 재량에 따른다.
② 고객이 약속한 대가 중 상당한 금액이 변동될 수 있으며 그 대가의 금액과 시기는 고객이나 기업이 실질적으로 통제할 수 없는 미래 사건의 발생 여부에 따라 달라진다. (예 대가가 판매기준 로열티인 경우)
③ 약속한 대가와 재화나 용역의 현금판매가격 간의 차이가 고객이나 기업에 대한 금융제공 외의 이유로 생기며, 그 금액 차이는 그 차이가 나는 이유에 따라 달라진다.

계약을 개시할 때 기업이 고객에게 약속한 재화나 용역을 이전하는 시점과 고객이 그에 대한 대가를 지급하는 시점 간의 기간이 1년 이내일 것이라고 예상한다면 유의적인 금융요소의 영향을 반영하여 약속한 대가를 조정하지 않는 실무적 간편법을 쓸 수 있다.

K-IFRS 제1115호 '고객과의 계약에서 생기는 수익'에서 내재이자율은 다음 중 더 명확히 결정될 수 있는 할인율을 사용하도록 규정하고 있다.

> ① 계약 개시시점에 기업과 고객이 별도 금융거래를 한다면 반영하게 될 할인율
> ② 재화나 용역의 대가를 현금으로 결제한다면 지급할 가격으로 약속한 대가의 명목금액을 할인하는 이자율

계약 개시 후에는 이자율이나 그 밖의 상황이 달라져도(예 고객의 신용위험 평가의 변동) 그 할인율을 새로 수정하지 않는다. 포괄손익계산서에서는 금융효과(이자수익이나 이자비용)를 고객과의 계약에서 생기는 수익과 구분하여 표시한다. 할부판매와 선수금에 포함된 유의적인 금융요소의 구체적인 사례는 후술하기로 한다.

---

16) 금융지원 약속이 계약에 분명하게 기재되어 있든지 아니면 그 약속이 계약 당사자들이 합의한 지급조건에 암시되어 있든지에 관계없이, 유의적인 금융요소가 있을 수 있다.

유의적인 금융요소	유의적인 금융 효익이 고객이나 기업에 제공되는 경우에는 화폐의 시간가치가 미치는 영향을 반영하여 약속된 대가를 조정함
금융요소가 유의적인지 평가할 때 고려할 사항	① 약속한 대가와 현금판매가격에 차이 ② 다음 두 가지의 결합 효과: 예상기간과 이자율
할인율	내재이자율은 다음 중 더 명확히 결정될 수 있는 할인율을 사용함 ① 계약 개시시점에 기업과 고객이 별도 금융거래를 한다면 반영하게 될 할인율 ② 재화나 용역의 대가를 현금으로 결제한다면 지급할 가격으로 약속한 대가의 명목금액을 할인하는 이자율
포괄손익계산서 표시	금융효과(이자수익이나 이자비용)를 고객과의 계약에서 생기는 수익과 구분하여 표시함

(4) 비현금대가

고객이 현금 외의 형태로 대가를 약속한 계약의 경우에 거래가격을 산정하기 위하여 비현금대가를 공정가치로 측정한다. 만약, 비현금 대가의 공정가치를 합리적으로 추정할 수 없는 경우에는, 그 대가와 교환하여 고객에게 약속한 재화나 용역의 개별 판매가격을 참조하여 간접적으로 그 대가를 측정한다.

기업이 계약을 쉽게 이행할 수 있도록, 고객이 재화나 용역(예 재료, 설비, 노동력)을 제공하는 경우에 기업이 그 제공받은 재화나 용역을 통제하게 되는지를 판단한다. 기업이 제공받은 재화나 용역을 통제한다면, 이를 고객에게서 받은 비현금대가로 회계처리한다.

사례

A회사는 고객과 1년간 1개월 단위로 용역을 제공하는 계약을 20×1년 초에 체결하였다. 20×1년 1월 1일에 계약에 서명하고 즉시 업무를 시작한다. 용역의 대가로, 고객은 1개월 단위의 용역당 자신의 보통주 100주(계약에 대해 총 1,200주)를 약속한다. 계약조건은 1개월 단위로 용역이 성공적으로 완료될 때에 보통주가 지급되는 것이다. 20×1년 1월 31일 용역이 완료됨에 따라 A회사는 고객의 보통주 100주를 수령하였으며, 그 시점의 주당 공정가치는 ₩1,000이다. 또한 20×1년 2월 28일 용역이 완료됨에 따라 A회사는 고객의 보통주 100주를 수령하였으며, 그 시점의 주당 공정가치는 ₩1,100이다. 수령한 주식이 당기손익공정가치측정금융자산으로 분류된다면, 관련 회계처리는 다음과 같다.

1. 회계처리

구분	회계처리		
20×1. 1. 31.	(차) 당기손익공정가치측정금융자산 100,000 ¹⁾ 100주 × ₩1,000 = ₩100,000	(대) 매출	100,000¹⁾
20×1. 2. 28.	(차) 당기손익공정가치측정금융자산 110,000 ¹⁾ 100주 × ₩1,100 = ₩110,000	(대) 매출	110,000¹⁾

2. 거래가격을 산정하기 위해, 기업은 매달 용역이 완료됨에 따라 받는 100주의 공정가치를 측정한다. 기업은 받았거나 받을 주식의 후속적인 공정가치 변동을 수익에 반영하지 않는다. 즉, 20×1. 1. 31. 에 인식한 수익금액을 주식의 공정가치 변동에 의하여 추후에 조정하지 않는다.

---

(5) 고객에게 지급할 대가

고객에게 지급할 대가에는 기업이 고객에게 지급하거나 지급할 것으로 예상하는 현금 금액을 포함한다. 또한, 기업이 고객에게 지급할 대가에는 고객이 기업에 갚아야 할 금액에 적용될 수 있는 공제나 그 밖의 항목(예 쿠폰이나 상품권)도 포함된다. 고객에게 지급할 대가는 재화나 용역의 대가로 지급하는지 여부에 따라 다음과 같이 회계처리하여야 한다.

① 재화나 용역의 대가로 지급하지 않는 경우

고객에게 지급할 대가는 고객이 기업에 이전하는 구별되는 재화나 용역의 대가로 지급하는 것이 아니라면, 그 대가는 거래가격, 즉 수익에서 차감하여 회계처리한다.

② 재화나 용역의 대가로 지급하는 경우

    a. 고객에게 지급할 대가가 고객에게서 받은 구별되는 재화나 용역에 대한 지급이라면, 다른 공급자에게서 구매한 경우와 같은 방법으로 회계처리한다.

    b. 고객에게 지급할 대가가 고객에게서 받은 구별되는 재화나 용역의 공정가치를 초과한다면, 그 초과액을 거래가격에서 차감하여 회계처리한다.

    c. 고객에게서 받은 재화나 용역의 공정가치를 합리적으로 추정할 수 없다면, 고객에게 지급할 대가 전액을 거래가격에서 차감하여 회계처리한다.

🔅 POINT 고객에게 지급할 대가

정의	기업이 고객에게 지급하거나 지급할 것으로 예상하는 현금 금액을 포함
재화나 용역의 대가로 지급하지 않는 경우	거래가격(수익)에서 차감하여 회계처리
재화나 용역의 대가로 지급하는 경우	① 고객에게 지급할 대가가 고객에게서 받은 구별되는 재화나 용역에 대한 지급: 다른 공급자에게서 구매한 경우와 같은 방법으로 회계처리 ② 고객에게 지급할 대가가 고객에게서 받은 구별되는 재화나 용역의 공정가치를 초과: 초과액을 거래가격에서 차감하여 회계처리 ③ 고객에게서 받은 재화나 용역의 공정가치를 합리적으로 추정할 수 없는 경우: 고객에게 지급할 대가 전액을 거래가격에서 차감하여 회계처리

고객에게 지급할 대가: 재화나 용역의 대가로 지급하지 않는 경우(K-IFRS 사례)

A회사(소비재 제조업자)는 국제적인 대형 소매체인점인 고객에게 1년 동안 재화를 판매하기로 계약을 체결한다. 20×1년 초 고객은 1년 동안 적어도 ₩15,000,000어치의 제품을 사기로 약속하였다. 계약에서는 기업이 계약 개시시점에 환불되지 않는 ₩1,500,000을 고객에게 지급하도록 되어 있다. 이 ₩1,500,000의 지급액은 고객이 기업의 제품을 선반에 올리는 데 필요한 변경에 대해 고객에게 보상하는 것이다. 고객에게 재화를 이전하는 20×1년 동안 총 ₩15,000,000의 재화를 이전하였다.

1. A회사는 기업에 이전되는 구별되는 재화나 용역의 대가로 그 지급액을 고객에게 지급한 것이 아니다. 왜냐하면 기업이 고객의 선반에 대한 어떠한 권리도 통제하지 못하기 때문이다. 따라서 기업은 ₩1,500,000의 지급액을 거래가격의 감액이라고 판단하여, 미지급대가를 기업이 재화를 이전하여 수익을 인식할 때 거래가격에서 차감하여 회계처리한다. 따라서 기업이 고객에게 재화를 이전하는 대로, 기업은 각 제품의 거래가격을 10%(= ₩1,500,000 ÷ ₩15,000,000)씩 줄인다. 만약에 고객에게 재화를 이전하는 20×1년 동안 총 ₩15,000,000의 재화를 이전하였다면 기업은 ₩13,500,000(송장금액 ₩15,000,000에서 고객에게 지급할 대가 ₩1,500,000 차감)을 수익으로 인식한다.

2. 회계처리

구분	회계처리			
20×1년 초	(차) 환수자산	1,500,000	(대) 현금	1,500,000
20×1년 중	(차) 현금	15,000,000	(대) 환수자산	1,500,000
			매출	13,500,000

예제 5 ┃ 고객에게 지급할 대가

(주)대한은 상업용 로봇을 제작하여 고객에게 판매한다. 20×1년 9월 1일에 (주)대한은 청소용역업체인 (주)민국에게 청소로봇 1대를 ₩600,000에 판매하고, (주)민국으로부터 2개월 간 청소용역을 제공받는 계약을 체결하였다. (주)대한은 (주)민국의 청소용역에 대한 대가로 ₩50,000을 지급하기로 하였다. (주)대한은 20×1년 10월 1일 청소로봇 1대를 (주)민국에게 인도하고 현금 ₩600,000을 수취하였으며, (주)민국으로부터 20×1년 10월 1일부터 2개월 간 청소용역을 제공받고 현금 ₩50,000을 지급하였다.

물음 1 (주)민국이 (주)대한에 제공한 청소용역의 공정가치가 ₩50,000인 경우 상기 거래로 인해 (주)대한이 20×1년도에 인식할 수익은 각각 얼마인가?

물음 2 (주)민국이 (주)대한에 제공한 청소용역의 공정가치가 ₩40,000인 경우 상기 거래로 인해 (주)대한이 20×1년도에 인식할 수익은 각각 얼마인가?

물음 3 (주)민국이 (주)대한에 제공한 청소용역의 공정가치를 합리적으로 추정할 수 없는 경우 상기 거래로 인해 (주)대한이 20×1년도에 인식할 수익은 각각 얼마인가?

해답 **물음 1**

1. 청소용역의 공정가치가 ₩50,000인 경우
   (1) 20×1년도에 인식할 수익: ₩600,000
   (2) 회계처리

일자	회계처리			
20×1. 10. 1.	(차) 현금	600,000	(대) 매출	600,000
20×1. 11. 31.	(차) 용역수수료비용	50,000	(대) 현금	50,000

물음 2

1. 청소용역의 공정가치가 ₩40,000인 경우
   (1) 20×1년도에 인식할 수익: ₩600,000 - (₩50,000 - ₩40,000) = ₩590,000
   (2) 회계처리

일자	회계처리			
20×1. 10. 1.	(차) 현금	600,000	(대) 매출	590,000
			환불부채	10,000
20×1. 11. 31.	(차) 환불부채	10,000	(대) 현금	50,000
	용역수수료비용	40,000		

물음 3

1. 청소용역의 공정가치를 합리적으로 추정할 수 없는 경우
   (1) 20×1년도에 인식할 수익: ₩600,000 - ₩50,000 = ₩550,000
   (2) 회계처리

일자	회계처리			
20×1. 10. 1.	(차) 현금	600,000	(대) 매출	550,000
			환불부채	50,000
20×1. 11. 31.	(차) 환불부채	50,000	(대) 현금	50,000

04 [4단계] 거래가격을 수행의무에 배분

거래가격을 배분하는 목적은 기업이 고객에게 약속한 재화나 용역을 이전하고 그 대가로 받을 권리를 갖게 될 금액을 나타내는 금액으로 각 수행의무에 거래가격을 배분하는 것이다. 단일 수행의무만 있는 계약에는 거래가격을 배분해야 하는 문제가 발생하지 않는다. 그러나 수행의무가 두 가지 이상인 경우에는 거래가격을 수행의무에 배분해야 한다. 이를 구체적으로 살펴보면 다음과 같다.

(1) 개별 판매가격에 기초한 배분

거래가격을 상대적 개별 판매가격에 기초하여 각 수행의무에 배분하기 위하여 계약 개시시점에 계약상 각 수행의무의 대상인 구별되는 재화나 용역의 개별 판매가격을 산정하고 이 개별 판매가격에 비례하여 거래가격을 배분한다. 개별 판매가격은 기업이 고객에게 약속한 재화나 용역을 별도로 판매할 경우의 가격이다. 따라서, 개별 판매가격의 최선의 증거는 기업이 비슷한 상황에서 비슷한 고객에게 별도로 재화나 용역을 판매할 때 그 재화나 용역의 관측 가능한 가격이다. 재화나 용역의 계약상 표시가격이나 정가는 그 재화나 용역의 개별 판매가격일 수 있지만, 개별 판매가격으로 간주되어서는 안 된다.

개별 판매가격을 직접 관측할 수 없다면, 배분 목적에 맞게 거래가격이 배분되도록 개별 판매가격을 추정한다. 개별 판매가격을 추정할 때, 합리적인 범위에서 구할 수 있는 시장조건, 기업 특유 요소, 고객이나 고객층에 대한 정보 등을 포함한 모든 정보를 고려한다. 이때, 관측 가능한 투입변수들을 최대한 사용하고 비슷한 상황에서는 추정방법을 일관되게 적용한다. 재화나 용역의 개별 판매가격을 적절하게 추정하는 방법에는 다음이 포함되지만 이에 한정되지는 않는다.

> ① 시장평가 조정 접근법: 기업이 재화나 용역을 판매하는 시장을 평가하여 그 시장에서 고객이 그 재화나 용역에 대해 지급하려는 가격을 추정하는 방법[17]
> ② 예상원가 이윤 가산 접근법: 수행의무를 이행하기 위한 예상원가를 예측하고 여기에 그 재화나 용역에 대한 적절한 이윤을 더하는 방법
> ③ 잔여접근법: 재화나 용역의 개별 판매가격은 총 거래가격에서 계약에서 약속한 그 밖의 재화나 용역의 관측 가능한 개별 판매가격의 합계를 차감하여 추정하는 방법[18]

둘 이상의 재화나 용역의 개별 판매가격이 매우 다양하거나 불확실한 경우에는 계약에서 약속한 재화나 용역의 개별 판매가격 추정에 여러 방법을 결합하여 사용할 필요가 있을 수 있다. 예를 들면 약속한 일부 재화나 용역들 중에서 개별 판매가격이 매우 다양하거나 불확실한 것들의 통합 개별 판매가격 추정에 잔여접근법을 사용한 후에, 잔여접근법으로 산정된 그 추정된 통합 개별 판매가격에 관련된 개별 재화나 용역의 개별 판매가격 추정에는 다른 방법을 사용할 수 있다.

---

17) 비슷한 재화나 용역에 대한 경쟁자의 가격을 참조하고 그 가격에 기업의 원가와 이윤을 반영하기 위해 필요한 조정을 하는 방법을 포함할 수도 있다.
18) 잔여접근법은 다음 기준 중 어느 하나를 충족하는 경우에만, 재화나 용역의 개별 판매가격 추정에 사용할 수 있다.
  (1) 같은 재화나 용역을 서로 다른 고객들에게 광범위한 금액으로 판매한다.
  (2) 재화나 용역의 가격을 아직 정하지 않았고 과거에 그 재화나 용역을 따로 판매한 적이 없다.

POINT 개별 판매가격에 기초한 배분

개별 판매가격을 관측할 수 있는 경우	계약 개시시점에 계약상 각 수행의무의 대상인 구별되는 재화나 용역의 개별 판매가격을 산정하고 이 개별 판매가격에 비례하여 거래가격을 배분
개별 판매가격을 관측할 수 없는 경우	재화나 용역의 개별 판매가격을 적절하게 추정하는 방법을 사용 ① 시장평가 조정 접근법: 재화나 용역에 대해 지급하려는 가격을 추정하는 방법 ② 예상원가 이윤 가산 접근법: 예상원가 + 적절한 이윤 ③ 잔여접근법: 총 거래가격 - 관측 가능한 개별 판매가격의 합계

(2) 할인액의 배분

계약에서 약속한 재화나 용역의 개별 판매가격 합계가 계약에서 약속한 대가를 초과하면, 고객은 재화나 용역의 묶음을 구매하면서 할인을 받은 것이다. 할인액 전체가 계약상 하나 이상의 일부 수행의무에만 관련된다는 관측 가능한 증거가 있는 때 외에는, 할인액을 계약상 모든 수행의무에 비례하여 배분한다. 그러나, 다음 기준을 모두 충족하면, 할인액 전체를 계약상 하나 이상이나 전부는 아닌 일부 수행의무들에만 배분한다.

> ① 기업이 계약상 각각 구별되는 재화나 용역(또는 구별되는 재화나 용역의 각 묶음)을 보통 따로 판매한다.
> ② 또 기업은 ①의 재화나 용역 중 일부를 묶고 그 묶음 내의 재화나 용역의 개별 판매가격보다 할인하여 그 묶음을 보통 따로 판매한다.
> ③ ②에서 기술한 재화나 용역의 각 묶음의 할인액이 계약의 할인액과 실질적으로 같고, 각 묶음의 재화나 용역을 분석하면 계약의 전체 할인액이 귀속되는 수행의무에 대한 관측 가능한 증거를 제공한다.

할인액을 계약에 포함된 하나 이상의 일부 수행의무에 모두 배분하는 경우에 잔여접근법을 사용하여 재화나 용역의 개별 판매가격을 추정하기 전에 그 할인액을 배분한다.

(3) 변동대가의 배분

계약에서 약속한 변동대가는 계약 전체에 기인할 수 있고 다음과 같이 계약의 특정 부분에 기인할 수도 있다. 다음 기준을 모두 충족하면, 변동금액을 전부 하나의 수행의무에 배분하거나 단일 수행의무의 일부를 구성하는 구별되는 재화나 용역에 배분한다.

> ① 수행의무를 이행하거나 구별되는 재화나 용역을 이전하는 기업의 노력과 변동 지급조건이 명백하게 관련되어 있다.
> ② 계약상 모든 수행의무와 지급조건을 고려할 때, 변동대가를 전부 그 수행의무나 구별되는 재화 또는 용역에 배분하는 것이 배분 목적에 맞는다.

(4) 거래가격의 변동

계약을 개시한 다음에 거래가격은 여러 가지 이유로 변동될 수 있고, 그 이유에는 약속한 재화나 용역의 대가로 받을 권리를 갖게 될 것으로 예상하는 금액을 바꾸게 하는 불확실한 사건의 해소나 그 밖의 상황 변화가 포함된다.

거래가격의 후속 변동은 계약 개시시점과 같은 기준으로 계약상 수행의무에 배분한다. 따라서 계약을 개시한 후의 개별 판매가격 변동을 반영하기 위해 거래가격을 다시 배분하지는 않는다. 이행된 수행의무에 배분되는 금액은 거래가격이 변동되는 기간에 수익으로 인식하거나 수익에서 차감한다.

(주)강남은 제품 A, B, C를 판매하기로 고객과 계약을 체결하였다. 각각의 물음은 독립적이며 관련 자료는 다음과 같다.

> (1) (주)강남은 서로 다른 시점에 각 제품에 대한 수행의무를 이행할 것이며, (주)강남은 보통 제품 A를 별도로 판매하므로 개별 판매가격을 직접 관측할 수 있으나, 제품 B와 C의 개별 판매가격은 직접 관측할 수 없다.
>
> (2) 제품 B와 C의 개별 판매가격을 직접 관측할 수 없기 때문에, (주)강남은 그 가격을 추정하기로 결정하였다. 개별 판매가격을 추정하기 위해, (주)강남은 제품 B에는 시장평가 조정 접근법을 사용하고 제품 C에는 예상원가 이윤 가산 접근법을 사용하여 다음과 같이 개별 판매가격을 추정하였다.
>
> | 제품 | 개별 판매가격 | 방법 |
> |------|------------|------|
> | 제품 A | ₩50 | 직접 관측 가능 |
> | 제품 B | ₩25 | 시장평가 조정 접근법 |
> | 제품 C | ₩75 | 예상원가 이윤 가산 접근법 |
> | 합계 | ₩150 | |

물음 1 (주)강남이 ₩100과 교환하여 제품 A, B, C를 판매하기로 고객과 계약을 체결한 경우 거래가격을 수행의무 제품 A, B, C에 배분하시오.

물음 2 (주)강남은 보통 제품 A, B, C를 개별 판매하므로, 개별 판매가격을 다음과 같이 정하였고, 보통 제품 B와 제품 C를 함께 ₩60에 판매한다.

제품	개별 판매가격
제품 A	₩40
제품 B	₩55
제품 C	₩45
합계	₩140

(주)강남이 ₩100과 교환하여 제품 A, B, C를 판매하기로 고객과 계약을 체결한 경우 거래가격을 수행의무 제품 A, B, C에 배분하시오.

물음 3 **물음 2** 에서 (주)강남이 제품 A, B, C에 추가로 제품 D를 포함하여 ₩130에 판매하기로 고객과 계약을 체결하였다. (주)강남은 제품 D를 넓은 범위의 금액(₩15 ~ ₩45)으로 서로 다른 고객에게 판매하며, 제품 D의 개별 판매가격의 변동성은 매우 높아서 제품 D의 개별 판매가격을 잔여접근법을 사용하여 추정하였다. (주)강남이 ₩130과 교환하여 제품 A, B, C, D를 판매하기로 고객과 계약을 체결한 경우 거래가격을 수행의무 제품 A, B, C, D에 배분하시오.

해답 물음 1

할인액이 모든 수행의무와 관련된 경우

제품	계산근거	배분된 거래가격
제품 A	₩100 × ₩50/₩150 =	₩33
제품 B	₩100 × ₩25/₩150 =	₩17
제품 C	₩100 × ₩75/₩150 =	₩50
합계		₩100

물음 2

1. 할인액이 일부 수행의무와 관련된 경우

제품	계산근거	배분된 거래가격
제품 A		₩40
제품 B	₩60 × ₩55/₩100 =	₩33
제품 C	₩60 × ₩45/₩100 =	₩27
합계		₩100

2. (주)강남이 보통 제품 B와 C를 함께 ₩60에, 제품 A를 ₩40에 판매하고 있기 때문에, 제품 B와 C를 이전하는 약속에 전체 할인액을 배분하여야 한다.

물음 3

1. (주)강남이 보통 제품 B와 제품 C를 함께 ₩60에 판매하고 제품 A를 ₩40에 판매하기 때문에 ₩100을 그 세 제품에 배분해야 하고 ₩40 할인액은 제품 B와 C를 이전하기로 한 약속에 배분해야 한다는 관측 가능한 증거가 존재한다. 따라서 잔여접근법을 사용하여, (주)강남은 제품 D의 개별 판매가격이 다음과 같이 ₩30 이라고 추정하여야 한다.

제품	개별 판매가격	방법
제품 A	₩40	직접 관측 가능
제품 B와 C	₩60	할인, 직접 관측 가능
제품 D	₩30	잔여접근법
합계	₩130	

2. 잔여접근법이 적절한 경우

제품	계산근거	배분된 거래가격
제품 A		₩40
제품 B	₩60 × ₩55/₩100 =	₩33
제품 C	₩60 × ₩45/₩100 =	₩27
제품 D	₩130 - ₩100 =	₩30
합계		₩130

05 [5단계] 수행의무를 이행할 때 수익의 인식

고객에게 약속한 재화나 용역, 즉 자산을 이전하여 수행의무를 이행할 때 또는 기간에 걸쳐 이행하는 때로 수익을 인식한다. 자산은 고객이 그 자산을 통제할 때 또는 기간에 걸쳐 통제하게 되는 대로 이전된다. 식별한 각 수행의무를 기간에 걸쳐 이행하는지 또는 한 시점에 이행하는지를 계약 개시시점에 판단하며, 수행의무가 기간에 걸쳐 이행되지 않는다면, 그 수행의무는 한 시점에 이행되는 것이다.

재화와 용역은 받아서 사용할 때 비록 일시적일지라도 자산이다. 자산에 대한 통제란 자산을 사용하도록 지시하고 자산의 나머지 효익의 대부분을 획득할 수 있는 능력을 말한다. 통제에는 다른 기업이 자산의 사용을 지시하고 그 자산에서 효익을 획득하지 못하게 하는 능력이 포함된다. 자산의 효익은 다음과 같은 다양한 방법으로 직접적으로나 간접적으로 획득할 수 있는 잠재적인 현금흐름 유입의 증가 또는 유출의 감소이다.

---

① 재화를 생산하거나 용역(공공용역 포함)을 제공하기 위한 자산의 사용
② 다른 자산의 가치를 높이기 위한 자산의 사용
③ 부채를 결제하거나 비용을 줄이기 위한 자산의 사용
④ 자산의 매각 또는 교환
⑤ 차입금을 보증하기 위한 자산의 담보 제공
⑥ 자산의 보유

---

(1) 한 시점에 이행하는 수행의무

기간에 걸쳐 이행되지 않는다면, 그 수행의무는 한 시점에 이행되는 것이다. 한 시점에 이행하는 수행의무는 고객에게 재화나 용역에 대한 통제를 이전하는 시점에 수익을 인식한다.

(2) 기간에 걸쳐 이행하는 수행의무

앞에서 살펴본 바와 같이 기간에 걸쳐 이행하는 수행의무는 재화나 용역에 대한 통제를 기간에 걸쳐 이전하므로, 기간에 걸쳐 수행의무를 이행하는 것이고 기간에 걸쳐 수익을 인식한다.

(3) 수행의무의 진행률의 측정

기간에 걸쳐 이행하는 수행의무 각각에 대해, 그 수행의무 완료까지의 진행률(이하 '진행률'이라 함)을 측정하여 기간에 걸쳐 수익을 인식한다. 진행률을 측정하는 목적은 고객에게 약속한 재화나 용역에 대한 통제를 이전하는 과정에서 기업의 수행 정도를 나타내기 위한 것이다. 기간에 걸쳐 이행하는 각 수행의무에는 하나의 진행률 측정방법을 적용하며 비슷한 상황에서의 비슷한 수행의무에는 그 방법을 일관되게 적용한다.

시간이 흐르면서 상황이 바뀜에 따라 수행의무의 결과 변동을 반영하기 위해 진행률을 새로 수정하여야 한다. 즉, 기간에 걸쳐 이행하는 수행의무의 진행률은 보고기간말마다 재측정해야 한다. 이러한 진행률의 변동은 K-IFRS 제1008호 '회계정책, 회계추정치 변경과 오류'에 따라 회계추정치의 변경으로 회계처리한다. 적절한 진행률 측정방법을 결정할 때, 고객에게 이전하기로 약속한 재화나 용역의 특성을 고려하여야 한다. 이러한 적절한 진행률 측정방법에는 산출법과 투입법이 있다. 이에 대해 구체적으로 살펴보면 다음과 같다.

① 산출법
a. 산출법은 계약에서 약속한 재화나 용역의 나머지 부분의 가치와 비교하여 지금까지 이전한 재화나 용역이 고객에 주는 가치의 직접 측정에 기초하여 수익을 인식하는 방법을 말한다. 진행률을 측정하기 위해 산출법을 적용할지를 판단할 때, 선택한 산출물이 수행의무의 완료 대비 기업의 수행 정도를 충실하게 나타내는지를 고려한다.
b. 기업이 지금까지 수행을 완료한 정도가 고객에게 주는 가치에 직접 상응하는 금액을 고객에게서 받을 권리가 있다면(예 기업이 제공한 용역 시간당 고정금액을 청구할 수 있는 용역계약), 기업은 청구권이 있는 금액으로 수익을 인식하는 실무적 간편법을 쓸 수 있다.
c. 산출법의 단점은 진행률을 측정하는 데에 사용하는 산출물을 직접 관측하지 못할 수 있고, 과도한 원가를 들이지 않고는 산출법을 적용하기 위해 필요한 정보를 구하지 못할 수도 있다는 점이다.

② 투입법
a. 투입법은 해당 수행의무의 이행에 예상되는 총 투입물 대비 수행의무를 이행하기 위한 기업의 노력이나 투입물(예 소비한 자원, 사용한 노동시간, 발생원가, 경과한 시간, 사용한 기계시간)에 기초하여 수익을 인식하는 방법을 말한다. 기업의 노력이나 투입물을 수행기간에 걸쳐 균등하게 소비한다면, 정액법으로 수익을 인식하는 것이 적절할 수 있다.
b. 투입법의 단점은 기업의 투입물과 고객에게 재화나 용역에 대한 통제를 이전하는 것 사이에 직접적인 관계가 없을 수 있다는 것이다. 그러므로 고객에게 재화나 용역에 대한 통제를 이전하는 과정에서 기업의 수행 정도를 나타내지 못하는 투입물의 영향은 투입법에서 제외한다. 예를 들면 원가기준 투입법을 사용할 때, 다음 상황에서는 진행률 측정에 조정이 필요할 수 있다.
- 발생원가가 기업이 수행의무를 이행할 때 그 진척도에 이바지하지 않는 경우[19]
- 발생원가가 기업이 수행의무를 이행할 때 그 진척도에 비례하지 않는 경우[20]

---

19) 예를 들면 계약가격에 반영되지 않았고 기업의 수행상 유의적인 비효율 때문에 든 원가(예 수행의무를 이행하기 위해 들였으나 예상 밖으로 낭비된 재료원가, 노무원가, 그 밖의 자원의 원가)에 기초하여 수익을 인식하지 않는다.
20) 이 상황에서 기업의 수행 정도를 나타내는 최선의 방법은 발생원가의 범위까지만 수익을 인식하도록 투입법을 조정하는 것일 수 있다. 예를 들면 계약 개시시점에 다음 조건을 모두 충족할 것이라고 예상한다면, 수행의무를 이행하기 위해 사용한 재화의 원가와 동일한 금액을 수익으로 인식하는 방법이 기업의 수행 정도를 충실하게 나타낼 수 있다.

(4) 진행률을 합리적으로 측정할 수 없는 경우

수행의무의 진행률을 합리적으로 측정할 수 있는 경우에만, 기간에 걸쳐 이행하는 수행의무에 대한 수익을 인식한다. 적절한 진행률 측정방법을 적용하는 데 필요한 신뢰할 수 있는 정보가 부족하다면 수행의무의 진행률을 합리적으로 측정할 수 없을 것이다.

어떤 상황에서는 수행의무의 결과를 합리적으로 측정할 수 없으나, 수행의무를 이행하는 동안에 드는 원가는 회수될 것으로 예상한다. 만약 수행의무를 결과를 합리적으로 측정할 수 없는 상황에서는 수행의무의 결과를 합리적으로 측정할 수 있을 때까지 발생원가의 범위에서만 수익을 인식한다.

⚡ POINT 수행의무를 이행할 때 수익의 인식

한 시점에 이행하는 수행의무	고객에게 재화나 용역에 대한 통제를 이전하는 시점에 수익을 인식
기간에 걸쳐 이행하는 수행의무	기간에 걸쳐 수익을 인식
진행률의 측정	① 수행의무를 결과를 합리적으로 측정할 수 있는 상황: 진행률에 따라 기간에 걸쳐 수익을 인식 ② 수행의무를 결과를 합리적으로 측정할 수 없는 상황: 발생원가 범위에서만 수익을 인식
진행률의 측정방법	① 산출법: 계약에서 약속한 재화나 용역의 나머지 부분의 가치와 비교하여 지금까지 이전한 재화나 용역이 고객에 주는 가치의 직접 측정에 기초하여 수익을 인식하는 방법 ② 투입법: 해당 수행의무의 이행에 예상되는 총 투입물 대비 수행의무를 이행하기 위한 기업의 노력이나 투입물 기초하여 수익을 인식하는 방법

Ⅲ | 계약원가

01 계약체결 증분원가

계약체결 증분원가(Incremental Costs of Obtaining a Contract)는 고객과 계약을 체결하기 위해 들인 원가로서 판매수수료와 같이 계약을 체결하지 않았다면 발생하지 않았을 원가이다. 만약 고객과의 계약체결 증분원가가 회수될 것으로 예상된다면 이를 자산으로 인식해야 한다. 그러나 계약체결 여부와 무관하게 발생하는 계약체결원가는 계약체결 여부와 관계없이 고객에게 그 원가를 명백히 청구할 수 있는 경우가 아니라면 발생시점에 비용으로 인식한다.

계약체결 증분원가를 자산으로 인식하더라도 상각기간이 1년 이하라면 그 계약체결 증분원가는 발생시점에 비용으로 인식하는 실무적 간편법을 쓸 수 있다.

⚡ POINT 계약체결 증분원가

정의	고객과 계약을 체결하기 위해 들인 원가로서 계약을 체결하지 않았다면 발생하지 않았을 원가(예 판매수수료)
자산으로 인식하는 경우	고객과의 계약체결 증분원가가 회수될 것으로 예상
비용으로 인식하는 경우	① 계약체결 여부와 무관하게 발생하는 계약체결원가 ② 상각기간이 1년 이하(실무적 간편법)

예제 7 | 계약체결 증분원가(K-IFRS 사례)

컨설팅 용역을 제공하는 (주)강남은 새로운 고객인 (주)서울에게 컨설팅 용역을 제공하는 경쟁입찰에서 이겼다.

> (1) 계약을 체결하기 위하여 다음과 같은 원가가 발생하였다.
>
> | 구분 | 금액 |
> |------|------|
> | 실사를 위한 외부 법률 수수료 | ₩15,000 |
> | 제안서 제출을 위한 교통비 | ₩25,000 |
> | 영업사원 수수료 | ₩10,000 |
> | 총 발생원가 | ₩50,000 |
>
> (2) 영업사원 수수료는 수주 성공에 따라 지급하기로 한 금액이며 당기 해당 영업팀장의 성과금으로 ₩5,000의 비용을 지급하였다.

(주)강남이 고객과의 계약체결 증분원가 중 자산과 비용으로 인식해야 할 금액은 얼마인가?

해답 계약체결 증분원가 중 자산과 비용

구분	자산	비용
실사를 위한 외부 법률 수수료		₩15,000
제안서 제출을 위한 교통비		₩25,000
영업사원 수수료	₩10,000	
영업팀장 성과금		₩5,000
총 발생원가	₩10,000	₩45,000

해설

1. (주)강남은 영업사원 수수료에서 생긴 계약체결 증분원가 ₩10,000을 자산으로 인식한다. 이는 컨설팅 용역에 대한 미래 수수료로 그 원가를 회수할 것으로 예상하기 때문이다.
2. (주)강남은 재량에 따라 연간 매출 목표, 기업 전체의 수익성, 개인별 성과평가에 기초하여 영업책임자에게 연간 상여를 지급한다. 그 상여는 계약체결에 따른 증분액이 아니기 때문에 자산으로 인식하지 않는다. 왜냐하면 금액은 재량적이고 기업의 수익성과 개인별 성과를 포함한 다른 요소에 기초하며, 식별가능한 계약이 그 상여의 직접 원인이 되지 않기 때문이다.
3. (주)강남은 외부 법률 수수료와 교통비가 계약체결 여부와 관계없이 발생하기 때문에 그 원가가 발생하였을 때 비용으로 인식한다.

02 계약이행원가

계약이행원가란 고객과 계약을 이행할 때 발생하는 원가를 말한다. 계약이행원가는 K-IFRS 제1002호 '재고자산', 제1016호 '유형자산', 제1038호 '무형자산'에 포함되지 않는다면, 다음 기준을 모두 충족해야만 자산으로 인식한다.

> ① 원가가 계약이나 구체적으로 식별할 수 있는 예상 계약에 직접 관련된다.[21]
> ② 원가가 미래의 수행의무를 이행할 때 사용할 기업의 자원을 창출하거나 가치를 증가시킨다.
> ③ 원가는 회수될 것으로 예상된다.

그러나 위의 조건을 만족하지 못하는 다음의 원가는 발생시점에 비용으로 인식한다.

> ① 일반관리원가
> ② 계약을 이행하는 과정에서 낭비된 재료원가, 노무원가, 그 밖의 자원의 원가로서 계약가격에 반영되지 않은 원가
> ③ 이미 이행한 계약상 수행의무와 관련된 원가
> ④ 이행하지 않은 수행의무와 관련된 원가인지 이미 이행한 수행의무와 관련된 원가인지 구별할 수 없는 원가

⚡POINT 계약이행원가

정의	고객과 계약을 이행할 때 발생하는 원가
자산으로 인식하는 경우	다음 기준을 모두 충족해야만 자산으로 인식함 ① 원가가 계약이나 구체적으로 식별할 수 있는 예상 계약에 직접 관련됨 ② 원가가 미래의 수행의무를 이행할 때 사용할 기업의 자원을 창출하거나 가치를 증가시킴 ③ 원가는 회수될 것으로 예상
비용으로 인식하는 경우	① 일반관리원가 ② 계약을 이행하는 과정에서 낭비된 재료원가, 노무원가, 그 밖의 자원의 원가로서 계약가격에 반영되지 않은 원가 ③ 이미 이행한 계약상 수행의무와 관련된 원가 ④ 이행하지 않은 수행의무와 관련된 원가인지 이미 이행한 수행의무와 관련된 원가인지 구별할 수 없는 원가

---

21) 계약(또는 구체적으로 식별된 예상 계약)에 직접 관련되는 원가에는 다음이 포함된다.
  (1) 직접노무원가(예 고객에게 약속한 용역을 직접 제공하는 종업원의 급여와 임금)
  (2) 직접재료원가(예 고객에게 약속한 용역을 제공하기 위해 사용하는 저장품)
  (3) 계약이나 계약활동에 직접 관련되는 원가 배분액(예 계약의 관리·감독 원가, 보험료, 계약의 이행에 사용된 기기·장비의 감가상각비)
  (4) 계약에 따라 고객에게 명백히 청구할 수 있는 원가
  (5) 기업이 계약을 체결하였기 때문에 드는 그 밖의 원가(예 하도급자에게 지급하는 금액)

예제 8 계약이행원가(K-IFRS 사례)

(주)강남은 5년 동안 고객의 정보기술자료센터를 관리하는 용역계약을 체결하였다. 관련 자료는 다음과 같다.

> (1) 5년 이후에 계약을 1년 단위로 갱신할 수 있으며, 평균 고객기간은 7년이다. 고객이 계약에 서명할 때에 (주)강남은 영업수수료 ₩10,000을 종업원에게 지급한다.
>
> (2) 용역을 제공하기 전에, 20×1년 초까지 (주)강남은 고객의 시스템에 접근하는 기술플랫폼을 기업 내부에서 사용하기 위해 설계하고 구축한다. 이 플랫폼은 고객에게 이전하지 않으나 고객에게 용역을 제공하기 위해 사용할 것이다. 기술플랫폼을 설치하기 위하여 들인 최초 원가는 다음과 같다.
>
> | 구분 | 금액 |
> | --- | --- |
> | 설계용역 | ₩40,000 |
> | 하드웨어 | ₩120,000 |
> | 소프트웨어 | ₩90,000 |
> | 데이터센터 이전 및 시험 | ₩100,000 |
> | 총 발생원가 | ₩350,000 |

(주)강남이 고객과의 계약에서 발생한 영업수수료, 설계용역, 하드웨어, 소프트웨어, 데이터센터 이전 및 시험원가를 어떻게 회계처리해야 하는지 설명하시오.

해답 1. 영업수수료

(주)강남은 영업수수료에 대한 계약체결 증분원가 ₩10,000을 자산으로 인식한다. 이는 (주)강남이 제공할 용역에 대한 미래 수수료로 그 원가를 회수할 것으로 예상하기 때문이다. (주)강남은 그 자산이 5년의 계약기간에 고객에게 이전하는 용역과 관련되고 5년 후 계약이 1년 단위로 두 번 갱신될 것으로 예상하기 때문에, 7년에 걸쳐 상각한다.

2. 최초설치원가

최초설치가는 주로 계약을 이행하기 위한 활동과 관련되나 고객에게 재화나 용역을 이전하지 않으므로 계약이행원가이다.

(1) 하드웨어 원가

K-IFRS 제1016호 '유형자산'에 따라 회계처리한다.

(2) 소프트웨어 원가

K-IFRS 제1038호 '무형자산'에 따라 회계처리한다.

(3) 설계원가 및 데이터센터 이전 및 시험 원가

계약이행원가를 자산으로 인식할 수 있는지를 판단하기 위하여 자산인식기준에 따라 검토한다. 그 결과로 자산이 인식된다면 (주)강남은 데이터센터에 관련된 용역을 제공할 것으로 예상하는 7년(계약기간 5년과 1년 단위 갱신이 예상되는 2년)에 걸쳐 체계적 기준에 따라 상각한다.

3. 20×1년 초 회계처리

일자	회계처리			
계약체결 증분원가	(차) 선급계약원가	10,000	(대) 현금	10,000
계약이행원가	(차) 유형자산	120,000	(대) 현금	350,000
	무형자산	90,000		
	선급계약원가	140,000		

03 상각과 손상

계약체결 증분원가와 계약이행원가 중 자산인식요건을 충족하여 자산으로 인식된 원가는 그 자산과 관련된 재화나 용역을 고객에게 이전하는 방식과 일치하는 체계적 기준으로 상각한다. 만약, 그 자산과 관련된 재화나 용역을 고객에게 이전할 것으로 예상하는 시기에 유의적 변동이 있는 경우에 이를 반영하여 상각 방식을 수정한다. 이러한 변경은 K-IFRS 제1008호 '회계정책, 회계추정치 변경과 오류'에 따라 회계추정치의 변경으로 회계처리한다.

계약체결 증분원가와 계약이행원가 중 자산인식요건을 충족하여 인식한 자산의 장부금액이 ①에서 ②를 뺀 금액을 초과하는 정도까지는 손상차손을 당기손익으로 인식한다.

---
① 그 자산과 관련된 재화나 용역의 대가로 기업이 받을 것으로 예상하는 나머지 금액
② 그 재화나 용역의 제공에 직접 관련된 원가로서 아직 비용으로 인식하지 않은 원가

예를 들어 자산으로 인식한 계약체결 증분원가와 계약이행원가 중 자산인식요건을 충족하여 인식한 자산의 장부금액 ₩100,000이다. 그 자산과 관련된 재화나 용역의 대가로 기업이 받을 것으로 예상하는 나머지 금액은 ₩150,000이며, 그 재화나 용역의 제공에 직접 관련된 원가로서 아직 비용으로 인식하지 않은 원가가 ₩70,000이라고 가정한다. 기업은 ₩20,000[= ₩100,000 − (①₩150,000 − ②₩70,000)]을 손상차손으로 당기손익으로 인식해야 한다.

인식한 자산의 손상차손을 인식하기 전에 다른 기준서에 따라 계약과 관련하여 인식한 자산의 모든 손상차손을 먼저 인식한다. 손상 상황이 사라졌거나 개선된 경우에는 과거에 인식한 손상차손의 일부나 전부를 환입하여 당기손익으로 인식한다. 증액된 자산의 장부금액은 과거에 손상차손을 인식하지 않았다면 산정되었을 금액(상각 후 순액)을 초과해서는 안 된다.

⚡ POINT 상각과 손상

상각	그 자산과 관련된 재화나 용역을 고객에게 이전하는 방식과 일치하는 체계적 기준으로 상각
손상	계약체결 증분원가와 계약이행원가 중 자산인식요건을 충족하여 인식한 자산의 장부금액이 ①에서 ②를 뺀 금액을 초과하는 정도까지는 손상차손을 당기손익으로 인식함 ① 그 자산과 관련된 재화나 용역의 대가로 기업이 받을 것으로 예상하는 나머지 금액 ② 그 재화나 용역의 제공에 직접 관련된 원가로서 아직 비용으로 인식하지 않은 원가
손상차손환입	① 손상 상황이 사라졌거나 개선된 경우에는 과거에 인식한 손상차손의 일부나 전부를 환입함 ② 한도: 자산의 장부금액은 과거에 손상차손을 인식하지 않았다면 산정되었을 금액

04 표시

계약자산(Contract Assets)이란 기업이 고객에게 이전한 재화나 용역에 대하여 그 대가를 받을 기업의 권리로 그 권리에 시간의 경과 외의 조건(예 기업의 미래 수행)이 있는 자산을 말한다. 반면에 수취채권(Receivable)은 기업이 대가를 받을 무조건적인 권리를 말한다. 또한, 계약부채(Contract Liabilities)란 기업이 고객에게서 이미 받은 대가 또는 지급기일이 된 대가에 상응하여 고객에게 재화나 용역을 이전하여야 하는 기업의 의무를 말한다. 이러한 정의에 비추어 계약 당사자 중 어느 한 편이 계약을 수행했을 때, 기업의 수행 정도와 고객의 지급과의 관계에 따라 그 계약을 계약자산이나 계약부채로 재무상태표에 표시한다. 대가를 받을 무조건적인 권리는 수취채권으로 구분하여 표시한다.

즉, 고객이 대가를 지급하기 전이나 지급기일 전에 기업이 고객에게 재화나 용역의 이전을 수행하는 경우에 계약자산으로 표시한다. 이러한 계약자산이 대가를 받을 무조건적인 권리를 가지게 된 경우에 수취채권으로 표시한다.

[회계처리] 대가를 지급하기 전이나 지급기일 전에 기업이 고객에게 재화나 용역의 이전을 수행하는 경우

구분	회계처리			
수행의무이행	(차) 계약자산	×××	(대) 수익	×××
대금청구	(차) 수취채권	×××	(대) 계약자산	×××
대금회수	(차) 현금	×××	(대) 수취채권	×××

[회계처리] 기업이 고객에게 재화나 용역의 이전을 수행하여 무조건적인 권리가 있는 경우

구분	회계처리			
수행의무이행 = 대금청구	(차) 수취채권	×××	(대) 수익	×××
대금회수	(차) 현금	×××	(대) 수취채권	×××

기업이 고객에게 재화나 용역을 이전하기 전에 고객이 대가를 지급하거나 기업이 대가를 받을 무조건적인 권리(수취채권)를 갖고 있는 경우에 기업은 지급받은 때나 지급받기로 한 때 중 이른 시기에 그 계약을 계약부채로 표시한다.

[회계처리] 고객에게 재화나 용역을 이전하기 전에 고객이 대가를 지급하거나 기업이 수취채권를 갖고 있는 경우

구분	회계처리			
대금청구	(차) 수취채권	×××	(대) 계약부채	×××
대금회수	(차) 현금	×××	(대) 수취채권	×××
수행의무이행	(차) 계약부채	×××	(대) 수익	×××

⚡POINT **계약자산, 수취채권, 계약부채**

계약자산	① 정의: 기업이 고객에게 이전한 재화나 용역에 대하여 그 대가를 받을 기업의 권리 ② 인식: 대가를 지급하기 전이나 지급기일 전에 기업이 고객에게 재화나 용역의 이전을 수행하는 경우에, 수취채권으로 표시한 금액이 있다면 이를 제외하고 계약자산으로 표시
수취채권	① 정의: 기업이 대가를 받을 무조건적인 권리
계약부채	① 정의: 기업이 고객에게서 이미 받은 대가 또는 지급기일이 된 대가에 상응하여 고객에게 재화나 용역을 이전하여야 하는 기업의 의무 ② 인식: 고객에게 재화나 용역을 이전하기 전에 고객이 대가를 지급하거나 기업이 대가를 받을 무조건적인 권리(수취채권)를 갖고 있는 경우에 계약부채로 표시

예제 9 기업의 수행 정도에 대해 인식하는 계약자산(K-IFRS 사례)

(주)강남은 고객에게 제품 A와 B를 이전하고 그 대가로 ₩1,000을 받기로 20×1년 1월 1일에 계약을 체결하였다. 관련 자료는 다음과 같다.

(1) 계약에서는 제품 A를 먼저 인도하도록 요구하고, 제품 A의 인도 대가는 제품 B의 인도를 조건으로 한다고 기재되어 있다. 즉, 대가 ₩1,000은 (주)강남이 고객에게 제품 A와 B 모두를 이전한 다음에만 받을 권리가 생긴다.

(2) (주)강남은 제품 A와 B를 이전하기로 한 약속을 수행의무로 식별하였고, 제품의 상대적 개별 판매가격에 기초하여 제품 A에 대한 수행의무에 ₩400을, 제품 B에 대한 수행의무에 ₩600을 배분하였다. 기업은 제품에 대한 통제를 고객에게 이전할 때 각 수행의무에 대한 수익을 인식하고 있다.

(3) (주)강남은 20×1년 3월 1일에 제품 A를 20×1년 4월 1일에 제품 B를 이전하였으며, 20×1년 5월 1일에 현금 ₩1,000을 수취하였다.

(주)강남이 20×1년 3월 1일, 4월 1일, 5월 1일에 해야 할 모든 회계처리를 수행하시오.

해답 1. 제품 A를 이전하는 수행의무를 이행하는 시점

일자	회계처리			
20×1. 3. 1.	(차) 계약자산	400	(대) 수익	400

2. 제품 B를 이전하는 수행의무를 이행하는 시점

일자	회계처리			
20×1. 4. 1.	(차) 수취채권	1,000	(대) 계약자산	400
			수익	600

3. 대금회수시점

일자	회계처리			
20×1. 5. 1.	(차) 현금	1,000	(대) 수취채권	1,000

해설 1. 대가 ₩1,000은 (주)강남이 고객에게 제품 A와 B 모두를 이전한 다음에만 받을 권리가 생긴다. 따라서 기업은 제품 A와 제품 B 모두를 고객에게 이전할 때까지 대가를 받을 무조건적인 권리(수취채권)가 없다.

2. 만약 제품 A와 제품 B를 각각 고객에게 이전할 때마다 대가를 받을 무조건적인 권리가 생긴다면 회계처리는 다음과 같다.

(1) 제품 A를 이전하는 수행의무를 이행하는 시점

일자	회계처리			
20×1. 3. 1.	(차) 수취채권	400	(대) 수익	400

(2) 제품 B를 이전하는 수행의무를 이행하는 시점

일자	회계처리			
20×1. 4. 1.	(차) 수취채권	600	(대) 수익	600

(3) 대금회수시점

일자	회계처리			
20×1. 5. 1.	(차) 현금	1,000	(대) 수취채권	1,000

예제 10 · 계약부채와 수취채권(K-IFRS 사례)

(주)강남은 20×1년 3월 31일에 고객에게 제품을 이전하는 취소 가능 계약을 20×1년 1월 1일에 체결하였다. 관련 자료는 다음과 같다.

(1) 계약에 따라 고객은 20×1년 1월 31일에 대가 ₩1,000을 미리 지급하여야 한다. 고객은 20×1년 3월 1일에 대가를 지급한다. 기업은 20×1년 3월 31일에 제품을 이전한다.

(2) (주)강남이 고객과 체결한 계약이 취소할 수 있는 계약이다.

물음1 (주)강남이 20×1년에 해야 할 모든 회계처리를 수행하시오.

물음2 **물음1**과 관계없이 (주)강남이 체결한 계약이 취소할 수 없는 계약이라고 할 때, 20×1년에 해야 할 모든 회계처리를 수행하시오.

해답

물음1

취소할 수 있는 계약

일자	회계처리			
① 20×1. 1. 1.	N/A			
② 20×1. 1. 31.	N/A			
③ 20×1. 3. 1.	(차) 현금	1,000	(대) 계약부채	1,000
④ 20×1. 3. 31.	(차) 계약부채	1,000	(대) 수익	1,000

물음2

취소할 수 없는 계약

일자	회계처리			
① 20×1. 1. 1.	N/A			
② 20×1. 1. 31.	(차) 수취채권	1,000	(대) 계약부채	1,000
③ 20×1. 3. 1.	(차) 현금	1,000	(대) 수취채권	1,000
④ 20×1. 3. 31.	(차) 계약부채	1,000	(대) 수익	1,000

해설

1. 취소할 수 있는 계약의 경우 대가의 지급기일 1월 31일에 기업은 대가를 받을 무조건적 권리를 가지지 못하기 때문에 수취채권을 인식할 수 없다.

2. 취소할 수 없는 계약의 경우 대가의 지급기일 1월 31일에 기업은 대가를 받을 무조건적 권리를 가지고 있으므로 수취채권을 인식하고 동 금액을 계약부채로 인식한다.

Ⅳ | 수익인식 적용사례

기업활동이 발전됨에 따라 재화의 판매와 용역을 제공하는 형태와 종류도 다양해지고 있다. 재화의 판매와 용역을 제공할 때 특수한 조건이 부여된 경우가 있는데, 이러한 경우에는 수익을 언제 인식하는지 또는 수익을 얼마의 금액으로 측정해야 하는가의 대한 판단을 해야 한다. K-IFRS에서는 이러한 상황에 대해서 구체적인 적용지침을 제시하고 있으며, 본 절에서는 이를 구체적으로 살펴보기로 한다.

01 반품권이 있는 판매

(1) 정의

일부 계약에서는 기업이 고객에게 제품에 대한 통제를 이전하고, 다양한 이유(예 제품 불만족)로 제품을 반품할 권리와 함께 다음 사항을 조합하여 받을 권리를 고객에게 부여한다.[22]

> ① 환불: 지급된 대가의 전부나 일부 환불
> ② 공제: 기업에 갚아야 할 의무가 있거나 의무가 있게 될 금액에 대한 공제(Credit)
> ③ 교환: 다른 제품으로 교환

반품권이 있는 제품과 환불 대상이 되는 제공한 일부 용역의 이전을 회계처리하기 위하여, 다음 사항을 모두 인식하며, 반품기간에 언제라도 반품을 받기로 하는 기업의 약속은 환불할 의무에 더하여 수행의무로 회계처리하지 않는다.

> ① 기업이 받을 권리를 갖게 될 것으로 예상하는 대가를 이전하는 제품에 대한 수익으로 인식(따라서, 반품이 예상되는 제품에 대해서는 수익을 인식하지 않는다)
> ② 환불부채를 인식
> ③ 환불부채를 결제할 때, 고객에게서 제품을 회수할 기업의 권리에 대하여 자산과 이에 상응하는 매출원가 조정을 인식

반품권이 있는 판매의 경우에는 반품을 예상할 수 없는 경우와 반품을 예상할 수 있는 경우로 구분하여 회계처리해야 한다. 그 구체적 내용은 아래와 같다.

---

22) 고객이 한 제품을 유형·품질·조건·가격이 같은 다른 제품(예 색상이나 크기가 같은 다른 제품)과 교환하는 경우에는 이 기준서의 적용 목적상 반품으로 보지 않는다. 한편, 고객이 결함이 있는 제품을 정상 제품으로 교환할 수 있는 계약은 보증에 대한 지침에 따라 평가한다.

(2) 반품을 예상할 수 없는 경우

반품을 예상할 수 없다면 제품을 이전할 때 수익으로 인식하지 않는다. 왜냐하면 이미 인식한 누적 수익 금액 중 유의적인 부분을 되돌리지 않을 가능성이 매우 높다는 결론을 내릴 수 없기 때문이다. 따라서 이 경우에는 반품권과 관련된 불확실성이 해소되는 시점에 수익을 인식하고 기업은 받은 대가를 전액 환불부채로 인식해야 한다. 또한, 반품을 예상할 수 없는 경우에는 수익을 인식할 수 없으므로 관련 매출 원가를 인식하지 아니하고 고객에게 제품을 이전할 때 고객에게서 제품을 회수할 기업의 권리에 대해서 반환재고회수권의 과목으로 별도의 자산을 인식한다.

[회계처리] 반품을 예상할 수 없는 경우

| (차) 현금 | ××× | (대) 환불부채 | ××× |
| (차) 반환재고회수권 | ××× | (대) 재고자산 | ××× |

(3) 반품을 예상할 수 있는 경우

받았거나 또는 받을 금액 중 기업이 권리를 갖게 될 것으로 예상하는 부분은 수익을 인식하고 관련 매출 원가를 인식한다. 반면에 받았거나 또는 받을 금액 중 기업이 권리를 갖게 될 것으로 예상하지 않는 부분은 고객에게 제품을 이전할 때 수익으로 인식하지 않고, 환불부채로 인식한다. 이후 보고기간말마다, 기업은 제품을 이전하고 그 대가로 권리를 갖게 될 것으로 예상하는 금액을 다시 평가하고 이에 따라 거래 가격과 인식된 수익금액을 조정한다.

[회계처리] 반품을 예상할 수 있는 경우

| (차) 현금 | ××× | (대) 매출 | ××× |
| | | 환불부채[1] | ××× |

[1] 전체판매금액 × 반품예상률

제품(예 재고자산)의 이전 장부금액에서 그 제품 회수에 예상되는 원가와 반품된 제품이 기업에 주는 가치의 잠재적인 감소를 포함하여 차감한다. 또한, 보고기간말마다 반품될 제품에 대한 예상의 변동을 반영하여 자산의 측정치를 새로 수정한다. 여기서 환불부채를 정산할 때 고객에게서 회수할 권리가 있는 자산을 반환재고회수권이라고 한다. 반환재고회수권은 환불부채와는 구분하여 표시하도록 규정하고 있다.

> 반환재고회수권: 재고자산의 장부금액 – 제품 회수에 예상되는 원가 – 제품의 잠재적인 가치 감소분

[회계처리] 반환재고회수권

| (차) 반환재고회수권 | ××× | (대) 재고자산 | ××× |
| 매출원가 | ××× | | |

예제 11 반품권이 부여된 판매(반품을 예상할 수 있는 경우)(K-IFRS 사례)

(주)강남은 명품가방을 제조·판매하는 회사이며 결산일은 매년 12월 31일이고 관련 자료는 다음과 같다.

> (1) (주)강남은 고객들과 100건의 계약을 체결하였는데, 제품 1개당 ₩100에 판매하는 것을 포함한다.
>   (총 제품 100개 × ₩100 = 총 대가 ₩10,000)
> (2) (주)강남은 제품에 대한 통제가 이전될 때 현금을 받는다. 기업의 사업 관행은 고객이 사용하지 않은 제품을 30일 이내에 반품하면 전액을 환불받을 수 있도록 허용하며, 각 제품의 원가는 ₩60 이다.
> (3) (주)강남은 기댓값 방법을 사용하여 97개의 제품이 반환되지 않을 것으로 추정하였다.

물음 1 (주)강남이 제품의 판매시점의 당기손익에 미치는 영향은 얼마인가?

물음 2 (주)강남이 제품의 판매시점에 수행할 회계처리를 나타내시오.

해답 **물음 1**
당기손익에 미치는 영향
97개 × (₩100 - ₩60) = ₩3,880

물음 2

일자	회계처리			
판매시점	(차) 현금	10,000[1]	(대) 매출	9,700[2]
			환불부채	300
	(차) 반환재고회수권	180[3]	(대) 재고자산	6,000[4]
	매출원가	5,820		

[1] 100개 × ₩100 = ₩10,000
[2] 97개 × ₩100 = ₩9,700
[3] 3개 × ₩60 = ₩180
[4] 100개 × ₩60 = ₩6,000

예제 12 반품권이 부여된 판매(반품을 예상할 수 없는 경우)(K-IFRS 사례 수정)

(주)강남은 명품가방을 제조·판매하는 회사이며 결산일은 매년 12월 31일이고 관련 자료는 다음과 같다.

> (1) (주)강남은 20×1년 12월 31일 고객들과 10건의 계약을 체결하였는데, 가방 1개당 ₩100에 판매하기로 하였다. 고객은 계약 개시시점에 제품을 통제하며, 계약상 고객은 90일 이내에 가방을 반품할 수 있다.
>
> (2) 제품은 신제품이고 기업은 제품 반품에 대한 적절한 과거 증거나 구할 수 있는 다른 시장 증거가 없으며, 가방의 제품원가는 ₩80이다.

(주)강남이 20×1년 12월 31일과 20×2년 3월 31일(반품권이 소멸되는 시점)에 수행할 회계처리를 나타내시오.

해답

일자	회계처리			
20×1. 12. 31.	(차) 반환재고회수권 ¹⁾ 10개 × ₩80 = ₩800	800¹⁾	(대) 재고자산	800
20×2. 3. 31.	(차) 매출채권 (차) 매출원가 ¹⁾ 10개 × ₩100 = ₩1,000	1,000¹⁾ 800	(대) 매출 (대) 반환재고회수권	1,000 800

(4) 반품된 제품이 잠재적으로 감소되는 경우

① 판매 시 수익인식

받았거나 또는 받을 금액 중 기업이 권리를 갖게 될 것으로 예상하지 않는 부분은 고객에게 제품을 이전할 때 수익으로 인식하지 않고, 환불부채로 인식한다.

[회계처리] 반품을 예상할 수 있는 경우

(차) 현금	×××	(대) 매출	×××
		환불부채¹⁾	×××

¹⁾ 전체판매금액 × 반품예상률

② 매출원가의 인식

수익으로 인식한 부분에 대한 재고자산은 매출원가로 인식한다. 그러나 환불부채를 결제할 때 고객에게서 제품을 회수할 기업의 권리에 대해 인식하는 자산은 처음 측정할 때 제품(예 재고자산)의 이전 장부금액에서 그 제품 회수에 예상되는 원가와 반품된 제품이 기업에 주는 가치의 잠재적인 감소를 포함하여 차감한다. 반환재고회수권은 환불부채와는 별도로 구분하여 표시하도록 규정하고 있다.

[회계처리] 수익으로 인식한 부분의 매출원가

| (차) 매출원가 | ××× | (대) 재고자산 | ××× |

[회계처리] 환불부채로 인식한 부분의 매출원가

| (차) 반환재고회수권 | ××× | (대) 재고자산 | ××× |
| 반품비용[1] | ××× | | |

[1] 반품 회수에 예상되는 비용 + 반품된 제품의 잠재적인 가치 감소분

③ 실제 반품 시

추후에 실제로 반품이 되는 경우에 기업은 환불부채 중 반품된 부분을 제외한 나머지 부분을 수익으로 인식한다. 수익으로 인식된 반환재고회수권은 매출원가로 인식하여 대응시킨다. 한편, 반품된 부분은 환불부채와 현금을 각각 차감한 후 재고자산을 증가시키고 반환재고회수권 및 반품 회수에 예상되는 비용과 차이가 발생하는 경우 추가적으로 대차차액을 반품비용으로 인식한다.

[회계처리] 반품되지 않은 부분

| (차) 환불부채 | ××× | (대) 매출 | ××× |
| (차) 매출원가 | ××× | (대) 반환재고회수권 | ××× |

[회계처리] 반품된 부분

(차) 환불부채	×××	(대) 현금	×××
(차) 재고자산	×××	(대) 반환재고회수권	×××
반품비용	×××	현금	×××

예제 13 반품된 제품이 잠재적으로 감소되는 경우

(주)강남은 20×1년에 반품조건부로 ₩100,000의 제품(100개, 판매단가 ₩1,000)을 현금판매하였다. 동 제품의 반품가능기간은 판매 후 6개월이고 20×1년 말까지 반품은 없었다. 20×1년 말에 과거의 경험으로 추정한 반품예상액은 매출액의 10%이며, 반품 관련 추정비용은 ₩500이다. 또한, 반품제품의 경우 제품원가의 10%가 손상될 것으로 추정되었다. (주)강남의 매출원가율은 80%이다.

물음1 (주)강남이 20×1년에 반품과 관련하여 행할 회계처리를 나타내시오.

물음2 실제로 판매가 ₩10,000(10개)의 반품이 발생하였으며, 반품 관련 비용지출액이 ₩500, 반품재고자산의 공정가치가 ₩7,200(₩720×10개)인 경우 20×2년에 필요한 회계처리를 나타내시오.

물음3 실제로 판매가 ₩5,000(5개)의 반품이 발생하였으며 반품 관련 비용지출액이 ₩400, 반품재고자산의 공정가치가 ₩3,600(₩720×5개)인 경우 20×2년에 필요한 회계처리를 나타내시오.

해답 **물음1**
20×1년 회계처리

일자	회계처리			
20×1년	(차) 현금	100,000[1]	(대) 매출	90,000[2]
			환불부채	10,000
	(차) 반환재고회수권	6,700[3]	(대) 재고자산	80,000[4]
	매출원가	72,000[5]		
	반품비용	1,300[6]		

[1] 100개 × ₩1,000 = ₩100,000
[2] ₩100,000 × (1 - 10%) = ₩90,000
[3] ₩10,000 × 80% - ₩500(반품 관련 비용) - ₩80,000 × 10% × 10%(가치 감소분) = ₩6,700
[4] ₩100,000 × 80% = ₩80,000
[5] ₩90,000 × 80% = ₩72,000
[6] ₩500(반품 관련 비용) + ₩80,000 × 10% × 10%(가치 감소분) = ₩1,300

물음2
20×2년 회계처리

일자	회계처리			
20×2년	(차) 환불부채	10,000	(대) 현금	10,000
	(차) 재고자산	7,200	(대) 반환재고회수권	6,700
			현금	500

물음3
20×2년 회계처리

일자	회계처리			
20×2년	(차) 환불부채	10,000	(대) 현금	5,000
			매출	5,000
	(차) 재고자산	3,600	(대) 반환재고회수권	6,700
	매출원가	3,600[1]	현금	400
			반품비용	100[2]

[1] ₩720 × 5개 = ₩3,600
[2] ₩500 - ₩400 = ₩100

02 보증

(1) 보증의 유형

기업은 제품의 판매와 관련하여 계약, 법률, 기업의 사업 관행에 따라 보증(Warranty)을 제공하는 것이 일반적이다. 이러한 보증의 특성은 산업과 계약에 따라 상당히 다를 수 있는데 다음과 같은 두 가지 유형이 있다.

> ① 확신유형의 보증: 보증은 관련 제품이 합의된 규격에 부합하므로 당사자들이 의도한 대로 작동할 것이라는 확신을 고객에게 제공하는 보증
> ② 용역유형의 보증[23]: 제품이 합의된 규격에 부합한다는 확신에 더하여 고객에게 용역을 제공하는 보증

(2) 보증의 회계처리

보증은 고객이 보증을 별도로 구매할 수 있는 선택권을 가지고 있는지 여부에 따라 달라진다. 고객이 보증을 별도로 구매할 수 있는 선택권이 있다면[24], 그 보증은 구별되는 용역이다. 기업이 계약에서 기술한 기능성이 있는 제품에 더하여 고객에게 용역을 제공하기로 약속한 것이기 때문이다. 이러한 상황에서는 약속한 보증을 수행의무로 회계처리하고, 그 수행의무에 거래가격의 일부를 배분한다. 그러나 고객에게 보증을 별도로 구매할 수 있는 선택권이 없는 경우에는 용역유형의 보증이 아니라면, 이 보증을 K-IFRS 제1037호 '충당부채, 우발부채, 우발자산'에 따라 회계처리한다. 만약 기업이 확신 유형의 보증과 용역 유형의 보증을 모두 약속하였으나 이를 합리적으로 구별하여 회계처리할 수 없다면, 두 가지 보증을 함께 단일 수행의무로 회계처리한다. 이를 요약하면 다음과 같다.

[그림 16-3] 보증의 회계처리

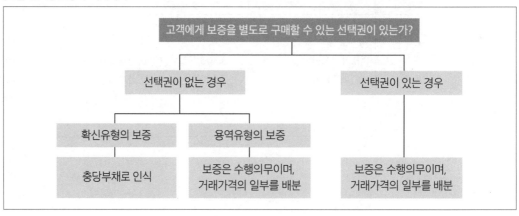

---

23) 보증이 합의된 규격에 제품이 부합한다는 확신에 더하여 고객에게 용역을 제공하는 것인지를 평가할 때, 다음과 같은 요소를 고려한다.
   (1) 법률에서 보증을 요구하는지
   (2) 보증기간
   (3) 기업이 수행하기로 약속한 업무의 특성
24) 보증에 대하여 별도로 가격을 정하거나 협상하기 때문이다.

제품이 손해나 피해를 끼치는 경우에 기업이 보상하도록 요구하는 법률 때문에 수행의무가 생기지는 않는다. 예를 들면 제조업자는 소비자가 용도에 맞게 제품을 사용하면서 생길 수 있는 모든 피해(예 개인자산에 대한 피해)를 제조업자가 책임지도록 하는 법률이 있는 국가(법적 관할구역)에서 제품을 판매할 수 있다. 이와 비슷하게, 제품이 특허권, 저작권, 상표권, 그 밖의 권리를 침해한 데 따른 청구로 생기는 책임과 피해에 대해 고객에게 배상하기로 한 기업의 약속 때문에 수행의무가 생기지는 않는다. 이러한 의무는 K-IFRS 제1037호 '충당부채, 우발부채, 우발자산'에 따라 충당부채로 회계처리한다.

(3) 고객에게 보증을 별도로 구매할 수 있는 선택권이 있는 경우

고객에게 보증을 별도로 구매할 수 있는 선택권이 있다면 기업은 고객에게 보증을 대가를 획득하고 보증이라는 용역을 판매한 것이다. 따라서 제품의 인도와 보증은 모두 수행의무이며 거래가격의 일부를 보증에 배분하여야 한다. 제품의 인도는 한 시점에 이행하는 수행의무이므로 인도시점에 수익을 인식하고 보증은 기간에 걸쳐 이행하는 수행의무이므로 기간에 걸쳐 수익을 인식한다.

① 제품 인도 시

보증용역의 대가는 전체 거래가격을 제품의 인도와 보증의 용역에 개별거래가격을 기초로 배분한 후 보증용역의 대가는 부채(계약부채)로 인식한다. 이를 회계처리로 나타내면 다음과 같다.

[회계처리] 제품 인도 시

(차) 현금	×××	(대) 매출	×××
		계약부채	×××

② 수행의무 이행시점

계약부채는 보증용역의 수행의무가 이행될 때, 즉 기간에 걸쳐 보증용역수익으로 인식한다. 이때 제품보증비용으로 실제 발생한 원가는 보증용역원가로 인식한다.

[회계처리] 보증용역의 수행의무 이행시점

(차) 계약부채	×××	(대) 보증용역수익	×××
(차) 보증용역원가	×××	(대) 현금	×××

(주)사과는 1월 1일부터 12월 31일까지를 보고기간으로 하는 핸드폰을 제조하여 판매하는 회사이다. 관련 자료는 다음과 같다.

> (1) (주)사과는 20×1년 초에 신제품으로 개발된 핸드폰 100대를 대당 ₩10,000에 판매하였다.
> (2) (주)사과는 원하는 고객에게만 핸드폰 1대당 ₩1,000을 추가로 받고 2년 동안 제품보증을 제공하기로 하는 이벤트를 진행하였다. 이러한 이벤트에서 제품보증을 구매한 고객에게 판매한 비율은 10%이다.
> (3) 보증용역의 수행의무는 2년간 동일한 금액이 이행될 것이라고 추정되어 정액기준으로 수익을 인식한다.
> (4) (주)사과가 20×1년과 20×2년에 핸드폰 수리와 관련하여 실제로 발생한 품질보증비는 다음과 같다.
>
> | 연도 | 20×1 | 20×2 |
> |---|---|---|
> | 보증비지출액 | ₩2,000 | ₩3,000 |

(주)사과가 20×1년 초부터 20×2년 말까지 수행할 회계처리를 나타내시오.

해답	일자	회계처리				
	20×1년					
	① 매출 시	(차) 현금	1,010,000	(대) 매출	1,000,000	
				계약부채	10,000[1]	
	② 결산 시	(차) 계약부채	5,000	(대) 보증용역수익	5,000[2]	
		(차) 보증용역원가	2,000	(대) 현금	2,000	
		[1] ₩1,000 × 10대 = ₩10,000				
		[2] ₩10,000 × 12/24 = ₩5,000				
	20×2년					
	① 결산 시	(차) 계약부채	5,000	(대) 보증용역수익	5,000[1]	
		(차) 보증용역원가	3,000	(대) 현금	3,000	
		[1] ₩10,000 × 12/24 = ₩5,000				

(4) 고객에게 보증을 별도로 구매할 수 있는 선택권이 없는 경우

고객에게 보증을 별도로 구매할 수 있는 선택권이 없는 경우에는 확신유형의 보증이라면, 이 보증을
K-IFRS 제1037호 '충당부채, 우발부채, 우발자산'에 따라 회계처리한다. 만약 용역유형의 보증이라면
제품의 인도와 보증은 별도의 수행의무이므로 거래가격의 일부를 보증에 배분하여야 한다.[25] 여기서는
고객에게 보증을 별도로 구매할 수 있는 선택권이 없으며, 확신유형의 보증을 제공하여 충당부채로 처리
하는 경우의 회계처리를 구체적으로 살펴보기로 한다.

① 제품 인도 시

확신유형의 보증에서는 관련 제품이 합의된 규격에 부합하므로 당사자들이 의도한 대로 작동할 것이
라는 확신만을 제공하기 때문에 이는 제품의 인도와 보증용역을 하나의 수행의무로 판단하여야 한
다. 따라서, 거래대가 전체를 제품의 거래가격으로 보고 인도시점에 수익을 전액 인식한다.

[회계처리] 제품 인도 시

(차) 현금	×××	(대) 매출	×××

② 매 보고기간말

보고기간말 최선의 추정치를 제품보증충당부채로 대변에 기입하고 제품보증비를 차변에 기입한다.

[회계처리] 매 보고기간말

(차) 제품보증비	×××	(대) 제품보증충당부채	×××

③ 실제 제품보증비 현금지출 시

실제 제품보증비가 현금으로 지출되면, 매 보고기간말에 추정한 제품보증충당부채를 상계하여 제거
하고, 만약 제품보증충당부채의 잔액보다 현금으로 지출된 금액이 많으면 초과액은 제품보증비로 당
기에 추가로 비용으로 인식한다.

[회계처리] 실제 제품보증비 현금지출 시

(차) 제품보증충당부채	×××	(대) 현금	×××
제품보증비	×××		

⚡ POINT 제품보증충당부채(확신유형의 보증)

I/S상 제품보증비	당기매출액 × 보증비 예상률
B/S상 기말 충당부채	I/S상 보증비 예상액 - 현금지출보증비

---

25) 용역유형의 보증의 문제는 고객에게 보증을 별도로 구매할 수 있는 선택권이 있는 경우와 회계처리가 동일하다.

예제 15   제품보증충당부채

(주)사과는 1월 1일부터 12월 31일까지를 보고기간으로 하는 핸드폰을 제조하여 판매하는 회사이다.

[2013 공인회계사 2차 수정]

(1) (주)사과의 20×1년부터 20×3년까지 매출 등 관련 자료는 다음과 같다.

연도	총매출액
20×1	₩1,000,000
20×2	₩1,500,000
20×3	₩1,200,000

(2) (주)사과는 20×1년 1월 1일부터 판매한 제품에 대해 3년간 무상으로 제품수리보증을 해 주기로 경영방침을 확정하고 이러한 정책을 외부에 공표하였다. 총매출액의 5%에 해당되는 금액이 제품보증비로 발생된다고 추정하였고, 실제 지출한 제품보증비는 다음과 같다.

연도	20×1	20×2	20×3
보증비지출액	₩40,000	₩60,000	₩30,000

(3) (주)사과의 고객은 고객에게 보증을 별도로 구매할 수 있는 선택권이 없으며 보증의 유형은 확신유형의 보증이다.

물음1 20×3년 ① 포괄손익계산서에 충당부채와 관련하여 인식할 비용과 ② 재무상태표에 보고할 충당부채금액을 계산하시오. (단, 충당부채의 현재가치 평가는 고려하지 않는다)

물음2 (주)사과가 20×1년 초부터 20×3년 말까지 수행할 회계처리를 나타내시오.

해답   **물음1**

① 20×3년에 인식할 비용(제품보증비): 당기매출액 × 보증비 예상률 = ₩1,200,000 × 5% = ₩60,000

② 20×3년 말 충당부채(제품보증충당부채): I/S상 보증비 예상액 − 현금지출보증비
  = (₩1,000,000 + ₩1,500,000 + ₩1,200,000) × 5% − (₩40,000 + ₩60,000 + ₩30,000)
  = ₩55,000

물음 2

일자	회계처리			
20×1년				
① 매출 시	(차) 현금	1,000,000	(대) 매출	1,000,000
② 보증비 발생 시	(차) 제품보증비	40,000	(대) 현금	40,000
③ 결산 시	(차) 제품보증비	10,000[1]	(대) 제품보증충당부채	10,000
	[1] ₩1,000,000 × 5% - ₩40,000 = ₩10,000			
20×2년				
① 매출 시	(차) 현금	1,500,000	(대) 매출	1,500,000
② 보증비 발생 시	(차) 제품보증충당부채	10,000	(대) 현금	60,000
	제품보증비	50,000		
③ 결산 시	(차) 제품보증비	25,000[1]	(대) 제품보증충당부채	25,000
	[1] ₩1,500,000 × 5% - ₩50,000 = ₩25,000			
20×3년				
① 매출 시	(차) 현금	1,200,000	(대) 매출	1,200,000
② 보증비 발생 시	(차) 제품보증충당부채	25,000	(대) 현금	30,000
	제품보증비	5,000		
③ 결산 시	(차) 제품보증비	55,000[1]	(대) 제품보증충당부채	55,000
	[1] ₩1,200,000 × 5% - ₩5,000 = ₩55,000			

03 본인 대 대리인의 고려사항

고객에게 재화나 용역을 제공하는 데에 다른 당사자가 관여할 때, 기업은 약속의 성격이 정해진 재화나 용역 자체를 제공하는 수행의무인지 아니면 다른 당사자가 재화나 용역을 제공하도록 주선하는 수행의무인지를 판단해야 한다. 만약, 약속의 성격이 재화나 용역 자체를 제공하는 수행의무이면 기업이 본인(Principal)이며, 다른 당사자가 재화나 용역을 제공하도록 주선하는 수행의무이면 기업이 대리인(Agent)이다.

(1) 기업이 본인인 경우[26]

고객에게 재화나 용역이 이전되기 전에 기업이 그 정해진 재화나 용역을 통제한다면 이 기업은 본인이다. 그러나 재화의 법적 소유권이 고객에게 이전되기 전에 기업이 일시적으로만 법적 소유권을 획득한다면, 기업이 반드시 정해진 재화를 통제하는 것은 아니다. 기업이 본인인 경우에 스스로 그 정해진 재화나 용역을 제공할 수행의무를 이행할 수 있거나, 본인을 대신하여 그 수행의무의 일부나 전부를 다른 당사자(예 하도급자)가 이행하도록 고용할 수도 있다. 기업이 본인인 경우에 수행의무를 이행할 때 기업은 이전되는 정해진 재화나 용역과 교환하여 받을 권리를 갖게 될 것으로 예상하는 대가의 총액을 수익으로 인식한다.

---

26) 고객에게 정해진 재화나 용역이 이전되기 전에 기업이 그 정해진 재화나 용역을 통제하여 본인임을 나타내는 지표에는 다음 사항이 포함되지만 이에 한정되지는 않는다.
  (1) 정해진 재화나 용역을 제공하기로 하는 약속을 이행할 주된 책임이 이 기업에 있다.
  (2) 정해진 재화나 용역이 고객에게 이전되기 전이나, 고객에게 통제가 이전된 후에 재고위험이 이 기업에 있다.
  (3) 정해진 재화나 용역의 가격을 결정할 재량이 기업에 있다.

(2) 기업이 대리인인 경우

기업의 수행의무가 다른 당사자가 정해진 재화나 용역을 제공하도록 주선하는 것이라면 이 기업은 대리인이다. 기업이 대리인인 경우에 다른 당사자가 공급하는 정해진 재화나 용역이 고객에게 이전되기 전에 기업이 그 정해진 재화나 용역을 통제하지 않는다. 기업이 대리인인 경우에는 수행의무를 이행할 때, 이 기업은 다른 당사자가 그 정해진 재화나 용역을 제공하도록 주선하고 그 대가로 받을 권리를 갖게 될 것으로 예상하는 보수나 수수료 금액을 수익으로 인식한다. 기업의 보수나 수수료는 다른 당사자가 제공하기로 하는 재화나 용역과 교환하여 받은 대가 가운데 그 당사자에게 지급한 다음에 남는 순액일 수 있다.

⚡ POINT 본인 대 대리인의 고려사항

기업이 본인	① 정의: 약속의 성격이 재화나 용역 자체를 제공하는 수행의무 ② 인식: 수행의무를 이행할 때, 예상하는 대가의 총액을 수익으로 인식
기업이 대리인	① 정의: 다른 당사자가 정해진 재화나 용역을 제공하도록 주선 ② 인식: 수행의무를 이행할 때, 예상하는 보수나 수수료 금액(순액)을 수익으로 인식

(3) 위탁약정[27]과 위탁판매

최종 고객에게 판매하기 위해 기업이 제품을 다른 당사자(예 중개인이나 유통업자)에게 인도하는 경우에 그 다른 당사자가 그 시점에 제품을 통제하게 되었는지를 평가한다. 다른 당사자가 그 제품을 통제하지 못하는 경우에는 다른 당사자에게 인도한 제품을 위탁약정에 따라 보유하는 것이다. 따라서 인도된 제품이 위탁물로 보유된다면 제품을 다른 당사자에게 인도할 때 수익을 인식하지 않는다. 이러한 위탁약정의 대표적 예는 위탁판매를 들 수 있다.

위탁판매(Consignment Sales)란 한 기업(위탁자)이 재고자산(적송품[28])의 판매를 타인(수탁자)에게 위탁하여 판매하는 것을 말한다. 일반적으로 위탁판매는 수탁자가 제3자에게 재고자산을 판매한 시점에 수익을 인식하고 수탁자가 결산일 현재 판매하지 못한 적송품은 재고자산에 포함하여야 한다.

---

27) 어떤 약정이 위탁약정이라는 지표에는 다음 사항이 포함되지만, 이에 한정되지는 않는다.
   (1) 정해진 사건이 일어날 때까지(예 중개인의 고객에게 자산을 판매하거나 정해진 기간이 만료될 때까지) 기업이 자산을 통제한다.
   (2) 기업은 제품의 반환을 요구하거나 제품을 제삼자(예 다른 중개인)에게 이전할 수 있다.
   (3) 중개인은 (보증금을 지급해야 하는 경우도 있지만) 제품에 대해 지급해야 하는 무조건적인 의무는 없다.
28) 위탁자가 수탁자에게 판매를 위탁한 재고자산을 적송품이라 말한다.

① 위탁자의 회계처리

    a. **적송품 적송 시:** 상품을 수탁자에게 적송할 때에는 상품을 적송품계정으로 대체한다. 위탁자가 수탁자에게 적송품을 발송하는 경우 적송운임이 발생할 수 있는데 이는 매입원가의 일부이므로 적송품의 원가로 처리한다.

(차) 적송품	×××	(대) 재고자산	×××
		현금	×××

    b. **적송품 판매 시:** 수탁자가 적송품을 제3자에게 판매한 시점에 수익을 인식하고 판매된 적송품을 매출원가로 인식한다. 이때 수탁자가 부담한 창고비, 수수료 등은 판매비로 처리한다.

(차) 현금	×××	(대) 매출	×××
판매비	×××		
(차) 매출원가	×××	(대) 적송품	×××

② 수탁자의 회계처리

    a. **수탁품 수령 시:** 위탁자가 보낸 상품은 수탁자의 소유가 아니기 때문에 회계처리를 하지 않는다.

    b. **수탁품 판매 시:** 수탁품의 판매대금은 위탁자에 대한 예수금이므로 수탁수수료를 제외한 금액을 수탁판매계정에 대기한다.

(차) 현금	×××	(대) 수탁판매	×××
		수수료수익	×××

    c. **송금 시:** 수탁품의 판매대금에서 수탁수수료를 차감한 금액을 위탁자에게 송금할 때 수탁판매계정에 차기한다. 따라서 수탁자의 수행의무는 대리인으로서 재화나 용역의 제공을 주선하는 것이므로 제3자에게 제품의 통제를 이전하는 시점에 수탁수수료(순액)를 수익으로 인식한다.

(차) 수탁판매	×××	(대) 현금	×××

04 추가 재화나 용역에 대한 고객의 선택권

무료나 할인된 가격으로 추가 재화나 용역을 취득할 수 있는 고객의 선택권은 판매 인센티브, 고객보상점수 (Points), 계약갱신 선택권, 미래의 재화나 용역에 대한 그 밖의 할인 등 형태가 매우 다양하다.

① 중요한 권리를 고객에게 제공하는 경우

계약에서 추가 재화나 용역을 취득할 수 있는 선택권을 고객에게 부여하고 그 선택권이 그 계약을 체결하지 않으면 받을 수 없는 중요한 권리를 고객에게 제공하는 경우에만 그 선택권은 계약에서 수행의무가 발생하게 한다. (예) 이 재화나 용역에 대해 그 지역이나 시장의 해당 고객층에게 일반적으로 제공하는 할인의 범위를 초과하는 할인) 선택권이 고객에게 중요한 권리를 제공한다면, 고객은 사실상 미래 재화나 용역의 대가를 기업에 미리 지급한 것이므로 기업은 그 미래 재화나 용역이 이전되거나 선택권이 만료될 때 수익을 인식한다.

② 선택권이 고객에게 있는 경우

재화나 용역의 개별 판매가격을 반영하는 가격으로 추가 재화나 용역을 취득할 수 있는 선택권이 고객에게 있다면, 과거에 계약을 체결한 경우에만 행사할 수 있을지라도 그 선택권은 고객에게 중요한 권리를 제공하지 않는다. 이 경우는 기업이 고객에게 마케팅 제안을 한 것이다. 따라서 고객이 추가 재화나 용역을 매입하는 선택권을 행사하는 경우에만 K-IFRS 제1115호 '고객과의 계약에서 생기는 수익'에 따라 회계처리한다.

⚡ POINT 추가 재화나 용역에 대한 고객의 선택권

추가 재화나 용역에 대한 고객의 선택권의 정의	판매 인센티브, 고객보상점수(Points), 계약갱신 선택권, 미래의 재화나 용역에 대한 그 밖의 할인
중요한 권리를 고객에게 제공하는 경우	재화나 용역이 이전되거나 선택권이 만료될 때 수익을 인식
선택권이 고객에게 있는 경우	고객이 추가 재화나 용역을 매입하는 선택권을 행사하는 경우에만 수익 기준서 적용

(주)강남은 제품 A를 ₩100에 판매하기로 계약을 체결하였다. 계약과 관련 사항은 다음과 같다.

(1) 이 계약의 일부로 (주)강남은 앞으로 30일 이내에 ₩100 한도의 구매에 대해 40% 할인권을 고객에게 주었다. (주)강남은 계절 판촉활동의 일환으로 앞으로 30일 동안 모든 판매에 10% 할인을 제공할 계획이며, 10% 할인은 40% 할인권에 추가하여 사용할 수 없다.

(2) (주)강남은 고객의 80%가 할인권을 사용하고 추가 제품을 평균 ₩50에 구매할 것이라고 추정하였다. 따라서 기업 할인권의 추정 개별 판매가격은 ₩12(추가 제품 평균 구입가격 ₩50 × 증분 할인율 30% × 선택권 행사 가능성 80%)이다.

제품 A의 판매금액 ₩100을 제품 A와 할인권에 배분하고 수익인식에 대해서 설명하시오.

해답

1. 개별 판매가격

수행의무	개별 판매가격
제품 A	₩100
할인권	₩12
	₩112

2. 거래가격의 배분

수행의무	배분된 거래가격	계산근거
제품 A	₩89	= ₩100 × ₩100/₩112
할인권	₩11	= ₩100 × ₩12/₩112
	₩100	

3. 수익인식

기업은 제품 A에 ₩89을 배분하고 제품 A에 대한 통제를 이전할 때 수익을 인식한다. 기업은 할인권에 ₩11을 배분하고 고객이 재화나 용역으로 교환하거나 할인권이 소멸될 때 할인권에 대해 수익을 인식한다.

05 고객이 행사하지 아니한 권리

(1) 의의

고객에게서 선수금을 받은 경우에는 미래에 재화나 용역을 이전할 수행의무에 대한 선수금을 계약부채로 인식한다. 그 재화나 용역을 이전하고 수행의무를 이행할 때 계약부채를 제거하고 수익을 인식한다. 고객이 환불받을 수 없는 선급금을 기업에 지급하면 고객은 미래에 재화나 용역을 받을 권리를 기업에서 획득하게 된다. 그러나 고객은 자신의 계약상 권리를 모두 행사하지 않을 수 있으며, 그 행사되지 않은 권리를 흔히 미행사 부분(Breakage)이라고 부른다. 이 미행사 부분은 기업이 받을 권리를 갖게 될 것으로 예상되는지 여부에 따라 회계처리해야 한다.

---

① 기업이 계약부채 중 미행사 금액을 받을 권리를 갖게 될 것으로 예상되는 경우: 고객이 권리를 행사하는 방식에 따라 그 예상되는 미행사 금액을 수익으로 인식한다.
② 기업이 미행사 금액을 받을 권리를 갖게 될 것으로 예상되지 않는 경우: 고객이 그 남은 권리를 행사할 가능성이 희박해질 때 예상되는 미행사 금액을 수익으로 인식한다.

만약, 고객이 권리를 행사하지 아니한 대가를 다른 당사자(예) 미청구 자산에 관한 관련 법률에 따른 정부기관)에게 납부하도록 요구받는 경우에는 받은 대가를 수익이 아닌 부채로 인식한다.

[그림 16-4] 고객이 행사하지 아니한 권리

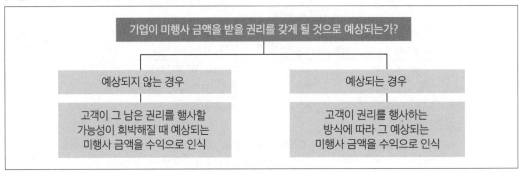

(2) 상품권 판매

판매를 촉진하기 위하여 기업들은 상품권을 발행하기도 한다. 상품권은 기업이 추후에 상품권과 교환을 통하여 상품을 인도하기로 약속하고 발행하는 유가증권이다. 상품권을 발행한 기업은 고객에게 재화에 대한 통제를 이전하는 시점에 수익을 인식해야 하는데, 실무적으로는 상품권을 회수하는 시점과 동일하다.

① 상품권 판매 시

상품권을 판매한 경우에는 판매대금을 선수금(계약부채)으로 처리한다. 만약, 상품권을 할인판매한 경우에는 액면금액 전액을 선수금으로 계상하고, 할인액은 상품권할인액의 계정과목으로 하여 선수금(계약부채)의 차감항목으로 표시한다.

(차) 현금	×××	(대) 선수금(계약부채)	×××
상품권할인액	×××		

② 상품권 회수 시

상품권을 회수하는 시점은 고객에게 재화에 대한 통제를 이전한 시점이므로 수익을 인식한다. 따라서 상품권 회수 시에 선수금(계약부채)을 매출로 대체하고 상품권할인액도 매출에누리와 환입으로 계정을 대체한다.

(차) 선수금(계약부채)	×××	(대) 매출	×××
(차) 매출에누리와 환입	×××	(대) 상품권할인액	×××

이때, 상품권의 액면금액과 판매가격의 차이를 현금으로 환급한다면 매출과 상계한다.

(차) 매출	×××	(대) 현금	×××

③ 유효기간 경과 시

상품권의 유효기간이 경과한 후에는 상품권의 환급비율에 따라 당기손익(상품권기간경과이익)으로 인식한다.

(차) 선수금(계약부채)	×××	(대) 상품권할인액	×××
		상품권기간경과이익	×××

④ 소멸시효 완성 시

상품권의 유효기간이 경과한 후 상법상 소멸시효가 완성된 경우에는 소멸시효가 완성된 시점에서 선수금(계약부채)의 잔액을 전부 당기이익(상품권기간경과이익)으로 인식한다.

(차) 선수금(계약부채)	×××	(대) 상품권기간경과이익	×××

예제 17 상품권판매

한국백화점은 20×1년부터 상품권판매를 시작하였다. 한국백화점의 결산일은 매년 12월 31일이며, 관련 자료는 다음과 같다.

(1) 20×1년 초에 ₩10,000권 상품권 10매를 1매당 ₩9,000에 발행하였다. 상품권의 유효기간은 발행일로부터 3개월이며, 유효기간 중에 현금교환은 인정되지 않는다. 단, 물품구입 후 잔액이 40% 이하이면 현금을 환급한다.
(2) 유효기간인 20×1년 3월 31일까지 회수된 상품권은 8매이고 현금으로 환급한 금액은 ₩5,000이다.
(3) 유효기간이 경과한 후 3개월까지는 상품권에 명시된 액면금액의 20%만을 환급해 주고 그 이후에는 가치가 소멸한다. 유효기간이 지난 상품권 1매는 상법상 소멸시효까지 회수되었으며, 나머지 1매는 회수되지 않았다.

한국백화점이 20×1년 포괄손익계산서에 인식할 수익은 얼마인가?

해답   1. 20×1년에 인식할 수익
　　　(1) 상품권 회수액:　　　　　　　　8매 × ₩9,000 - ₩5,000 =　　　₩67,000
　　　(2) 상품권기간경과이익
　　　　　① 유효기간 경과분:　　　　2매 × (₩9,000 - ₩2,000) =　　　₩14,000
　　　　　② 소멸시효 완성분:　　　　　　　　1매 × ₩2,000 =　　　　　₩2,000
　　　　　　　　　　　　　　　　　　　　　　　　　　　　　　　₩83,000

2. 회계처리

일자	회계처리			
상품권판매 시	(차) 현금	90,000	(대) 계약부채	100,000
	상품권할인액	10,000		
상품권회수 시	(차) 계약부채	80,000	(대) 매출	80,000
	매출에누리와 환입	8,000	상품권할인액	8,000
	(차) 현금	5,000	(대) 매출	5,000
유효기간 경과 시	(차) 계약부채	16,000[1]	(대) 상품권할인액	2,000
			상품권기간경과이익	14,000
	[1] 2매 × ₩10,000 × (1 - 0.2) = ₩16,000			
유효기간이 지난 상품권 회수 시	(차) 계약부채	2,000	(대) 현금	2,000
소멸시효 완성 시	(차) 계약부채	2,000	(대) 상품권기간경과이익	2,000

06 환불되지 않는 선수수수료

어떤 계약에서는 기업은 환불되지 않는 선수수수료를 계약 개시시점이나 그와 가까운 시기에 고객에게 부과한다. 예를 들면 헬스클럽 회원계약 가입수수료, 통신계약의 가입수수료, 일부 용역계약 준비수수료, 일부 공급계약의 개시수수료가 이에 해당한다.

이러한 계약에서 수행의무를 식별하기 위해 수수료가 약속한 재화나 용역의 이전에 관련되는지를 판단해야 한다. 많은 경우에 환불되지 않는 선수수수료가 계약 개시시점이나 그와 가까운 시기에 기업이 계약을 이행하기 위하여 착수해야 하는 활동에 관련되더라도, 그 활동으로 고객에게 약속한 재화나 용역이 이전되지는 않는다. 오히려 선수수수료는 미래 재화나 용역에 대한 선수금이므로, 그 미래 재화나 용역을 제공할 때 수익으로 인식한다.

기업은 환불되지 않는 수수료를 계약 준비(Set up)에 드는 원가 보상의 일환으로 부과할 수 있다. 그 준비활동이 수행의무를 이행하는 것이 아니라면, 진행률을 측정할 때 그 활동과 관련 원가를 무시해야 한다. 왜냐하면 준비활동 원가가 고객에게 용역을 이전하는 것을 나타내지 않기 때문이다.

⚡ POINT 환불되지 않는 선수수수료

정의	헬스클럽 회원계약 가입수수료, 통신계약의 가입수수료, 일부 용역계약 준비수수료, 일부 공급계약의 개시수수료
원칙	약속한 재화나 용역의 이전에 관련이 없는 경우: 미래 재화나 용역을 제공할 때 수익으로 인식
예외	약속한 재화나 용역의 이전에 관련이 있는 경우: 해당 수행의무에 따라 인식

07 라이선싱

(1) 의의

라이선스(License)는 기업의 지적재산에 대한 고객의 권리를 정하는 것을 말한다. 지적재산에 대한 라이선스에는 다음 사항에 대한 라이선스가 포함될 수 있으나 이에 한정되지는 않는다.

> ① 소프트웨어, 기술
> ② 영화, 음악, 그 밖의 형태의 미디어와 오락물
> ③ 프랜차이즈
> ④ 특허권, 상표권, 저작권

라이선스의 회계처리는 라이선스를 부여하는 약속이 그 밖의 약속한 재화나 용역과 계약에서 구별되는지 여부에 따라 달라진다. 이에 대해 구체적으로 살펴보면 다음과 같다.

> ① 라이선스를 부여하는 약속이 그 밖에 약속한 재화나 용역과 계약에서 구별되지 않는 경우[29]: 라이선스를 부여하는 약속과 그 밖에 약속한 재화나 용역을 함께 단일 수행의무로 회계처리
> ② 라이선스를 부여하는 약속이 계약에서 그 밖에 약속한 재화나 용역과 구별되는 경우: 라이선스가 고객에게 한 시점에 이전(지적재산 사용권)되는지 아니면 기간에 걸쳐 이전되는지를 판단(지적재산 접근권)하여 별도의 수행의무로 회계처리[30]

(2) 지적재산 접근권

라이선스를 부여하는 약속이 계약에서 그 밖에 약속한 재화나 용역과 구별되는 경우에는 별도의 수행의무로 회계처리해야 한다. 이때 기간에 걸쳐 수행의무가 이전된다면, 라이선스 기간 전체에 걸쳐 존재하는 기업의 지적재산에 접근할 권리에 해당하고 이를 지적재산 접근권(Right to Access)이라고 말한다. 다음 기준을 모두 충족한다면, 라이선스를 부여하는 기업의 약속의 성격은 기업의 지적재산에 접근권을 제공하는 것이다.

> ① 고객이 권리를 갖는 지적재산에 유의적으로 영향을 미치는 활동을 기업이 할 것을 계약에서 요구하거나 고객이 합리적으로 예상한다.
> ② 라이선스로 부여한 권리 때문에 고객은 ①에서 식별되는 기업 활동의 긍정적 또는 부정적 영향에 직접 노출된다.
> ③ 그 활동(들)이 행해짐에 따라 재화나 용역을 고객에게 이전하는 결과를 가져오지 않는다.

지적재산 접근권은 기간에 걸쳐 이행하는 수행의무로 회계처리한다. 기업의 지적재산에 접근을 제공하는 약속을 수행하는 대로 고객이 수행에서 생기는 효익을 동시에 얻고 소비하기 때문이다.

---

29) 계약에서 약속한 그 밖의 재화나 용역과 구별되지 않는 라이선스의 예에는 다음 항목이 포함된다.
   (1) 유형 재화의 구성요소이면서 그 재화의 기능성에 반드시 필요한 라이선스
   (2) 관련 용역과 결합되는 경우에만 고객이 효익을 얻을 수 있는 라이선스(예 라이선스를 부여하여 고객이 콘텐츠에 접근할 수 있도록 제공하는 온라인 서비스)
30) 고객에게 라이선스를 부여하는 약속의 성격이 고객에게 다음 중 무엇을 제공하는 것인지를 고려한다.
   (1) 라이선스 기간 전체에 걸쳐 존재하는, 기업의 지적재산에 접근할 권리
   (2) 라이선스를 부여하는 시점에 존재하는, 기업의 지적재산을 사용할 권리

(3) 지적재산 사용권

위의 지적재산 접근권의 기준을 충족하지 못하면, 기업이 한 약속의 성격은 라이선스를 고객에게 부여하는 시점에 그 라이선스가 존재하는 대로, 지적재산의 사용권을 제공하는 것이다. 지적재산 사용권 (Right to Use)이란 라이선스를 부여하는 시점에 존재하는 기업의 지적재산을 사용할 권리을 말한다. 이는 라이선스를 이전하는 시점에 고객이 라이선스의 사용을 지시할 수 있고 라이선스에서 생기는 나머지 효익의 대부분을 획득할 수 있음을 뜻한다. 따라서 지적재산 사용권을 제공하는 약속은 한 시점에 이행하는 수행의무로 회계처리한다.

(4) 판매기준 로열티나 사용기준 로열티

지적재산의 라이선스를 제공하는 대가로 약속된 판매기준 로열티나 사용기준 로열티의 수익은 다음 중 나중의 사건이 일어날 때 인식한다.

> ① 후속 판매나 사용
> ② 판매기준 또는 사용기준 로열티의 일부나 전부가 배분된 수행의무를 이행하거나 또는 일부 이행함

판매기준 로열티나 사용기준 로열티에 대한 위의 요구사항은 그 로열티가 다음 중 어느 하나에 해당하는 경우에 적용한다.

> ① 지적재산의 라이선스에만 관련된다.
> ② 지적재산의 라이선스는 로열티가 관련되는 지배적인 항목이다.[31]

[그림 16-5] 라이선스의 회계처리

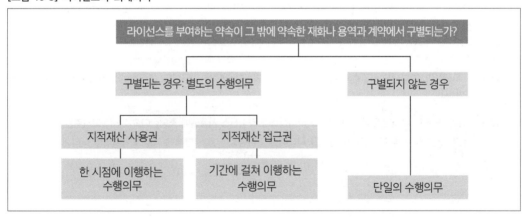

---

31) 예를 들어, 로열티가 관련되는 다른 재화나 용역보다 그 라이선스에 고객이 더 유의적인 가치를 부여할 것이라고 기업이 합리적으로 예상할 때, 지적재산의 라이선스는 로열티가 관련되는 지배적인 항목일 수 있다.

라이선스의 정의	기업의 지적재산에 대한 고객의 권리를 정하는 것
라이선스를 부여하는 약속이 그 밖에 약속한 재화나 용역과 계약에서 구별되지 않는 경우	단일 수행의무로 회계처리
라이선스를 부여하는 약속이 계약에서 그 밖에 약속한 재화나 용역과 구별되는 경우	별도의 수행의무로 회계처리 ① 지적재산 사용권: 한 시점에 이행하는 수행의무로 회계처리 ② 지적재산 접근권: 기간에 걸쳐 이행하는 수행의무로 회계처리
판매기준 로열티나 사용기준 로열티	다음 중 나중의 사건이 일어날 때 인식함 ① 후속 판매나 사용 ② 판매기준 또는 사용기준 로열티의 일부나 전부가 배분된 수행의무를 이행하거나 또는 일부 이행함

예제 18 | 프랜차이즈 라이선싱

커피프랜차이즈 사업을 운영하고 있는 (주)명성은 20×1년 1월 1일 창동점과 프랜차이즈계약을 체결하였으며 관련 내용은 다음과 같다. [2011 공인회계사 1차 수정]

> (1) (주)명성은 창동점으로부터 프랜차이즈 라이선스의 대가로 고정대가 ₩300,000을 계약체결과 동시에 전액 지급받았다. 또한 이는 프랜차이즈 라이선스의 대가로 부족하여 변동대가로 매출액의 10%를 매 보고기간말에 수취하기로 하였다.
> (2) 창동점은 20×1년 1월 1일부터 3년간 프랜차이즈 라이선스를 사용할 수 있으며, 이는 라이선스 접근권에 해당한다. 창동점은 20×1년 중 총 ₩100,000의 매출액을 인식하였다.

물음 1 (주)명성이 20×1년도 포괄손익계산서상 수익으로 인식할 금액을 나타내고, (주)명성이 20×1년에 수행할 회계처리를 나타내시오.

물음 2 위의 **물음 1** 과 상관없이, 프랜차이즈 라이선스가 라이선스 사용권에 해당한다고 가정하고, (주)명성이 20×1년도 포괄손익계산서상 수익으로 인식할 금액을 나타내고, (주)명성이 20×1년에 수행할 회계처리를 나타내시오.

해답   물음 1

1. 20×1년도 수익

   (1) 고정대가: ₩300,000 × 12/36 = ₩100,000

   (2) 변동대가: ₩100,000 × 10% = ₩10,000

   ∴ 프랜차이즈 라이선스 수익: (1) + (2) = ₩110,000

2. 회계처리

일자	회계처리			
20×1년 초	(차) 현금	300,000	(대) 계약부채	300,000
20×1년 말	(차) 계약부채	100,000	(대) 프랜차이즈라이선스수익	100,000
	(차) 현금	10,000	(대) 프랜차이즈라이선스수익	10,000

물음 2

1. 20×1년도 수익

   (1) 고정대가: ₩300,000

   (2) 변동대가: ₩100,000 × 10% = ₩10,000

   ∴ 프랜차이즈 라이선스 수익: (1) + (2) = ₩310,000

2. 회계처리

일자	회계처리			
20×1년 초	(차) 현금	300,000	(대) 프랜차이즈라이선스수익	300,000
20×1년 말	(차) 현금	10,000	(대) 프랜차이즈라이선스수익	10,000

08 재매입약정

재매입약정(Repurchase Agreement)은 자산을 판매하고, 같은 계약이나 다른 계약에서 그 자산을 다시 사기로 약속하거나 다시 살 수 있는 선택권을 갖는 계약이다. 재매입 자산은 원래 고객에게 판매했던 자산, 그 자산과 실질적으로 같은 자산, 원래 판매했던 자산이 구성요소가 된 다른 자산일 수 있다. 재매입약정은 일반적으로 다음과 같은 세 가지 형태로 나타난다.

---

① 선도(Forward): 자산을 다시 사야 하는 기업의 의무

② 콜옵션(Call Option): 자산을 다시 살 수 있는 기업의 권리

③ 풋옵션(Put Option): 고객이 요청하면 자산을 다시 사야 하는 기업의 의무

---

(1) 선도나 콜옵션

기업이 선도나 콜옵션을 가지고 있다면, 고객은 자산을 통제하지 못한다. 고객이 자산을 물리적으로 점유할 수 있더라도, 자산의 사용을 지시하고 자산의 나머지 효익의 대부분을 획득할 수 있는 고객의 능력이 제한되기 때문이다. 따라서 그 계약을 다음 중 어느 하나로 회계처리한다.

> ① 기업이 자산을 원래 판매가격보다는 낮은 금액으로 다시 살 수 있거나 다시 사야 하는 경우
> (재매입가격[32] < 판매가격): 리스로 회계처리
> ② 기업이 자산을 원래 판매가격 이상의 금액으로 다시 살 수 있거나 다시 사야 하는 경우
> (재매입가격 ≥ 판매가격): 금융약정으로 회계처리

위의 선도, 콜옵션에서 재매입약정이 금융약정이라면, 기업은 자산을 계속 인식하고 고객에게서 받은 대가는 금융부채로 인식한다. 고객에게서 받은 대가와 고객에게 지급해야 하는 대가의 차이를 이자비용으로 인식하고, 해당되는 경우에는 처리원가나 보유원가(예 보험)로 인식한다. 만약 위의 재매입약정 콜옵션 약정이라면 콜옵션이 행사되지 않은 채 소멸된다면 부채를 제거하고 수익을 인식한다.

⚡POINT 재매입약정: 선도나 콜옵션

재매입가격 < 판매가격	리스로 회계처리
재매입가격 ≥ 판매가격	금융약정으로 회계처리

예제 19 재매입약정: 선도와 콜옵션(K-IFRS 사례 수정)

(주)명성은 20×1년 1월 1일에 재고자산을 ₩1,000,000에 판매하기로 고객과 계약을 체결하였다.

> • 경우 A: 계약에는 20×1년 12월 31일 이전에 그 자산을 ₩1,100,000에 다시 살 권리를 기업에 부여하는 콜옵션이 포함되어 있다.
> • 경우 B: 계약에는 20×1년 12월 31일 이전에 그 자산을 ₩900,000에 다시 살 권리를 기업에 부여하는 콜옵션이 포함되어 있다.

물음1 경우 A와 경우 B가 리스, 금융약정, 반품권이 있는 판매 중 어떻게 회계처리해야 하는지 설명하고 그 이유를 제시하시오.

물음2 **물음1** 에서 금융약정으로 회계처리되는 경우가 있다면 20×1년도의 회계처리를 나타내시오. (단, 재고자산은 상품이며 재무상태표의 장부금액은 ₩800,000이며, 20×1년 12월 31일에 콜옵션을 행사하였다)

물음3 **물음2** 에서 20×1년 12월 31일에 콜옵션이 행사되지 않은 경우의 회계처리를 나타내시오.

---

32) 재매입 가격을 판매가격과 비교할 때 화폐의 시간가치를 고려한다.

해답 **물음1**

1. 경우 A: (주)명성이 콜옵션을 보유하면서 기업이 자산을 원래 판매가격 이상의 금액으로 다시 살 수 있거나 다시 사야 하는 경우(재매입가격 ≥ 판매가격)이므로 금융약정으로 회계처리한다.
2. 경우 B: (주)명성이 콜옵션을 보유하면서 기업이 자산을 원래 판매가격보다는 낮은 금액으로 다시 살 수 있거나 다시 사야 하는 경우(재매입가격[33] < 판매가격)이므로 리스로 회계처리한다.

물음2

경우 A의 회계처리

일자	회계처리			
① 20×1년 초	(차) 현금	1,000,000	(대) 차입금	1,000,000
② 20×1년 말	(차) 이자비용	100,000	(대) 현금	1,100,000
	차입금	1,000,000		

물음3

경우 A의 회계처리

일자	회계처리			
① 20×1년 초	(차) 현금	1,000,000	(대) 차입금	1,000,000
② 20×1년 말	(차) 이자비용	100,000	(대) 매출	1,100,000
	차입금	1,000,000		
	(차) 매출원가	800,000	(대) 상품	800,000

(2) 풋옵션

고객이 풋옵션이 있는 경우에 계약 개시시점에 고객이 그 권리를 행사할 경제적 유인이 유의적인지를 고려한다. 고객이 그 권리를 행사하면 사실상 고객이 일정 기간 특정 자산의 사용권 대가를 기업에 지급하는 결과가 된다. 따라서 고객이 그 권리를 행사할 경제적 유인이 유의적이라면, 이 약정을 K-IFRS 제1017호 '리스'에 따라 리스로 회계처리한다. 고객이 자산의 원래 판매가격보다 낮은 가격으로 권리를 행사할 경제적 유인이 유의적이지 않다면, 이 약정을 반품권이 있는 제품의 판매처럼 회계처리한다.

자산을 다시 사는 가격이 원래 판매가격 이상이고 자산의 예상 시장가치보다 높다면 그 계약은 금융약정으로 회계처리한다. 자산을 다시 사는 가격이 원래 판매가격 이상이고 자산의 예상 시장가치 이하이며, 고객이 자신의 권리를 행사할 경제적 유인이 유의적이지 않다면, 이 약정을 반품권이 있는 제품의 판매처럼 회계처리한다. 이를 요약하면 다음과 같다.

---

① 재매입가격 < 판매가격, 고객이 그 권리를 행사할 경제적 유인이 유의적인 경우: 리스로 회계처리
② 재매입가격 < 판매가격, 고객이 그 권리를 행사할 경제적 유인이 유의적이지 않은 경우: 반품권이 있는 판매로 회계처리
③ 재매입가격 ≥ 판매가격, 재매입가격 > 예상 시장가치: 금융약정으로 회계처리
④ 재매입가격 ≥ 판매가격, 재매입가격 ≤ 예상 시장가치, 권리를 행사할 경제적 유인이 유의적이지 않은 경우: 반품권이 있는 판매로 회계처리

---

33) 재매입 가격을 판매가격과 비교할 때 화폐의 시간가치를 고려한다.

위의 풋옵션에서 재매입약정이 금융약정이라면, 기업은 자산을 계속 인식하고 고객에게서 받은 대가는 금융부채로 인식한다. 고객에게서 받은 대가와 고객에게 지급해야 하는 대가의 차이를 이자비용으로 인식하고, 해당되는 경우에는 처리원가나 보유원가(예 보험)로 인식한다. 만약 풋옵션이 행사되지 않은 채 소멸된다면 부채를 제거하고 수익을 인식한다.

⚡ POINT 재매입약정: 풋옵션

재매입가격 < 판매가격	권리를 행사할 경제적 유인이 유의적인 경우	리스로 회계처리
	고객이 그 권리를 행사할 경제적 유인이 유의적이지 않은 경우	반품권이 있는 판매로 회계처리
재매입가격 ≥ 판매가격	재매입가격 > 예상 시장가치	금융약정으로 회계처리
	재매입가격 ≤ 예상 시장가치, 권리를 행사할 경제적 유인이 유의적이지 않은 경우	반품권이 있는 판매로 회계처리

예제 20 재매입약정: 풋옵션(K-IFRS 사례 수정)

(주)명성은 20×1년 1월 1일에 유형자산을 ₩1,000,000에 판매하기로 고객과 계약을 체결하였다.

- 경우 A: 계약에는 고객의 요구에 따라 20×1년 12월 31일 이전에 (주)명성이 자산을 ₩900,000에 다시 사야 하는 풋옵션이 포함된다. 20×1년 12월 31일에 시장가치는 ₩750,000이 될 것으로 예상된다.
- 경우 B: 계약에는 고객의 요구에 따라 20×1년 12월 31일 이전에 (주)명성이 자산을 ₩1,100,000에 다시 사야 하는 풋옵션이 포함된다. 20×1년 12월 31일에 시장가치는 ₩950,000이 될 것으로 예상된다.

물음 1 경우 A와 경우 B가 리스, 금융약정, 반품권이 있는 판매 중 어떻게 회계처리해야 하는지 설명하고 그 이유를 제시하시오.

물음 2 경우 A와 경우 B의 20×1년도의 회계처리를 수행하시오. (단, 유형자산은 토지이며 재무상태표의 장부금액은 ₩800,000이며, 20×1년 12월 31일에 풋옵션을 행사하였다)

해답 **물음 1**

1. 경우 A

   고객이 풋옵션을 보유하면서 재매입가격 < 판매가격이며, 고객이 그 권리를 행사할 경제적 유인이 유의적인 경우이므로 리스로 회계처리한다.

2. 경우 B

   고객이 풋옵션을 보유하면서 재매입가격 ≥ 판매가격, 재매입가격 > 예상 시장가치이며, 고객이 그 권리를 행사할 경제적 유인이 유의적인 경우이므로 금융약정으로 회계처리한다.

물음 2

1. 경우 A의 회계처리

일자	회계처리			
① 20×1년 초	(차) 현금	1,000,000	(대) 리스보증금	900,000
			선수리스료	100,000
② 20×1년 말	(차) 리스보증금	900,000	(대) 현금	900,000
	(차) 선수리스료	100,000	(대) 리스료수익	100,000

2. 경우 B의 회계처리

일자	회계처리			
① 20×1년 초	(차) 현금	1,000,000	(대) 차입금	1,000,000
② 20×1년 말	(차) 이자비용	100,000	(대) 현금	1,100,000
	차입금	1,000,000		

해설 1. 만약 경우 B에서 고객이 풋옵션을 행사하지 않았다면 회계처리는 다음과 같다.

일자	회계처리			
① 20×1년 초	(차) 현금	1,000,000	(대) 차입금	1,000,000
② 20×1년 말	(차) 이자비용	100,000	(대) 토지	800,000
	차입금	1,000,000	유형자산처분이익	300,000

2. 재매입약정이 금융약정이라면, 기업은 자산을 계속 인식하고 고객에게서 받은 대가는 금융부채로 인식한다. 고객에게서 받은 대가와 고객에게 지급해야 하는 대가의 차이를 이자비용으로 인식하며, 옵션이 행사되지 않은 채 소멸된다면 부채를 제거하고 수익을 인식한다.

09 미인도청구약정

미인도청구약정(Bill-and-Hold Arrangement)은 기업이 고객에게 제품의 대가를 청구하지만 미래 한 시점에 고객에게 이전할 때까지 기업이 제품을 물리적으로 점유하는 계약이다. 미인도청구약정의 경우 고객이 언제 제품을 통제하게 되는지를 파악하여 기업이 그 제품을 이전하는 수행의무를 언제 이행하였는지를 판단하여 수익인식을 하여야 한다.

일부 계약에서는 계약조건에 따라 제품이 고객의 사업장에 인도되거나 제품이 선적될 때에 통제가 이전되나, 일부 계약에서는 기업이 제품을 물리적으로 점유하고 있더라도 고객이 제품을 통제할 수 있다.[34] 그 경우에 비록 고객이 그 제품을 물리적으로 점유하는 권리를 행사하지 않기로 결정하였더라도, 고객은 제품의 사용을 지시하고 제품의 나머지 효익 대부분을 획득할 능력이 있으므로 수익을 인식하여야 한다. 따라서 기업은 제품을 통제하지 않으며, 대신에 기업은 고객 자산을 보관하는 용역을 고객에게 제공하는 것이다. 제품의 미인도청구 판매를 수익으로 인식하는 경우에 나머지 수행의무(예 보관 용역)가 있어 거래가격의 일부를 배분해야 하는지를 고려해야 한다.

⚡ POINT 미인도청구약정

정의	기업이 고객에게 제품의 대가를 청구하지만 미래 한 시점에 고객에게 이전할 때까지 기업이 제품을 물리적으로 점유하는 계약
고객이 제품을 통제하는 경우	① 고객이 그 제품을 물리적으로 점유하는 권리를 행사하지 않기로 결정하였더라도 수익을 인식함 ② 미인도청구 판매를 수익으로 인식하는 경우: 나머지 수행의무(예 보관 용역)가 있어 거래가격의 일부를 배분해야 하는지를 고려

---

34) 고객이 미인도청구약정에서 제품을 통제하기 위해서는 다음 기준을 모두 충족하여야 한다.
  (1) 미인도청구약정의 이유가 실질적이어야 한다. 예 고객이 그 약정을 요구하였다.
  (2) 제품은 고객의 소유물로 구분하여 식별되어야 한다.
  (3) 고객에게 제품을 물리적으로 이전할 준비가 현재 되어 있어야 한다.
  (4) 기업이 제품을 사용할 능력을 가질 수 없거나 다른 고객에게 이를 넘길 능력을 가질 수 없다.

10 고객의 인수(검사조건부 판매)

고객이 자산을 인수하는 것은 고객이 자산을 통제하게 된다는 것을 나타낼 수 있다. 고객의 인수 조항에서는 재화나 용역이 합의한 규격에 부합하지 않는 경우에 고객의 계약 취소를 허용하거나 기업의 개선 조치 (Remedial Action)를 요구하는 경우가 종종 발생한다. 이러한 경우에 계약에서 합의한 규격에 따라 재화나 용역에 대한 통제가 고객에게 이전되었음을 객관적으로 판단할 수 있는지 여부에 따라 회계처리가 다음과 같이 구분된다.

> ① 계약에서 합의한 규격에 따라 재화나 용역에 대한 통제가 고객에게 이전되었음을 객관적으로 판단할 수 있는 경우: 고객의 인수는 형식적인 절차이므로 고객의 인수 여부와 상관없이 수익을 인식[35]
> ② 계약에서 합의한 규격에 따라 재화나 용역에 대한 통제가 고객에게 이전되었음을 객관적으로 판단할 수 없는 경우: 고객의 인수시점에 수익을 인식

시험·평가 목적으로 제품을 고객에게 인도하고 고객이 시험기간이 경과할 때까지 어떠한 대가도 지급하지 않기로 확약한 경우에 고객이 제품을 인수하는 때나 시험기간이 경과할 때까지 제품에 대한 통제는 고객에게 이전되지 않은 것이다.

⚡ POINT 고객의 인수

정의	고객이 자산을 인수하는 것은 고객이 자산을 통제하게 된다는 것
회계처리	① 계약에서 합의한 규격에 따라 재화나 용역에 대한 통제가 고객에게 이전되었음을 객관적으로 판단할 수 있는 경우: 고객의 인수는 형식적인 절차이므로 고객의 인수 여부와 상관없이 수익을 인식 ② 계약에서 합의한 규격에 따라 재화나 용역에 대한 통제가 고객에게 이전되었음을 객관적으로 판단할 수 없는 경우: 고객의 인수시점에 수익을 인식

---

35) 고객이 인수하기 전에 수익을 인식한다면, 아직 나머지 수행의무(예 장비의 설치)가 있는지를 고려하고 이를 별도로 회계처리해야 하는지를 판단한다.

11 장기할부판매

할부판매란 재화 등을 고객에게 이전하고 대가를 미래에 분할로 회수하는 형태의 판매를 말한다. K-IFRS에 따르면 할부판매에 대한 수익을 원칙적으로 재화를 인도한 시점에서 인식하도록 규정하고 있다. 그리고 수익금액은 재화나 용역을 이전하면서 유의적인 금융 효익이 고객이나 기업에 제공되는 경우에는 화폐의 시간가치가 미치는 영향을 반영하여 약속된 대가를 조정해야 하므로 그 고객이 그 재화나 용역 대금을 현금으로 결제했다면 지급하였을 가격을 반영하는 금액인 현금판매가격(현재가치)으로 수익을 인식해야 한다. 또한 현금판매가격과 총수취금액의 차이인 금융효과(이자수익이나 이자비용)를 고객과의 계약에서 생기는 수익과 구분하여 표시해야 한다.

그러나 계약을 개시할 때 기업이 고객에게 약속한 재화나 용역을 이전하는 시점과 고객이 그에 대한 대가를 지급하는 시점 간의 기간이 1년 이내일 것이라고 예상한다면 유의적인 금융요소의 영향을 반영하여 약속한 대가를 조정하지 않는 실무적 간편법을 쓸 수 있다. 따라서 할부기간이 1년 이상인 경우인 장기할부판매인 경우에만 유의적인 금융요소를 고려한다.

K-IFRS 제1115호 '고객과의 계약에서 생기는 수익'에서 내재이자율은 다음 중 더 명확히 결정될 수 있는 할인율을 사용하도록 규정하고 있다.

> ① 계약 개시시점에 기업과 고객이 별도 금융거래를 한다면 반영하게 될 할인율
> ② 재화나 용역의 대가를 현금으로 결제한다면 지급할 가격으로 약속한 대가의 명목금액을 할인하는 이자율

계약 개시 후에는 이자율이나 그 밖의 상황이 달라져도(예 고객의 신용위험 평가의 변동) 그 할인율을 새로 수정하지 않는다. 포괄손익계산서에서는 금융효과(이자수익이나 이자비용)를 고객과의 계약에서 생기는 수익과 구분하여 표시한다.

⚡ POINT 할부판매

정의	재화 등을 고객에게 이전하고 대가를 미래에 분할로 회수하는 형태의 판매(할부기간이 1년 이상인 경우)
인식	이자부분을 제외한 현금판매가격(현재가치)에 해당하는 수익을 인도시점에 인식
측정	① 판매가격은 대가의 현재가치로서 수취할 할부금액을 일정한 할인율로 할인한 금액 ② 이자부분은 유효이자율법을 사용하여 수익으로 인식
할인율	내재이자율은 다음 중 더 명확히 결정될 수 있는 할인율을 사용함 ① 계약 개시시점에 기업과 고객이 별도 금융거래를 한다면 반영하게 될 할인율 ② 재화나 용역의 대가를 현금으로 결제한다면 지급할 가격으로 약속한 대가의 명목금액을 할인하는 이자율

[그림 16-6] 할부판매

예제 21 장기할부판매

(주)대한은 20×1년 1월 1일에 원가가 ₩5,000,000인 상품을 판매하면서 그 대금은 판매되는 시점에 ₩1,000,000을 수취하고 나머지 금액은 매년 말 ₩2,000,000씩 3회에 걸쳐 현금으로 수취하기로 하였다. 단, 유효이자율은 연 10%이며, 현가요소는 아래 표를 이용한다. 계산금액은 소수점 첫째 자리에서 반올림한다.

[2011 세무사 1차 수정]

기간	기간 말 단일금액 ₩1의 현재가치(10%)	정상연금 ₩1의 현재가치(10%)
1년	0.90909	0.90909
2년	0.82645	1.73554
3년	0.75131	2.48685

물음1 동 거래로 20×1년도와 20×2년도의 포괄손익계산서상 당기순이익은 각각 얼마나 증가되는가?

물음2 (주)대한이 20×1년도부터 20×3년도까지 수행할 회계처리를 나타내시오. (단, (주)대한은 재고자산을 계속기록법으로 회계처리하고 있다)

해답 물음1
1. 20×1년의 당기손익에 미치는 영향

매출액: ₩1,000,000 + ₩2,000,000 × 2.48685 =	₩5,973,700
매출원가	₩(5,000,000)
이자수익: ₩4,973,700 × 10% =	₩497,370
계	₩1,471,070

2. 20×2년의 당기손익에 미치는 영향
이자수익: (₩4,973,700 × 1.1 - ₩2,000,000) × 10% = ₩347,107

1. 유효이자율법에 의한 상각표

일자	장부금액	유효이자(10%)	총회수액	순채권회수액
20×1. 1. 1.	₩5,973,700			
20×1. 1. 1.	₩4,973,700		₩1,000,000	₩1,000,000
20×1. 12. 31.	₩3,471,070	₩497,370	₩2,000,000	₩1,502,630
20×2. 12. 31.	₩1,818,177	₩347,107	₩2,000,000	₩1,652,893
20×3. 12. 31.	₩0	₩181,823[1)	₩2,000,000	₩1,818,177
계		₩1,026,300	₩7,000,000	₩5,973,700

1) 단수차이조정

2. 회계처리(현재가치할인차금을 사용하는 경우)

일자	회계처리			
20×1. 1. 1.	(차) 현금	1,000,000	(대) 매출	5,973,700
	매출채권	6,000,000	현재가치할인차금	1,026,300
	(차) 매출원가	5,000,000	(대) 상품	5,000,000
20×1. 12. 31.	(차) 현금	2,000,000	(대) 매출채권	2,000,000
	현재가치할인차금	497,370	이자수익	497,370
20×2. 12. 31.	(차) 현금	2,000,000	(대) 매출채권	2,000,000
	현재가치할인차금	347,107	이자수익	347,107
20×3. 12. 31.	(차) 현금	2,000,000	(대) 매출채권	2,000,000
	현재가치할인차금	181,823	이자수익	181,823

해설   참고로 현재가치할인차금을 사용하지 않는 경우의 회계처리는 다음과 같다.

일자	회계처리			
20×1. 1. 1.	(차) 현금	1,000,000	(대) 매출	5,973,700
	매출채권	4,973,700		
	(차) 매출원가	5,000,000	(대) 상품	5,000,000
20×1. 12. 31.	(차) 현금	2,000,000	(대) 이자수익	497,370
			매출채권	1,502,630
20×2. 12. 31.	(차) 현금	2,000,000	(대) 이자수익	347,107
			매출채권	1,652,893
20×3. 12. 31.	(차) 현금	2,000,000	(대) 이자수익	181,823
			매출채권	1,818,177

12 계약에 있는 유의적인 금융요소: 선수금과 할인율 평가

재화를 고객에게 이전하기 전에 대가를 먼저 수취한 경우에 선수금의 과목을 사용한다. 이 경우에 대가를 먼저 수취한 시점과 재화를 고객에게 이전한 시점의 1년 이상인 경우라면 유의적인 금융요소가 포함되어 있으므로 유의적인 금융요소를 대가에서 조정해야 한다. 선수금에 포함된 유의적인 금융요소는 다음과 같이 회계처리한다.

---

① 계약 개시시점에 받은 금액은 계약부채로 인식한다.
② 계약 개시시점부터 자산을 이전할 때까지 기업은 약속된 대가를 조정하고, 그 기간 동안 이자를 인식하여 계약부채를 증가시킨다.
③ 자산을 이전하는 시점에 계약부채를 수익으로 인식한다.

⚡ POINT 계약에 있는 유의적인 금융요소: 선수금

정의	재화를 고객에게 이전하기 전에 대가를 먼저 수취한 경우(1년 이상인 경우)
회계처리	① 계약 개시시점: 받은 금액은 계약부채로 인식 ② 계약 개시시점부터 자산을 이전할 때까지: 이자비용을 인식하여 계약부채를 증액 ③ 자산을 이전하는 시점: 계약부채를 수익으로 인식

예제 22 계약에 있는 유의적인 금융요소: 선수금과 할인율 평가(K-IFRS 사례)

(주)강남은 자산을 판매하기로 고객과 계약을 20×1년 1월 1일 체결하였다. 관련 자료는 다음과 같다.

(1) 자산에 대한 통제는 2년 경과 후에 고객에게 이전될 것이고, 수행의무는 한 시점에 이행될 것이다. 계약에 따르면 2년 경과 후에 고객이 자산을 통제할 때 ₩5,000을 지급하거나 계약에 서명할 때 ₩4,000을 지급하는 두 가지 지급방법 중에서 선택할 수 있다. 고객은 계약에 서명할 때 ₩4,000을 지급하기로 선택한다.

(2) 거래의 내재이자율은 11.8%이고, 이는 두 가지 대체 지급 선택권을 경제적으로 동등하게 하기 위해 필요한 이자율이다. 그러나 약속된 대가를 조정하기 위해 사용해야 할 이자율이 6%이고, 이것은 (주)강남의 증분차입이자율이라고 판단하였다.

물음1 (주)강남의 본 계약의 유의적인 금융요소가 포함되었는지 여부를 서술하시오.

물음2 (주)강남이 20×1년 1월 1일, 20×1년 12월 31일, 20×2년 12월 31일 수행하여야 할 회계처리를 나타내시오.

해답 **물음1**

(주)강남은 시장의 일반적인 이자율뿐만 아니라 고객이 자산에 대해 지급하는 시점과 기업이 고객에게 자산을 이전하는 시점 사이의 기간이 1년 이상이기 때문에, 계약에 유의적인 금융요소가 포함되어 있다고 판단된다.

물음2

일자	회계처리			
20×1. 1. 1.	(차) 현금	4,000	(대) 계약부채	4,000
20×1. 12. 31.	(차) 이자비용	240[1]	(대) 계약부채	240
	[1] ₩4,000 × 6% = ₩240			
20×2. 12. 31.	(차) 이자비용	254[1]	(대) 계약부채	254
	(차) 계약부채	4,494	(대) 수익	4,494
	[1] (₩4,000 + ₩240) × 6% = ₩254			

해설 1. 계약 개시시점에 받은 ₩4,000을 계약부채로 인식한다.

2. 계약 개시시점부터 자산을 이전할 때까지 2년 동안 기업은 약속된 대가를 조정하고, 2년 동안 ₩4,000에 대한 이자를 6%씩 인식하여 계약부채를 증가시킨다.

3. 통제를 이전하는 시점에 자산 이전에 대해 계약부채 잔액을 수익으로 인식한다.

01 의의

고객충성제도(Customer Loyalty Programmes)는 재화나 용역을 구매하는 고객에게 인센티브를 제공하기 위하여 사용하는 제도를 말한다. 고객이 재화나 용역을 구매하면, 기업은 고객보상점수(흔히 '포인트'라고 한다)를 부여하고, 고객은 부여받은 보상점수를 사용하여 재화나 용역을 무상 또는 할인 구매하는 방법으로 보상을 받을 수 있다.

보상점수는 보상점수를 부여한 매출거래(최초매출)와 별도의 식별가능한 수행의무로 보아 회계처리해야 한다. 따라서 기업이 고객에게 약속한 재화나 용역을 이전하고 그 대가로 받을 권리를 갖게 될 금액을 나타내는 금액은 각 수행의무에 거래가격을 배분해야 한다. 따라서 계약 개시시점에 계약상 각 수행의무의 대상인 구별되는 재화나 용역의 제공과 보상점수의 개별 판매가격을 산정하고 이 개별 판매가격에 비례하여 거래가격을 배분하여야 한다.[36]

고객충성제도의 회계처리는 기업이 직접 보상을 제공하는 경우와 제3자가 보상을 제공하는 경우에 따라 회계처리가 구분된다. 이를 구체적으로 살펴보면 다음과 같다.

(1) 기업이 보상을 제공하는 경우

① 기업이 직접 보상을 제공한다면 보상점수가 회수되고 보상을 제공할 의무를 이행한 때 보상점수에 배분된 대가를 수익으로 인식한다. 따라서 보상점수에 대해 미리 받은 대가는 계약부채로 회계처리한다.

② 계약부채로 인식한 부분 중 매 보고기간말 수익으로 인식할 금액은 회수될 것으로 기대되는 총 보상점수에서 보상과 교환되어 회수된 보상점수의 상대적 크기에 기초하여야 한다.

[그림 16-7] 고객충성제도: 기업이 보상을 제공하는 경우

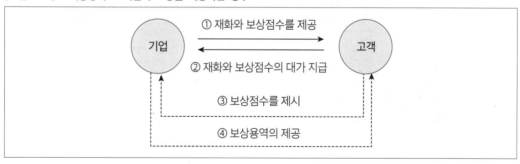

---

36) 기업회계기준해석서 제2113호 '고객충성제도'가 폐지되어 K-IFRS 제1115호 '고객과의 계약에서 생기는 수익'의 거래가격의 배분의 내용을 준용하여야 한다.

식료품소매상인 (주)강남은 고객충성제도를 운영하고 있다. 고객이 식료품을 구입하면 판매대가의 1%의 충성포인트를 부여하는데, 이 기간에 1,000포인트를 부여하였다. 고객은 포인트를 사용하여 식료품을 더 구입할 수 있다.

---

(1) 포인트의 유효기간은 없으며 경영진은 1포인트의 공정가치는 ₩1.25으로 추정되는 데 포인트 중 80%가 사용될 것으로 예상되므로, 부여된 1포인트의 공정가치 ₩1.25에서 회수될 것으로 예상되지 않는 포인트를 반영하여 감소된 ₩1(₩1.25 × 800포인트/1,000포인트 = ₩1)으로 계산된다.

(2) (주)강남이 20×1에 ₩100,000의 식료품을 현금판매하였다. 식료품의 개별 판매가격은 ₩99,000이다.

(3) 20×1에 총 800포인트가 회수될 것으로 추정하였는데 20×1년 말까지 480포인트가 실제로 회수되었다.

(4) 20×2에는 경영진이 기대치를 수정하였는데 총 900포인트가 회수될 것으로 추정하였는데, 20×2년에 330포인트가 회수되어 20×2년 말까지 회수된 포인트는 810포인트가 되었다.

(5) 20×3에는 90포인트가 회수되어 총 회수된 포인트는 900포인트가 되었으며, 20×3년 이후에는 더 이상 포인트가 회수되지 않을 것으로 추정하였다.

물음 1 (주)강남이 20×1년, 20×2년, 20×3년에 인식할 수익금액을 각각 구하시오.

물음 2 (주)강남이 고객충성제도와 관련하여 행할 모든 회계처리를 수행하시오.

해답 **물음 1**

1. 거래가격의 배분

제품	계산근거	배분된 거래가격
식료품의 판매	₩100,000 × ₩99,000/₩100,000 =	₩99,000
보상점수	₩100,000 × ₩1,000[1]/₩100,000 =	₩1,000
합계		₩100,000

[1] 1,000포인트 × ₩1 = ₩1,000

2. 20×1년 인식할 수익금액
   ₩99,000 + ₩1,000 × 480포인트/800포인트 = ₩99,600

3. 20×2년 인식할 수익금액
   ₩1,000 × 810포인트/900포인트 − ₩600 = ₩300

4. 20×3년 인식할 수익금액
   ₩1,000 × 900포인트/900포인트 − ₩900 = ₩100

일자	회계처리			
① 20×1년 판매시점	(차) 현금 ¹⁾ ₩100,000 × ₩99,000/₩100,000 = ₩99,000	100,000	(대) 매출 계약부채	99,000¹⁾ 1,000
② 20×1년 말	(차) 계약부채 ¹⁾ ₩1,000 × 480포인트/800포인트 = ₩600	600¹⁾	(대) 포인트매출	600
③ 20×2년 말	(차) 계약부채 ¹⁾ ₩1,000 × 810포인트/900포인트 - ₩600 = ₩300	300¹⁾	(대) 포인트매출	300
④ 20×3년 말	(차) 계약부채 ¹⁾ ₩1,000 × 900포인트/900포인트 - ₩900 = ₩100	100¹⁾	(대) 포인트매출	100

(2) 제3자가 보상을 제공하는 경우

제3자가 보상을 제공한다면 보상점수에 배분되는 대가를 기업이 자기의 계산으로 회수하고 있는지 아니면 제3자를 대신하여 회수하고 있는지를 판단하여야 한다. 제3자 보상을 제공한다면 누구의 계산인지에 따라 다음과 같이 회계처리한다.

① 기업이 제3자를 대신하여 대가를 회수하는 경우: 제3자가 보상을 제공할 의무를 지고 그것에 대한 대가를 받을 권리를 가지게 될 때 보상점수에 배분되는 대가와 제3자가 제공한 보상에 대해 기업이 지급할 금액 간의 차액을 수익으로 인식(순액인식)

② 기업이 자기의 계산으로 대가를 회수하는 경우: 보상과 관련하여 의무를 이행한 때 보상점수에 배분되는 총 대가로 수익으로 인식(총액인식)

[그림 16-8] 고객충성제도: 제3자가 보상을 제공하는 경우

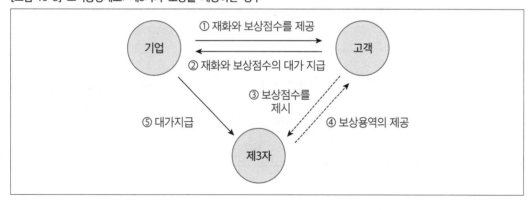

⚡ POINT 고객충성제도

구분		수익의 인식	수익의 측정
기업이 직접 보상을 제공		보상점수가 회수되고 보상을 제공할 의무를 이행한 때	회수될 것으로 기대되는 총 보상점수에서 보상과 교환되어 회수된 보상점수의 상대적 크기
제3자가 보상을 제공	자기의 계산	보상과 관련하여 의무를 이행한 때	보상점수에 배분되는 총액
	제3자를 대신	제3자가 보상을 제공할 의무를 지고 그것에 대한 대가를 받을 권리를 가지게 될 때	수익은 자기의 계산으로 보유하는 순액

예제 24 고객충성제도: 제3자 보상을 제공하는 경우(K-IFRS 사례 수정)

전기제품소매상인 (주)강남은 항공사와 연계한 고객충성제도를 운영하고 있다. 고객이 전기제품을 구입하면 판매대가의 1%의 충성포인트를 부여하는데, 이 기간에 1,000포인트를 부여하였다. 고객은 포인트를 사용하여 항공여행권을 받을 수 있다.

(1) 포인트의 유효기간은 없으며 경영진은 1포인트의 공정가치는 ₩1으로 추정된다.
(2) (주)강남이 20×1년에 ₩100,000의 전기제품을 현금판매하였다. 전기제품의 개별 판매가격은 ₩99,000이다.
(3) (주)강남은 항공사에 각 포인트마다 ₩0.8을 지급할 예정이다.

물음 1 (주)강남이 자기의 계산으로 대가를 회수하는 경우 20×1년에 인식할 수익금액을 각각 구하고, 회계처리를 수행하시오.

물음 2 (주)강남이 제3자를 대신하여 대가를 회수하는 경우 20×1년에 인식할 수익금액을 각각 구하고, 회계처리를 수행하시오.

해답 **물음 1**

1. 거래가격의 배분

제품	계산근거	배분된 거래가격
전기제품의 판매	₩100,000 × ₩99,000/₩100,000 =	₩99,000
보상점수	₩100,000 × ₩1,000[1]/₩100,000 =	₩1,000
합계		₩100,000

[1] 1,000포인트 × ₩1 = ₩1,000

2. 20×1년 인식할 수익금액

₩99,000 + ₩1,000 = ₩100,000

3. 회계처리

일자	회계처리			
① 20×1년 판매시점	(차) 현금	100,000	(대) 매출	99,000[1]
			포인트매출	1,000
	(차) 수수료비용	800[2]	(대) 미지급비용	800

[1] ₩100,000 × ₩99,000/₩100,000 = ₩99,000
[2] 1,000포인트 × ₩0.8 = ₩800

물음 2

1. 거래가격의 배분

제품	계산근거	배분된 거래가격
전기제품의 판매	₩100,000 × ₩99,000/₩100,000 =	₩99,000
보상점수	₩100,000 × ₩1,000[1]/₩100,000 =	₩1,000
합계		₩100,000

[1] 1,000포인트 × ₩1 = ₩1,000

2. 20×1년 인식할 수익금액

₩99,000 + 1,000포인트 × (₩1 - ₩0.8) = ₩99,200

3. 회계처리

일자	회계처리			
① 20×1년 판매시점	(차) 현금	100,000	(대) 매출	99,000[1]
			수수료수익	200[2]
			미지급비용	800[3]

[1] ₩100,000 × ₩99,000/₩100,000 = ₩99,000
[2] 1,000포인트 × (₩1 - ₩0.8) = ₩200
[3] 1,000포인트 × ₩0.8 = ₩800

01 계약이란 둘 이상의 당사자 사이에 집행 가능한 권리와 의무가 생기게 하는 합의이다. (O, X)

02 하나의 계약은 고객에게 재화나 용역을 이전하는 여러 약속을 포함하며, 그 재화나 용역들이 구 (O, X)
별된다면 약속은 수행의무이고 별도로 회계처리한다.

03 거래가격은 고객이 지급하는 고정된 금액을 의미하며, 변동대가는 포함하지 않는다. (O, X)

04 거래가격은 일반적으로 계약에서 약속한 각 구별되는 재화나 용역의 상대적 개별 판매가격을 기 (O, X)
준으로 배분한다.

05 기업이 약속한 재화나 용역을 고객에게 이전하여 수행의무를 이행할 때(또는 기간에 걸쳐 이행하 (O, X)
는 대로) 수익을 인식한다.

06 계약체결 증분원가는 고객과 계약을 체결하기 위해 들인 원가로서 판매수수료와 같이 계약을 체 (O, X)
결하지 않았다면 발생하지 않았을 원가이다. 계약체결 여부와 무관하게 발생하는 계약체결원가
는 계약체결 여부와 관계없이 이를 자산으로 인식해야 한다.

정답 및 해설

01 O

02 O

03 X   거래가격은 고객에게 약속한 재화나 용역을 이전하고 그 대가로 기업이 받을 권리를 갖게 될 것으로 예상하는 금액이며, 제3자를
대신해서 회수한 금액(예 일부 판매세)은 제외한다. 거래가격을 산정할 때에는 변동대가, 환불부채, 계약에 있는 유의적인 금융요
소, 비현금 대가, 고객에게 지급할 대가 등을 고려해야 한다.

04 O

05 O

06 X   계약체결 여부와 무관하게 발생하는 계약체결원가는 계약체결 여부와 관계없이 고객에게 그 원가를 명백히 청구할 수 있는 경우가
아니라면 발생시점에 비용으로 인식한다.

07 계약자산이란 기업이 대가를 받을 무조건적인 권리를 말한다. (O, X)

08 반품을 예상할 수 없어도 제품을 이전할 때 수익을 인식한다. (O, X)

09 고객에게 보증을 별도로 구매할 수 있는 선택권이 없는 경우에는 용역유형의 보증이 아니라면, (O, X)
이 보증을 K-IFRS 제1037호 '충당부채, 우발부채, 우발자산'에 따라 회계처리한다.

10 기업의 수행의무가 다른 당사자가 정해진 재화나 용역을 제공하도록 주선하는 것이라면 이 기업 (O, X)
은 대리인이다. 기업이 대리인인 경우에는 수행의무를 이행할 때, 이 기업은 다른 당사자가 그
정해진 재화나 용역을 제공하도록 주선하고 그 대가로 받을 권리를 갖게 될 것으로 예상하는
대가의 총액을 수익으로 인식한다.

11 고객은 자신의 계약상 권리를 모두 행사하지 않을 수 있으며, 그 행사되지 않은 권리를 흔히 미 (O, X)
행사 부분이라고 부른다. 만일 기업이 계약부채 중 미행사 금액을 받을 권리를 갖게 될 것으로
예상하는 경우에는 고객이 그 남은 권리를 행사할 가능성이 희박해질 때 예상되는 미행사 금액
을 수익으로 인식한다.

정답 및 해설

07 **X** 계약자산이란 기업이 고객에게 이전한 재화나 용역에 대하여 그 대가를 받을 기업의 권리로 그 권리에 시간의 경과 외의 조건
(예 기업의 미래 수행)이 있는 자산을 말한다. 반면에 수취채권은 기업이 대가를 받을 무조건적인 권리를 말한다.

08 **X** 반품을 예상할 수 없다면 제품을 이전할 때 수익으로 인식하지 않는다. 이 경우에는 반품권과 관련된 불확실성이 해소되는 시점에
수익을 인식하고 기업은 받은 대가를 전액 환불부채로 인식해야 한다.

09 **O**

10 **X** 기업의 수행의무가 다른 당사자가 정해진 재화나 용역을 제공하도록 주선하는 것이라면 이 기업은 대리인이다. 기업이 대리인인
경우에는 수행의무를 이행할 때, 이 기업은 다른 당사자가 그 정해진 재화나 용역을 제공하도록 주선하고 그 대가로 받을 권리를
갖게 될 것으로 예상하는 보수나 수수료 금액(순액)을 수익으로 인식한다.

11 **X** 고객은 자신의 계약상 권리를 모두 행사하지 않을 수 있으며, 그 행사되지 않은 권리를 흔히 미행사 부분이라고 부른다. 만일 기업
이 계약부채 중 미행사 금액을 받을 권리를 갖게 될 것으로 예상하는 경우에는 고객이 권리를 행사하는 방식에 따라 그 예상되는
미행사 금액을 수익으로 인식한다.

12 라이선스를 부여하는 약속이 계약에서 그 밖에 약속한 재화나 용역과 구별되는 경우에는 별도의 수행의무로 회계처리해야 한다. 이때 기간에 걸쳐 수행의무가 이전된다면, 라이선스 기간 전체에 걸쳐 존재하는 기업의 지적재산에 접근할 권리에 해당하고 이를 지적재산접근권이라고 말한다. (O, X)

13 기업이 선도나 콜옵션을 가지고 있으면서, 기업이 자산을 원래 판매가격보다는 낮은 금액으로 다시 살 수 있거나 다시 사야 하는 경우에는 금융약정으로 회계처리한다. (O, X)

14 미인도청구약정의 일부 계약에서는 기업이 제품을 물리적으로 점유하고 있더라도 고객이 제품을 통제할 수 있다. 그 경우에 비록 고객이 그 제품을 물리적으로 점유하는 권리를 행사하지 않기로 결정하였더라도, 고객은 제품의 사용을 지시하고 제품의 나머지 효익 대부분을 획득할 능력이 있으므로 수익을 인식하여야 한다. (O, X)

15 기업이 제3자를 대신하여 대가를 회수하는 경우에는 제3자가 보상을 제공할 의무를 지고 그것에 대한 대가를 받을 권리를 가지게 될 때 보상점수에 배분되는 총 대가로 수익으로 인식한다. (O, X)

정답 및 해설

12 O

13 X   기업이 선도나 콜옵션을 가지고 있으면서, 기업이 자산을 원래 판매가격보다는 낮은 금액으로 다시 살 수 있거나 다시 사야 하는 경우에는 리스로 회계처리한다.

14 O

15 X   기업이 제3자를 대신하여 대가를 회수하는 경우에는 제3자가 보상을 제공할 의무를 지고 그것에 대한 대가를 받을 권리를 가지게 될 때 보상점수에 배분되는 대가와 제3자가 제공한 보상에 대해 기업이 지급할 금액 간의 차액을 수익으로 인식한다.

객관식 연습문제

01 기업회계기준서 제1115호 '고객과의 계약에서 생기는 수익'에 대한 다음 설명 중 옳은 것은?

[2019 공인회계사 1차]

① 일반적으로 고객과의 계약에는 기업이 고객에게 이전하기로 약속하는 재화나 용역을 분명히 기재한다. 따라서 고객과의 계약에서 식별되는 수행의무는 계약에 분명히 기재한 재화나 용역에만 한정된다.

② 고객에게 재화나 용역을 이전하는 활동은 아니지만 계약을 이행하기 위해 수행해야 한다면, 그 활동은 수행의무에 포함된다.

③ 수행의무를 이행할 때(또는 이행하는 대로), 그 수행의무에 배분된 거래가격(변동대가 추정치 중 제약받는 금액을 포함)을 수익으로 인식한다.

④ 거래가격은 고객에게 약속한 재화나 용역을 이전하고 그 대가로 기업이 받을 권리를 갖게 될 것으로 예상하는 금액이며, 제삼자를 대신해서 회수한 금액도 포함한다.

⑤ 거래가격의 후속 변동은 계약 개시시점과 같은 기준으로 계약상 수행의무에 배분한다. 따라서 계약을 개시한 후의 개별 판매가격 변동을 반영하기 위해 거래가격을 다시 배분하지는 않는다.

02 (주)대한은 (주)민국 소유의 토지에 건물을 건설하기로 (주)민국과 계약을 체결하였다. 그 계약의 내용 및 추가정보는 다음과 같다.

> (1) (주)민국은 계약 개시일부터 30일 이내에 (주)대한이 토지에 접근할 수 있게 한다.
> (2) 해당 토지에 (주)대한의 접근이 지연된다면(불가항력적인 사유 포함), 지연의 직접적인 결과로 들인 실제원가에 상당하는 보상을 (주)대한이 받을 권리가 있다.
> (3) 계약 개시 후에 생긴 그 지역의 폭풍 피해 때문에 (주)대한은 계약 개시 후 120일이 지나도록 해당 토지에 접근하지 못하였다.
> (4) (주)대한은 청구의 법적 기준을 검토하고, 관련 계약조건을 기초로 집행할 수 있는 권리가 있다고 판단하였다.
> (5) (주)대한은 계약변경에 따라 (주)민국에게 재화나 용역을 추가로 제공하지 않고 계약변경 후에도 나머지 재화와 용역 모두는 구별되지 않으며 단일 수행의무를 구성한다고 판단하였다.
> (6) (주)대한은 계약조건에 따라 지연의 결과로 들인 특정 직접원가를 제시할 수 있으며, 청구를 준비하고 있다.
> (7) (주)민국은 (주)대한의 청구에 처음에는 동의하지 않았다.

계약변경과 관련하여 상기 거래에 대한 다음 설명 중 옳지 않은 것은? [2019 공인회계사 1차]

① 계약변경은 서면이나 구두 합의, 또는 기업의 사업 관행에서 암묵적으로 승인될 수 있다.

② (주)대한과 (주)민국이 계약변경 범위에 다툼이 있더라도, 계약변경은 존재할 수 있다.

③ (주)대한과 (주)민국이 계약 범위의 변경을 승인하였지만 아직 이에 상응하는 가격 변경을 결정하지 않았다면, 계약변경은 존재할 수 없다.

④ (주)대한과 (주)민국은 계약변경으로 신설되거나 변경되는 권리와 의무를 집행할 수 있는지를 판단할 때에는 계약조건과 그 밖의 증거를 포함하여 관련 사실 및 상황을 모두 고려한다.

⑤ (주)대한은 계약변경에 대해 거래가격과 수행의무의 진행률을 새로 수정하여 그 계약변경은 기존 계약의 일부인 것처럼 회계처리한다.

다음은 (주)대한의 20×1년과 20×2년의 수취채권, 계약자산, 계약부채에 대한 거래이다.

> (1) (주)대한은 고객에게 제품을 이전하기로 한 약속을 수행의무로 식별하고, 제품을 고객에게 이전할 때 각 수행의무에 대한 수익을 인식한다.
>
> (2) (주)대한은 20×2년 1월 31일에 (주)민국에게 제품 A를 이전하는 취소 불가능 계약을 20×1년 10월 1일에 체결하였다. 계약에 따라 (주)민국은 20×1년 11월 30일에 대가 ₩1,000 전액을 미리 지급하여야 하나 ₩300만 지급하였고, 20×2년 1월 15일에 잔액 ₩700을 지급하였다. (주)대한은 20×2년 1월 31일에 제품 A를 (주)민국에게 이전하였다.
>
> (3) (주)대한은 (주)만세에게 제품 B와 제품 C를 이전하고 그 대가로 ₩1,000을 받기로 20×1년 10월 1일에 계약을 체결하였다. 계약에서는 제품 B를 먼저 인도하도록 요구하고, 제품 B의 인도 대가는 제품 C의 인도를 조건으로 한다고 기재되어 있다. (주)대한은 제품의 상대적 개별 판매가격에 기초하여 제품 B에 대한 수행의무에 ₩400을, 제품 C에 대한 수행의무에 ₩600을 배분한다. (주)대한은 (주)만세에게 20×1년 11월 30일에 제품 B를, 20×2년 1월 31일에 제품 C를 각각 이전하였다.

상기 거래에 대하여, 20×1년 12월 31일 현재 (주)대한의 수취채권, 계약자산, 계약부채금액은 각각 얼마인가? (단, 기초잔액은 없는 것으로 가정한다) [2019 공인회계사 1차]

	수취채권	계약자산	계약부채
①	₩0	₩400	₩0
②	₩400	₩0	₩0
③	₩700	₩400	₩1,000
④	₩1,000	₩400	₩1,000
⑤	₩1,100	₩0	₩1,000

04 기업회계기준서 제1115호 '고객과의 계약에서 생기는 수익'에 대한 다음 설명 중 옳지 않은 것은?

[2018 공인회계사 1차]

① 계약이란 둘 이상의 당사자 사이에 집행 가능한 권리와 의무가 생기게 하는 합의이다.

② 하나의 계약은 고객에게 재화나 용역을 이전하는 여러 약속을 포함하며, 그 재화나 용역들이 구별된다면 약속은 수행의무이고 별도로 회계처리한다.

③ 거래가격은 고객이 지급하는 고정된 금액을 의미하며, 변동대가는 포함하지 않는다.

④ 거래가격은 일반적으로 계약에서 약속한 각 구별되는 재화나 용역의 상대적 개별 판매가격을 기준으로 배분한다.

⑤ 기업이 약속한 재화나 용역을 고객에게 이전하여 수행의무를 이행할 때(또는 기간에 걸쳐 이행하는 대로) 수익을 인식한다.

05 다음은 (주)대한이 20×1년 1월 1일 (주)민국과 체결한 청소용역 계약의 내용이다.

> (1) (주)대한은 20×1년 1월 1일부터 20×2년 12월 31일까지 2년간 (주)민국의 본사 건물을 일주일 단위로 청소하고, (주)민국은 (주)대한에게 연간 ₩600,000을 매연도 말에 지급한다.
>
> (2) 계약 개시시점에 그 용역의 개별 판매가격은 연간 ₩600,000이다. (주)대한은 용역을 제공한 첫 연도인 20×1년에 ₩600,000을 수령하고 이를 수익으로 인식하였다.
>
> (3) 20×1년 12월 31일에 (주)대한과 (주)민국은 계약을 변경하여 2차 연도의 용역대금을 ₩600,000에서 ₩540,000으로 감액하고 2년을 더 추가하여 계약을 연장하기로 합의하였다.
>
> (4) 연장기간에 대한 총 대가 ₩1,020,000은 20×3년 말과 20×4년 말에 각각 ₩510,000씩 지급하기로 하였다.
>
> (5) 2차 연도 개시일에 용역의 개별 판매가격은 연간 ₩540,000이며, 20×2년부터 20×4년까지 3년간 계약의 개별 판매가격의 적절한 추정치는 ₩1,620,000(연간 ₩540,000 × 3년)이다.

상기 거래에 대한 다음 설명 중 옳은 것은? (단, 유의적인 금융요소는 고려하지 않는다)

[2018 공인회계사 1차]

① 매주의 청소용역이 구별되므로, (주)대한은 청소용역을 복수의 수행의무로 회계처리할 수 있다.

② 계약변경일에 (주)대한이 제공할 나머지 용역은 구별되지 않는다.

③ 계약변경일에 (주)대한이 나머지 대가로 지급받을 금액은 제공할 용역의 개별 판매가격을 반영하고 있다.

④ (주)대한은 동 계약변경을 기존 계약의 일부인 것처럼 회계처리하여야 한다.

⑤ (주)대한이 20×2년에 인식해야 할 수익은 ₩520,000이다.

06 20×1년 1월 1일에 (주)대한은 특수프린터와 예비부품을 제작하여 판매하기로 (주)민국과 다음과 같이 계약을 체결하였다.

> (1) 특수프린터와 예비부품의 제작 소요기간은 2년이며, 특수프린터와 예비부품을 이전하는 약속은 서로 구별된다. 제작기간 중 제작을 완료한 부분에 대해 집행 가능한 지급청구권이 (주)대한에는 없다.
>
> (2) 20×2년 12월 31일에 (주)민국은 계약조건에 따라 특수프린터와 예비 부품을 검사한 후, 특수프린터는 (주)민국의 사업장으로 인수하고 예비부품은 (주)대한의 창고에 보관하도록 요청하였다.
>
> (3) (주)민국은 예비부품에 대한 법적 권리가 있고 그 부품은 (주)민국의 소유물로 식별될 수 있다.
>
> (4) (주)대한은 자기 창고의 별도 구역에 예비부품을 보관하고 그 부품은 (주)민국의 요청에 따라 즉시 운송할 준비가 되어 있다.
>
> (5) (주)대한은 예비부품을 2년에서 4년까지 보유할 것으로 예상하고 있으며, (주)대한은 예비부품을 직접 사용하거나 다른 고객에게 넘길 능력은 없다.
>
> (6) (주)민국은 특수프린터를 인수한 20×2년 12월 31일에 계약상 대금을 전부 지급하였다.

상기 미인도청구약정에 관한 다음 설명 중 옳지 않은 것은?   [2018 공인회계사 1차]

① (주)대한이 계약상 식별해야 하는 수행의무는 두 가지이다.

② 특수프린터에 대한 통제는 (주)민국이 물리적으로 점유하는 때인 20×2년 12월 31일에 (주)민국에게 이전된다.

③ (주)대한은 예비부품에 대한 통제를 (주)민국에게 이전한 20×2년 12월 31일에 예비부품 판매수익을 인식한다.

④ (주)대한이 예비부품을 물리적으로 점유하고 있더라도 (주)민국은 예비부품을 통제할 수 있다.

⑤ (주)대한은 계약상 지급조건에 유의적인 금융요소가 포함되어 있는지를 고려해야 한다.

07 (주)대한오토는 20×1년에 자동차 정비부문과 휘발유 판매부문의 사업을 시작하였다. (주)대한오토의 휘발유 판매부문은 휘발유 판매금액 ₩1,000당 10포인트를 부여하는 고객충성제도를 운영한다. 고객은 부여받은 포인트를 (주)대한오토의 정비부문에서만 사용할 수 있으며, 포인트의 유효기간은 2년이다. 고객들은 (주)대한오토에서 10포인트당 공정가치 ₩100의 정비서비스를 받을 수 있다. 20×1년 중 (주)대한오토는 휘발유 ₩10,000,000을 판매하고 100,000포인트를 부여하였으며, 고객들은 이 중 40,000포인트를 20×1년 중에 정비부문에서 사용하였다. 기말시점에서 60,000포인트는 20×2년에 전부 사용될 것으로 예상되며, 포인트의 공정가치도 변하지 않을 것으로 추정된다. 이러한 고객충성제도의 회계처리로 옳지 않은 것은? [2011 세무사 1차]

① 20×1년 휘발유 매출액 ₩10,000,000을 매출시점에서는 휘발유에 대한 매출액과 포인트 매출액으로 분리하고 포인트 매출액에 대해서는 선수수익으로 이연처리한다.

② 20×1년 중 고객이 사용한 40,000포인트에 상당하는 금액을 당기수익으로 인식한다.

③ 20×2년에 사용할 것으로 예상되는 60,000포인트에 대한 매출원가 상당액을 충당부채로 계상한다.

④ 20×1년 중 포인트 사용분이 포함되지 않은 정비부문의 매출액이 ₩8,000,000일 경우 (주)대한오토의 20×1년 포괄손익계산서상 수익은 ₩17,400,000이다.

⑤ 항공사가 직접 제공하는 상용고객우대제도에 따른 마일리지에 대한 회계처리도 역시 고객충성제도의 회계처리를 적용한다.

08 20×1년 9월 1일에 (주)대한은 (주)민국에게 1년간의 하자보증조건으로 중장비 1대를 ₩500,000에 현금 판매하였다. 동 하자보증은 용역 유형의 보증에 해당한다. (주)대한은 1년 간의 하자보증을 제공하지 않는 조건으로도 중장비를 판매하고 있으며, 이 경우 중장비의 개별 판매가격은 보증조건 없이 1대당 ₩481,000이며, 1년간의 하자보증용역의 개별 판매가격은 ₩39,000이다. (주)대한은 (주)민국에게 판매한 중장비 1대에 대한 하자보증으로 20×1년에 ₩10,000의 원가를 투입하였으며, 20×2년 8월 말까지 추가로 ₩20,000을 투입하여 하자보증을 완료할 계획이다. 상기 하자보증조건부판매와 관련하여 (주)대한이 20×1년에 인식할 총수익금액과 20×1년 말 재무상태표에 인식할 부채는 각각 얼마인가? [2021 공인회계사 1차]

	총수익	부채
①	₩475,000	₩25,000
②	₩475,000	₩20,000
③	₩462,500	₩37,500
④	₩462,500	₩20,000
⑤	₩500,000	₩0

09 유통업을 영위하는 (주)대한은 20×1년 1월 1일에 액면금액 ₩10,000인 상품권 50매를 액면금액으로 발행하였다. 20×1년 1월 1일 이전까지 (주)대한이 상품권을 발행한 사실은 없으며, 이후 20×2년 1월 1일에 추가로 100매를 액면금액으로 발행하였다. (주)대한은 상품권 액면금액의 60% 이상 사용하고 남은 금액은 현금으로 반환하며, 상품권의 만기는 발행일로부터 1년이다. 만기까지 사용되지 않은 상품권은 만기 이후 1년 이내에는 90%의 현금으로 상환해줄 의무가 있으나, 1년이 경과하면 그 의무는 소멸한다. 20×1년도 발행 상품권 중 42매가 정상적으로 사용되었으며, 사용되지 않은 상품권 중 5매는 20×2년 중에 현금으로 상환되었고, 나머지 3매는 상환되지 않아 20×2년 12월 31일 현재 (주)대한의 의무는 소멸하였다. 한편, 20×2년도 발행 상품권은 20×2년 중에 90매가 정상적으로 사용되었다. 상품권 사용 시 상품권 잔액을 현금으로 반환한 금액은 다음과 같다.

구분	금액
20×1년도 발행분	₩31,000
20×2년도 발행분	₩77,000

(주)대한의 상품권에 대한 회계처리와 관련하여 20×2년도 포괄손익계산서에 인식할 수익은 얼마인가? (단, (주)대한은 고객의 미행사권리에 대한 대가를 다른 당사자에게 납부하도록 요구받지 않는다고 가정한다)   [2023 공인회계사 1차]

① ₩823,000   ② ₩833,000   ③ ₩850,000
④ ₩858,000   ⑤ ₩860,000

10 프랜차이즈를 운영하는 (주)세무가 20×1년 11월 초 고객과 체결한 계약과 관련된 정보가 다음과 같을 때, (주)세무가 20×1년도에 인식할 수익은? (단, 라이선스를 부여하기로 하는 것과 설비를 이전하기로 하는 것은 구별되며, 변동대가와 고정대가는 모두 개별 판매금액을 반영한 것이다)

[2023 세무사 1차]

> (1) (주)세무는 계약일로부터 5년 동안 고객이 (주)세무의 상호를 사용하고 제품을 판매할 권리를 제공하는 프랜차이즈 라이선스를 부여하기로 하였으며, 라이선스에 추가하여 상점을 운영하기 위해 필요한 장비를 제공하기로 약속하였다.
> (2) (주)세무는 라이선스를 부여하는 대가로 고객이 월 매출액 중 3%(변동대가)를 판매기준 로열티로 다음달 15일에 수령하기로 하였다.
> (3) (주)세무는 설비가 인도되는 시점에 설비의 대가로 ₩1,500,000(고정대가)을 받기로 하였다.
> (4) 계약과 동시에 설비를 고객에게 이전하였으며, 고객의 20×1년 11월과 12월의 매출액은 각각 ₩7,000,000과 ₩8,000,000이다.

① ₩210,000   ② ₩450,000   ③ ₩500,000
④ ₩1,710,000   ⑤ ₩1,950,000

정답 및 해설

정답

01 ⑤　02 ③　03 ③　04 ③　05 ⑤　06 ①　07 ③　08 ①　09 ⑤　10 ⑤

해설

01 ⑤ ① 일반적으로 고객과의 계약에는 기업이 고객에게 이전하기로 약속하는 재화나 용역을 분명히 기재한다. 그러나 고객과의 계약에서 식별되는 수행의무는 계약에 분명히 기재한 재화나 용역에만 한정되지 않을 수 있다. 이는 계약체결일에 기업의 사업 관행, 공개한 경영방침, 특정 성명서에서 암시되는 약속이 기업이 재화나 용역을 고객에게 이전할 것이라는 정당한 기대를 하도록 한다면, 이러한 약속도 고객과의 계약에 포함될 수 있기 때문이다.

② 계약을 이행하기 위해 수행해야 하지만 고객에게 재화나 용역을 이전하는 활동이 아니라면 그 활동은 수행의무에 포함되지 않는다. 예를 들면 용역 제공자는 계약을 준비하기 위해 다양한 관리 업무를 수행할 필요가 있을 수 있다. 관리 업무를 수행하더라도, 그 업무를 수행함에 따라 고객에게 용역이 이전되지는 않기 때문에 그 준비 활동은 수행의무가 아니다.

③ 변동대가와 관련된 불확실성이 나중에 해소될 때, 이미 인식한 누적 수익금액 중 유의적인 부분을 되돌리지(환원하지) 않을 가능성이 매우 높은 정도까지만 추정된 변동대가의 일부나 전부를 거래가격에 포함한다. 변동대가 추정치 중 제약받는 금액은 거래가격에 포함하지 않는다.

④ 거래가격(Transaction Price)은 고객에게 약속한 재화나 용역을 이전하고 그 대가로 기업이 받을 권리를 갖게 될 것으로 예상하는 금액이며, 제3자를 대신해서 회수한 금액(예 일부 판매세)은 제외한다.

02 ③ 계약 당사자들끼리 계약변경 범위나 가격(또는 둘 다)에 다툼이 있거나, 당사자들이 계약 범위의 변경을 승인하였지만 아직 이에 상응하는 가격 변경을 결정하지 않았더라도, 계약변경은 존재할 수 있다. 계약변경으로 신설되거나 변경되는 권리와 의무를 집행할 수 있는지를 판단할 때에는 계약조건과 그 밖의 증거를 포함하여 관련 사실 및 상황을 모두 고려한다. 계약 당사자들이 계약 범위의 변경을 승인하였으나 아직 이에 상응하는 가격 변경을 결정하지 않은 경우에 계약변경으로 생기는 거래가격의 변경은 추정한다.

03 ③ 1. 제품 A의 회계처리

구분	회계처리			
① 20×1. 10. 1.	N/A			
② 20×1. 11. 30.	(차) 현금	300	(대) 계약부채	1,000
	수취채권	700		
③ 20×2. 1. 15.	(차) 현금	700	(대) 수취채권	700
④ 20×2. 1. 31.	(차) 계약부채	1,000	(대) 수익	1,000

2. 제품 B와 제품 C의 회계처리

구분	회계처리			
① 20×1. 11. 30.	(차) 계약자산	400	(대) 수익	400
② 20×2. 1. 31.	(차) 수취채권	1,000	(대) 수익	600
			계약자산	400

3. 수취채권: ₩700, 계약자산: ₩400, 계약부채: ₩1,000

4. 취소할 수 없는 계약의 경우 대가의 지급기일 11월 30일에 기업은 대가를 받을 무조건적 권리를 가지고 있으므로 수취채권과 수취한 현금을 인식하고 동 금액을 계약부채로 인식한다.

5. 대가 ₩1,000은 (주)대한이 고객에게 제품 B와 C 모두를 이전한 다음에만 받을 권리가 생긴다. 따라서 기업은 제품 A와 제품 B 모두를 고객에게 이전할 때까지 대가를 받을 무조건적인 권리(수취채권)가 없다.

04 ③ 거래가격(Transaction Price)은 고객에게 약속한 재화나 용역을 이전하고 그 대가로 기업이 받을 권리를 갖게 될 것으로 예상하는 금액이며, 제3자를 대신해서 회수한 금액(예 일부 판매세)은 제외한다. 거래가격을 산정할 때에는 변동대가, 환불부채, 계약에 있는 유의적인 금융요소, 비현금 대가, 고객에게 지급할 대가 등을 고려해야 한다.

05 ⑤ 1. (주)대한은 2년간 고객의 사무실을 일주일 단위로 청소하는 계약을 체결하였다. 고객은 1년에 ₩600,000을 지급하기로 하였다. 계약 개시시점에 그 용역의 개별 판매가격은 연간 ₩600,000이다. 기업은 용역을 제공한 첫 1년 동안 ₩600,000을 수익으로 인식하였다. 1차 연도 말에, 계약이 변경되었고 2차 연도의 수수료가 ₩540,000으로 감액되었다. 그리고 고객은 2년을 더 추가하여 그 계약을 연장하기로 합의하였다. 그 대가 ₩1,020,000은 3년간 동일하게 분할하여 3차·4차 연도 말에 ₩510,000씩 지급하기로 하였다. 따라서 추가용역의 가격은 ₩540,000 × 2년 = ₩1,080,000의 개별 판매가격을 반영하지 못하므로 별도의 계약으로 처리하지 못하고, 원래의 계약이 종료되고 새로운 계약이 체결된 것으로 회계처리해야 한다.

2. (주)대한은 20×2년 초부터 20×4년 말까지 총 ₩1,560,000을 수취하는 새로운 계약이 체결된 것으로 회계처리해야 한다. 따라서 매년 ₩520,000(= ₩1,560,000 ÷ 3년)을 수익으로 인식한다.

3. 보기 해설
① 매주의 청소용역이 실질적으로 서로 같고 고객에게 이전하는 방식이 같은 용역을 기간에 걸쳐 이전하면서 진행률 측정에 같은 방법(시간기준 진행률 측정)을 사용하는 일련의 구별되는 용역이기 때문에 단일 수행의무로 회계처리한다.
② 계약변경일에 (주)대한이 제공할 나머지 용역은 계약이 2년 더 추가되었으므로 구별된다.
③ 계약변경일에 (주)대한이 나머지 대가로 지급받을 금액은 제공할 용역의 개별 판매가격을 반영하지 못한다.
④ (주)대한은 동 계약변경을 원래의 계약이 종료되고 새로운 계약이 체결된 것으로 회계처리 해야 한다.
⑤ (주)대한이 20×2년에 인식해야 할 수익은 ₩520,000(= ₩1,560,000 ÷ 3년)이다.

06 ① 기계와 예비부품을 이전하는 약속이 서로 구별되고 그 결과로 한 시점에 이행될 수행의무는 두 가지이다. 또한, (주)대한은 보관용역이 고객에게 제공되는 용역이고 기계 및 예비부품과 구별되기 때문에 보관용역을 제공하는 약속을 하나의 수행의무로 식별한다. 따라서 (주)대한은 계약상 세 가지 수행의무(특수프린터, 예비부품, 보관용역을 제공하는 약속)를 회계처리한다.

07 ③ 1. 기업이 직접 보상을 제공하는 고객충성제도의 경우, 보상점수가 회수되고 보상을 제공할 의무의 이행을 완료한 때 보상점수에 배분된 대가를 수익으로 인식한다. 또한 수익을 인식하는 시점에서 보상의 제공과 관련된 매출원가를 인식한다.

2. 참고로, 정비부분의 매출액이 ₩8,000,000일 경우를 가정한 20×1년 회계처리를 나타내면 다음과 같다.

(차) 현금	10,000,000	(대) 매출	9,000,000
		선수수익	1,000,000[1]
(차) 현금	8,000,000	(대) 매출	8,000,000
(차) 선수수익	400,000	(대) 매출	400,000

[1] 100,000포인트 × ₩10 = ₩1,000,000

08 ① 1. 거래가격의 배분

구분	계산근거	배분된 거래가격
중장비판매	₩500,000 × ₩481,000/(₩481,000 + ₩39,000) =	₩462,500
하자보증	₩500,000 × ₩39,000/(₩481,000 + ₩39,000) =	₩37,500
합계		₩500,000

2. 20×1년에 인식할 총수익금액: (1) + (2) = ₩475,000
   (1) 중장비판매: ₩462,500
   (2) 하자보증: ₩37,500 × ₩10,000/₩30,000 = ₩12,500
3. 20×1년 말 재무상태표에 인식할 부채: ₩37,500 - ₩12,500 = ₩25,000

09 ⑤   1. 20×2년도 포괄손익계산서에 인식할 수익: (1) + (2) = ₩860,000

(1) 매출액: 90매 × ₩10,000 - ₩77,000 = ₩823,000

(2) 상품권기간경과이익: 10매 × ₩10,000 × 10% + 3매 × ₩10,000 × 90% = ₩37,000

2. 20×1년 회계처리

일자	회계처리			
① 상품권판매 시	(차) 현금	500,000[1]	(대) 선수금(계약부채)	500,000
	[1] 50매 × ₩10,000 = ₩500,000			
② 상품권회수 시	(차) 선수금(계약부채)	420,000[1]	(대) 매출	420,000
	(차) 매출에누리와 환입	31,000	(대) 현금	31,000
	[1] 42매 × ₩10,000 = ₩420,000			
③ 기간경과 시	(차) 선수금(계약부채)	8,000[1]	(대) 상품권기간경과이익	8,000
	[1] 8매 × ₩10,000 × 10% = ₩8,000			

3. 20×2년 회계처리

일자	회계처리			
① 상품권판매 시	(차) 현금	1,000,000[1]	(대) 선수금(계약부채)	1,000,000
	[1] 100매 × ₩10,000 = ₩1,000,000			
② 상품권회수 시	(차) 선수금(계약부채)	900,000[1]	(대) 매출	900,000
	(차) 매출에누리와 환입	77,000	(대) 현금	77,000
	[1] 90매 × ₩10,000 = ₩900,000			
③ 환급 시	(차) 선수금(계약부채)	45,000[1]	(대) 현금	45,000
	[1] 5매 × ₩10,000 × 90% = ₩45,000			
④ 기간경과 시	(차) 선수금(계약부채)	10,000[1]	(대) 상품권기간경과이익	10,000
	(차) 선수금(계약부채)	27,000[2]	(대) 상품권기간경과이익	27,000
	[1] 10매 × ₩10,000 × 10% = ₩10,000			
	[2] 3매 × ₩10,000 × 90% = ₩27,000			

10 ⑤   1. 20×1년도에 인식할 수익: ₩1,500,000 + ₩7,000,000 × 3% + ₩8,000,000 × 3% = ₩1,950,000

2. (주)세무의 설비를 인도하는 의무는 한 시점의 이행하는 수행의무이므로 20×1년 11월 초에 수익을 인식한다.

3. 지적재산의 라이선스를 제공하는 대가로 약속된 판매기준 로열티나 사용기준 로열티의 수익은 다음 중 나중의 사건이 일어날 때 인식한다.

(1) 후속 판매나 사용

(2) 판매기준 또는 사용기준 로열티의 일부나 전부가 배분된 수행의무를 이행하거나 또는 일부 이행함

4. 회계처리

일자	회계처리			
20×1년 11월 초	(차) 현금	1,500,000	(대) 매출	1,500,000
20×1년 11월 말	(차) 매출채권	210,000	(대) 프랜차이즈라이선스수익	210,000
20×1년 12월 말	(차) 매출채권	240,000	(대) 프랜차이즈라이선스수익	240,000

Chapter 16
주관식 연습문제

기업의 수행 정도에 대해 인식하는 계약자산

01 (주)송원은 고객에게 제품 A와 B를 이전하고 그 대가로 ₩200,000을 받기로 20×1년 1월 1일에 계약을 체결하였다. 관련된 자료는 다음과 같다.

> (1) 계약에서는 제품 A를 먼저 인도하도록 요구하고, 제품 A의 인도 대가는 제품 B의 인도를 조건으로 한다고 기재되어 있다. 즉, 대가 ₩200,000은 (주)송원이 고객에게 제품 A와 B 모두를 이전한 다음에만 받을 권리가 생긴다.
>
> (2) (주)송원은 제품 A와 B를 이전하기로 한 약속을 수행의무로 식별하였고, 제품의 상대적 개별 판매가격에 기초하여 제품 A에 대한 수행의무에 ₩80,000을, 제품 B에 대한 수행의무에 ₩120,000을 배분하였다. (주)송원은 제품에 대한 통제를 고객에게 이전할 때 각 수행의무에 대한 수익을 인식하고 있다.

(주)송원이 20×1년에 제품 A와 제품 B를 이전하는 수행의무를 이전하는 시점에 해야 할 모든 회계처리를 수행하시오.

해답   1. 제품 A를 이전하는 수행의무를 이행하는 시점

(차) 계약자산	80,000	(대) 수익	80,000

2. 제품 B를 이전하는 수행의무를 이행하는 시점

(차) 수취채권	200,000	(대) 계약자산	80,000
		수익	120,000

해설   대가 ₩200,000은 (주)송원이 고객에게 제품 A와 B 모두를 이전한 다음에만 받을 권리가 생긴다. 따라서 기업은 제품 A와 제품 B 모두를 고객에게 이전할 때까지 대가를 받을 무조건적인 권리(수취채권)가 없다.

02 (주)대한은 20×1년 말 고객이 구매 후 30일 내에 반품할 수 있는 조건으로 원가 ₩1,050,000의 정수기를 ₩1,500,000에 현금판매하였다. (주)대한은 20×1년 말 과거 경험과 정수기 소매업계 상황에 기초하여 판매한 상품의 5%가 반품될 것으로 추정하였다. 또한 반품과 관련된 직접비용으로 반환금액의 3%가 발생한다. [2013 세무사 1차 수정]

물음 1 반품조건의 판매가 (주)대한의 20×1년도 당기순이익에 미치는 영향은?

물음 2 (주)대한이 정수기의 판매시점에 수행할 회계처리를 나타내시오.

해답 **물음 1**

(1) 매출액: ₩1,500,000 × (1 − 5%) = ₩1,425,000

(2) 매출원가: ₩1,050,000 × (1 − 5%) = ₩(997,500)

(3) 반품비용: ₩1,500,000 × 5% × 3% = ₩(2,250)

(4) 당기순이익에 미치는 영향: (1) + (2) + (3) = ₩425,250 증가

물음 2 판매시점의 회계처리

(차) 현금	1,500,000	(대) 매출	1,425,000[1]
		환불부채	75,000
(차) 반환재고회수권	50,250[2]	(대) 재고자산	1,050,000
매출원가	997,500[3]		
반품비용	2,250[4]		

[1] ₩1,500,000 × (1 − 5%) = ₩1,425,000

[2] ₩1,050,000 × 5% − ₩1,500,000 × 5% × 3%(반품비용) = ₩50,250

[3] ₩1,050,000 × (1 − 5%) = ₩997,500

[4] ₩1,500,000 × 5% × 3% = ₩2,250

03 (주)대한은 20×1년 1월 1일 (주)민국과 자동화 설비장치인 시스템 A를 판매하는 계약을 체결하였으며 주요 계약 내용은 다음과 같다.

[2018 공인회계사 2차]

> 〈주요 계약 내용〉
> • (주)대한은 (주)민국에게 시스템 A를 20×2년 12월 31일까지 이전한다.
> • 시스템 A는 자동화설비 로봇과 로봇의 작동을 위한 소프트웨어를 포함한다.
> • (주)민국은 (주)대한에게 대가를 20×1년 1월 1일 계약체결 시점에 ₩1,000,000을 지급하거나 20×2년 12월 31일 제품 이전 시점에 ₩1,210,000을 지급하는 방안 중 하나를 선택할 수 있다.

(주)대한은 로봇과 소프트웨어 제작 및 개발 프로젝트 전체를 책임지고 있다. (주)대한이 개발하는 소프트웨어는 시스템 A의 로봇에서만 사용가능하며 또한 해당 로봇은 (주)대한이 개발하는 소프트웨어가 아니면 작동하지 않는다. 시스템 A의 제작에 2년이 소요되며, (주)대한은 총 ₩800,000의 제작원가 중 개발 1년차에 60%(₩480,000), 2년차에 40%(₩320,000)가 투입될 것으로 예상한다. 로봇 제작원가와 소프트웨어 개발 원가의 비율은 50% 대 50%이다. 20×1년도에 예상대로 원가가 발생하였다. (주)대한은 (주)민국이 주문한 제품과 동일한 시스템 A 여러 대를 제작 중이며 (주)민국이 주문한 제품은 특정되지 않는다. 계약체결 시점에 (주)대한과 (주)민국의 신용 특성을 반영하는 계약 이자율은 10%이다. 다음의 각 물음은 독립적이다.

물음1 20×1년 1월 1일 (주)대한이 식별해야 할 (주)민국과의 계약에 의한 수행의무와 수행의무 이행에 따른 수익을 어떻게 인식할지를 간략하게 설명하시오.

물음2 (주)민국이 20×1년 1월 1일 계약체결 시점에 대가 ₩1,000,000을 (주)대한에게 지급하기로 결정했다면, (주)대한이 20×1년 12월 31일에 수행해야 할 회계처리를 제시하고 그 이유를 간략하게 설명하시오.

물음3 (주)민국이 20×2년 12월 31일 시스템 A 이전 시점에 대가 ₩1,210,000을 (주)대한에게 지급하기로 결정했다면, (주)대한이 20×1년 12월 31일에 수행해야 할 회계처리를 제시하고 그 이유를 간략하게 설명하시오.

물음4 (주)민국은 20×3년 3월 1일 (주)만세와 포장시스템을 구매하는 별도의 계약을 체결하였다. 해당 계약은 취소 불가능하다. 계약에 의하면 (주)민국은 20×3년 5월 1일까지 (주)만세에게 대가 ₩500,000을 지급하여야 하며, (주)만세는 20×3년 12월 31일까지 포장시스템을 이전해야 한다. (주)민국은 20×3년 6월 15일에 (주)만세에게 ₩500,000을 지급하였다. (주)만세가 포장시스템 계약에 대해 20×3년 5월 1일에 수행해야 할 회계처리를 제시하고 그 이유를 간략하게 설명하시오.

해답

물음 1

1. 수행의무: 자동화 설비장치인 시스템 A와 자동화설비 로봇과 로봇의 작동을 위한 소프트웨어는 구별되지 않으므로 단일의 수행의무로 식별해야 한다.

2. 수익인식: (주)대한은 (주)민국이 주문한 제품과 동일한 시스템 A 여러 대를 제작 중이며 (주)민국이 주문한 제품은 특정되지 않기 때문에 이는 한 시점에 이행하는 수행의무이다. 따라서 통제를 고객에게 이전하는 시점인 20×2년 12월 31일 제품 이전 시점에 수익을 인식한다.

물음 2

1. 재화를 고객에게 이전하기 전에 대가를 먼저 수취한 경우에 선수금의 과목을 사용한다. 이 경우에 대가를 먼저 수취한 시점과 재화를 고객에게 이전한 시점의 1년 이상인 경우라면 유의적인 금융요소가 포함되어 있으므로 유의적인 금융요소를 대가에서 조정해야 한다. 선수금에 포함된 유의적인 금융요소는 다음과 같이 회계처리한다.
   ① 계약 개시시점에 받은 금액은 계약부채로 인식한다.
   ② 계약 개시시점부터 자산을 이전할 때까지 기업은 약속된 대가를 조정하고, 그 기간 동안 이자를 인식하여 계약부채를 증가시킨다.
   ③ 자산을 이전하는 시점에 계약부채를 수익으로 인식한다.

2. 회계처리

일자	회계처리			
20×1. 1. 1.	(차) 현금	1,000,000	(대) 계약부채	1,000,000
20×1. 12. 31.	(차) 이자비용	100,000[1)	(대) 계약부채	100,000
	1) ₩1,000,000 × 10% = ₩100,000			
20×2. 12. 31.	(차) 이자비용	110,000[1)	(대) 계약부채	110,000
	(차) 계약부채	1,210,000	(대) 수익	1,210,000
	1) (₩1,000,000 + ₩100,000) × 10% = ₩110,000			

물음 3

재화를 고객에게 이전하기 전에 대가를 먼저 수취하지 않았으며, 20×1년 12월 31일 제품을 고객에게 이전하는 수행의무를 이행하지 않았다. 또한 무조권적인 지급청구권도 없으므로 회계처리를 수행할 필요가 없다.

물음 4

1. 취소할 수 없는 계약의 경우 대가의 지급기일 5월 1일에 기업은 대가를 받을 무조건적 권리를 가지고 있으므로 수취채권을 인식하고 동 금액을 계약부채로 인식한다.

2. 회계처리

일자	회계처리			
① 20×3. 3. 1.	N/A			
② 20×3. 5. 1.	(차) 수취채권	500,000	(대) 계약부채	500,000
③ 20×3. 6. 15.	(차) 현금	500,000	(대) 수취채권	500,000
④ 20×3. 12. 31.	(차) 계약부채	500,000	(대) 수익	500,000

04 20×1년 (주)세무는 반려로봇사업을 개시하였다. (주)세무는 반려로봇과 반려로봇의 인공지능 소프트웨어를 1년간 사용할 수 있는 사용권을 판매한다. 개별적으로 판매할 경우 반려로봇은 개당 ₩80,000에 판매하고, 1년간 사용할 수 있는 인공지능 소프트웨어 사용권은 ₩10,000에 판매한다. 반려로봇을 구입한 고객은 인공지능 소프트웨어 사용권을 연간 ₩10,000에 갱신가능하다. 20×1년 9월 1일 (주)세무는 반려로봇사업 개시 기념으로 반려로봇과 1년간 사용할 수 있는 소프트웨어 사용권을 고객에게 패키지 형태의 방식으로 패키지당 ₩72,000에 총 60개를 판매하고 대금은 현금으로 수취하였다.

[2018 세무사 2차]

물음 1 (주)세무가 20×1년 9월 1일 패키지 판매와 관련하여 수행해야 할 회계처리를 제시하시오.

물음 2 (주)세무가 20×1년 패키지 판매와 관련하여 20×1년 포괄손익계산서에 인식할 총 수익을 계산하시오.

물음 3 2018년 초부터 적용되는 한국채택국제회계기준(K-IFRS) 제1115호 '고객과의 계약에서 생기는 수익'에서는 수익인식을 위해 총 5단계의 과정을 거치도록 되어 있다. 수익인식 5단계의 과정을 순서대로 쓰시오.

물음 4 다음은 한국채택국제회계기준(K-IFRS) 제1115호 '고객과의 계약에서 생기는 수익'에 대한 설명이다. 각각의 항목이 옳으면 ○, 옳지 않으면 × 로 기재하시오.

> ① 어떠한 상황에서는 수익인식의 5단계가 동시에 이루어질 수 있다.
> ② 제공하기로 한 재화 또는 용역이 뚜렷함과 동시에 계약 내의 다른 재화 또는 용역과 구분 가능한 경우 수행의무는 별도로 존재하는 것으로 본다.

해답 **물음1** 1. 거래가격의 배분

제품	계산근거	배분된 거래가격
반려로봇판매	₩72,000 × 60개 × ₩80,000/₩90,000 =	₩3,840,000
소프트웨어 사용권	₩72,000 × 60개 × ₩10,000/₩90,000 =	₩480,000
합계		₩4,320,000

2. 반려로봇판매와 소프트웨어 사용권의 두 가지 수행의무에 대해서 개별 판매가격 비율로 거래가격을 배분한다.
3. 반려로봇판매는 한 시점에 이행하는 수행의무이며, 소프트웨어 사용권은 기간에 걸쳐 이행하는 수행의무이므로 반려로봇판매의 대가는 수익으로 인식하며, 소프트웨어 사용권은 계약부채로 인식한다.
4. 회계처리

일자	회계처리			
20×1. 9. 1.	(차) 현금	4,320,000	(대) 수익	3,840,000
			계약부채	480,000

물음2 20×1년 포괄손익계산서에 인식할 총 수익: (1) + (2) = ₩4,000,000
(1) 반려로봇판매대가: ₩3,840,000
(2) 소프트웨어 사용권: ₩480,000 × 4/12 = ₩160,000

물음3 (1) 1단계: 고객과의 계약을 식별
(2) 2단계: 수행의무를 식별
(3) 3단계: 거래가격을 산정
(4) 4단계: 거래가격을 계약 내 수행의무에 배분
(5) 5단계: 수행의무를 이행할 때(또는 기간에 걸쳐 이행하는 대로) 수익을 인식

물음4 ① ○

② ○

05 다음의 각 물음은 독립적이다.

물음1 다음의 <자료 1>을 이용하여 <요구사항>에 답하시오.

〈자료 1〉

1. (주)대한은 20×1년 4월 1일에 만성질환을 치료하는 A약에 대한 특허권을 고객에게 20×1년 9월 1일부터 1년 동안 라이선스하고 약의 제조도 약속하는 계약을 체결한 후 ₩800,000을 받았다. 고객에게 제공하는 A약의 제조과정이 유일하거나 특수하지 않고 몇몇 다른 기업도 고객을 위해 약을 제조할 수 있다. 특허권을 라이선스하는 약속과 제조용역을 제공하기로 하는 약속은 계약상 구별된다. 유의적인 금융요소에 대해서는 고려하지 않는다.

2. A약은 성숙기 제품으로 성숙기 제품의 경우에 기업의 사업관행은 약에 대한 어떠한 지원활동도 하지 않는다. A약은 유의적인 개별 기능성이 있으며, 고객은 기업의 계속적인 활동이 아닌 기능성에서 약품 효익의 상당부분을 얻는다.

3. (주)대한이 특허권 라이선스와 제조용역을 별도로 판매하는 경우, 특허권 라이선스와 제조용역의 개별 판매가격은 각각 ₩550,000과 ₩450,000이다. 한편, 특허권 라이선스와 제조용역 제공과 관련하여 총 ₩500,000의 원가가 발생할 것으로 예상하였으며, 실제발생원가는 다음과 같다. 제조용역은 기간에 걸쳐서 이행하는 수행의무이며 투입된 원가에 기초하여 진행률을 측정한다.

구분	총 예상원가	실제발생원가	
		20×1년	20×2년
특허권 라이선스	₩300,000	₩300,000	–
제조용역	₩200,000	₩60,000	₩140,000
합계	₩500,000	₩360,000	₩140,000

<요구사항 1> (주)대한이 20×1년과 20×2년 인식할 수익을 계산하시오.

20×1년 수익	①
20×2년 수익	②

<요구사항 2> 고객에게 제공하는 A약의 제조과정이 매우 특수하기 때문에 A약을 제조할 수 있는 다른 기업이 없다고 가정하는 경우, (주)대한이 20×1년과 20×2년 인식할 수익을 계산하시오. 단, (주)대한이 고객에게 제공하는 재화와 용역은 고객에게 특정된 사실 및 상황에 관련되기 때문에 다른 고객에게 쉽게 이전할 수 없다.

20×1년 수익	①
20×2년 수익	②

물음2 다음의 〈자료 2〉를 이용하여 〈요구사항〉에 답하시오.

〈자료 2〉

(주)민국은 다음의 제품들을 생산하여 고객에게 판매한다. 20×1년 각 제품과 관련된 거래는 다음과 같다.

1. 제품 A
   - (주)민국은 20×1년 12월 1일 제품 A를 ₩500,000에 고객에게 판매하기로 계약을 체결하였다.
   - 이 계약의 일부로 (주)민국은 제품 A에 대한 통제권 이전 후 30일 이내에 ₩500,000 한도의 구매에 대해 62.5%의 할인권을 고객에게 주었다.
   - (주)민국은 고객이 추가제품을 평균 ₩250,000에 구매하고 할인권의 행사 가능성을 80%로 추정한다. 할인권은 고객에게 중요한 권리를 제공한다.
   - 20×1년 12월 31일 제품 A에 대한 통제권을 고객에게 이전하고 현금을 수령하였다.

2. 제품 B
   - (주)민국은 20×1년 7월 1일 제품 B를 ₩700,000에 판매하고 고객에게 청소용역을 3개월간 제공받는 계약을 체결하였다.
   - (주)민국은 청소용역에 대한 대가로 ₩300,000을 지급하기로 하였다. 청소용역의 공정가치는 ₩200,000이다.
   - (주)민국은 20×1년 8월 1일 제품 B를 인도하고 현금 ₩700,000을 받았으며, 고객으로부터 20×1년 8월 1일부터 20×1년 10월 31일까지 청소용역을 제공받고 현금 ₩300,000을 지급하였다.

3. 제품 C와 제품 D
   - (주)민국은 20×1년 6월 1일 제품 C와 제품 D를 이전하기로 약속하였다.
   - 제품 C는 계약 개시시점에 고객에게 이전하고, 제품 D는 20×2년 2월 1일에 이전한다.
   - 고객이 약속한 대가는 고정대가 ₩300,000과 ₩50,000으로 추정되는 변동대가를 포함하며, 대금은 제품 D가 이전되는 시점에 받기로 하였다. 변동대가 추정액은 변동대가 추정치의 제약이 고려된 후의 금액이며, 변동대가는 제품 C와 제품 D에 모두 배분한다.
   - (주)민국은 20×1년 12월 31일 변동대가 추정치 및 추정치의 제약을 재검토한 결과 변동대가를 ₩60,000으로 추정하였다.
   - 제품 C와 제품 D의 날짜별 개별 판매가격은 다음과 같다.

구분	20×1년 6월 1일	20×1년 12월 31일
제품 C	₩300,000	₩280,000
제품 D	₩100,000	₩120,000

〈요구사항〉 (주)민국이 각 제품의 판매로 20×1년 인식해야 할 수익을 계산하시오.

제품 A	제품 B	제품 C	제품 D
①	②	③	④

해답 | 물음1 | **<요구사항 1>**

1. 수행의무의 식별
   (1) 라이선스
   A약은 성숙기 제품으로 성숙기 제품의 경우에 기업의 사업관행은 약에 대한 어떠한 지원활동도 하지 않는다. 따라서 고객이 권리를 갖는 지적재산에 유의적으로 영향을 미치는 활동을 기업이 할 것을 계약에서 요구하거나 고객이 합리적으로 예상할 수 없으므로 라이선스는 지적재산 사용권에 해당하며 한 시점에 이행하는 수행의무로 회계처리한다.
   (2) 제조용역
   제조용역은 기간에 걸쳐서 이행하는 수행의무로 회계처리한다.

2. 거래가격의 배분

수행의무	계산근거	배분된 거래가격
지적재산 사용권	₩800,000 × ₩550,000/₩1,000,000 =	₩440,000
제조용역	₩800,000 × ₩450,000/₩1,000,000 =	₩360,000
합계		₩800,000

3. 20×1년 수익: ₩440,000 + ₩360,000 × ₩60,000/₩200,000 = ₩548,000
4. 20×2년 수익: ₩360,000 × ₩200,000/₩200,000 - ₩360,000 × 30% = ₩252,000
5. 정답

20×1년 수익	① ₩548,000
20×2년 수익	② ₩252,000

<요구사항 2>

1. 수행의무의 식별
   (1) 라이선스와 제조용역
   고객에게 제공하는 A약의 제조과정이 매우 특수하기 때문에 A약을 제조할 수 있는 다른 기업이 없기 때문에 라이선스를 부여하는 약속이 그 밖에 약속한 재화나 용역과 계약에서 구별되지 않는다. 따라서 라이선스를 부여하는 약속과 그 밖에 약속한 재화나 용역을 함께 단일 수행의무로 회계처리한다. 또한 제조용역의 경우 다른 고객에 쉽게 이전할 수 없으므로 기업 자체에는 대체적인 용도가 없다. 따라서 기업이 수행하여 만든 자산이 기업 자체에는 대체 용도가 없고, 지금까지 수행을 완료한 부분에 대해 집행 가능한 지급청구권이 기업에게 있으므로 기간에 걸쳐 이행하는 수행의무이다.

2. 20×1년 수익: ₩800,000 × ₩360,000/₩500,000 = ₩576,000
3. 20×2년 수익: ₩800,000 × 100% - ₩576,000 = ₩224,000
4. 정답

20×1년 수익	① ₩576,000
20×2년 수익	② ₩224,000

물음2 | 1. 제품 A
   (1) 추가 재화나 용역에 대한 고객의 선택권
   계약에서 추가 재화나 용역을 취득할 수 있는 선택권을 고객에게 부여하고 그 선택권이 그 계약을 체결하지 않으면 받을 수 없는 중요한 권리를 고객에게 제공하는 경우에만 그 선택권은 계약에서 수행의무가 발생하게 한다. (예 이 재화나 용역에 대해 그 지역이나 시장의 해당 고객층에게 일반적으로 제공하는 할인의 범위를 초과하는 할인) 선택권이 고객에게 중요한 권리를 제공한다면, 고객은 사실상 미래 재화나 용역의 대가를 기업에 미리 지급한 것이므로 기업은 그 미래 재화나 용역이 이전되거나 선택권이 만료될 때 수익을 인식한다.
   (2) 개별 판매가격

수행의무	개별 판매가격	계산근거
제품 A	₩500,000	
할인권	₩125,000	= 추가 제품 평균 구입가격 ₩250,000 × 증분 할인율 62.5% × 선택권 행사 가능성 80%
	₩625,000	

(3) 거래가격의 배분

수행의무	배분된 거래가격	계산근거
제품 A	₩400,000	= ₩500,000 × ₩500,000/₩625,000
할인권	₩100,000	= ₩500,000 × ₩125,000/₩625,000
	₩500,000	

(4) 20×1년 수익: ₩400,000 + ₩100,000 × 0% = ₩400,000

(5) 회계처리

일자	회계처리				
20×1년 말	(차) 현금	500,000	(대) 매출		400,000
			계약부채		100,000

2. 제품 B

(1) 고객에게 지급할 대가가 고객에게서 받은 구별되는 재화나 용역의 공정가치를 초과한다면, 그 초과액을 거래가격에서 차감하여 회계처리한다.

(2) 20×1년 수익: ₩700,000(거래가격) - (₩300,000 - ₩200,000)(공정가치 초과분) = ₩600,000

(3) 회계처리

일자	회계처리				
20×1. 8. 1.	(차) 현금	700,000	(대) 매출		600,000
			환불부채		100,000
20×1. 10. 31.	(차) 환불부채	100,000	(대) 현금		300,000
	수수료비용	200,000			

3. 제품 C와 제품 D

(1) 거래가격의 변동

거래가격의 후속 변동은 계약 개시시점과 같은 기준으로 계약상 수행의무에 배분한다. 따라서 계약을 개시한 후의 개별 판매가격 변동을 반영하기 위해 거래가격을 다시 배분하지는 않는다. 이행된 수행의무에 배분되는 금액은 거래가격이 변동되는 기간에 수익으로 인식하거나 수익에서 차감한다.

(2) 거래가격의 배분

수행의무	개별 판매가격	거래가격의 1차 배분	거래가격의 변동 배분	합계
제품 C	₩300,000	₩262,500[1]	₩7,500[3]	₩270,000
제품 D	₩100,000	₩87,500[2]	₩2,500[4]	₩90,000
	₩400,000			

[1] ₩350,000 × ₩300,000/₩400,000 = ₩262,500
[2] ₩350,000 × ₩100,000/₩400,000 = ₩87,500
[3] ₩10,000 × ₩300,000/₩400,000 = ₩7,500
[4] ₩10,000 × ₩100,000/₩400,000 = ₩2,500

(3) 20×1년 수익: ₩270,000(제품 C) + ₩0(제품 D) = ₩270,000

4. 정답

제품 A	제품 B	제품 C	제품 D
① ₩400,000	② ₩600,000	③ ₩270,000	④ ₩0

해커스 IFRS 김원종 중급회계 하

회계사 · 세무사 · 경영지도사 단번에 합격!
해커스 경영아카데미 cpa.Hackers.com

Chapter 17

수익(2): 건설계약

I | 건설계약의 일반론

01 의의

건설계약(Construction Contract)은 단일 자산의 건설이나 설계, 기술 및 기능 또는 그 최종 목적이나 용도에 있어서 밀접하게 상호연관되거나 상호의존적인 복수 자산의 건설을 위해 구체적으로 협의된 계약을 말한다. 이러한 건설계약은 교량, 건물, 댐, 파이프라인, 도로, 선박 또는 터널과 같은 단일 자산을 건설하기 위하여 체결할 수 있다. 또한 설계, 기술 및 기능 또는 그 최종 목적이나 용도에 있어서 밀접하게 상호연관되거나 상호의존적인 복수 자산을 대상으로 할 수도 있으며, 이러한 계약의 예로 정제시설과 기타 복합 생산설비나 기계장치의 건설이 있다.

02 분류

건설계약은 여러 형태로 이루어질 수 있지만, 회계 목적상 정액계약과 원가보상계약으로 분류한다. 일부 건설계약에는 정액계약과 원가보상계약의 성격이 모두 포함될 수 있다. 정액계약과 원가보상계약의 정의는 다음과 같다.

> ① 정액계약: 계약금액을 정액으로 하거나 산출물 단위당 가격을 정액으로 하는 건설계약. 경우에 따라서는 물가연동조항을 포함한다.
> ② 원가보상계약: 원가의 일정비율이나 정액의 수수료를 원가에 가산하여 보상받는 건설계약. 이 경우 원가는 당사자 간에 인정되거나 계약서에 정의된 원가를 말한다.

⚡ POINT 건설계약의 정의와 분류

건설계약의 정의	단일 자산의 건설이나 설계, 기술 및 기능 또는 그 최종 목적이나 용도에 있어서 밀접하게 상호연관되거나 상호의존적인 복수 자산의 건설을 위해 구체적으로 협의된 계약
건설계약의 분류	① 정액계약: 계약금액을 정액으로 하거나 산출물 단위당 가격을 정액으로 하는 건설계약 ② 원가보상계약: 원가의 일정비율이나 정액의 수수료를 원가에 가산하여 보상받는 건설계약

03 계약수익

계약수익(Contract Revenue)의 구성항목은 다음과 같고, 수령하였거나 수령할 대가의 공정가치로 측정한다.

> ① 최초에 합의한 계약금액
> ② 공사변경, 보상금 및 장려금에 따라 추가되는 금액으로서 다음을 모두 충족하는 것
>   a. 수익으로 귀결될 가능성이 높다.
>   b. 금액을 신뢰성 있게 측정할 수 있다.

① 계약수익은 수령하였거나 수령할 대가의 공정가치로 측정한다. 이러한 계약수익의 측정은 미래사건의 결과와 관련된 다양한 불확실성에 의해 영향을 받는다. 계약수익의 추정치는 후속 사건이 발생하거나 불확실성이 해소됨에 따라 자주 수정될 필요가 있으므로 계약수익은 기간별로 증가하거나 감소할 수 있다.[1]

② 공사변경은 계약상 수행하는 공사의 범위를 발주자의 지시에 따라 변경하는 것을 말한다. 공사변경에 따라 계약수익은 증가하거나 감소할 수 있다. 공사변경의 예로 건설대상 자산의 사양이나 설계를 변경하거나 계약기간을 변경하는 것을 들 수 있다.[2]

③ 보상금은 건설사업자가 계약금액에 포함되어 있지 않은 원가를 발주자나 다른 당사자에게서 보상받으려는 금액이다. 예를 들어 발주자에 의하여 공사가 지체되거나, 제시한 사양이나 설계에 오류가 있거나, 공사변경과 관련하여 분쟁이 있는 경우 보상금이 발생할 수 있다. 보상금에 따른 수익금액은 측정하는 데 불확실성이 높으며 자주 협상의 결과에 따라 달라진다.[3]

④ 장려금은 특정 성과기준을 충족하거나 초과하는 경우 건설사업자에게 지급되는 추가금액이다. 예를 들어 공사계약의 조기 완료에 대하여 건설사업자에게 계약상 정해진 장려금이 지급될 수 있다.[4]

---

1) 예를 들면 다음과 같다.
   (1) 건설사업자와 발주자가 계약이 최초로 합의된 회계기간의 후속기간에 계약수익을 증가 또는 감소시키는 공사내용의 변경이나 보상금에 합의하는 경우
   (2) 물가연동조항에 따라 정액계약의 수익금액이 증가되는 경우
   (3) 건설사업자가 자신의 귀책사유로 완공시기가 지연됨에 따라 위약금을 부담한 결과 계약수익금액이 감소되는 경우
   (4) 정액계약이 산출물 단위당 고정가격에 기초하여 정해진 경우, 산출량이 증가함에 따라 계약수익이 증가하는 경우
2) 다음을 모두 충족하는 경우에는 공사변경을 계약수익에 포함한다.
   (1) 발주자가 공사변경과 변경에 따른 수익금액을 승인할 가능성이 높다.
   (2) 수익금액을 신뢰성 있게 측정할 수 있다.
3) 따라서 보상금은 다음을 모두 충족하는 경우에만 계약수익에 포함한다.
   (1) 협상이 상당히 진전되어 발주자가 보상금의 청구를 수락할 가능성이 높다.
   (2) 발주자가 수락할 가능성이 높은 금액을 신뢰성 있게 측정할 수 있다.
4) 장려금은 다음을 모두 충족하는 경우에 계약수익에 포함한다.
   (1) 계약이 충분히 진행되어 특정 성과기준을 충족하거나 초과할 가능성이 높다.
   (2) 장려금을 신뢰성 있게 측정할 수 있다.

04 계약원가

계약원가(Contract Cost)의 구성항목은 다음과 같고, 계약체결일로부터 계약의 최종완료일까지의 기간에 당해 계약에 귀속될 수 있는 원가를 포함한다.

> ① 특정 계약에 직접 관련된 원가
> ② 계약활동 전반에 귀속될 수 있는 공통원가로서 특정 계약에 배분할 수 있는 원가
> ③ 계약조건에 따라 발주자에게 청구할 수 있는 기타 원가

① 특정 계약에 직접 관련된 원가[5]는 계약수익에 포함되지 않은 부수적 이익만큼 차감될 수 있다. 이러한 부수적 이익의 예로 잉여자재를 판매하거나 계약종료시점에 생산설비와 건설장비를 처분하여 발생하는 이익을 들 수 있다.

② 계약활동 전반에 귀속될 수 있는 공통원가로서 특정 계약에 배분할 수 있는 원가는 체계적이고 합리적인 방법에 따라 배분하며, 유사한 성격의 모든 원가에 일관되게 적용한다. 원가배분은 건설활동의 정상조업도 수준에 기초한다. 건설간접원가에는 건설인력의 급여지급에 대한 사무처리원가를 포함한다. 계약활동 전반에 귀속될 수 있는 공통원가로서 특정 계약에 배분할 수 있는 원가에는 차입원가도 포함한다.

③ 계약조건에 따라 발주자에게 청구할 수 있는 기타 원가에는 계약조건에 보상받을 수 있도록 규정되어 있는 일부 일반관리원가와 개발원가를 포함할 수 있다.

④ 계약활동에 귀속될 수 없거나 특정 계약에 배분할 수 없는 원가는 건설계약의 원가에서 제외한다. 이러한 원가에는 다음이 포함된다.
   a. 계약에 보상이 명시되어 있지 않은 일반관리원가
   b. 판매원가
   c. 계약에 보상이 명시되어 있지 않은 연구개발원가
   d. 특정 계약에 사용하지 않는 유휴 생산설비나 건설장비의 감가상각비

---

5) 특정 계약에 직접 관련된 원가의 예는 다음과 같다.
   (1) 현장감독을 포함한 현장인력의 노무원가
   (2) 건설에 사용된 재료원가
   (3) 계약에 사용된 생산설비와 건설장비의 감가상각비
   (4) 생산설비, 건설장비 및 재료를 현장으로 운반하거나 현장에서 운반하는 데 소요되는 원가
   (5) 생산설비와 건설장비의 임차원가
   (6) 계약과 직접 관련된 설계와 기술지원원가
   (7) 예상하자보수원가를 포함한 복구 및 보증공사의 추정원가
   (8) 제3자의 보상금 청구

계약수익	계약체결일로부터 계약의 최종완료일까지의 기간에 당해 계약에 귀속될 수 있는 금액
	① 최초에 합의한 계약금액
	② 공사변경, 보상금 및 장려금에 따라 추가되는 금액으로서 다음을 모두 충족하는 것
	    a. 수익으로 귀결될 가능성이 높다.
	    b. 금액을 신뢰성 있게 측정할 수 있다.

계약원가	계약체결일로부터 계약의 최종완료일까지의 기간에 당해 계약에 귀속될 수 있는 원가 ① 특정 계약에 직접 관련된 원가 ② 계약활동 전반에 귀속될 수 있는 공통원가로서 특정 계약에 배분할 수 있는 원가 ③ 계약조건에 따라 발주자에게 청구할 수 있는 기타 원가

05 계약수익과 계약비용의 인식

건설계약의 결과를 신뢰성 있게 추정할 수 있는 경우, 일반적으로 건설계약과 관련한 계약수익과 계약원가는 보고기간말 현재 계약활동의 진행률을 기준으로 각각 수익과 비용으로 인식하여야 한다. 건설계약이 다음 기준 중 어느 하나를 충족하면, 기업은 재화나 용역에 대한 통제를 기간에 걸쳐 이전하므로, 기간에 걸쳐 수행의무를 이행하는 것이고 기간에 걸쳐 수익을 인식한다.

① 고객은 기업이 수행하는 대로 기업의 수행에서 제공하는 효익을 동시에 얻고 소비한다.
② 기업이 수행하여 만들어지거나 가치가 높아지는 대로 고객이 통제하는 자산(예 재공품)을 기업이 만들거나 그 자산 가치를 높인다.
③ 기업이 수행하여 만든 자산이 기업 자체에는 대체 용도가 없고, 지금까지 수행을 완료한 부분에 대해 집행 가능한 지급청구권이 기업에 있다.

계약의 진행률을 기준으로 수익과 비용을 인식하는 방법을 진행기준이라고 한다. 이 방법에 따르면 계약수익은 특정 진행률에 도달하기까지 발생한 계약원가에 대응되며, 그 결과로 공사진행률에 비례하여 수익, 비용 및 이익이 보고된다. 따라서 이 방법은 특정 기간의 계약활동과 성과에 대하여 유용한 정보를 제공한다. 그러나, 건설계약의 결과를 신뢰성 있게 추정할 수 없는 경우에는 계약수익은 회수가능할 것으로 기대되는 발생원가를 한도로 인식하고, 계약원가는 발생한 기간의 비용으로 인식한다. 즉, 계약의 결과를 신뢰성 있게 추정할 수 없으므로 이익은 인식하지 않는다.

⚡ POINT 계약수익과 계약비용의 인식

건설계약의 결과를 신뢰성 있게 추정할 수 있는 경우	기간에 걸쳐 수행의무를 이행하는 것이고 기간에 걸쳐 수익을 인식함(즉, 진행기준으로 계약수익과 계약비용을 인식함)
건설계약의 결과를 신뢰성 있게 추정할 수 없는 경우	계약수익은 회수가능할 것으로 기대되는 발생원가를 한도로 인식하고, 계약원가는 발생한 기간의 비용으로 인식함

(1) 진행률

기간에 걸쳐 이행하는 수행의무 각각에 대해, 그 수행의무 완료까지의 진행률(이하 '진행률'이라 함)을 측정하여 기간에 걸쳐 수익을 인식한다. 진행률을 측정하는 목적은 고객에게 약속한 재화나 용역에 대한 통제를 이전하는 과정에서 기업의 수행 정도를 나타내기 위한 것이다. 기간에 걸쳐 이행하는 각 수행의무에는 하나의 진행률 측정방법을 적용하며 비슷한 상황에서의 비슷한 수행의무에는 그 방법을 일관되게 적용한다.

시간이 흐르면서 상황이 바뀜에 따라 수행의무의 결과 변동을 반영하기 위해 진행률을 새로 수정하여야 한다. 즉, 기간에 걸쳐 이행하는 수행의무의 진행률은 보고기간말마다 재측정해야 한다. 이러한 진행률의 변동은 K-IFRS 제1008호 '회계정책, 회계추정치 변경과 오류'에 따라 회계추정치의 변경으로 회계 처리한다.

적절한 진행률 측정방법을 결정할 때, 고객에게 이전하기로 약속한 재화나 용역의 특성을 고려하여야 한다. 이러한 적절한 진행률 측정방법에는 산출법과 투입법이 있다. 이에 대해 구체적으로 살펴보면 다음과 같다.

① 산출법

a. 산출법은 계약에서 약속한 재화나 용역의 나머지 부분의 가치와 비교하여 지금까지 이전한 재화나 용역이 고객에 주는 가치의 직접 측정에 기초하여 수익을 인식하는 방법을 말한다. 진행률을 측정하기 위해 산출법을 적용할지를 판단할 때, 선택한 산출물이 수행의무의 완료 대비 기업의 수행 정도를 충실하게 나타내는지를 고려한다.

b. 기업이 지금까지 수행을 완료한 정도가 고객에게 주는 가치에 직접 상응하는 금액을 고객에게서 받을 권리가 있다면(ⓔ 기업이 제공한 용역 시간당 고정금액을 청구할 수 있는 용역계약), 기업은 청구권이 있는 금액으로 수익을 인식하는 실무적 간편법을 쓸 수 있다.

c. 산출법의 단점은 진행률을 측정하는 데에 사용하는 산출물을 직접 관측하지 못할 수 있고, 과도한 원가를 들이지 않고는 산출법을 적용하기 위해 필요한 정보를 구하지 못할 수도 있다는 점이다.

② 투입법

a. 투입법은 해당 수행의무의 이행에 예상되는 총 투입물 대비 수행의무를 이행하기 위한 기업의 노력이나 투입물(ⓔ 소비한 자원, 사용한 노동시간, 발생원가, 경과한 시간, 사용한 기계시간)에 기초하여 수익을 인식하는 방법을 말한다. 기업의 노력이나 투입물을 수행기간에 걸쳐 균등하게 소비한다면, 정액법으로 수익을 인식하는 것이 적절할 수 있다.

b. 투입법의 단점은 기업의 투입물과 고객에게 재화나 용역에 대한 통제를 이전하는 것 사이에 직접적인 관계가 없을 수 있다는 것이다. 그러므로 고객에게 재화나 용역에 대한 통제를 이전하는 과정에서 기업의 수행 정도를 나타내지 못하는 투입물의 영향은 투입법에서 제외한다. 예를 들면 원가기준 투입법을 사용할 때, 다음 상황에서는 진행률 측정에 조정이 필요할 수 있다.
  • 발생원가가 기업이 수행의무를 이행할 때 그 진척도에 이바지하지 않는 경우[6]
  • 발생원가가 기업이 수행의무를 이행할 때 그 진척도에 비례하지 않는 경우[7]

---

[6] 예를 들면 계약가격에 반영되지 않았고 기업의 수행상 유의적인 비효율 때문에 든 원가(ⓔ 수행의무를 이행하기 위해 들였으나 예상 밖으로 낭비된 재료원가, 노무원가, 그 밖의 자원의 원가)에 기초하여 수익을 인식하지 않는다.

[7] 이 상황에서 기업의 수행 정도를 나타내는 최선의 방법은 발생원가의 범위까지만 수익을 인식하도록 투입법을 조정하는 것일 수 있다. 예를 들면 계약 개시시점에 다음 조건을 모두 충족할 것이라고 예상한다면, 수행의무를 이행하기 위해 사용한 재화의 원가와 동일한 금액을 수익으로 인식하는 방법이 기업의 수행 정도를 충실하게 나타낼 수 있다.

건설계약에서는 일반적으로 투입법인 원가기준법에 의하여 진행률을 측정하고 있다. 진행률을 누적발생 계약원가 기준으로 결정하는 경우에는 수행한 공사를 반영하는 계약원가만 누적발생원가에 포함한다. 진행률 산정을 위한 누적발생원가에서 제외되는 원가의 예는 다음과 같다.

---

① 현장에 인도되었거나 계약상 사용을 위해 준비되었지만 아직 계약공사를 위해 설치, 사용 또는 적용이 되지 않은 재료의 원가와 같은 계약상 미래 활동과 관련된 계약원가. 단, 재료가 계약을 위해 별도로 제작된 경우는 제외한다.
② 하도급계약에 따라 수행될 공사에 대해 하도급자에게 선급한 금액

🔆 POINT 진행률

계약수익의 인식	① 수행의무 결과를 합리적으로 측정할 수 있는 상황: 진행률에 따라 기간에 걸쳐 수익을 인식 ② 수행의무 결과를 합리적으로 측정할 수 없는 상황: 발생원가 범위에서만 수익을 인식
진행률의 측정방법	① 산출법: 계약에서 약속한 재화나 용역의 나머지 부분의 가치와 비교하여 지금까지 이전한 재화나 용역이 고객에 주는 가치의 직접 측정에 기초하여 수익을 인식하는 방법 ② 투입법: 해당 수행의무의 이행에 예상되는 총 투입물 대비 수행의무를 이행하기 위한 기업의 노력이나 투입물 기초하여 수익을 인식하는 방법

Ⅱ | 건설계약의 회계처리

01 건설계약의 회계처리

건설계약은 일반적으로 계약의 진행률을 기준으로 수익과 비용을 인식하는 방법을 사용한다. 이 방법에 따르면 계약수익은 특정 진행률에 도달하기까지 발생한 계약원가에 대응되며, 그 결과로 공사진행률에 비례하여 수익, 비용 및 이익이 보고되는데 건설계약과 관련된 각 시점마다 회계처리를 나타내면 다음과 같다.

① 계약원가발생 시

건설계약과 관련된 특정 계약에 직접 관련된 원가, 계약활동 전반에 귀속될 수 있는 공통원가로서 특정 계약에 배분할 수 있는 원가 및 계약조건에 따라 발주자에게 청구할 수 있는 기타 원가는 미성공사 (Construction in Progress) 계정에 집계된다.

(차) 미성공사	×××	(대) 현금	×××

② 수익과 비용의 인식

건설회사는 매 보고기간말 진행률을 합리적으로 측정하여 진행기준으로 계약수익과 계약원가를 인식해야 한다. 계약수익과 계약원가는 진행기준하에서 다음과 같이 인식된다.

- 계약수익 = 당기 말 계약수익금액 × 당기 말 진행률 − 전기 말 계약수익금액 × 전기 말 진행률
   = 당기 말 누적계약수익금액 − 전기 말 누적계약수익금액
- 계약원가 = 당기 말 추정총계약원가 × 당기 말 진행률 − 전기 말 추정총계약원가 × 전기 말 진행률
   = 당기 말 누적계약원가금액 − 전기 말 누적계약원가금액

건설회사는 계약수익을 대기하고 계약자산을 차기하여 수익을 인식하고, 계약원가를 차기하고 미성공사를 대기하여 계약원가를 인식한다. 이렇게 인식한 계약원가는 당기에 투입한 계약원가 금액과 일반적으로 일치한다. 그러나 진행률을 원가기준법을 적용하지 않는 경우에는 당기에 투입한 계약원가금액과 일치하지 않을 수 있다.

(차) 계약자산	×××	(대) 계약수익	×××
계약원가	×××	미성공사	×××

③ 대금청구 시

건설회사는 계약기간 중에 공사대금을 충당하기 위하여 발주자에게 계약수익의 일부를 분할하여 청구한다. 대금을 청구하는 시점에 청구된 금액을 계약미수금(수취채권)의 과목으로 차변에 기입하고, 동 금액만큼 계약자산을 대변에 기입하여 감소시킨다. 만약 계약자산 계정의 잔액이 부족하면 계약부채 계정을 추가로 대변에 기입하여야 한다.

(차) 계약미수금	×××	(대) 계약자산	×××
		계약부채	×××

④ 대금수령 시

건설회사가 청구한 대금을 수령하는 시점에는 계약미수금과 상계하며 계약미수금을 초과하는 금액이 있는 경우에는 그 초과액은 계약선수금으로 회계처리한다.

| (차) 현금 | ××× | (대) 계약미수금 | ××× |
| | | 계약선수금 | ××× |

⑤ 계약자산, 계약부채, 계약미수금 및 계약선수금의 표시

진행기준으로 위의 회계처리를 수행하여 재무상태표에 계약자산 또는 계약부채를 표시해야 한다. 누적계약수익금액이 누적대금청구금액보다 큰 경우에는 동 금액의 차액을 계약자산으로 표시하며, 누적계약수익금액이 누적대금청구금액보다 작은 경우에는 동 금액의 차액을 계약부채로 표시한다. 한편, 누적대금청구금액이 누적대금회수금액보다 큰 경우에는 동 금액의 차액을 계약미수금으로 표시하며, 누적대금청구금액이 누적대금회수금액보다 작은 경우에는 동 금액의 차액을 계약선수금으로 표시하면 된다.

- 계약자산 = 누적계약수익금액 - 누적대금청구금액(if. 누적계약수익금액 > 누적대금청구금액)
- 계약부채 = 누적대금청구금액 - 누적계약수익금액(if. 누적계약수익금액 < 누적대금청구금액)
- 계약미수금 = 누적대금청구금액 - 누적대금회수금액(if. 누적대금청구금액 > 누적대금회수금액)
- 계약선수금 = 누적대금회수금액 - 누적대금청구금액(if. 누적대금청구금액 < 누적대금회수금액)

⚡ POINT 건설계약: 예상손실이 발생하지 않는 경우

구분	예상손실이 발생하지 않는 경우	
I/S: 계약손익	당기총예상손익 × 누적진행률 - 전기까지 인식할 손익	
B/S: 계약자산/계약부채	① 누적계약수익금액 = 계약수익 × 누적진행률	② 누적대금청구금액 = 대금청구액 누적 합계
	if ① > ②: 계약자산(자산) = ① - ② if ① < ②: 계약부채(부채) = ② - ①	

> ⊘ 참고 **계약자산과 계약부채의 표시**
>
> K-IFRS 제1115호 '고객과의 계약에서 생기는 수익' 문단 109에서는 '계약자산'과 '계약부채'라는 용어를 사용하지만 재무상태표에서 그 항목에 대해 다른 표현을 사용하는 것을 금지하지는 않는다. 계약자산에 대해 다른 표현을 사용할 경우에 수취채권과 계약자산을 구별할 수 있도록 재무제표이용자에게 충분한 정보를 제공해야 한다고 규정하고 있다. 따라서 과거 건설계약 기준서에 따라 미청구공사 또는 초과청구공사로 표시하는 것도 가능하다고 봐야 할 것이다. 2018년 건설업을 영위하는 상장회사들의 재무제표 표시 역시 일관되게 공시되지 않았다. 따라서 본서는 계약자산과 계약부채로 표시하는 회계처리를 제시하고 미청구공사와 초과청구공사로 표시하는 회계처리를 참조 목적으로 예제의 해설에 추가하기로 한다.

(주)대한은 20×1년 초에 서울시로부터 계약금액 ₩1,000,000인 축구경기장공사를 수주하였다. 공사는 20×3년에 완공되었으며 이와 관련된 정보는 아래와 같다.

> (1) (주)대한은 20×2년도 공사변경으로 인하여 계약금액을 ₩1,100,000으로 변경하였다.
> (2) 건설계약과 관련하여 매 보고기간의 각 계약원가, 계약대금청구액 및 계약대금회수액은 다음과 같다.
>
> | 구분 | 20×1년 | 20×2년 | 20×3년 |
> |---|---|---|---|
> | 당기계약발생원가 | 210,000 | 510,000 | 190,000 |
> | 총계약예정원가 | 700,000 | 900,000 | 910,000 |
> | 계약대금청구액 | 280,000 | 620,000 | 200,000 |
> | 계약대금회수액 | 250,000 | 350,000 | 500,000 |

물음 1 위 건설계약과 관련하여 (주)대한이 매 보고기간에 인식할 계약손익은 얼마인가?

물음 2 (주)대한이 매 보고기간에 수행할 회계처리를 나타내시오.

물음 3 위 건설계약과 관련하여 (주)대한이 20×1년 말과 20×2년 말 현재 재무상태표에 표시되는 계약자산 또는 계약부채의 잔액은 얼마인가?

해답 **물음 1**

구분	20×1년	20×2년	20×3년
(1) 진행률	$\dfrac{₩210,000}{₩700,000}$ = 30%	$\dfrac{₩720,000}{₩900,000}$ = 80%	$\dfrac{₩910,000}{₩910,000}$ = 100%
(2) 계약수익	₩1,000,000 × 30% = ₩300,000	₩1,100,000 × 80% - ₩1,000,000 × 30% = ₩580,000	₩1,100,000 × 100% - ₩1,100,000 × 80% = ₩220,000
(3) 계약원가	₩700,000 × 30% = ₩(210,000)	₩900,000 × 80% - ₩700,000 × 30% = ₩(510,000)	₩910,000 × 100% - ₩900,000 × 80% = ₩(190,000)
(4) 계약손익	₩90,000	₩70,000	₩30,000

별해

각 보고기간별 계약손익: 당기총예상손익 × 누적진행률 - 전기까지 인식한 손익

구분	누적계약손익	당기계약손익
20×1년	① (₩1,000,000 - ₩700,000) × 30% = ₩90,000	① - ₩0 = ₩90,000
20×2년	② (₩1,100,000 - ₩900,000) × 80% = ₩160,000	② - ① = ₩70,000
20×3년	③ (₩1,100,000 - ₩910,000) × 100% = ₩190,000	③ - ② = ₩30,000

일자	회계처리				
20×1년					
① 계약원가발생 시	(차) 미성공사	210,000	(대) 현금	210,000	
② 수익비용인식 시	(차) 계약자산	300,000	(대) 계약수익	300,000	
	계약원가	210,000	미성공사	210,000	
③ 대금청구 시	(차) 계약미수금	280,000	(대) 계약자산	280,000	
④ 대금수령 시	(차) 현금	250,000	(대) 계약미수금	250,000	
20×2년					
① 계약원가발생 시	(차) 미성공사	510,000	(대) 현금	510,000	
② 수익비용인식 시	(차) 계약자산	580,000	(대) 계약수익	580,000	
	계약원가	510,000	미성공사	510,000	
③ 대금청구 시	(차) 계약미수금	620,000	(대) 계약자산	600,000	
			계약부채	20,000	
④ 대금수령 시	(차) 현금	350,000	(대) 계약미수금	350,000	
20×3년					
① 계약원가발생 시	(차) 미성공사	190,000	(대) 현금	190,000	
② 수익비용인식 시	(차) 계약부채	20,000	(대) 계약수익	220,000	
	계약자산	200,000			
	계약원가	190,000	미성공사	190,000	
③ 대금청구 시	(차) 계약미수금	200,000	(대) 계약자산	200,000	
④ 대금수령 시	(차) 현금	500,000	(대) 계약미수금	500,000	

물음 3

1. 20×1년 말 계약자산, 계약부채
   (1) 20×1년 말 누적계약수익금액: ₩1,000,000 × 30% = ₩300,000
   (2) 20×1년 말 누적대금청구금액: ₩280,000
   ∴ 20×1년 말 계약자산: ₩300,000 - ₩280,000 = ₩20,000

2. 20×2년 말 계약자산, 계약부채
   (1) 20×2년 말 누적계약수익금액: ₩1,100,000 × 80% = ₩880,000
   (2) 20×2년 말 누적대금청구금액: ₩280,000 + ₩620,000 = ₩900,000
   ∴ 20×2년 말 계약부채: ₩900,000 - ₩880,000 = ₩20,000

3. 20×1년 말 부분재무상태표

부분재무상태표

(주)대한   20×1. 12. 31.

유동자산			
계약미수금	₩30,000		
계약자산	₩20,000		

4. 20×2년 말 부분재무상태표

부분재무상태표

(주)대한   20×2. 12. 31.

유동자산		유동부채	
계약미수금	₩300,000	계약부채	₩20,000

해설　1. 미청구공사 또는 초과청구공사를 사용하는 경우의 회계처리

일자	회계처리				
20×1년					
① 계약원가발생 시	(차) 미성공사	210,000	(대) 현금	210,000
② 대금청구 시	(차) 계약미수금	280,000	(대) 진행청구액	280,000
③ 대금수령 시	(차) 현금	250,000	(대) 계약미수금	250,000
④ 결산 시	(차) 계약원가	210,000	(대) 계약수익	300,000
	미성공사	90,000		
20×2년					
① 계약원가발생 시	(차) 미성공사	510,000	(대) 현금	510,000
② 대금청구 시	(차) 계약미수금	620,000	(대) 진행청구액	620,000
③ 대금수령 시	(차) 현금	350,000	(대) 계약미수금	350,000
④ 결산 시	(차) 계약원가	510,000	(대) 계약수익	580,000
	미성공사	70,000		
20×3년					
① 계약원가발생 시	(차) 미성공사	190,000	(대) 현금	190,000
② 대금청구 시	(차) 계약미수금	200,000	(대) 진행청구액	200,000
③ 대금수령 시	(차) 현금	500,000	(대) 계약미수금	500,000
④ 결산 시	(차) 계약원가	190,000	(대) 계약수익	220,000
	미성공사	30,000		
⑤ 공사완료 시	(차) 진행청구액	1,100,000	(대) 미성공사	1,100,000

2. 20×1년 말 미청구공사, 초과청구공사
   (1) 20×1년 말 미성공사: ₩1,000,000 × 30% = ₩300,000 or ₩210,000 + ₩90,000 = ₩300,000
   (2) 20×1년 말 진행청구액: ₩280,000
   ∴ 20×1년 말 미청구공사: ₩300,000 - ₩280,000 = ₩20,000

3. 20×2년 말 미청구공사, 초과청구공사
   (1) 20×2년 말 미성공사: ₩1,100,000 × 80% = ₩880,000
       or ₩210,000 + ₩90,000 + ₩510,000 + ₩70,000 = ₩880,000
   (2) 20×2년 말 진행청구액: ₩280,000 + ₩620,000 = ₩900,000
   ∴ 20×2년 말 초과청구공사: ₩900,000 - ₩880,000 = ₩20,000

4. 20×1년 말 부분재무상태표

부분재무상태표

(주)대한   20×1. 12. 31.

유동자산		
계약미수금	₩30,000	
미청구공사		
미성공사	₩300,000	
진행청구액	₩(280,000)	
	₩20,000	

5. 20×2년 말 부분재무상태표

부분재무상태표

(주)대한   20×2. 12. 31.

유동자산		유동부채	
계약미수금	₩300,000	초과청구공사	
		진행청구액	₩900,000
		미성공사	₩(880,000)
			₩20,000

예제 2 건설계약: 진행률 산정을 위한 누적발생원가에서 제외되는 원가

(주)대한은 20×1년 초에 서울시로부터 계약금액 ₩1,000,000인 축구경기장공사를 수주하였다. 공사는 20×3년에 완공되었으며 이와 관련된 정보는 아래와 같다.

(1) (주)대한은 20×2년도 공사변경으로 인하여 계약금액을 ₩1,100,000으로 변경하였다.
(2) 건설계약과 관련하여 매 보고기간의 각 계약원가, 계약대금청구액 및 계약대금회수액은 다음과 같다.

구분	20×1년	20×2년	20×3년
당기계약발생원가	210,000	520,000	180,000
총계약예정원가	700,000	900,000	910,000
계약대금청구액	280,000	620,000	200,000
계약대금회수액	250,000	350,000	500,000

(3) 20×2년 말에 발생한 원가에는 계약상 20×3년도 공사에 사용하기 위해 준비되었지만 아직 사용되지 않은 ₩10,000만큼의 방열자재가 포함되어 있고, 방열자재는 20×3년에 전액 공사에 투입되었다. 단, 방열자재는 동 계약을 위해 별도로 제작된 것은 아니다.

물음1 위 건설계약과 관련하여 (주)대한이 매 보고기간에 인식할 계약손익은 얼마인가?

물음2 (주)대한이 매 보고기간에 수행할 회계처리를 나타내시오.

물음3 위 건설계약과 관련하여 (주)대한이 20×1년 말과 20×2년 말 현재 재무상태표에 표시되는 계약자산 또는 계약부채의 잔액은 얼마인가?

해답 **물음 1**

구분	20×1년	20×2년	20×3년
(1) 진행률	$\dfrac{₩210,000}{₩700,000}$ = 30%	$\dfrac{₩720,000^{1)}}{₩900,000}$ = 80%	$\dfrac{₩910,000^{2)}}{₩910,000}$ = 100%
(2) 계약수익	₩1,000,000 × 30%	₩1,100,000 × 80% - ₩1,000,000 × 30%	₩1,100,000 × 100% - ₩1,100,000 × 80%
	= ₩300,000	= ₩580,000	= ₩220,000
(3) 계약원가	₩700,000 × 30%	₩900,000 × 80% - ₩700,000 × 30%	₩910,000 × 100% - ₩900,000 × 80%
	= ₩(210,000)	= ₩(510,000)	= ₩(190,000)
(4) 계약손익	₩90,000	₩70,000	₩30,000

1) ₩210,000 + ₩520,000 - ₩10,000 = ₩720,000
2) ₩720,000 + ₩180,000 + ₩10,000 = ₩910,000

별해

각 보고기간별 계약손익: 당기총예상손익 × 누적진행률 - 전기까지 인식한 손익

구분	누적계약손익	당기계약손익
20×1년	① (₩1,000,000 - ₩700,000) × 30% = ₩90,000	① - ₩0 = ₩90,000
20×2년	② (₩1,100,000 - ₩900,000) × 80% = ₩160,000	② - ① = ₩70,000
20×3년	③ (₩1,100,000 - ₩910,000) × 100% = ₩190,000	③ - ② = ₩30,000

물음 2

일자	회계처리			
20×1년				
① 계약원가발생 시	(차) 미성공사	210,000	(대) 현금	210,000
② 수익비용인식 시	(차) 계약자산	300,000	(대) 계약수익	300,000
	계약원가	210,000	미성공사	210,000
③ 대금청구 시	(차) 계약미수금	280,000	(대) 계약자산	280,000
④ 대금수령 시	(차) 현금	250,000	(대) 계약미수금	250,000
20×2년				
① 계약원가발생 시	(차) 미성공사	510,000	(대) 현금	520,000
	선급계약원가	10,000		
② 수익비용인식 시	(차) 계약자산	580,000	(대) 계약수익	580,000
	계약원가	510,000	미성공사	510,000
③ 대금청구 시	(차) 계약미수금	620,000	(대) 계약자산	600,000
			계약부채	20,000
④ 대금수령 시	(차) 현금	350,000	(대) 계약미수금	350,000

	20×3년						
①	계약원가발생 시	(차)	미성공사	190,000	(대)	현금	180,000
						선급계약원가	10,000
②	수익비용인식 시	(차)	계약부채	20,000	(대)	계약수익	220,000
			계약자산	200,000			
			계약원가	190,000		미성공사	190,000
③	대금청구 시	(차)	계약미수금	200,000	(대)	계약자산	200,000
④	대금수령 시	(차)	현금	500,000	(대)	계약미수금	500,000

물음 3

1. 20×1년 말 계약자산, 계약부채
   (1) 20×1년 말 누적계약수익금액: ₩1,000,000 × 30% = ₩300,000
   (2) 20×1년 말 누적대금청구금액: ₩280,000
   ∴ 20×1년 말 계약자산: ₩300,000 − ₩280,000 = ₩20,000

2. 20×2년 말 계약자산, 계약부채
   (1) 20×2년 말 누적계약수익금액: ₩1,100,000 × 80% = ₩880,000
   (2) 20×2년 말 누적대금청구금액: ₩280,000 + ₩620,000 = ₩900,000
   ∴ 20×2년 말 계약부채: ₩900,000 − ₩880,000 = ₩20,000

3. 20×1년 말 부분재무상태표

부분재무상태표

(주)대한			20×1. 12. 31.
유동자산			
계약미수금	₩30,000		
계약자산	₩20,000		

4. 20×2년 말 부분재무상태표

부분재무상태표

(주)대한			20×2. 12. 31.
유동자산		유동부채	
계약미수금	₩300,000	계약부채	₩20,000
선급계약원가	₩10,000		

02 예상손실의 인식

건설계약은 비교적 장기간 건설이 일어나기 때문에 자재가격의 상승이나 공사기간의 지연이 일어나게 되면 건설계약에서 손실이 발생할 것으로 예상되는 경우가 있다. K-IFRS에서는 총계약원가가 총계약수익을 초과할 가능성이 높은 경우, 예상되는 손실을 즉시 비용으로 인식하도록 규정하고 있다.

(1) 미래예상손실[8]

총계약원가가 총계약수익을 초과할 가능성이 높은 경우는 충당부채에서 언급한 계약상 의무의 이행에 필요한 회피 불가능 원가가 그 계약에서 받을 것으로 예상되는 경제적 효익을 초과하는 계약인 손실부담 계약에 해당하므로 예상되는 손실을 즉시 계약원가계정 차기하고 동 금액을 계약손실충당부채계정에 대기하여야 한다. 미래예상손실의 회계처리는 다음과 같다.

(차) 계약원가	×××	(대) 계약손실충당부채	×××

(2) 실제손실이 발생한 경우

미래에 실제로 손실이 발생한 경우에는 전기에 인식한 예상손실액만큼 계약원가에서 감액한다. 따라서 실제로 손실이 발생한 회계연도의 전기에 인식한 미래예상손실만큼 계약원가계정에 대기하고 계약손실 충당부채계정에 차기하여야 한다. 즉, 전기에 인식한 미래예상손실을 실제로 손실이 발생할 때 차감해 주어야 공사손실의 이중계산을 방지할 수 있다. 미래에 실제로 손실이 발생한 경우의 회계처리는 다음과 같다.

(차) 계약손실충당부채	×××	(대) 계약원가	×××

⚡POINT 건설계약: 예상손실이 발생하는 경우

I/S: 계약손익	예상총계약손익 × 누적진행률 + 미래예상손실[1] - 전기까지 인식할 손익	
B/S: 계약자산/계약부채	① 누적계약수익금액 　= 계약수익 × 누적진행률	② 누적대금청구금액 　= 대금청구액 누적 합계
	if ① > ②: 계약자산(자산) = ① - ②	
	if ① < ②: 계약부채(부채) = ② - ①	
B/S: 계약손실충당부채	미래예상손실[1]	

[1] 예상총계약손실 × (1 - 누적진행률)

---

8) 미래예상손실 = 미래예상계약원가 - 미래예상계약수익 = 총예상계약손실 × (1 - 누적진행률)

(주)대한은 20×1년 초에 서울시로부터 계약금액 ₩1,000,000인 축구경기장공사를 수주하였다. 공사는 20×3년에 완공되었으며 이와 관련된 정보는 아래와 같다.

(1) 건설계약과 관련하여 매 보고기간의 각 계약원가, 계약대금청구액 및 계약대금회수액은 다음과 같다.

구분	20×1년	20×2년	20×3년
당기계약발생원가	210,000	670,000	320,000
총계약예정원가	700,000	1,100,000	1,200,000
계약대금청구액	280,000	620,000	100,000
계약대금회수액	250,000	350,000	400,000

물음1 위 건설계약과 관련하여 (주)대한이 매 보고기간에 인식할 계약손익은 얼마인가?

물음2 (주)대한이 매 보고기간에 수행할 회계처리를 나타내시오.

물음3 위 건설계약과 관련하여 (주)대한이 20×1년 말과 20×2년 말 부분재무상태표를 작성하시오.

해답 물음1

구분	20×1년	20×2년	20×3년
(1) 진행률	$\dfrac{₩210,000}{₩700,000} = 30\%$	$\dfrac{₩880,000}{₩1,100,000} = 80\%$	$\dfrac{₩1,200,000}{₩1,200,000} = 100\%$
(2) 계약수익	₩1,000,000 × 30%	₩1,000,000 × 80% − ₩1,000,000 × 30%	₩1,000,000 × 100% − ₩1,000,000 × 80%
	= ₩300,000	= ₩500,000	= ₩200,000
(3) 계약원가			
실제발생원가	₩700,000 × 30%	₩1,100,000 × 80% − ₩700,000 × 30%	₩1,200,000 × 100% − ₩1,100,000 × 80%
	= ₩(210,000)	= ₩(670,000)	= ₩(320,000)
미래예상손실		₩(20,000)[1]	
전기예상손실환입분			₩20,000
계약원가 합계	₩(210,000)	₩(690,000)	₩(300,000)
(4) 계약손익	₩90,000	₩(190,000)	₩(100,000)

[1] 미래예상손실 = 미래예상총손실 × (1 − 누적진행률) = ₩(100,000) × (1 − 80%) = ₩(20,000)

별해

각 보고기간별 계약손익: 당기총예상손익 × 누적진행률 + 미래예상손실 - 전기까지 인식할 손익

구분	누적계약손익	당기계약손익
20×1년	① (₩1,000,000 - ₩700,000) × 30% = ₩90,000	① - ₩0 = ₩90,000
20×2년	② (₩1,000,000 - ₩1,100,000) × 80% + (₩1,000,000 - ₩1,100,000) × 20% = ₩(100,000)	② - ① = ₩(190,000)
20×3년	③ (₩1,000,000 - ₩1,200,000) × 100% = ₩(200,000)	③ - ② = ₩(100,000)

물음 2

일자	회계처리			
20×1년				
① 계약원가발생 시	(차) 미성공사	210,000	(대) 현금	210,000
② 수익비용인식 시	(차) 계약자산	300,000	(대) 계약수익	300,000
	계약원가	210,000	미성공사	210,000
③ 대금청구 시	(차) 계약미수금	280,000	(대) 계약자산	280,000
④ 대금수령 시	(차) 현금	250,000	(대) 계약미수금	250,000
20×2년				
① 계약원가발생 시	(차) 미성공사	670,000	(대) 현금	670,000
② 수익비용인식 시	(차) 계약자산	500,000	(대) 계약수익	500,000
	계약원가	670,000	미성공사	670,000
예상손실의 인식	(차) 계약원가	20,000	(대) 계약손실충당부채	20,000
③ 대금청구 시	(차) 계약미수금	620,000	(대) 계약자산	520,000
			계약부채	100,000
④ 대금수령 시	(차) 현금	350,000	(대) 계약미수금	350,000
20×3년				
① 계약원가발생 시	(차) 미성공사	320,000	(대) 현금	320,000
② 수익비용인식 시	(차) 계약부채	100,000	(대) 계약수익	200,000
	계약자산	100,000		
	계약원가	320,000	미성공사	320,000
예상손실의 환입	(차) 계약손실충당부채	20,000	(대) 계약원가	20,000
③ 대금청구 시	(차) 계약미수금	100,000	(대) 계약자산	100,000
④ 대금수령 시	(차) 현금	400,000	(대) 계약미수금	400,000

물음 3

1. 20×1년 말 계약자산, 계약부채
   (1) 20×1년 말 누적계약수익금액: ₩1,000,000 × 30% = ₩300,000
   (2) 20×1년 말 누적대금청구금액: ₩280,000
   ∴ 20×1년 말 계약자산: ₩300,000 - ₩280,000 = ₩20,000

2. 20×2년 말 계약자산, 계약부채, 계약손실충당부채
   (1) 20×2년 말 누적계약수익금액: ₩1,000,000 × 80% = ₩800,000
   (2) 20×2년 말 누적대금청구금액: ₩280,000 + ₩620,000 = ₩900,000
   ∴ 20×2년 말 계약부채: ₩900,000 - ₩800,000 = ₩100,000
   (3) 20×2년 말 계약손실충당부채: 미래예상총손실 × (1 - 누적진행률) = ₩100,000 × (1 - 80%) = ₩20,000

해설   1. 20×1년 말 부분재무상태표

부분재무상태표

(주)대한   20×1. 12. 31.

유동자산		
계약미수금	₩30,000	
계약자산	₩20,000	

2. 20×2년 말 부분재무상태표

부분재무상태표

(주)대한   20×2. 12. 31.

유동자산		유동부채	
계약미수금	₩300,000	계약부채	₩100,000
		계약손실충당부채	₩20,000

03 건설계약의 결합과 분할

건설계약의 진행기준에 의한 수익인식은 일반적으로 건설계약별로 적용한다. 그러나 어떤 경우에는 계약이나 복수계약의 실질을 반영하기 위하여 단일계약에 대해 개별적으로 식별가능한 구성단위별로 진행기준에 의한 수익인식을 적용하거나, 복수계약을 하나의 계약으로 보아 진행기준에 의한 수익인식을 적용해야 할 필요가 있다.

다음 기준 중 하나 이상을 충족한다면, 같은 고객 또는 그 고객의 특수관계자와 동시에 또는 가까운 시기에 체결한 둘 이상의 계약을 결합하여 단일 계약으로 회계처리한다.

① 복수의 계약을 하나의 상업적 목적으로 일괄 협상한다.
② 한 계약에서 지급하는 대가는 다른 계약의 가격이나 수행에 따라 달라진다.
③ 복수의 계약에서 약속한 재화나 용역(또는 각 계약에서 약속한 재화나 용역의 일부)은 단일 수행의무에 해당한다.

만약 이러한 기준에 따라 건설계약을 결합하여 단일 계약으로 보는 경우에는 하나의 계약으로 보아 계약손익을 인식하고, 그렇지 않은 경우에는 개별적으로 식별가능한 구성단위별로 구분하여 계약손익을 인식한다.

⚡ POINT 건설계약의 결합과 분할

구분	계약손익 및 진행률 적용
건설계약의 결합	하나의 계약으로 보아 계약손익을 인식(통합 진행률 적용)
건설계약의 분할	개별적으로 식별가능한 구성단위별로 구분하여 계약손익을 인식(구성단위별 진행률 적용)

예제 4 건설계약: 건설계약의 결합과 분할

(주)믿음건설은 20×1년 초에 (주)용산으로부터 업무주거 복합단지 건설계약을 수주하였다. 건설계약의 내용은 오피스텔과 상가를 건설하는 것이다. 총 도급금액 ₩5,500,000이며, 공사기간은 20×2년 말까지이다. 오피스텔과 상가의 공사이익률은 각각 30%, 20%로 예상하고 있으며, 오피스텔과 상가의 공사원가 자료 및 진행률은 다음과 같다.

구분	오피스텔	상가	총계
추정총계약원가	₩2,800,000	₩1,200,000	₩4,000,000
1차 연도 실제발생원가	₩1,120,000	₩720,000	₩1,840,000
1차 연도 진행률	40%	60%	46%
2차 연도 실제발생원가	₩1,680,000	₩480,000	₩2,160,000
2차 연도 진행률(누적)	100%	100%	100%

물음 1 (주)믿음건설이 오피스텔과 상가를 개별적으로 식별가능한 구성단위별로 구분하여 공사진행률을 적용할 경우 20×2년에 인식할 계약이익은 얼마인가?

물음 2 (주)믿음건설이 오피스텔과 상가를 단일계약으로 보아 공사진행률을 적용할 경우 20×2년에 인식할 계약이익은 얼마인가?

해답 **물음 1**

1. 오피스텔의 계약수익: ₩2,800,000/(1 – 30%) = ₩4,000,000
2. 상가의 계약수익: ₩1,200,000/(1 – 20%) = ₩1,500,000
3. 오피스텔 계약손익: (₩4,000,000 – ₩2,800,000) × 100% – (₩4,000,000 – ₩2,800,000) × 40%
   = ₩720,000
4. 상가 계약손익: (₩1,500,000 – ₩1,200,000) × 100% – (₩1,500,000 – ₩1,200,000) × 60%
   = ₩120,000
5. 계약손익: 3. + 4. = ₩840,000

물음 2

구분	20×1년	20×2년	합계
계약수익	₩2,530,000[1]	₩2,970,000	₩5,500,000
계약원가	₩1,840,000[2]	₩2,160,000	₩4,000,000
계약이익	₩690,000	₩810,000	₩1,500,000

[1] ₩5,500,000 × 46% = ₩2,530,000
[2] ₩4,000,000 × 46% = ₩1,840,000

별해

(₩5,500,000 – ₩4,000,000) × 100% – (₩5,500,000 – ₩4,000,000) × 46% = ₩810,000

04 건설계약의 결과를 신뢰성 있게 추정할 수 없는 경우

건설계약의 경우 진행률의 추정이 어렵거나, 청구된 대금의 회수가 불확실한 경우에는 건설계약의 결과를 신뢰성 있게 추정할 수 없다. 이러한 건설계약의 결과를 신뢰성 있게 추정할 수 없는 경우에는 다음과 같이 회계처리한다.

> ① 계약수익: 회수가능성이 높은 발생한 계약원가의 범위 내에서만 인식
> ② 계약원가: 발생한 기간의 비용으로 인식

계약의 초기단계에는 계약의 결과를 신뢰성 있게 추정할 수 없는 경우가 많다. 그럼에도 불구하고 발생한 계약원가는 회수가능성이 높은 경우가 있을 수 있다. 따라서 이러한 경우 계약수익은 회수가능할 것으로 기대되는 발생원가를 한도로 인식한다. 계약의 결과를 신뢰성 있게 추정할 수 없으므로 이익은 인식하지 않는다. 그러나 계약의 결과를 신뢰성 있게 추정할 수 없는 경우라도, 총계약원가가 총계약수익을 초과할 가능성이 높은 경우에는 예상되는 초과금액을 즉시 비용으로 인식한다.

계약의 결과를 신뢰성 있게 추정할 수 없게 한 불확실성이 해소되는 경우, 당해 건설계약과 관련된 수익과 비용은 진행기준에 따라 인식한다.

🔅 POINT 건설계약의 결과를 신뢰성 있게 추정할 수 없는 경우

구분	계약수익과 계약비용의 인식
계약수익	발생한 계약원가의 범위 내에서 회수가능성이 높은 금액을 수익인식 = Min[발생한 계약원가, 회수가능성이 높은 금액]
계약원가	발생한 계약원가 전액을 비용으로 인식

(주)대구건설은 20×1년 초에 (주)봉화와 건물을 건설하는 계약을 체결하였다. 총 공사계약금액은 ₩5,000,000이며, 공사기간은 20×3년 말까지이다. 각 연도별 공사진행률과 각 연도 말에 추정한 총계약원가 등은 다음과 같다. 20×2년 중 발주자의 재정상태 악화로 20×2년 말 현재 공사는 중단된 상태이며, 20×2년 말까지 발주자에게 청구한 금액은 ₩2,200,000이지만 이 중 ₩1,400,000만 회수되었으며, 나머지는 불투명한 상태이다.

구분	20×1년	20×2년	20×3년
공사진행률	25%	50%	?
추정총계약원가	₩4,000,000	₩4,200,000	?
실제발생계약원가	₩1,000,000	₩1,100,000	
진행청구액	₩900,000	₩1,300,000	
공사대금회수액	₩700,000	₩700,000	

12월 말 결산법인인 (주)대구건설이 20×1년과 20×2년에 인식할 계약손익은 얼마인가? (단, 진행률은 원가를 기준으로 산정한다)

해답 1. 20×1년도 계약손익

계약수익: ₩5,000,000 × 25% = ₩1,250,000

계약원가: ₩4,000,000 × 25% = ₩(1,000,000)

계약손익 ₩250,000

2. 20×2년도 계약손익

계약수익: Min[₩1,400,000, ₩2,100,000] − ₩5,000,000 × 25% = ₩150,000

계약원가 ₩(1,100,000)

계약손익 ₩(950,000)

해설

일자	회계처리				
20×1년					
① 계약원가발생 시	(차) 미성공사	1,000,000	(대) 현금	1,000,000
② 수익비용의 인식	(차) 계약자산	1,250,000	(대) 계약수익	1,250,000
	계약원가	1,000,000	미성공사	1,000,000
③ 대금청구 시	(차) 계약미수금	900,000	(대) 계약자산	900,000
④ 대금수령 시	(차) 현금	700,000	(대) 계약미수금	700,000
20×2년					
① 계약원가발생 시	(차) 미성공사	1,100,000	(대) 현금	1,100,000
② 수익비용의 인식	(차) 계약자산	150,000	(대) 계약수익	150,000
	계약원가	1,100,000	미성공사	1,100,000
③ 대금청구 시	(차) 계약미수금	1,300,000	(대) 계약자산	500,000
			계약부채	800,000
④ 대금수령 시	(차) 현금	700,000	(대) 계약미수금	700,000

01. 원가진행률을 사용하지 않는 경우

건설계약에서 진행률은 일반적으로 누적계약원가를 추정총계약원가로 나눈 비율을 사용하지만, 수행한 공사의 측량이나 계약 공사의 물리적 완성비율로 사용할 수 있다. 만약, 원가진행률 이외의 진행률을 사용하게 되면 계약원가가 당기발생원가와 일치하지 않게 되므로 미성공사의 금액을 구할 때 유의하여야 한다. 즉, 원가기준법과 다르게 미성공사 계정이 영(0)이 아니라 공사완료 시까지 잔액이 남아 있게 된다. 이를 요약하면 아래와 같다.

⚡ POINT 건설계약: 원가진행률을 사용하지 않는 경우

I/S: 계약손익	당기총예상손익 × 누적진행률 − 전기까지 인식할 손익	
B/S: 계약자산/계약부채	① 누적계약수익금액 　 = 계약수익 × 누적진행률	② 누적대금청구금액 　 = 대금청구액 누적 합계
	if ①>②: 계약자산(자산) = ① − ② if ①<②: 계약부채(부채) = ② − ①	
B/S: 미성공사	누적발생계약원가 − 추정총계약원가 × 누적진행률	

(주)대구건설은 20×1년 1월 1일에 서울시청과 터널을 건설하는 계약을 체결하였다. 터널은 20×3년 12월 31일 완공할 예정이다. 계약금액은 ₩60,000,000이고 계약시점에 (주)대구건설이 예상한 추정총계약원 가는 ₩50,000,000이다. 계약금액은 공사완공까지 변경이 없었으나, 추정총계약원가의 예상치는 20×2년 말 ₩52,000,000으로 증가하였다.

구분	20×1년	20×2년	20×3년
실제 발생한 계약원가	₩19,000,000	₩18,000,000	₩15,000,000
공사대금청구액	₩20,000,000	₩20,000,000	₩20,000,000
공사대금회수액	₩14,000,000	₩25,000,000	₩21,000,000

(주)대구건설은 공사작업시간이 수행한 공사를 가장 신뢰성 있게 측정할 수 있는 방법으로 판단하고 있다. 건설계약 당시 추정한 총 공사작업시간은 800,000시간이고 연도별 실제 공사작업시간은 다음 과 같다.

20×1년	20×2년	20×3년
240,000시간	320,000시간	240,000시간

물음 1　(주)대구건설의 20×1년과 20×2년 재무제표에 보고될 계약손익을 계산하시오 (단, 계약손실의 경우에는 금액 앞에 (-) 표시한다)

물음 2　(주)대구건설의 20×1년과 20×2년 재무제표에 보고될 계약자산 또는 계약부채를 계산하시오.

물음 3　(주)대구건설의 20×1년과 20×2년에 수행할 회계처리를 나타내시오.

해답 **물음1**

구분	20×1년	20×2년	20×3년
(1) 진행률	$\dfrac{240,000시간}{800,000시간} = 30\%$	$\dfrac{560,000시간}{800,000시간} = 70\%$	$\dfrac{800,000시간}{800,000시간} = 100\%$
(2) 계약수익	₩60,000,000 × 30%	₩60,000,000 × 70% - ₩60,000,000 × 30%	₩60,000,000 × 100% - ₩60,000,000 × 70%
	= ₩18,000,000	= ₩24,000,000	= ₩18,000,000
(3) 계약원가	₩50,000,000 × 30%	₩52,000,000 × 70% - ₩50,000,000 × 30%	₩52,000,000 × 100% - ₩52,000,000 × 70%
	= ₩(15,000,000)	= ₩(21,400,000)	= ₩(15,600,000)
(4) 계약손익	₩3,000,000	₩2,600,000	₩2,400,000

별해

각 보고기간별 계약손익: 당기총예상손익 × 누적진행률 - 전기까지 인식한 손익

구분	누적계약손익	당기계약손익
20×1년	① (₩60,000,000 - ₩50,000,000) × 30% = ₩3,000,000	① - ₩0 = ₩3,000,000
20×2년	② (₩60,000,000 - ₩52,000,000) × 70% = ₩5,600,000	② - ① = ₩2,600,000
20×3년	③ (₩60,000,000 - ₩52,000,000) × 100% = ₩8,000,000	③ - ② = ₩2,400,000

물음2

1. 20×1년 말 계약자산, 계약부채
   (1) 20×1년 말 누적계약수익금액: ₩60,000,000 × 30% = ₩18,000,000
   (2) 20×1년 말 누적대금청구금액: ₩20,000,000
   ∴ 20×1년 말 계약부채: ₩20,000,000 - ₩18,000,000 = ₩2,000,000

2. 20×2년 말 계약자산, 계약부채
   (1) 20×2년 말 누적계약수익금액: ₩60,000,000 × 70% = ₩42,000,000
   (2) 20×2년 말 누적대금청구금액: ₩20,000,000 + ₩20,000,000 = ₩40,000,000
   ∴ 20×2년 말 계약자산: ₩42,000,000 - ₩40,000,000 = ₩2,000,000

물음3

일자	회계처리			
20×1년				
① 계약원가발생 시	(차) 미성공사	19,000,000	(대) 현금	19,000,000
② 수익비용의 인식	(차) 계약자산	18,000,000	(대) 계약수익	18,000,000
	계약원가	15,000,000	미성공사	15,000,000
③ 대금청구 시	(차) 계약미수금	20,000,000	(대) 계약자산	18,000,000
			계약부채	2,000,000
④ 대금수령 시	(차) 현금	14,000,000	(대) 계약미수금	14,000,000
20×3년				
① 계약원가발생 시	(차) 미성공사	18,000,000	(대) 현금	18,000,000
② 수익비용의 인식	(차) 계약부채	2,000,000	(대) 계약수익	24,000,000
	계약자산	22,000,000		
	계약원가	21,400,000	미성공사	21,400,000
③ 대금청구 시	(차) 계약미수금	20,000,000	(대) 계약자산	20,000,000
④ 대금수령 시	(차) 현금	25,000,000	(대) 계약미수금	25,000,000

해설   1. 20×1년 말 부분재무상태표

부분재무상태표

(주)대구건설   20×1. 12. 31.

유동자산		유동부채	
계약미수금	₩6,000,000	계약부채	₩2,000,000
미성공사	₩4,000,000		

2. 20×2년 말 부분재무상태표

부분재무상태표

(주)대구건설   20×2. 12. 31.

유동자산	
계약미수금	₩1,000,000
계약자산	₩2,000,000
미성공사	₩600,000

02. 특수한 계약원가의 회계처리

계약원가는 계약체결일로부터 계약의 최종완료일까지의 기간에 당해 계약에 귀속될 수 있는 원가를 포함한다. 건설계약의 특성상 건설계약을 체결 전 또는 건설계약의 공사가 완료된 후에 발생하는 특수한 계약원가들이 있다. 이러한 특수한 계약원가의 회계처리에 대해 구체적으로 살펴보기로 한다.

(1) 수주비

건설계약의 특성상 계약을 수주하기 전에 고객과의 계약을 체결하기 위하여 수주비가 발생할 수 있다. 이러한 수주비의 경우 K-IFRS에는 명확한 규정이 제시되어 있지 않다. 그러나 실무에서는 수주비를 진행률에 포함시킬 경우 진행률을 왜곡시킬 수 있어 진행률 산정에서 제외하고, 선급계약원가과목으로 자산으로 인식하여 진행률에 따라 상각하는 것이 일반적이다.

(2) 공사에 투입하지 않는 원가

진행률을 누적발생계약원가 기준으로 결정하는 경우에는 수행한 공사를 반영하는 계약원가만 누적발생원가에 포함한다. 진행률 산정을 위한 누적발생원가에서 제외되는 원가의 예는 다음과 같다.

① 현장에 인도되었거나 계약상 사용을 위해 준비되었지만 아직 계약공사를 위해 설치, 사용 또는 적용이 되지 않은 재료의 원가와 같은 계약상 미래 활동과 관련된 계약원가. 단, 재료가 계약을 위해 별도로 제작된 경우는 제외한다.
② 하도급계약에 따라 수행될 공사에 대해 하도급자에게 선급한 금액

위의 누적발생원가에서 제외되는 원가는 실제로 공사에 투입되는 시점에 누적발생원가에 포함시켜 회계처리한다.

(3) 차입원가

차입원가는 건설계약과 관련하여 금융기관으로부터 자금을 차입하여 발생하는 이자원가를 말한다. 이러한 차입원가의 경우 K-IFRS에는 명확한 규정이 제시되어 있지 않다. 그러나 실무에서는 차입원가를 진행률에 포함시킬 경우 진행률을 왜곡시킬 수 있어 진행률을 계산할 때는 제외하며, 발생한 기간에 즉시 계약원가로 인식하고 있다.

(4) 하자보수비

건설계약 종료 후 일정 기간 동안 건설계약과 관련한 공사에서 하자가 발생하는 경우 무상으로 보수하는 약속을 하자보수의무라고 한다. 하자보수비는 일반적으로 공사가 완료된 이후에 발생하는 것이 일반적이지만 원칙으로는 추정을 하여 하자보수충당부채와 계약원가를 인식하여야 한다. 하자보수비는 합리적인 추정이 가능한 경우에 진행률 산정에 포함하는 것이 이론적으로 우수한 방법이지만, 실무에서는 하자보수비의 합리적인 추정이 불가능한 경우와 계약수익금액의 일정비율로 하자보수비를 추정하는 경우에는 진행률 산정에서 제외하고 있으며, 추정된 하자보수원가를 진행률에 따라 계약원가로 안분하여 인식한다.

⚡POINT 건설계약: 특수한 계약원가

구분	진행률 산정 시 포함 여부	회계처리
수주비	포함하지 않음	선급계약원가과목으로 자산으로 인식하여 진행률에 따라 상각함
공사에 투입하지 않은 원가	일정 요건에 해당하면 포함하지 않음	누적발생원가에서 제외되는 원가는 실제로 공사에 투입되는 시점에 누적발생원가에 포함시켜 회계처리함
차입원가	포함하지 않음	발생한 기간에 즉시 계약원가로 인식함
하자보수비	포함하지 않음	추정된 하자보수원가를 진행률에 따라 계약원가로 안분하여 인식함

O, X 연습문제

01 건설계약의 결과를 신뢰성 있게 추정할 수 없는 경우에는 계약수익은 회수가능할 것으로 기대되   (O, X)
는 발생원가를 한도로 인식하고, 계약원가는 발생한 기간의 비용으로 인식한다.

02 현장에 인도되었거나 계약상 사용을 위해 준비되었지만 아직 계약공사를 위해 설치, 사용 또는   (O, X)
적용이 되지 않은 재료의 원가와 같은 계약상 미래 활동과 관련된 계약원가도 진행률 산정에
포함해야 한다.

03 건설계약에서 총계약원가가 총계약수익을 초과할 가능성이 높은 경우, 예상되는 손실을 즉시 비   (O, X)
용으로 인식한다.

04 건설계약에서 매 보고기간말에 미성공사는 자산으로 진행청구액은 부채로 각각 표시한다.   (O, X)

05 건설계약의 특성상 계약을 수주하기 전에 고객과의 계약을 체결하기 위하여 수주비가 발생할 수   (O, X)
있다. 이러한 수주비는 진행률 산정에 포함하여야 한다.

정답 및 해설

01 O

02 X 현장에 인도되었거나 계약상 사용을 위해 준비되었지만 아직 계약공사를 위해 설치, 사용 또는 적용이 되지 않은 재료의 원가와
       같은 계약상 미래 활동과 관련된 계약원가는 진행률 산정 시 제외하여야 한다. 단, 재료가 계약을 위해 별도로 제작된 경우는 제외
       한다.

03 O

04 X 건설계약에서 매 보고기간말에 누적계약수익금액과 누적대금청구금액을 비교하여, 계약자산과 계약부채로 순액으로 표시한다.

05 X 건설계약의 특성상 계약을 수주하기 전에 고객과의 계약을 체결하기 위하여 수주비가 발생할 수 있다. 이러한 수주비의 경우 K -
       IFRS에는 명확한 규정이 제시되어 있지 않다. 그러나 실무에서는 수주비를 진행률에 포함시킬 경우 진행률을 왜곡시킬 수 있어 진
       행률 산정에서 제외하고, 선급계약원가과목으로 자산으로 인식하여 진행률에 따라 상각하는 것이 일반적이다.

Chapter 17
객관식 연습문제

※ 다음은 **01**과 **02**와 관련된 자료이다.

(주)전국건설은 (주)대박과 20×1년 초 대규모 쇼핑몰을 건설하는 계약을 체결하였다. 동 공사는 20×4년 말에 완공될 예정이며, 공사와 관련된 자료는 다음과 같다.

구분	20×1년	20×2년	20×3년	20×4년
실제발생계약원가	₩2,470,000	₩3,740,000	₩4,414,000	₩2,776,000
추정총계약원가	₩9,500,000	₩11,500,000	₩12,800,000	₩13,400,000
계약금액	₩10,000,000	₩11,000,000	₩12,500,000	₩12,500,000
계약대금청구액	₩2,500,000	₩3,000,000	₩5,000,000	₩2,000,000
계약대금회수액	₩2,000,000	₩2,500,000	₩3,800,000	₩4,200,000

01 상기 건설계약과 관련하여 진행기준으로 수익을 인식할 때, (주)전국건설의 20×2년과 20×3년도 계약손익은 각각 얼마인가? (단, 진행률은 원가기준으로 계산한다)

	20×2년	20×3년
①	₩(400,000)	₩21,000
②	₩(630,000)	₩200,000
③	₩200,000	₩(600,000)
④	₩130,000	₩(630,000)
⑤	₩(630,000)	₩21,000

02 상기 건설계약과 관련하여 (주)전국건설의 재무상태표에 표시될 20×2년도 계약자산금액과 20×3년도 계약부채금액은 얼마인가?

	20×2년	20×3년
①	₩210,000	₩176,000
②	₩710,000	₩124,000
③	₩176,000	₩210,000
④	₩124,000	₩710,000
⑤	₩440,000	₩125,000

03 (주)판교건설은 아파트와 상가를 건설하기로 (주)경기와 총 도급금액 ₩1,125,000에 계약을 체결하였다. (주)판교건설은 아파트와 상가의 공사진행에 따라 계약수익을 인식하기로 하였고, 아파트의 공사이익률은 30%, 상가의 공사이익률은 20%로 예상하였다. (주)판교건설은 계약원가를 기초로 공사진행률을 산정하며, 아파트와 상가의 계약원가 자료 및 진행률은 다음과 같다. 계약분할로 공사진행률을 적용하면 2차 연도 계약이익은 얼마인가?   [2005 공인회계사 1차 수정]

구분	아파트	상가	총계
추정총계약원가	₩700,000	₩100,000	₩800,000
1차 연도 실제발생원가	₩420,000	₩40,000	₩460,000
1차 연도 진행률	60%	40%	57.50%
2차 연도 실제발생원가	₩280,000	₩60,000	₩340,000
2차 연도 진행률(누적)	100%	100%	100%

① ₩135,000   ② ₩186,875   ③ ₩190,000

④ ₩306,875   ⑤ ₩646,875

04 (주)한국건설은 20×1년 초에 (주)강남과 건물을 건설하는 계약을 체결하였다. 총 공사계약금액은 ₩5,000,000이며, 공사기간은 20×3년 말까지이다. 각 연도별 공사진행률과 각 연도 말에 추정한 총계약원가 등은 다음과 같다. 20×2년 중 발주자의 재정상태 악화로 20×2년 말 현재 공사는 중단된 상태이며, 20×2년 말까지 발주자에게 청구한 금액은 ₩2,200,000이지만 이 중 ₩1,400,000만 회수되었으며, 나머지는 불투명한 상태이다.

구분	20×1년	20×2년	20×3년
공사진행률	25%	50%	?
추정총계약원가	₩4,000,000	₩4,200,000	?
실제발생계약원가	₩1,000,000	₩1,100,000	
진행청구액	₩900,000	₩1,300,000	
공사대금회수액	₩700,000	₩700,000	

12월 말 결산법인인 (주)한국건설이 20×2년에 인식할 계약손실은 얼마인가? (단, 진행률은 원가를 기준으로 산정한다)

① ₩750,000
② ₩850,000
③ ₩950,000
④ ₩1,000,000
⑤ ₩1,050,000

정답 및 해설

정답

01 ②　　02 ⑤　　03 ①　　04 ③

해설

01 ②

구분	20×1년	20×2년	20×3년	20×4년
(1) 공사진행률	$\dfrac{₩2,470,000}{₩9,500,000}$ = 26%	$\dfrac{₩6,210,000}{₩11,500,000}$ = 54%	$\dfrac{₩10,624,000}{₩12,800,000}$ = 83%	$\dfrac{₩13,400,000}{₩13,400,000}$ = 100%
(2) 계약수익	₩10,000,000 × 26%	₩11,000,000 × 54% - ₩10,000,000 × 26%	₩12,500,000 × 83% - ₩11,000,000 × 54%	₩12,500,000 × 100% - ₩12,500,000 × 83%
	= ₩2,600,000	= ₩3,340,000	= ₩4,435,000	= ₩2,125,000
(3) 계약원가				
계약원가	₩9,500,000 × 26%	₩11,500,000 × 54% - ₩9,500,000 × 26%	₩12,800,000 × 83% - ₩11,500,000 × 54%	₩13,400,000 × 100% - ₩12,800,000 × 83%
	= ₩2,470,000	= ₩3,740,000	= ₩4,414,000	= ₩2,776,000
미래예상손실[1]	-	₩230,000	₩51,000	-
전기에 인식한 예상손실[1]	-	-	₩(230,000)	₩(51,000)
계	₩2,470,000	₩3,970,000	₩4,235,000	₩2,725,000
(4) 계약손익	₩130,000	₩(630,000)	₩200,000	₩(600,000)

[1] 미래예상손실 및 전기에 인식한 예상손실

	20×2년		20×3년	
예상수익	₩11,000,000 × (1 - 54%) =	₩5,060,000	₩12,500,000 × (1 - 83%) =	₩2,125,000
예상원가	₩11,500,000 × (1 - 54%) =	₩(5,290,000)	₩12,800,000 × (1 - 83%) =	₩2,176,000
예상손실		₩(230,000)		₩(51,000)

별해

각 연도별 계약손익: 총예상손익 × 진행률 - 전기까지 인식한 손익 + 미래예상손실 - 전기예상손실

(1) 20×1년: ₩500,000 × 26% - ₩0 = ₩130,000

(2) 20×2년: ₩(500,000) × 54% - ₩500,000 × 26% + ₩(500,000) × 46% = ₩(630,000)

(3) 20×3년: ₩(300,000) × 83% - ₩(500,000) × 54% + ₩(300,000) × 17% - ₩(500,000) × 46% = ₩200,000

(4) 20×4년: ₩(900,000) × 100% - ₩(300,000) × 83% - ₩(300,000) × 17% = ₩(600,000)

02 ⑤

구분	20×2년	20×3년
(1) 누적계약수익금액	₩11,000,000 × 54% = ₩5,940,000	₩12,500,000 × 83% = ₩10,375,000
(2) 누적대금청구금액	₩5,500,000	₩10,500,000
(1) - (2)	계약자산 ₩440,000	계약부채 ₩(125,000)

03 ①

1. 총 도급금액의 구분

   아파트: ₩700,000 ÷ (1 - 0.3) =   ₩1,000,000

   상가: ₩100,000 ÷ (1 - 0.2) =   ₩125,000

                   계   ₩1,125,000

2. 2차 연도 계약이익

   아파트: (₩1,000,000 - ₩700,000) × 40% =   ₩120,000

   상가: (₩125,000 - ₩100,000) × 60% =   ₩15,000

                   계   ₩135,000

04 ③

1. 20×1년도 계약손익

   계약수익: ₩5,000,000 × 25% =   ₩1,250,000

   계약원가: ₩4,000,000 × 25% =   ₩(1,000,000)

   계약손익   ₩250,000

2. 20×2년도 계약손익

   계약수익: Min[₩2,100,000, ₩1,400,000] - ₩5,000,000 × 25% =   ₩150,000

   계약원가: ₩1,100,000   ₩(1,100,000)

   계약손익   ₩(950,000)

Chapter 17
주관식 연습문제

01 (주)하늘은 20×1년 1월 1일 도청과 댐을 건설하는 도급계약(총 도급금액 ₩10,000,000, 추정계약원가 ₩9,000,000, 건설소요기간 3년)을 체결하였다. 동 도급계약상 도청은 건설시작 이전에 주요 설계구조를 지정할 수 있으며, 건설진행 중에도 주요 구조변경을 지정할 수 있는 등 건설계약의 정의를 충족한다. 동 도급계약과 관련하여 20×1년 말에 (주)하늘이 추정한 계약원가는 ₩9,200,000으로 증가하였으며, 20×2년 말에 계약원가를 검토한 결과 추가로 ₩300,000만큼 증가할 것으로 추정되었다. (주)하늘은 동 도급계약의 결과를 신뢰성 있게 추정할 수 있으므로 진행기준으로 수익을 인식하고 있으며, 진행률은 누적계약발생원가를 추정총계약원가로 나눈 비율로 적용하고 있다. 동 도급계약만 존재한다고 가정할 경우 (주)하늘의 20×2년 말 현재 재무상태표에 표시되는 미청구공사 또는 초과청구공사의 잔액은 얼마인가? (단, 법인세효과는 고려하지 않는다)   [2011 공인회계사 1차 수정]

	20×1년도	20×2년도
당기원가발생액	₩2,760,000	₩5,030,000
당기대금청구액	₩2,800,000	₩5,300,000
당기대금회수액	₩2,400,000	₩4,800,000

* 20×2년 말에 발생한 원가에는 계약상 20×3년도 공사에 사용하기 위해 준비되었지만 아직 사용되지 않은 ₩380,000만큼의 방열자재가 포함되어 있다. 단, 방열자재는 동 계약을 위해 별도로 제작된 것은 아니다.

물음1 위 건설계약과 관련하여 (주)하늘이 20×1년도와 20×2년도에 인식할 계약손익은 얼마인가?

물음2 (주)하늘이 20×1년도와 20×2년도에 수행할 회계처리를 나타내시오.

물음3 동 도급계약만 존재한다고 가정할 경우 (주)하늘의 20×1년 말과 20×2년 말 현재 재무상태표에 표시되는 계약자산 또는 계약부채의 잔액은 얼마인가? (단, 법인세효과는 고려하지 않는다)

해답

물음 1

구분	20×1년	20×2년
(1) 진행률	$\dfrac{\text{₩}2,760,000}{\text{₩}9,200,000} = 30\%$	$\dfrac{\text{₩}7,410,000^{1)}}{\text{₩}9,500,000} = 78\%$
(2) 계약수익	₩10,000,000 × 30%	₩10,000,000 × 78% − ₩10,000,000 × 30%
	= ₩3,000,000	= ₩4,800,000
(3) 계약원가	₩9,200,000 × 30%	₩9,500,000 × 78% − ₩9,200,000 × 30%
	= ₩(2,760,000)	= ₩(4,650,000)
(4) 계약손익	₩240,000	₩150,000

1) ₩2,760,000 + ₩5,030,000 − ₩380,000 = ₩7,410,000

별해

각 보고기간별 계약손익: 당기총예상손익 × 누적진행률 − 전기까지 인식할 손익

구분	누적계약손익	당기계약손익
20×1년	① (₩10,000,000 − ₩9,200,000) × 30% = ₩240,000	① − ₩0 = ₩240,000
20×2년	② (₩10,000,000 − ₩9,500,000) × 78% = ₩390,000	② − ① = ₩150,000

물음 2

일자	회계처리			
20×1년				
① 계약원가발생 시	(차) 미성공사	2,760,000	(대) 현금	2,760,000
② 수익비용인식 시	(차) 계약자산	3,000,000	(대) 계약수익	3,000,000
	계약원가	2,760,000	미성공사	2,760,000
③ 대금청구 시	(차) 계약미수금	2,800,000	(대) 계약자산	2,800,000
④ 대금수령 시	(차) 현금	2,400,000	(대) 계약미수금	2,400,000
20×2년				
① 계약원가발생 시	(차) 미성공사	4,650,000	(대) 현금	5,030,000
	선급계약원가	380,000		
② 수익비용인식 시	(차) 계약자산	4,800,000	(대) 계약수익	4,800,000
	계약원가	4,650,000	미성공사	4,650,000
③ 대금청구 시	(차) 계약미수금	5,300,000	(대) 계약자산	5,000,000
			계약부채	300,000
④ 대금수령 시	(차) 현금	4,800,000	(대) 계약미수금	4,800,000

물음 3

1. 20×1년 말 계약자산, 계약부채
   - (1) 20×1년 말 누적계약수익금액: ₩10,000,000 × 30% = ₩3,000,000
   - (2) 20×1년 말 누적대금청구금액: ₩2,800,000
   - ∴ 20×1년 말 계약자산: ₩3,000,000 − ₩2,800,000 = ₩200,000
2. 20×2년 말 계약자산, 계약부채
   - (1) 20×2년 말 누적계약수익금액: ₩10,000,000 × 78% = ₩7,800,000
   - (2) 20×2년 말 누적대금청구금액: ₩2,800,000 + ₩5,300,000 = ₩8,100,000
   - ∴ 20×2년 말 계약부채: ₩8,100,000 − ₩7,800,000 = ₩300,000

해설 1. 20×1년 말 부분재무상태표

부분재무상태표

(주)하늘   20×1. 12. 31.

유동자산	
계약미수금	₩400,000
계약자산	₩200,000

2. 20×2년 말 부분재무상태표

부분재무상태표

(주)하늘   20×2. 12. 31.

유동자산		**유동부채**	
계약미수금	₩900,000	계약부채	₩300,000
선급계약원가	₩380,000		

02 (주)한국건설은 20×1년 초에 (주)대한과 교량건설을 위한 건설계약을 발주금액 ₩10,000,000에 체결하였다. 총 공사기간은 계약일로부터 3년이다. 동 건설계약과 관련된 연도별 자료는 다음과 같다.

[2014 공인회계사 1차 수정]

구분	20×1년	20×2년	20×3년
실제 계약원가 발생액	₩2,400,000	₩4,950,000	₩3,150,000
연도 말 예상 추가계약원가	₩5,600,000	₩3,150,000	
계약대금청구액	₩2,500,000	₩5,500,000	₩4,000,000
계약대금회수액	₩2,500,000	₩5,500,000	₩4,000,000

(주)한국건설이 진행률을 누적발생계약원가에 기초하여 계산한다.

물음 1 위 건설계약과 관련하여 (주)한국건설이 매 보고기간에 인식할 계약손익은 얼마인가?

물음 2 (주)한국건설이 20×1년도와 20×2년도에 수행할 회계처리를 나타내시오.

물음 3 위 건설계약과 관련하여 (주)한국건설이 20×1년 말과 20×2년 말 부분재무상태표를 작성하시오.

해답 **물음1**

구분	20×1년	20×2년	20×3년
(1) 진행률	$\dfrac{₩2,400,000}{₩8,000,000} = 30\%$	$\dfrac{₩7,350,000}{₩10,500,000} = 70\%$	$\dfrac{₩10,050,000}{₩10,050,000} = 100\%$
(2) 계약수익	₩10,000,000 × 30% = ₩3,000,000	₩10,000,000 × 70% − ₩10,000,000 × 30% = ₩4,000,000	₩10,000,000 × 100% − ₩10,000,000 × 70% = ₩3,000,000
(3) 계약원가			
실제발생원가	₩8,000,000 × 30% = ₩(2,400,000)	₩10,500,000 × 70% − ₩8,000,000 × 30% = ₩(4,950,000)	₩10,500,000 × 100% − ₩10,500,000 × 70% = ₩(3,150,000)
미래예상손실		₩(150,000)[1]	
전기예상손실환입분			₩150,000
계약원가 합계	₩(2,400,000)	₩(5,100,000)	₩(3,000,000)
(4) 계약손익	₩600,000	₩(1,100,000)	₩0

[1] 미래예상손실 = 미래예상총손실 × (1 − 누적진행률) = ₩(500,000) × (1 − 70%) = ₩(150,000)

별해

각 보고기간별 계약손익: 당기총예상손익 × 누적진행률 + 미래예상손실 − 전기까지 인식할 손익

구분	누적계약손익	당기계약손익
20×1년	① (₩10,000,000 − ₩8,000,000) × 30% = ₩600,000	① − ₩0 = ₩600,000
20×2년	② (₩10,000,000 − ₩10,500,000) × 70% + (₩10,000,000 − ₩10,500,000) × 30% = ₩(500,000)	② − ① = ₩(1,100,000)
20×3년	③ (₩10,000,000 − ₩10,500,000) × 100% = ₩(500,000)	③ − ② = ₩0

물음2

일자	회계처리			
20×1년				
① 계약원가발생 시	(차) 미성공사	2,400,000	(대) 현금	2,400,000
② 수익비용인식 시	(차) 계약자산	3,000,000	(대) 계약수익	3,000,000
	계약원가	2,400,000	미성공사	2,400,000
③ 대금청구 시	(차) 계약미수금	2,500,000	(대) 계약자산	2,500,000
④ 대금수령 시	(차) 현금	2,500,000	(대) 계약미수금	2,500,000
20×2년				
① 계약원가발생 시	(차) 미성공사	4,950,000	(대) 현금	4,950,000
② 수익비용인식 시	(차) 계약자산	4,000,000	(대) 계약수익	4,000,000
	계약원가	4,950,000	미성공사	4,950,000
예상손실의 인식	(차) 계약원가	150,000	(대) 계약손실충당부채	150,000
③ 대금청구 시	(차) 계약미수금	5,500,000	(대) 계약자산	4,500,000
			계약부채	1,000,000
④ 대금수령 시	(차) 현금	5,500,000	(대) 계약미수금	5,500,000

물음3

1. 20×1년 말 계약자산, 계약부채
   (1) 20×1년 말 누적계약수익금액: ₩10,000,000 × 30% = ₩3,000,000
   (2) 20×1년 말 누적대금청구금액: ₩2,500,000
   ∴ 20×1년 말 계약자산: ₩3,000,000 - ₩2,500,000 = ₩500,000
2. 20×2년 말 계약자산, 계약부채, 계약손실충당부채
   (1) 20×2년 말 누적계약수익금액: ₩10,000,000 × 70% = ₩7,000,000
   (2) 20×2년 말 누적대금청구금액: ₩2,500,000 + ₩5,500,000 = ₩8,000,000
   ∴ 20×2년 말 계약부채: ₩8,000,000 - ₩7,000,000 = ₩1,000,000
   (3) 20×2년 말 계약손실충당부채: 미래예상총손실 × (1 - 누적진행률) = ₩500,000 × (1 - 70%) = ₩150,000
3. 20×1년 말 부분재무상태표

부분재무상태표

(주)한국건설			20×1. 12. 31.
유동자산			
계약미수금	₩0		
계약자산	₩500,000		

4. 20×2년 말 부분재무상태표

부분재무상태표

(주)한국건설			20×2. 12. 31.
유동자산		**유동부채**	
계약미수금	₩0	계약부채	₩1,000,000
		계약손실충당부채	₩150,000

03 (주)대림건설은 20×1년 초에 (주)현아와 건물을 건설하는 계약을 체결하였다. 총 공사계약금액은 ₩1,000,000이며, 공사기간은 20×3년 말까지이다. 각 연도별 공사진행률과 각 연도 말에 추정한 총계약원가 등은 다음과 같다. 20×2년 중 발주자의 재정상태 악화로 20×2년 말 현재 공사는 중단된 상태이며, 20×2년 말까지 발주자에게 청구한 금액은 ₩600,000이지만 이 중 ₩400,000만 회수되었으며, 나머지는 불투명한 상태이다.

구분	20×1년	20×2년	20×3년
공사진행률	30%	50%	?
추정총계약원가	₩800,000	₩900,000	?
실제발생계약원가	₩240,000	₩210,000	
진행청구액	₩200,000	₩400,000	
공사대금회수액	₩200,000	₩200,000	

12월 말 결산법인인 (주)대림건설이 20×1과 20×2년에 인식할 계약손익은 얼마인가? (단, 진행률은 원가를 기준으로 산정한다)

해답 1. 20×1년도 계약손익

계약수익: ₩1,000,000 × 30% =   ₩300,000

계약원가: ₩800,000 × 30% =   ₩(240,000)

계약손익   ₩60,000

2. 20×2년도 계약손익

계약수익: Min[₩450,000, ₩400,000] - ₩1,000,000 × 30% =   ₩100,000

계약원가   ₩(210,000)

계약손실   ₩(110,000)

해설

일자		회계처리				
20×1년						
① 계약원가발생 시	(차)	미성공사	240,000	(대)	현금	240,000
② 수익비용인식 시	(차)	계약자산	300,000	(대)	계약수익	300,000
		계약원가	240,000		미성공사	240,000
③ 대금청구 시	(차)	계약미수금	200,000	(대)	계약자산	200,000
④ 대금수령 시	(차)	현금	200,000	(대)	계약미수금	200,000
20×2년						
① 계약원가발생 시	(차)	미성공사	210,000	(대)	현금	210,000
② 수익비용인식 시	(차)	계약자산	100,000	(대)	계약수익	100,000
		계약원가	210,000		미성공사	210,000
③ 대금청구 시	(차)	계약미수금	400,000	(대)	계약자산	200,000
					계약부채	200,000
④ 대금수령 시	(차)	현금	200,000	(대)	계약미수금	200,000

해커스 IFRS 김원종 중급회계 하

Chapter 18

종업원급여

I | 종업원급여의 일반론

01 의의

종업원급여(Employee Benefits)란 종업원이 제공한 근무용역의 대가로 또는 종업원을 해고하는 대가로 기업이 제공하는 모든 종류의 보수를 의미한다. 종업원급여는 종업원이나 그의 피부양자 또는 수익자에게 제공하는 급여를 포함하며, 종업원이나 그의 배우자, 자녀, 그 밖의 피부양자에게 직접 지급 또는 재화나 용역의 제공하거나 보험회사와 같은 제3자에게 지급 또는 재화나 용역의 제공하여 결제할 수도 있다. 종업원은 전일제, 시간제, 정규직, 임시직으로 기업에 근무용역을 제공할 수 있고, 이사와 그 밖의 경영진도 종업원에 포함한다. 이러한 종업원이 제공한 근무용역의 대가인 종업원급여는 다음을 포함한다.

> ① 기업과 종업원(종업원단체나 그 대표자 포함) 사이에 공식적인 제도나 그 밖의 공식적인 합의에 따라 제공하는 급여
> ② 법률이나 산업별 약정에서 공공제도, 산업별제도, 그 밖의 복수사용자제도에 기여금을 납부하도록 요구함에 따라 기업이 제공하는 급여
> ③ 의제의무가 생기는 비공식적 관행에 따라 제공하는 급여[1]

02 종업원급여의 유형

기업은 제공하는 종업원급여는 다양한 방법으로 지급한다. 그러나 이러한 종업원급여는 지급방법과 무관하게 발생주의에 입각하여 종업원이 기업에 근무용역을 제공함에 따라 발생하는 수익에 대응하여 인식해야 한다. 이러한 종업원급여는 다음과 같이 네 가지 유형으로 구분된다.

> ① 단기종업원급여: 종업원이 관련 근무용역을 제공하는 연차보고기간 후 12개월이 되기 전에 모두 결제될 것으로 예상하는 종업원급여(해고급여 제외)
> ② 퇴직급여: 퇴직 후에 지급하는 종업원급여(해고급여와 단기종업원급여는 제외)
> ③ 기타장기종업원급여: 단기종업원급여, 퇴직급여, 해고급여를 제외한 종업원급여
> ④ 해고급여: 다음 중 어느 하나의 결과로서, 종업원을 해고하는 대가로 제공하는 종업원급여
> • 기업이 통상적인 퇴직시점 전에 종업원을 해고하는 결정
> • 종업원이 해고의 대가로 기업에서 제안하는 급여를 받아들이는 결정

종업원급여의 지급원인이 근무용역의 제공이라면 발생주의에 입각하여 근로용역이 제공되는 시점에 비용으로 인식하고 관련 부채를 계상해야 한다. 따라서 상대적으로 금액이 가장 큰 퇴직급여의 회계처리가 가장 중요하다. 그러나 논의의 편의상 먼저 단기종업원급여와 해고급여를 살펴본 후 퇴직급여와 기타장기종업원급여의 순서로 설명하기로 한다.

---

1) 종업원에게 급여를 지급하는 방법 외에 다른 현실적인 대안이 없는 경우, 이 비공식적 관행으로 인하여 의제의무가 생긴다. 이 의제의무의 예에는 기업이 비공식 관행에 따르지 않는다면 종업원과의 관계에 심각한 손상을 입을 수 있는 경우가 있다.

Ⅱ | 단기종업원급여와 해고급여

01 단기종업원급여

단기종업원급여(Short-Term Employee Benefits)는 해고급여를 제외한 종업원이 관련 근무용역을 제공하는 연차보고기간 후 12개월이 되기 전에 모두 결제될 것으로 예상하는 종업원급여를 말한다. 단기종업원급여에는 다음과 같은 급여가 포함된다. 다만, 종업원이 관련 근무용역을 제공하는 연차보고기간말 후 12개월이 되기 전에 모두 결제될 것으로 예상되는 경우로 한정한다.

> ① 임금, 사회보장분담금
> ② 유급연차휴가와 유급병가
> ③ 이익분배금 · 상여금
> ④ 현직 종업원을 위한 비화폐성급여 예 의료, 주택, 자동차, 무상이나 일부 보조로 제공하는 재화 · 용역

결제 예상시기가 일시적으로 변경된다면 단기종업원급여를 재분류할 필요는 없으나 급여의 특성이 달라지거나(비누적 급여에서 누적 급여로 변경하거나) 결제 예상시기의 변동이 일시적이지 않다면, 그 급여가 단기종업원급여의 정의를 계속 충족하는지를 고려해야 한다.

(1) 인식과 측정

종업원이 회계기간에 근무용역을 제공하는 경우 그 대가로 지급이 예상되는 단기종업원급여를 할인하지 않은 금액으로 다음과 같이 인식한다.

① 이미 지급한 금액이 있다면 이를 차감한 후 부채(미지급비용)로 인식한다. 이미 지급한 금액이 해당 급여의 할인하지 않은 금액보다 많은 경우, 그 초과액으로 미래 지급액이 감소하거나 현금이 환급된다면 그만큼을 선급비용으로 인식한다.
② 다른 K-IFRS(예 K-IFRS 제1002호 '재고자산', 제1016호 '유형자산')에 따라 해당 급여를 자산의 원가에 포함하는 경우가 아니라면, 비용으로 인식한다.

(2) 단기유급휴가

유급휴가(Paid Absences)란 기업이 연차휴가, 병가, 단기장애휴가, 출산·육아휴가, 배심원 참여, 병역 등과 같은 여러 가지 이유로 생기는 종업원의 휴가에 대해 보상하는 것을 말한다. 이 유급휴가는 누적 유급휴가와 비누적 유급휴가로 구분하며 그 정의는 다음과 같다.

① 누적 유급휴가: 당기에 사용하지 않으면 이월되어 차기 이후에 사용할 수 있는 유급휴가
② 비누적 유급휴가: 당기에 사용하지 않으면 이월되지 않아 차기 이후에 사용할 수 없는 유급휴가

누적 유급휴가는 가득되거나(즉, 종업원이 퇴사하면 미사용 유급휴가에 상응하는 현금을 받을 수 있는 자격이 있거나) 가득되지 않을(즉, 종업원이 퇴사하면 미사용 유급휴가에 상응하는 현금을 수령할 자격이 없을) 수 있다. 기업의 채무는 종업원이 미래 유급휴가에 대한 권리를 확대하는 근무용역을 제공함에 따라 발생하며, 유급휴가가 아직 가득되지 않은 경우에도 관련 채무는 존재하므로 그 채무를 인식하여야 한다. 다만, 채무를 측정할 때에는 가득되지 않은 누적 유급휴가를 사용하기 전에 종업원이 퇴사할 가능성을 고려해야 한다. 누적 유급휴가의 예상원가는 보고기간말 현재 미사용 유급휴가가 누적되어 기업이 지급할 것으로 예상하는 추가 금액으로 측정한다.

여기서 유의할 점은 비누적 유급휴가는 이월되지 않으므로 당기에 사용하지 않은 유급휴가는 소멸되며 관련 종업원이 퇴사하더라도 미사용 유급휴가에 상응하는 현금을 수령할 자격이 없다는 것이다. 이 경우는 주로 유급병가, 출산·육아휴가와 유급 배심원참여·병역 등에서 찾아 볼 수 있다. 이러한 경우 종업원이 근무용역을 제공하더라도 관련 급여가 증가되지 않기 때문에 종업원이 실제로 유급휴가를 사용하기 전에는 부채나 비용을 인식하지 않는다.

🔆 POINT 단기유급휴가

누적 유급휴가	① 정의: 당기에 사용하지 않으면 이월되어 차기 이후에 사용할 수 있는 유급휴가 ② 인식: 가득되거나 또는 가득되지 않은 경우에도 채무를 인식
비누적 유급휴가	① 정의: 당기에 사용하지 않으면 이월되지 않아 차기 이후에 사용할 수 없는 유급휴가 ② 인식: 종업원이 실제로 유급휴가를 사용하기 전에는 부채나 비용을 인식하지 않음

예제 1 누적 유급휴가(K - IFRS 사례)

(주)강남은 종업원 100명에게 1년에 5일의 근무일수에 해당하는 유급병가를 주고 있으며, 미사용 유급병가는 다음 1년 동안 이월하여 사용할 수 있다. 유급병가는 해당 연도에 부여된 권리를 먼저 사용한 다음 직전연도에서 이월된 권리를 사용하는 것으로 본다(후입선출법). 20×1년 12월 31일 현재 미사용 유급병가는 종업원 1명에 평균 2일이고, 경험에 비추어 볼 때 20×2년도 중에 종업원 92명이 사용할 유급병가일수는 5일 이하, 나머지 8명이 사용할 유급병가일수는 평균 6.5일이 될 것으로 예상된다. 유급병가의 최선의 추정치는 ₩100,000이다.

물음 1 (주)강남이 20×1년 말에 미지급급여로 인식할 금액을 계산하고, 관련 회계처리를 수행하시오.

물음 2 (주)강남이 유급병가를 다음 1년 동안 이월하여 사용할 수 없다고 가정할 경우, 20×1년 말에 미지급급여로 인식할 금액을 계산하고, 관련 회계처리를 수행하시오.

해답 **물음 1**

1. 92명은 20×2년도에 5일 이하로 유급병가를 사용할 것으로 예상되므로 직전 연도에서 이월된 권리를 사용할 유급병가는 없는 것으로 추정된다. 따라서 추가로 미지급급여를 인식하지 않는다.
2. 8명은 20×2년도에 6.5일만큼 유급병가를 사용할 것으로 예상되므로 1.5일(= 6.5일 - 5일)의 유급병가를 지급해야 할 것으로 예상하고 있다. 따라서 1.5일 × 8명 × ₩100,000 = ₩1,200,000의 부채를 20×1년 말에 인식하여야 한다.
3. 회계처리

일자	회계처리			
20×1년 말	(차) 종업원급여	1,200,000[1]	(대) 미지급급여	1,200,000
	[1] 1.5일 × 8명 × ₩100,000 = ₩1,200,000			

물음 2

비누적 유급휴가의 경우는 당기에 사용하지 않으면 이월되지 않아 차기 이후에 사용할 수 없기 때문에 종업원이 실제로 유급휴가를 사용하기 전에는 부채나 비용을 인식하지 않으므로 부채로 인식할 금액은 ₩0이며 회계처리를 수행하지 않는다.

(3) 이익분배제도 및 상여금제도

이익분배제도 및 상여금제도(Profit Sharing and Bonus Payments)란 종업원이 특정 기간 근무하는 조건으로 기업의 이익의 일부를 배분받거나 상여금을 지급받는 것을 말한다. 다음을 모두 충족하는 경우 이익분배금과 상여금의 예상원가를 인식한다.

> ① 과거 사건의 결과로 현재의 지급의무(법적의무나 의제의무)가 생긴다.
> ② 채무금액을 신뢰성 있게 추정할 수 있다.

종업원이 특정 기간 계속 근무하는 조건으로 이익을 분배받는 이익분배제도가 있다. 이러한 제도에서 종업원이 특정 시점까지 계속 근무할 경우, 기업은 종업원이 근무용역을 제공함에 따라 지급할 금액이 증가하므로 의제의무가 생긴다. 이 의제의무를 측정할 때 일부 종업원이 이익분배금을 받지 못하고 퇴사할 가능성을 고려한다.

기업이 별도의 상여금을 지급할 법적의무가 없음에도 관행적으로 상여금을 지급하는 경우가 있다. 이러한 경우에 기업은 상여금을 지급하는 방법 외에 다른 현실적인 대안이 없으므로 의제의무를 부담한다. 이 의제의무를 측정할 때 일부 종업원이 상여금을 받지 못하고 퇴사할 가능성을 고려한다.

이익분배제도와 상여금제도에 따라 기업이 부담하는 법적의무나 의제의무는 다음 중 어느 하나를 충족할 때 신뢰성 있게 측정할 수 있다.

> ① 제도의 공식적 규약에 급여계산방식이 포함되어 있다.
> ② 재무제표 발행이 승인되기 전에 지급액이 산정된다.
> ③ 과거 관행에 비추어 볼 때 기업이 부담하는 의제의무의 금액을 명백히 결정할 수 있다.

이익분배제도와 상여금제도에 따라 기업이 부담하는 의무는 종업원이 제공하는 근무용역에서 발생하는 것이지 주주와의 거래에서 생기는 것은 아니다. 따라서 이익분배제도와 상여금제도와 관련된 원가는 이익분배가 아닌 당기비용으로 인식한다. 만약, 이익분배금이나 상여금이 종업원이 관련 근무용역을 제공하는 연차보고기간 후 12개월이 되기 전에 모두 결제될 것으로 예상되지 않는다면 기타장기종업원급여에 해당된다.

예제 2 │ 이익분배제도 및 상여금제도(K - IFRS 사례)

(주)강남은 회계연도 당기순이익의 일정 부분을 해당 회계연도에 근무한 종업원에게 지급하는 이익분배제도를 두고 있다. 해당 회계연도에 퇴사자가 없다고 가정하면 이익분배금 총액은 당기순이익의 3%가 될 것이지만, 일부 종업원이 퇴사함에 따라 실제로 지급될 이익분배금 총액은 당기순이익의 2.5%로 감소할 것으로 예상한다. (주)강남의 당 회계연도의 당기순이익은 ₩1,000,000이다.

(주)강남이 이익분배와 관련하여 이익분배와 관련하여 인식할 부채를 구하고, 회계처리를 수행하시오.

해답 1. (주)강남은 퇴사할 가능성을 고려하여 당기순이익의 2.5%에 상당하는 금액을 부채와 비용으로 인식한다.
   ∴ 이익분배와 관련하여 부채로 인식할 금액: ₩1,000,000 × 2.5% = ₩25,000

2. 회계처리

일자	회계처리			
20×1년 말	(차) 종업원급여	25,000	(대) 미지급급여	25,000

02 해고급여

(1) 정의

해고급여(Termination Payments)는 기업이 통상적인 퇴직시점 전에 종업원을 해고하는 결정 또는 종업원이 해고의 대가로 기업에서 제안하는 급여를 받아들이는 결정으로 인하여, 종업원을 해고하는 대가로 제공하는 종업원급여를 말한다.

여기서 유의할 점은 해고급여에 대해 다른 종업원급여와 구별되어야 한다는 것이다. 왜냐하면 채무가 생기는 사건은 종업원의 근로용역이 제공이 아니라 해고이기 때문에 근로용역을 제공기간에 비용으로 인식하지 않고 해고급여의 제안을 더는 철회할 수 없는 시점에 부채와 비용을 인식해야 한다.

기업의 제안이 아닌 종업원의 요청에 따른 해고나 의무 퇴직규정에 따라 생기는 종업원급여는 퇴직급여이기 때문에 해고급여에 포함하지 아니한다. 한편, 기업의 요청으로 해고하는 경우에는 종업원의 요청으로 해고할 때 지급하는 급여(실질적으로 퇴직급여)보다 더 많은 급여를 제공할 수 있다. 종업원의 요청에 따라 해고할 때 지급하는 급여와 기업의 요청으로 해고할 때 더 많이 지급하는 급여와의 차이가 해고급여이다.

종업원급여를 종업원의 퇴사이유와 관계없이 지급하는 경우가 있다. 이러한 종업원급여는 정해진 가득조건이나 최소근무조건이 충족되는 경우 그 지급 시기만 불확실할 뿐 지급은 확실하다. 따라서 그러한 급여는 해고보상금이나 해고퇴직금 등 그 명칭에 상관없이 해고급여가 아닌 퇴직급여로 회계처리한다.

(2) 인식

해고급여는 다음 중 이른 날에 해고급여에 대한 부채와 비용을 인식한다.

> ① 기업이 해고급여의 제안을 더는 철회할 수 없을 때
> ② 기업이 K - IFRS 제1037호 '충당부채, 우발부채 및 우발자산'의 적용범위에 포함되고 해고급여의 지급을 포함하는 구조조정 원가를 인식할 때

(3) 측정

해고급여는 그 종업원급여의 성격에 따라 최초 인식시점에 측정하고, 후속적 변동을 측정하고 인식한다. 해고급여가 퇴직급여를 증가시키는 것이라면, 퇴직급여 규정을 적용하며, 그 밖의 경우에는 다음과 같이 처리한다.

① 해고급여가 인식되는 연차보고기간말 후 12개월이 되기 전에 해고급여가 모두 결제될 것으로 예상되는 경우 단기종업원급여 규정을 적용한다.
② 해고급여가 인식되는 연차보고기간말 후 12개월이 되기 전에 해고급여가 모두 결제될 것으로 예상되지 않는 경우 기타장기종업원급여 규정을 적용한다.

여기서 유의할 점은 해고급여는 근무용역의 대가로 제공되는 것이 아니기 때문에, 급여를 근무제공기간에 배분하는 규정을 적용하지 않는다는 것이다.

⚡ POINT 해고급여

정의	종업원을 해고하는 대가로 제공하는 종업원급여: 기업의 요청으로 해고할 때 더 많이 지급하는 급여 - 종업원의 요청에 따라 해고할 때 지급하는 급여
인식	다음 중 이른 날에 해고급여에 대한 부채와 비용을 인식함 ① 기업이 해고급여의 제안을 더는 철회할 수 없는 시점 ② 기업이 해고급여의 지급을 포함하는 구조조정 원가를 인식하는 시점
측정	① 종업원급여의 성격에 따라 최초 인식시점에 측정하고, 후속적 변동을 측정하고 인식함 ② 해고급여는 근무용역의 대가로 제공되는 것이 아니기 때문에, 급여를 근무제공기간에 배분하는 규정을 적용하지 않음

예제 3 해고급여(K - IFRS 사례)

최근 취득의 결과로, (주)강남은 10개월 이내에 한 공장을 폐쇄하고, 폐쇄 시점에 그 공장에 남아 있는 모든 종업원을 해고할 것을 계획하고 있다. (주)강남은 일부 계약을 마무리하기 위하여 그 공장의 종업원에 대한 전문지식이 필요하기 때문에, 다음과 같은 해고계획을 발표하였다.

(1) 공장의 폐쇄 시점까지 남아서 근무용역을 제공하는 각 종업원은 해고되는 날에 ₩30,000을 지급받을 것이다. 공장의 폐쇄 시점 전에 퇴사하는 종업원은 ₩10,000을 지급받을 것이다.
(2) 공장에는 종업원 120명이 근무하고 있다. 해고계획의 발표 시점에, 기업은 전체 종업원 중 20명이 공장 폐쇄 전에 퇴사할 것으로 예상하였다.

물음1 (주)강남이 해고 대가로 제공하는 해고급여를 계산하시오.

물음2 (주)강남이 근무용역의 대가로 제공하는 단기종업원급여를 계산하시오.

해답

물음1
종업원이 공장의 폐쇄 시점까지 남아서 근무용역을 제공하느냐, 공장 폐쇄 전에 퇴사하느냐에 상관없이 해고로 인해 기업이 지급하여야 하는 금액이 해고급여이므로 해고 대가로 지급하는 급여는 ₩10,000이다. 따라서 기업은 해고계획을 발표하는 시점과 공장폐쇄와 관련된 구조조정 원가를 인식하는 시점 중 이른 날에 종업원급여제도에 따라 제공하는 해고급여인 ₩1,200,000(즉 120명 × ₩10,000)을 부채로 인식한다.

물음2
종업원이 10개월 동안 근무용역을 제공하는 경우 종업원이 받을 증분급여는 그 기간에 제공한 근무용역에 대한 대가로 제공된다. 기업은 연차보고기간말 후 12개월이 되기 전에 이 급여를 결제할 것으로 예상하기 때문에 이 급여를 단기종업원급여로 회계처리한다. 따라서 ₩2,000,000[즉 100명 × (₩30,000 - ₩10,000)]을 10개월의 근무용역 제공 기간에 걸쳐 각 1개월의 비용으로 ₩200,000씩 인식하여, 동일한 금액만큼 부채의 장부금액으로 인식한다.

⚡POINT 종업원급여의 유형별 정의, 인식 및 측정

유형	정의	인식	측정
단기종업원급여	12개월 이내에 지급	근무용역제공 시 급여를 인식	현재가치로 할인되지 않은 금액으로 측정
퇴직급여	퇴직한 이후에 지급		확정기여형 - 할인되지 않은 금액 or 현재가치 확정급여형 - 현재가치
기타장기종업원급여	12개월 이후에 도래		현재가치
해고급여	해고, 자발적 명예퇴직으로 인해 지급	해고 시 즉시 비용 인식	할인되지 않은 금액 or 현재가치

Ⅲ | 퇴직급여

01 의의

퇴직급여(Post-Employment Benefits)는 퇴직 후에 지급하는 종업원급여를 말한다. 퇴직급여에는 퇴직연금과 퇴직일시금 등의 퇴직금과 퇴직 후 생명보험이나 퇴직 후 의료급여 등과 같은 그 밖의 퇴직급여와 같은 급여가 포함된다.

퇴직급여로 인하여 기업이 부담할 의무와 위험은 퇴직급여제도에 따라 달라진다. 여기서 퇴직급여제도는 기업이 한 명 이상의 종업원에게 퇴직급여를 지급하는 근거가 되는 공식 약정이나 비공식 약정을 말한다. 퇴직급여제도는 제도의 주요 규약에서 도출되는 경제적 실질에 따라 확정기여제도나 확정급여제도로 분류하며 그 정의는 다음과 같다.

> ① 확정기여제도: 기업이 별개의 실체(기금)에 고정 기여금을 납부하고, 기여금을 납부할 법적의무나 의제의무가 추가로 없는 퇴직급여제도
> ② 확정급여제도: 확정기여제도 외의 모든 퇴직급여제도

확정기여제도(Defined Contribution Plans: DC형)에서 기업의 법적의무나 의제의무는 기업이 기금에 출연하기로 약정한 금액으로 한정된다. 따라서 종업원이 받을 퇴직급여액은 기업과 종업원이 퇴직급여제도나 보험회사에 출연하는 기여금과 그 기여금에서 생기는 투자수익에 따라 산정된다. 그 결과 종업원이 보험수리적 위험(급여가 예상에 미치지 못할 위험)과 투자위험(투자한 자산이 예상급여액을 지급하는 데 충분하지 못할 위험)을 실질적으로 부담한다.

이와 달리, 확정급여제도(Defined Benefit Plans: DB형)는 기업의 의무는 약정한 급여를 전직·현직 종업원에게 지급하는 것이다. 따라서 종업원이 받을 퇴직급여액이 투자수익과 관련이 없다. 따라서 확정급여제도는 확정기여제도와 달리 기업이 보험수리적 위험(실제급여액이 예상급여액을 초과할 위험)과 투자위험을 실질적으로 부담하기 때문에 보험수리적 실적이나 투자실적이 예상보다 저조하다면 기업의 의무는 늘어날 수 있는 특징이 있다. 또한, 기업은 확정급여제도의 공식적 규약에 따른 법적의무뿐만 아니라 비공식적 관행에서 생기는 의제의무도 회계처리를 해야 한다.

⚡ POINT 퇴직급여제도

확정기여제도	① 정의: 기업이 별개의 실체(기금)에 고정 기여금을 납부하고, 기여금을 납부할 의무가 추가로 없는 퇴직급여제도 ② 기업의 의무: 기업이 기금에 출연하기로 약정한 금액 ③ 보험수리적 위험과 투자위험: 종업원이 부담
확정급여제도	① 정의: 확정기여제도 외의 모든 퇴직급여제도 ② 기업의 의무: 종업원에게 지급하기로 약정한 급여 ③ 보험수리적 위험과 투자위험: 기업이 부담

[그림 18-1] 퇴직급여제도

02 확정기여제도

(1) 의의

확정기여제도는 기업이 별개의 실체(기금)에 고정 기여금을 납부하고, 기여금을 납부할 법적의무나 의제의무가 추가로 없는 퇴직급여제도를 말하며, 확정기여제도의 회계처리는 보고기업이 각 기간에 부담하는 채무를 해당 기간의 기여금으로 결정하기 때문에 비교적 단순하다. 따라서 채무나 비용을 측정하기 위해 보험수리적 가정을 할 필요가 없으며, 그 결과 보험수리적 손익이 생길 가능성도 없다. 그리고 기여금 전부나 일부의 납부기일이 종업원이 관련 근무용역을 제공하는 연차보고기간말 후 12개월이 되기 전에 모두 결제될 것으로 예상되지 않는 경우를 제외하고는 할인되지 않은 금액으로 채무를 측정한다.

(2) 인식 및 측정

확정기여제도에서 기업의 기여금은 종업원이 근무용역을 제공할 때 인식해야 한다. 즉, 일정 기간 종업원이 근무용역을 제공하였을 때 기업은 그 근무용역과 교환하여 확정기여제도에 납부해야 할 기여금을 다음과 같이 인식한다.

① 이미 납부한 기여금을 차감한 후 부채(미지급비용)로 인식한다. 이미 납부한 기여금이 보고기간말 이전에 제공된 근무용역에 대해 납부하여야 하는 기여금을 초과하는 경우에는 초과 기여금 때문에 미래 지급액이 감소하거나 현금이 환급되는 만큼을 자산(선급비용)으로 인식한다.
② 다른 K-IFRS(K-IFRS 제1002호 '재고자산', K-IFRS 제1026호 '유형자산')에 따라 자산의 원가에 포함하는 경우를 제외하고는 비용으로 인식한다.
③ 확정기여제도에 대한 기여금이 종업원의 근무용역을 제공하는 연차보고기간말 후 12개월이 되기 전에 모두 결제될 것으로 예상되지 않는 경우에는 그 기여금은 적절한 할인율을 사용하여 할인한다.

확정기여제도는 회계처리를 예시하면 다음과 같다. 일반적으로 특정 보고기간에 납부한 기여금을 퇴직급여로 처리하면 된다.

[일반적인 경우]

| (차) 퇴직급여 | ××× | (대) 현금 | ××× |

[납부금액이 근로용역보다 부족한 경우]

| (차) 퇴직급여 | ××× | (대) 현금 | ××× |
| | | 미지급비용 | ××× |

[납부금액이 근로용역을 초과하는 경우]

| (차) 퇴직급여 | ××× | (대) 현금 | ××× |
| 선급비용 | ××× | | |

⚡POINT 확정기여제도

정의	기업이 별개의 실체(기금)에 고정 기여금을 납부하고, 기여금을 납부할 의무가 추가로 없는 퇴직급여제도
회계처리	① 확정기여제도의 회계처리는 보고기업이 각 기간에 부담하는 채무를 해당 기간의 기여금으로 결정 ② 채무나 비용을 측정하기 위해 보험수리적 가정을 할 필요가 없음 ③ 12개월이 되기 전에 모두 결제될 것으로 예상되지 않는 경우를 제외하고는 할인되지 않은 금액으로 채무를 측정

03 확정급여제도

확정급여제도는 확정기여제도 외의 모든 퇴직급여제도를 말하며, 확정급여제도의 회계처리는 채무와 비용의 측정에 보험수리적 가정(Actuarial Assumptions)이 필요하고 보험수리적 손익(Actuarial Gains and Losses)이 생길 가능성이 있기 때문에 복잡하다. 또 채무는 종업원이 관련 근무용역을 제공한 후 오랜 기간이 지나서야 결제될 수 있으므로 할인된 금액으로 측정해야 한다.

(1) 의의

확정급여제도는 기금이 별도로 적립되지 않는 경우도 있으나, 법률적으로 별개인 실체나 기금에 보고기업이 기여금을 납부하여 전부나 일부의 기금이 적립되는 경우도 있다. 기금이 적립되는 확정급여제도는 그 기금에서 종업원급여가 지급된다. 또 지급기일이 도래한 급여의 지급 가능성은 기금의 재무상태와 투자성과뿐만 아니라 기금자산의 부족분을 보전할 수 있는 기업의 능력과 의도에도 달려있다. 따라서 기업이 실질적으로 제도와 관련된 보험수리적 위험과 투자위험을 부담한다. 결과적으로 확정급여제도에 대해 인식하는 비용은 반드시 해당 기간에 지급기일이 도래한 기여금만을 의미하는 것은 아니다.

(2) 확정급여채무의 현재가치와 당기근무원가

확정급여채무의 현재가치(Present Value of Defined Benefit Obligation)란 종업원이 당기와 과거기간에 근무용역을 제공하여 생긴 채무를 결제하기 위해 필요한 예상 미래지급액의 현재가치를 말한다. 여기서 유의할 점은 확정급여채무의 현재가치는 사외적립자산 차감 전의 금액을 의미한다는 것이다. 당기근무원가(Current Service Cost)란 당기에 종업원이 근무용역을 제공하여 생긴 확정급여채무 현재가치의 증가분을 말한다.[2]

확정급여채무의 현재가치와 당기근무원가를 결정하기 위해서는 예측단위적립방식(Profected United Credit Method)[3]을 사용하여 측정한다. 예측단위적립방식으로 확정급여채무의 현재가치와 관련 당기근무원가를 측정하기 위해서 다음 3단계 절차를 적용하여야 하며, 관련된 K-IFRS의 내용은 다음과 같다.[4]

[그림 18-2] 예측단위적립방식의 3단계 절차

[1단계] 보험수리적 평가방법을 적용한다. 즉, 종업원의 퇴직시점의 퇴직급여액을 추정하는 절차이다.

⬇

[2단계] 퇴직급여액을 종업원의 근무기간에 걸쳐 배분한다.

⬇

[3단계] 보험수리적 가정을 한다. 2단계의 배분금액을 적절한 할인율로 현재가치 평가하는 절차이다.

---

[2] 확정급여제도의 궁극적인 원가는 여러 가지 변수의 영향을 받을 수 있다. 이러한 변수에는 퇴직 전 최종임금, 종업원 이직률과 사망률, 종업원기여금과 의료원가 추세 등이 있다. 확정급여제도의 궁극적인 원가가 얼마가 될지는 불확실하며 그러한 불확실성은 장기간 지속될 가능성이 높다.

[3] '근무기간에 비례하는 발생급여방식'이나 '급여/근무연수방식'이라고도 한다.

[4] K-IFRS 제1019호 '종업원급여'에서 요구하고 있지는 않지만 중요한 퇴직급여채무를 측정하기 위해서는 자격이 있는 보험계리인의 참여를 권장한다. 실무적인 이유에서 보고기간말 전에 퇴직급여채무의 평가를 보험계리인에게 의뢰하는 경우에는 평가일과 보고기간 말 사이에 있었던 중요한 거래와 그 밖의 중요한 상황변화(시장가격과 이자율의 변동 포함)를 반영하여 보험계리인의 평가 결과를 조정한다.

[1단계] 보험수리적 평가방법

확정급여채무의 현재가치와 당기근무원가를 결정하기 위해서는 예측단위적립방식을 사용하여 측정한다. 퇴직급여채무의 일부를 보고기간 후 12개월이 되기 전에 결제할 것으로 예상하더라도 퇴직급여채무 전부를 할인한다.

[2단계] 급여의 기간배분

확정급여채무의 현재가치와 관련 당기근무원가를 결정할 때에는 제도에서 정하는 급여계산방식에 따라 종업원의 근무기간에 걸쳐 급여를 배분한다. 그러나 종업원의 근무기간 후반의 급여 수준이 근무기간 초반의 급여 수준보다 중요하게 높은 경우에는 정액법에 따라 급여를 배분한다. 정액법에 따라 급여를 배분하는 이유는 종업원이 근무기간 전체에 걸쳐 근무용역을 제공하면서 궁극적으로 좀 더 높은 수준의 급여를 받을 수 있기 때문이다.

[3단계] 보험수리적 가정

① 보험수리적 가정은 편의가 없어야 하며 서로 양립할 수 있어야 한다. 보험수리적 가정은 지나치게 낙관적이지 않으면서 지나치게 보수적이지도 않을 때 편의가 없는 것으로 본다. 보험수리적 가정이 서로 양립할 수 있기 위해서는 물가상승률, 임금상승률, 할인율 등과 같은 요소들 사이의 경제적 관계를 반영하여야 한다. 예를 들어, 미래 일정 기간의 특정 물가상승률에 좌우되는 모든 가정(예 이자율, 임금·급여 상승에 대한 가정)은 같은 물가상승률 수준을 가정하여야 한다. 또한 재무적 가정은 채무가 결제될 회계기간에 대하여 보고기간말 현재 시장의 예상에 기초하여야 한다.

② 확정급여채무를 할인하기 위해 사용하는 할인율은 보고기간말 현재 우량회사채의 시장수익률을 참조하여 결정한다. 그러나 우량회사채에 대해 활성화된 시장이 없는 경우에는 보고기간말 현재 국공채의 시장수익률을 사용한다. 그러한 회사채나 국공채의 통화와 만기는 퇴직급여채무의 통화 및 예상 지급 시기와 일관성이 있어야 한다.

당기근무원가와 이자원가는 퇴직급여과목으로 당기손익으로 인식하며, 동 금액을 확정급여채무에 가산하여 인식한다. 당기근무원가와 이자원가의 관련 회계처리는 다음과 같다.

[당기근무원가]

| (차) 퇴직급여 | ××× | (대) 확정급여채무 | ××× |

[이자원가]

| (차) 퇴직급여 | ×××[1] | (대) 확정급여채무 | ××× |

[1] 기초확정급여채무 × 할인율(단, 확정급여채무의 기중변동분이 있다면 적절하게 반영하여야 함)

예측단위적립방식 적용

예를 들어, (주)강남이 20×1년 초에 입사하여 3년 동안 근무한 종업원에게 퇴직한 시점에 일시불퇴직급여를 지급하며, 그 금액이 ₩363이라면 화폐의 시간가치를 고려하지 않을 경우 정액법에 따라 퇴직급여를 배분하면 ₩121(= ₩363 ÷ 3년)이다. 하지만 퇴직급여는 20×3년 말에 지급될 것이므로 적절한 할인율로 할인하여 당기근무원가를 계산하여야 한다. 만일 보고기간말 현재 우량회사채의 시장수익률을 참조하여 결정된 할인율이 10%라고 한다면, 당기근무원가는 20×1년에 ₩100(= ₩121 ÷ 1.1^2)이고, 20×2년에 ₩110(= ₩121 ÷ 1.1)이며, 20×3년에 ₩121으로 계산된다. 여기서 유의할 점은 당기근무원가의 단순합계는 3년 후의 확정급여채무 ₩363과 일치하지 않는다는 것인데, 화폐의 시간가치를 고려하였기 때문에 기초확정급여채무에 할인율을 곱하여 기간의 경과에 따른 확정급여채무의 현재가치의 증가액인 이자원가를 가산하여야 매 회계연도의 퇴직급여를 합계액이 퇴직시점의 지급금액 ₩363과 일치하게 된다.

	20×1년 초	20×1년 말	20×2년 말	20×3년 말
확정급여채무				₩363
당기근무원가		₩121 ÷ 1.1^2 = ₩100	₩121 ÷ 1.1 = ₩110	₩121
이자원가			₩100 × 10% = ₩10	(₩100 + ₩120) × 10% = ₩22
퇴직급여		₩100	₩120	₩143
확정급여채무		₩100 = ₩100	₩100 + ₩120 = ₩220	₩220 + ₩143 = ₩363

(주)강남은 이러한 예측단위적립방식으로 측정된 당기근무원가와 이자원가를 퇴직급여로 회계처리하고 동액만큼 확정급여채무의 증가를 인식해야 한다. 매 보고기간말의 회계처리로 나타내면 다음과 같다.

구분	회계처리				
20×1년					
① 당기근무원가	(차) 퇴직급여	100	(대) 확정급여채무	100	
20×2년					
① 당기근무원가	(차) 퇴직급여	110	(대) 확정급여채무	110	
② 이자원가	(차) 퇴직급여	10	(대) 확정급여채무	10	
20×3년					
① 당기근무원가	(차) 퇴직급여	121	(대) 확정급여채무	121	
② 이자원가	(차) 퇴직급여	22	(대) 확정급여채무	22	

매 보고기간의 당기근무원가와 이자원가 그리고 퇴직급여원가 및 기말확정급여채무는 다음과 같이 계산할 수도 있다.

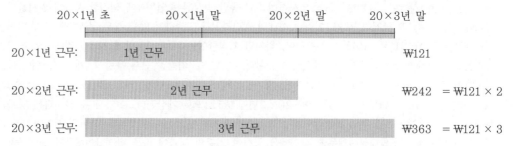

위의 퇴직급여제도는 종업원이 1년을 근무할 때마다 미래에 지급받을 금액이 ₩121씩 증가하는 구조이다. 따라서, 기말확정급여채무는 20×1년 말에 ₩100(= ₩121 ÷ 1.12)이고, 20×2년 말에 ₩220[= (₩121 × 2) ÷ 1.1]이며, 20×3년 말에 ₩363(= ₩121 × 3)으로 계산된다. 이자원가는 기초확정급여채무에 할인율을 곱하여 산정하고 당기근무원가는 앞서서 설명한 방식으로 산출한다.

별해

매 보고기간(말)	당기근무원가	이자원가	퇴직급여	기말확정급여채무
20×1년(말)	$₩121 ÷ 1.1^2$ $= ₩100$	$₩0 × 10\% = ₩0$	$₩100 + ₩0$ $= ₩100$	$₩121 ÷ 1.1^2$ $= ₩100$
20×2년(말)	$₩121 ÷ 1.1 = ₩110$	$(₩121 ÷ 1.1^2) × 10\%$ $= ₩10$	$₩110 + ₩10$ $= ₩120$	$(₩121 × 2) ÷ 1.1$ $= ₩220$
20×3년(말)	$₩121$	$(₩121 × 2 ÷ 1.1) × 10\%$ $= ₩22$	$₩121 + ₩22$ $= ₩143$	$₩121 × 3 = ₩363$

예제 4 예측단위적립방식(K - IFRS 사례)

(주)강남은 종업원이 퇴직한 시점에 일시불급여를 지급하며, 일시불급여는 종업원의 퇴직 전 최종 임금의 1%에 근무연수를 곱하여 산정된다. 종업원의 연간 임금은 20×1년에 ₩10,000이며 앞으로 매년 7%(복리)씩 상승하는 것으로 가정하며, 우량회사채의 시장수익률을 참조하여 결정된 할인율은 10%이다. 종업원의 예상근무기간은 5년으로 추정하고 있다. 단, 종업원이 예상보다 일찍 또는 늦게 퇴직할 가능성을 반영하기 위해 필요한 추가 조정은 없다고 가정한다.

(주)강남이 각 회계연도에 인식할 당기근무원가, 이자원가와 각 연도 말에 인식할 확정급여채무를 구하시오.

해답
1. 퇴직 전 최종임금: ₩10,000 × (1 + 7%)^4 = ₩13,108
2. 각 연도 귀속 급여: (₩13,108 × 1% × 5년)/5년 = ₩655/5년 = ₩131
3. 각 회계연도에 인식할 당기근무원가와 이자원가, 각 연도 말에 인식할 확정급여채무

연도	1	2	3	4	5
귀속 급여					
과거연도	₩0	₩131	₩262	₩393	₩524
해당연도(퇴직 전 최종 임금의 1%)	₩131	₩131	₩131	₩131	₩131
해당연도와 과거연도	₩131	₩262	₩393	₩524	₩655
기초 확정급여채무	-	₩89	₩196	₩324	₩476
이자원가(할인율 = 10%)	-	₩9$^{2)}$	₩20	₩33	₩48
당기근무원가	₩89$^{1)}$	₩98	₩108	₩119	₩131
기말 확정급여채무	₩89	₩196	₩324	₩476	₩655

$^{1)}$ ₩131 ÷ (1 + 10%)^4 = ₩89
$^{2)}$ ₩89 × 10% = ₩9

별해

매 보고기간(말)	당기근무원가	이자원가	퇴직급여	기말확정급여채무
20×1년(말)	₩131 ÷ 1.1^4 = ₩89	₩0 × 10% = ₩0	₩89 + ₩0 = ₩89	₩131 ÷ 1.1^4 = ₩89
20×2년(말)	₩131 ÷ 1.1^3 = ₩98	(₩131 ÷ 1.1^4) × 10% = ₩9	₩98 + ₩9 = ₩107	(₩131 × 2) ÷ 1.1^3 = ₩196
20×3년(말)	₩131 ÷ 1.1^2 = ₩108	(₩131 × 2 ÷ 1.1^3) × 10% = ₩20	₩108 + ₩20 = ₩128	(₩131 × 3) ÷ 1.1^2 = ₩324
20×4년(말)	₩131 ÷ 1.1 = ₩119	(₩131 × 3 ÷ 1.1^2) × 10% = ₩33	₩119 + ₩33 = ₩152	(₩131 × 4) ÷ 1.1 = ₩476
20×5년(말)	₩131	(₩131 × 4 ÷ 1.1) × 10% = ₩48	₩131 + ₩48 = ₩179	₩131 × 5 = ₩655

해설

일자	회계처리			
20×1년				
① 당기근무원가	(차) 퇴직급여	89	(대) 확정급여채무	89
20×2년				
① 당기근무원가	(차) 퇴직급여	98	(대) 확정급여채무	98
② 이자원가	(차) 퇴직급여	9	(대) 확정급여채무	9
20×3년				
① 당기근무원가	(차) 퇴직급여	108	(대) 확정급여채무	108
② 이자원가	(차) 퇴직급여	20	(대) 확정급여채무	20
20×4년				
① 당기근무원가	(차) 퇴직급여	119	(대) 확정급여채무	119
② 이자원가	(차) 퇴직급여	33	(대) 확정급여채무	33
20×5년				
① 당기근무원가	(차) 퇴직급여	131	(대) 확정급여채무	131
② 이자원가	(차) 퇴직급여	48	(대) 확정급여채무	48

(3) 사외적립자산

사외적립자산(Plan Assets)[5]이란 기업이 종업원이 실제 퇴직 시 퇴직급여에 사용할 목적으로 장기종업원급여기금이나 보험회사에 적립한 자산을 말한다. 사외적립자산의 회계처리는 다음과 같이 수행하여야 한다.

① 사외적립자산에 대한 이자수익이 발생하는 경우에 사외적립자산에 가산하고, 퇴직급여에서 차감시킨다. 사외적립자산에 대한 이자수익은 기초 사외적립자산의 공정가치에 확정급여채무에 적용된 할인율을 곱하여 계산하며, 사외적립자산의 기중변동분이 있을 경우에는 이자수익 산정 시 고려하여야한다. 또한, 기업이 사외적립자산에 기여금을 적립하는 경우에는 사외적립자산과목으로 차기하고, 현금과목으로 대기한다. 마지막으로 종업원이 퇴직하면 퇴직급여는 사외적립자산에 지급되므로 확정급여채무와 사외적립자산을 상계하는 방식으로 회계처리한다. 사외적립자산과 관련된 회계처리를 예시하면 다음과 같다.

[사외적립자산의 이자수익]

(차) 사외적립자산	×××[1]	(대) 퇴직급여	×××

[1] 기초사외적립자산의 공정가치 × 할인율(단, 사외적립자산의 기중변동분이 있다면 적절하게 반영하여야 함)

[기여금적립 시]

(차) 사외적립자산	×××	(대) 현금	×××

[종업원퇴직 시]

(차) 확정급여채무	×××	(대) 사외적립자산	×××

---

[5] 사외적립자산은 다음으로 구성된다.
   (1) 장기종업원급여기금에서 보유하고 있는 자산
   (2) 적격보험계약

② 사외적립자산은 매 보고기간말에 공정가치로 측정해야 하며, 확정급여채무의 차감항목으로 표시한다. 즉, 확정급여채무의 현재가치에서 사외적립자산의 공정가치를 차감한 잔액이 과소적립액일 경우는 재무상태표에 순확정급여부채로 표시하며, 초과적립액일 경우에는 순확정급여자산으로 표시한다.

부분재무상태표

(주)××			20×1. 12. 31.
사외적립자산	×××	확정급여채무	×××
확정급여채무	(×××)	사외적립자산	(×××)
자산인식상한효과	(×××)		
순확정급여자산	×××	순확정급여부채	×××

③ K-IFRS에서는 당기근무원가와 순확정급여부채(자산)의 순이자를 당기손익으로 인식하도록 규정하고 있다. 여기서 순확정급여부채(자산)의 순이자는 보고기간에 시간이 지남에 따라 생기는 순확정급여부채(자산)의 변동액을 말하며, 확정급여채무의 이자원가에서 사외적립자산의 이자수익을 차감한 금액을 의미한다. 즉, 순확정급여채무(자산)에 보고기간초에 결정된 할인율을 곱하여 결정된 금액이 순확정급여부채(자산)의 순이자이며, 확정급여채무과 사외적립자산의 기중변동분이 있다면 적절하게 반영하여야 한다. 예를 들면 기여금의 적립, 퇴직금의 지급, 과거근무원가의 변동 등의 원인이 될 수 있다.

부분포괄손익계산서

(주)××		20×1. 1. 1. ~ 20×1. 12. 31.
근무원가	×××	
순확정급여부채의 순이자	(×××)	= 확정급여채무의 이자원가 - 사외적립자산의 이자수익 = 순확정급여부채 × 할인율 = (기초확정급여부채-기초사외적립자산) × 할인율 (단, 기여금, 퇴직금, 과거근무원가의 기중변동분 고려)
퇴직급여	×××	

예제 5 │ 사외적립자산

(주)강남은 퇴직급여제도로 확정급여제도를 채택하고 있으며, 20×1년 초 확정급여채무와 사외적립자산의 장부금액은 각각 ₩1,000,000과 ₩900,000이다. (주)강남의 20×1년도 확정급여제도와 관련된 자료는 다음과 같다. (주)강남의 확정급여제도와 관련하여 적용할 할인율은 연 10%이며, 모든 거래는 기말에 발생하고, 퇴직금은 사외적립자산에서 지급한다.   [2013 공인회계사 1차 수정]

	금액
당기근무원가	₩100,000
사외적립자산에 대한 기여금 납부액	₩90,000
퇴직금지급액	₩80,000

단, 확정급여채무와 사외적립자산의 재측정요소는 발생하지 않았으며, 과거근무원가는 고려하지 않는다.

물음 1 │ (주)강남이 20×1년에 확정급여제도와 관련하여 수행할 회계처리를 나타내시오

물음 2 │ (주)강남이 20×1년 말 재무상태표에 표시할 순확정급여부채(자산)과 20×1년 포괄손익계산서에 당기손익으로 인식할 퇴직급여를 계산하시오.

해답 **물음 1**

일자	회계처리				
20×1년					
① 당기근무원가	(차) 퇴직급여	100,000	(대) 확정급여채무	100,000
② 이자원가	(차) 퇴직급여	100,000[1]	(대) 확정급여채무	100,000
③ 사외적립자산의 이자수익	(차) 사외적립자산	90,000[2]	(대) 퇴직급여	90,000
④ 기여금적립 시	(차) 사외적립자산	90,000	(대) 현금	90,000
⑤ 퇴직금지급 시	(차) 확정급여채무	80,000	(대) 사외적립자산	80,000

[1] ₩1,000,000(기초확정급여채무) × 10% = ₩100,000
[2] ₩900,000(기초사외적립자산) × 10% = ₩90,000

물음 2

순확정급여부채의 변동 요약

구분	기초	+ 근무원가	+ 순이자원가	+ 기여금	+ 퇴직금	+ 재측정요소	= 기말
확정급여채무	(1,000,000)	+ (100,000)[1]	+ (100,000)[2]		+ 80,000	+ 0	= (1,120,000)
사외적립자산	900,000		+ 90,000[3]	+ 90,000	+ (80,000)	+ 0	= 1,000,000
순확정급여부채	(100,000)	+ (100,000)	+ (10,000)	+ 90,000	+ 0	+ 0	= (120,000)
		NI	NI			OCI	부채

[1] 근무원가: ₩100,000
[2] 이자원가: ₩1,000,000 × 10% = ₩100,000
[3] 사외적립자산의 이자수익: ₩900,000 × 10% = ₩90,000

∴ 당기손익: ₩(100,000) + ₩(10,000) = ₩(110,000)
∴ 순확정급여부채: ₩120,000

해설 1. 부분재무상태표

부분재무상태표

(주)강남   20×1. 12. 31.

확정급여채무	₩1,120,000
사외적립자산	₩(1,000,000)
순확정급여부채	₩120,000

2. 부분손익계산서

부분포괄손익계산서

(주)강남   20×1. 1. 1. ~ 20×1. 12. 31.

근무원가	₩100,000
순확정급여부채의 순이자	₩10,000 = (₩1,000,000 - ₩900,000) × 10%
퇴직급여	₩(110,000)

(4) 과거근무원가

과거근무원가(Past Service Cost)는 퇴직급여제도가 개정되거나 축소됨에 따라, 종업원이 과거기간에 제공한 근무용역에 대한 확정급여채무의 현재가치가 변동하는 경우 그 변동금액을 말한다. 여기서 제도의 개정은 확정급여제도를 도입하거나, 철회하거나, 기존 확정급여제도에서 지급될 급여를 변경할 때 발생하고, 제도의 축소는 제도의 대상이 되는 종업원 수를 유의적으로 감소시킬 때 발생한다. 과거근무원가의 회계처리는 다음과 같이 수행한다.

① 과거근무원가로 인한 확정급여채무의 현재가치 변동액은 이미 근무용역을 제공한 대가의 변동액이므로 과거근무원가는 다음 중 이른 날에 즉시 비용으로 인식해야 한다.
   a. 제도의 개정이나 축소가 일어날 때
   b. 관련되는 구조조정 원가나 해고급여를 인식할 때
② 과거근무원가는 정(+)의 금액(급여가 새로 생기거나 변동되어 확정급여채무의 현재가치가 증가하는 경우)이 될 수도 있고 부(-)의 금액(기존 급여가 철회되거나 변동되어 확정급여채무의 현재가치가 감소하는 경우)이 될 수도 있다. 과거근무원가의 회계처리는 다음과 같다.

[과거근무원가] 정(+)의 금액

(차) 퇴직급여	×××	(대) 확정급여채무	×××

[과거근무원가] 부(-)의 금액

(차) 확정급여채무	×××	(대) 퇴직급여	×××

③ 과거근무원가가 발생하면 재무상태표에 순확정급여부채에 확정급여부채의 과목으로 반영되므로 과거근무원가의 현재가치를 확정급여부채에 포함하면 된다. 퇴직급여의 경우에는 근무원가에 과거근무원가를 포함시켜 계산해야 한다.

(주)강남은 퇴직급여제도로 확정급여제도를 채택하고 있으며, 20×1년 초 확정급여채무와 사외적립자산의 장부금액은 각각 ₩1,000,000과 ₩900,000이다. (주)강남의 20×1년도 확정급여제도와 관련된 자료는 다음과 같다. (주)강남의 확정급여제도와 관련하여 적용할 할인율은 연 10%이며, 모든 거래는 기말에 발생하고, 퇴직금은 사외적립자산에서 지급한다.

	금액
당기근무원가	₩100,000
사외적립자산에 대한 기여금 납부액	₩90,000
퇴직금지급액	₩80,000
과거근무원가	₩100,000

단, 확정급여채무와 사외적립자산의 재측정요소는 발생하지 않았다.

물음1 퇴직급여제도의 개정이 20×1년 말에 발생한 경우에 (주)강남이 20×1년에 확정급여제도와 관련하여 수행할 회계처리를 나타내시오.

물음2 (주)강남이 20×1년 말 재무상태표에 표시할 순확정급여부채(자산)과 20×1년 포괄손익계산서에 당기손익으로 인식할 퇴직급여를 계산하시오.

물음3 퇴직급여제도의 개정이 20×1년 초에 발생한 경우에 (주)강남이 20×1년 말 재무상태표에 표시할 순확정급여부채(자산)과 20×1년 포괄손익계산서에 당기손익으로 인식할 퇴직급여를 계산하시오.

해답 **물음1**

일자	회계처리			
20×1년				
① 당기근무원가	(차) 퇴직급여	100,000	(대) 확정급여채무	100,000
② 이자원가	(차) 퇴직급여	100,000[1]	(대) 확정급여채무	100,000
③ 사외적립자산의 이자수익	(차) 사외적립자산	90,000[2]	(대) 퇴직급여	90,000
④ 기여금적립 시	(차) 사외적립자산	90,000	(대) 현금	90,000
⑤ 퇴직금지급 시	(차) 확정급여채무	80,000	(대) 사외적립자산	80,000
⑥ 과거근무원가	(차) 퇴직급여	100,000	(대) 확정급여채무	100,000

[1] ₩1,000,000(기초확정급여채무) × 10% = ₩100,000
[2] ₩900,000(기초사외적립자산) × 10% = ₩90,000

순확정급여부채의 변동 요약

구분	기초	+ 근무원가	+ 순이자 원가	+ 기여금	+ 퇴직금	+ 재측정 요소	= 기말
확정급여채무	(1,000,000)	+ (200,000)[1]	+ (100,000)[2]	+	80,000	+ 0	= (1,220,000)
사외적립자산	900,000		+ 90,000[3]	+ 90,000	(80,000)	+ 0	= 1,000,000
순확정급여부채	(100,000)	+ (200,000)	+ (10,000)	+ 90,000	+ 0	+ 0	= (220,000)
		NI	NI			OCI	부채

[1] 근무원가: 당기근무원가 + 과거근무원가 = ₩100,000 + ₩100,000 = ₩200,000
[2] 이자원가: ₩1,000,000 × 10% = ₩100,000
[3] 사외적립자산의 이자수익: ₩900,000 × 10% = ₩90,000

∴ 당기손익: ₩(200,000) + ₩(10,000) = ₩(210,000)
∴ 순확정급여부채: ₩220,000

해설 1. 부분재무상태표

부분재무상태표

(주)강남   20×1. 12. 31.

확정급여채무	₩1,220,000
사외적립자산	₩(1,000,000)
순확정급여부채	₩220,000

2. 부분손익계산서

부분포괄손익계산서

(주)강남   20×1. 1. 1. ~ 20×1. 12. 31.

근무원가	₩200,000	= ₩100,000 + ₩100,000
순확정급여부채의 순이자	₩10,000	= (₩1,000,000 - ₩900,000) × 10%
퇴직급여	₩(210,000)	

순확정급여부채의 변동 요약

구분	기초	+ 근무원가	+ 순이자 원가	+ 기여금	+ 퇴직금	+ 재측정 요소	= 기말
확정급여채무	(1,000,000)	+ (200,000)[1]	+ (110,000)[2]	+	80,000	+ 0	= (1,230,000)
사외적립자산	900,000		+ 90,000[3]	+ 90,000	(80,000)	+ 0	= 1,000,000
순확정급여부채	(100,000)	+ (200,000)	+ (20,000)	+ 90,000	+ 0	+ 0	= (230,000)
		NI	NI			OCI	부채

[1] 근무원가: 당기근무원가 + 과거근무원가 = ₩100,000 + ₩100,000 = ₩200,000
[2] 이자원가: (₩1,000,000 + ₩100,000) × 10% = ₩110,000
[3] 사외적립자산의 이자수익: ₩900,000 × 10% = ₩90,000

∴ 당기손익: ₩(200,000) + ₩(20,000) = ₩(220,000)
∴ 순확정급여부채: ₩230,000

(5) 순확정급여부채의 재측정요소

순확정급여부채의 재측정요소(Remeasurements of the Net Defined Benefit Liability)는 순확정급여부채의 확정급여채무와 사외적립자산의 매 보고기간말에 공정가치로 재측정할 때 발생하는 예상치 못한 순확정급여부채의 변동액을 말한다. 재측정요소는 순확정급여부채를 변동시키기 때문에 퇴직급여의 일부라 볼 수 있다. 그러나 이를 일시에 당기손익으로 인식하면 기업의 가장 큰 부채인 순확정급여부채의 변동으로 인하여 영업손익이 변동될 수 있으므로 기타포괄손익으로 인식하고 그 누적액은 자본항목으로 표시한다. 여기서 유의할 점은 확정급여제도에서 발생하는 재측정요소의 누계액은 후속적으로 당기손익으로 재분류할 수 없으나 자본의 다른 항목(예 이익잉여금)으로 대체할 수 있다는 것이다. 재측정요소는 그 발생원인에 따라 다음과 같은 항목으로 구성된다.

> ① 보험수리적 손익(확정급여채무의 현재가치의 변동)
> ② 사외적립자산의 수익(사외적립자산의 실제수익과 이자수익의 차이)
> ③ 자산인식상한효과의 변동

① 보험수리적 손익

a. 보험수리적 손익은 보험수리적 가정의 변동과 경험조정으로 인한 확정급여채무 현재가치의 증감에 따라 발생한다. 보험수리적 손익이 생기는 원인의 예는 다음과 같다.
- 종업원의 이직률, 조기퇴직률, 사망률, 임금상승률, 급여, 의료원가가 예상보다 높거나 낮은 경우
- 급여지급선택권과 관련된 가정의 변동 영향
- 종업원의 이직률, 조기퇴직률, 사망률, 임금상승률, 급여, 의료원가의 추정치 변경의 영향
- 할인율의 변경 영향

b. 보험수리적 손익이 발생하면 확정급여채무의 기말현재가치와 기말장부금액의 차이가 발생한다. 따라서 이러한 차이금액은 재측정요소의 과목으로 기타포괄손익으로 인식한다.

> 확정급여채무의 현재가치 변동(보험수리적 손익)
> = 기말확정급여채무의 현재가치 - 기말확정급여채무의 장부금액
> = 기말확정급여채무의 현재가치 - (기초확정급여채무 + 근무원가 + 이자원가 - 퇴직금지급액)

② 확정급여채무의 현재가치 증가

(차) 재측정요소(OCI)	×××	(대) 확정급여채무	×××

③ 확정급여채무의 현재가치 감소

(차) 확정급여채무	×××	(대) 재측정요소(OCI)	×××

④ 사외적립자산의 수익

사외적립자산의 수익이란 사외적립자산에서 생기는 이자, 배당금과 그 밖의 수익(사외적립자산의 실현손익과 미실현손익 포함)에서 제도운영원가와 제도 자체와 관련된 세금을 차감한 금액을 말한다. 단, 확정급여채무를 측정할 때 사용하는 보험수리적 가정에 포함된 세금과 그 밖의 관리원가는 차감하지 않는다.

이러한 사외적립자산의 수익에서 기초사외적립자산의 공정가치에 할인율을 곱하여 산정한 사외적립자산의 이자수익의 차이는 당기손익으로 인식하지 아니하고 재측정요소로 기타포괄손익으로 인식한다.

> 사외적립자산의 수익(사외적립자산의 실제수익과 이자수익의 차이)
> = 기말사외적립자산의 공정가치 - 기말사외적립자산의 장부금액
> = 기말사외적립자산의 공정가치 - (기초사외적립자산 + 이자수익 + 기여금적립액 - 퇴직금지급액)
> = 사외적립자산의 실제수익 - 사외적립자산의 이자수익
> = 사외적립자산의 실제수익 - 기초사외적립자산 × 할인율

⑤ 사외적립자산의 증가

(차) 사외적립자산	×××	(대) 재측정요소(OCI)	×××

⑥ 사외적립자산의 감소

(차) 재측정요소(OCI)	×××	(대) 사외적립자산	×××

⑦ 자산인식상한효과의 변동

확정급여채무의 현재가치에서 사외적립자산의 공정가치를 차감한 잔액이 과소적립액일 경우는 재무상태표에 순확정급여부채로 표시하며, 초과적립액일 경우에는 순확정급여자산으로 표시한다. 이때 초과적립액은 초과적립액에서 기대되는 미래기여금의 절감액을 한도로 인식해야 하며, 이를 자산인식상한이라고 한다. 이때 한도를 초과하여 자산으로 인식되지 못한 금액을 자산인식상한효과라고 하며, 자산인식상한효과의 변동이란 자산인식상한효과의 변동액에서 자산인식상한효과에 대한 이자를 제외한 금액을 말한다. 구체적인 내용은 보론에서 설명하기로 한다.

재측정요소를 반영한 부분재무상태표와 부분포괄손익계산서를 예시하면 다음과 같다.

부분재무상태표

(주)××   20×1. 12. 31.

사외적립자산(공정가치)	×××	확정급여채무(현재가치)	×××
확정급여채무(현재가치)	(×××)	사외적립자산(공정가치)	(×××)
자산인식상한효과	(×××)		
순확정급여자산	×××	**순확정급여부채**	×××

부분포괄손익계산서

(주)××   20×1. 1. 1. ~ 20×1. 12. 31.

당기순이익

근무원가   ×××   = 당기근무원가 + 과거근무원가

= 확정급여채무의 이자원가 − 사외적립자산의 이자수익

순확정급여부채의 순이자   ×××   = 순확정급여부채 × 할인율

= (기초확정급여부채 − 기초사외적립자산) × 할인율

(단, 기여금, 퇴직금, 과거근무원가의 기중변동분 고려)

퇴직급여   ×××

기타포괄손익

재측정요소   ×××   = ① 확정급여채무의 현재가치 변동

+ ② 사외적립자산의 실제수익과 이자수익의 차이

+ ③ 자산인식상한효과의 변동

(주)강남은 퇴직급여제도로 확정급여제도를 채택하고 있다. (주)강남의 확정급여제도와 관련하여 적용할 할인율은 연 10%이며, 모든 거래는 기말에 발생하고, 퇴직금은 사외적립자산에서 지급한다.

(1) 20×1년 초와 20×1년 말의 확정급여채무의 현재가치와 사외적립자산의 공정가치는 다음과 같다.

	20×1년 초	20×1년 말
확정급여채무의 현재가치	₩1,000,000	₩1,400,000
사외적립자산의 공정가치	₩900,000	₩1,100,000

(2) 근무원가, 사외적립자산의 기여금, 퇴직금지급액의 자료는 다음과 같다.

	금액
당기근무원가	₩100,000
사외적립자산에 대한 기여금 납부액	₩90,000
퇴직금지급액	₩80,000
과거근무원가(20×1년 말 제도개정)	₩100,000

물음 1 퇴직급여제도의 개정이 20×1년 말에 발생한 경우에 (주)강남이 20×1년에 확정급여제도와 관련하여 수행할 회계처리를 나타내시오.

물음 2 (주)강남이 20×1년 말 재무상태표에 표시할 순확정급여부채(자산)과 20×1년 포괄손익계산서에 당기손익으로 인식할 퇴직급여와 기타포괄손익으로 인식할 재측정요소를 계산하시오.

해답 **물음 1**

일자	회계처리			
20×1년				
① 당기근무원가	(차) 퇴직급여	100,000	(대) 확정급여채무	100,000
② 이자원가	(차) 퇴직급여	100,000[1]	(대) 확정급여채무	100,000
③ 사외적립자산의 이자수익	(차) 사외적립자산	90,000[2]	(대) 퇴직급여	90,000
④ 기여금적립 시	(차) 사외적립자산	90,000	(대) 현금	90,000
⑤ 퇴직금지급 시	(차) 확정급여채무	80,000	(대) 사외적립자산	80,000
⑥ 과거근무원가	(차) 퇴직급여	100,000	(대) 확정급여채무	100,000
⑦ 확정급여채무의 재측정요소	(차) 재측정요소(OCI)	180,000	(대) 확정급여채무	180,000
⑧ 사외적립자산의 재측정요소	(차) 사외적립자산	100,000	(대) 재측정요소(OCI)	100,000

[1] ₩1,000,000(기초확정급여채무) × 10% = ₩100,000
[2] ₩900,000(기초사외적립자산) × 10% = ₩90,000

순확정급여부채의 변동 요약

구분	기초	+	근무원가	+	순이자 원가	+	기여금	+	퇴직금	+	재측정 요소	=	기말
확정급여채무	(1,000,000)	+	(200,000)[1]	+	(100,000)[2]			+	80,000	+	(180,000)[4]	=	(1,400,000)
사외적립자산	900,000			+	90,000[3]	+	90,000	+	(80,000)	+	100,000[5]	=	1,100,000
순확정급여부채	(100,000)	+	(200,000)	+	(10,000)	+	90,000	+	0	+	(80,000)	=	(300,000)
			NI		NI						OCI		부채

[1] 근무원가: 당기근무원가 + 과거근무원가 = ₩100,000 + ₩100,000 = ₩200,000
[2] 이자원가: ₩1,000,000 × 10% = ₩100,000
[3] 사외적립자산의 이자수익: ₩900,000 × 10% = ₩90,000
[4] 확정급여채무의 재측정요소: 역산하여 계산 = ₩180,000
[5] 사외적립자산의 재측정요소: 역산하여 계산 or 실제수익 - 이자수익 = ₩100,000
∴ 당기손익(퇴직급여): ₩(200,000) + ₩(10,000) = ₩(210,000)
∴ 기타포괄손실(재측정요소): ₩(80,000)
∴ 순확정급여부채(부채): ₩300,000

해설　1. 부분재무상태표

부분재무상태표

(주)강남   20×1. 12. 31.

확정급여채무	₩1,400,000
사외적립자산	₩(1,100,000)
순확정급여부채	₩300,000

2. 부분손익계산서

부분포괄손익계산서

(주)강남   20×1. 1. 1. ~ 20×1. 12. 31.

당기순이익		
근무원가	₩200,000	= ₩100,000 + ₩100,000
순확정급여부채의 순이자	₩10,000	= (₩1,000,000 - ₩900,000) × 10%
퇴직급여	**₩(210,000)**	
기타포괄손익		
재측정요소	₩(80,000)	= ₩(180,000) + ₩100,000

3. 참고로 순확정급여부채의 변동 요약표를 이용하면 회계처리를 다음과 같이 한 번에 수행할 수 있다.

일자	회계처리
20×1년	(차) 사외적립자산　　　　200,000[2]　(대) 확정급여채무　　400,000[1] 　　　퇴직급여　　　　　　210,000[3]　　　　현금　　　　　　90,000[4] 　　　재측정요소(OCI)　　 80,000[5] [1] ₩1,400,000(기말확정급여채무) - ₩1,000,000(기초확정급여채무) = ₩400,000 [2] ₩1,100,000(기말사외적립자산) - ₩900,000(기초사외적립자산) = ₩200,000 [3] ₩(200,000) + ₩(10,000) = ₩(210,000) [4] 기여금 적립액 [5] ₩(80,000) or 대차차액

(6) 정산 손익

정산(Settlement)이란 확정급여제도에 따라 생긴 급여의 일부나 전부에 대한 법적의무나 의제의무를 더 이상 부담하지 않기로 하는 거래를 말한다. 단, 제도의 규약에 정해져 있고 보험수리적 가정에 포함되어 있는, 종업원이나 그 대리인에게 급여를 지급하는 것은 제외한다.

정산 손익은 정산일에 결정되는 확정급여채무의 현재가치와 정산가격[6]의 차이를 말하며, 정산이 일어나는 시점에 확정급여제도의 정산 손익을 당기손익으로 인식하여야 한다.

정산 손익 = 정산일에 결정되는 확정급여의 현재가치 - 정산가격[1]

[1] 이전되는 사외적립자산과 정산과 관련하여 기업이 직접 지급하는 금액을 포함

| (차) 확정급여채무 | ××× | (대) 사외적립자산 | ××× |
| 퇴직급여(NI) | ××× | 현금 | ××× |

⚡ POINT │ 확정급여제도 종합요약

1. 재무상태표

부분재무상태표

(주)×× 　　　　　　　　　　　　　　　　　　　　　　　　　　　　　　　　　　　　20×1. 12. 31.

사외적립자산(공정가치)	×××	확정급여채무(현재가치)	×××
확정급여채무(현재가치)	(×××)	사외적립자산(공정가치)	(×××)
자산인식상한효과	(×××)		
순확정급여자산	×××	**순확정급여부채**	×××

2. 포괄손익계산서

부분포괄손익계산서

(주)×× 　　　　　　　　　　　　　　　　　　　　　　　　　　　　　20×1. 1. 1. ~ 20×1. 12. 31.

당기순이익

근무원가	×××	= 당기근무원가 + 과거근무원가
		= 확정급여채무의 이자원가 - 사외적립자산의 이자수익
순확정급여부채의 순이자	×××	= 순확정급여부채 × 할인율
		= (기초확정급여부채 - 기초사외적립자산) × 할인율
		(단, 기여금, 퇴직금, 과거근무원가의 기중변동분 고려)
퇴직급여	×××	

기타포괄손익

재측정요소	×××	= ① 확정급여채무의 현재가치 변동
		+ ② 사외적립자산의 실제수익과 이자수익의 차이
		+ ③ 자산인식상한효과의 변동

---

6) 이전되는 사외적립자산과 정산과 관련하여 기업이 직접 지급하는 금액을 포함하여야 한다.

3. 회계처리

[1단계: 당기근무원가 & 이자원가] 예측단위적립방식 적용

일자	회계처리			
① 당기근무원가	(차) 퇴직급여	×××	(대) 확정급여채무	×××
② 이자원가	(차) 퇴직급여	×××[1]	(대) 확정급여채무	×××
	[1] 기초확정급여채무 × 할인율			

[2단계: 사외적립자산]

일자	회계처리			
① 사외적립자산의 이자수익	(차) 사외적립자산	×××[1]	(대) 퇴직급여	×××
	[1] 기초사외적립자산 × 할인율			
② 기여금적립 시	(차) 사외적립자산	×××	(대) 현금	×××
③ 퇴직금지급 시	(차) 확정급여채무	×××	(대) 사외적립자산	×××

[3단계: 과거근무원가] 퇴직금제도의 제정 혹은 개정으로 인한 현재가치 증감을 즉시 당기손익으로 인식

일자	회계처리			
① 과거근무원가	(차) 퇴직급여	×××	(대) 확정급여채무	×××

[4단계: 재측정요소] 확정급여채무의 재측정요소, 사외적립자산의 재측정요소, 자산인식상한효과의 변동

일자	회계처리			
① 확정급여채무의 재측정요소	(차) 재측정요소(OCI)	×××[1]	(대) 확정급여채무	×××
	[1] 기타포괄손실 발생가정			
② 사외적립자산의 재측정요소	(차) 사외적립자산	×××	(대) 재측정요소(OCI)	×××[1]
	[1] 기타포괄이익 발생가정			
③ 자산인식상한효과의 변동	(차) 재측정요소(OCI)	×××[1]	(대) 자산인식상한효과	×××
	퇴직급여(NI)	×××[2]		
	[1] 기타포괄손실 발생가정 [2] 자산인식상한효과의 순이자			

4. 순확정급여부채의 변동표

구분	기초	+	근무원가	+	순이자원가	+	기여금	+	퇴직금	+	재측정요소	=	기말
확정급여채무	(×××)	+	(×××)	+	(×××)			+	×××	+	± ×××	=	(×××)
사외적립자산	×××			+	×××	+	×××	+	(×××)	+	± ×××	=	×××
순확정급여부채	(×××)	+	(×××)	+	(×××)	+	×××	+	0	+	± ×××	=	(×××)
			NI		NI						OCI		부채

5. 순확정급여자산의 변동표

구분	기초	+	근무원가	+	순이자원가	+	기여금	+	퇴직금	+	재측정요소	=	기말
확정급여채무	(×××)	+	(×××)	+	(×××)			+	×××	+	± ×××	=	(×××)
사외적립자산	×××			+	×××	+	×××	+	(×××)	+	± ×××	=	×××
계	×××	+	(×××)	+	×××	+	×××	+	0	+	± ×××	=	×××
자산인식상한효과	(×××)			+	(×××)					+	± ×××	=	(×××)
순확정급여자산	×××	+	(×××)	+	×××	+	×××	+	0	+	± ×××	=	×××
			NI		NI						OCI		자산

Ⅳ | 기타장기종업원급여

01 의의

기타장기종업원급여(Other Long-Term Employee Benefits)는 단기종업원급여, 퇴직급여 및 해고급여를 제외한 종업원급여를 말한다. 기타장기종업원급여는 종업원이 관련 근무용역을 제공하는 연차보고기간말 후 12개월이 되기 전에 모두 결제될 것으로 예상되지 않는 경우에 한정되며, 기타장기종업원급여의 예는 다음과 같다.

① 장기근속휴가나 안식년휴가와 같은 장기유급휴가
② 그 밖의 장기근속급여
③ 장기장애급여
④ 이익분배금과 상여금
⑤ 이연된 보상

02 인식 및 측정

일반적으로 기타장기종업원급여를 측정할 때 나타나는 불확실성은 퇴직급여를 측정할 때 나타나는 불확실성에 비하여 크지 않다. 따라서 K-IFRS에서는 기타장기종업원급여에 대해 비교적 간략한 회계처리방법을 규정하고 있다. 이 회계처리방법에 따르면 퇴직급여에 대한 회계처리와는 달리 재측정요소를 기타포괄손익으로 인식하지 않는다. 따라서 기타장기종업원급여와 관련한 변동액이 자산의 원가에 포함하는 경우를 제외하고는 다음의 순합계금액을 당기손익으로 인식한다.

① 근무원가
② 순확정급여부채(자산)의 순이자
③ 순확정급여부채(자산)에 대한 재측정요소

⚡ POINT 기타장기종업원급여

정의	단기종업원급여, 퇴직급여 및 해고급여를 제외한 종업원급여
인식 및 측정	퇴직급여에 대한 회계처리와는 달리 재측정요소를 기타포괄손익으로 인식하지 않고 다음의 순합계금액을 당기손익으로 인식 ① 근무원가 ② 순확정급여부채(자산)의 순이자 ③ 순확정급여부채(자산)에 대한 재측정요소

[재무상태표]

부분재무상태표

(주)×× 　　　　　　　　　　　　　　　　　　　　　　　　　　　　　　20×1. 12. 31.

사외적립자산(공정가치)	×××	확정급여채무(현재가치)	×××
확정급여채무(현재가치)	(×××)	사외적립자산(공정가치)	(×××)
자산인식상한효과	(×××)		
순장기종업원급여자산	×××	**순장기종업원급여부채**	×××

[포괄손익계산서]

부분포괄손익계산서

(주)×× 　　　　　　　　　　　　　　　　　　　　　　　　　　20×1. 1. 1. ~ 20×1. 12. 31.

당기순이익	
근무원가	(×××)
순확정급여부채의 순이자	×××
재측정요소	×××
**　기타장기종업원급여**	×××

보론 1 | 순확정급여자산과 자산인식상한효과

01. 정의

확정급여채무의 현재가치에서 사외적립자산의 공정가치를 차감한 잔액이 과소적립액일 경우는 재무상태표에 순확정급여부채로 표시하며, 초과적립액일 경우에는 순확정급여자산으로 표시한다. 이때 초과적립액은 초과적립액에서 기대되는 제도에서 받을 것으로 기대되는 환급액이나 제도에 대한 미래기여금의 절감액을 한도로 인식해야 하며, 이를 자산인식상한이라고 한다. 이때 한도를 초과하여 자산으로 인식되지 못한 금액을 자산인식상한효과라고 하며, 자산인식상한효과의 변동이란 자산인식상한효과의 변동액에서 자산인식상한효과에 대한 순이자를 제외한 금액을 말한다.

02. 회계처리

(1) 순확정급여자산

초과적립액 중 자산인식상한을 초과하는 금액인 자산인식상한효과는 이를 자산으로 인식할 수 없으며 재측정요소과목으로 기타포괄손익으로 인식해야 한다. 순확정급여자산은 확정급여제도가 채무를 초과하여 적립되거나 보험수리적 이익이 생긴 경우에 생길 수 있다. 이 경우 다음의 이유로 순확정급여자산을 인식할 수 있다.

> ① 기업이 자원을 통제하고 있으며 이는 미래 경제적 효익의 창출에 그 초과적립액을 사용할 능력이 있음을 의미한다.
> ② 기업의 통제는 과거 사건(기업의 기여금 지급, 종업원의 근무용역 제공)의 결과이다.
> ③ 미래 경제적 효익은 직접 또는 결손이 있는 다른 제도를 이용하여 간접적으로 기업에 유입될 수 있으며, 미래 기여금의 감소나 현금을 환급하는 방식으로 이용할 수 있다. 자산인식상한은 이 미래 경제적 효익의 현재가치이다.

확정급여제도와 관련된 자산은 다음의 조건을 모두 충족할 때 다른 확정급여제도와 관련된 부채와 상계한다.

> ① 제도의 초과적립액을 다른 제도의 확정급여채무를 결제하는 데 사용할 수 있는 법적으로 집행 가능한 권리가 있다.
> ② 순액기준으로 확정급여채무를 결제할 의도가 있거나, 동시에 제도의 초과적립액을 실현하고 다른 제도의 확정급여채무를 결제할 의도가 있다.

(2) 자산인식상한효과의 변동

자산인식상한효과가 매 보고기간말 변동되는 경우에 기타포괄손익으로 인식할 금액은 자산인식상한효과의 총변동에서 기초자산인식상한효과에 적절한 할인율을 곱하여 산출된 금액(자산인식상한효과의 순이자)을 제외한 금액이며, 제외된 금액은 당기손익으로 인식하여야 한다.

> ① 순확정급여자산 = Min[초과적립액, 자산인식상한]
> ② 재측정요소로 인식할 자산인식상한효과의 변동
>   = 자산인식상한효과의 총변동 − 기초자산인식상한효과 × 할인율
>   = 자산인식상한효과의 총변동 − 자산인식상한효과의 순이자

[자산인식상한효과의 재측정요소]

(차) 재측정요소(OCI)	×××	(대) 자산인식상한효과	×××

[사외적립자산효과의 순이자]

(차) 퇴직급여(NI)	×××	(대) 자산인식상한효과	×××

💡 POINT 자산인식상한효과가 있는 경우 순확정급여자산의 변동

구분	기초	+	근무원가	+	순이자원가	+	기여금	+	퇴직금	+	재측정요소	=	기말
확정급여채무	(×××)	+	(×××)	+	(×××)			+	×××	+	± ×××	=	(×××)
사외적립자산	×××			+	×××	+	×××	+	(×××)	+	± ×××	=	×××
계	×××	+	(×××)	+	×××	+	×××	+	0	+	± ×××	=	×××
자신인식상한효과	(×××)			+	(×××)					+	± ×××	=	(×××)
순확정급여자산	×××	+	(×××)	+	×××	+	×××	+	0	+	± ×××	=	×××
			NI		NI						OCI		자산

💡 POINT 순확정급여자산과 자산인식상한효과

정의	① 순확정급여자산: 확정급여채무의 현재가치에서 사외적립자산의 공정가치를 차감한 잔액이 초과적립액인 경우 ② 자산인식상한: 초과적립액에서 기대되는 제도에서 받을 것으로 기대되는 환급액이나 제도에 대한 미래기여금의 절감액을 한도로 인식함 ③ 자산인식상한효과의 변동: 자산인식상한효과의 변동액에서 자산인식상한효과에 대한 순이자를 제외한 금액

회계처리	① 순확정급여자산 = Min[초과적립액, 자산인식상한]
	② 재측정요소로 인식할 자산인식상한효과의 변동
	  = 자산인식상한효과의 총변동 - 기초자산인식상한효과 × 할인율
	  = 자산인식상한효과의 총변동 - 자산인식상한효과의 순이자

(주)강남은 퇴직급여제도로 확정급여제도를 채택하고 있다. (주)강남의 확정급여제도와 관련하여 적용할 할인율은 연 10%이며, 모든 거래는 기말에 발생하고, 퇴직금은 사외적립자산에서 지급한다.

---

(1) 20×1년 초와 20×1년 말의 확정급여채무의 현재가치와 사외적립자산의 공정가치는 다음과 같다.

	20×1년 초	20×1년 말
확정급여채무의 현재가치	₩1,000,000	₩1,400,000
사외적립자산의 공정가치	₩1,100,000	₩1,600,000
자산인식상한	₩80,000	₩100,000

(2) 근무원가, 사외적립자산의 기여금, 퇴직금지급액의 자료는 다음과 같다.

	금액
당기근무원가	₩100,000
사외적립자산에 대한 기여금 납부액	₩90,000
퇴직금지급액	₩80,000

물음 1 (주)강남이 20×1년에 확정급여제도와 관련하여 수행할 회계처리를 나타내시오.

물음 2 (주)강남이 20×1년 말 재무상태표에 표시할 순확정급여부채(자산)와 20×1년 포괄손익계산서에 당기손익으로 인식할 퇴직급여와 기타포괄손익으로 인식할 재측정요소를 계산하시오.

해답 **물음 1**

일자	회계처리			
20×1년				
① 당기근무원가	(차) 퇴직급여(NI)	100,000	(대) 확정급여채무	100,000
② 이자원가	(차) 퇴직급여(NI)	100,000[1]	(대) 확정급여채무	100,000
③ 사외적립자산의 이자수익	(차) 사외적립자산	110,000[2]	(대) 퇴직급여(NI)	110,000
④ 기여금적립 시	(차) 사외적립자산	90,000	(대) 현금	90,000
⑤ 퇴직금지급 시	(차) 확정급여채무	80,000	(대) 사외적립자산	80,000
⑥ 확정급여채무의 재측정요소	(차) 재측정요소(OCI)	280,000	(대) 확정급여채무	280,000
⑦ 사외적립자산의 재측정요소	(차) 사외적립자산	380,000	(대) 재측정요소(OCI)	380,000
⑧ 자산인식상한 효과의 변동	(차) 재측정요소(OCI) 퇴직급여(NI)	78,000 2,000	(대) 자산인식상한효과	80,000

[1] ₩1,000,000(기초확정급여채무) × 10% = ₩100,000
[2] ₩1,100,000(기초사외적립자산) × 10% = ₩110,000

물음 2

순확정급여자산의 변동 요약

구분	기초	+ 근무원가	+ 순이자원가	+ 기여금	+ 퇴직금	+ 재측정요소	= 기말
확정급여채무	(1,000,000)	+ (100,000)[1]	+ (100,000)[2]		+ 80,000	+ (280,000)[5]	= (1,400,000)
사외적립자산	1,100,000		+ 110,000[3]	+ 90,000	+ (80,000)	+ 380,000[6]	= 1,600,000
계	100,000	+ (100,000)	+ 10,000	+ 90,000	0	+ 100,000	= 200,000
자산인식상한효과	(20,000)	0	+ (2,000)[4]	+ 0	0	+ (78,000)[7]	= (100,000)
순확정급여자산	80,000	+ (100,000)	+ 8,000	+ 90,000	0	+ 22,000	= 100,000
		NI	NI			OCI	자산

[1] 근무원가: ₩100,000
[2] 이자원가: ₩1,000,000 × 10% = ₩100,000
[3] 이자수익: ₩1,100,000 × 10% = ₩110,000
[4] 자산인식상한효과 순이자: ₩(20,000) × 10% = ₩(2,000)
[5] 확정급여채무의 재측정요소: 역산하여 계산 = ₩(280,000)
[6] 사외적립자산의 재측정요소: 역산하여 계산 = ₩380,000
[7] 자산인식상한효과의 변동: 역산하여 계산 = ₩(78,000) or ₩(80,000) - ₩(20,000) × 10% = ₩(78,000)

∴ 당기손익: ₩(100,000) + ₩8,000 = ₩(92,000)
∴ 기타포괄손익: ₩22,000 이익
∴ 순확정급여자산: ₩100,000

해설 1. 부분재무상태표

부분재무상태표

(주)강남 　　　　　　　　　　　　　　　　　　　　　　　　　　　　　　　　　　　　　　　20×1. 12. 31.

사외적립자산(공정가치)	₩1,600,000
확정급여채무(현재가치)	₩(1,400,000)
자산인식상한효과	₩(100,000)
순확정급여자산	₩100,000

2. 부분손익계산서

부분포괄손익계산서

(주)강남 　　　　　　　　　　　　　　　　　　　　　　　　　　　　　　　　　　20×1. 1. 1. ~ 20×1. 12. 31.

당기순이익		
근무원가	₩100,000	= ₩100,000
순확정급여부채의 순이자	₩(8,000)	= (₩1,000,000 - ₩1,100,000 + ₩20,000) × 10%
퇴직급여	₩(92,000)	
기타포괄손익		
재측정요소	₩22,000	= ₩(280,000) + ₩380,000 + ₩(78,000)

3. 참고로 순확정급여자산의 변동 요약표를 이용하면 회계처리를 다음과 같이 한 번에 수행할 수 있다.

일자	회계처리			
20×1년	(차) 사외적립자산	500,000[2]	(대) 확정급여채무	400,000[1]
	퇴직급여(NI)	92,000[3]	현금	90,000[4]
			재측정요소(OCI)	22,000[5]
			자산인식상한효과	80,000[6]

[1] ₩1,400,000(기말확정급여채무) - ₩1,000,000(기초확정급여채무) = ₩400,000
[2] ₩1,600,000(기말사외적립자산) - ₩1,100,000(기초사외적립자산) = ₩500,000
[3] ₩(100,000) + ₩8,000 = ₩(92,000)
[4] 기여금 적립액
[5] ₩(280,000) + ₩380,000 + ₩(78,000) = ₩22,000
[6] ₩100,000(기말자산인식상한효과) - ₩20,000(기초자산인식상한효과) = ₩80,000

01. 복수사용자제도

복수사용자제도는 다음의 특성을 모두 갖고 있는 확정급여제도나 확정기여제도를 말한다.

> ① 동일 지배 아래에 있지 않은 여러 기업이 출연한 자산을 공동 관리한다.
> ② 둘 이상의 기업의 종업원에게 급여를 제공하기 위해 그 자산을 사용하며, 기여금과 급여 수준은 종업원을 고용하고 있는 개별 기업과 관계없이 결정된다.

복수사용자제도는 제도규약(공식적 규약뿐만 아니라 의제의무도 포함)에 따라 확정기여제도나 확정급여제도로 분류한다. 만약 기업이 복수사용자 확정급여제도에 참여하는 경우 복수사용자제도와 관련된 확정급여채무, 사외적립자산과 원가에 대해서 해당 기업의 비례적 지분을 다른 확정급여제도와 같은 방법으로 회계처리한다. 그러나 복수사용자 확정급여제도에 해당하지만 확정급여제도의 회계처리를 하기 위해 필요한 정보를 충분히 얻을 수 없는 경우에는 그 제도를 확정기여제도로 보아 회계처리한다.

복수사용자제도와 그 참여자 사이의 계약상 합의에서 복수사용자제도의 초과적립액을 참여자에게 배분하는 방법이나 과소적립액을 참여자에게서 보전받는 방법을 결정할 수 있다. 그러한 계약이 있는 복수사용자제도의 참여자가 복수사용자제도를 확정기여제도로 회계처리하는 경우, 해당 계약상 합의로 생기는 자산이나 부채를 인식하고, 그 결과로 생기는 수익이나 비용을 당기손익으로 인식한다.

02. 공공제도

공공제도는 법령에 따라 모든 기업 또는 특정 산업과 같이 특정 범주에 속하는 모든 기업을 참여기업으로 하여 수립되고 국가 또는 지방정부나 보고기업의 통제나 영향을 받지 않는 다른 기구(예 공공제도를 위해 특별히 설립된 독립기구)가 운영하는 퇴직급여제도를 말한다. 일부 제도의 경우, 기업이 공공제도에서의 급여를 대체하는 강제적 급여와 함께 추가로 자발적 급여를 제공하기로 설정할 수 있는데, 이러한 제도는 공공제도가 아니다. 공공제도는 복수사용제도와 동일한 방법으로 회계처리한다.

공공제도는 기업이 부담하는 의무에 따라 확정급여제도나 확정기여제도로 분류한다. 공공제도는 대체로 현금수지균형방식으로 기금을 조달한다. 즉 일정 기간에 지급기일이 도래하는 급여를 지급하는 데 충분할 것으로 예상하는 수준으로 그 기간의 기여금이 결정되고, 당기에 생긴 미래 급여는 미래의 기여금으로 지급될 것이다. 그러나 대부분의 공공제도에서 기업은 미래의 급여를 지급해야 할 법적의무나 의제의무를 부담하지 않는다. 기업은 지급기일이 도래한 기여금을 납부할 의무만 있으며, 기업이 공공제도의 대상인 종업원을 더 이상 고용하지 않으면 해당 종업원과 관련하여 과거의 급여를 지급할 의무는 없으므로 공공제도는 일반적으로 확정기여제도로 본다. 그러나 공공제도가 확정급여제도에 해당하는 경우에는 확정급여제도의 회계처리를 적용한다.

⚡ POINT 복수사용자제도와 공공제도

복수사용자제도	① 정의: 다음의 특성을 모두 갖고 있는 확정급여제도나 확정기여제도 　• 동일 지배 아래에 있지 않은 여러 기업이 출연한 자산을 공동 관리함 　• 둘 이상의 기업의 종업원에게 급여를 제공하기 위해 그 자산을 사용하며, 기여금과 급여 수준은 종업원을 고용하고 있는 개별 기업과 관계없이 결정됨 ② 회계처리 　• 기업이 복수사용자 확정급여제도에 참여하는 경우: 복수사용자제도와 관련된 확정급여채무, 사외적립자산과 원가에 대해서 해당 기업의 비례적 지분을 다른 확정급여제도와 같은 방법으로 회계처리함 　• 확정급여제도의 회계처리를 하기 위해 필요한 정보를 충분히 얻을 수 없는 경우: 그 제도를 확정기여제도로 보아 회계처리함
공공제도	① 정의: 법령에 따라 모든 기업을 참여기업으로 하여 수립되고 국가 또는 지방정부나 보고기업의 통제나 영향을 받지 않는 다른 기구가 운영하는 퇴직급여제도 ② 회계처리: 복수사용제도와 동일한 방법으로 회계처리함

O, X 연습문제

01 일반적으로 종업원급여는 기업이 종업원으로부터 근무용역을 제공받는 시점에서 비용이나 관련 된 자산의 원가로 인식한다. **(O, X)**

02 이익분배제도 및 상여금제도에 따라 기업이 종업원에 대하여 부담하는 의무는 당기비용이 아니 라 이익의 처분으로 인식한다. **(O, X)**

03 확정기여제도에 의한 퇴직급여제도에서 보험수리적 위험과 투자위험은 종업원이 부담하므로 종 업원이 수령할 퇴직급여액은 기여금 납부액에 기여금의 운용으로 발생한 투자손익을 가감한 금 액이 된다. **(O, X)**

04 확정급여제도에서 가입자의 미래급여금액은 사용자나 가입자가 출연하는 기여금과 기금의 투자 수익에 따라 결정된다. **(O, X)**

05 확정급여채무의 현재가치와 당기근무원가를 결정하기 위해서는 예측단위적립방식을 사용하여 측정한다. **(O, X)**

| 정답 및 해설 |

01　O

02　X　이익분배제도 및 상여금제도에 따라 기업이 부담하는 의무는 종업원이 제공하는 근무용역에서 발생하는 것이며 주주와의 거래에서 발생하는 것이 아니다. 따라서 이익분배제도 및 상여금제도와 관련된 원가는 이익의 분배가 아니라 당기비용으로 인식한다.

03　O

04　X　확정급여제도에서 가입자의 미래급여금액은 기업과 가입자 사이에 합의된 공식적인 제도나 그 협약에 따라 결정된다.

05　O

06 보험수리적 손익은 확정급여제도의 정산으로 인한 확정급여채무의 현재가치 변동을 포함한다. (O, X)

07 자산의 원가를 포함하는 경우를 제외한 확정급여원가의 구성요소 중 순확정급여부채의 재측정요소는 기타포괄손익으로 인식한다. (O, X)

08 순확정급여부채(자산)의 순이자는 당기손익으로 인식한다. (O, X)

09 퇴직급여제도 중 확정급여제도하에서 보험수리적 위험과 투자위험은 종업원이 실질적으로 부담한다. (O, X)

10 순확정급여부채(자산)의 재측정요소는 보험수리적 손익, 순확정급여채무(자산)의 순이자를 포함된 금액을 제외한 사외적립자산의 수익, 순확정급여부채(자산)의 순이자에 포함된 금액을 제외한 자산인식상한효과의 변동으로 구성된다. (O, X)

정답 및 해설

06	X	보험수리적 손익은 확정급여제도의 정산으로 인한 확정급여채무의 현재가치 변동을 포함하지 아니한다.
07	O	
08	O	
09	X	퇴직급여제도 중 확정급여제도하에서 보험수리적 위험과 투자위험은 기업이 실질적으로 부담한다.
10	O	

01 다음은 (주)한국이 채택하고 있는 퇴직급여제도와 관련한 20×1년도 자료이다.

> 가. 20×1년 초 확정급여채무의 현재가치와 사외적립자산의 공정가치는 각각 ₩4,500,000과 ₩4,200,000이다.
>
> 나. 20×1년 말 확정급여채무의 현재가치와 사외적립자산의 공정가치는 각각 ₩5,000,000과 ₩3,800,000이다.
>
> 다. 20×1년 말 일부 종업원의 퇴직으로 퇴직금 ₩1,000,000을 사외적립자산에서 지급하였으며, 20×1년 말에 추가로 적립한 기여금 납부액은 ₩200,000이다.
>
> 라. 20×1년에 종업원이 근무용역을 제공함에 따라 증가하는 예상미래퇴직급여지급액의 현재가치는 ₩500,000이다.
>
> 마. 20×1년 말 확정급여제도의 일부 개정으로 종업원의 과거근무기간의 근무용역에 대한 확정급여채무의 현재가치가 ₩300,000 증가하였다.
>
> 바. 20×1년 초와 20×1년 말 현재 우량회사채의 연 시장수익률은 각각 8%, 10%이며, 퇴직급여채무의 할인율로 사용한다.

(주)한국의 확정급여제도로 인한 20×1년도 포괄손익계산서의 당기순이익과 기타포괄이익에 미치는 영향은 각각 얼마인가? (단, 법인세효과는 고려하지 않는다)   [2014 공인회계사 1차]

	당기순이익에 미치는 영향	기타포괄이익에 미치는 영향
①	₩548,000 감소	₩52,000 감소
②	₩600,000 감소	₩300,000 감소
③	₩824,000 감소	₩276,000 감소
④	₩830,000 감소	₩270,000 감소
⑤	₩830,000 감소	₩276,000 증가

02 (주)한국은 퇴직급여제도로 확정급여제도를 채택하고 있다. 다음은 확정급여제도와 관련된 (주)한국의 20×1년 자료이다. 퇴직금의 지급과 사외적립자산의 추가납입은 20×1년 말에 발생하였으며, 20×1년 초 현재 우량회사채의 시장이자율은 연 5%로 20×1년 중 변동이 없었다.

• 20×1년 초 확정급여채무 장부금액	₩500,000
• 20×1년 초 사외적립자산 공정가치	₩400,000
• 당기근무원가	₩20,000
• 퇴직금지급액(사외적립자산에서 지급함)	₩30,000
• 사외적립자산 추가납입액	₩25,000
• 확정급여채무의 보험수리적 손실	₩8,000
• 사외적립자산의 실제수익	₩25,000

20×1년 말 (주)한국의 재무상태표에 계상될 순확정급여부채는 얼마인가? [2015 공인회계사 1차]

① ₩65,000 ② ₩73,000 ③ ₩95,000
④ ₩100,000 ⑤ ₩103,000

03 확정급여제도를 도입하고 있는 (주)한국의 20×1년 퇴직급여와 관련된 정보는 다음과 같다.

• 20×1년 초 확정급여채무의 장부금액: ₩150,000
• 20×1년 초 사외적립자산의 공정가치: ₩120,000
• 당기근무원가: ₩50,000
• 20×1년 말 제도변경으로 인한 과거근무원가: ₩12,000
• 퇴직급여지급액(사외적립자산에서 연말지급): ₩90,000
• 사외적립자산에 대한 기여금(연말납부): ₩100,000
• 20×1년 말 보험수리적 가정의 변동을 반영한 확정급여채무의 현재가치: ₩140,000
• 20×1년 말 사외적립자산의 공정가치: ₩146,000
• 20×1년 초 할인율: 연 6%

위 퇴직급여와 관련하여 인식할 기타포괄손익은? (단, 20×1년 말 순확정급여자산인식상한은 ₩5,000 이다)
[2015 세무사 1차]

① ₩200 손실 ② ₩1,000 이익 ③ ₩1,200 손실
④ ₩2,200 이익 ⑤ ₩3,200 손실

04 20×1년 1월 1일에 설립된 (주)대한은 확정급여제도를 채택하고 있으며, 관련 자료는 다음과 같다. 순확정급여자산(부채) 계산 시 적용한 할인율은 연 8%로 매년 변동이 없다

〈20×1년〉
- 20×1년 말 사외적립자산의 공정가치는 ₩1,100,000이다.
- 20×1년 말 확정급여채무의 현재가치는 ₩1,000,000이다.
- 20×1년 말 순확정급여자산의 자산인식상한금액은 ₩60,000이다.

〈20×2년〉
- 20×2년 당기근무원가는 ₩900,000이다.
- 20×2년 말에 일부 종업원의 퇴직으로 ₩100,000을 사외적립자산에서 현금으로 지급하였다.
- 20×2년 말에 ₩1,000,000을 현금으로 사외적립자산에 출연하였다.
- 20×2년 말 사외적립자산의 공정가치는 ₩2,300,000이다.
- 20×2년 말 확정급여채무의 현재가치는 ₩2,100,000이다.

(주)대한의 20×2년 말 재무상태표에 표시될 순확정급여자산이 ₩150,000인 경우, (주)대한의 확정급여제도 적용이 20×2년 포괄손익계산서의 기타포괄이익(OCI)에 미치는 영향은 얼마인가?

[2021 공인회계사 1차]

① ₩12,800 감소   ② ₩14,800 감소   ③ ₩17,800 감소
④ ₩46,800 감소   ⑤ ₩54,800 감소

05 (주)대한은 확정급여제도를 채택하고 있으며, 관련 자료는 다음과 같다.

- 20×1년 초 확정급여채무의 현재가치와 사외적립자산의 공정가치는 각각 ₩1,200,000과 ₩900,000이다.
- 20×1년 5월 1일에 퇴직종업원에게 ₩240,000의 현금이 사외적립자산에서 지급되었다.
- 20×1년 9월 1일에 사외적립자산에 ₩120,000을 현금으로 출연하였다.
- 20×1년도의 당기근무원가 발생액은 ₩300,000이다.
- 할인율을 제외한 보험수리적 가정의 변동을 반영한 20×1년 말 확정급여채무의 현재가치는 ₩1,400,000이다.
- 20×1년 말 현재 사외적립자산의 공정가치는 ₩920,000이다.
- 순확정급여자산(부채) 계산 시 적용한 할인율은 연 10%로 매년 변동이 없다.
- 관련 이자비용 및 이자수익은 월할로 계산한다.

(주)대한의 확정급여제도 적용이 20×1년도 총포괄이익에 미치는 영향은 얼마인가?

[2023 공인회계사 1차]

① ₩300,000 감소   ② ₩280,000 감소   ③ ₩260,000 감소
④ ₩240,000 감소   ⑤ ₩220,000 감소

정답 및 해설

정답

01 ③ 02 ⑤ 03 ③ 04 ② 05 ①

해설

01 ③ 순확정급여부채의 변동

구분	기초	+ 근무원가	+ 순이자원가	+ 기여금	+ 퇴직금	+ 재측정요소	= 기말
확정급여채무	(4,500,000) +	(800,000)[1] +	(360,000)[2]	+	1,000,000 +	(340,000)[4]	= (5,000,000)
사외적립자산	4,200,000		+ 336,000[3]	+ 200,000 +	(1,000,000) +	64,000[5]	= 3,800,000
순확정급여부채	(300,000) +	(800,000) +	(24,000)	+ 200,000 +	0 +	(276,000)	= (1,200,000)
		NI	NI			OCI	부채

[1] 근무원가: ₩500,000 + ₩300,000 = ₩800,000
[2] 이자원가: ₩4,500,000 × 8% = ₩360,000
[3] 이자수익: ₩4,200,000 × 8% = ₩336,000
[4] 확정급여채무의 재측정요소: 역산 = ₩(340,000)
[5] 사외적립자산의 재측정요소: 역산 = ₩64,000

∴ 당기손익: ₩(800,000) + ₩(24,000) = ₩(824,000)
∴ 기타포괄손익: ₩(276,000)

02 ⑤ 순확정급여부채의 변동

구분	기초	+ 근무원가	+ 순이자원가	+ 기여금	+ 퇴직금	+ 재측정요소	= 기말
확정급여채무	(500,000) +	(20,000)[1] +	(25,000)[2]	+	30,000 +	(8,000)[4]	= (523,000)
사외적립자산	400,000		+ 20,000[3]	+ 25,000 +	(30,000) +	x[5]	= 420,000
순확정급여부채	(100,000) +	(20,000) +	(5,000)	+ 25,000 +	0 +	(3,000)	= (103,000)
		NI	NI			OCI	부채

[1] 근무원가: ₩20,000
[2] 이자원가: ₩500,000 × 5% = ₩25,000
[3] 이자수익: ₩400,000 × 5% = ₩20,000
[4] 확정급여채무의 재측정요소: ₩(8,000)
[5] 사외적립자산의 재측정요소: x = 실제수익 - 이자수익 = ₩25,000 - ₩20,000 = ₩5,000

∴ 순확정급여부채: ₩(103,000)

03 ③ 순확정급여자산의 변동

구분	기초	+ 근무원가	+ 순이자원가	+ 기여금	+ 퇴직금	+ 재측정요소	= 기말
확정급여채무	(150,000)	(62,000)¹⁾	(9,000)²⁾		90,000	(9,000)⁴⁾	(140,000)
사외적립자산	120,000		7,200³⁾	100,000	(90,000)	8,800⁵⁾	146,000
계	(30,000)	(62,000)	(1,800)	100,000	0	(200)	6,000
자산인식상한효과	0					(1,000)⁶⁾	(1,000)
순확정급여자산	(30,000)	(62,000)	(1,800)	100,000	0	(1,200)	5,000
		NI	NI			OCI	자산

¹⁾ 근무원가: ₩50,000 + ₩12,000 = ₩62,000
²⁾ 이자원가: ₩150,000 × 6% = ₩9,000
³⁾ 이자수익: ₩120,000 × 6% = ₩7,200
⁴⁾ 확정급여채무의 재측정요소: 역산 = ₩(9,000)
⁵⁾ 사외적립자산의 재측정요소: 역산 = ₩8,800
⁶⁾ 자산인식상한효과의 변동: 역산 = ₩(1,000)

∴ 기타포괄손익: ₩(1,200)

04 ② 20×2년 순확정급여자산의 변동

구분	기초	+ 근무원가	+ 순이자원가	+ 기여금	+ 퇴직금	+ 재측정요소	= 기말
확정급여채무	(1,000,000)	(900,000)¹⁾	(80,000)²⁾		100,000	(220,000)	(2,100,000)
사외적립자산	1,100,000		88,000³⁾	1,000,000	(100,000)	212,000	2,300,000
계	100,000	(900,000)	8,000	1,000,000	0	(8,000)	200,000
자산인식상한효과	(40,000)		(3,200)			(6,800)	(50,000)
순확정급여자산	60,000	(900,000)	4,800	1,000,000	0	(14,800)	150,000
		NI	NI			OCI	자산

¹⁾ 근무원가: ₩900,000
²⁾ 이자원가: ₩1,000,000 × 8% = ₩80,000
³⁾ 이자수익: ₩1,100,000 × 8% = ₩88,000

∴ 20×2년 기타포괄손익: ₩(14,800)

05 ①

1. 20×1년 총포괄이익에 미치는 영향: ₩(326,000) + ₩26,000 = ₩(300,000) 감소
2. 순확정급여부채의 변동

구분	기초	+ 근무원가	+ 순이자원가	+ 기여금	+ 퇴직금	+ 재측정요소	= 기말
확정급여채무	(1,200,000)	(300,000)¹⁾	(104,000)²⁾		240,000	(36,000)⁴⁾	(1,400,000)
사외적립자산	900,000		78,000³⁾	120,000	(240,000)	62,000⁵⁾	920,000
순확정급여부채	(300,000)	(300,000)	(26,000)	120,000	0	26,000	(480,000)
		NI	NI			OCI	부채

¹⁾ 근무원가: 당기근무원가 + 과거근무원가 = ₩300,000 + ₩0 = ₩300,000
²⁾ 이자원가: ₩1,200,000 × 10% × 4/12 + ₩960,000 × 10% × 8/12 = ₩104,000
³⁾ 사외적립자산의 이자수익: ₩900,000 × 10% × 4/12 + ₩660,000 × 10% × 4/12 + ₩780,000 × 10% × 4/12 = ₩78,000
⁴⁾ 확정급여채무의 재측정요소: 역산하여 계산 = ₩(36,000)
⁵⁾ 사외적립자산의 재측정요소: 역산하여 계산 = ₩62,000

∴ 당기손익(퇴직급여): ₩(300,000) + ₩(26,000) = ₩(326,000)
∴ 기타포괄이익(재측정요소): ₩26,000 이익
∴ 순확정급여부채(부채): ₩480,000

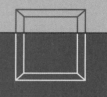

Chapter 18
주관식 연습문제

01 다음은 결산일이 매년 12월 31일인 (주)김포의 20×1년 퇴직급여제도와 관련된 자료이다. (주)김포는 퇴직급여제도로 확정급여제도를 채택하고 있다. 관련 자료는 다음과 같다.

	20×1년 초	20×1년 말	비고
확정급여채무의 현재가치	₩5,600	₩7,290	우량회사채의 시장수익률을 참조하여 결정된 할인율 10%
사외적립자산의 공정가치	₩3,400	₩4,240	

(1) 과거근무원가는 20×1년 말 제도개정으로 발생하였으며 금액은 ₩220이다.

(2) 20×1년의 발생한 당기근무원가는 ₩800이다.

(3) 회사는 20×1년 말 사외적립자산에 기여금 ₩600을 적립하였으며, 20×1년 말 퇴사한 퇴직자에게 ₩400의 퇴직금을 지급하였다.

물음1 20×1년 말 재무상태표에 계상될 순확정급여부채는 얼마인가?

물음2 20×1년 포괄손익계산서에 계상될 확정급여원가 중 당기손익으로 인식될 부분과 기타포괄손익으로 인식될 부분은 각각 얼마인가?

물음3 (주)김포가 20×1년에 확정급여제도와 관련하여 수행할 회계처리를 나타내시오.

해답　**물음1**　순확정급여부채의 변동

구분	기초	+	근무원가	+	순이자원가	+	기여금	+	퇴직금	+	재측정요소	=	기말
확정급여채무	(5,600)	+	(1,020)[1]	+	(560)[2]	+			400	+	(510)[4]	=	(7,290)
사외적립자산	3,400	+			340[3]	+	600	+	(400)	+	300[5]	=	4,240
순확정급여부채	(2,200)	+	(1,020)	+	(220)	+	600	+	0	+	(210)	=	(3,050)
			NI		NI						OCI		부채

[1] 근무원가: ₩800 + ₩220 = ₩1,020
[2] 이자원가: ₩5,600 × 10% = ₩560
[3] 이자수익: ₩3,400 × 10% = ₩340
[4] 확정급여채무의 재측정요소: 역산 = ₩(510)
[5] 사외적립자산의 재측정요소: 역산 = ₩300

∴ 순확정급여부채: ₩3,050

물음2
1. 당기손익: ₩(1,020) + ₩(220) = ₩(1,240)
2. 기타포괄손익: ₩(210)

물음3　1. 회계처리

일자	회계처리			
20×1년				
① 당기근무원가	(차) 퇴직급여	800	(대) 확정급여채무	800
② 이자원가	(차) 퇴직급여	560[1]	(대) 확정급여채무	560
③ 사외적립자산의 이자수익	(차) 사외적립자산	340[2]	(대) 퇴직급여	340
④ 기여금적립 시	(차) 사외적립자산	600	(대) 현금	600
⑤ 퇴직금지급 시	(차) 확정급여채무	400	(대) 사외적립자산	400
⑥ 과거근무원가	(차) 퇴직급여	220	(대) 확정급여채무	220
⑦ 확정급여채무의 재측정요소	(차) 재측정요소(OCI)	510	(대) 확정급여채무	510
⑧ 사외적립자산의 재측정요소	(차) 사외적립자산	300	(대) 재측정요소(OCI)	300
	[1] ₩5,600(기초확정급여채무) × 10% = ₩560			
	[2] ₩3,400(기초사외적립자산) × 10% = ₩340			

2. 참고로 순확정급여부채의 변동 요약표를 이용하면 회계처리를 다음과 같이 한 번에 수행할 수 있다.

일자	회계처리			
20×1년	(차) 사외적립자산	840[2]	(대) 확정급여채무	1,690[1]
	퇴직급여	1,240[3]	현금	600[4]
	재측정요소(OCI)	210[5]		
	[1] ₩7,290(기말확정급여채무) − ₩5,600(기초확정급여채무) = ₩1,690			
	[2] ₩4,240(기말사외적립자산) − ₩3,400(기초사외적립자산) = ₩840			
	[3] ₩(1,020) + ₩(220) = ₩(1,240)			
	[4] 기여금 적립액			
	[5] ₩(210) or 대차차액			

02 다음은 (주)김포의 20×1년 퇴직급여와 관련된 자료이다. (주)김포는 확정급여제도를 채택하고 있으며, 결산일은 매년 12월 31일이다.

	20×1년 초	20×1년 말	비고
확정급여채무의 현재가치	₩5,600	₩7,290	우량회사채의 시장수익률을 참조하여 결정된 할인율 10%
사외적립자산의 공정가치	₩3,400	₩7,990	

(1) 과거근무원가는 20×1년 말 제도개정으로 발생하였으며 금액은 ₩220이다.
(2) 20×1년의 발생한 당기근무원가는 ₩800이다.
(3) 회사는 20×1년 말 사외적립자산에 기여금 ₩600을 적립하였으며, 20×1년 말 퇴사한 퇴직자에게 ₩400의 퇴직금을 지급하였다.

물음1 20×1년 말 재무상태표에 계상될 순확정급여자산은 얼마인가? (단, 20×1년 말 순확정급여자산 인식상한은 ₩500이다)

물음2 20×1년 포괄손익계산서에 계상될 확정급여원가 중 당기손익으로 인식될 부분과 기타포괄손익으로 인식될 부분은 각각 얼마인가? (단, 20×1년 말 순확정급여자산인식상한은 ₩500이다)

물음3 (주)김포가 20×1년에 확정급여제도와 관련하여 수행할 회계처리를 나타내시오.

해답 **물음 1**   순확정급여자산의 변동

구분	기초	+ 근무원가	+ 순이자원가	+ 기여금	+ 퇴직금	+ 재측정요소	= 기말
확정급여채무	(5,600) +	(1,020)¹⁾ +	(560)²⁾ +		400 +	(510)⁴⁾ =	(7,290)
사외적립자산	3,400	+	340³⁾ +	600 +	(400) +	4,050⁵⁾	7,990
계	(2,200) +	(1,020) +	(220) +	600 +	0 +	3,540 =	700
자산인식상한효과	0 +	0 +	0 +	0 +	0 +	(200)⁶⁾ =	(200)
순확정급여자산	(2,200) +	(1,020) +	(220) +	600 +	0 +	3,340 =	500
		NI	NI			OCI	자산

¹⁾ 근무원가: ₩800 + ₩220 = ₩1,020
²⁾ 이자원가: ₩5,600 × 10% = ₩560
³⁾ 이자수익: ₩3,400 × 10% = ₩340
⁴⁾ 확정급여채무의 재측정요소: 역산 = ₩(510)
⁵⁾ 사외적립자산의 재측정요소: 역산 = ₩4,050
⁶⁾ 자산인식상한효과의 변동: 역산 = ₩(200)

∴ 순확정급여자산: ₩500

물음 2   1. 당기손익: ₩(1,020) + ₩(220) = ₩(1,240)
2. 기타포괄손익: ₩3,340 이익

물음 3   1. 회계처리

일자	회계처리
20×1년	
① 당기근무원가	(차) 퇴직급여 800 (대) 확정급여채무 800
② 이자원가	(차) 퇴직급여 560¹⁾ (대) 확정급여채무 560
③ 사외적립자산의 이자수익	(차) 사외적립자산 340²⁾ (대) 퇴직급여 340
④ 기여금적립 시	(차) 사외적립자산 600 (대) 현금 600
⑤ 퇴직금지급 시	(차) 확정급여채무 400 (대) 사외적립자산 400
⑥ 과거근무원가	(차) 퇴직급여 220 (대) 확정급여채무 220
⑦ 확정급여채무의 재측정요소	(차) 재측정요소(OCI) 510 (대) 확정급여채무 510
⑧ 사외적립자산의 재측정요소	(차) 사외적립자산 4,050 (대) 재측정요소(OCI) 4,050
⑨ 자산인식상한 효과의 변동	(차) 재측정요소(OCI) 200 (대) 자산인식상한효과 200
	¹⁾ ₩5,600(기초확정급여채무) × 10% = ₩560 ²⁾ ₩3,400(기초사외적립자산) × 10% = ₩340

2. 참고로 순확정급여자산의 변동 요약표를 이용하면 회계처리를 다음과 같이 한 번에 수행할 수 있다.

일자	회계처리
20×1년	(차) 사외적립자산 4,590²⁾ (대) 확정급여채무 1,690¹⁾ 　　　퇴직급여(NI) 1,240³⁾ 　　　현금 600⁴⁾ 　　　　　　　　　　　　　재측정요소(OCI) 3,340⁵⁾ 　　　　　　　　　　　　　자산인식상한효과 200⁶⁾ ¹⁾ ₩7,290(기말확정급여채무) - ₩5,600(기초확정급여채무) = ₩1,690 ²⁾ ₩7,990(기말사외적립자산) - ₩3,400(기초사외적립자산) = ₩4,590 ³⁾ ₩(1,020) + ₩(220) = ₩(1,240) ⁴⁾ 기여금 적립액 ⁵⁾ ₩(510) + ₩4,050 + ₩(200) = ₩3,340 ⁶⁾ ₩200(기말자산인식상한효과) - ₩0(기초자산인식상한효과) = ₩200

03 다음에 제시되는 물음은 각각 독립된 상황이다. [2016 공인회계사 2차]

물음1 (주)대한은 종업원이 퇴직한 시점에 일시불급여를 지급하며, 종업원은 4차 연도 말에 퇴직할 것으로 예상한다. 일시불급여는 종업원의 퇴직 전 최종 임금의 2%에 근무연수를 곱하여 산정한다. 종업원의 연간 임금은 1차 연도에 ₩10,000,000이며 앞으로 매년 8%(복리)씩 상승한다. 연간 할인율은 12%이다. 보험수리적 가정에 변화는 없으며, 종업원이 예상보다 일찍 또는 늦게 퇴직할 가능성을 반영하기 위해 필요한 추가 조정은 없다고 가정한다. (주)대한의 ① 1차 연도 당기근무원가와 ② 2차 연도 말 확정급여채무를 각각 제시하시오. 계산과정에서 금액은 소수점 아래 첫째 자리에서 반올림한다.

1차 연도 당기근무원가	①
2차 연도 말 확정급여채무	②

물음2 (주)대한의 확정급여제도와 관련된 자료는 다음과 같다.

> 1. 20×1년 1월 1일 확정급여채무 현재가치는 ₩90,000이다.
> 2. 20×1년 1월 1일 사외적립자산의 공정가치는 ₩88,000이다.
> 3. 20×1년 말에 퇴직종업원에게 ₩2,000의 현금이 사외적립자산에서 지급되었다.
> 4. 20×1년 당기근무원가는 ₩105,000이다.
> 5. 20×1년 말에 제도개정으로 인한 과거근무원가는 ₩20,000이다.
> 6. 20×1년 말에 사외적립자산에 ₩70,000을 현금으로 출연하였다.
> 7. 20×1년 확정급여채무에서 발생한 보험수리적 손실(재측정요소)은 ₩8,000이다.
> 8. 20×1년 사외적립자산의 실제수익은 ₩14,000이다.
> 9. 보험수리적 가정의 변동을 반영한 20×1년 말 확정급여채무는 ₩230,000이다.

이와 관련하여 ① (주)대한이 확정급여채무의 이자원가 계산에 적용한 할인율을 계산하시오. ② 확정급여제도가 (주)대한의 20×1년 당기순이익에 미친 영향을 계산하시오. 단, 감소의 경우에는 금액 앞에 '(-)'를 표시하시오. ③ 20×1년 12월 31일 사외적립자산의 공정가치를 계산하시오.

확정급여채무의 이자원가 계산에 적용한 할인율	①
당기순이익에 미친 영향	②
20×1년 말 사외적립자산의 공정가치	③

해답

물음1

1차 연도 당기근무원가	① ₩179,328
2차 연도 말 확정급여채무	② ₩401,694

1. 20×4년 말 퇴직 전 최종임금: ₩10,000,000 × (1 + 0.08)^3 = ₩12,597,120
2. 20×4년 말 퇴직금: ₩12,597,120 × 2% × 4년 = ₩1,007,770
3. 20×1년 당기근무원가: (₩1,007,770 ÷ 4년) ÷ 1.12^3 = ₩179,328
4. 20×2년 말 확정급여채무: (₩1,007,770 × 2/4) ÷ 1.12^2 = ₩401,694

물음2

확정급여채무의 이자원가 계산에 적용한 할인율	① 10%
당기순이익에 미친 영향	② (−)₩125,200
20×1년 말 사외적립자산의 공정가치	③ ₩170,000

확정급여채무의 변동

구분	기초	+ 근무원가	+ 순이자원가	+ 기여금	+ 퇴직금	+ 재측정요소	= 기말
확정급여채무	(90,000) +	(125,000) +	(90,000) × x		+ 2,000 +	(8,000) =	(230,000)
사외적립자산	88,000	+	88,000 × x +	70,000 +	(2,000) +	5,200 =	170,000
순확정급여부채	(2,000) +	(125,000) +	(2,000) × x +	70,000 +	0 +	(2,800) =	(60,000)
		NI	NI			OCI	부채

1. 확정급여채무의 이자원가: ₩(9,000)
2. 할인율: ₩(9,000) = ₩(90,000) × x
   ∴ x = 10%
3. 당기순이익에 미친 영향: ₩(125,000) + ₩(2,000) × 10% = (−)₩125,200
4. 사외적립자산의 재측정요소: ₩88,000 × 10% + x = ₩14,000
   ∴ x = ₩5,200
5. 20×1년 말 사외적립자산의 공정가치: ₩170,000

해커스 IFRS 김원종 중급회계 하

회계사 · 세무사 · 경영지도사 단번에 합격!
해커스 경영아카데미 cpa.Hackers.com

Chapter 19

주식기준보상

I | 주식기준보상의 일반론

01 의의

주식기준보상거래(Share-based Payment Transaction)는 기업이 재화나 용역을 공급자에게 제공받는 대가로 기업의 지분상품(주식이나 주식선택권 등)을 부여하거나, 기업이 재화나 용역을 제공받는 대가로 기업의 주식이나 다른 지분상품의 가격에 기초한 금액만큼의 현금이나 그 밖의 자산을 지급해야 하는 부채를 공급자에게 부담하는 거래를 말한다. 이러한 주식기준보상거래의 유형은 다음과 같다.

> ① 주식결제형 주식기준보상거래: 기업이 재화나 용역을 제공받는 대가로 자신의 지분상품(주식이나 주식선택권 등)을 부여하는 주식기준보상거래
> ② 현금결제형 주식기준보상거래: 기업이 재화나 용역을 제공받는 대가로 기업의 주식이나 다른 기업의 지분상품(주식이나 주식선택권 등) 가격에 기초한 금액만큼 현금이나 그 밖의 자산을 지급해야 하는 부채를 재화나 용역의 공급자에게 부담하는 주식기준보상거래
> ③ 선택형 주식기준보상거래: 기업이 제공받는 재화나 용역에 대한 대가의 결제방식으로, 기업 또는 재화나 용역의 공급자가 약정에 따라 현금지급이나 지분상품발행 중 하나를 선택할 수 있는 거래

여기서 지분상품(Equity Instruments)은 주식 또는 주식선택권 등을 말하며, 주식선택권은 보유자에게 특정 기간 확정되었거나 산정 가능한 가격(행사가격)으로 기업의 주식을 매수할 수 있는 권리를 부여하는 계약을 말한다. 주식기준보상거래는 그 종류나 형태가 다양하나 이 단원에서는 주로 종업원에게 주식선택권이나 주가차액보상권을 부여한 거래의 회계처리를 주요 논제로 한다.

⚡ POINT 주식기준보상의 의의

주식기준보상	기업이 재화나 용역을 공급자에게 제공받는 대가로 기업의 지분상품(주식이나 주식선택권 등)을 부여하거나, 기업이 재화나 용역을 제공받는 대가로 기업의 주식이나 다른 지분상품의 가격에 기초한 금액만큼의 현금이나 그 밖의 자산을 지급해야 하는 부채를 공급자에게 부담하는 거래
유형	① 주식결제형 주식기준보상거래: 기업이 재화나 용역을 제공받는 대가로 자신의 지분상품(주식이나 주식선택권 등)을 부여하는 주식기준보상거래 ② 현금결제형 주식기준보상거래: 기업이 재화나 용역을 제공받는 대가로 기업의 주식이나 다른 기업의 지분상품(주식이나 주식선택권 등) 가격에 기초한 금액만큼 현금이나 그 밖의 자산을 지급해야 하는 부채를 재화나 용역의 공급자에게 부담하는 주식기준보상거래 ③ 선택형 주식기준보상거래: 기업이 제공받는 재화나 용역에 대한 대가의 결제방식으로, 기업 또는 재화나 용역의 공급자가 약정에 따라 현금지급이나 지분상품발행 중 하나를 선택할 수 있는 거래

02 관련 용어의 정의

(1) 가득

거래상대방이 현금, 그 밖의 자산이나 기업의 지분상품을 받을 권리의 획득을 말한다. 주식기준보상약정에서 거래상대방이 현금, 그 밖의 자산이나 기업의 지분상품을 받을 권리는 가득조건의 충족 여부에 따라 더 이상 거래상대방이 권리를 획득하는지가 좌우되지 않을 때 가득된다.

(2) 가득기간

주식기준보상약정에서 지정하는 모든 가득조건을 충족하여야 하는 기간을 말한다.

(3) 가득조건

주식기준보상약정에 따라 거래상대방이 현금, 그 밖의 자산이나 기업의 지분상품을 받을 권리를 획득하게 하는 용역을 기업이 제공받을지를 결정짓는 조건을 말한다. 가득조건은 용역제공조건과 성과조건으로 구분되며, 성과조건 내에는 비시장조건과 시장조건이 있다.

① 용역제공조건: 거래상대방에게 특정 기간 기업에 용역을 제공하도록 요구하는 가득조건
② 성과조건: 용역제공조건을 제공하는 동안 특정 성과목표를 요구하는 가득조건
    a. 비시장조건: 기업 자신의 영업이나 다른 기업의 영업이나 활동의 특정 성과목표(예 목표이익, 목표매출액, 목표판매량 등)
    b. 시장조건: 특정 주가의 달성 등 기업 지분상품의 시장가격에 관련된 성과조건(예 특정 목표주가, 목표내재가치 등)

(4) 공정가치

합리적인 판단력과 거래의사가 있는 독립된 당사자 사이의 거래에서 자산을 교환하거나 부채를 결제하거나 부여된 지분상품을 교환할 수 있는 금액을 말한다.

(5) 내재가치

거래상대방이 청약할 수 있는 권리나 제공받을 권리가 있는 주식의 공정가치와 거래상대방이 해당 주식에 대해 지급해야 하는 가격의 차이를 말한다. 예를 들면, 주식선택권의 행사가격이 ₩15이고 기초주식의 공정가치가 ₩20이라면 내재가치는 ₩5(= ₩20 − ₩15)이다.

> 내재가치 = 주식의 공정가치 - 주식선택권의 행사가격

(6) 부여일

기업과 거래상대방(종업원 포함)이 주식기준보상약정에 합의한 날을 말한다. 부여일에 기업은 현금, 그 밖의 자산이나 기업의 지분상품에 대한 권리를 거래상대방에게 부여하며, 특정 가득조건이 있다면 그 조건을 충족한 경우에 권리를 부여한다. 만일 주식기준보상거래가 유효하기 위해 일정한 승인절차(예 주주총회)가 필요한 경우에는 부여일은 승인을 받은 날로 한다.

(7) 주식선택권(주식옵션)

보유자에게 특정 기간 확정되었거나 산정 가능한 가격으로 기업의 주식을 매수할 수 있는 권리를 부여하는 계약을 일컫는다.

⚡POINT 가득조건

용역제공조건		거래상대방에게 특정 기간 기업에 용역을 제공하도록 요구하는 가득조건
성과 조건	비시장조건	기업 자신의 영업이나 다른 기업의 영업이나 활동의 특정 성과목표 예 목표이익, 목표매출액, 목표판매량 등
	시장조건	특정 주가의 달성 등 기업 지분상품의 시장가격에 관련된 성과조건 예 특정 목표주가 등

03 주식결제형과 현금결제형의 일반적인 회계처리

주식기준보상거래에서는 일반적으로 거래상대방에게서 제공받는 재화나 용역의 원가(이하 '보상원가'라 함)를 그 재화나 용역을 제공받는 날에 인식한다.

(1) 주식결제형 주식기준보상거래

주식결제형(Equity-settled) 주식기준보상거래의 보상원가는 가득시점 또는 가득기간에 걸쳐 주식보상비용의 과목으로 하여 당기비용으로 처리하거나 자산의 취득원가에 포함시키고, 보상원가 상당액을 주식선택권의 과목으로 자본조정으로 인식한다. 또한 권리행사 시에 주식결제형 주식기준보상거래는 지분상품을 발행하여 교부하므로 행사가격과 주식선택권의 잔액의 합계액을 자본금과 주식발행초과금으로 대체한다. 여기서 유의해야 할 점은 주식선택권은 지분상품을 발행하여 교부하는 회사와 잠재적 주주 사이의 자본거래에서 발생하는 계정이므로 자본항목으로 처리한다는 것이다. 주식결제형 주식기준보상거래의 일반적인 회계처리는 다음과 같다.

일자	주식결제형 주식기준보상거래				
① 매 보고기간	(차) 주식보상비용	×××	(대) 주식선택권(자본조정)		×××
② 행사시점	(차) 현금	×××	(대) 자본금		×××
	주식선택권	×××	주식발행초과금		×××

(2) 현금결제형 주식기준보상거래

현금결제형(Cash-settled) 주식기준보상거래의 보상원가는 가득시점 또는 가득기간에 걸쳐 주식보상비용의 과목으로 하여 당기비용으로 처리하거나 자산의 취득원가에 포함시키는 것은 동일하나, 보상원가 상당액을 부채항목으로 인식한다. 또한 권리행사 시에 현금결제형 주식기준보상거래는 장기미지급비용의 잔액을 현금으로 지급하고 대차차액을 주식보상비용으로 인식한다. 여기서 유의할 점은 현금결제형의 경우에는 행사시점에 지분상품을 교부하는 것이 아니라 현금으로 결제하는 현재의무가 존재하므로 보상원가 상당액을 부채로 계상해야 한다는 것이다. 현금결제형 주식기준보상거래의 일반적인 회계처리는 다음과 같다.

일자	현금결제형 주식기준보상거래				
① 매 보고기간	(차) 주식보상비용	×××	(대) 장기미지급비용(부채)		×××
② 행사시점	(차) 장기미지급비용	×××	(대) 현금		×××
	주식보상비용	×××			

Ⅱ | 주식결제형 주식기준보상거래

01 정의

주식결제형(Equity-settled) 주식기준보상거래란 기업이 재화나 용역을 제공받는 대가로 자신의 지분상품을 부여하는 주식기준보상거래를 말한다. 이러한 주식결제형의 경우 권리행사 시에 상대방에게 행사가격에 상당액을 현금으로 수령하고 지분상품을 발행하고, 교부하여 결제하게 된다.

02 보상원가의 산정

보상원가는 기업이 주식기준보상거래에서 제공받는 재화나 용역의 총원가를 의미한다. 주식결제형 주식기준보상거래에서 제공받는 재화나 용역은 그 재화나 용역을 제공받는 날에 인식한다. 따라서 주식결제형 주식기준보상거래로 재화나 용역을 제공받는 경우에는 그에 상응한 자본의 증가를 인식한다. 주식결제형 주식기준보상거래의 보상원가 산정과 관련된 K-IFRS의 규정은 다음과 같다.

① 종업원 및 유사용역제공자(이하 '종업원'이라 함)가 아닌 거래상대방과의 주식결제형 주식기준보상거래에서는 제공받는 재화나 용역의 가치를 신뢰성 있게 추정할 수 있다면, 제공받는 재화나 용역과 그에 상응하는 자본의 증가를 제공받는 재화나 용역의 공정가치로 직접 측정한다. 그러나 제공받는 재화나 용역의 공정가치를 신뢰성 있게 추정할 수 없다면, 제공받는 재화나 용역과 그에 상응하는 자본의 증가는 부여한 지분상품의 공정가치에 기초하여[1] 간접 측정한다.

② 종업원이 아닌 거래상대방과의 거래에 적용할 때, 반증이 없는 한 제공받는 재화나 용역의 공정가치는 신뢰성 있게 추정할 수 있다고 본다. 이때 공정가치는 재화나 용역을 제공받는 날을 기준으로 측정한다.

③ 종업원으로부터 제공받는 용역의 공정가치는 일반적으로 신뢰성 있게 추정할 수 없기 때문에, 부여일 기준으로 부여한 지분상품의 공정가치에 기초하여 측정한다. 부여한 지분상품의 공정가치에 기초하여 거래를 측정하는 때에는, 시장가격을 구할 수 있다면 시장가격을 기초로 하되 지분상품의 부여조건을 고려하여 측정기준일 현재 공정가치를 측정한다.

④ 만일 시장가격을 구할 수 없다면 가치평가기법을 사용하여 부여한 지분상품의 공정가치를 추정하며, 이때 가치평가기법은 합리적 판단력과 거래의사가 있는 독립된 당사자 사이의 거래에서 측정기준일 현재 지분상품 가격이 얼마인지를 추정하는 가치평가기법이어야 한다. 이 가치평가기법은 일반적으로 인정된 금융상품 가치평가방법과 일관되어야 하며 합리적 판단력과 거래의사가 있는 시장참여자가 가격을 결정할 때 고려할 모든 요소와 가정을 포함하여야 한다.

---

1) 지분상품의 공정가치는 블랙-숄즈 모형, 이항모형 등 옵션가격결정모형을 적용하여 측정하는데 이와 관련된 내용은 재무관리 교과서를 참조하기 바란다.

⊘ 참고 **종업원으로부터 제공받는 용역의 공정가치의 추정**

일반적으로 주식, 주식선택권, 그 밖의 지분상품은 총 보상의 일부로서 현금급여와 그 밖의 종업원급여에 더하여 종업원에게 부여한다. 그런데 보통 종업원에 대한 총 보상 가운데 특정 요소에 대응하는 근무용역의 가치를 직접 측정하기는 불가능하다. 그리고 부여한 지분상품의 공정가치를 직접 측정하지 않으면, 총 보상의 공정가치를 독립적으로 측정하기 불가능할 수 있다. 더 나아가, 경우에 따라서 기본 보상의 일부라기보다는 장려금의 일부로 주식이나 주식선택권을 부여할 수 있다. 이러한 장려금에는 종업원의 고용을 유지하거나 기업의 성과향상을 위한 종업원의 노력을 유도하기 위하여 추가로 지급하는 보수를 예로 들 수 있다. 다른 보상에 추가하여 주식이나 주식선택권을 부여함으로써, 기업은 추가 근무용역에 대하여 추가 보상을 지급하게 된다. 그러나 추가 근무용역의 공정가치를 추정하기는 어려울 것이다. 따라서 종업원에게서 제공받은 근무용역의 공정가치를 직접 측정하기 어렵기 때문에, 기업은 부여한 지분상품의 공정가치에 기초하여 근무용역의 공정가치를 측정한다.

⚡ POINT **주식결제형 주식기준보상거래의 보상원가의 산정 및 측정기준일**

구분		종업원 아닌 거래상대방과의 거래	종업원인 거래상대방과의 거래
제공받은 재화나 용역의 공정가치를 신뢰성 있게 추정할 수 있는 경우		① 보상원가: 제공받은 재화나 용역의 공정가치로 직접 측정 ② 측정기준일: 재화나 용역을 제공받는 날 기준으로 측정하고 후속적으로 재측정하지 않음	① 보상원가: 일반적으로 신뢰성 있게 추정할 수 없음 ② 측정기준일: 재화나 용역을 제공받는 날 기준으로 측정하고 후속적으로 재측정하지 않음
제공받은 재화나 용역의 공정가치를 신뢰성 있게 추정할 수 없는 경우	지분상품의 시장가격을 구할 수 있는 경우	① 보상원가: 드문 경우 지분상품의 공정가치에 기초하여 간접 측정 ② 측정기준일: 재화나 용역을 제공받는 날 기준으로 측정하고 후속적으로 재측정하지 않음	① 보상원가: 지분상품의 공정가치에 기초하여 간접 측정 ② 측정기준일: 부여일 기준으로 측정하고 후속적으로 재측정하지 않음
	지분상품의 시장가격을 구할 수 없는 경우	① 보상원가: 가치평가기법을 사용(내재가치접근법 사용) ② 측정기준일: 재화나 용역을 제공받는 날 최초 측정 후 후속기간 재측정	① 보상원가: 가치평가기법을 사용(내재가치접근법 사용) ② 측정기준일: 재화나 용역을 제공받는 날 최초 측정 후 후속기간 재측정

03 보상수량의 산정

부여한 지분상품의 대가로 제공받는 재화나 용역에 대해 인식하는 금액은 궁극적으로 가득되는 지분상품의 수량에 기초하여 결정되어야 하는데, 가득될 것으로 예상하는 지분상품 수량에 대한 최선의 추정치에 기초하여 인식해야 한다. 만약 후속적인 정보에 비추어 볼 때, 가득될 것으로 예상하는 지분상품 수량이 앞서 추정했던 지분상품 수량과 다르면 추정치를 수정하며, 가득일에는 궁극적으로 가득된 지분상품 수량과 같아지도록 추정했던 지분상품 수량을 수정한다.

04 회계처리

(1) 즉시 가득되는 경우

지분상품이 부여되자마자 즉시 가득된다면 거래상대방은 지분상품에 대한 무조건적인 권리를 획득하려고 특정 기간에 용역을 제공해야 할 의무가 없다. 이러한 경우 특별한 반증이 없는 한, 지분상품의 대가에 해당하는 용역을 거래상대방에게서 이미 제공받은 것으로 간주한다. 따라서 기업은 제공받은 용역 전부를 부여일에 인식하고 그에 상응하여 자본의 증가를 인식한다.

(차) 주식보상비용	×××[1]	(대) 주식선택권(자본조정)	×××

[1] 부여일에 보상원가 전액을 주식보상비용으로 인식한다.

(2) 용역제공조건이 있는 경우

① 가득기간 중

만약 거래상대방이 특정 기간에 용역을 제공하여야 부여한 지분상품이 가득된다면, 기업은 그 지분상품의 대가로 거래상대방에게서 받을 용역을 미래 가득기간에 제공받는다고 본다. 예를 들어, 종업원에게 3년 동안 근무하는 조건으로 주식선택권을 부여한다면, 주식선택권 대가에 해당하는 근무용역을 미래 가득기간 3년에 걸쳐 제공받는다고 본다. 따라서 기업은 거래상대방이 가득기간 동안 용역을 제공함에 따라 가득기간에 배분하여 인식하며, 그에 상응하여 자본의 증가를 인식한다.

(차) 주식보상비용	×××[1]	(대) 주식선택권(자본조정)	×××

[1] 보상원가 × 용역제공기간/가득기간 - 전기까지 인식한 누적주식보상비용

주식결제형 주식주식기준보상거래에서 주식선택권의 공정가치는 권리부여일에 현재에 한 번만 측정하며 권리부여일 이후에는 주식선택권의 공정가치가 변동하더라도 수정하지 않는다.

② 권리행사 시

a. **주식교부 시:** 권리행사 시에 지분상품을 발행하여 교부한다면 행사가격과 주식선택권의 잔액의 합계액을 자본금과 주식발행초과금으로 대체한다.

(차) 현금	×××	(대) 자본금	×××
주식선택권	×××	주식발행초과금	×××

b. **자기주식교부 시:** 권리행사 시에 자기주식을 교부한다면 행사가격 및 주식선택권의 잔액의 합계액과 자기주식의 장부금액의 차이를 자기주식처분손익으로 인식한다.

(차) 현금	×××	(대) 자기주식	×××
주식선택권	×××	자기주식처분이익	×××

③ 권리소멸 시

제공받는 재화나 용역과 그에 상응하는 자본의 증가를 부여한 지분상품의 공정가치에 기초하여 측정한 경우, 가득일이 이후에 자본(주식선택권)을 수정하지 아니한다. 예를 들면 가득된 지분상품이 추후 상실되거나 주식선택권이 행사되지 않더라도 종업원에게서 제공받은 근무용역에 대해 인식한 금액(보상원가)을 환입하지 아니한다. 그러나 자본계정 간 대체 즉, 한 자본계정에서 다른 자본계정으로 대체하는 것을 금지하는 것은 아니다. 따라서 권리행사 만료일까지 주식선택권이 행사되지 않는다면 주식선택권(자본조정)을 주식선택권소멸이익의 과목으로 자본항목으로 대체할 수 있다.

(차) 주식선택권	×××	(대) 주식선택권소멸이익	×××

> ⊘ 참고 **주식선택권소멸이익의 회계처리**
>
> IFRS는 자본에 대해 구체적인 기준서가 없으며 납입자본, 이익잉여금, 기타자본구성요소로 구분하여 표시하는 것을 제외하고 전문가적인 판단을 중요시한다. 각 나라의 법률과 회계관행을 인정하려고 하는 취지라 판단된다. 따라서 주식선택권의 권리가 소멸되었을 때 주식선택권을 주식선택권소멸이익으로 대체하는 회계처리를 수행하여도 된다. 또한, 회계처리를 하지 않고 주식선택권이라는 계정으로 남겨두는 것도 가능하다.

예제 1 **주식결제형 주식기준보상거래: 용역제공조건**

(주)강남은 20×1년 1월 1일에 종업원 500명에게 각각 주식선택권 100개를 부여하였다. 각 주식선택권은 종업원이 앞으로 3년간 근무할 것을 조건으로 하는 용역제공조건이 부여되어 있다. 부여일 현재 주식선택권의 단위당 공정가치는 ₩150으로 추정되었다.

(1) 주식결제형 주식선택권은 회사주식(액면금액: ₩100)을 매입할 수 있는 주식선택권(행사가격: ₩200, 권리행사만료일: 20×6년 말) 50,000개이다.

(2) (주)강남은 가중평균확률에 기초하여, 20×1년 초에 종업원 중 20%가 부여일로부터 3년 이내에 퇴사하여 주식선택권을 상실할 것으로 추정하였다.

(3) 20×1년도 중에 20명이 퇴사하였고, (주)강남은 20×1년 말에 가득기간에 퇴사할 것으로 기대되는 종업원의 추정비율을 20%(100명)에서 15%(75명)로 수정하였다.

(4) 20×2년도에 22명이 더 퇴사하였고, 기업은 가득기간 전체에 걸쳐 퇴사할 것으로 기대되는 종업원의 추정비율을 다시 15%에서 12%(60명)로 20×2년 말에 변경하였다.

(5) 20×3년도에는 15명이 더 퇴사하였다. 결국 20×3년도 말 현재 총 57명이 퇴사하여 주식선택권을 상실하였고 총 44,300개(443명×100개)의 주식선택권이 가득되었다.

(6) 종업원은 20×5년 중 주식선택권을 전량 행사하였고, 이에 따라 (주)강남은 주식선택권을 행사한 종업원에게 주식을 발행하여 교부하였다.

물음 1 (주)강남이 20×1년부터 20×3년까지 매 보고기간에 인식할 주식보상비용은 얼마인가?

물음 2 (주)강남이 주식기준보상거래와 관련하여 매 보고기간에 필요한 회계처리를 나타내시오.

물음 3 만약, (주)강남이 20×5년 중 보유하고 있는 자기주식 44,300주를 교부하였을 경우의 회계처리를 나타내시오. (단, 자기주식의 장부금액은 주당 ₩300이다)

물음 4 만일 (주)강남이 20×6년 말까지 주식선택권이 전량 행사되지 않았다고 가정할 경우 20×6년 말에 수행할 회계처리를 나타내시오.

해답 **물음 1**

1. 20×1년 주식보상비용: 500명 × 100개 × 85% × ₩150 × 1/3 = ₩2,125,000
2. 20×2년 주식보상비용: 500명 × 100개 × 88% × ₩150 × 2/3 − ₩2,125,000 = ₩2,275,000
3. 20×3년 주식보상비용: 443명 × 100개 × ₩150 × 3/3 − ₩4,400,000 = ₩2,245,000

별해

보고기간	주식선택권(B/S)	주식보상비용(I/S)
20×1년	① 500명 × 100개 × 85% × ₩150 × 1/3 = ₩2,125,000	① − 0 = ₩2,125,000
20×2년	② 500명 × 100개 × 88% × ₩150 × 2/3 = ₩4,400,000	② − ① = ₩2,275,000
20×3년	③ 443명 × 100개 × ₩150 × 3/3 = ₩6,645,000	③ − ② = ₩2,245,000

물음 2

일자	회계처리			
20×1년 말	(차) 주식보상비용	2,125,000[1]	(대) 주식선택권	2,125,000
	[1] 500명 × 100개 × 85% × ₩150 × 1/3 = ₩2,125,000			
20×2년 말	(차) 주식보상비용	2,275,000[1]	(대) 주식선택권	2,275,000
	[1] 500명 × 100개 × 88% × ₩150 × 2/3 − ₩2,125,000 = ₩2,275,000			
20×3년 말	(차) 주식보상비용	2,245,000[1]	(대) 주식선택권	2,245,000
	[1] 443명 × 100개 × ₩150 × 3/3 − ₩4,400,000 = ₩2,245,000			
20×4년 말	N/A			
20×5년 권리행사 시	(차) 현금	8,860,000[1]	(대) 자본금	4,430,000[3]
	주식선택권	6,645,000[2]	주식발행초과금	11,075,000
	[1] 44,300개 × ₩200 = ₩8,860,000			
	[2] 44,300개 × ₩150 = ₩6,645,000			
	[3] 44,300개 × ₩100 = ₩4,430,000			

물음 3

일자	회계처리			
20×5년 권리행사 시	(차) 현금	8,860,000[1]	(대) 자기주식	13,290,000[3]
	주식선택권	6,645,000[2]	자기주식처분이익	2,215,000
	[1] 44,300개 × ₩200 = ₩8,860,000			
	[2] 44,300개 × ₩150 = ₩6,645,000			
	[3] 44,300개 × ₩300 = ₩13,290,000			

물음 4

1. 회계처리

일자	회계처리			
20×6년 말	(차) 주식선택권	6,645,000	(대) 주식선택권소멸이익	6,645,000

2. 회계처리를 수행하지 않고 주식선택권으로 남겨두는 것도 인정한다.

(3) 부여한 지분상품의 취소 및 중도청산

부여한 지분상품이 가득기간 중에 취소(Cancellation)되거나 중도청산(Repurchase)되면 다음과 같이 회계처리한다. 다만, 가득조건이 충족되지 못해 부여된 지분상품이 상실되어 취소될 때는 제외한다.

① 취소나 중도청산 때문에 부여한 지분상품이 일찍 가득되었다고 보아 회계처리하므로, 취소하거나 중도청산을 하지 않는다면 잔여가득기간에 제공받을 용역에 대해 인식할 금액을 즉시 인식한다.

(차) 주식보상비용	×××[1]	(대) 주식선택권(자본조정)	×××

[1] 잔여가득기간에 제공받을 용역에 대해 인식할 금액을 즉시 인식함

② 취소나 중도청산으로 종업원에게 지급하는 금액이 지분상품의 공정가치와 동일하다면 자기지분상품의 재매입으로 보아 자본에서 차감하여 주식선택권중도청산손익과목으로 자본으로 인식한다. 다만 지급액이 부여한 지분상품의 재매입일 현재 공정가치를 초과하는 경우는 그 초과액을 당기비용(주식보상비용)으로 인식한다.

③ 이미 가득된 지분상품을 재매입하는 경우에는, 종업원에게 지급한 금액을 자본에서 차감한다. 다만, 지급액이 재매입일 현재 지분상품의 공정가치를 초과하는 때에는 그 초과액을 비용으로 인식한다.

[공정가치]

(차) 주택선택권	×××	(대) 현금	×××
주식선택권중도청산손실	×××		

[공정가치초과분]

(차) 주식보상비용	×××	(대) 현금	×××

⚡POINT 부여한 지분상품의 취소 및 중도청산

① 취소나 중도청산 때문에 부여한 지분상품이 일찍 가득되었다고 보아 회계처리하므로, 취소하거나 중도청산을 하지 않는다면 잔여가득기간에 제공받을 용역에 대해 인식할 금액을 즉시 인식함
② 취소나 중도청산으로 종업원에게 지급하는 금액이 지분상품의 공정가치와 동일하다면 자기지분상품의 재매입으로 보아 자본에서 차감하여 주식선택권중도청산손익과목으로 자본으로 인식함. 다만, 지급액이 부여한 지분상품의 재매입일 현재 공정가치를 초과하는 경우는 그 초과액을 비용(주식보상비용)으로 인식함

예제 2 주식결제형 주식기준보상거래: 취소 및 중도청산

(주)강남은 20×1년 1월 1일에 종업원 500명에게 각각 주식선택권 100개를 부여하였다. 각 주식선택권은 종업원이 앞으로 3년간 근무할 것을 조건으로 하는 용역제공조건이 부여되어 있다. 부여일 현재 주식선택권의 단위당 공정가치는 ₩150으로 추정되었다.

(1) 주식결제형 주식선택권은 회사주식(액면금액: ₩100)을 매입할 수 있는 주식선택권(행사가격: ₩200, 권리행사만료일: 20×6년 말) 50,000개이다.

(2) (주)강남은 가중평균확률에 기초하여, 20×1년 초에 종업원 중 20%가 부여일로부터 3년 이내에 퇴사하여 주식선택권을 상실할 것으로 추정하였다.

(3) 20×1년도 중에 20명이 퇴사하였고, (주)강남은 20×1년 말에 가득기간에 퇴사할 것으로 기대되는 종업원의 추정비율을 20%(100명)에서 15%(75명)로 수정하였다.

(4) 20×2년도에 22명이 더 퇴사하였고, 기업은 가득기간 전체에 걸쳐 퇴사할 것으로 기대되는 종업원의 추정비율을 다시 15%에서 12%(60명)로 20×2년 말에 변경하였다.

(5) 20×3년도에는 15명이 더 퇴사하였다. 결국 20×3년도 말 현재 총 57명이 퇴사하여 주식선택권을 상실하였고 총 44,300개(443명×100개)의 주식선택권이 가득되었다.

20×2년 말에 45,800개의 주식선택권을 종업원과 합의하에 현금을 지급하여 모두 중도청산하기로 하였다. 주식선택권을 단위당 ₩210(동 시점의 공정가치는 단위당 ₩200)씩을 지급하고 모두 청산하였다. 20×1년 말과 20×2년 말에 수행할 회계처리를 나타내시오. (단, 주식기준보상 관련 주식선택권중도청산이익이 ₩100,000 자본항목에 계상되어 있다)

해답

일자	회계처리			
20×1년 말	(차) 주식보상비용	2,125,000[1]	(대) 주식선택권	2,125,000
	[1] 500명 × 100개 × 85% × ₩150 × 1/3 = ₩2,125,000			
20×2년 말				
① 잔여보상원가	(차) 주식보상비용	4,745,000[1]	(대) 주식선택권	4,745,000
② 공정가치	(차) 주식선택권	6,870,000	(대) 현금	9,160,000[2]
	주식선택권중도청산이익(자본)	100,000		
	주식선택권중도청산손실(자본)	2,190,000		
③ 공정가치초과분	(차) 주식보상비용	458,000	(대) 현금	458,000[3]
	[1] 45,800개 × ₩150 × 3/3 − ₩2,125,000 = ₩4,745,000			
	[2] 45,800개 × ₩200 = ₩9,160,000			
	[3] 45,800개 × (₩210 − ₩200) = ₩458,000			

(4) 성과조건

지분상품은 특정 가득조건이 충족될 것을 조건으로 부여될 수 있다. 예를 들면 종업원에게 주식이나 주식선택권을 부여하는 경우 일반적으로 특정 기간 계속 근무할 것을 조건으로 한다. 경우에 따라서는 특정 이익성장 또는 주가상승을 달성하는 것과 같은 성과조건을 부과할 수 있다. 시장조건이 아닌 가득조건은, 측정기준일 현재 주식 또는 주식선택권의 공정가치를 추정할 때 고려하지 아니한다. 그 대신에 시장조건이 아닌 가득조건은 거래금액을 측정할 때 포함하는 지분상품의 수량을 조정하는 방식으로 고려함으로써, 부여한 지분상품 대가로 제공받는 재화나 용역에 대해 인식하는 금액이 궁극적으로 가득되는 지분상품의 수량에 기초하여 결정될 수 있도록 한다.

① 비시장성과조건

    a. **가득되는 지분상품의 수량을 좌우하는 성과조건**: 가득기간에 제공받는 재화나 용역의 금액을, 가득될 것으로 예상하는 지분상품 수량에 대한 최선의 추정치에 기초하여 인식한다. 만약 후속적인 정보에 비추어 볼 때, 가득될 것으로 예상하는 지분상품 수량이 앞서 추정했던 지분상품 수량과 다르면 추정치를 변경하고, 가득일에는 궁극적으로 가득된 지분상품 수량과 같아지도록 추정했던 지분상품 수량을 변경한다.

예제 3 주식결제형 주식기준보상거래: 가득되는 지분상품의 수량을 좌우하는 비시장 성과조건(K-IFRS 사례)

A기업은 20×1년 초에 판매부서 종업원 100명에게 각각 주식선택권을 부여하였다. 주식선택권은 종업원이 계속 근무하면서 특정 제품의 판매고가 매년 최소 5%만큼 증가하면 20×3년 말에 가득된다.

---

(1) 특정 제품의 판매고와 관련된 비시장조건의 내용은 다음과 같다.

연평균 판매고	가득되는 주식선택권수량
0% 이상 ~ 5% 미만	–
5% 이상 ~ 10% 미만	100개
10% 이상 ~ 15% 미만	200개
15% 이상 ~	300개

(2) 부여일에 A기업은 주식선택권의 단위당 공정가치를 ₩20으로 추정하였다. 또한 A기업은 부여일부터 3년 동안 제품판매고가 연평균 10% 내지 15% 증가하여 20×3년 말까지 종업원 1인당 200개의 주식선택권이 가득될 것으로 추정하였다. 또한, A기업은 가중평균된 확률에 기초하여 20×3년도 말이 되기 전에 20%의 종업원이 퇴사할 것으로 추정하였다.

(3) 20×1년 말까지 7명이 퇴사하였고, A기업은 여전히 20×3년 말까지 총 20명이 퇴사할 것으로 예상하였다. 따라서 A기업은 80명의 종업원이 3년의 기간 동안 계속 근무할 것으로 예상하였다. 제품판매는 12% 증가하였으며 A기업은 이 증가율이 다음 2개년에도 계속될 것으로 추정하였다.

(4) 20×2년 말까지 5명이 추가로 퇴사하여 총 퇴사자는 12명이 되었다. A기업은 20×3년도에 3명만이 더 퇴사할 것으로 예상하고 따라서 3년의 기간 동안 총 15명이 퇴사하여 85명의 종업원이 남을 것으로 예상하였다. 제품판매는 18% 증가하여 2년간 연평균 증가율이 15%에 달하였다. A기업은 3년의 기간 동안 제품판매가 연평균 15% 이상 증가하여 3차연도 말에는 종업원 1인당 300개의 주식선택권을 받을 것으로 예상하였다.

(5) 20×3년 말까지 추가로 2명이 퇴사하여 3년의 기간 동안 총 14명이 퇴사하였으며 86명이 남아있다. A기업의 판매는 3년 동안 연평균 16% 증가하였다. 따라서 86명의 종업원이 1인당 300개의 주식선택권을 받을 권리가 가득되었다.

물음1 A기업이 20×1년부터 20×3년까지 매 보고기간에 인식할 주식보상비용은 얼마인가?

물음2 A기업이 주식기준보상거래와 관련하여 매 보고기간에 수행할 회계처리를 나타내시오.

해답 **물음 1**

1. 20×1년 주식보상비용: 80명 × 200개 × ₩20 × 1/3 = ₩106,667
2. 20×2년 주식보상비용: 85명 × 300개 × ₩20 × 2/3 - ₩106,667 = ₩233,333
3. 20×3년 주식보상비용: 86명 × 300개 × ₩20 × 3/3 - ₩340,000 = ₩176,000

별해

보고기간	주식선택권(B/S)	주식보상비용(I/S)
20×1년	① 80명 × 200개 × ₩20 × 1/3 = ₩106,667	① - 0 = ₩106,667
20×2년	② 85명 × 300개 × ₩20 × 2/3 = ₩340,000	② - ① = ₩233,333
20×3년	③ 86명 × 300개 × ₩20 × 3/3 = ₩516,000	③ - ② = ₩176,000

물음 2

일자	회계처리			
20×1년 말	(차) 주식보상비용	106,667[1]	(대) 주식선택권	106,667
	[1] 80명 × 200개 × ₩20 × 1/3 = ₩106,667			
20×2년 말	(차) 주식보상비용	233,333[1]	(대) 주식선택권	233,333
	[1] 85명 × 300개 × ₩20 × 2/3 - ₩106,667 = ₩233,333			
20×3년 말	(차) 주식보상비용	176,000[1]	(대) 주식선택권	176,000
	[1] 86명 × 300개 × ₩20 × 3/3 - ₩340,000 = ₩176,000			

b. **행사가격을 좌우하는 성과조건:** 성과조건의 달성 여부에 따라 행사가격을 다르게 주식선택권이 부여될 수 있으며, 행사가격에 따라 부여일에 주식선택권의 공정가치가 차이가 발생할 수 있다. 이러한 경우에는 주식선택권의 권리부여일에 성과조건의 달성 여부를 고려한 행사가격을 기초로 하여 주식선택권의 가치를 추정하여야 한다. 권리부여일 이후에 성과조건의 달성 여부를 반영한 행사가격이 변경되면 변경된 주식선택권의 공정가치를 적용하여 주식보상비용을 매 보고기간말에 인식한다.

예제 4   주식결제형 주식기준보상거래: 행사가격을 좌우하는 비시장 성과조건(K - IFRS 사례 수정)

김포(주)는 20×1년 초에 회사의 매출증대를 위하여 고위임원에게 주식기준보상거래를 실시하였다. 관련 자료는 다음과 같다.

> 김포(주)는 20×1년 초에 고위임원에게 주식선택권을 10,000개를 부여하고 3년의 용역제공조건을 부과하였다. 주식선택권의 행사가격은 ₩40이나, 3년 동안 김포(주)의 연평균 이익증가율이 10% 이상이 되면 행사가격은 ₩30으로 인하된다. 부여일 현재 주식선택권의 공정가치는 행사가격을 ₩30으로 할 경우 ₩16, 행사가격을 ₩40으로 할 경우 ₩12으로 추정되었다. 각 연도별 연평균 이익증가율에 대한 예측치와 실적은 다음과 같다.
>
> | 보고기간 | 이익증가율 | |
> |---|---|---|
> | | 직전연도 예측치 | 당해연도(연평균) |
> | 20×1년 | – | 12%(12%) |
> | 20×2년 | 12% | 14%(13%) |
> | 20×3년 | 13% | 1%(9%) |

물음 1   김포(주)가 20×1년부터 20×3년까지 매 보고기간에 인식할 주식보상비용은 얼마인가?

물음 2   김포(주)가 주식기준보상거래와 관련하여 매 보고기간에 수행할 회계처리를 나타내시오.

해답   **물음 1**

1. 20×1년 주식보상비용: 10,000개 × ₩16 × 1/3 = ₩53,333
2. 20×2년 주식보상비용: 10,000개 × ₩16 × 2/3 - ₩53,333 = ₩53,334
3. 20×3년 주식보상비용: 10,000개 × ₩12 × 3/3 - ₩106,667 = ₩13,333

별해

보고기간	주식선택권(B/S)	주식보상비용(I/S)
20×1년	① 10,000개 × ₩16 × 1/3 = ₩53,333	① - 0 = ₩53,333
20×2년	② 10,000개 × ₩16 × 2/3 = ₩106,667	② - ① = ₩53,334
20×3년	③ 10,000개 × ₩12 × 3/3 = ₩120,000	③ - ② = ₩13,333

물음 2

일자	회계처리			
20×1년 말	(차) 주식보상비용	53,333[1]	(대) 주식선택권	53,333
	[1] 10,000개 × ₩16 × 1/3 = ₩53,333			
20×2년 말	(차) 주식보상비용	53,334[1]	(대) 주식선택권	53,334
	[1] 10,000개 × ₩16 × 2/3 - ₩53,333 = ₩53,334			
20×3년 말	(차) 주식보상비용	13,333[1]	(대) 주식선택권	13,333
	[1] 10,000개 × ₩12 × 3/3 - ₩106,667 = ₩13,333			

c. 기대가득기간을 좌우하는 성과조건: 가득기간은 성과조건이 충족되는 시점에 따라 변경되는 경우가 있다. 성과조건이 비시장조건인 경우에는 기업은 기대가득기간을 추정할 때 가장 실현가능성이 높은 성과에 기초하여야 하며, 만약 후속적인 정보에 비추어 볼 때 기대가득기간이 종전 추정치와 다르다면 추정치를 변경하여야 한다.

예제 5 | 주식결제형 주식기준보상거래: 기대가득기간을 좌우하는 비시장 성과조건(K - IFRS 사례)

A기업은 20×1년 초에 종업원 500명에게 가득기간 중 계속 근무할 것을 조건으로 각각 주식 100주를 부여하였다.

(1) 부여한 주식은 A기업의 이익이 18% 이상 성장하면 20×1년 말에, 2년간 이익이 연평균 13% 이상 성장하면 20×2년 말에, 3년간 이익이 연평균 10% 이상 성장하면 20×3년 말에 가득된다. 20×1년 초 현재 부여한 주식의 단위당 공정가치는 ₩30이며 이는 부여일의 주가와 같다. 부여일부터 3년간은 배당금이 지급되지 않을 것으로 예상된다.

(2) 20×1년도 말까지 A기업의 이익은 14% 증가하였으며 30명이 퇴사하였다. A기업은 20×2년에도 비슷한 비율로 이익이 성장하여 20×2년도 말에 주식이 가득될 것으로 예상하였다. 또한 20×2년도에 30명이 추가로 퇴사하여 20×2년도 말에는 총 440명이 각각 100주를 가득할 것으로 예상하였다.

(3) 20×2년 말까지 A기업의 이익은 10% 증가하는데 그쳐 20×2년도 말에 주식이 가득되지 못하였다. 이 연도에 28명이 퇴사하였다. 기업은 20×3년도에 25명이 추가로 퇴사할 것으로 예상하였으며, 20×3년에는 이익이 최소한 6% 이상 성장하여 연평균 10%를 달성할 것이라고 예상하였다.

(4) 20×3년 말까지 23명이 퇴사하였고 A기업의 이익은 8% 증가하여 연평균 10.67% 증가하였다. 따라서 20×3년 말에 총 419명의 종업원이 각각 100주를 받을 권리를 가득하였다.

물음 1 A기업이 20×1년부터 20×3년까지 매 보고기간에 인식할 주식보상비용은 얼마인가?

물음 2 A기업이 주식기준보상거래와 관련하여 매 보고기간에 수행할 회계처리를 나타내시오.

해답 **물음 1**

1. 20×1년 주식보상비용: (500명 - 60명) × 100개 × ₩30 × 1/2 = ₩660,000
2. 20×2년 주식보상비용: (500명 - 83명) × 100개 × ₩30 × 2/3 - ₩660,000 = ₩174,000
3. 20×3년 주식보상비용: (500명 - 81명) × 100개 × ₩30 × 3/3 - ₩834,000 = ₩423,000

별해

보고기간	미가득주식(B/S)	주식보상비용(I/S)
20×1년	① (500명 - 60명) × 100개 × ₩30 × 1/2 = ₩660,000	① - 0 = ₩660,000
20×2년	② (500명 - 83명) × 100개 × ₩30 × 2/3 = ₩834,000	② - ① = ₩174,000
20×3년	③ (500명 - 81명) × 100개 × ₩30 × 3/3 = ₩1,257,000	③ - ② = ₩423,000

물음 2

일자	회계처리		
20×1년 말	(차) 주식보상비용	660,000[1)	(대) 미가득주식	660,000
	[1) (500명 - 60명) × 100개 × ₩30 × 1/2 = ₩660,000		
20×2년 말	(차) 주식보상비용	174,000[1)	(대) 미가득주식	174,000
	[1) (500명 - 83명) × 100개 × ₩30 × 2/3 - ₩660,000 = ₩174,000		
20×3년 말	(차) 주식보상비용	423,000[1)	(대) 미가득주식	423,000
	[1) (500명 - 81명) × 100개 × ₩30 × 3/3 - ₩834,000 = ₩423,000		

해설   주식결제형 주식기준보상거래에서 주식선택권을 부여하는 경우에는 주식선택권(자본조정)의 계정과목을 사용하고, 주식을 부여하는 경우에는 미가득주식(자본조정)의 계정과목을 사용한다.

② 시장성과조건

 a. 부여한 지분상품의 공정가치를 추정할 때, 가득이나 행사 가능성 여부를 좌우하는 목표주가와 같은 시장조건을 고려한다. 따라서 시장조건이 있는 지분상품을 부여한 때에는 그 시장조건이 충족되는지에 관계없이 다른 모든 가득조건(예 정해진 기간에 계속 근무하는 종업원에게서 제공받는 근무용역)을 충족하는 거래상대방에게서 제공받는 재화나 용역의 보상원가를 인식한다.

 b. 시장조건의 결과는 가득기간에 영향을 주지 않는다. 그러나 만약 성과조건이 충족되는 시점에 따라 가득기간이 변동된다면 부여된 지분상품의 대가로 종업원에게서 제공받을 근무용역을 미래에 기대가득기간에 걸쳐 받게 될 것으로 보아야 한다. 또 성과조건과 관련하여 가능성이 가장 높은 결과에 기초하여 기대가득기간을 추정하여야 한다. 만약 성과조건이 시장조건이라면 기대가득기간의 추정치는 부여된 주식선택권의 공정가치를 추정할 때 사용된 가정과 일관되어야 하고 나중에 후속적으로 수정하지 않는다.

> ⊘ 참고 **시장조건**
>
> 가득이나 행사 가능성을 결정짓는 목표주가나 목표내재가치 등의 시장조건이 부여일의 가치평가에 포함되고 추후 번복되지 않아야 한다. 즉, 부여일에 지분상품의 공정가치를 추정할 때 시장조건이 충족되지 못할 가능성을 고려하여 평가하여 그러한 가능성이 지분상품에 대한 부여일의 가치평가에 이미 고려되었기 때문에 시장조건의 결과와 상관없이 거래금액의 계산에 포함된 지분상품의 수량에 대해서 어떠한 조정도 하지 않는다. 즉, 다른 모든 가득조건이 충족되는 한 거래상대방에게서 제공받는 재화나 용역(예 특정 용역제공기간 동안 기업에 남아 근무하는 종업원에게서 제공받는 근무용역)은 시장조건의 충족 여부와 관계없이 인식한다.

김포(주)는 20×1년 초에 회사의 매출증대를 위하여 고위 임원 10명에게 각각 존속기간이 10년인 주식선택권 10,000개를 부여하였다. 이 주식선택권은 해당 임원이 주가목표가 달성될 때까지 계속하여 근무한다면 기업의 주가가 ₩50에서 ₩70으로 상승할 때 가득되며 즉시 행사 가능하다. 관련 자료는 다음과 같다.

(1) 김포(주)는 부여한 주식선택권의 공정가치를 측정할 때 이항모형을 적용하여 측정하며, 모형 내에서 주식선택권이 존속하는 10년 동안 목표주가가 달성될 가능성과 그렇지 못할 가능성을 고려하여 기업은 부여일에 주식선택권의 공정가치를 단위당 ₩15으로 추정하였다.

(2) 김포(주)은 기대가득기간을 3년으로 추정하였다. 또 기업은 2명의 임원이 20×3년 말까지 퇴사할 것으로 추정하고, 따라서 20×1년 말에 80,000개(= 10,000개 × 8명)의 주식선택권이 가득될 것으로 추정하였다.

(3) 20×1년도부터 20×2년도까지, 20×3년 말까지 총 2명이 퇴사할 것이라는 추정에는 변함이 없었다. 그러나, 20×1년, 20×2년 및 20×3년도에 각 1명씩 총 3명이 퇴사하였다. 주가목표는 실제로 20×4년도에 달성되었다. 20×4년도 말에 주가목표가 달성되기 전에 1명의 임원이 추가로 퇴사하였다.

물음 1 김포(주)가 20×1년부터 20×4년까지 매 보고기간에 인식할 주식보상비용은 얼마인가?

물음 2 김포(주)가 주식기준보상거래와 관련하여 매 보고기간에 수행할 회계처리를 나타내시오.

해답 물음1

1. 20×1년 주식보상비용: 80,000개 × ₩15 × 1/3 = ₩400,000
2. 20×2년 주식보상비용: 80,000개 × ₩15 × 2/3 - ₩400,000 = ₩400,000
3. 20×3년 주식보상비용: 70,000개 × ₩15 × 3/3 - ₩800,000 = ₩250,000
4. 20×4년 주식보상비용: 70,000개 × ₩15 × 3/3 - ₩1,050,000 = ₩0

별해

보고기간	주식선택권(B/S)	주식보상비용(I/S)
20×1년	① 80,000개 × ₩15 × 1/3 = ₩400,000	① - 0 = ₩400,000
20×2년	② 80,000개 × ₩15 × 2/3 = ₩800,000	② - ① = ₩400,000
20×3년	③ 70,000개 × ₩15 × 3/3 = ₩1,050,000	③ - ② = ₩250,000
20×4년	④ 70,000개 × ₩15 × 3/3 = ₩1,050,000	④ - ③ = ₩0

물음2

일자	회계처리			
20×1년 말	(차) 주식보상비용	400,000[1]	(대) 주식선택권	400,000
	[1] 80,000개 × ₩15 × 1/3 = ₩400,000			
20×2년 말	(차) 주식보상비용	400,000[1]	(대) 주식선택권	400,000
	[1] 80,000개 × ₩15 × 2/3 - ₩400,000 = ₩400,000			
20×3년 말	(차) 주식보상비용	250,000[1]	(대) 주식선택권	250,000
	[1] 70,000개 × ₩15 × 3/3 - ₩800,000 = ₩250,000			
20×4년 말	N/A			

해설 물음1

만약 성과조건이 시장조건이라면 기업은 부여일에 추정한 기대가득기간에 걸쳐 제공받는 근무용역을 인식하여야 하고, 이러한 추정을 수정할 수 없다. 그러므로, 기업은 1차 연도부터 3차 연도까지 임원에게서 제공받는 근무용역을 인식하여야 한다. 따라서 거래금액은 궁극적으로 70,000개(10,000개 × 3차 연도 말 현재 근무하고 있는 임원 7명)의 주식선택권에 기초하여 결정된다. 4차 연도에 추가로 임원 1명이 퇴사하였음에도 불구하고 이미 3년의 기대가득기간을 채웠기 때문에 어떠한 조정도 하지 않는다.

⚡POINT **성과조건의 적용**

구분	비시장조건	시장조건
가득되는 지분상품의 수량을 좌우하는 성과조건	가득될 것으로 예상하는 지분상품 수량이 앞서 추정했던 지분상품 수량과 다르면 추정치를 수정	가득될 것으로 예상하는 지분상품 수량이 앞서 추정했던 지분상품 수량과 다르면 추정치를 수정할 수 없음(단, 종업원이 퇴사한 경우는 수정할 수 있음)
행사가격을 좌우하는 성과조건	행사가격이 변경되면 변경된 주식선택권의 공정가치를 적용하여 주식보상비용을 매 보고기간말에 인식	N/A
기대가득기간을 좌우하는 성과조건	기대가득기간이 종전 추정치와 다르다면 추정치를 수정	성과조건이 시장조건이라면 기대가득기간의 추정치는 부여된 주식선택권의 공정가치를 추정할 때 사용된 가정과 일관되어야 하고 나중에 후속적으로 수정하지 않음

(5) 부여한 지분상품의 조건변경

이미 종업원에게 부여한 주식선택권의 행사가격을 낮추는 것처럼 이미 부여한 지분상품의 조건을 바꾸는 것을 조건변경이라고 한다. 주식기준보상약정의 총 공정가치를 높이거나 종업원에게 더 유리하도록 조건을 변경하는 때에는 조건변경의 영향을 인식해야 한다. 그러나 주식보상약정의 총 공정가치를 감소시키거나 종업원에게 더 불리하게 이루어지는 경우에는 조건변경이 없는 것으로 본다. 여기서 유의할 점은 조건이 변경되어 부여한 지분상품의 수량이 감소한다면 부여한 지분상품의 일부가 취소된 것으로 보아 잔여가득기간에 제공받을 용역에 대해 인식할 금액을 즉시 당기비용으로 인식한다는 것이다.

① 종업원에게 유리한 조건변경

지분상품을 부여한 당시의 조건을 변경하는지, 부여한 지분상품을 취소하거나 중도청산하는지와 관계없이 제공받는 근무용역은 최소한 지분상품의 부여일 당시의 공정가치에 따라 인식한다. 만약에 주식기준보상약정의 총 공정가치를 증가시키거나 종업원에게 유리하게 조건변경을 하는 경우에는 추가로 조건변경의 효과를 인식한다.

조건변경 때문에 부여한 지분상품의 공정가치가 조건변경 직전과 직후를 비교했을 때 증가하는 경우에는(例 행사가격의 인하) 부여한 지분상품의 대가로 제공받는 근무용역에 대해 인식할 금액을 측정할 때 그 측정치에 증분공정가치를 포함한다. 여기서 증분공정가치란 조건변경된 지분상품 공정가치와 당초 지분상품 공정가치의 차이를 말한다.

> 증분공정가치 = 조건변경 후 공정가치 - 조건변경 전 공정가치

a. 부여일에 측정한 당초 지분상품의 공정가치는 당초 가득기간의 잔여기간에 걸쳐 인식한다.

b. 가득기간에 조건이 변경되면, 부여일에 측정한 당초 지분상품의 공정가치는 당초 가득기간의 잔여기간에 걸쳐 인식하며, 이에 추가하여 조건변경일에 부여한 증분공정가치를 조건변경일로부터 변경된 지분상품이 가득되는 날까지 제공받는 근무용역에 대해 인식할 금액의 측정치에 포함한다.

c. 가득일 후에 조건이 변경되면 증분공정가치를 즉시 인식한다. 다만, 종업원이 변경된 지분상품에 대하여 무조건적인 권리를 획득하려고 추가 용역제공기간을 근무해야 한다면 증분공정가치를 추가된 가득기간에 걸쳐 인식한다.

d. 조건이 변경되어 부여한 지분상품의 수량이 증가하는 경우에는 위의 내용과 일관되게, 부여한 지분상품의 대가로 제공받는 근무용역으로써 인식할 금액을 측정할 때 그 측정치에 추가로 부여한 지분상품의 조건변경일 현재 공정가치를 포함한다.

② 종업원에게 불리한 조건변경

부여한 지분상품의 조건이 변경되어 주식기준보상약정의 총 공정가치를 감소시키거나 종업원에게 불리하게 이루어지면 조건이 변경되지 않은 것으로 보고 부여한 지분상품의 대가로 제공받는 근무용역을 계속해서 인식한다. 다만 부여한 지분상품의 일부나 전부를 취소한다면 부여한 지분상품의 취소 및 중도청산에 따라 회계처리한다. 이와 관련된 내용은 다음과 같다.

a. 조건변경으로 인해 부여한 지분상품의 공정가치가 조건변경 직전과 직후를 비교하여 감소하는 때에는 공정가치 감소분에 대해서 회계처리를 하지 않으며 지분상품의 대가로 제공받는 근무용역에 대해 인식할 금액은 계속해서 부여한 지분상품의 부여일 현재 공정가치에 기초하여 측정한다.

b. 조건이 변경되어 부여한 지분상품의 수량이 줄어든다면 부여한 지분상품의 일부가 취소된 것으로 보아 부여한 지분상품의 취소 및 중도청산에 따라 회계처리한다.

c. 가득기간을 늘리거나 성과조건을 변경하거나 추가할 때와 같이 가득조건을 종업원에게 불리하게 변경할 때에는 변경된 가득조건을 고려하지 아니한다. 다만, 시장조건은 제외하며, 시장조건의 변경은 위 a.를 적용하여 회계처리한다.

⚡ POINT 주식결제형 주식기준보상거래 조건변경

종업원에게 유리한 조건변경	종업원에게 불리한 조건변경
① 조건변경으로 인해 부여한 지분상품의 공정가치가 조건변경 직전과 비교했을 때 증가한 경우에는 부여한 지분상품의 대가로 제공받는 근무용역에 대해 인식할 금액을 측정할 때 그 측정치에 증분공정가치를 포함함 ② 가득기간에 조건변경이 있는 경우, 당초 지분상품에 대해 부여일에 측정한 공정가치는 당초 가득기간의 잔여기간에 걸쳐 인식하며, 이에 추가하여 조건변경일에 부여한 증분공정가치를 조건변경일부터 변경된 지분상품이 가득되는 날까지 제공되는 근무용역에 대해 인식할 금액의 측정치에 포함함	조건변경으로 인해 부여한 지분상품의 공정가치가 조건변경 직전과 비교했을 때 감소하는 경우에는 공정가치 감소분에 대해서는 회계처리하지 않음

> ✍ 저자 견해 **종업원에게 불리한 조건변경**
>
> 조건변경으로 인해 부여한 지분상품의 공정가치가 조건변경 직전과 비교했을 때 감소하는 경우에는 공정가치 감소분에 대해서는 회계처리하지 않는다. 이는 종업원에게 유리한 조건변경과 비교해 일관성이 결여된 회계처리이다.
> 종업원에게 유리한 조건변경은 추가적으로 당기비용이 인식되므로 이익조작의 가능성이 없지만, 종업원에게 불리한 조건변경의 경우를 회계처리에 포함하게 되면 당기비용이 감소되어 이익이 늘어나게 된다. 특히 종업원은 기업과 특수관계에 있기 때문에 자의적인 조건변경을 통하여 이익조작이 가능하므로 종업원에게 불리한 조건변경은 회계처리하지 않고 조건변경이 없는 것으로 본다.

김포(주)는 20×1년도 초에 종업원 500명에게 각각 주식선택권 100개를 부여하였다. 각 주식선택권은 종업원이 앞으로 3년간 근무할 것을 조건으로 한다. 김포(주)는 주식선택권의 단위당 공정가치를 ₩15으로 추정하였다.

> (1) 20×1년에 40명의 종업원이 퇴사하였다. 또한 20×1년 말까지 주가가 하락하여 20×1년 말에 김포(주)가 주식선택권의 행사가격을 하향 조정하였고 조정된 그 주식선택권이 20×3년 말에 가득된다. 회사는 추가로 70명의 종업원이 20×2년과 20×3년에 퇴사할 것으로 추정하였고 따라서 3년의 가득기간 중 퇴사할 것으로 예상되는 종업원 수는 총 110명이다.
>
> (2) 20×2년에 추가로 35명의 종업원이 퇴사하였으며 회사는 20×3년에 30명의 종업원이 더 퇴사하여 3년의 가득기간에 걸쳐 퇴사할 것으로 예상되는 종업원을 총 105명으로 추정하였다.
>
> (3) 20×3년에 총 28명의 종업원이 퇴사하여 가득기간 중 총 퇴사자수는 103명이 되었다. 근무를 계속한 397명의 종업원은 20×3년 말에 주식선택권을 가득하였다.
>
> (4) 행사가격을 하향조정한 날(20×1년 말)에 김포(주)는 기존 주식선택권의 공정가치를 ₩5으로 추정하였고, 조정된 주식선택권의 공정가치를 ₩8으로 추정하였다.

물음 1　김포(주)가 20×1년부터 20×3년까지 매 보고기간에 인식할 주식보상비용은 얼마인가?

물음 2　김포(주)가 주식기준보상거래와 관련하여 매 보고기간에 수행할 회계처리를 나타내시오.

물음 3　김포(주)가 20×1년 말에 행사가격을 상향조정하였다고 가정한다면 20×1년부터 20×3년까지 매 보고기간에 인식할 주식보상비용은 얼마인가? 기존 주식선택권의 공정가치를 ₩20으로 추정하였고, 조정된 주식선택권의 공정가치를 ₩18으로 추정하였다.

해답

물음1

1. 20×1년 주식보상비용

   (500명 - 110명) × 100개 × ₩15 × 1/3 = ₩195,000

2. 20×2년 주식보상비용

   (500명 - 105명) × 100개 × ₩15 × 2/3 + (500명 - 105명) × 100개 × ₩3 × 1/2 - ₩195,000 = ₩259,250

3. 20×3년 주식보상비용

   (500명 - 103명) × 100개 × ₩15 × 3/3 + (500명 - 103명) × 100개 × ₩3 × 2/2 - ₩454,250 = ₩260,350

별해

보고기간	주식선택권(B/S)	주식보상비용(I/S)
20×1년	① (500명 - 110명) × 100개 × ₩15 × 1/3 = ₩195,000	① - 0 = ₩195,000
20×2년	② (500명 - 105명) × 100개 × ₩15 × 2/3 + (500명 - 105명) × 100개 × ₩3 × 1/2 = ₩454,250	② - ① = ₩259,250
20×3년	③ (500명 - 103명) × 100개 × ₩15 × 3/3 + (500명 - 103명) × 100개 × ₩3 × 2/2 = ₩714,600	③ - ② = ₩260,350

물음2

일자	회계처리			
20×1년 말	(차) 주식보상비용	195,000[1]	(대) 주식선택권	195,000
	[1] (500명 - 110명) × 100개 × ₩15 × 1/3 = ₩195,000			
20×2년 말	(차) 주식보상비용	259,250[1]	(대) 주식선택권	259,250
	[1] (500명 - 105명) × 100개 × ₩15 × 2/3 + (500명 - 105명) × 100개 × ₩3 × 1/2 - ₩195,000 = ₩259,250			
20×3년 말	(차) 주식보상비용	260,350[1]	(대) 주식선택권	260,350
	[1] (500명 - 103명) × 100개 × ₩15 × 3/3 + (500명 - 103명) × 100개 × ₩3 × 2/2 - ₩454,250 = ₩260,350			

물음3

1. 20×1년 주식보상비용

   (500명 - 110명) × 100개 × ₩15 × 1/3 = ₩195,000

2. 20×2년 주식보상비용

   (500명 - 105명) × 100개 × ₩15 × 2/3 - ₩195,000 = ₩200,000

3. 20×3년 주식보상비용

   (500명 - 103명) × 100개 × ₩15 × 3/3 - ₩395,000 = ₩200,500

별해

보고기간	주식선택권(B/S)	주식보상비용(I/S)
20×1년	① (500명 - 110명) × 100개 × ₩15 × 1/3 = ₩195,000	① - 0 = ₩195,000
20×2년	② (500명 - 105명) × 100개 × ₩15 × 2/3 = ₩395,000	② - ① = ₩200,000
20×3년	③ (500명 - 103명) × 100개 × ₩15 × 3/3 = ₩595,500	③ - ② = ₩200,500

(6) 지분상품의 공정가치를 신뢰성 있게 추정할 수 없는 경우

부여한 지분상품의 공정가치를 신뢰성 있게 추정할 수 있는 경우는 지금까지 설명한 내용으로 회계처리하면 된다. 그러나 드물지만 부여한 측정기준일 현재 지분상품의 공정가치를 신뢰성 있게 추정할 수 없는 경우가 있다. 이러한 드문 경우에만 다음과 같이 회계처리한다.

① 거래상대방에게서 재화나 용역을 제공받는 날을 기준으로 지분상품을 내재가치(공정가치 - 행사가격)로 최초 측정한다. 이후 매 보고기간말과 최종결제일에 내재가치를 재측정하고 내재가치의 변동액은 당기손익으로 인식한다. 이 경우 지분상품이 주식선택권이라면 당해 주식선택권이 행사되거나 상실(예) 고용의 중단) 또는 만기소멸(예) 주식선택권 계약기간 만료)되는 날을 주식기준보상약정의 최종결제일로 한다.

② 최종적으로 가득되는 지분상품의 수량 또는 최종적으로 행사되는 지분상품의 수량에 기초하여 제공받는 재화나 용역을 인식한다. 만약, 후속적인 정보에 비추어 볼 때 미래에 가득될 것으로 예상되는 주식선택권의 수량이 직전 추정치와 다르다면 당해 추정치를 변경하고, 가득일에는 궁극적으로 가득된 지분상품의 수량과 일치하도록 당해 추정치를 변경한다.

③ 가득일이 지난 후에 부여했던 주식선택권이 나중에 상실되거나 만기소멸된다면 제공받은 재화나 용역에 대하여 인식한 금액을 환입한다.

④ 부여한 지분상품의 조건변경은 반영하지 아니한다. 왜냐하면, 부여한 지분상품의 조건변경은 내재가치로 측정할 때 이미 고려되기 때문이다.

⑤ 지분상품을 중도청산할 때에는 부여한 지분상품의 공정가치를 신뢰성 있게 추정할 수 있는 경우와 동일하게 다음과 같이 회계처리한다.

  a. 중도청산이 가득기간 중에 이루어지는 경우에는, 부여된 지분상품이 즉시 가득된 것으로 보아, 중도청산이 없다면 잔여가득기간에 제공받을 용역에 대해 인식될 금액을 즉시 인식한다.

  b. 중도청산 시 지급액은 자기지분상품의 재매입으로 보아 자본(주식선택권)에서 차감한다. 다만, 지급액이 재매입일 현재 지분상품의 내재가치를 초과하는 경우에는 그 초과액을 비용으로 인식한다.

> **⚡ POINT 지분상품의 공정가치를 신뢰성 있게 추정할 수 없는 경우**
>
> ① 거래상대방에게서 재화나 용역을 제공받는 날을 기준으로 지분상품을 내재가치(공정가치 - 행사가격)로 최초 측정한다. 이후 매 보고기간말과 최종결제일에 내재가치를 재측정하고 내재가치의 변동액은 당기손익으로 인식한다.
> ② 최종적으로 가득되는 지분상품의 수량 또는 최종적으로 행사되는 지분상품의 수량에 기초하여 제공받는 재화나 용역을 인식한다. 만약, 후속적인 정보에 비추어 볼 때 미래에 가득될 것으로 예상되는 주식선택권의 수량이 직전 추정치와 다르다면 당해 추정치를 변경하고, 가득일에는 궁극적으로 가득된 지분상품의 수량과 일치하도록 당해 추정치를 변경한다.

예제 8   주식결제형 주식기준보상거래: 내재가치법(K - IFRS 사례)

김포(주)는 20×1년 초에 종업원 50명에게 각각 회사주식(액면금액: ₩50)을 매입할 수 있는 주식선택권 (행사가격: ₩60, 권리행사만료일: 20×5년 말) 1,000개를 부여하고 3년의 용역제공조건을 부과하였다. 관련 자료는 다음과 같다.

(1) 부여일 현재 김포(주)는 주식선택권의 공정가치를 신뢰성 있게 측정할 수 없다고 판단하였으며, 부여일 현재 김포(주)의 주가는 ₩60이다.

(2) 20×1년 말 현재 이미 3명이 퇴사하였고 김포(주)는 20×2년과 20×3년에도 추가로 7명이 퇴사할 것으로 추정하였다. 따라서 부여한 주식선택권의 80%가 가득될 것으로 추정된다.

(3) 20×2년에 실제로 2명이 퇴사하였고, 김포(주)는 미래에 가득될 것으로 기대되는 주식선택권의 비율을 86%로 추정하였다. 그리고 20×3년에 실제로 2명이 퇴사하였고, 20×3년 말까지 총 43,000개의 주식선택권이 가득되었다.

(4) 20×1년부터 20×5년까지 김포(주)의 주가와 행사된 주식선택권의 수량은 다음과 같다. 행사된 주식선택권은 모두 회계연도 말에 행사되었다.

연도	회계연도 말 주가	행사된 주식선택권 수량
20×1년	₩63	
20×2년	₩65	
20×3년	₩75	
20×4년	₩88	6,000개
20×5년	₩100	8,000개

물음 1   김포(주)가 20×1년부터 20×5년까지 매 보고기간에 인식할 주식보상비용은 얼마인가?

물음 2   김포(주)가 주식기준보상거래와 관련하여 매 보고기간에 수행할 회계처리를 나타내시오.

해답

1. 20×1년 주식보상비용
   50,000개 × 80% × (₩63 – ₩60) × 1/3 = ₩40,000

2. 20×2년 주식보상비용
   50,000개 × 86% × (₩65 – ₩60) × 2/3 – ₩40,000 = ₩103,333

3. 20×3년 주식보상비용
   43,000개 × (₩75 – ₩60) – ₩143,333 = ₩501,667

4. 20×4년 주식보상비용
   37,000개(미행사분) × (₩88 – ₩75) + 6,000개(행사분) × (₩88 – ₩75) = ₩559,000

5. 20×5년 주식보상비용
   29,000개(미행사분) × (₩100 – ₩88) + 8,000개(행사분) × (₩100 – ₩88) = ₩444,000

물음 2

일자	회계처리			
20×1년 말	(차) 주식보상비용	40,000[1]	(대) 주식선택권	40,000
	[1] 50,000개 × 80% × (₩63 – ₩60) × 1/3 = ₩40,000			
20×2년 말	(차) 주식보상비용	103,333[1]	(대) 주식선택권	103,333
	[1] 50,000개 × 86% × (₩65 – ₩60) × 2/3 – ₩40,000 = ₩103,333			
20×3년 말	(차) 주식보상비용	501,667[1]	(대) 주식선택권	501,667
	[1] 43,000개 × (₩75 – ₩60) – ₩143,333 = ₩501,667			
20×4년 말	(차) 주식보상비용	559,000[1]	(대) 주식선택권	559,000
	(차) 현금	360,000[2]	(대) 자본금	300,000[4]
	주식선택권	168,000[3]	주식발행초과금	228,000
	[1] 37,000개(미행사분) × (₩88 – ₩75) + 6,000개(행사분) × (₩88 – ₩75) = ₩559,000			
	[2] 6,000개(행사분) × ₩60 = ₩360,000			
	[3] 6,000개(행사분) × (₩88 – ₩60) = ₩168,000			
	[4] 6,000개(행사분) × ₩50 = ₩300,000			
20×5년 말	(차) 주식보상비용	444,000[1]	(대) 주식선택권	444,000
	(차) 현금	480,000[2]	(대) 자본금	400,000[4]
	주식선택권	320,000[3]	주식발행초과금	400,000
	[1] 29,000개(미행사분) × (₩100 – ₩88) + 8,000개(행사분) × (₩100 – ₩88) = ₩444,000			
	[2] 8,000개(행사분) × ₩60 = ₩480,000			
	[3] 8,000개(행사분) × (₩100 – ₩60) = ₩320,000			
	[4] 8,000개(행사분) × ₩50 = ₩400,000			

해설

1. 드문 경우이지만 부여한 측정기준일 현재 지분상품의 공정가치를 신뢰성 있게 추정할 수 없는 경우에는 거래상대방에게서 재화나 용역을 제공받는 날을 기준으로 지분상품을 내재가치(공정가치 – 행사가격)로 최초 측정한다. 이후 매 보고기간말과 최종결제일에 내재가치를 재측정하고 내재가치의 변동액은 당기손익으로 인식한다.

2. 내재가치법으로 회계처리하는 경우에는 주식의 발행가액과 주식보상비용을 명확하게 계산하기 위하여 먼저 권리행사 시 내재가치를 재측정하는 회계처리를 수행한 후 권리행사에 대한 회계처리를 하는 것이 편리하다.

POINT 주식결제형 주식기준보상거래 요약

정의	재화나 용역의 제공대가로 주식교부			
가득조건	a. 용역제공조건 b. 성과조건 　• 비상장조건: 목표이익, 목표판매량 　• 시장조건: 목표주가			
가득기간 중 회계처리	(차) 주식보상비용	×××	(대) 주식선택권	×××
행사시점 회계처리	(차) 현금	×××	(대) 자본금 　　　주식발행초과금	××× ×××
	(차) 주식선택권	×××	(대) 주식발행초과금	×××
행사 시 자본에 미치는 영향	행사가격 × 행사주식수			
행사 시 주발초에 미치는 영향	(행사가격 + 주식선택권공정가치 – 액면금액) × 행사주식수			
보상원가 측정	최초 인식시점에 주식선택권의 공정가치를 측정하고 그 이후에는 재측정을 하지 않음			

해커스 IFRS 김원종 중급회계 하　Chapter 19　주식기준보상

Ⅲ | 현금결제형 주식기준보상거래

01 정의

현금결제형(Cash-settled) 주식기준보상거래란 기업이 재화나 용역을 제공받는 대가로 기업의 주식이나 다른 기업의 지분상품 가격에 기초한 금액만큼 현금이나 그 밖의 자산을 지급해야 하는 부채를 재화나 용역의 공급자에게 부담하는 주식기준보상거래를 말한다. 예를 들면, 기업은 특정 기간 기업의 주가 상승액에 기초하여 종업원에게 미래에 현금을 받는 권리를 획득하게 하는 주가차액보상권(Cash-settled Share Appreciation Right)을 종업원에게 부여하는 경우를 들 수 있다.

02 보상원가의 산정

현금결제형 주식기준보상거래의 경우에 제공받는 재화나 용역과 그 대가로 부담하는 부채를 부채의 공정가치로 측정한다. 또 부채가 결제될 때까지 매 보고기간말과 결제일에 부채의 공정가치를 재측정하고, 공정가치의 변동액은 당기손익으로 인식한다.

03 보상수량의 산정

가득기간에 제공받는 재화나 용역의 금액을 인식한 때 가득될 것으로 예상하는 권리의 수량에 대한 최선의 추정치에 기초하여 측정한다. 만약 후속적인 정보에 비추어 볼 때 가득될 것으로 예상하는 권리의 수량이 앞서 추정했던 권리의 수량과 다르면 추정치를 변경하며, 가득일에는 궁극적으로 가득된 권리의 수량과 같아지도록 추정치를 변경한다.

04 회계처리

(1) 가득기간 중

부여되는 즉시 가득되는 주가차액보상권의 경우, 종업원이 현금을 지급받을 자격을 얻기 위해 특정 용역제공기간을 근무해야 할 의무가 없으므로 반증이 없는 한 이미 근무용역을 제공받은 것으로 본다. 따라서 제공받는 용역과 그 대가 지급에 관한 부채를 즉시 인식한다.

(차) 주식보상비용	×××[1)	(대) 장기미지급비용	×××

[1) 부여일에 보상원가 전액을 주식보상비용으로 인식한다.

만약 거래상대방이 특정 기간에 용역을 제공하여야 부여한 주가차액보상권이 가득된다면, 제공받는 근로용역과 그 대가로 부담하는 부채는 그 용역제공기간 동안 종업원이 근로용역을 제공할 때 인식한다. 따라서 기업은 거래상대방이 가득기간 동안 용역을 제공함에 따라 회계처리하며, 그에 상응하여 부채의 증가를 인식한다.

(차) 주식보상비용	×××[1)	(대) 장기미지급비용	×××

[1) 당기 말 공정가치 × 행사예상개수 × 용역제공기간/가득기간 - 전기까지 인식한 누적주식보상비용

(2) 가득기간 이후

부채가 결제될 때까지 매 보고기간말과 결제일에 부채의 공정가치를 재측정하고, 공정가치의 변동액은 당기손익으로 인식하며, 보상원가의 변경으로 변동한 평가손익은 주식보상비용으로 회계처리한다.

(3) 권리행사 시

주가차액보상권은 권리가 행사되는 경우 내재가치(주가 - 행사가격)에 해당하는 금액을 현금으로 지급하고 미지급비용의 장부금액과의 차이는 주식보상비용으로 인식한다.

(차) 장기미지급비용	×××	(대) 현금	×××
주식보상비용	×××		

🔆 POINT 현금결제형 주식기준보상거래 요약

정의	재화나 용역의 제공대가에 대해 현금(내재가치)결제			
가득조건	주로 용역제공조건만 출제			
가득기간 중 회계처리	(차) 주식보상비용	×××	(대) 장기미지급비용	×××
행사시점 회계처리	(차) 장기미지급비용 　　　주식보상비용	××× ×××	(대) 현금	×××
보상원가 측정	매 보고기간말 주식선택권의 공정가치를 재측정하고 공정가치 변동분을 당기손익으로 인식함			

예제 9 현금결제형 주식기준보상거래(K - IFRS 사례 수정)

강남(주)는 20×1년 1월 1일 종업원 500명에게 각각 100개씩 총 50,000개의 현금결제형 주가차액보상권을 부여하고 3년의 용역제공기간을 부과하였다.

> (1) 20×1년 중 30명의 종업원이 퇴사하여 3,000개의 주가차액보상권이 소멸하였으며, 회사는 향후 2년간 추가로 60명이 퇴사할 것으로 추정하였다. 20×2년에는 예상대로 30명이 퇴사하여 3,000개의 주가차액보상권이 소멸하였고 이에 따라 20×3년에도 30명이 퇴사할 것으로 추정하였다. 그러나 20×3년에는 실제로 10명만이 퇴사하여 1,000개의 주가차액보상권이 권리소멸하였다.
>
> (2) 20×3년 말까지 계속하여 근무한 종업원은 부여받았던 주가차액보상권을 모두 가득하였다. 회사가 매 회계연도 말에 추정한 주가차액보상권의 공정가치와 각 권리행사시점의 내재가치(주가 – 행사가격)는 다음과 같다.
>
> | 회계연도 | 공정가치 | 내재가치 |
> |---|---|---|
> | 20×1년 말 | ₩90 | |
> | 20×2년 말 | ₩120 | |
> | 20×3년 말 | ₩150 | |
> | 20×4년 말 | ₩120 | ₩140 |
> | 20×5년 말 | ₩125 | ₩130 |
>
> (3) 20×4년 말에 300명의 종업원이 주가차액보상권을 행사하였으며, 나머지 130명은 20×5년 말에 전량 권리를 행사하여 현금을 지급하였다.

물음 1 현금결제형 주식기준보상거래와 관련하여 매 보고기간말에 수행할 회계처리를 나타내시오.

물음 2 현금결제형 주식기준보상거래와 관련하여 매 보고기간말에 인식할 주식보상비용은 얼마인가?

해답

물음 1

일자	회계처리			
20×1년 말	(차) 주식보상비용	1,230,000[1]	(대) 장기미지급비용	1,230,000
	[1] 100개 × (500명 - 90명) × ₩90 × 1/3 = ₩1,230,000			
20×2년 말	(차) 주식보상비용	2,050,000[1]	(대) 장기미지급비용	2,050,000
	[1] 100개 × (500명 - 90명) × ₩120 × 2/3 - ₩1,230,000 = ₩2,050,000			
20×3년 말	(차) 주식보상비용	3,170,000[1]	(대) 장기미지급비용	3,170,000
	[1] 100개 × (500명 - 70명) × ₩150 × 3/3 - ₩3,280,000 = ₩3,170,000			
20×4년 말 ① 권리행사분	(차) 장기미지급비용	4,500,000[1]	(대) 현금	4,200,000[2]
			주식보상비용	300,000
② 미행사분	(차) 장기미지급비용	390,000[3]	(대) 주식보상비용	390,000
	[1] 30,000개(권리행사분) × ₩150 = ₩4,500,000			
	[2] 30,000개(권리행사분) × ₩140 = ₩4,200,000			
	[3] 13,000개(미행사분) × (₩120 - ₩150) = ₩(390,000)			
20×5년 말 ① 권리행사분	(차) 장기미지급비용	1,560,000[1]	(대) 현금	1,690,000[2]
	주식보상비용	130,000		
	[1] 13,000개(권리행사분) × ₩120 = ₩1,560,000			
	[2] 13,000개(권리행사분) × ₩130 = ₩1,690,000			

물음 2

1. 20×1년 주식보상비용
   100개 × (500명 - 90명) × ₩90 × 1/3 = ₩1,230,000

2. 20×2년 주식보상비용
   100개 × (500명 - 90명) × ₩120 × 2/3 - ₩1,230,000 = ₩2,050,000

3. 20×3년 주식보상비용
   100개×(500명 - 70명) × ₩150 × 3/3 - ₩3,280,000 = ₩3,170,000

4. 20×4년 주식보상비용환입
   30,000개(권리행사분) × (₩140 - ₩150) + 13,000개(미행사분) × (₩120 - ₩150) = ₩(690,000)

5. 20×5년 주식보상비용
   13,000개(권리행사분) × (₩130 - ₩120) = ₩130,000

⊘ 참고 **현금결제형 주식기준보상거래 행사시점의 주식보상비용**

현금결제형 주식기준보상거래가 가득이 된 후 행사시점에 일부만 행사되면 주식보상비용을 계산하기가 까다롭다. 위의 분개를 참고하여 다음과 같이 계산하면 편리하다.

주식보상비용: ① + ②
① 권리행사분: (내재가치 - 기초공정가치) × 권리행사수량
② 미행사분: (기말공정가치 - 기초공정가치) × 미행사수량

선택형 주식기준보상거래란 기업이 제공받는 재화나 용역에 대한 대가의 결제방식으로, 기업 또는 재화나 용역의 공급자가 약정에 따라 현금지급이나 지분상품발행 중 하나를 선택할 수 있는 거래를 말한다. 기업이나 거래상대방이 결제방식으로 현금지급이나 기업의 지분상품발행 중 하나를 선택할 수 있는 주식기준보상거래의 경우에 해당 거래나 거래의 일부 요소에 대하여, 기업이 현금이나 그 밖의 자산으로 결제해야 하는 부채를 부담하는 부분만큼만 현금결제형 주식기준보상거래로 회계처리하고, 그러한 부채를 부담하지 않는 부분은 주식결제형 주식기준보상거래로 회계처리한다. 선택형 주식기준보상거래는 거래상대방이 결제방식을 선택할 수 있는 경우와 기업이 결제방식을 선택할 수 있는 경우에 따라 회계처리가 구분된다. 이와 관련된 내용은 다음과 같다.

01. 거래상대방이 결제방식을 선택할 수 있는 경우

기업이 거래상대방에게 주식기준보상거래를 현금[2]이나 지분상품발행으로 결제 받을 수 있는 선택권을 부여한 경우에는, 부채요소(거래상대방의 현금결제요구권)와 자본요소(거래상대방의 지분상품결제요구권)가 포함된 복합금융상품을 부여한 것으로 본다.

(1) 보상원가의 산정

종업원이 아닌 자와의 주식기준보상거래에서 제공받는 재화나 용역의 공정가치를 직접 측정하는 경우에는, 복합금융상품 중 자본요소는 재화나 용역이 제공되는 날 현재 재화나 용역의 공정가치와 부채요소의 공정가치의 차이로 측정한다.

> 자본요소 = 재화나 용역의 공정가치(복합금융상품의 공정가치) - 부채요소 공정가치

종업원과의 주식기준보상거래를 포함하여 제공받는 재화나 용역의 공정가치를 직접 측정할 수 없는 거래에서는, 현금이나 지분상품에 부여된 권리의 조건을 고려하여 측정기준일 현재 복합금융상품의 공정가치를 측정한다.

---

2) '현금'은 기업의 다른 자산까지 포함한다.

(2) 회계처리

① 가득기간 중

부여한 복합금융상품의 대가로 제공받는 재화나 용역은 각각의 부채요소와 자본요소의 구성요소별로 구분하여 회계처리한다.

a. 부채요소는 현금결제형 주식기준보상거래와 동일하게 거래상대방에게서 재화나 용역을 제공받을 때 제공받는 재화나 용역과 그 대가로 부담하는 부채를 인식한다.

b. 자본요소가 있는 경우에는 자본요소에 대하여는 주식결제형 주식기준보상거래와 동일하게 거래상대방에게서 재화나 용역을 제공받을 때 제공받는 재화나 용역과 그에 상응하여 자본항목의 증가를 인식한다.

(차) 주식보상비용	×××	(대) 장기미지급비용	×××
		주식선택권 or 미가득주식	

② 권리행사 시

a. 기업이 결제일에 현금을 지급하는 대신에 지분상품을 발행하는 주식결제방식을 선택한 경우에는 부채를 발행되는 지분상품의 대가로 보아 자본항목으로 직접 대체한다. 따라서 부채요소와 자본요소로 인식한 금액의 합계액이 주식발행금액으로 대체된다.

(차) 장기미지급비용	×××	(대) 자본금	×××
현금	×××	주식발행초과금	×××
주식선택권 or 미가득주식	×××		

b. 기업이 결제할 때 지분상품을 발행하는 대신 현금을 지급하는 현금결제방식을 선택한 경우에는 현금지급액은 모두 부채의 상환액으로 보며, 이미 인식한 자본요소는 계속 자본으로 분류한다. 거래상대방은 현금을 받기로 선택함으로써 지분상품을 받을 권리를 상실하지만 자본계정 간 대체 곧, 한 자본계정에서 다른 자본계정으로 대체하는 것을 금지하지 않으므로 자본항목으로 분류할 수 있다.

(차) 장기미지급비용	×××	(대) 현금	×××
주식보상비용	×××		
(차) 주식선택권 or 미가득주식	×××	(대) 주식선택권소멸이익 or 미가득주식소멸이익	×××

(주)김포는 20×1년 초에 종업원에게 가상주식 1,000주(주식 1,000주에 상당하는 현금지급에 대한 권리)와 주식 1,200주를 선택할 수 있는 권리를 부여하였다. 각 권리는 종업원이 3년간 근무할 것을 조건으로 한다. 종업원이 주식 1,200주를 제공받는 결제방식을 선택하는 경우에는 주식을 가득일 이후 3년간 보유하여야 하는 제한이 있다. 부여일에 기업의 주가는 단위당 ₩50이다. 20×1년도, 20×2년도 및 20×3년도 말의 주가는 각각 ₩52, ₩55 및 ₩60이다. 기업은 부여일 이후 3년 동안 배당금을 지급할 것으로 예상하지 않는다. 기업은 가득 이후 양도제한의 효과를 고려할 때 주식 1,200주를 제공받는 결제방식의 부여일 공정가치가 주당 ₩48이라고 추정하였다. 20×3년도 말에 종업원은 다음을 선택할 수 있다.

- (상황 1) – 현금결제방식
- (상황 2) – 주식결제방식

물음1 (주)김포가 가득기간 중의 인식할 주식보상비용을 계산하고, 가득기간 중의 회계처리를 나타내시오.

물음2 (주)김포가 20×4년 초에 현금결제방식을 선택하여 권리를 행사한 경우 필요한 회계처리를 나타내시오.

물음3 (주)김포가 20×4년 초에 주식결제방식을 선택하여 권리를 행사한 경우 필요한 회계처리를 나타내시오. (단, 주당 액면금액은 ₩50이다)

해답 물음 1

1. 부여일 현재 주식결제방식의 공정가치는 ₩57,600(= 1,200주 × ₩48)이고, 현금결제방식의 공정가치는 ₩50,000(= 1,000주 × ₩50)이다. 따라서 복합금융상품 내 자본요소의 공정가치는 ₩7,600(= ₩57,600 − ₩50,000)이다.

2. 각 연도별 주식보상비용

연도	계산방법	비용	자본	부채
20×1년	부채요소: 1,000주 × ₩52 × 1/3 =	₩17,333		₩17,333
	자본요소: ₩7,600 × 1/3 =	₩2,533	₩2,533	
20×2년	부채요소: 1,000주 × ₩55 × 2/3 − ₩17,333 =	₩19,333		₩19,333
	자본요소: ₩7,600 × 1/3 =	₩2,533	₩2,533	
20×3년	부채요소: 1,000주 × ₩60 × 3/3 − ₩36,666 =	₩23,334		₩23,334
	자본요소: ₩7,600 × 1/3 =	₩2,534	₩2,534	
20×4년 초	상황 1: 현금지급 ₩60,000		₩7,600	₩(60,000)
	상황 1 합계	₩67,600		₩0
	상황 2: 주식 1,200주 발행		₩60,000	₩(60,000)
	상황 2 합계	₩67,600	₩67,600	₩0

① 20×1년 주식보상비용: ₩17,333 + ₩2,533 = ₩19,866
② 20×2년 주식보상비용: ₩19,333 + ₩2,533 = ₩21,866
③ 20×3년 주식보상비용: ₩23,334 + ₩2,534 = ₩25,868

3. 회계처리

일자	회계처리				
20×1년 말	(차) 주식보상비용	19,866	(대) 장기미지급비용(부채)		17,333
			미가득주식(자본)		2,533
20×2년 말	(차) 주식보상비용	21,866	(대) 장기미지급비용(부채)		19,333
			미가득주식(자본)		2,533
20×3년 말	(차) 주식보상비용	25,868	(대) 장기미지급비용(부채)		23,334
			미가득주식(자본)		2,534

물음 2

현금결제방식을 선택한 경우 회계처리

일자	회계처리				
20×4년 초	(차) 장기미지급비용	60,000	(대) 현금		60,000
	(차) 미가득주식	7,600	(대) 미가득주식소멸이익(자본)		7,600

물음 3

주식결제방식을 선택한 경우 회계처리

일자	회계처리				
20×4년 초	(차) 장기미지급비용	60,000	(대) 자본금		60,000[1]
	(차) 미가득주식	7,600	(대) 주식발행초과금		7,600
	[1] 1,200주 × ₩50 = ₩60,000				

02. 기업이 결제방식을 선택할 수 있는 경우

기업이 현금이나 지분상품발행으로 결제할 수 있는 선택권을 갖는 조건이 있는 주식기준보상거래의 경우에는, 현금을 지급해야 하는 현재의무가 있는지를 결정하고 그에 따라 주식기준보상거래를 회계처리한다. 다음 중 어느 하나에 해당하는 경우에는 현금을 지급해야 하는 현재의무가 있는 것으로 본다.

---

① 지분상품을 발행하여 결제하는 선택권에 상업적 실질이 없는 경우 (예) 법률에 따른 주식발행의 금지
② 현금으로 결제한 과거의 실무관행이 있거나 현금으로 결제한다는 방침이 명백한 경우
③ 거래상대방이 현금결제를 요구할 때마다 일반적으로 기업이 이를 수용하는 경우

---

(1) 현금을 지급해야 할 현재의무가 있는 경우

현금을 지급해야 하는 현재의무가 있는 경우에는 현금결제형 주식기준보상거래로 보아 회계처리한다.

(2) 현금을 지급해야 할 현재의무가 없는 경우

현금을 지급해야 하는 현재의무가 없는 경우에는 주식결제형 주식기준보상거래로 보아 회계처리한다. 다만, 결제하는 경우에는 다음과 같이 회계처리한다.

① 기업이 현금결제를 선택하는 경우: 자기지분상품의 재매입으로 보아 현금지급액을 자본에서 차감한다.
② 기업이 지분상품을 발행하여 결제하기로 하는 경우: 아래 ③의 경우를 제외하고는 별도의 회계처리를 하지 아니한다. 다만 필요하다면 한 자본계정에서 다른 자본계정으로 대체는 가능하다.
③ 기업이 결제일에 더 높은 공정가치를 가진 결제방식을 선택하는 경우: 초과 결제가치를 추가 비용으로 인식한다. 이때 초과 결제가치는 실제로 지급한 금액이 주식결제방식을 선택할 때 발행하여야 하는 지분상품의 공정가치를 초과하는 금액이거나 실제로 발행한 지분상품의 공정가치가 현금결제방식을 선택할 때 지급하여야 하는 금액을 초과하는 금액이다.

⚡POINT 선택형 주식기준보상거래

구분		회계처리
거래상대방이 결제방식을 선택할 수 있는 경우		복합금융상품을 부여한 것으로 봄
기업이 결제방식을 선택할 수 있는 경우	현금을 지급해야 하는 현재의무가 있는 경우	현금결제형 주식기준보상거래로 보아 회계처리
	현금을 지급해야 하는 현재의무가 없는 경우	주식결제형 주식기준보상거래로 보아 회계처리

보론 2 | 부여한 주식에 현금결제선택권이 후속적으로 추가된 경우

기업의 종업원과 주식결제형 주식기준보상거래를 통하여 부여한 주식에 현금결제선택권이 후속적으로 추가된 경우가 발생할 수 있다. 이와 관련된 회계처리는 다음과 같다.

(1) 기업이 지분상품을 부여한 당시의 조건을 변경하는지, 부여한 지분상품을 취소하거나 중도청산하는지 여부와 관계없이 제공받는 근무용역은 최소한 지분상품의 부여일 당시의 공정가치에 따라 인식하여야 한다. 따라서 기업은 용역제공기간에 걸쳐 제공받는 근무용역을 부여일 당시 주식의 공정가치에 따라 인식해야 한다.

(2) 기업이 현금결제선택권이 추가되어 현금으로 결제할 의무를 부담하게 되는 경우에는 기업은 조건변경일 현재 주식의 공정가치와 당초 특정된 근무용역을 제공받은 정도에 기초하여 조건변경일에 현금으로 결제될 부채를 인식한다. 또한 기업은 각 보고일과 결제일에 부채의 공정가치를 재측정하고 그 공정가치 변동을 그 기간의 당기손익으로 인식한다.

⚡ POINT 부여한 주식에 현금결제선택권이 후속적으로 추가된 경우

보상원가의 산정	기업은 용역제공기간에 걸쳐 제공받는 근무용역을 부여일 당시 주식의 공정가치에 따라 인식
조건변경일의 장기미지급비용(부채)	조건변경일 현재 주식의 공정가치와 당초 특정된 근무용역을 제공받은 정도에 기초하여 조건변경일에 현금으로 결제될 부채를 인식
조건변경일 이후 장기미지급비용(부채)	부채의 공정가치를 재측정하고 그 공정가치 변동을 그 기간의 당기손익으로 인식

강남(주)는 20×1년 초에 고위임원 1명에게 3년간 근무할 것을 조건으로 공정가치가 주당 ₩33인 주식 10,000주(액면금액: ₩10)를 부여하였다. 20×2년 말에 강남(주)의 주가는 ₩25으로 하락하였다. 동 일자로 강남(주)는 당초 부여한 주식에 현금결제선택권을 추가하여 이 임원은 가득일에 선택적으로 주식 10,000주를 수취하거나 10,000주에 상당하는 현금을 수취할 수 있게 되었다. 가득일의 주가는 ₩22이다.

강남(주)가 가득기간 중의 인식할 주식보상비용을 계산하고, 가득기간 중의 회계처리를 나타내시오.

해답 1. 각 연도별 주식보상비용

연도	계산방법	비용	자본	부채
20×1년	당기 보상비용: 10,000주 × ₩33 × 1/3 =	110,000	110,000	
20×2년	당기 보상비용: (10,000주 × ₩33 × 2/3) - ₩110,000 =	110,000	110,000	
	자본에서 부채로 재분류: 10,000주 × ₩25 × 2/3 =		(166,667)	166,667
20×3년	당기 보상비용: (10,000주 × ₩33 × 3/3) - ₩220,000 =	110,000	26,667[1]	83,333[2]
	부채를 결제일의 공정가치로 조정:			
	(₩22 × 10,000주) - (₩166,667 + ₩83,333)	(30,000)		(30,000)
	합계	300,000	80,000	220,000

[1] 10,000주 × (₩33 - ₩25) × 3/3 - ₩53,333 = ₩26,667
[2] 10,000주 × ₩25 × 3/3 - 10,000주 × ₩25 × 2/3 = ₩83,333

① 20×1년 주식보상비용: ₩110,000
② 20×2년 주식보상비용: ₩110,000
③ 20×3년 주식보상비용: ₩110,000 - ₩30,000 = ₩80,000

2. 회계처리

일자	회계처리			
20×1년 말	(차) 주식보상비용	110,000	(대) 미가득주식	110,000
20×2년 말	(차) 주식보상비용	110,000	(대) 미가득주식	110,000
	미가득주식	166,667	장기미지급비용	166,667
20×3년 말	(차) 주식보상비용	110,000[1]	(대) 미가득주식	110,000
	(차) 미가득주식	83,333[2]	(대) 장기미지급비용	83,333
	(차) 장기미지급비용	30,000[3]	(대) 주식보상비용	30,000

[1] 10,000주 × ₩33 × 3/3 - ₩220,000 = ₩110,000
[2] 10,000주 × ₩25 × 3/3 - 10,000주 × ₩25 × 2/3 = ₩83,333
[3] 10,000주 × (₩25 - ₩22) × 3/3 = ₩30,000

보론3 | 현금결제형에서 주식결제형으로의 조건변경

현금결제형에서 주식결제형 주식기준보상거래로 분류를 바꾸는 조건변경의 회계처리는 다음과 같이 처리해야 한다.

(1) 조건변경일부터 주식선택권을 조건변경일 현재 공정가치에 기초하여 측정하고, 조건변경일에 주식선택권을 종업원이 용역을 제공한 만큼 자본으로 인식한다.

(2) 조건변경일에 주가차액보상권 관련 부채를 제거한다.

(3) 조건변경일에 제거된 부채의 장부금액과 인식된 자본금액의 차이는 즉시 당기손익으로 인식한다. 조건변경일의 회계처리의 예시는 다음과 같다.

(차) 장기미지급비용	×××	(대) 주식선택권	×××[1]
주식보상비용	×××		

[1] 조건변경일 현재 공정가치 × 용역을 제공한 비율

⚡ POINT 현금결제형에서 주식결제형으로의 조건변경

구분	회계처리
조건변경일의 주식선택권(자본)	조건변경일 현재 공정가치에 기초하여 측정하여 자본으로 인식
조건변경일의 장기미지급비용(부채)	주가차액보상권 관련 부채를 제거
조건변경일의 주식보상비용(당기손익)	① 장부금액과 인식된 자본금액의 차이는 즉시 당기손익으로 인식 ② 조건변경일의 주식선택권 - 조건변경일의 장기미지급비용 = 당기손익

강남(주)는 20×1년 초 1월 1일에 종업원 100명에게 앞으로 4년간 근무할 것을 조건으로 각각 주가차액보상권 100개씩을 부여하였다.

(1) 20×2년 12월 31일 강남(주)은 주가차액보상권을 취소하고 그 대신 종업원에게 앞으로 2년간 근무할 것을 조건으로 주식선택권 100개씩을 부여하였다. 모든 종업원이 요구되는 용역을 제공할 것으로 예상하였으며 실제 퇴사한 인원은 없다.

(2) 강남(주)의 권리부여일과 매 보고기간말에 추정한 주식선택권의 단위당 공정가치와 주가차액보상권의 단위당 공정가치는 다음과 같다.

연도	주가차액보상권의 공정가치	주식선택권의 공정가치
20×1년 초	₩100	₩100
20×1년 말	₩100	₩120
20×2년 말	₩120	₩132
20×3년 말	₩130	₩140
20×4년 말	₩140	₩150

강남(주)가 가득기간 중의 인식할 주식보상비용을 계산하고, 가득기간 중의 회계처리를 나타내시오.

해답 1. 각 연도별 주식보상비용

연도	계산방법	(차)비용	누적비용	(대)자본	(대)부채
20×1년	100명 × 100개 × ₩100 × 1/4 =	₩250,000	₩250,000	₩0	₩250,000
20×2년	조건변경 전 재측정 100명 × 100개 × ₩120 × 2/4 − ₩250,000 =	₩350,000	₩600,000	₩0	₩350,000
	조건변경일에 부채 제거, 자본의 공정가치와 결제 효과 ₩60,000 인식 (100명 × 100개 × ₩132 × 2/4) − (100명 × 100개 × ₩120 × 2/4) =	₩60,000	₩660,000	₩660,000	₩(600,000)
20×3년	100명 × 100개 × ₩132 × 3/4 − ₩660,000 =	₩330,000	₩990,000	₩330,000	₩0
20×4년	100명 × 100개 × ₩132 × 4/4 − ₩990,000 =	₩330,000	₩1,320,000	₩330,000	₩0
	합계	₩1,320,000		₩1,320,000	₩0

① 20×1년 주식보상비용: ₩250,000
② 20×2년 주식보상비용: ₩350,000 + ₩60,000 = ₩410,000
③ 20×3년 주식보상비용: ₩330,000
④ 20×4년 주식보상비용: ₩330,000

2. 회계처리

일자	회계처리			
20×1년 말	(차) 주식보상비용	250,000	(대) 장기미지급비용	250,000
20×2년 말	(차) 주식보상비용	350,000	(대) 장기미지급비용	350,000
	(차) 장기미지급비용 주식보상비용	600,000[1] 60,000	(대) 주식선택권	660,000[2]
	[1] ₩250,000 + ₩350,000 = ₩600,000 [2] 100명 × 100개 × ₩132 × 2/4 = ₩660,000			
20×3년 말	(차) 주식보상비용	330,000	(대) 주식선택권	330,000
20×4년 말	(차) 주식보상비용	330,000	(대) 주식선택권	330,000

해설 1. 20×2년 말 조건변경일부터 주식선택권을 조건변경일 현재 공정가치에 기초하여 측정하고, 조건변경일에 주식선택권을 종업원이 용역을 제공한 만큼 자본으로 인식한다.
2. 20×2년 말 조건변경일에 주가차액보상권 관련 부채를 제거한다.
3. 20×2년 말 조건변경일에 제거된 부채의 장부금액과 인식된 자본금액의 차이는 즉시 당기손익으로 인식한다.

O, X 연습문제

01 종업원 및 유사용역제공자와의 주식기준보상거래에서는 기업이 거래상대방에게서 재화나 용역 (O, X)
을 제공받는 날을 측정기준일로 한다.

02 제공받는 재화나 용역의 공정가치를 신뢰성 있게 추정할 수 있다면, 제공받는 재화나 용역과 그 (O, X)
에 상응하는 자본의 증가를 제공받는 재화나 용역의 공정가치로 직접 측정한다.

03 제공받는 재화나 용역의 공정가치를 신뢰성 있게 추정할 수 없다면, 제공받는 재화나 용역과 그 (O, X)
에 상응하는 자본의 증가는 부여한 지분상품의 공정가치에 기초하여 간접 측정한다.

04 가득된 지분상품이 추후 상실되거나 주식선택권이 행사되지 않은 경우에도 종업원에게서 제공받 (O, X)
은 근무용역에 대해 인식한 금액을 환입한다.

정답 및 해설

01	X	종업원 및 유사용역제공자에게서 제공받는 용역의 공정가치는 일반적으로 신뢰성 있게 추정할 수 없어, 부여한 지분상품의 공정가치에 기초하여 측정한다. 부여한 지분상품의 공정가치는 부여일 기준으로 측정한다.
02	O	
03	O	
04	X	가득된 지분상품이 추후 상실되거나 주식선택권이 행사되지 않은 경우에도 종업원에게서 제공받은 근무용역에 대해 인식한 금액을 환입하지 아니한다.

05 시장조건이 있는 지분상품을 부여한 경우에는 그러한 시장조건이 달성되는지 여부와 관계없이 **(O, X)**
다른 모든 가득조건을 충족하는 거래상대방으로부터 제공받는 재화나 용역을 인식한다.

06 현금결제형 주식기준보상거래는 제공받는 재화나 용역을 공정가치로 측정하여 부채로 분류하고, **(O, X)**
부채가 결제될 때까지 매 보고기간말과 결제일에 부채의 공정가치를 재측정하고 공정가치 변동
액은 당기손익으로 인식한다.

07 기업이 현금이나 지분상품발행으로 결제할 수 있는 선택권을 갖는 조건이 있는 주식기준보상거 **(O, X)**
래의 경우, 부채요소와 자본요소를 각각 별도로 회계처리한다.

정답 및 해설

05 O

06 O

07 X 기업이 현금이나 지분상품발행으로 결제할 수 있는 선택권을 갖는 조건이 있는 주식기준보상거래의 경우, 현금지급의 현재의무가
있으면 현금결제형 주식기준보상거래로 보고 현금지급의 현재의무가 없으면 주식결제형 주식기준보상거래로 보아 회계처리한다.

01 (주)백두는 20×1년 1월 1일에 판매부서 직원 20명에게 2년 용역제공조건의 주식선택권을 1인당 1,000개씩 부여하였다. 주식선택권의 행사가격은 단위당 ₩1,000이나, 만약 2년 동안 연평균 판매량이 15% 이상 증가하면 행사가격은 단위당 ₩800으로 인하된다. 부여일 현재 주식선택권의 단위당 공정가치는 행사가격이 단위당 ₩1,000일 경우에는 ₩500으로, 행사가격이 단위당 ₩800일 경우에는 ₩600으로 추정되었다. 20×1년의 판매량이 18% 증가하여 연평균 판매량 증가율은 달성가능할 것으로 예측되었다. 그러나 20×2년의 판매량 증가율이 6%에 그쳐 2년간 판매량은 연평균 12% 증가하였다. 한편 20×1년 초에 (주)백두는 20×2년 말까지 총 5명이 퇴직할 것으로 예상하였고 이러한 예상에는 변동이 없었으나, 실제로는 20×1년에 1명, 20×2년에 3명이 퇴직하여 총 4명이 퇴사하였다. 동 주식기준보상과 관련하여 (주)백두가 20×2년도 포괄손익계산서상에 인식할 보상비용은 얼마인가?   [2013 공인회계사 1차]

① ₩3,500,000   ② ₩3,800,000   ③ ₩4,000,000
④ ₩4,500,000   ⑤ ₩5,100,000

02 (주)한국은 20×1년 1월 1일 현재 근무하고 있는 임직원 10명에게 20×3년 12월 31일까지 의무적으로 근무하는 것을 조건으로 각각 주식선택권 10개씩을 부여하였다. 20×1년 1월 1일 현재 (주)한국이 부여한 주식선택권의 단위당 공정가치는 ₩1,000이다. 부여된 주식선택권의 행사가격은 단위당 ₩15,000이고, 동 주식의 주당 액면금액은 ₩10,000이다. 각 연도 말 주식선택권의 단위당 공정가치는 다음과 같다.

20×1년 말	20×2년 말	20×3년 말
₩1,000	₩1,200	₩1,500

주식선택권 부여일 현재 임직원 중 10%가 3년 이내에 퇴사하여 주식선택권을 상실할 것으로 추정하였으나, 각 연도 말의 임직원 추정 퇴사비율 및 실제 퇴사비율은 다음과 같다.

20×1년 말	20×2년 말	20×3년 말
16%(추정)	16%(추정)	13%(실제)

가득기간 종료 후인 20×3년 말에 주식선택권 50개의 권리가 행사되어 (주)한국은 보유하고 있던 자기주식(취득원가 ₩700,000)을 교부하였다. 주식선택권의 회계처리가 (주)한국의 20×3년 당기순이익과 자본총계에 미치는 영향은 각각 얼마인가? [2015 공인회계사 1차]

	당기순이익	자본총계
①	₩31,000 감소	₩750,000 증가
②	₩31,000 감소	₩781,000 증가
③	₩31,000 감소	₩850,000 증가
④	₩63,300 감소	₩750,000 증가
⑤	₩63,300 감소	₩813,300 증가

03 (주)대전은 20×1년 1월 1일에 종업원 6,000명에게 주식선택권을 100개씩 부여하였다. 동 주식선택권은 종업원이 앞으로 3년간 용역을 제공할 경우 가득된다. 20×1년 1월 1일 현재 (주)대전이 부여한 주식선택권의 단위당 공정가치는 ₩10이며, 각 연도 말 주식선택권의 단위당 공정가치는 다음과 같다.

20×1년 12월 31일	20×2년 12월 31일	20×3년 12월 31일
₩12	₩16	₩23

(주)대전은 주식선택권을 부여받은 종업원 중 퇴사할 종업원은 없다고 추정하였다. 20×3년 1월 1일에 (주)대전은 종업원과의 협의하에 주식선택권을 단위당 현금 ₩20에 중도청산하였다. 중도청산일까지 퇴사한 종업원은 없다. 20×3년 1월 1일에 (주)대전의 주식선택권의 중도청산과 관련하여 발생한 비용과 자본에 미치는 영향은 얼마인가? (단, 동 주식선택권의 20×2년 12월 31일과 20×3년 1월 1일의 공정가치는 같다고 가정한다)　　　　　　　　　　　[2010 공인회계사 1차]

	비용에 미치는 영향	자본에 미치는 영향
①	₩4,400,000 증가	₩4,400,000 감소
②	₩4,400,000 증가	₩12,000,000 감소
③	₩6,000,000 증가	₩12,000,000 감소
④	₩6,000,000 감소	₩12,000,000 증가
⑤	₩9,600,000 증가	₩9,600,000 증가

04 12월 말 결산법인인 한 회사는 20×2년 1월 1일 현재 근무 중인 임원에게 권리행사일의 주가가 행사가격을 초과하는 경우 그 차액을 현금으로 지급하기로 하는 현금결제형 주가차액보상권 100개를 아래의 조건으로 부여하였으며, 20×4년 말 전량 가득되었다.

- 기본조건: 20×4년 12월 31일까지 의무적으로 근무할 것
- 행사기간: 20×5년 1월 1일부터 20×8년 12월 31일까지

매년 말 주가차액보상권의 공정가치 및 내재가치는 다음과 같고 임원은 동 권리를 20×6년 12월 31일에 전량 행사하였다.

	20×2년 12월 31일	20×3년 12월 31일	20×4년 12월 31일	20×5년 12월 31일	20×6년 12월 31일
공정가치	₩6	₩3	₩6	₩4	₩6
내재가치	₩5	₩2	₩5	₩3	₩8

20×3 회계연도 및 20×6 회계연도의 포괄손익계산서상 주식보상비용은 각각 얼마인가?

[2006 세무사 1차]

	20×3 회계연도	20×6 회계연도
①	₩0	₩200
②	₩0	₩400
③	₩50	₩200
④	₩50	₩400
⑤	₩50	₩800

05 유통업을 영위하는 (주)대한은 20×1년 1월 1일에 종업원 100명에게 각각 3년의 용역제공조건과 함께 주식선택권을 부여하고, 부여일 현재 주식선택권의 단위당 공정가치를 ₩300으로 추정하였다. 가득되는 주식선택권 수량은 연평균 매출액증가율에 따라 결정되며, 그 조건은 다음과 같다.

연평균 매출액증가율	1인당 가득되는 주식선택권 수량
10% 미만	0개 (가득되지 않음)
10% 이상 15% 미만	150개
15% 이상	200개

20×1년의 매출액증가율은 15%이었으며, 20×3년까지 동일한 증가율이 유지될 것으로 예상하였다. 20×2년의 매출액증가율은 11%이었으며 20×3년에도 11%로 예상하였다. 그러나, 20×3년의 매출액증가율은 1%에 불과하여 최종적으로 가득요건을 충족하지 못하였다. 주식기준보상약정을 체결한 종업원 모두가 20×3년 말까지 근무할 것으로 예측하였고, 이 예측은 실현되었다.

(주)대한의 주식기준보상거래에 대한 회계처리가 20×3년도 당기순이익에 미치는 영향은 얼마인가?

[2023 공인회계사 1차]

① ₩3,000,000 감소   ② ₩1,000,000 감소   ③ ₩0 (영향 없음)

④ ₩1,000,000 증가   ⑤ ₩3,000,000 증가

정답 및 해설

정답

01 ①   02 ①   03 ②   04 ②   05 ⑤

해설

01 ① 1. 매 보고기간말 주식보상비용

보고기간	주식선택권(B/S)	주식보상비용(I/S)
20×1년	① ₩600 × (20명 - 5명) × 1,000개 × 1/2 = ₩4,500,000	① - 0 = ₩4,500,000
20×2년	② ₩500 × (20명 - 4명) × 1,000개 × 2/2 = ₩8,000,000	② - ① = ₩3,500,000

2. 성과조건의 달성 여부에 따라 행사가격을 다르게 주식선택권이 부여될 수 있으며, 행사가격에 따라 부여일에 주식선택권의 공정가치의 차이가 발생할 수 있다. 이러한 경우에는 주식선택권의 권리부여일에 성과조건의 달성 여부를 고려한 행사가격을 기초로 하여 주식선택권의 가치를 추정하여야 한다. 권리부여일 이후에 성과조건의 달성 여부를 반영한 행사가격이 변경되면 변경된 주식선택권의 공정가치를 적용하여 주식보상비용을 매 보고기간말에 인식한다.

02 ① 1. 매 보고기간말 주식보상비용

보고기간	주식선택권(B/S)	주식보상비용(I/S)
20×1년	① ₩1,000 × 10명 × 84% × 10개 × 1/3 = ₩28,000	① - 0 = ₩28,000
20×2년	② ₩1,000 × 10명 × 84% × 10개 × 2/3 = ₩56,000	② - ① = ₩28,000
20×3년	③ ₩1,000 × 10명 × 87% × 10개 × 3/3 = ₩87,000	③ - ② = ₩31,000

∴ 당기순이익: ₩31,000 감소

2. 20×3년 말 회계처리

구분	회계처리			
20×3년 말	(차) 주식보상비용	31,000	(대) 주식선택권	31,000
	(차) 주식선택권	50,000[1]	(대) 자기주식	700,000
	현금	750,000[2]	자기주식처분이익	100,000

[1] ₩87,000 × 50개/87개 = ₩50,000
[2] 50개 × ₩15,000 = ₩750,000

∴ 자본에 미치는 영향: 현금납입액 ₩750,000 증가

1. 자본에 미치는 영향을 고려할 때, 당기순이익이 주어지지 않는 문제의 경우에는 수익과 비용도 고려하여야 한다. 수익과 비용은 이익잉여금을 통하여 자본에 영향을 미치기 때문이다.
2. 본 문제의 경우 10명의 종업원의 실제 퇴사율이 13%로 문제에 제시되어 1.3명이 실제 퇴사한 인원이 되는 문제자료에 오류가 있는 문제이다. 그러나 저자가 이의제기를 신청하였으나 통과되지 않았으므로 되도록 시험에서는 문제에 제시된 자료대로 문제를 푸는 것이 가장 안전하다.

03 ② 1. 회계처리

구분	회계처리			
20×3년 초	(차) 주식보상비용	2,000,000[1]	(대) 주식선택권	2,000,000
	(차) 주식선택권	6,000,000[2]	(대) 현금	12,000,000
	주식보상비용	2,400,000[3]		
	주식선택권중도청산손실	3,600,000[4]		

[1] 6,000명 × 100개 × ₩10 × 1/3 = ₩2,000,000
[2] 6,000명 × 100개 × ₩10 = ₩6,000,000
[3] 6,000명 × 100개 × (₩20 - ₩16) = ₩2,400,000
[4] ₩12,000,000 - ₩6,000,000 - ₩2,400,000 = ₩3,600,000(대차차액)

2. 비용 및 자본에 미치는 영향
① 비용에 미치는 영향: ₩2,000,000 + ₩2,400,000 = ₩4,400,000 증가
② 자본에 미치는 영향: ₩6,000,000 + ₩3,600,000 + ₩2,400,000 = ₩12,000,000 감소

04 ② 1. 20×2년 주식보상비용: 100개 × ₩6 × 1/3 = ₩200
2. 20×3년 주식보상비용: 100개 × ₩3 × 2/3 - ₩200 = ₩0
3. 20×4년 주식보상비용: 100개 × ₩6 × 3/3 - ₩200 = ₩400
4. 20×5년 주식보상비용: 100개 × ₩4 × 3/3 - ₩600 = ₩(200)
5. 20×6년 주식보상비용: 100개 × ₩8 × 3/3 - ₩400 = ₩400

05 ⑤ 1. 각 연도별 주식보상비용

보고기간	주식선택권(B/S)	주식보상비용(I/S)
20×1년	① ₩300 × 100명 × 200개 × 1/3 = ₩2,000,000	① - 0 = ₩2,000,000
20×2년	② ₩300 × 100명 × 150개 × 2/3 = ₩3,000,000	② - ① = ₩1,000,000
20×3년	③ ₩300 × 100명 × 0개 × 3/3 = ₩0	③ - ② = ₩(3,000,000) 환입

2. 가득기간은 성과조건이 충족되는 시점에 따라 변경되는 경우가 있다. 성과조건이 비시장조건인 경우에는 기업은 기대가득기간을 추정할 때 가장 실현 가능성이 높은 성과에 기초하여야 하며, 만약 후속적인 정보에 비추어 볼 때 기대가득기간이 종전 추정치와 다르다면 추정치를 변경하여야 한다.

Chapter 19
주관식 연습문제

주식결제형 주식기준보상거래: 조건변경 및 중도청산

01 12월 말 결산법인인 (주)영광은 20×1년 초에 임직원 100명에게 각각 10개의 주식선택권을 부여하였다. 이 주식선택권은 부여일로부터 4년간 근무할 것을 조건으로 하며, 행사가격은 ₩500이다. (주)영광의 임직원의 퇴사 인원수에 관한 자료는 아래 표와 같다.   [2011 공인회계사 2차]

연도	직전연도에 예측한 20×1년 초부터 20×4년 말까지의 누적 퇴사 인원수	실제 퇴사 인원수	
		해당연도	누적
20×1년	10명	3명	3명
20×2년	12명	4명	7명
20×3년	15명	5명	12명
20×4년	17명	4명	16명

단, 임직원의 근로용역에 대한 공정가치는 신뢰성 있게 추정되지 않으며, 법인세효과는 고려하지 않는다.

물음1 (주)영광의 1주당 주가와 부여된 주식선택권의 1개당 공정가치는 다음과 같다.

연도	1주당 주가	주식선택권의 1개당 공정가치
20×1년 초	₩530	₩40
20×1년 말	₩550	₩60
20×2년 말	₩570	₩80

(주)영광이 20×2년도 포괄손익계산서와 재무상태표에 보고할 ① 주식보상비용과 ② 주식선택권을 각각 계산하시오.

물음2 20×3년 말에 (주)영광의 주가가 ₩500으로 크게 하락하여 주식선택권의 행사가격도 ₩500에서 ₩460으로 조정되었다. 이러한 행사가격의 조정으로 주식선택권의 공정가치도 행사가격 조정 전 ₩20에서 행사가격 조정 후 ₩30으로 변경되었다. (주)영광이 20×3년도 포괄손익계산서와 재무상태표에 보고할 ① 주식보상비용과 ② 주식선택권을 각각 계산하시오.

물음3 **물음2**의 상황 대신 20×3년 말에 (주)영광의 주가가 크게 상승하여 주식선택권의 행사가격이 ₩500에서 ₩520으로 조정되었다고 가정한다. 이러한 행사가격의 조정으로 주식선택권의 공정가치도 행사가격 조정 전 ₩70에서 행사가격 조정 후 ₩50으로 변경되었다. (주)영광의 20×3년도 포괄손익계산서와 재무상태표에 미치는 영향에 대하여 간략히 기술하시오.

물음 4   (주)영광이 20×3년 초에 20×2년 말까지 퇴사하지 않은 종업원과 합의하여 주식선택권 1개당 현금 ₩120을 지급하는 조건으로 주식선택권을 모두 중도청산한다고 가정한다. 20×3년 (주)영광의 회계처리와 관련하여 아래 ①부터 ④까지의 금액을 계산하시오. (단, 20×3년 초 주식선택권의 1개당 공정가치는 ₩100이다)

(차변)		(대변)	
주식보상비용	①	현금	④
주식선택권	②		
주식선택권중도청산손실	③		

해답   **물음 1**

1. 20×2년 주식보상비용

(100명 - 15명) × 10개 × ₩40 × 2/4 - (100명 - 12명) × 10개 × ₩40 × 1/4 = ₩8,200

2. 20×2년 말 주식선택권

(100명 - 15명) × 10개 × ₩40 × 2/4 = ₩17,000

별해

보고기간	주식선택권(B/S)	주식보상비용(I/S)
20×1년	① (100명 - 12명) × 10개 × ₩40 × 1/4 = ₩8,800	① - 0 = ₩8,800
20×2년	② (100명 - 15명) × 10개 × ₩40 × 2/4 = ₩17,000	② - ① = ₩8,200

물음 2

1. 20×3년 주식보상비용

   (100명 - 17명) × 10개 × ₩40 × 3/4 - (100명 - 15명) × 10개 × ₩40 × 2/4 = ₩7,900

2. 20×3년 말 주식선택권

   (100명 - 17명) × 10개 × ₩40 × 3/4 = ₩24,900

별해

보고기간	주식선택권(B/S)	주식보상비용(I/S)
20×1년	① (100명 - 12명) × 10개 × ₩40 × 1/4 = ₩8,800	① - 0 = ₩8,800
20×2년	② (100명 - 15명) × 10개 × ₩40 × 2/4 = ₩17,000	② - ① = ₩8,200
20×3년	③ (100명 - 17명) × 10개 × ₩40 × 3/4 = ₩24,900	③ - ② = ₩7,900

> ✎ 저자 견해 **조건변경 출제의도에 대한 견해**
>
> 조건변경에 의한 증분공정가치는 조건변경일로부터 당초 가득기간의 잔여기간에 걸쳐 인식한다. 따라서 행사가격을 인하하는 유리한 조건변경이 20×3년 말에 이루어졌으므로 조건변경에 의한 증분공정가치 ₩8,300[= (100명 - 17명) × 10개 × ₩10]은 20×4년에 인식하며, 20×3년에는 당초의 조건에 의한 주식보상비용을 인식해야 한다. 만약, 20×3년 초에 조건변경이 이루어졌다면 조건변경에 의한 증분공정가치 ₩8,300은 20×3년과 20×4년에 각각 ₩4,150씩 인식해야 한다. 출제위원의 의도는 20×3년 초에 조건변경이라고 파악되나 물음에 20×3년 말이라고 명시되어 있어 본 해답을 제시한다. 만약 20×3년 초에 조건변경이라고 출제하였다면 해답은 다음과 같다.
> ① 20×3년 주식보상비용: (1) + (2) = ₩12,050
>   (1) (100명 - 17명) × 10개 × ₩40 × 3/4 - (100명 - 15명) × 10개 × ₩40 × 2/4 = ₩7,900
>   (2) (100명 - 17명) × 10개 × ₩10 × 1/2 = ₩4,150
> ② 20×3년 말 주식선택권: (1) + (2) = ₩29,050
>   (1) (100명 - 17명) × 10개 × ₩40 × 3/4 = ₩24,900
>   (2) (100명 - 17명) × 10개 × ₩10 × 1/2 = ₩4,150

물음 3

부여한 지분상품에 대한 조건변경이 종업원에게 불리하게 이루어지는 경우에는 조건변경이 없는 것으로 보고 부여한 지분상품의 대가로 제공받는 근무용역을 계속하여 인식한다. 따라서, 조건변경으로 인하여 (주)영광의 20×3년도 포괄손익계산서와 재무상태표에 미치는 영향은 없다.

물음 4

(차변)		(대변)	
주식보상비용	① 38,800	현금	④ 111,600
주식선택권	② 17,000		
주식선택권중도청산손실	③ 55,800		

일자	회계처리				
20×3년 초	(차) 주식보상비용	20,200[1]	(대) 주식선택권	20,200	
	(차) 주식선택권	37,200	(대) 현금	93,000[2]	
	주식선택권중도청산손실	55,800[3]			
	(차) 주식보상비용	18,600[4]	(대) 현금	18,600	

[1] (100명 - 7명) × 10개 × ₩40 - (100명 - 15명) × 10개 × ₩40 × 2/4 = ₩20,200
[2] (100명 - 7명) × 10개 × ₩100 = ₩93,000
[3] (100명 - 7명) × 10개 × ₩100 - ₩37,200 = ₩55,800
[4] (100명 - 7명) × 10개 × (₩120 - ₩100) = ₩18,600

02 (주)개신은 20×1년 1월 1일에 종업원 100명에게 각각 현금결제형 주가차액보상권 100개를 부여하고, 3년의 용역조건을 부여하였다. 관련 자료는 다음과 같다. [2015 공인회계사 2차]

---

1. 20×1년 중에 5명이 퇴사하였으며, 회사는 20×2년과 20×3년에 걸쳐 추가로 7명이 퇴사할 것으로 추정하였다. 20×2년에는 실제로 3명이 퇴사하였고, 회사는 20×3년에 추가로 2명이 퇴사할 것으로 추정하였다. 20×3년에 실제로 3명이 퇴사하여 20×3년 12월 31일자로 89명이 주가차액보상권을 가득하였다.

2. 20×3년 12월 31일에 20명이 주가차액보상권을 행사하였고, 20×4년 12월 31일에 30명이 주가차액보상권을 행사하였으며, 나머지 39명은 20×5년 12월 31일에 주가차액보상권을 행사하였다.

3. (주)개신이 매 회계연도 말에 추정한 주가차액보상권의 공정가치와 20×3년, 20×4년 및 20×5년 말에 행사된 주가차액보상권의 내재가치(현금지급액)는 아래 표와 같다.

회계연도	공정가치	내재가치 (현금지급액)
20×1	₩144	–
20×2	₩155	–
20×3	₩182	₩150
20×4	₩214	₩200
20×5	₩250	₩250

물음 1 이와 관련하여 20×3년도에 인식할 보상비용을 구하시오.

물음 2 이와 관련하여 20×5년도에 인식해야 할 보상비용을 구하시오.

해답　**물음 1**　8,900개 × ₩182 × 3/3 - ₩930,000 + 2,000개(행사분) × (₩150 - ₩182) = ₩625,800

　　　　물음 2　3,900개(권리행사분) × (₩250 - ₩214) = ₩140,400

해설　1. 매 보고기간말 주식보상비용

　　① 20×1년 주식보상비용: 100개 × (100명 - 12명) × ₩144 × 1/3 = ₩422,400

　　② 20×2년 주식보상비용: 100개 × (100명 - 10명) × ₩155 × 2/3 - ₩422,400 = ₩507,600

　　③ 20×3년 주식보상비용: 8,900개 × ₩182 × 3/3 - ₩930,000 + 2,000개(권리행사분) × (₩150 - ₩182) = ₩625,800

　　④ 20×4년 주식보상비용: 3,000개(권리행사분) × (₩200 - ₩182) + 3,900개(미행사분) × (₩214 - ₩182) = ₩178,800

　　⑤ 20×5년 주식보상비용: 3,900개(권리행사분) × (₩250 - ₩214) = ₩140,400

　2. 회계처리

일자	회계처리			
20×1년 말	(차) 주식보상비용	422,400[1]	(대) 장기미지급비용	422,400
	[1] 100개 × (100명 - 12명) × ₩144 × 1/3 = ₩422,400			
20×2년 말	(차) 주식보상비용	507,600[1]	(대) 장기미지급비용	507,600
	[1] 100개 × (100명 - 10명) × ₩155 × 2/3 - ₩422,400 = ₩507,600			
20×3년 말 ① 기말평가 ② 권리행사분	(차) 주식보상비용 (차) 장기미지급비용	689,800[1] 364,000[2]	(대) 장기미지급비용 (대) 현금 주식보상비용	689,800 300,000[3] 64,000
	[1] 8,900개 × ₩182 × 3/3 - ₩930,000 = ₩689,800 [2] 2,000개(권리행사분) × ₩182 = ₩364,000 [3] 2,000개(권리행사분) × ₩150 = ₩300,000			
20×4년 말 ① 권리행사분 ② 미행사분	(차) 장기미지급비용 주식보상비용 (차) 주식보상비용	546,000[1] 54,000 124,800[3]	(대) 현금 (대) 장기미지급비용	600,000[2] 124,800
	[1] 3,000개(권리행사분) × ₩182 = ₩546,000 [2] 3,000개(권리행사분) × ₩200 = ₩600,000 [3] 3,900개(미행사분) × (₩214 - ₩182) = ₩124,800			
20×5년 말 ① 권리행사분	(차) 장기미지급비용 주식보상비용	834,600[1] 140,400	(대) 현금	975,000[2]
	[1] 3,900개(권리행사분) × ₩214 = ₩834,600 [2] 3,900개(권리행사분) × ₩250 = ₩975,000			

03 **다음의 각 물음은 독립적이다.**　　　　　　　　　　　　　　　　　[2021 공인회계사 2차]

물음1　주식결제형 주식기준보상거래와 관련된 다음의 <자료 1>을 이용하여 <요구사항>에 답하시오.
단, 각 <요구사항>은 독립적이다.

〈자료 1〉

1. (주)대한은 20×1년 1월 1일에 임원 50명에게 각각 주식선택권 10개를 부여하고, 20×3년 12월 31일까지 근무하면 가득하는 조건을 부과하였다.

2. 각 임원이 부여받은 주식선택권은 20×3년 말 (주)대한의 주가가 ₩1,000 이상으로 상승하면 20×6년 말까지 언제든지 행사할 수 있으나, 20×3년 말 (주)대한의 주가가 ₩1,000 미만이 될 경우 부여받은 주식선택권을 행사할 수 없다.

3. (주)대한은 주식선택권의 공정가치를 측정할 때 이항모형을 적용하였으며, 모형 내에서 20×3년 말에 (주)대한의 주가가 ₩1,000 이상이 될 가능성과 ₩1,000 미만이 될 가능성을 모두 고려하여 부여일 현재 주식선택권의 공정가치를 단위당 ₩300으로 추정하였다.

4. 임원의 연도별 실제 퇴사인원과 연도 말 퇴사 추정인원은 다음과 같다.
   • 20×1년도: 실제 퇴사인원 3명, 20×3년 말까지 추가 퇴사 추정인원 2명
   • 20×2년도: 실제 퇴사인원 2명, 20×3년 말까지 추가 퇴사 추정인원 25명
   • 20×3년도: 실제 퇴사인원 5명

5. 20×1년 초, 20×1년 말 및 20×2년 말 (주)대한의 주가는 다음과 같다.

20×1년 1월 1일	20×1년 12월 31일	20×2년 12월 31일
₩700	₩1,050	₩950

<요구사항 1> (주)대한의 20×3년 말 현재 주가가 ₩1,100일 때, 20×1년부터 20×3년까지 인식해야 할 연도별 당기보상비용(또는 보상비용환입) 금액을 각각 계산하시오. (단, 보상비용환입의 경우에는 괄호 안에 금액(예 (1,000))을 표시하시오)

20×1년 당기보상비용(환입)	①
20×2년 당기보상비용(환입)	②
20×3년 당기보상비용(환입)	③

<요구사항 2> (주)대한은 <자료 1>의 2번 사항인 주식선택권 행사 가능 여부 판단기준을 주가 ₩1,000에서 ₩950으로 20×1년 말에 변경하였다. 이러한 조건변경으로 인하여 주식선택권의 단위당 공정가치는 ₩10 증가하였다. (주)대한의 20×3년 말 현재 주가가 ₩900일 때, 20×1년부터 20×3년까지 인식해야 할 연도별 당기보상비용(또는 보상비용환입) 금액을 각각 계산하시오. (단, 보상비용환입의 경우에는 괄호 안에 금액(예 (1,000))을 표시하시오)

20×1년 당기보상비용(환입)	①
20×2년 당기보상비용(환입)	②
20×3년 당기보상비용(환입)	③

물음 2 현금결제형 주식기준보상거래와 관련된 다음의 <자료 2>를 이용하여 <요구사항>에 답하시오.

〈자료 2〉

1. (주)대한은 20×1년 1월 1일에 종업원 50명에게 20×3년 12월 31일까지 근무하는 것을 조건으로 각각 현금결제형 주가차액보상권 10개를 부여하였다. 주가차액보상권은 행사가격 ₩500과 행사시점의 (주)대한의 주가와의 차액을 현금으로 지급하는 계약이다.

2. 종업원의 연도별 실제 퇴사인원과 연도 말 퇴사 추정인원은 다음과 같다.
   - 20×1년도: 실제 퇴사인원 3명, 20×3년 말까지 추가 퇴사 추정인원 2명
   - 20×2년도: 실제 퇴사인원 3명, 20×3년 말까지 추가 퇴사 추정인원 2명
   - 20×3년도: 실제 퇴사인원 4명

3. 매 회계연도 말에 추정한 주가차액보상권의 단위당 공정가치는 다음과 같다.
   - 20×1년: ₩100
   - 20×2년: ₩150

<요구사항> (주)대한은 20×2년 말에 기존의 주가차액보상권을 모두 취소하는 대신 20×4년 말까지 계속 근무할 것을 조건으로 종업원 각각에게 주식선택권 8개를 부여하는 것으로 변경하였다. 20×2년 말 현재 주식선택권의 단위당 공정가치는 ₩130이다. 20×2년 말 주식기준보상거래의 회계처리에 따른 20×2년도 포괄손익계산서상 ① 당기순이익에 미치는 영향과 20×2년 말 재무상태표상 ② 주식선택권의 금액을 계산하시오. (단, 당기순이익이 감소하는 경우 금액 앞에 (-)를 표시하시오)

당기순이익에 미치는 영향	①
주식선택권 금액	②

해답 | **물음 1** | <요구사항 1>

1. 정답

20×1년 당기보상비용(환입)	① ₩45,000
20×2년 당기보상비용(환입)	② ₩(5,000)
20×3년 당기보상비용(환입)	③ ₩80,000

2. 가득기간을 좌우하는 시장조건이 부과된 경우

① 20×1년: (50명 - 5명) × 10개 × ₩300 × 1/3 = ₩45,000

② 20×2년: (50명 - 30명) × 10개 × ₩300 × 2/3 - ₩45,000 = ₩(5,000)

③ 20×3년: (50명 - 10명) × 10개 × ₩300 × 3/3 - ₩40,000 = ₩80,000

별해

보고기간	주식선택권(B/S)	주식보상비용(I/S)
20×1년	① (50명 - 5명) × 10개 × ₩300 × 1/3 = ₩45,000	① - 0 = ₩45,000
20×2년	② (50명 - 30명) × 10개 × ₩300 × 2/3 = ₩40,000	② - ① = ₩(5,000)
20×3년	③ (50명 - 10명) × 10개 × ₩300 × 3/3 = ₩120,000	③ - ② = ₩80,000

3. 만약 성과조건이 시장조건이라면 기업은 부여일에 추정한 기대가득기간에 걸쳐 제공받는 근무용역을 인식하여 야 하고, 이러한 추정을 수정할 수 없다. 그러므로, 기업은 1차 연도부터 3차 연도까지 임원에게서 제공받는 근무용역을 인식하여야 한다. 따라서 거래금액은 궁극적으로 400개(10개 × 3차 연도 말 현재 근무하고 있는 임원 40명)의 주식선택권에 기초하여 결정된다.

일자	회계처리			
20×1년 말	(차) 주식보상비용	45,000[1]	(대) 주식선택권	45,000
	[1] (50명 - 5명) × 10개 × ₩300 × 1/3 = ₩45,000			
20×2년 말	(차) 주식선택권	5,000[1]	(대) 주식보상비용	5,000
	(차) 주식보상비용	80,000[2]	(대) 주식선택권	80,000
	[1] (50명 - 30명) × 10개 × ₩300 × 2/3 - ₩45,000 = ₩(5,000)			
	[2] (50명 - 10명) × 10개 × ₩300 × 3/3 - ₩40,000 = ₩80,000			

<요구사항 2>

1. 정답

20×1년 당기보상비용(환입)	① ₩45,000
20×2년 당기보상비용(환입)	② ₩(4,000)
20×3년 당기보상비용(환입)	③ ₩83,000

2. 조건변경

① 20×1년: (50명 - 5명) × 10개 × ₩300 × 1/3 = ₩45,000

② 20×2년: (50명 - 30명) × 10개 × ₩300 × 2/3 + (50명 - 30명) × 10개 × ₩10 × 1/2 - ₩45,000 = ₩(4,000)

③ 20×3년: (50명 - 10명) × 10개 × ₩300 × 3/3 + (50명 - 10명) × 10개 × ₩10 × 2/2 - ₩41,000 = ₩83,000

별해

보고기간	주식선택권(B/S)	주식보상비용(I/S)
20×1년	① (50명 - 5명) × 10개 × ₩300 × 1/3 = ₩45,000	① - 0 = ₩45,000
20×2년	② (50명 - 30명) × 10개 × ₩300 × 2/3 + (50명 - 30명) × 10개 × ₩10 × 1/2 = ₩41,000	② - ① = ₩(4,000)
20×3년	③ (50명 - 10명) × 10개 × ₩300 × 3/3 + (50명 - 10명) × 10개 × ₩10 × 2/2 = ₩124,000	③ - ② = ₩83,000

3. 회계처리

일자	회계처리			
20×1년 말	(차) 주식보상비용	45,000[1]	(대) 주식선택권	45,000
	[1] (50명 - 5명) × 10개 × ₩300 × 1/3 = ₩45,000			
20×2년 말	(차) 주식선택권	4,000[1]	(대) 주식보상비용	4,000
	(차) 주식보상비용	83,000[2]	(대) 주식선택권	83,000
	[1] (50명 - 30명) × 10개 × ₩300 × 2/3 + (50명 - 30명) × 10개 × ₩10 × 1/2 - ₩45,000 = ₩(4,000)			
	[2] (50명 - 10명) × 10개 × ₩300 × 3/3 + (50명 - 10명) × 10개 × ₩10 × 2/2 - ₩41,000 = ₩83,000			

물음 2

1. 정답

당기순이익에 미치는 영향	① (-)₩6,840
주식선택권 금액	② ₩21,840

① 당기순이익에 미치는 영향: ₩(27,000) + ₩20,160 = (-)6,840
② (50명 - 8명) × 8개 × ₩130 × 2/4 = ₩21,840

2. 회계처리

일자	회계처리			
20×1년 말	(차) 주식보상비용	15,000	(대) 장기미지급비용	15,000
20×2년 말	(차) 주식보상비용	27,000	(대) 장기미지급비용	27,000
	(차) 장기미지급비용	42,000[1]	(대) 주식선택권	21,840[2]
			주식보상비용	20,160
	[1] ₩15,000 + ₩27,000 = ₩42,000			
	[2] (50명 - 8명) × 8개 × ₩130 × 2/4 = ₩21,840			

3. 20×2년 말 조건변경일부터 주식선택권을 조건변경일 현재 공정가치에 기초하여 측정하고, 조건변경일에 주식선택권을 종업원이 용역을 제공한 만큼 자본으로 인식한다.

4. 20×2년 말 조건변경일에 주가차액보상권 관련 부채를 제거한다.

5. 20×2년 말 조건변경일에 제거된 부채의 장부금액과 인식된 자본금액의 차이는 즉시 당기손익으로 인식한다.

해커스 IFRS 김원종 중급회계 하

Chapter 20

법인세회계

I │ 법인세회계의 일반론

01 의의

법인세(Corporate Income Tax)란 법인의 소득에 대하여 과세하는 조세를 말한다. 즉, 법인이 과세기간 동안 이익을 얻게 되면 국가에 법인세를 납부할 의무가 발생하며, 이러한 법인세는 법인세법 규정에 의하여 계산된다. 법인세법의 목적은 국가의 예산에 따라 세입과 세출을 관리하여 재정수요를 충족하기 위하여 법인에 부담능력에 따라 공평과세를 실현하여 법인세를 계산하기 위한 표준이 되는 소득(이하 '과세소득')과 납부할 법인세를 정확하게 산출하는 데 있다.

반면에 재무회계에서는 정보이용자의 투자의사결정에 유용한 정보를 제공하기 위하여 법인세비용을 산정하기 때문에 포괄손익계산서의 회계이익(법인세비용차감전순이익)은 과세표준과 그 목적상 차이가 발생한다. 재무회계는 발생주의를 기반으로 하기 때문에 법인의 정상적인 경영활동의 결과인 회계이익이 발생한 기간과 동일한 기간에 그에 대한 법인세비용을 포괄손익계산서에 인식하고자 하는 목적을 갖는다. 즉, 법인세회계란 한 보고기간의 포괄손익계산서에 계상할 법인세비용과 기말재무상태표에 계상할 법인세 관련 자산과 부채를 확정하는 과정이다.

법인세기간배분(Interperiod Tax Allocation)[1]이란 K-IFRS에 의한 재무상태표상 자산·부채의 장부금액과 법인세법상 자산·부채의 세무기준액의 차이로 발생하는 일시적차이(Temporary Difference)의 세금효과를 차기 이후의 기간에 배분하는 것을 말한다. 이러한 법인세기간배분의 목적은 다음과 같다.

> ① 수익·비용 대응 원칙: 특정 보고기간의 일시적차이에 대한 법인세효과를 특정 보고기간 이후의 기간에 배분하여 수익이 발생한 기간에 법인세비용을 적절하게 대응하는 데 그 목적이 있다.
> ② 자산·부채의 적절한 평가: 특정 보고기간의 일시적차이에 대한 법인세효과를 특정 보고기간 이후의 기간에 배분하여 특정 보고기간말에 자산·부채를 적절하게 평가하는 데 그 목적이 있다.

⚡ POINT 법인세회계의 의의

법인세기간배분	K-IFRS에 의한 재무상태표상 자산·부채의 장부금액과 법인세법상 자산·부채의 세무기준액의 차이로 발생하는 일시적차이의 세금효과를 차기 이후의 기간에 배분하는 것
법인세기간배분의 목적	① 수익·비용 대응 원칙 ② 자산·부채의 적절한 평가

---

[1] '이연법인세회계(Deferred Income Taxes)'라고도 말한다.

02 회계이익과 과세소득

회계이익(Accounting Profit)은 K-IFRS에 의하여 산정한 보고기간 동안 수익에서 비용을 차감한 법인세비용차감전순이익을 말하며, 과세소득(Taxable Profit)은 법인세법에 의하여 법인세를 산출하기 위하여 사업연도 동안 익금(법인세법상 수익)에서 손금(법인세법상 비용)을 차감한 금액을 말한다. 앞에서 언급했듯이 재무회계와 법인세법은 그 목적의 차이로 인하여 재무회계의 회계이익과 법인세법의 과세소득은 차이가 발생한다. 따라서 법인세법에 의하여 산출된 과세소득에 법인세율을 곱한 금액으로 법인세비용을 산출하게 되면 회계이익에 법인세비용이 대응되지 않아 수익·비용 대응 원칙에 위배되는 회계처리가 된다.

예를 들어, A회사가 한국채택국제회계기준에 의하여 산출된 20×1년과 20×2년의 회계이익은 각각 ₩1,000,000과 ₩1,000,000이며, 우리나라 법인세법에 의하여 산출된 20×1년과 20×2년의 과세소득은 ₩800,000과 ₩1,200,000이다. 법인세율은 30%이고, 위의 회계이익에 반영된 것을 제외한 추가적인 거래는 없다.

(1) 법인세기간배분을 하지 않는 경우

법인세기간배분을 하지 않는 경우에 20×1년과 20×2년에 법인세비용과 당기순이익은 다음과 같이 계산된다.

구분	20×1년	20×2년
회계이익	₩1,000,000	₩1,000,000
법인세비용	₩800,000×30% = ₩(240,000)	₩1,200,000×30% = ₩(360,000)
당기순이익	₩760,000	₩640,000

법인세기간배분을 하지 않는 경우의 회계처리는 다음과 같다.

구분	회계처리			
20×1년	(차) 법인세비용	240,000	(대) 당기법인세부채[2]	240,000
20×2년	(차) 법인세비용	360,000	(대) 당기법인세부채	360,000

이렇게 계산된 20×1년 법인세비용은 회계이익에 대응되는 법인세비용 ₩300,000(= ₩1,000,000 ×30%)과 일치하지 않아 수익과 비용이 대응되지 않으며, 회계이익과 과세소득의 차이에 대한 법인세효과인 ₩60,000(= ₩200,000×30%)도 부채로 계상되지 않아 자산과 부채의 적절한 평가가 이루어지지 않는 회계처리가 된다.

---

2) '당기법인세부채'의 계정과목은 '미지급법인세'를 사용해도 무방하다. K-IFRS 제1012호 '법인세'에서 당기법인세부채라는 용어를 사용하고 있으므로 본서에서는 '당기법인세부채'의 계정과목을 사용하기로 한다.

(2) 법인세기간배분을 하는 경우

회계이익에 법인세비용을 대응시키고 자산 및 부채의 적절한 평가를 하기 위하여 법인세기간배분을 하는 경우 20×1년과 20×2년에 법인세비용과 당기순이익은 다음과 같이 계산된다.

구분	20×1년	20×2년
회계이익	₩1,000,000	₩1,000,000
법인세비용	₩1,000,000 × 30% = ₩(300,000)	₩1,000,000 × 30% = ₩(300,000)
당기순이익	₩700,000	₩700,000

법인세기간배분을 하는 경우 법인세비용과 당기순이익을 정확하게 계산하기 위하여 다음의 회계처리를 수행하여야 한다.

구분	회계처리			
20×1년	(차) 법인세비용	300,000	(대) 당기법인세부채	240,000
			이연법인세부채	60,000
20×2년	(차) 법인세비용	300,000	(대) 당기법인세부채	360,000
	이연법인세부채	60,000		

위의 회계처리를 수행하고 나면 20×1년과 20×2년 법인세비용은 회계이익에 대응되는 법인세비용 ₩300,000(= ₩1,000,000 × 30%)과 일치하게 되어 수익과 비용이 적정하게 대응되며, 20×1년 말 차기 이후의 보고기간의 납부할 의무인 이연법인세부채 ₩60,000(= ₩200,000 × 30%)이 재무상태표에 계상되어 자산 및 부채가 적절하게 평가된다.

⚡POINT 회계이익과 과세소득

회계이익	회계이익은 K - IFRS에 의하여 산정한 보고기간 동안 수익에서 비용을 차감한 법인세비용차감전 순이익을 말함
과세소득	과세소득은 법인세법에 의하여 법인세를 산출하기 위하여 사업연도 동안 익금(법인세법상 수익)에서 손금(법인세법상 비용)을 차감한 금액을 말함

03 당기법인세자산과 당기법인세부채

법인세(Corporation Tax)는 법인이 얻은 소득을 과세대상으로 하여, 그 법인에게 부과되는 세금을 말한다. 법인이 과세기간 동안 소득이 발생하면 과세기관에 법인세 납세의무가 발생하여 관련 법인세법에 의하여 계산된 금액을 납부하여야 한다. 각 사업연도의 기간이 6개월을 초과하는 법인은 해당 사업연도 개시일로부터 6개월을 중간예납기간으로 하여 그 기간에 대한 법인세를 정부에 납부하여야 한다(법인세법 63조 1항). 이를 중간예납이라고 한다. 이러한 중간예납세액은 당기법인세자산계정[3]으로 회계처리하며 관련 회계처리는 다음과 같다.

[회계처리] 중간예납세액

(차) 당기법인세자산(선급법인세)	×××	(대) 현금	×××

사업연도 종료일이 지나면 법인세신고납부기한까지 과세표준과 법인세액을 신고하여 납부하여야 한다. 이 때 과세기간 전체의 법인세액과 중간예납세액과의 차액을 당기법인세부채로 회계처리해야 한다. 즉, 당기법인세부채는 당해 보고기간의 순이익에 대한 법인세의 미납액을 말한다. 보고기간말에 회계처리는 다음과 같다.

[회계처리] 보고기간말

(차) 법인세비용	×××	(대) 당기법인세자산(선급법인세)	×××
		당기법인세부채(미지급법인세)	×××

법인세법에 의하면 사업연도 종료일로부터 3개월 이내에 법인세를 신고 및 납부해야 하므로 법인세신고납부일에는 당기법인세부채를 현금으로 납부하는 회계처리를 수행하여야 한다.

[회계처리] 법인세신고납부일

(차) 당기법인세부채(미지급법인세)	×××	(대) 현금	×××

---

3) '당기법인세자산'의 계정과목은 '선급법인세'를 사용해도 무방하다. K-IFRS 제1012호 '법인세'에서 당기법인세자산이라는 용어를 사용하고 있으므로 본서에서는 '당기법인세자산'의 계정과목을 사용하기로 한다.

예제 1 당기법인세자산과 당기법인세부채

(주)사과는 1월 1일부터 12월 31일까지를 보고기간으로 하며, 상품을 판매하는 회사이다.

> (1) (주)사과는 20×1년의 법인세 중 ₩80,000을 8월 31일에 중간예납하였다.
> (2) (주)사과는 20×1년의 법인세액을 법인세법에 의하여 계산한 결과 세액이 ₩200,000으로 12월 31일 현재 결정되었다.
> (3) (주)사과는 20×2년 3월 31일에 20×1년 미지급법인세를 과세당국에 현금 납부하였다.

(주)사과의 법인세 관련 거래에 대한 회계처리를 모두 수행하시오.

해답	일자	회계처리				
	20×1. 8. 31.	(차) 당기법인세자산	80,000	(대) 현금		80,000
	20×1. 12. 31.	(차) 법인세비용	200,000	(대) 당기법인세자산		80,000
				당기법인세부채		120,000
	20×2. 3. 31.	(차) 당기법인세부채	120,000	(대) 현금		120,000

04 회계이익과 과세소득의 차이

앞에서 설명한대로 재무회계의 목적과 법인세법의 목적이 서로 다르기 때문에 회계이익과 과세소득은 차이가 존재한다. 즉, 회계이익은 보고기간의 수익에서 비용을 차감한 금액을 말하며, 법인세법상 과세소득은 사업연도의 익금에서 손금을 공제한 금액을 말한다. 여기서 익금과 손금은 회계상 수익과 비용에 대응되는 개념이다. 익금은 법인의 순자산을 증가시키는 거래로 인하여 발생하는 수익에 해당하고, 손금은 법인의 순자산을 감소시키는 거래로 인하여 발생하는 손비의 금액이다. 법인세법은 순자산증가설에 따라 그 발생 원인을 불문하고 순자산을 증가시키는 수익은 익금, 순자산을 감소시키는 손비는 손금으로 규정하고 있다.

이러한 법인세법상 과세소득을 계산하기 위한 목적으로 장부를 따로 작성하는 것도 가능하다. 실제로 일부 국가에서는 과세소득 산출을 위한 장부와 회계보고용 장부를 따로 만들기도 한다. 그러나 우리나라 세법은 이러한 이중장부를 인정하지 않고 회계보고용으로 작성된 장부에서 출발하여 법인세법과 차이가 있는 항목만을 수정하여 법인의 과세소득을 계산하도록 규정하고 있다. 즉, 회계이익에 일정한 항목들을 가산하거나 차감하는 조정을 통하여 과세소득을 산출하는데 이를 세무조정(Tax Reconciliation)이라고 한다. 이러한 회계장부상의 이익을 법인세법상 소득으로 변환시키는 세무조정은 다음의 4가지 항목으로 구성된다.

> ① 익금산입: 회계상 수익항목이 아니지만 법인세법상 익금항목에 해당하는 경우
> ② 익금불산입: 회계상 수익항목이지만 법인세법상 익금항목에 해당하지 않는 경우
> ③ 손금산입: 회계상 비용항목은 아니지만 법인세법상 손금항목에 해당하는 경우
> ④ 손금불산입: 회계상 비용항목이지만 법인세법상 손금항목에 해당하지 않는 경우

즉, 과세소득은 포괄손익계산서의 당기순이익에서 시작하여 익금산입과 손금불산입 항목을 가산하고, 손금산입과 익금불산입 항목을 차감하여 계산한 금액이다. 여기서 익금산입과 손금불산입 항목을 일반적으로 가산조정항목, 손금산입과 익금불산입 항목을 차감조정항목이라고 부른다.

[그림 20-1] 세무조정

기업회계	세무조정	법인세법
수익	(+) 익금산입 (-) 익금불산입	익금
(-) 비용	(-) 손금산입 (+) 손금불산입	(-) 손금
회계이익	(+) 익금산입·손금불산입 (-) 손금산입·익금불산입	과세소득

세무조정	회계이익에 일정한 항목들을 가산하거나 차감하는 조정을 통하여 과세소득을 산출하는 과정
세무조정항목	① 익금산입: 회계상 수익항목이 아니지만 법인세법상 익금항목에 해당하는 경우 ② 익금불산입: 회계상 수익항목이지만 법인세법상 익금항목에 해당하지 않는 경우 ③ 손금산입: 회계상 비용항목은 아니지만 법인세법상 손금항목에 해당하는 경우 ④ 손금불산입: 회계상 비용항목이지만 법인세법상 손금항목에 해당하지 않는 경우
과세소득의 산출	과세소득 = 회계이익 + 익금산입 · 손금불산입 - 손금산입 · 익금불산입

05 소득처분

법인의 회계이익과 법인세법상 과세소득의 차이를 조정하는 것을 세무조정이라고 하였다. 세무조정을 통하여 법인세법상 소득이 증가하게 되면 그 귀속을 밝혀야 하는 문제가 뒤따른다. 즉, 회계이익과 법인세법상 과세소득의 차이를 조정하는 세무조정 항목에 대하여 그 귀속자의 소득의 종류를 확정하는 절차를 소득처분이라고 한다. 이러한 소득처분은 사내유보와 사외유출로 구분된다.

(1) 사내유보

회계이익과 법인세법상 과세소득의 차이인 세무상 잉여금이 법인 내부에 남아 있는 경우를 사내유보라고 한다. 사내유보 중에서 세무조정 시 가산조정항목에서 발생한 부분을 유보라고 말하며, 차감조정항목에서 발생한 부분을 △유보라고 말한다. 이러한 유보와 △유보는 특정 거래의 회계이익에 포함되는 시기와 과세소득에 포함되는 시기가 다르기 때문에 발생하는 차이이다. 따라서 유보의 경우에는 차기 이후 보고기간에 회계이익에서 차감되며, △유보는 차기 이후 보고기간에 회계이익에서 가산되어야 한다. 즉, 유보와 △유보는 회계상 수익과 비용의 인식시점과 법인세법의 익금과 손금의 귀속시기의 차이에 따라 발생하는 차이이다. 이러한 유보와 △유보의 변동사항은 세무조정계산서상 「자본금과 적립금조정명세서(을)」에 기록되고 관리된다.

예를 들어 A회사가 20×1년 초에 잔존가치는 없으며, 내용연수 3년인 건물을 ₩90,000에 취득하였다. A회사는 회계상 감가상각방법으로 연수합계법을 채택하였으며, 세무상 감가상각방법은 정액법이다. 매 보고기간의 회계상 감가상각비와 세무상 감가상각비, 세무조정 및 소득처분은 다음과 같다.

구분	20×1년	20×2년	20×3년
회계	₩45,000	₩30,000	₩15,000
법인세법	₩30,000	₩30,000	₩30,000
세무조정	손금불산입 ₩15,000(유보)	−	손금산입 ₩15,000(△유보)

위의 예에서 20×1년에 손금으로 인정받지 못한 ₩15,000(유보)은 20×3년에 손금으로 다시 ₩15,000(△유보)이 산입된다. 사내유보의 경우 특정 보고기간에 발생한 사내유보는 차기 이후의 보고기간에 반드시 반대의 영향을 가져옴으로써 사내유보의 효과가 상쇄된다.

(2) 사외유출

세무상 이익이 외부로 유출된 경우의 소득처분을 사외유출이라고 한다. 이러한 사외유출은 누구에게 지급되었는지에 따라 다시 배당, 상여, 기타사외유출 그리고 기타소득으로 구분된다. 사외유출된 금액이 그 법인의 주주에게 귀속되었다면 배당으로 소득처분하고, 그 법인의 임직원에게 귀속되었다면 상여로 소득처분하며, 다른 법인이나 개인사업에게 귀속되었다면 기타사외유출도 소득처분한다. 사외유출된 금액이 주주, 임직원 그리고 다른 법인이나 개인사업자에게 귀속되지 않았다면 기타소득으로 소득처분한다.

이러한 사외유출로 소득처분된 항목들은 대부분 조세정책상의 목적으로 세무조정된 항목들이다. 따라서 이러한 항목은 당기 과세소득에만 영향을 주며 차기 이후의 보고기간에 과세소득에는 영향을 주지 않는다. 예를 들어 A회사가 20×1년에 접대비를 ₩100,000만큼 지출하였는데 세법상 접대비를 손금 인정할 수 있는 한도가 ₩50,000이다. 매 보고기간의 회계상 접대비와 세무상 접대비, 세무조정 및 소득처분은 다음과 같다.

구분	20×1년	20×2년	20×3년
회계	₩100,000	–	–
법인세법	50,000	–	–
세무조정	손금불산입 ₩50,000(기타사외유출)	–	–

위의 예에서 20×1년에 손금으로 인정받지 못한 ₩50,000(사외유출)은 차기 이후의 보고기간에 손금으로 다시 산입되지 않는다. 사외유출의 경우 특정 보고기간에 발생한 사내유출은 차기 이후의 보고기간에 반드시 반대의 영향을 가져오지 않기 때문에 사내유보와 구분해야 한다.

🔎 POINT 소득처분

소득처분의 정의	회계이익과 법인세법상 과세소득의 차이를 조정하는 세무조정 항목에 대하여 그 귀속자의 소득의 종류를 확정하는 절차
사내유보	① 정의: 회계이익과 법인세법상 과세소득의 차이인 세무상 잉여금이 법인 내부에 남아 있는 경우 • 유보: 사내유보 중에서 세무조정 시 가산조정항목에서 발생한 부분 • △유보: 사내유보 중에서 세무조정 시 차감조정항목에서 발생한 부분 ② 사내유보의 경우 특정 보고기간에 발생한 사내유보는 차기 이후의 보고기간에 반드시 반대의 영향을 가져옴으로써 사내유보의 효과가 상쇄됨
사외유출	① 정의: 세무상 이익이 외부로 유출된 경우 ② 사외유출의 경우 특정 보고기간에 발생한 사내유출은 차기 이후의 보고기간에 반드시 반대의 영향을 가져오지 않음

06 회계이익과 과세소득의 차이의 유형

회계이익과 과세소득의 차이는 특정 보고기간에 가산 또는 차감조정된 항목이 차기 이후에 반대의 효과로 차감 또는 가산조정되는 항목인 일시적차이와 특정 보고기간에 가산 또는 차감조정되었지만 차기 이후에 영향을 미치지 않는 영구적차이로 구분된다.

(1) 일시적차이

일시적차이(Temporary Difference)란 재무상태표상 자산 또는 부채의 장부금액과 세무기준액의 차이를 말한다. 여기서 세무기준액은 세무상 당해 자산 또는 부채에 귀속되는 금액을 말하며, 이러한 일시적차이는 다음의 두 가지로 구분된다.

> ① 가산할 일시적차이(△유보): 자산이나 부채의 장부금액이 회수나 결제되는 미래 회계기간의 과세소득(세무상 결손금) 결정 시 가산할 금액이 되는 일시적차이
> ② 차감할 일시적차이(유보): 자산이나 부채의 장부금액이 회수나 결제되는 미래 회계기간의 과세소득(세무상결손금) 결정 시 차감할 금액이 되는 일시적차이

이러한 일시적차이는 법인세법상 소득처분 중 유보와 △유보에서 발생하며, 가산할 일시적차이는 △유보에 대응되고 차감할 일시적차이는 유보에 대응되는 용어이다. 이러한 일시적차이는 특정 보고기간에 가산 또는 차감조정된 항목이 차기 이후에 반대의 효과로 차감 또는 가산조정된다.

(2) 영구적차이

영구적차이(Permanent Difference)란 일시적차이와는 달리 회계이익과 과세소득에 차이가 발생하였을 경우 동 차이가 일정 기간이 지나도 조정되지 않는 차이를 말한다. 이러한 영구적차이는 앞에서 설명한 접대비한도초과액이 가장 대표적인 예이며 법인세법상 소득처분 중 사외유출에서 발생한다.

⚡POINT 회계이익과 과세소득의 차이의 유형

일시적차이	정의: 재무상태표상 자산 또는 부채의 장부금액과 세무기준액의 차이 ① 가산할 일시적차이(△유보): 자산이나 부채의 장부금액이 회수나 결제되는 미래 회계기간의 과세소득(세무상결손금) 결정 시 가산할 금액이 되는 일시적차이 ② 차감할 일시적차이(유보): 자산이나 부채의 장부금액이 회수나 결제되는 미래 회계기간의 과세소득(세무상결손금) 결정 시 차감할 금액이 되는 일시적차이
영구적차이	정의: 일시적차이와는 달리 회계이익과 과세소득에 차이가 발생하였을 경우 동 차이가 일정 기간이 지나도 조정되지 않는 차이 예 사외유출

07 법인세기간배분의 대상

법인세기간배분의 대상이 되는 차이는 자산과 부채의 정의에 부합하기 위하여 일시적차이, 이월결손금 및 이월세액공제가 해당되며, 영구적차이는 법인세기간배분의 대상이 아니다.

(1) 일시적차이

자산이나 부채의 장부금액이 회수나 결제되는 미래 회계기간의 과세소득(세무상결손금) 결정 시 가산할 금액이 되는 가산할 일시적차이(△유보)는 차기 이후에 보고기간에 과세소득을 늘려주어 법인세 납부를 증가시키므로 이연법인세부채로 인식한다. 자산이나 부채의 장부금액이 회수나 결제되는 미래 회계기간의 과세소득(세무상결손금) 결정 시 차감할 금액이 되는 차감할 일시적차이(유보)는 차기 이후에 보고기간에 과세소득을 감소시켜 법인세 납부를 감소시키므로 이연법인세자산으로 인식한다.

(2) 이월결손금과 이월세액공제

일시적차이 외에 결손금과 이월세액공제도 법인세기간배분에서 고려되어야 한다. 법인세법상 결손금이란 과세소득 계산 시 손금의 총액이 익금의 총액을 초과하는 경우 그 초과하는 금액을 일컫는다. 회계의 당기순손실과 유사한 개념으로 볼 수 있다. 결손금이 발생하면 당연히 세금을 내지 않으며(과세표준은 '0'이 된다) 결손금이 발생한 사업연도일부터 15년간 이월하여 그 사업연도의 소득에서 공제할 수 있다. 이때 공제하는 결손금을 이월결손금이라 한다. 이러한 이월결손금은 차기 이후에 보고기간에 과세소득을 감소시켜 법인세 납부를 감소시키므로 이연법인세자산으로 인식한다.

세액공제는 법인세산출세액계산 시 일정금액의 세액을 공제해 줌으로써 법인세의 부담을 경감시켜 주는 제도를 말한다. 법인세법 또는 조세의 감면 또는 중과 등 조세특례와 이의 제한에 관한 사항을 규정한 법인 조세특례제한법에서 약 140여개가 넘는 조문에 중소기업 지원, 연구 및 인력개발, 국제자본거래, 투자촉진, 고용지원, 기업구조조정 지원 지역 간의 균형발전, 공익사업의 지원, 저축장려, 근로장려 등 다양한 목적의 조세특례 내용이 규정되어 있다. 이러한 세액공제금액이 산출세액을 초과하는 경우 공제받지 못한 세액을 차기 이후의 보고기간에 이월하여 산출세액에서 공제해 주도록 하고 있다. 따라서 이월세액공제는 차기 이후에 보고기간에 세액을 감소시키므로 이연법인세자산으로 인식한다.

[그림 20-2] 법인세기간배분의 대상

	구분	당기	차기 이후	이연법인세자산 및 부채
일시적차이	△유보(가산할 일시적차이)	⊖	⊕	이연법인세부채
	유보(차감할 일시적차이)	⊕	⊖	이연법인세자산
이월공제	결손금		⊖	이연법인세자산
	세액공제		⊖	이연법인세자산

Ⅱ | 법인세기간 간 배분

법인세기간 간 배분(Interperiod Tax Allocation)이란 K-IFRS에 의한 재무상태표상 자산·부채의 장부금액과 법인세법상 자산·부채의 세무기준액의 차이로 발생하는 일시적차이(Temporary Difference)의 세금효과를 차기 이후의 기간에 배분하는 것을 말한다. 즉, 특정 보고기간의 회계이익과 과세소득 사이에 일시적차이가 생기면, 그 차이는 차기 이후의 보고기간에 회계이익과 과세소득 사이에 반대로 영향을 미침으로써 일시적차이의 효과가 상쇄된다. 따라서 이러한 일시적차이의 법인세효과는 차기 이후의 보고기간에 배분하여 주어야 한다.

01 일시적차이

일시적차이(Temporary Difference)란 재무상태표상 자산 또는 부채의 장부금액과 세무기준액의 차이를 말한다. 이러한 일시적차이는 가산할 일시적차이(△유보)와 차감할 일시적차이(유보)로 구분되며, 가산할 일시적차이에서는 이연법인세부채가 차감할 일시적차이에서는 이연법인세자산이 인식된다는 것을 이미 설명하였다. 이에 대해서 좀 더 상세하게 설명하기로 한다.

(1) 이연법인세부채

이연법인세부채(Deferred Tax Liability)는 가산할 일시적차이와 관련하여 미래 회계기간에 납부할 법인세 금액을 말한다. 이러한 모든 가산할 일시적차이에 대하여 이연법인세부채를 인식한다. 다만, 다음의 경우에 생기는 이연법인세부채는 인식하지 아니한다.

> ① 영업권을 최초로 인식하는 경우
> ② 다음에 모두 해당하는 거래에서 자산이나 부채를 최초로 인식하는 경우
>   (가) 사업결합이 아니다.
>   (나) 거래 당시 회계이익과 과세소득(세무상결손금)에 영향을 미치지 않는다.
>   (다) 거래 당시 동일한 금액으로 가산할 일시적차이와 차감할 일시적차이가 생기지는 않는다.
> ③ 종속기업, 지점 및 관계기업에 대한 투자자산과 공동약정 투자지분과 관련된 모든 가산할 일시적차이에 대하여 지배기업, 투자자, 공동기업 참여자 또는 공동영업자가 일시적차이의 소멸시점을 통제할 수 있고, 예측가능한 미래에 일시적차이가 소멸하지 않을 가능성이 높은 경우[4]

---

4) 종속기업, 지점 및 관계기업에 대한 투자자산 그리고 공동약정 투자지분과 관련된 가산할 일시적차이에 대하여는 위의 경우가 아니면 이연법인세부채를 인식한다.

자산의 인식은 미래 회계기간에 기업에 유입될 경제적효익의 형태로 장부금액만큼 회수될 것을 의미한다. 자산의 장부금액이 세무기준액을 초과하는 경우 과세대상 경제적효익이 세무상 손금으로 차감될 금액을 초과하게 될 것이다. 이러한 차이가 가산할 일시적차이이며 이로 인하여 미래 회계기간에 법인세를 납부하게 될 의무가 이연법인세부채이다. 자산의 장부금액을 회수할 때 가산할 일시적차이가 소멸되며 과세소득이 발생한다. 이에 따라 기업은 법인세를 납부하게 될 것이므로, 경제적효익이 유출될 가능성이 높아진다. 그러므로 모든 이연법인세부채를 인식해야 하며 별도의 실현가능성의 검토를 하지 않는다.

⚡ POINT 이연법인세부채

이연법인세부채의 정의	가산할 일시적차이와 관련하여 미래 회계기간에 납부할 법인세 금액
회계처리	이러한 모든 가산할 일시적차이에 대하여 이연법인세부채를 인식함. 다만, 다음의 경우에 생기는 이연법인세부채는 인식하지 아니함 ① 영업권을 최초로 인식하는 경우 ② 다음에 모두 해당하는 거래에서 자산이나 부채를 최초로 인식하는 경우 　(가) 사업결합이 아니다. 　(나) 거래 당시 회계이익과 과세소득(세무상결손금)에 영향을 미치지 않는다. 　(다) 거래 당시 동일한 금액으로 가산할 일시적차이와 차감할 일시적차이가 생기지는 않는다. ③ 종속기업, 지점 및 관계기업에 대한 투자자산과 공동약정 투자지분과 관련된 모든 가산할 일시적차이에 대하여 지배기업, 투자자, 공동기업 참여자 또는 공동영업자가 일시적차이의 소멸시점을 통제할 수 있고, 예측가능한 미래에 일시적차이가 소멸하지 않을 가능성이 높은 경우
가산할 일시적차이	① 정의: 자산의 장부금액 > 법인세법상 세무기준액 ② 회계처리

구분	당기	차기 이후	이연법인세자산 및 부채
△유보(가산할 일시적차이)	⊖	⊕	이연법인세부채

⊘ 참고 **이연법인세부채가 부채의 정의에 부합하는 이유**

부채는 과거사건의 결과로 기업의 경제적자원을 이전해야 하는 현재의무를 말한다.
① 가산할 일시적차이는 과거 보고기간에 이미 발생한 것이므로 과거사건의 결과이어야 한다는 것을 충족한다.
② 가산할 일시적차이는 소멸되는 시기에 세금납부를 통하여 경제적자원을 이전해야 한다.
③ 가산할 일시적차이로 인하여 미래에 세금이 증가하는 현재의무가 존재한다.
따라서 이연법인세부채는 부채의 정의에 합치된다.

예제 2 │ 이연법인세부채

다음은 (주)대한의 법인세와 관련된 자료이며, (주)대한은 20×1년 초에 영업을 시작하였다.

(1) 20×1년 법인세계산내역

20×1년 법인세계산

법인세비용차감전순이익		₩1,000,000
가산조정항목		
접대비한도초과(영구적차이)	₩100,000	₩100,000
차감조정항목		
미수이자(일시적차이)	₩(50,000)	
조세특례제한법상 준비금(일시적차이)	₩(150,000)	₩(200,000)
과세소득		₩900,000
법인세율		× 30%
당기법인세		₩270,000

(2) 미수이자와 조세특례제한법상 준비금은 가산할 일시적차이에 해당하며, 접대비한도초과액은 영구적차이에 해당한다.

(3) 법인세율은 30%이며 차기 이후의 보고기간에 변동되지 않는다.

(4) 당기에 발생한 가산할 일시적차이의 소멸시기와 관련된 자료는 다음과 같다.

일시적차이	20×1년 말 잔액	소멸시기
미수이자	₩50,000	20×2년 ₩50,000 소멸
준비금	₩(150,000)	20×2년 ₩50,000 소멸
		20×3년 ₩50,000 소멸
		20×4년 ₩50,000 소멸

물음 1 (주)대한이 20×1년 법인세와 관련된 회계처리를 수행하시오.

물음 2 (주)대한이 20×1년 말 재무상태표에 표시할 이연법인세자산 또는 이연법인세부채, 20×1년 포괄손익계산서에 인식할 법인세비용을 계산하시오.

해답 [물음 1]

1. 세법상 납부할 법인세(당기법인세): ₩270,000

<법인세계산>		<일시적차이 일정계획표>		
20×1년		20×2년	20×3년	20×4년
법인세비용차감전순이익	₩1,000,000			
접대비한도초과액	₩100,000			
미수이자[1]	₩(50,000)	₩50,000		
준비금[1]	₩(150,000)	₩50,000	₩50,000	₩50,000
과세소득	₩900,000	₩100,000	₩50,000	₩50,000
세율	30%	30%	30%	30%
당기법인세	₩270,000	₩30,000	₩15,000	₩15,000

[1] 가산할 일시적차이(△유보)

2. 이연법인세자산·부채
   (1) 20×1년 말 이연법인세부채: ₩200,000 × 30% = ₩60,000
   (2) 20×0년 말 이연법인세자산·부채: ₩0

3. 회계처리

일자	회계처리			
20×1년 말	(차) 법인세비용	330,000	(대) 당기법인세부채	270,000
			이연법인세부채	60,000

[물음 2]

1. 20×1년 말 이연법인세부채
   ₩200,000 × 30% = ₩60,000

2. 20×1년 법인세비용
   ₩270,000 + ₩60,000 = ₩330,000

(2) 이연법인세자산

이연법인세자산(Deferred Tax Asset)은 차감할 일시적차이와 관련하여 미래 회계기간에 회수될 수 있는 법인세 금액을 말한다. 이러한 차감할 일시적차이가 사용될 수 있는 과세소득의 발생가능성이 높은 경우에, 모든 차감할 일시적차이에 대하여 이연법인세자산을 인식한다. 다만, 다음의 경우에는 이연법인세자산은 인식하지 아니한다.

---

① 다음에 모두 해당하는 거래에서 자산이나 부채를 최초로 인식하는 경우
 (가) 사업결합이 아니다.
 (나) 거래 당시 회계이익과 과세소득(세무상결손금)에 영향을 미치지 않는다.
 (다) 거래 당시 동일한 금액으로 가산할 일시적차이와 차감할 일시적차이가 생기지는 않는다.
② 종속기업, 지점 및 관계기업에 대한 투자자산과 공동약정 투자지분과 관련된 모든 차감할 일시적차이에 대하여 일시적차이가 예측가능한 미래에 소멸할 가능성이 높지 않으며, 일시적차이가 사용될 수 있는 과세소득이 발생할 가능성이 높지 않은 경우[5]

부채의 인식은 당해 경제적효익이 있는 자원이 기업으로부터 유출되는 형태로 장부금액만큼 미래 회계기간에 결제될 것을 의미한다. 기업으로부터 유출되는 자원의 일부 또는 전부가 부채를 인식한 기간보다 나중에 과세소득에서 공제될 수 있다. 이러한 경우 부채의 장부금액과 세무기준액 사이에 일시적차이가 존재하게 된다. 따라서 미래 회계기간에 당해 부채의 일부가 과세소득에서 공제되는 때 회수가능한 법인세만큼 이연법인세자산이 발생한다. 이와 마찬가지로 자산의 장부금액이 세무기준액보다 작다면 당해 일시적차이는 미래 회계기간에 회수가능한 법인세만큼 이연법인세자산을 발생시킨다.

차감할 일시적차이는 미래 회계기간에 과세소득에서 차감되는 형태로 소멸된다. 그러나 법인세납부액이 감소되는 형태의 경제적효익은 공제가 상쇄될 수 있는 충분한 과세소득을 획득할 수 있는 경우에만 기업에 유입될 것이다. 따라서 차감할 일시적차이가 사용될 수 있는 과세소득의 발생가능성이 높은 경우에만 이연법인세자산을 인식한다. 이연법인세자산의 실현가능성이 높은 경우에 해당하는 경우는 다음과 같다.

---

① 차감할 일시적차이가 소멸될 회계기간에 동일 과세당국과 동일 과세대상기업에 관련된 충분한 과세소득이 발생할 가능성이 높다.
② 동일 과세당국과 동일 과세대상기업에 관련하여 다음의 회계기간에 소멸이 예상되는 충분한 가산할 일시적차이가 있다.
③ 세무정책으로 적절한 기간에 과세소득을 창출할 수 있는 경우

이연법인세자산의 장부금액은 매 보고기간말에 검토한다. 이연법인세자산의 일부 또는 전부에 대한 혜택이 사용되기에 충분한 과세소득이 발생할 가능성이 더 이상 높지 않다면 이연법인세자산의 장부금액을 감액시킨다. 감액된 금액은 사용되기에 충분한 과세소득이 발생할 가능성이 높아지면 그 범위 내에서 환입한다.

또한, 매 보고기간말에 인식되지 않은 이연법인세자산에 대하여 재검토한다. 미래 과세소득에 의해 이연법인세자산이 회수될 가능성이 높아진 범위까지 과거 인식되지 않은 이연법인세자산을 인식한다.

---

5) 종속기업, 지점 및 관계기업에 대한 투자자산과 공동약정 투자지분과 관련된 모든 차감할 일시적차이에 대하여 일시적차이가 예측가능한 미래에 소멸할 가능성이 높으며, 일시적차이가 사용될 수 있는 과세소득이 발생할 가능성이 높은 경우에는 이연법인세자산을 인식한다.

⚡POINT 이연법인세자산

이연법인세자산의 정의	차감할 일시적차이와 관련하여 미래 회계기간에 회수될 수 있는 법인세 금액
회계처리	차감할 일시적차이가 사용될 수 있는 과세소득의 발생가능성이 높은 경우에, 모든 차감할 일시적차이에 대하여 이연법인세자산을 인식함. 다만, 다음의 경우에는 이연법인세자산은 인식하지 아니함 ① 다음에 모두 해당하는 거래에서 자산이나 부채를 최초로 인식하는 경우 　㈎ 사업결합이 아니다. 　㈏ 거래 당시 회계이익과 과세소득(세무상결손금)에 영향을 미치지 않는다. 　㈐ 거래 당시 동일한 금액으로 가산할 일시적차이와 차감할 일시적차이가 생기지는 않는다. ② 종속기업, 지점 및 관계기업에 대한 투자자산과 공동약정 투자지분과 관련된 모든 차감할 일시적차이에 대하여 일시적차이가 예측가능한 미래에 소멸할 가능성이 높지 않으며, 일시적차이가 사용될 수 있는 과세소득이 발생 가능성이 높지 않은 경우
차감할 일시적차이	① 정의: 자산의 장부금액 < 법인세법상 세무기준액 ② 회계처리 | 구분	당기	차기 이후	이연법인세자산 및 부채
---	---	---	---
유보(차감할 일시적차이)	⊕	⊖	이연법인세자산	
이연법인세자산의 실현가능성 검토	이연법인세자산의 실현가능성이 높은 경우에 해당하는 경우는 다음과 같음 ① 차감할 일시적차이가 소멸될 회계기간에 동일 과세당국과 동일 과세대상기업에 관련된 충분한 과세소득이 발생할 가능성이 높음 ② 동일 과세당국과 동일 과세대상기업에 관련하여 다음의 회계기간에 소멸이 예상되는 충분한 가산할 일시적차이가 있음 ③ 세무정책으로 적절한 기간에 과세소득을 창출할 수 있는 경우
이연법인세자산의 검토	① 이연법인세자산의 장부금액은 매 보고기간말에 검토한다. 이연법인세자산의 일부 또는 전부에 대한 혜택이 사용되기에 충분한 과세소득이 발생할 가능성이 더 이상 높지 않다면 이연법인세자산의 장부금액을 감액시킨다. 감액된 금액은 사용되기에 충분한 과세소득이 발생할 가능성이 높아지면 그 범위 내에서 환입한다. ② 매 보고기간말에 인식되지 않은 이연법인세자산에 대하여 재검토한다. 미래 과세소득에 의해 이연법인세자산이 회수될 가능성이 높아진 범위까지 과거 인식되지 않은 이연법인세자산을 인식한다.

> ⊘참고 **이연법인세자산이 자산의 정의에 부합하는 이유**
>
> 자산은 과거사건의 결과로 기업이 통제하는 현재의 경제적자원을 말한다.
> ① 차감할 일시적차이는 과거 보고기간에 이미 발생한 것이므로 과거사건의 결과이어야 한다는 것을 충족한다.
> ② 차감할 일시적차이는 해당 기업에 배타적 권리이므로 해당 기업이 통제하고 있다.
> ③ 차감할 일시적차이로 인하여 미래에 세금이 감소시키는 경제적효익의 잠재력을 지니고 있다.
> 따라서 이연법인세자산은 자산의 정의에 합치된다.

예제 3 이연법인세자산

다음은 (주)대한의 법인세와 관련된 자료이며, (주)대한은 20×1년 초에 영업을 시작하였다.

(1) 20×1년 법인세계산내역

20×1년 법인세계산

법인세비용차감전순이익		₩1,000,000
가산조정항목		
접대비한도초과(영구적차이)	₩100,000	
재고자산(일시적차이)	₩50,000	
감가상각비한도초과(일시적차이)	₩150,000	₩300,000
과세소득		₩1,300,000
법인세율		× 30%
당기법인세		₩390,000

(2) 재고자산과 감가상각비 한도초과액은 차감할 일시적차이에 해당하며, 접대비한도초과액은 영구적
차이에 해당한다.

(3) 법인세율은 30%이며 차기 이후의 보고기간에 변동되지 않는다.

(4) 당기에 발생한 차감할 일시적차이의 소멸시기와 관련된 자료는 다음과 같다.

일시적차이	20×1년 말 잔액	소멸시기
재고자산	₩50,000	20×2년 ₩50,000 소멸
감가상각비 한도초과액	₩150,000	20×2년 ₩50,000 소멸
		20×3년 ₩100,000 소멸

물음1 (주)대한이 20×1년 법인세와 관련된 회계처리를 수행하시오.

물음2 (주)대한이 20×1년 말 재무상태표에 표시할 이연법인세자산 또는 이연법인세부채, 20×1년 포괄손익계산서에 인식할 법인세비용을 계산하시오.

해답　물음1

1. 세법상 납부할 법인세(당기법인세): ₩390,000

<법인세계산>		<일시적차이 일정계획표>	
20×1년		**20×2년**	**20×3년**
법인세비용차감전순이익	₩1,000,000		
접대비한도초과액	₩100,000		
재고자산[1)]	₩50,000	₩(50,000)	
감가상각비한도초과액[1)]	₩150,000	₩(50,000)	₩(100,000)
과세소득	₩1,300,000	₩(100,000)	₩(100,000)
세율	30%	30%	30%
당기법인세	₩390,000	₩(30,000)	₩(30,000)

1) 차감할 일시적차이(유보)

2. 이연법인세자산·부채
   (1) 20×1년 말 이연법인세자산: ₩200,000 × 30% = ₩60,000
   (2) 20×0년 말 이연법인세자산: 부채 ₩0

3. 회계처리

일자	회계처리			
20×1년 말	(차) 법인세비용	330,000	(대) 당기법인세부채	390,000
	이연법인세자산	60,000		

물음2

1. 20×1년 말 이연법인세자산
   ₩200,000 × 30% = ₩60,000

2. 20×1년 법인세비용
   ₩390,000 − ₩60,000 = ₩330,000

02 측정

(1) 당기법인세자산과 부채의 적용세율

당기 및 과거기간의 당기법인세자산과 부채는 보고기간말까지 제정되었거나 실질적으로 제정된 세율을 사용하여, 과세당국에 납부하거나 과세당국으로부터 환급받을 것으로 예상되는 금액으로 측정한다.

(2) 이연법인세자산과 부채의 적용세율

이연법인세자산과 부채는 보고기간말까지 제정되었거나 실질적으로 제정된 세율에 근거하여 당해 자산이 실현되거나 부채가 결제될 회계기간에 적용될 것으로 기대되는 세율을 사용하여 측정한다. 당기법인세자산과 부채 및 이연법인세자산과 부채는 보통 제정된 세율을 사용하여 측정된다. 그러나 일부 국가에서는 정부가 세율(및 세법)을 입법예고하면 실질적인 제정의 효과를 가지는데, 입법예고 후 수개월 뒤에 실제 법이 제정되기도 한다. 이러한 상황에서는 입법이 예고된 세율을 사용하여 법인세자산과 부채를 측정한다.

(3) 평균세율

과세대상수익의 수준에 따라 적용되는 세율이 다른 경우에는 일시적차이가 소멸될 것으로 예상되는 기간의 과세소득에 적용될 것으로 기대되는 평균세율을 사용하여 이연법인세자산과 부채를 측정한다. 이에 대한 추가적인 내용은 후술하기로 한다.

(4) 일시적차이의 회수 및 결제방식에 따른 법인세효과

이연법인세부채와 이연법인세자산을 측정할 때에는 보고기간말에 기업이 관련 자산과 부채의 장부금액을 회수하거나 결제할 것으로 예상되는 방식에 따른 법인세효과를 반영한다. 즉, 향후 회수 또는 결제방식과 일관성 있는 세율과 세무기준액을 사용하여 이연법인세부채와 이연법인세자산을 측정한다.

예를 들어 어느 유형자산 항목의 장부금액은 ₩100이고 세무기준액은 ₩60이다. 당해 항목을 매각하면 20%, 다른 소득에 대하여는 30%의 세율이 적용된다. 기업이 당해 항목을 더 이상 사용하지 않고 매각할 계획이라면 ₩8(= ₩40 × 20%)의 이연법인세부채를 인식하고, 당해 항목을 계속 보유하면서 사용을 통하여 당해 자산의 장부금액을 회수할 예정이라면 ₩12(= ₩40 × 30%)을 이연법인세부채로 인식한다.

(5) 현재가치평가의 배제

이연법인세자산과 부채는 할인하지 아니한다. 이연법인세자산과 부채를 신뢰성 있게 현재가치로 할인하기 위해서는 각 일시적차이의 소멸시점을 상세히 추정하여야 하고, 많은 경우 소멸시점을 실무적으로 추정할 수 없거나 추정이 매우 복잡하므로 이연법인세자산과 부채를 할인하도록 하는 것은 적절하지 않기 때문이다. 또한 할인을 강요하지 않지만 허용한다면 기업 간 이연법인세자산과 부채의 비교가능성이 저해될 것이기 때문이다.

💡 POINT 측정

당기법인세자산과 부채의 적용세율	보고기간말까지 제정되었거나 실질적으로 제정된 세율을 사용함
이연법인세자산과 부채의 적용세율	보고기간말까지 제정되었거나 실질적으로 제정된 세율에 근거하여 당해 자산이 실현되거나 부채가 결제될 회계기간에 적용될 것으로 기대되는 세율을 사용함
평균세율	과세대상수익의 수준에 따라 적용되는 세율이 다른 경우에는 일시적차이가 소멸될 것으로 예상되는 기간의 과세소득에 적용될 것으로 기대되는 평균세율을 사용함
일시적차이의 회수 및 결제방식에 따른 법인세효과	이연법인세부채와 이연법인세자산을 측정할 때에는 보고기간말에 기업이 관련 자산과 부채의 장부금액을 회수하거나 결제할 것으로 예상되는 방식에 따른 법인세효과를 반영함
현재가치평가의 배제	이연법인세자산과 부채는 할인하지 아니함

03 재무상태표 표시

(1) 당기법인세자산과 부채

당기법인세란 회계기간의 과세소득(세무상결손금)에 대하여 납부할(환급받을) 법인세액을 일컫는다. 즉, 당기법인세자산은 회계기간의 세무상결손금에 대하여 환급받을 법인세액을 말하며, 당기법인세부채는 회계기간의 과세소득에 대하여 납부할 법인세액을 말한다.

이러한 당기법인세자산과 당기법인세부채는 다음의 조건을 모두 충족하는 경우에만 당기법인세자산과 당기법인세부채를 상계한다.

> ① 기업이 인식된 금액에 대한 법적으로 집행 가능한 상계권리를 가지고 있다.
> ② 기업이 순액으로 결제하거나, 자산을 실현하는 동시에 부채를 결제할 의도가 있다.

당기법인세자산과 부채가 구분되어 인식되고 측정되더라도 K-IFRS 제1032호 '금융상품의 표시'에서 규정한 금융상품에 대한 상계기준과 유사한 기준에 따라 재무상태표에서 상계한다. 동일 과세당국에 의해 부과되고 과세당국이 순액으로 납부하거나 환급받도록 허용하는 경우, 기업은 일반적으로 당기법인세자산을 당기법인세부채와 상계할 법적으로 집행 가능한 권리를 가지게 될 것이다. 그러나 연결재무제표에서, 관련 기업들이 순액으로 납부하거나 환급받을 법적으로 집행 가능한 권리를 가지고 있고 순액으로 결제하거나, 자산을 실현하는 동시에 부채를 결제할 의도가 있는 경우에만, 연결실체 내 한 기업의 당기법인세자산을 다른 기업의 당기법인세부채와 상계한다.

(2) 이연법인세자산과 부채

다음의 조건을 모두 충족하는 경우에만 이연법인세자산과 이연법인세부채를 상계한다.

> ① 기업이 당기법인세자산과 당기법인세부채를 상계할 수 있는 법적으로 집행 가능한 권리를 가지고 있다.
> ② 이연법인세자산과 이연법인세부채가 다음의 각 경우에 동일한 과세당국에 의해서 부과되는 법인세와 관련되어 있다.
>   a. 과세대상기업이 동일한 경우
>   b. 과세대상기업은 다르지만 당기법인세부채와 자산을 순액으로 결제할 의도가 있거나, 유의적인 금액의 이연법인세부채가 결제되거나 이연법인세자산이 회수될 미래의 각 회계기간마다 자산을 실현하는 동시에 부채를 결제할 의도가 있는 경우

여기서 동일 과세당국이 부과하는 법인세이고 기업이 당기법인세자산과 당기법인세부채를 상계할 수 있는 법적으로 집행 가능한 권리를 가진 경우에만 보고기업의 이연법인세자산과 이연법인세부채를 상계하도록 규정하였는데, 이는 각 일시적차이가 소멸되는 시점을 상세히 추정할 필요가 없도록 하기 위해서이다.

또한 기업이 재무상태표에 유동자산과 비유동자산, 그리고 유동부채와 비유동부채로 구분하여 표시하는 경우, 이연법인세자산과 이연법인세부채는 유동자산과 유동부채로 분류하지 않으며 비유동자산과 비유동부채로 분류하여야 한다.

당기법인세자산과 부채	다음의 조건을 모두 충족하는 경우에만 당기법인세자산과 당기법인세부채를 상계함 ① 기업이 인식된 금액에 대한 법적으로 집행 가능한 상계권리를 가지고 있다. ② 기업이 순액으로 결제하거나, 자산을 실현하는 동시에 부채를 결제할 의도가 있다.
이연법인세자산과 부채	다음의 조건을 모두 충족하는 경우에만 이연법인세자산과 이연법인세부채를 상계함 ① 기업이 당기법인세자산과 당기법인세부채를 상계할 수 있는 법적으로 집행 가능한 권리를 가지고 있다. ② 이연법인세자산과 이연법인세부채가 다음의 각 경우에 동일한 과세당국에 의해서 부과되는 법인세와 관련되어 있다. 　a. 과세대상기업이 동일한 경우 　b. 과세대상기업은 다르지만 당기법인세부채와 자산을 순액으로 결제할 의도가 있거나, 유의적인 금액의 이연법인세부채가 결제되거나 이연법인세자산이 회수될 미래의 각 회계기간마다 자산을 실현하는 동시에 부채를 결제할 의도가 있는 경우
유동/비유동 분류	이연법인세자산과 이연법인세부채는 유동자산과 유동부채로 분류하지 않으며 비유동자산과 비유동부채로 분류하여야 함

04 법인세기간배분의 적용절차

포괄손익계산서에 인식할 법인세비용은 다음과 같은 절차에 의하여 수행하면 편리하다.

(1) 당기법인세의 계산

당기법인세는 회계기간의 과세소득(세무상결손금)에 대하여 납부할(환급받을) 법인세액을 말한다. 당기법인세는 법인세법에 따라 법인세비용차감전순이익에 가산조정항목을 가산하고 차감조정항목을 차감하여 각사업연도소득금액을 산출한 후, 이 금액에 이월결손금과 비과세소득, 소득공제를 차감하여 과세표준인 과세소득을 산출한 후 당기법인세율을 곱하여 계산한다. 당기법인세 계산구조를 예시하면 다음과 같다.

[그림 20-3] 법인세 계산구조

구분	금액
법인세비용차감전순이익	×××
(+) 익금산입, 손금불산입	×××
(-) 손금산입, 익금불산입	(×××)
각사업연도소득	×××
(-) 이월결손금	(×××)
(-) 비과세소득	(×××)
(-) 소득공제	(×××)
과세표준(과세소득)	×××
× 법인세율	× %
당기법인세 산출세액	×××

(2) 이연법인세자산과 부채의 결정

차감할 일시적차이에서 발생하는 이연법인세자산과 가산할 일시적차이에서 발생하는 이연법인세부채에 일시적차이가 소멸되는 보고기간과 그 보고기간에 적용될 것으로 예상하는 세율을 곱하여 기말이연법인세자산과 부채를 확정한다. 만약 이연법인세자산과 부채가 상계할 수 있는 요건에 해당한다면 상계하여 비유동항목으로 표시한다. 그렇지 않다면 이연법인세자산과 부채를 각각 인식하여야 한다. 여기서 유의할 점은 이연법인세자산의 경우에는 실현가능성을 검토하여 미래과세소득과 가산할 일시적차이의 범위 내에서 인식하여야 한다는 것이다.

(3) 법인세비용

당기법인세자산과 부채를 계산한 후 기말 이연법인세자산과 부채를 확정한 후 대차차액에 의하여 법인세비용을 산출한다. 여기서 유의할 점은 회계처리의 대상이 되는 이연법인세자산과 부채는 기말 이연법인세자산과 부채가 아니라 기초 이연법인세자산과 부채를 고려한 증감액이라는 것이다. 따라서 법인세비용을 확정할 때에는 반드시 기초 이연법인세자산과 부채를 고려해야 한다.

예제 4 | 일시적차이 종합

(주)한국은 20×1년에 설립되었으며 법인세와 관련된 자료는 다음과 같다.

---

(1) 20×1년 법인세계산내역

20×1년 법인세계산

법인세비용차감전순이익		₩1,000,000
가산조정항목		
접대비한도초과(영구적차이)	₩100,000	
감가상각비한도초과(일시적차이)	₩150,000	₩250,000
과세소득		₩1,250,000
법인세율		× 30%
당기법인세		₩375,000

(2) 감가상각비 한도초과액은 차감할 일시적차이에 해당하며, 접대비한도초과액은 영구적차이에 해당한다.

(3) 20×1년 법인세율은 30%이며, 20×2년에는 25%, 20×3년 이후에는 20%로 입법화되었다.

(4) 당기에 발생한 차감할 일시적차이의 소멸시기와 관련된 자료는 다음과 같다.

일시적차이	20×1년 말 잔액	소멸시기
감가상각비 한도초과액	₩150,000	20×2년 ₩50,000 소멸
		20×3년 ₩100,000 소멸

(5) 20×2년 법인세계산내역

20×2년 법인세계산

법인세비용차감전순이익		₩1,000,000
가산조정항목		
접대비한도초과(영구적차이)	₩300,000	₩300,000
차감조정항목		
전기감가상각비한도초과(일시적차이)	₩(50,000)	
미수이자(일시적차이)	₩(150,000)	₩(200,000)
과세소득		₩1,100,000
법인세율		× 25%
당기법인세		₩275,000

(6) 미수이자는 가산할 일시적차이에 해당하며, 접대비한도초과액은 영구적차이에 해당한다. 미수이자는 20×3년에 전액 소멸 예정이다.

(7) 20×2년 법인세율은 25%이며, 20×3년 이후에는 20%로 입법화되었다.

(8) 이연법인세자산의 실현가능성은 확실하다고 가정한다.

물음 1   (주)한국이 법인세와 관련하여 20×1년에 수행할 회계처리를 나타내시오.

물음 2   (주)한국이 법인세와 관련하여 20×2년에 수행할 회계처리를 나타내시오.

해답   **물음 1**

1. 세법상 납부할 법인세(당기법인세): ₩375,000

<법인세계산>		<일시적차이 일정계획표>	
20×1년		**20×2년**	**20×3년**
법인세비용차감전순이익	₩1,000,000		
접대비한도초과액	₩100,000		
감가상각비한도초과액[1]	₩150,000	₩(50,000)	₩(100,000)
과세소득	₩1,250,000	₩(50,000)	₩(100,000)
세율	30%	25%	20%
당기법인세	₩375,000	₩(12,500)	₩(20,000)

[1] 차감할 일시적차이(유보)

2. 이연법인세자산·부채

   (1) 20×1년 말 이연법인세자산: ₩50,000 × 25% + ₩100,000 × 20% = ₩32,500

   (2) 20×0년 말 이연법인세자산·부채: ₩0

3. 회계처리

일자	회계처리			
20×1년 말	(차) 법인세비용	342,500	(대) 당기법인세부채	375,000
	이연법인세자산	32,500		

물음 2

1. 세법상 납부할 법인세(당기법인세): ₩275,000

<법인세계산>		<일시적차이 일정계획표>
20×2년		**20×3년**
법인세비용차감전순이익	₩1,000,000	
접대비한도초과액	₩300,000	
감가상각비한도초과액[1]	₩(50,000)	₩(100,000)
미수이자[2]	₩(150,000)	₩150,000
과세소득	₩1,100,000	₩50,000
세율	25%	20%
당기법인세	₩275,000	₩10,000

[1] 차감할 일시적차이(유보)
[2] 가산할 일시적차이(△유보)

2. 이연법인세자산·부채

   (1) 20×2년 말 이연법인세부채: ₩50,000 × 20% = ₩10,000

   (2) 20×1년 말 이연법인세자산: ₩50,000 × 25% + ₩100,000 × 20% = ₩32,500

3. 회계처리

일자	회계처리			
20×1년 말	(차) 법인세비용	317,500	(대) 당기법인세부채	275,000
			이연법인세자산	32,500
			이연법인세부채	10,000

05 이월결손금

(1) 결손금의 이월공제

법인세법상 결손금이란 과세소득 계산 시 손금의 총액이 익금의 총액을 초과하는 경우 그 초과하는 금액을 일컫는다. 회계의 당기순손실과 유사한 개념으로 볼 수 있다. 결손금이 발생하면 당연히 세금을 내지 않으며(과세표준은 '0'이 된다), 결손금이 발생한 사업연도일부터 15년간 이월하여 그 사업연도의 소득에서 공제할 수 있다. 이때 공제하는 결손금을 이월결손금이라 한다. 이러한 이월결손금은 차기 이후에 보고기간에 과세소득을 감소시켜 법인세 납부를 감소시키므로 이연법인세자산으로 인식한다.

K-IFRS에서는 미사용 세무상결손금이 사용될 수 있는 미래 과세소득의 발생가능성이 높은 경우 그 범위 안에서 이월된 미사용 세무상결손금에 대하여 이연법인세자산을 인식하도록 규정하고 있다.

이월된 미사용 세무상결손금으로 인한 이연법인세자산의 인식 조건은 차감할 일시적차이로 인한 이연법인세자산의 인식조건과 동일하다. 그러나 미사용 세무상결손금이 존재한다는 것은 미래 과세소득이 발생하지 않을 수 있다는 강한 증거가 된다. 따라서 기업이 최근 결손금 이력이 있는 경우, 충분한 가산할 일시적차이가 있거나 미사용 세무상결손금이 사용될 수 있는 충분한 미래 과세소득이 발생할 것이라는 설득력 있는 기타 증거가 있는 경우에만 그 범위 안에서 미사용 세무상결손금으로 인한 이연법인세자산을 인식해야 한다.

미사용 세무상결손금이 사용될 수 있는 과세소득의 발생가능성을 검토할 때 다음의 판단기준을 고려한다.

---

① 동일 과세당국과 동일 과세대상기업에 관련된 가산할 일시적차이가 미사용 세무상결손금이나 세액공제가 만료되기 전에 충분한 과세대상금액을 발생시키는지의 여부
② 미사용 세무상결손금이나 세액공제가 만료되기 전에 과세소득이 발생할 가능성이 높은지의 여부
③ 미사용 세무상결손금이 다시 발생할 가능성이 없는 식별가능한 원인으로부터 발생하였는지의 여부
④ 미사용 세무상결손금이나 세액공제가 사용될 수 있는 기간에 과세소득을 창출할 수 있는 세무정책을 이용할 수 있는지의 여부

미사용 세무상결손금이 사용될 수 있는 과세소득이 발생할 가능성이 높지 않은 범위까지는 이연법인세자산을 인식하지 않는다.

예제 5   이월결손금

제조업을 영위하는 12월 결산법인인 (주)한국의 법인세와 관련된 자료는 다음과 같다.

> (1) 20×1년 법인세비용차감전순손실은 ₩1,000,000이다.
> (2) 20×1년 세무조정사항은 없으므로 세무상결손금도 ₩1,000,000이다.
> (3) 20×1년의 법인세율은 30%이며, 미래에도 일정하게 유지될 예정이다.
> (4) 전기 이전의 일시적차이는 존재하지 않는다.

물음 1   이월결손금이 사용될 수 있는 차기 이후 미래과세소득의 발생가능성이 높은 경우 20×1년 법인세와 관련된 회계처리를 나타내시오.

물음 2   이월결손금이 사용될 수 있는 차기 이후 미래과세소득의 발생가능성이 높지 않은 경우 20×1년 법인세와 관련된 회계처리를 나타내시오.

해답   **물음 1**

1. 세법상 납부할 법인세(당기법인세): ₩0

2. 이연법인세자산 · 부채
   - (1) 20×1년 말 이연법인세자산: ₩1,000,000 × 30% = ₩300,000
   - (2) 20×0년 말 이연법인세자산 · 부채: ₩0

3. 회계처리

일자	회계처리				
20×1년 말	(차) 이연법인세자산	300,000	(대) 법인세수익		300,000

4. 부분포괄손익계산서

부분포괄손익계산서

(주)한국	20×1. 1. 1. ~ 20×1. 12. 31.
법인세비용차감전순손실	₩(1,000,000)
법인세수익	₩300,000
당기순손실	₩(700,000)

물음 2

1. 세법상 납부할 법인세(당기법인세): ₩0

2. 이연법인세자산 · 부채
   - (1) 20×1년 말 이연법인세자산: ₩0
   - (2) 20×0년 말 이연법인세자산 · 부채: ₩0

3. 회계처리

일자	회계처리
20×1년 말	해당사항 없음

4. 부분포괄손익계산서

부분포괄손익계산서

(주)한국	20×1. 1. 1. ~ 20×1. 12. 31.
법인세비용차감전순손실	₩(1,000,000)
법인세수익	-
당기순손실	₩(1,000,000)

(2) 결손금의 소급공제

결손금의 소급공제란 특정 사업연도의 결손금이 발생한 경우 해당 결손금을 직전 사업연도의 과세소득에서 공제하여 환급받는 것을 말한다. 법인세법에서는 중소기업에 한하여 각 사업연도에 결손금이 발생한 경우 그 결손금에 대하여 직전 사업연도의 소득에 대하여 과세된 법인세액을 한도로 대통령이 정하는 바에 따라 계산한 금액을 환급 신청할 수 있도록 하고 있다. 만약 결손금의 소급공제가 가능한 중소기업은 직전 사업연도의 소득에 부과된 법인세액을 한도로 환급가능한 법인세액에 해당하는 결손금을 차감한 후 남은 잔액에 대해서 이월결손금의 이연법인세자산 인식 여부를 검토해야 한다. 따라서 결손금의 소급공제에 따른 법인세효과는 당기법인세자산(미수법인세환급액)으로 인식한다.

예제 6 결손금의 소급공제

제조업을 영위하는 12월 결산법인이며, 중소기업인 (주)한국의 법인세와 관련된 자료는 다음과 같다.

> (1) 20×1년 법인세비용차감전순손실은 ₩1,000,000이다.
> (2) 20×1년 세무조정사항은 없으므로 세무상결손금도 ₩1,000,000이다.
> (3) 20×1년의 법인세율은 30%이며, 미래에도 일정하게 유지될 예정이다.
> (4) (주)한국은 20×0년에 과세소득 ₩500,000에 대하여 법인세 ₩150,000을 납부하였으며, 이에 대해서 소급공제를 적용하기로 하였다.
> (5) 전기 이전의 일시적차이는 존재하지 않는다.

물음 1 이월결손금이 사용될 수 있는 차기 이후 미래과세소득의 발생가능성이 높은 경우 20×1년 법인세와 관련된 회계처리를 나타내시오.

물음 2 이월결손금이 사용될 수 있는 차기 이후 미래과세소득의 발생가능성이 높지 않은 경우 20×1년 법인세와 관련된 회계처리를 나타내시오.

해답 **물음 1**

1. 당기법인세자산

   ₩500,000 × 30% = ₩150,000

2. 이연법인세자산 · 부채

   (1) 20×1년 말 이연법인세자산: ₩500,000 × 30% = ₩150,000

   (2) 20×0년 말 이연법인세자산 · 부채: ₩0

3. 회계처리

일자	회계처리				
20×1년 말	(차) 당기법인세자산	150,000	(대)	법인세수익	300,000
	이연법인세자산	150,000			

4. 부분포괄손익계산서

부분포괄손익계산서

(주)한국	20×1. 1. 1. ~ 20×1. 12. 31.
법인세비용차감전순손실	₩(1,000,000)
법인세수익	₩300,000
당기순손실	₩(700,000)

물음 2

1. 당기법인세자산

   ₩500,000 × 30% = ₩150,000

2. 이연법인세자산 · 부채

   (1) 20×1년 말 이연법인세자산: ₩0

   (2) 20×0년 말 이연법인세자산 · 부채: ₩0

3. 회계처리

일자	회계처리				
20×1년 말	(차) 당기법인세자산	150,000	(대)	법인세수익	150,000

4. 부분포괄손익계산서

부분포괄손익계산서

(주)한국	20×1. 1. 1. ~ 20×1. 12. 31.
법인세비용차감전순손실	₩(1,000,000)
법인세수익	₩150,000
당기순손실	₩(850,000)

06 이월세액공제

세액공제는 법인세산출세액계산 시 일정금액의 세액을 공제해 줌으로써 법인세의 부담을 경감시켜주는 제도를 말한다. 법인세법 또는 조세의 감면 또는 중과 등 조세특례와 이의 제한에 관한 사항을 규정한 법인조세특례제한법에서 약 140여개가 넘는 조문에 중소기업 지원, 연구 및 인력개발, 국제자본거래, 투자촉진, 고용지원, 기업구조조정 지원, 지역 간의 균형발전, 공익사업의 지원, 저축장려, 근로장려 등 다양한 목적의 조세특례 내용이 규정되어 있다. 이러한 세액공제금액이 산출세액을 초과하는 경우 공제받지 못한 세액을 차기 이후의 보고기간에 이월하여 산출세액에서 공제해 주도록 하고 있다. 따라서 이월세액공제는 차기 이후에 보고기간에 세액을 감소시키므로 이연법인세자산으로 인식한다.

K-IFRS에서는 세액공제가 사용될 수 있는 미래 과세소득의 발생가능성이 높은 경우 그 범위 안에서 이월된 세액공제에 대하여 이연법인세자산을 인식하도록 규정하고 있으며, 관련된 내용은 이월결손금과 동일하다.

예제 7 이월세액공제

제조업을 영위하는 12월 결산법인인 (주)한국의 법인세와 관련된 자료는 다음과 같다.

(1) 20×1년 법인세비용차감전순이익은 ₩1,000,000이다.
(2) 20×1년 세무조정사항은 없으므로 과세소득도 ₩1,000,000이다.
(3) 20×1년의 법인세율은 30%이며, 미래에도 일정하게 유지될 예정이다.
(4) 조세특례제한법에 의한 세액공제금액이 ₩400,000 발생하였다.
(5) 전기 이전의 일시적차이는 존재하지 않는다.

물음 1 이월세액공제가 사용될 수 있는 차기 이후 미래과세소득의 발생가능성이 높은 경우 20×1년 법인세와 관련된 회계처리를 나타내시오.

물음 2 이월세액공제가 사용될 수 있는 차기 이후 미래과세소득의 발생가능성이 높지 않은 경우 20×1년 법인세와 관련된 회계처리를 나타내시오.

해답 물음1

1. 세법상 납부할 법인세(당기법인세): ₩0

2. 이연법인세자산·부채
   (1) 20×1년 말 이연법인세자산: ₩400,000 - ₩300,000 = ₩100,000
   (2) 20×0년 말 이연법인세자산·부채: ₩0

3. 회계처리

일자	회계처리
20×1년 말	(차) 이연법인세자산 100,000 (대) 법인세수익 100,000

4. 부분포괄손익계산서

부분포괄손익계산서

(주)한국   20×1. 1. 1. ~ 20×1. 12. 31.

법인세비용차감전순이익	₩1,000,000
법인세수익	₩100,000
당기순이익	₩1,100,000

물음2

1. 세법상 납부할 법인세(당기법인세): ₩0

2. 이연법인세자산·부채
   (1) 20×1년 말 이연법인세자산: ₩0
   (2) 20×0년 말 이연법인세자산·부채: ₩0

3. 회계처리

일자	회계처리
20×1년 말	해당사항 없음

4. 부분포괄손익계산서

부분포괄손익계산서

(주)한국   20×1. 1. 1. ~ 20×1. 12. 31.

법인세비용차감전순이익	₩1,000,000
법인세수익	-
당기순이익	₩1,000,000

Ⅲ | 법인세기간 내 배분

01 법인세기간 내 배분

(1) 의의

법인세기간 내 배분(Interperiod Tax Allocation)이란 특정 보고기간의 법인세비용을 당기순손익, 기타포괄손익 및 자본에 직접 반영되는 법인세비용으로 배분하는 절차를 말한다. 즉, 세법상 납부할 법인세인 당기법인세에 일시적차이, 이월결손금 및 이월세액공제로 인한 이연법인세자산·부채의 증감액을 가감한 총법인세비용을 당기순손익, 기타포괄손익 및 자본에 직접 반영되는 법인세비용으로 배분하는 것을 말한다.

[그림 20-4] 법인세기간 내 배분

(2) 재무제표의 표시

K-IFRS에서는 세법상 납부할 법인세인 당기법인세에 일시적차이, 이월결손금 및 이월세액공제로 인한 이연법인세자산·부채의 증감액을 가감한 총법인세비용에서 기타포괄손익과 자본에 반영된 법인세비용을 차감한 금액을 포괄손익계산서에 법인세비용(당기순손익)으로 표시하도록 규정하고 있다. 한편, 자본에 반영된 법인세비용은 해당 자본계정에서 직접 가감하여 세후 금액으로 표시한다.

기타포괄손익의 항목과 관련한 법인세비용 금액은 포괄손익계산서나 주석에 공시한다. 기타포괄손익의 항목과 관련한 법인세비용을 표시하는 방법은 다음과 같다.

> ① 관련 법인세효과를 차감한 순액으로 표시
> ② 기타포괄손익의 항목과 관련된 법인세효과 반영 전 금액으로 표시하고, 각 항목들에 관련된 법인세효과는 단일 금액으로 합산하여 표시[6]

---

6) ②를 선택하는 경우, 법인세는 후속적으로 당기손익 부분으로 재분류되는 항목과 재분류되지 않는 항목 간에 배분한다.

(3) 자본 및 기타포괄손익에 반영될 법인세효과

K-IFRS에서 법인세효과를 자본 및 기타포괄손익에 반영할 항목은 다음과 같다.

---

① 자기주식처분손익
② 이익잉여금의 수정 예 회계정책의 변경, 전기오류수정
③ 복합금융상품 예 전환권대가, 신주인수권대가
④ 기타포괄손익항목 예 재평가잉여금, 기타포괄손익공정가치측정평가손익 등

위의 법인세효과를 자본 및 기타포괄손익에 반영할 항목은 해당 법인세효과를 당기순손익의 법인세비용에 반영하는 것이 아니라 자본 및 기타포괄손익에 직접 가감해야 한다는 것에 유의해야 한다. 본 절에서는 자본에 반영할 항목인 자기주식처분손익과 복합금융상품, 기타포괄손익항목에 해당하는 재평가잉여금과 기타포괄손익공정가치측정금융자산의 법인세효과에 대해서 구체적으로 살펴보기로 한다. 다만, 자본에 반영할 항목인 이익잉여금의 수정에 대해서는 [Ch-22 회계변경과 오류수정]의 보론을 참조하기 바란다.

💡POINT 법인세기간 내 배분

법인세기간 내 배분	특정 보고기간의 법인세비용을 당기순손익, 기타포괄손익 및 자본에 직접 반영되는 법인세비용으로 배분하는 절차
재무제표의 표시	① 세법상 납부할 법인세인 당기법인세에 일시적차이, 이월결손금 및 이월세액공제로 인한 이연법인세자산·부채의 증감액을 가감한 총법인세비용에서 기타포괄손익과 자본에 반영된 법인세비용을 차감한 금액을 포괄손익계산서에 법인세비용(당기순손익)으로 표시함 ② 자본에 반영된 법인세비용은 해당 자본계정에서 직접 가감하여 세후 금액으로 표시함 ③ 기타포괄손익의 항목과 관련한 법인세비용 금액은 포괄손익계산서의 기타포괄손익에 가감하여 표시함
자본 및 기타포괄손익에 반영될 법인세효과	① 자기주식처분손익 ② 이익잉여금의 수정 예 회계정책의 변경, 전기오류수정 ③ 복합금융상품 예 전환권대가, 신주인수권대가 ④ 기타포괄손익항목 예 재평가잉여금, 기타포괄손익공정가치측정평가손익 등

02 자기주식처분손익

회계상 자기주식처분손익은 회사와 주주와의 거래에서 발생한 손익이므로 자본항목으로 회계처리한다. 그러나 법인세법에서는 자기주식처분손익은 회사의 순자산의 증감을 가져오는 거래이므로 익금과 손금에 반영하여 과세소득에 포함시키고 있다. 이러한 이유로 회계이익과 과세소득에 차이가 발생한다. 그러나 자기주식처분이익은 익금에 산입한 후 유보나 △유보가 아닌 기타로 세무조정되므로 이연법인세자산·부채에 영향을 미치지 않고, 당기법인세자산·부채에만 영향을 미치게 된다.

이러한 이유로 자기주식처분손익에 대한 법인세효과는 법인세비용에 반영하지 않고, 자기주식처분손익에서 직접 차감하여 반영해야 한다. 또한 자기주식처분손익은 당기법인세자산·부채에 영향을 미치므로 법인세효과를 산정할 때 적용할 세율은 당기법인세율을 적용해야 한다.

제조업을 영위하는 12월 결산법인인 (주)한국의 법인세와 관련된 자료는 다음과 같다.

(1) 20×1년 법인세비용차감전순이익은 ₩1,000,000이다.

(2) 20×1년 초 자기주식을 ₩100,000에 취득하여 20×1년 4월 1일 ₩200,000에 처분하여 자기주식처분이익 ₩100,000을 자본항목으로 회계처리하였다. 회사는 동 자기주식처분이익을 익금산입하여 기타로 소득처분하였다.

(3) 20×1년의 법인세율은 30%이며, 미래에도 일정하게 유지될 예정이다.

(4) 전기 이전의 일시적차이는 존재하지 않으며, 당기에 자기주식처분이익을 제외하고 세무조정사항은 없다.

(주)한국이 20×1년 수행할 회계처리를 나타내고 20×1년 포괄손익계산서에 인식할 법인세비용을 구하여라.

해답

1. 자기주식에 대한 회계처리

일자	회계처리			
20×1년 초	(차) 자기주식	100,000	(대) 현금	100,000
20×1. 4. 1.	(차) 현금	200,000	(대) 자기주식	100,000
			자기주식처분이익	100,000

2. 법인세효과에 대한 회계처리
   세법상 납부할 법인세(당기법인세): ₩330,000

<법인세계산>		<일시적차이 일정계획표>	
20×1년		20×2년	20×3년
법인세비용차감전순이익	₩1,000,000		
자기주식처분이익	₩100,000		
과세소득	₩1,100,000		
세율	30%		
당기법인세	₩330,000		

3. 이연법인세자산·부채
   (1) 20×1년 말 이연법인세자산·부채: ₩0
   (2) 20×0년 말 이연법인세자산·부채: ₩0

4. 회계처리

일자	회계처리			
20×1년 말	(차) 법인세비용	330,000	(대) 당기법인세부채	330,000
	자기주식처분이익	30,000[1]	법인세비용	30,000
	[1] ₩100,000 × 30%(당기세율) = ₩30,000			

5. 법인세비용
   ₩330,000 - ₩30,000 = ₩300,000

03 복합금융상품의 자본항목

전환사채나 신주인수권부사채 등의 복합금융상품을 발행하게 되면 회계상 부채요소와 자본요소를 구분하여 회계처리한다. 그러나 법인세법에서는 복합금융상품의 발행금액 모두를 부채로 보기 때문에 회계상 장부금액과 세법상 세무기준액의 차이가 발생한다. 이러한 경우 복합금융상품의 발행시점에 전환권대가나 신주인수권대가를 익금산입하여 기타로 소득처분하고 전환사채나 신주인수권부사채를 손금산입하여 △유보로 소득처분한다. 이러한 세무조정을 양편조정이라고 하며, 양편조정은 당기법인세자산·부채에만 영향을 미치지 않는다. 즉, △유보로 소득처분된 부분은 일시적차이에 해당하므로 이연법인세자산·부채에 영향을 미치게 된다.

이러한 이유로 복합금융상품의 자본항목에 대한 법인세효과는 법인세비용에 반영하지 않고, 복합금융상품의 자본항목에서 직접 차감하여 반영해야 한다. 또한 복합금융상품의 자본항목은 이연법인세자산·부채에 영향을 미치므로 법인세효과를 산정할 때 적용할 세율은 당해 자산이 실현되거나 부채가 결제될 회계기간에 적용될 것으로 기대되는 세율을 사용한다.

또한 이러한 △유보에 해당하는 가산할 일시적차이는 전환사채나 신주인수권부사채의 발행기간 동안 이자비용으로 회계처리되므로 매년 상각액만큼 △유보가 추인되어 가산할 일시적차이가 감소되므로 관련 법인세효과를 포괄손익계산서에 적절하게 반영하여야 한다.

예제 9 | 복합금융상품에 대한 법인세효과

제조업을 영위하는 12월 결산법인인 (주)한국의 법인세와 관련된 자료는 다음과 같다.

(1) 20×1년 법인세비용차감전순이익은 ₩1,000,000이다.
(2) 20×1년 말 액면금액 ₩1,000,000의 전환사채를 ₩1,000,000에 발행하여 부채요소로 ₩900,000, 자본요소로 ₩100,000만큼 회계처리하였다. 회사는 동 전환권대가를 익금산입하여 기타로 소득처분하였으며, 동 전환사채를 손금산입하여 △유보로 소득처분하였다.
(3) 20×1년의 법인세율은 30%이며, 미래에도 일정하게 유지될 예정이다.
(4) 전기 이전의 일시적차이는 존재하지 않으며, 당기에 전환사채를 제외하고 세무조정사항은 없다.

(주)한국이 20×1년 수행할 회계처리를 나타내고 20×1년 포괄손익계산서에 인식할 법인세비용을 구하여라.

해답 1. 전환사채에 대한 회계처리

일자	회계처리			
20×1년 말	(차) 현금	1,000,000	(대) 전환사채	900,000
			전환권대가	100,000

2. 법인세효과에 대한 회계처리
   세법상 납부할 법인세(당기법인세): ₩300,000

<법인세계산>		<일시적차이 일정계획표>
20×1년		20×2년 이후
법인세비용차감전순이익	₩1,000,000	
전환권대가	₩100,000	
전환사채[1]	₩(100,000)	₩100,000
과세소득	₩1,000,000	₩100,000
세율	30%	30%
당기법인세	₩300,000	₩30,000

   [1] 가산할 일시적차이(△유보)

3. 이연법인세자산 · 부채
   (1) 20×1년 말 이연법인세부채: ₩100,000 × 30% = ₩30,000
   (2) 20×0년 말 이연법인세자산 · 부채: ₩0

4. 회계처리

일자	회계처리			
20×1년 말	(차) 법인세비용	330,000	(대) 당기법인세부채	300,000
			이연법인세부채	30,000
	(차) 전환권대가	30,000[1]	(대) 법인세비용	30,000
	[1] ₩100,000 × 30%(미래세율) = ₩30,000			

5. 법인세비용
   ₩330,000 - ₩30,000 = ₩300,000

04 기타포괄손익에 반영될 법인세효과

(1) 재평가잉여금

유형자산의 경우 회계상 원가모형과 재평가모형이 중 하나를 선택할 수 있으나 법인세법에서는 원가모형만 인정한다. 따라서 기업이 유형자산의 기말평가를 위하여 재평가모형을 선택한 경우 회계상 장부금액과 세법상 세무기준액의 차이가 발생한다. 공정가치가 증가하여 재평가잉여금이 발생한 경우 재평가잉여금을 익금산입하여 기타로 소득처분하고 유형자산을 익금불산입하여 △유보로 소득처분한다. 이러한 세무조정을 양편조정이라고 하며, 양편조정은 당기법인세자산 · 부채에만 영향을 미치지 않는다. 즉, △유보로 소득처분된 부분은 일시적차이에 해당하므로 이연법인세자산 · 부채에 영향을 미치게 된다.

이러한 이유로 재평가잉여금에 대한 법인세효과는 법인세비용에 반영하지 않고, 재평가잉여금(기타포괄손익)항목에서 직접 차감하여 반영해야 한다. 또한 재평가잉여금은 이연법인세자산 · 부채에 영향을 미치므로 법인세효과를 산정할 때 적용할 세율은 당해 자산이 실현되거나 부채가 결제될 회계기간에 적용될 것으로 기대되는 세율을 사용한다.

(2) 기타포괄손익공정가치측정금융자산평가손익

기타포괄손익공정가치측정금융자산의 경우 회계상 공정가치로 기말평가해야 하지만 법인세법에서는 원가로 측정해야 한다. 따라서 기업이 기타포괄손익공정가치측정금융자산의 기말평가 시 회계상 장부금액과 세법상 세무기준액의 차이가 발생한다. 기타포괄손익공정가치측정금융자산평가이익이 발생한 경우 기타포괄손익공정가치측정금융자산평가이익을 익금산입하여 기타로 소득처분하고 기타포괄손익공정가치측정금융자산을 익금불산입하여 △유보로 소득처분한다. 기타포괄손익공정가치측정금융자산평가손실이 발생한 경우 기타포괄손익공정가치측정금융자산평가손실을 손금산입하여 기타로 소득처분하고 기타포괄손익공정가치측정금융자산을 손금불산입하여 유보로 소득처분한다. 이러한 세무조정을 양편조정이라고 하며, 양편조정은 당기법인세자산·부채에만 영향을 미치지 않는다. 즉, 유보 또는 △유보로 소득처분된 부분은 일시적차이에 해당하므로 이연법인세자산·부채에 영향을 미치게 된다.

이러한 이유로 기타포괄손익공정가치측정금융자산평가손익에 대한 법인세효과는 법인세비용에 반영하지 않고, 기타포괄손익공정가치측정금융자산평가손익(기타포괄손익)항목에서 직접 차감하여 반영해야 한다. 또한 기타포괄손익공정가치측정금융자산평가손익은 이연법인세자산·부채에 영향을 미치므로 법인세효과를 산정할 때 적용할 세율은 당해 자산이 실현되거나 부채가 결제될 회계기간에 적용될 것으로 기대되는 세율을 사용한다.

예제 10 재평가잉여금에 대한 법인세효과

제조업을 영위하는 12월 결산법인인 (주)한국의 법인세와 관련된 자료는 다음과 같다.

(1) 20×1년 법인세비용차감전순이익은 ₩1,000,000이다.

(2) 20×1년 초 토지를 ₩1,000,000에 취득하여 20×1년 말 공정가치인 ₩1,100,000으로 재평가 회계처리를 수행하였다. 회사는 동 재평가잉여금을 익금산입하여 기타로 소득처분하였으며, 동 토지를 익금불산입하여 △유보로 소득처분하였다.

(3) 20×1년의 법인세율은 30%이며, 미래에도 일정하게 유지될 예정이다.

(4) 전기 이전의 일시적차이는 존재하지 않으며, 당기에 토지의 재평가를 제외하고 세무조정사항은 없다.

(주)한국이 20×1년 수행할 회계처리를 나타내고 20×1년 포괄손익계산서에 인식할 법인세비용을 구하여라.

해답 1. 토지에 대한 회계처리

일자	회계처리			
20×1년 초	(차) 토지	1,000,000	(대) 현금	1,000,000
20×1년 말	(차) 토지	100,000	(대) 재평가잉여금(OCI)	100,000

2. 법인세효과에 대한 회계처리
세법상 납부할 법인세(당기법인세): ₩300,000

<법인세계산>		<일시적차이 일정계획표>
20×1년		20×2년 이후
법인세비용차감전순이익	₩1,000,000	
재평가잉여금	₩100,000	
토지[1]	₩(100,000)	₩100,000
과세소득	₩1,000,000	₩100,000
세율	30%	30%
당기법인세	₩300,000	₩30,000

[1] 가산할 일시적차이(△유보)

3. 이연법인세자산 · 부채
(1) 20×1년 말 이연법인세부채: ₩100,000 × 30% = ₩30,000
(2) 20×0년 말 이연법인세자산 · 부채: ₩0

4. 회계처리

일자	회계처리			
20×1년 말	(차) 법인세비용	330,000	(대) 당기법인세부채	300,000
			이연법인세부채	30,000
	(차) 재평가잉여금(OCI)	30,000[1]	(대) 법인세비용	30,000

[1] ₩100,000 × 30%(미래세율) = ₩30,000

5. 법인세비용
₩330,000 - ₩30,000 = ₩300,000

⚡ POINT 자본 및 기타포괄손익에 반영될 법인세효과

구분	법인세효과의 회계처리	재무상태표에 표시	적용세율
자기주식처분손익	자본항목에 직접 가감	자기주식처분손익 × (1 - t)	당기법인세율
전환권대가, 신주인수권대가	자본항목에 직접 가감	전환권대가 × (1 - t), 신주인수권대가 × (1 - t)	당해 자산이 실현되거나 부채가 결제될 회계기간에 적용될 것으로 기대되는 세율
재평가잉여금	기타포괄손익에 직접 가감	재평가잉여금 × (1 - t)	
기타포괄손익공정가치 측정금융자산평가손익	기타포괄손익에 직접 가감	기타포괄손익공정가치측정금 융자산평가손익 × (1 - t)	

예제 11 　법인세기간 내 배분 종합

(주)한국의 법인세와 관련된 자료는 다음과 같다.

(1) 20×1년 법인세계산내역

20×1년 법인세계산

법인세비용차감전순이익		₩1,000,000
가산조정항목		
접대비한도초과(영구적차이)	₩110,000	
자기주식처분이익	₩100,000	
기타포괄손익공정가치측정금융자산평가이익	₩50,000	
감가상각비한도초과(일시적차이)	₩140,000	₩400,000
차감조정항목		
미수이자(일시적차이)	₩(50,000)	
기타포괄손익공정가치측정금융자산(일시적차이)	₩(50,000)	₩(100,000)
과세소득		₩1,300,000
법인세율		× 30%
당기법인세		₩390,000

(2) 회사는 20×1년 8월 중 중간예납세액으로 ₩100,000을 납부하였다.

(3) 20×1년 법인세율은 30%이며, 20×2년에는 25%, 20×3년 이후에는 20%로 입법화되었다.

(4) 전기 말 이연법인세는 이연법인세부채 ₩10,000이었으며, 당기 말 일시적차이의 소멸시기는 다음과 같다.

일시적차이	20×1년 말 잔액	소멸시기 20×2년	소멸시기 20×3년 이후
감가상각비 한도초과액	₩140,000	₩(40,000)	₩(100,000)
미수이자	₩(50,000)	₩50,000	
기타포괄손익공정가치측정금융자산	₩(50,000)		₩50,000
합계	₩40,000	₩10,000	₩(50,000)

(5) 당기 취득원가 ₩100,000의 자기주식을 ₩200,000에 처분하여 ₩100,000의 자기주식처분이익을 자본항목에 계상하였다.

(6) 당기 기타포괄손익공정가치측정금융자산의 공정가치 증가분 ₩50,000을 기타포괄손익공정가치측정금융자산평가이익으로 회계처리하였다.

(7) 이연법인세자산의 실현가능성은 확실하다고 가정한다.

물음 1 　(주)한국이 법인세와 관련하여 20×1년에 수행할 회계처리를 나타내시오.

물음 2 　(주)한국이 20×1년 포괄손익계산서에 인식할 법인세비용과 20×1년 말 재무상태표에 표시될 이연법인세자산 또는 이연법인세부채 및 당기법인세부채를 계산하시오.

해답 [물음 1]

1. 세법상 납부할 법인세(당기법인세): ₩390,000

<법인세계산>		<일시적차이 일정계획표>	
20×1년		20×2년	20×3년 이후
법인세비용차감전순이익	₩1,000,000		
접대비한도초과액	₩110,000		
자기주식처분이익	₩100,000		
기타포괄손익공정가치측정금융자산평가이익	₩50,000		
감가상각비한도초과액[1]	₩140,000	₩(40,000)	₩(100,000)
미수이자[2]	₩(50,000)	₩50,000	
기타포괄손익공정가치측정금융자산[2]	₩(50,000)		₩50,000
과세소득	₩1,300,000	₩10,000	₩(50,000)
세율	30%	25%	20%
당기법인세	₩390,000	₩2,500	₩(10,000)

[1] 차감할 일시적차이(유보)
[2] 가산할 일시적차이(△유보)

2. 이연법인세자산 · 부채
   (1) 20×1년 말 이연법인세자산: ₩10,000 × 25% + ₩(50,000) × 20% = ₩7,500
   (2) 20×0년 말 이연법인세부채: ₩10,000

3. 회계처리

일자	회계처리			
20×1년 8월	(차) 당기법인세자산	100,000	(대) 현금	100,000
20×1년 말	(차) 법인세비용	372,500	(대) 당기법인세자산	100,000
	이연법인세부채	10,000	당기법인세부채	290,000
	이연법인세자산	7,500		
	(차) 자기주식처분이익	30,000[1]	(대) 법인세비용	30,000
	(차) 기타포괄손익공정가치 측정금융자산평가이익	10,000[2]	(대) 법인세비용	10,000

[1] ₩100,000 × 30%(당기세율) = ₩30,000
[2] ₩50,000 × 20%(미래세율) = ₩10,000

[물음 2]

1. 20×1년 법인세비용
   ₩372,500 - ₩30,000 - ₩10,000 = ₩332,500

2. 20×1년 말 이연법인세자산
   ₩10,000 × 25% + ₩(50,000) × 20% = ₩7,500

3. 20×1년 말 당기법인세부채
   ₩390,000 - ₩100,000 = ₩290,000

Ⅳ | 법인세회계 기타사항

01 평균세율

과세대상수익의 수준에 따라 적용되는 세율이 다른 경우에는 일시적차이가 소멸될 것으로 예상되는 기간의 과세소득에 적용될 것으로 기대되는 평균세율을 사용하여 이연법인세자산과 부채를 측정한다. 왜냐하면 담세력에 따라 세율을 달리 적용하는 누진세율을 적용하는 나라들이 존재하기 때문이다. 우리나라의 법인세법상 과세표준 2억원 이하는 9%, 2억원 초과 200억원 이하분 19%, 200억원 초과 3,000억원 이하분 21%, 3,000억원 초과분 24%의 세율을 적용하도록 규정하고 있다. 이러한 경우 일시적차이가 소멸되는 시기의 평균세율은 다음과 같이 계산한다.

$$\text{평균세율} = \frac{\text{예상법인세부담액}}{\text{예상과세소득}}$$

02 평균유효세율

평균유효세율이란 법인세비용을 법인세비용차감전순이익으로 나누어 산출한 세율을 말하며, 회계상 실질부담세율을 의미한다.

$$\text{평균유효세율} = \frac{\text{법인세비용}}{\text{법인세비용차감전순이익}}$$

예제 12 평균세율

20×1년에 설립되어 운영해오던 (주)미국의 20×1년 법인세비용차감전순이익은 ₩150,000,000이다. 법인세와 관련된 자료는 다음과 같다.

> (1) 회계이익과 과세소득의 가산할 일시적차이는 미수이자 ₩50,000,000(20×2년에 소멸될 예정임)뿐이다. 20×1년과 20×2년의 법인세율은 2억원 이하 10%, 2억원 초과분부터 200억까지는 20%, 200억 초과 3,000억 이하분 22%, 3,000억원 초과분은 25%이다.
> (2) (주)미국의 20×2년 일시적차이를 조정하기 전 예상과세소득이 ₩350,000,000이다.

20×2년의 평균세율과 20×1년 평균유효세율을 각각 구하시오.

해답   1. 20×2년 평균세율

$$\frac{예상법인세부담액: ₩200,000,000 × 10\% + ₩200,000,000 × 20\%}{예상과세소득: ₩350,000,000 + ₩50,000,000} = 15\%$$

     2. 20×1년 평균유효세율

      (1) 세법상 납부할 법인세: (₩150,000,000 − ₩50,000,000) × 10% = ₩10,000,000

      (2) 이연법인세부채(20×1년 말): ₩50,000,000 × 15% = ₩7,500,000

      (3) 법인세비용: 20×1년 말 회계처리

일자	회계처리			
20×1년 말	(차) 법인세비용	17,500,000	(대) 미지급법인세	10,000,000
			이연법인세부채	7,500,000

      (4) 평균유효세율

$$\frac{법인세비용: ₩17,500,000}{법인세비용차감전순이익: ₩150,000,000} = 11.67\%$$

Chapter 20
O, X 연습문제

01 이연법인세자산과 부채는 현재가치로 할인하지 아니한다. (O, X)

02 모든 가산할 일시적차이에 대하여 이연법인세부채를 인식하는 것을 원칙으로 한다. (O, X)

03 당기 및 과거기간에 대한 당기법인세 중 납부되지 않은 부분을 부채로 인식한다. 만일 과거기간 (O, X)
에 이미 납부한 금액이 그 기간 동안 납부하여야 할 금액을 초과하였다면 그 초과금액은 자산으
로 인식한다.

04 이연법인세자산과 부채는 보고기간말까지 제정되었거나 실질적으로 제정된 세율(및 세법)에 근 (O, X)
거하여 당해 자산이 실현되거나 부채가 결제될 회계기간에 적용될 것으로 기대되는 세율을 사용
하여 측정한다.

05 이연법인세자산의 장부금액은 매 보고기간말에 검토한다. 이연법인세자산의 일부 또는 전부에 (O, X)
대한 혜택이 사용되기에 충분한 과세소득이 발생할 가능성이 더 이상 높지 않다면, 이연법인세자
산의 장부금액을 감액시킨다. 감액된 금액은 사용되기에 충분한 과세소득이 발생할 가능성이 높
아지더라도 다시 환입하지 아니한다.

정답 및 해설

01 O

02 O

03 O

04 O

05 X 이연법인세자산의 장부금액은 매 보고기간말에 검토한다. 이연법인세자산의 일부 또는 전부에 대한 혜택이 사용되기에 충분한 과
세소득이 발생할 가능성이 더 이상 높지 않다면, 이연법인세자산의 장부금액을 감액시킨다. 감액된 금액은 사용되기에 충분한 과세
소득이 발생할 가능성이 높아지면 그 범위 내에서 환입한다.

06 동일 회계기간 또는 다른 회계기간에 당기손익 이외로 인식되는 항목과 관련된 당기법인세와 이연법인세는 당기손익 이외의 항목으로 인식한다. (O, X)

07 종속기업 및 관계기업에 대한 투자자산과 관련된 모든 가산할 일시적차이에 대하여 항상 이연법인세부채를 인식하는 것은 아니다. (O, X)

08 미사용 세무상결손금과 세액공제가 사용될 수 있는 미래 과세소득의 발생가능성이 높은 경우 그 범위 안에서 이월된 미사용 세무상결손금과 세액공제에 대하여 이연법인세자산을 인식한다. (O, X)

09 이연법인세자산과 부채는 유동자산과 유동부채로 분류한다. (O, X)

10 과세대상수익의 수준에 따라 적용되는 세율이 다른 경우에는 일시적차이가 소멸될 것으로 예상되는 기간의 과세소득에 적용될 것으로 기대되는 한계세율을 사용하여 이연법인세자산과 부채를 측정한다. (O, X)

정답 및 해설

06   O

07   O

08   O

09   X   이연법인세자산과 부채는 비유동자산과 비유동부채로 분류한다.

10   X   과세대상수익의 수준에 따라 적용되는 세율이 다른 경우에는 일시적차이가 소멸될 것으로 예상되는 기간의 과세소득에 적용될 것으로 기대되는 평균세율을 사용하여 이연법인세자산과 부채를 측정한다.

객관식 연습문제

01 20×1년 초 설립된 (주)세무의 법인세 관련 자료가 다음과 같을 때, 20×1년도 법인세비용은?

[2018 세무사 1차]

---

(1) 법인세비용차감전순이익: ₩1,000,000

(2) 세무조정사항
- 정기예금 미수이자: ₩200,000
- 접대비한도초과액: ₩150,000
- 벌금과 과태료: ₩70,000
- 감가상각비한도초과액: ₩50,000

(3) 법인세율은 20%로 유지된다.

(4) 일시적차이가 사용될 수 있는 미래 과세소득의 발생가능성은 높다.

---

① ₩214,000   ② ₩244,000   ③ ₩258,000
④ ₩288,000   ⑤ ₩298,000

02 다음은 (주)대한의 법인세와 관련된 자료이다.

- 20×2년 세무조정내역

법인세비용차감전순이익	₩1,500,000
세무조정항목:	
전기 감가상각비 한도초과	₩(90,000)
과세소득	₩1,410,000

- 세무조정항목은 모두 일시적차이에 해당하고, 이연법인세자산의 실현가능성은 거의 확실한다.
- 20×1년 말 이연법인세자산과 이연법인세부채는 각각 ₩65,000과 ₩25,000이다.
- 20×2년 법인세율은 25%이고, 20×3년과 20×4년 이후의 세율은 각각 20%와 18%로 20×2년 말에 입법화되었다.
- 20×2년 말 현재 미소멸 일시적차이의 소멸시기는 아래와 같다. 감가상각비 한도초과와 토지 건설자금이자는 전기로부터 이월된 금액이다.

일시적차이	20×2년 말 잔액	소멸시기
감가상각비 한도초과	₩170,000	20×3년 ₩90,000 소멸 20×4년 ₩80,000 소멸
토지 건설자금이자	₩(100,000)	20×4년 이후 전액 소멸

(주)대한의 20×2년도 포괄손익계산서에 인식할 법인세비용은? [2018 공인회계사 1차]

① ₩335,000 ② ₩338,100 ③ ₩352,500

④ ₩366,900 ⑤ ₩378,100

03 다음은 20×1년 초 설립한 (주)한국의 20×1년도 법인세와 관련된 내용이다.

법인세비용차감전순이익	₩5,700,000
세무조정항목:	
감가상각비 한도초과	₩300,000
연구및인력개발준비금	₩(600,000)
과세소득	₩5,400,000

- 연구및인력개발준비금은 20×2년부터 3년간 매년 ₩200,000씩 소멸하며, 감가상각비 한도초과는 20×4년에 소멸한다.
- 향후 과세소득(일시적차이 조정 전)은 경기침체로 20×2년부터 20×4년까지 매년 ₩50,000으로 예상된다. 단, 20×5년도부터 과세소득은 없을 것으로 예상된다.
- 연도별 법인세율은 20%로 일정하다.

(주)한국이 20×1년도 포괄손익계산서에 인식할 법인세비용은? [2017 공인회계사 1차]

① ₩1,080,000   ② ₩1,140,000   ③ ₩1,150,000

④ ₩1,180,000   ⑤ ₩1,200,000

04 다음 자료는 (주)한국의 20×2년도 법인세와 관련된 내용이다.

• 20×1년 말 현재 일시적차이:	
미수이자	₩(100,000)
• 20×2년도 법인세비용차감전순이익	₩1,000,000
• 20×2년도 세무조정사항:	
미수이자	₩(20,000)
접대비한도초과	₩15,000
자기주식처분이익	₩100,000
• 연도별 법인세율은 20%로 일정하다.	

(주)한국의 20×2년도 포괄손익계산서에 인식할 법인세비용은 얼마인가? (단, 일시적차이에 사용될 수 있는 과세소득의 발생가능성은 높으며, 20×1년 말과 20×2년 말 각 연도의 미사용 세무상결손금과 세액공제는 없다) [2015 공인회계사 1차]

① ₩199,000   ② ₩203,000   ③ ₩219,000

④ ₩223,000   ⑤ ₩243,000

05 아래 자료는 (주)한국의 20×1년도 법인세와 관련된 거래 내용이다.

> (1) 20×1년 말 접대비 한도초과액은 ₩30,000이다.
> (2) 20×1년 말 재고자산평가손실은 ₩10,000이다.
> (3) 20×1년 말 기타포괄손익공정가치측정금융자산평가손실 ₩250,000을 기타포괄손익으로 인식하였다. 동 기타포괄손익공정가치측정금융자산평가손실은 20×3년도에 소멸된다고 가정한다.
> (4) 20×1년도 법인세비용차감전순이익은 ₩1,000,000이다.
> (5) 20×1년까지 법인세율이 30%이었으나, 20×1년 말에 세법개정으로 인하여 20×2년 과세소득 분부터 적용할 세율은 20%로 미래에도 동일한 세율이 유지된다.

(주)한국의 20×1년도 포괄손익계산서에 계산할 법인세비용은 얼마인가? (단, 일시적차이에 사용될 수 있는 과세소득의 발생가능성은 높으며, 전기이월 일시적차이는 없는 것으로 가정한다)

[2014 공인회계사 1차 수정]

① ₩260,000　　　　　② ₩310,000　　　　　③ ₩335,000
④ ₩360,000　　　　　⑤ ₩385,000

Chapter 20 | 객관식 연습문제

정답 및 해설

정답

01 ②   02 ⑤   03 ③   04 ②   05 ②

해설

01 ② 1. 세법상 납부할 법인세(당기법인세): ₩214,000

<법인세계산>		<일시적차이 일정계획표>
20×1년		20×2년 이후
법인세비용차감전순이익	₩1,000,000	
미수이자[1]	₩(200,000)	₩200,000
접대비한도초과액	₩150,000	
벌금과 과태료	₩70,000	
감가상각한도초과액[2]	₩50,000	₩(50,000)
과세소득	₩1,070,000	₩150,000
세율	20%	20%
당기법인세	₩214,000	₩30,000

[1] 가산할 일시적차이(△유보)
[2] 차감할 일시적차이(유보)

2. 이연법인세자산 · 부채
   (1) 20×1년 말 이연법인세부채: ₩150,000 × 20% = ₩30,000
   (2) 20×0년 말 이연법인세자산 · 부채: ₩0

3. 회계처리

일자	회계처리			
20×1년 말	(차) 법인세비용	244,000	(대) 당기법인세부채	214,000
			이연법인세부채	30,000

∴ 20×1년의 법인세비용: ₩244,000

02 ⑤ 1. 세법상 납부할 법인세(당기법인세): ₩1,410,000 × 25% = ₩352,500

2. 이연법인세자산 · 부채
   (1) 20×2년 말 이연법인세자산: ₩90,000 × 20% + ₩80,000 × 18% = ₩32,400
   (2) 20×2년 말 이연법인세부채: ₩100,000 × 18% = ₩18,000
   (3) 20×1년 말 이연법인세자산: ₩65,000
   (4) 20×1년 말 이연법인세부채: ₩25,000

3. 회계처리

일자	회계처리				
20×2년 말	(차) 이연법인세부채	7,000[1]	(대) 당기법인세부채	352,500	
	법인세비용	378,100	이연법인세자산	32,600[2]	
	[1] ₩18,000(20×2년 말) - ₩25,000(20×1년 말) = ₩(7,000)				
	[2] ₩32,400(20×2년 말) - ₩65,000(20×1년 말) = ₩(32,600)				

4. 20×2년 법인세비용: ₩378,100

03 ③ 1. 세법상 납부할 법인세(당기법인세): ₩1,080,000

<법인계계산>		<일시적차이 일정계획표>		
20×1년		20×2년	20×3년	20×4년
법인세비용차감전순이익	₩5,700,000			
감가상각비[2]	₩300,000			₩(300,000)
연구인력개발준비금[1]	₩(600,000)	₩200,000	₩200,000	₩200,000
과세소득	₩5,400,000	₩200,000	₩200,000	₩(100,000)
세율	20%	20%	20%	20%
당기법인세	₩1,080,000	₩40,000	₩40,000	₩(20,000)

[1] 가산할 일시적차이(△유보)
[2] 차감할 일시적차이(유보)

2. 이연법인세자산 · 부채
   (1) 20×1년 말 이연법인세부채: ₩600,000 × 20% = ₩120,000
   (2) 20×1년 말 이연법인세자산: Min[₩300,000, ₩250,000[1]] × 20% = ₩50,000

   [1] ₩50,000(미래예상과세소득) + ₩200,000(가산할 일시적차이) = ₩250,000

3. 회계처리

일자	회계처리				
20×1년 말	(차) 이연법인세자산	50,000	(대) 당기법인세부채	1,080,000	
	법인세비용	1,150,000	이연법인세부채	120,000	

4. 20×1년 법인세비용: ₩1,150,000

해설

1. 모든 가산할 일시적차이에 대하여 이연법인세부채를 인식한다.
2. 차감할 일시적차이가 사용될 수 있는 과세소득의 발생가능성이 높은 경우에, 모든 차감할 일시적차이에 대하여 이연법인세자산을 인식한다.
3. 차감할 일시적차이가 사용될 수 있는 과세소득의 발생가능성이 높은 경우는 다음과 같다.
   (1) 동일 과세당국과 동일 과세대상기업에 관련하여 다음의 회계기간에 소멸이 예상되는 충분한 가산할 일시적차이가 있을 때, 차감할 일시적차이가 사용될 수 있는 과세소득의 발생가능성이 높은 경우가 된다.
   (2) 동일 과세당국과 동일 과세대상기업에 관련된 가산할 일시적차이가 충분하지 않다면 이연법인세자산은 다음 중 하나에 해당하는 경우에 인식한다.
      a. 차감할 일시적차이가 소멸될 회계기간(또는 이연법인세자산으로 인하여 발생된 세무상결손금이 소급공제되거나 이월공제되는 회계기간)에 동일 과세당국과 동일 과세대상기업에 관련된 충분한 과세소득이 발생할 가능성이 높다.
      b. 세무정책으로 적절한 기간에 과세소득을 창출할 수 있는 경우

04 ② 1. 세법상 납부할 법인세(당기법인세)

(₩1,000,000 - ₩20,000 + ₩15,000 + ₩100,000) × 20% = ₩219,000

2. 이연법인세자산 · 부채

(1) 이연법인세부채(20×2년 말): ₩120,000 × 20% = ₩24,000

(2) 이연법인세부채(20×1년 말): ₩100,000 × 20% = ₩20,000

3. 20×2년 말 회계처리

일자	회계처리					
20×1년 말	(차)	법인세비용	223,000	(대)	당기법인세부채	219,000
					이연법인세부채	4,000
	(차)	자기주식처분이익	20,000[1]	(대)	법인세비용	20,000

[1] ₩100,000 × 20% = ₩20,000

4. 20×2년 법인세비용: ₩223,000 - ₩20,000 = ₩203,000

05 ② 1. 세법상 납부할 법인세(당기법인세): ₩312,000

<법인세계산>		<일시적차이 일정계획표>
20×1년		**20×2년 이후**
법인세비용차감전순이익	₩1,000,000	
접대비한도초과액	₩30,000	
재고자산평가손실[1]	₩10,000	₩(10,000)
기타포괄손익공정가치측정금융자산[1]	₩250,000	₩(250,000)
기타포괄손익공정가치측정금융자산평가손실	₩(250,000)	
과세소득	₩1,040,000	₩(260,000)
세율	30%	20%
당기법인세	₩312,000	₩(52,000)

[1] 차감할 일시적차이(유보)

2. 이연법인세자산 · 부채

(1) 20×1년 말 이연법인세자산: ₩260,000 × 20% = ₩52,000

(2) 20×0년 말 이연법인세자산 · 부채: ₩0

3. 회계처리

일자	회계처리					
20×1년 말	(차)	법인세비용	260,000	(대)	당기법인세부채	312,000
		이연법인세자산	52,000			
	(차)	법인세비용	50,000[1]	(대)	기타포괄손익공정가치측정금융자산평가손실	50,000

[1] ₩250,000 × 20% = ₩50,000

4. 20×1년 법인세비용: ₩260,000 + ₩50,000 = ₩310,000

Chapter 20
주관식 연습문제

01 물음1 과 물음2 는 독립적인 상황이다. 물음에 답하시오. [2016 세무사 2차]

물음1 다음은 20×1년 1월 1일에 설립되어 영업을 시작한 (주)세무의 20×1년도 법인세와 관련된 자료이다. 물음에 답하시오.

(1) (주)세무의 법인세비용 세무조정을 제외한 20×1년도 세무조정사항은 다음과 같다.

〈소득금액조정합계표〉

익금산입 및 손금불산입			손금산입 및 익금불산입		
과목	금액	소득처분	과목	금액	소득처분
감가상각부인액	₩20,000	유보	미수수익	₩10,000	유보
제품보증충당부채	₩5,000	유보	기타포괄손익공정가치 측정금융자산	₩5,000	유보
접대비한도초과액	₩10,000	기타사외유출			
기타포괄손익공정가치측정 금융자산평가이익	₩5,000	기타			
합계	₩40,000		합계	₩15,000	

(2) 20×1년도 과세소득에 적용되는 법인세율은 20%이며, 차기 이후 관련 세율 변동은 없는 것으로 가정한다.

(3) 20×1년도 법인세비용차감전순이익(회계이익)은 ₩120,000이다.

(4) 세액공제 ₩8,000을 20×1년도 산출세액에서 공제하여 차기 이후로 이월되는 세액공제는 없으며, 최저한세와 농어촌특별세 및 법인지방소득세는 고려하지 않는다.

(5) 20×1년도 법인세부담액(당기법인세)은 ₩21,000이며, 20×1년 중 원천징수를 통하여 ₩10,000의 법인세를 납부하고 아래와 같이 회계처리하였다.

(차) 당기법인세자산　　　　10,000　　　　(대) 현금　　　　　　　　　10,000

(6) 당기법인세자산과 당기법인세부채는 상계조건을 모두 충족하며, 이연법인세자산과 이연법인세부채는 인식조건 및 상계조건을 모두 충족한다.

(7) 포괄손익계산서상 기타포괄손익항목은 관련 법인세효과를 차감한 순액으로 표시하며, 법인세효과를 반영하기 전 기타포괄이익은 ₩5,000이다.

물음1-1 (주)세무의 20×1년도 포괄손익계산서와 20×1년 말 재무상태표에 계상될 다음 각 계정과목의 금액을 계산하시오.

재무제표	계정과목	금액
포괄손익계산서	법인세비용	①
	기타포괄이익	②
재무상태표	이연법인세자산	③
	이연법인세부채	④
	당기법인세부채(미지급법인세)	⑤

물음1-2 (주)세무의 20×1년도 평균유효세율(%)을 계산하시오.

물음1-3 (주)세무의 회계이익에 적용세율(20%)을 곱하여 산출한 금액과 **물음1-1** 에서 계산된 법인세비용 간에 차이가 발생한다. 해당 차이를 발생시키는 각 원인을 모두 수치화하여 기술하시오.

물음2 다음은 이연법인세자산과 이연법인세부채의 인식과 표시에 관한 내용이다. 물음에 답하시오.

물음2-1 이연법인세자산은 차감할 일시적차이 등과 관련하여 미래 회계기간에 회수될 수 있는 법인세 금액을 말한다. 미래 과세소득의 발생가능성이 높은 경우, 차감할 일시적차이 이외에 재무상태표상 이연법인세자산을 인식할 수 있는 항목을 모두 기술하시오.

물음2-2 재무상태표상 이연법인세자산과 이연법인세부채를 상계하여 표시할 수 있는 조건을 기술하시오.

해답 | **물음1-1**

1. 세법상 납부할 법인세(당기법인세): ₩21,000

2. 이연법인세자산·부채

   (1) 20×1년 말 이연법인세자산: (₩20,000 + ₩5,000 − ₩10,000 − ₩5,000) × 20% = ₩2,000

   (2) 20×1년 초 이연법인세자산·부채: ₩0

3. 회계처리

일자	회계처리				
20×1년 말	(차) 이연법인세자산	2,000	(대) 당기법인세자산	10,000
	법인세비용	19,000	당기법인세부채	11,000
	(차) 기타포괄손익공정가치측정금융자산평가이익	1,000[1]	(대) 법인세비용	1,000
	[1] ₩5,000 × 20% = ₩1,000				

재무제표	계정과목	금액
포괄손익계산서	법인세비용	① ₩18,000
	기타포괄이익	② ₩4,000
재무상태표	이연법인세자산	③ ₩2,000
	이연법인세부채	④ ₩0
	당기법인세부채(미지급법인세)	⑤ ₩11,000

물음1-2

20×1년도 평균유효세율(%): 법인세비용/법인세차감전순이익 = ₩18,000/₩120,000 = 15%

물음1-3

회계이익에 적용세율을 곱하여 산출한 금액: ₩120,000 × 20% =	₩24,000
접대비한도초과액 효과: ₩10,000 × 20% =	₩2,000
세액공제효과	₩(8,000)
법인세비용	₩18,000

물음2-1

미사용 세무상결손금과 세액공제가 사용될 수 있는 미래 과세소득의 발생가능성이 높은 경우 그 범위 안에서 이월된 미사용 세무상결손금과 세액공제에 대하여 이연법인세자산을 인식한다.

물음2-2

다음의 조건을 모두 충족하는 경우에만 이연법인세자산과 이연법인세부채를 상계한다.

(1) 기업이 당기법인세자산과 당기법인세부채를 상계할 수 있는 법적으로 집행 가능한 권리를 가지고 있다.

(2) 이연법인세자산과 이연법인세부채가 다음의 각 경우에 동일한 과세당국에 의해서 부과되는 법인세와 관련되어 있다.

   a. 과세대상기업이 동일한 경우

   b. 과세대상기업은 다르지만 당기법인세부채와 자산을 순액으로 결제할 의도가 있거나, 유의적인 금액의 이연법인세부채가 결제되거나 이연법인세자산이 회수될 미래의 각 회계기간마다 자산을 실현하는 동시에 부채를 결제할 의도가 있는 경우

02 다음은 12월 말 결산법인인 (주)국세의 당기(20×1. 1. 1. ~ 12. 31.) 법인세 관련 자료이다.

[2012 공인회계사 2차]

1. 전기와 당기의 과세소득에 대하여 적용되는 평균세율(법인세에 부가되는 세액 포함)은 30%이며, 차기 이후 관련 세율 변동은 없는 것으로 가정한다.
2. '법인세 과세표준 및 세액조정계산서'에 기재된 내용의 일부는 다음과 같다.

구분	금액
산출세액	₩28,300
총부담세액	₩25,400
기납부세액	₩13,500
차감납부할세액	₩11,900

3. 세무조정 시 유보잔액(일시적차이)을 관리하는 '자본금과 적립금조정명세서(을)'은 다음과 같다.

과목	기초잔액	당기 중 증감 감소	당기 중 증감 증가	기말잔액
매출채권대손충당금	₩5,000	₩1,000	₩3,000	₩7,000
당기손익공정가치측정금융자산	△₩4,000	△₩4,000	△₩1,000	△₩1,000
기타포괄손익공정가치측정금융자산[1]	△₩8,000	△₩5,000	₩0	△₩3,000
설비자산 감가상각누계액	₩9,000	₩3,000	₩2,000	₩8,000
토지[2]	₩0	₩0	△₩24,000	△₩24,000
합계	₩2,000	△₩5,000	△₩20,000	△₩13,000

1) 기타포괄손익공정가치측정금융자산은 채무상품이며, 감소는 자산처분으로 인한 감소임
2) 토지 재평가에 따른 재평가잉여금
※ △는 (−)유보 즉, 자산의 세무기준액 − 자산의 장부금액(또는 부채의 장부금액 − 부채의 세무기준액)이 음수(−)임을 나타냄

4. 전기 말과 당기 말 현재 이월공제가 가능한 세무상 결손금·세액공제·소득공제 등은 없으며, 차감할 일시적차이가 사용될 수 있는 과세소득의 발생가능성은 높다.
5. (주)국세는 당기법인세자산과 당기법인세부채를 상계할 수 있는 법적으로 집행 가능한 권리를 가지고 있지 않다.
6. 법인세효과 반영 전 기타포괄이익은 ₩24,000이다.

이 경우 (주)국세의 당기(20×1년) 포괄손익계산서와 당기 말 재무상태표에 계상될 다음 각 계정과목의 금액을 계산하시오. 법인세 관련 분개도 제시하시오.

재무제표	계정과목	금액
포괄손익계산서	법인세비용	①
	기타포괄손익	②
재무상태표	이연법인세자산	③
	이연법인세부채	④

해답

재무제표	계정과목	금액
포괄손익계산서	법인세비용	① ₩24,200
	기타포괄손익	② ₩18,300
재무상태표	이연법인세자산	③ ₩4,500
	이연법인세부채	④ ₩8,400

1. 세법상 납부할 법인세(당기법인세): ₩25,400

2. 이연법인세자산·부채
   (1) 기말이연법인세자산: (₩7,000 + ₩8,000) × 30% = ₩4,500
   (2) 기말이연법인세부채: (△₩1,000 + △₩3,000 + △₩24,000) × 30% = ₩8,400
   (3) 기초이연법인세자산: (₩5,000 + ₩9,000) × 30% = ₩4,200
   (4) 기초이연법인세부채: (△₩4,000 + △₩8,000) × 30% = ₩3,600

3. 회계처리

일자	회계처리				
20×1년 중	(차) 당기법인세자산	13,500	(대) 현금		13,500
20×1년 말	(차) 이연법인세자산	300	(대) 당기법인세자산		13,500
	법인세비용	29,900	당기법인세부채		11,900
			이연법인세부채		4,800
	(차) 법인세비용	1,500[1]	(대) 기타포괄손익공정가치측정금융자산평가이익		1,500
	(차) 재평가잉여금	7,200[2]	(대) 법인세비용		7,200

[1] 기말 기타포괄손익공정가치측정금융자산평가이익에 대한 법인세효과(₩8,000 × 30% = ₩2,400) − 기초 기타포괄손익공정가치측정금융자산평가이익에 대한 법인세효과(₩3,000 × 30% = ₩900) = ₩(1,500)
[2] 기말 재평가잉여금에 대한 법인세효과(₩24,000 × 30% = ₩7,200) − 기초 재평가잉여금에 대한 법인세효과(₩0) = ₩7,200

① 법인세비용: ₩29,900 + ₩1,500 − ₩7,200 = ₩24,200
② 기타포괄손익: ₩24,000 + ₩1,500 − ₩7,200 = ₩18,300
③ 이연법인세자산: (₩7,000 + ₩8,000) × 30% = ₩4,500
④ 이연법인세부채: (△₩1,000 + △₩3,000 + △₩24,000) × 30% = ₩8,400

참고 기타포괄손익
본 문제에서 법인세효과 반영 전 기타포괄이익은 ₩24,000이라고 제시하고 있으나 '자본금과 적립금조정명세서(을)'에서 기타포괄손익공정가치측정금융자산평가이익의 감소분 ₩(5,000)을 고려하지 않고 있다. 따라서 해답은 다음과 같이 제시할 수도 있다.
② 기타포괄손익: ₩24,000 − ₩5,000 + ₩1,500 − ₩7,200 = ₩13,300

법인세회계

03 20×1년에 설립된 (주)한강의 20×1년도와 20×2년도의 법인세율은 30%이다. 다음은 (주)한강의 20×1년도 법인세와 관련된 자료이다.　　　　　　　　　　　　　　　　　　　　　　　[2010 공인회계사 2차]

> 가. 회계상 비용에는 미지급된 제품보증원가 ₩10,000이 포함되어 있지만, 세무상 제품보증원가는 지급되기 전에는 손금으로 인정되지 않는다.
> 나. 회계상 손익에는 재화의 인도시점에 인식된 외상매출 ₩20,000과 해당 매출원가 ₩15,000이 포함되어 있지만, 관련 재화판매수익은 20×2년 대금회수시점에 과세된다.
> 다. 20×1년 1월 1일에 본사건물 ₩40,000(잔존가치 ₩0)을 구입하였으며, 회계상 매년 20%, 세무상 매년 25%의 정액법으로 감가상각한다.
> 라. 20×1년도에 발생된 개발원가 ₩3,000은 회계상 자본화되어 5년 동안 정액법으로 상각되지만, 세무상 20×1년도에 전액 손금산입된다.
> 마. 20×1년도의 법인세비용차감전순이익은 ₩100,000이며, 향후에도 이연법인세자산을 활용할 수 있는 과세소득의 발생가능성이 높다.

물음1 위의 법인세 관련 각 항목에 대하여 (주)한강의 20×1년 12월 31일 자산(또는 부채)의 세무기준액 ① ~ ③과 이연법인세자산(또는 부채) ④ ~ ⑥을 계산하시오. (단, ④ ~ ⑥은 이연법인세자산 또는 이연법인세부채를 분명히 표시할 것)

구분	자산 또는 부채	세무기준액	이연법인세자산 또는 부채
가	미지급 제품보증원가	①	?
나	매출채권	?	④
	재고자산	②	?
다	건물	③	⑤
라	개발비	?	⑥

물음2 20×1년도의 당기법인세와 법인세비용을 각각 계산하시오.

물음3 (주)한강은 위의 법인세 관련 자료 중 항목 (다)에서 20×1년 1월 1일에 구입한 본사건물을 20×1년 12월 31일에 ₩35,000으로 재평가하되, 잔존가치와 내용연수에는 변화가 없었다. 세무상으로는 상응하는 조정이 이루어지지 않는다면, (주)한강이 본사건물과 관련하여 20×1년 12월 31일에 인식할 이연법인세자산(또는 부채)을 계산하시오. (단, 이연법인세자산 또는 이연법인세부채를 분명히 표시할 것)

해답 | 물음1 | 1.

구분	자산 또는 부채	세무기준액	이연법인세자산 또는 부채
가	미지급 제품보증원가	①	?
나	매출채권	?	④
	재고자산	②	?
다	건물	③	⑤
라	개발비	?	⑥

① ₩0(세법상 제품보증원가는 지급되기 전까지 손금으로 인정되지 않으므로 세무기준액은 ₩0임)

② ₩15,000(세법상 매출과 매출원가가 20×2년에 과세되므로 세무기준액은 ₩15,000임)

③ ₩40,000(취득금액) − ₩40,000 × 0.25(감가상각누계액) = ₩30,000

④ 이연법인세부채 = ₩20,000(△유보) × 30% = ₩6,000

⑤ 이연법인세부채 = (₩40,000 × 0.8 − ₩40,000 × 0.75)(△유보) × 30% = ₩600

⑥ 이연법인세부채 = ₩3,000 × 30%(△유보) = ₩900

> 참고 개발비의 법인세효과에 대한 출제의도
> 본 문제에서 자료 (라)의 경우 개발비를 5년 동안 정액법으로 상각되지만, 사용가능시점이 20×1년인지 20×2년인지에 대해 언급이 없다. 따라서 해답은 20×1년에 상각되지 않은 것으로 간주하고 20×2년부터 상각한다고 가정하고 해답을 제시하였다.

2. 세무조정

구분	자산 또는 부채	세무조정
가	미지급 제품보증원가	<손금불산입> 제품보증비 ₩10,000 (유보)
나	매출채권	<익금불산입> 매출채권 ₩20,000 (△유보)
	재고자산	<손금불산입> 재고자산 ₩15,000 (유보)
다	건물	<손금산입> 감가상각비 ₩2,000 (△유보)
라	개발비	<손금산입> 개발비 ₩3,000 (△유보)

물음2 | 1. 세법상 납부할 법인세(당기법인세): ₩30,000

<법인세계산>		<일시적차이 일정계획표>	
20×1년		**20×2년 이후**	
법인세비용차감전순이익	₩100,000		
제품보증비[2)	₩10,000	₩(10,000)	
매출채권[1)	₩(20,000)	₩20,000	
재고자산[2)	₩15,000	₩(15,000)	
건물 감가상각비[1)	₩(2,000)	₩2,000	
개발비[1)	₩(3,000)	₩3,000	
과세소득	₩100,000	₩0	
세율	30%	30%	
당기법인세	₩30,000	₩0	

[1) 가산할 일시적차이(△유보)
[2) 차감할 일시적차이(유보)

2. 이연법인세자산·부채

(1) 20×1년 말 이연법인세자산·부채: ₩0 × 30% = ₩0

(2) 20×0년 말 이연법인세자산·부채: ₩0

3. 회계처리

일자	회계처리			
20×1년 말	(차) 법인세비용	30,000	(대) 당기법인세부채	30,000

① 당기법인세부채 = ₩30,000
② 법인세비용 = ₩30,000

물음 3

1. 재평가모형과 관련된 이연법인세부채

공정가치	₩35,000
장부금액: ₩40,000 × (1 - 0.2) =	₩32,000
재평가잉여금	₩3,000
법인세율	30%
이연법인세부채	₩900

2. 감가상각비 관련 이연법인세부채
(₩40,000 × 0.8 - ₩40,000 × 0.75)(△유보) × 30% = ₩600

3. 건물 관련 이연법인세부채
₩900 + ₩600 = ₩1,500

4. 재평가 회계처리

일자	회계처리			
20×1년 말	(차) 건물	3,000	(대) 재평가잉여금	3,000
	재평가잉여금	900[1]	이연법인세부채	900
	[1] ₩3,000 × 30% = ₩900			

해커스 IFRS 김원종 중급회계 하

Chapter 21

주당이익

Ⅰ | 주당이익의 일반론

01 의의

주당이익(EPS: Earnings Per Share)은 회계기간의 경영성과에 대한 보통주 1주당 지분의 측정치를 말하며, 기업의 당기순이익(보통주이익)을 가중평균유통보통주식수로 나누어 산출한 지표이다.

$$주당이익 = \frac{보통주이익}{가중평균유통보통주식수}$$

주당이익은 정보이용자가 기업의 경영성과를 기간별로 비교하고, 동일기간의 경영성과를 다른 기업과 비교하는 데 유용한 정보를 제공한다. 또한 주당이익 정보는 이익을 결정하는 데 적용하는 회계정책이 다를 수 있다는 한계가 있지만 주당이익 계산상의 분모를 일관성 있게 결정한다면 재무보고의 유용성은 높아질 수 있다.

예컨대, 동일한 업종을 영위하는 A기업과 B기업의 20×1년 당기순이익이 각각 ₩1,000,000과 ₩1,000이라고 한다면, 20×1년의 경영성과는 A기업이 우수하다고 판단하여 투자자는 A기업에 투자할 가능성이 크다. 그러나 이는 기업의 규모와 발행된 주식수를 고려하지 않아 오히려 비교가능성을 훼손할 수 있다. 만약 A기업과 B기업이 20×1년 초에 A기업은 100,000주, B기업은 10주가 유통되는 회사이며 회계기간 중 주식수의 변동이 없다고 한다면 A기업의 주당이익은 ₩10/주(= ₩1,000,000/100,000주), B기업의 주당이익은 ₩100/주(= ₩1,000/10주)가 되어 주당 경영성과는 B기업이 우수하며 배당을 많이 받을 가능성도 높아 B기업에 투자하여야 한다.

구분	A기업		B기업
① 당기순이익	₩1,000,000	>	₩1,000
a. 당기순이익	₩1,000,000		₩1,000
b. 유통주식수	100,000주		10주
② 주당이익(a/b)	₩10/주	<	₩100/주

따라서 각 기업의 경영성과를 비교할 때 단순한 수치로 비교하는 것이 아니라 일정한 기준인 분모로 나누어 주면 분모에 대한 단위당 경영성과가 산출되어 기간별 또는 기업 간 비교가능성이 향상된다. 가장 대표적인 예가 1주당 지분의 경영성과인 주당이익을 산출하여 공시하는 것이다.

02 주당이익의 종류

주당이익은 크게 기본주당이익과 희석주당이익으로 구분할 수 있다. 기본주당이익(BEPS: Basic Earnings Per Share)은 잠재적보통주[1]를 고려하지 않고 실제 유통되는 보통주식수를 기준으로 산출한 주당이익을 말하며, 희석주당이익(DEPS: Diluted Earnings Per Share)은 잠재적보통주가 전환 또는 행사되었다고 가정하고 유통보통주식수를 계산하여 산출한 주당이익을 말한다. 따라서 희석주당이익은 일반적으로 분모가 증가하기 때문에 희석주당이익은 기본주당이익보다 금액이 작아지는데 이를 희석효과(Dilutive Effect)라고 한다. 또한 주당이익은 분자에 보통주이익을 당기순이익으로 하느냐 계속영업이익으로 하느냐에 의해서도 구분된다. 따라서 주당이익은 기본주당순이익과 기본주당계속영업이익 및 희석주당순이익과 희석주당계속영업이익으로 구분되며 기본산식은 다음과 같다.

$$\text{• 기본주당순이익} = \frac{\text{보통주당기순이익(= 당기순이익 - 우선주배당금)}}{\text{가중평균유통보통주식수}}$$

$$\text{• 기본주당계속영업이익} = \frac{\text{보통주계속영업이익(= 계속영업이익 - 우선주배당금)}}{\text{가중평균유통보통주식수}}$$

$$\text{• 희석주당순이익} = \frac{\text{보통주당기순이익 + 세후 잠재적보통주이익}}{\text{가중평균유통보통주식수 + 잠재적보통주식수}}$$

$$\text{• 희석주당계속영업이익} = \frac{\text{보통주계속영업이익 + 세후 잠재적보통주이익}}{\text{가중평균유통보통주식수 + 잠재적보통주식수}}$$

예를 들어, A기업 20×1년의 당기순이익이 각각 ₩1,000,000이고, 기초에 10주를 발행하여 추가로 보통주의 변동이 없었다고 한다면 기본주당이익은 ₩100,000/주[= ₩1,000,000/10주]이다. 그런데 20×1년 초에 추가로 분모에 잠재적보통주식수가 10주 증가하는 발행 가능한 액면상환조건 신주인수권부사채를 발행하여 아직 행사되지 않았다고 한다면 희석주당이익은 이러한 잠재적보통주가 행사되었다고 가정하여 산출하는 주당이다. 따라서 희석주당이익은 ₩50,000/주[= ₩1,000,000/(10주+10주)]이며 기본주당이익에 비하여 주당이익이 감소하는 희석효과가 있음을 알 수 있다.

구분	기본주당이익	희석주당이익
a. 당기순이익	₩1,000,000	₩1,000,000
b. 유통주식수	10주	10주+10주
주당이익(a/b)	₩100,000/주 >	₩50,000/주

> ⊘ 참고 **희석주당이익을 기본주당이익과 별도로 공시하는 이유**
>
> 현재 및 잠재적 투자자들에게 현재의 주당이익이 잠재적보통주의 권리행사로 인하여 가장 보수적인 경우의 주당이익에 대하여 공시함으로써 투자자들을 보호하기 위함이다. 또한 현재 및 잠재적 투자자들은 기본주당이익을 통해서 최대배당가능액을 파악하고, 희석주당이익을 통하여 최소배당가능액을 파악할 수 있다.

---

[1] 잠재적보통주는 보통주를 받을 수 있는 권리가 보유자에게 부여된 금융상품이나 계약을 말한다. 대표적인 예로 전환사채와 신주인수권부사채 등을 들 수 있다.

03 재무제표 공시

이익의 분배에 대해 서로 다른 권리를 가지는 보통주 종류별로 이에 대한 기본주당이익과 희석주당이익을 보통주에 귀속되는 계속영업손익과 당기순손익에 대하여 계산하고 포괄손익계산서에 표시해야 한다. 주당이익은 상장기업 또는 상장예정기업의 재무제표를 작성하는 경우에 적용되며, 기본주당이익과 희석주당이익은 제시되는 모든 기간에 대하여 동등한 비중으로 제시해야 한다.

① 주당이익은 포괄손익계산서가 제시되는 모든 기간에 대하여 제시된다. 그리고 희석주당이익이 최소한 한 회계기간에 대하여 보고된다면 그것이 기본주당이익과 같다고 하더라도 제시되는 모든 기간에 대하여 보고한다. 기본주당이익과 희석주당이익이 같은 경우에는 포괄손익계산서에 한 줄로 표시할 수 있다.
② 포괄손익계산서를 두 개의 보고서로 작성하여 별개의 포괄손익계산서에 당기순손익의 구성요소를 표시하는 경우, 그 별개의 포괄손익계산서에 기본 및 희석주당이익을 표시한다.
③ 중단영업에 대해 보고하는 기업은 중단영업에 대한 기본주당이익과 희석주당이익을 포괄손익계산서에 표시하거나 주석으로 공시한다.
④ 기본주당이익과 희석주당이익이 부(-)의 금액(즉, 주당손실)인 경우에도 표시한다.

[그림 21-1] 주당이익의 포괄손익계산서에 표시방법

포괄손익계산서		
××회사		
	당기	전기
계속영업이익	×××	×××
중단영업손익	×××	×××
당기순이익	×××	×××
기타포괄손익	×××	×××
총포괄손익	×××	×××
주당계속영업손익		
기본주당계속영업손익	×××	×××
희석주당계속영업손익	×××	×××
주당순손익		
기본주당순손익	×××	×××
희석주당순손익	×××	×××

⚡ POINT 주당이익의 재무제표 공시

① 이익의 분배에 대해 서로 다른 권리를 가지는 보통주 종류별로 기본주당이익과 희석주당이익을 보통주에 귀속되는 계속영업손익과 당기순손익에 대하여 계산하고 포괄손익계산서에 표시함
② 상장기업 또는 상장예정기업의 재무제표를 작성하는 경우에만 적용되며, 기본주당이익과 희석주당이익은 제시되는 모든 기간에 대하여 동등한 비중으로 제시해야 함
③ 주당이익은 포괄손익계산서가 제시되는 모든 기간에 대하여 제시해야 함
④ 중단영업에 대해 보고하는 기업은 중단영업에 대한 기본주당이익과 희석주당이익을 포괄손익계산서에 표시하거나 주석으로 공시함
⑤ 부(-)의 금액(즉, 주당손실)인 경우에도 표시함

04 주당이익의 유용성 및 한계

(1) 주당이익의 유용성

주당이익은 정보이용자가 기업의 경영성과와 배당정책을 평가하고, 기업의 잠재력을 예측하며, 증권분석 및 투자에 관한 합리적인 의사결정을 할 수 있도록 하는 유용한 정보를 제공하는데, 주당이익의 유용성을 살펴보면 다음과 같다.

① 특정 기업의 경영성과를 기간별로 비교하는 데 유용하다. 즉, 연속적인 두 회계기간의 주당순이익을 비교함으로써 두 기간의 경영성과에 대하여 의미있는 비교를 할 수 있다.
② 특정 기업의 주당순이익을 주당배당금지급액과 비교해봄으로써 당기순이익 중 사외에 유출되는 부분과 사내에 유보되는 부분의 상대적 비중에 관한 유용한 정보를 용이하게 얻을 수 있다.
③ 주가를 주당이익으로 나눈 수치인 주가수익비율(PER: Price Earning Ratio)은 사외유통주식을 평가하는 투자지표의 하나인데, 주당이익은 주가수익비율의 계산에 기초자료가 된다. 주가수익률이 낮다는 것은 주당순이익에 비해 시가가 낮게 형성되어 있다는 것을 의미하므로 주가가 향후 상승할 가능성이 있다는 것을 암시해 준다.

> • PER = 주가 ÷ EPS
> • 주가 = PER × EPS

(2) 주당이익의 한계

주당이익은 위에서 살펴본 바와 같이 기간별 비교가능성을 향상시키고 배당성향을 파악할 수 있으며, 주가수익비율 계산에 기초자료가 되는 유용성이 있지만 다음과 같은 한계점도 존재한다.

① 주당이익 계산에 사용된 이익은 과거의 자료에 의하여 계산된 수치이므로 미래의 투자의사결정을 하는 데 한계가 있다.
② 기업 간 회계정책이 서로 다르거나 기업이 회계정책을 변경한다면 단순한 주당이익의 수치로 기업 간 또는 기간별 주당이익을 비교하는 것은 의미가 없다.
③ 주당이익은 기업의 양적정보를 가지고 계산된 수치이므로 기업의 미래투자의사결정, 인적자원 및 업종특성 등의 질적정보가 반영되지 않는 한계가 있다.

⚡ POINT 주당이익의 유용성 및 한계

주당이익의 유용성	① 특정 기업의 경영성과를 기간별로 비교하는 데 유용함 ② 당기순이익 중 사외에 유출되는 부분과 사내에 유보되는 부분의 상대적 비중에 관한 유용한 정보를 얻을 수 있음 ③ 주당이익은 주가수익비율의 계산에 기초자료가 됨
주당이익의 한계	① 주당이익 계산에 사용된 이익은 과거의 자료에 의하여 계산된 수치임 ② 기업 간 회계정책이 서로 다르거나 기업이 회계정책을 변경한다면 단순한 주당이익의 수치로 기업 간 또는 기간별 주당이익을 비교하는 것은 의미가 없음 ③ 기업의 미래투자의사결정, 인적자원 및 업종특성 등의 질적정보가 반영되지 않음

Ⅱ | 기본주당이익

01 의의

기본주당이익은 잠재적보통주를 고려하지 않고 실제 유통되는 보통주식수를 기준으로 산출한 주당이익을 말한다. 또한 주당이익은 분자에 보통주이익을 당기순이익으로 하느냐 계속영업이익으로 하느냐에 의해서도 구분된다. 기본주당당기순이익은 보통주에 귀속되는 당기순이익(보통주당기순이익)을 그 기간에 유통된 보통주식수를 가중평균한 주식수(가중평균유통보통주식수)로 나누어 산출하고, 기본주당계속영업이익은 보통주에 귀속되는 계속영업이익(보통주계속영업이익)을 그 기간에 유통된 보통주식수를 가중평균한 주식수(가중평균유통보통주식수)로 나누어 산출하는데 그 공식은 다음과 같다.

$$\bullet \ 기본주당순이익 = \frac{보통주당기순이익(= 당기순이익 - 우선주배당금)}{가중평균유통보통주식수}$$

$$\bullet \ 기본주당계속영업이익 = \frac{보통주계속영업이익(= 계속영업이익 - 우선주배당금)}{가중평균유통보통주식수}$$

기본주당이익을 산출하기 위해서는 분자효과인 보통주당기순손익을 계산하는 방법과 분모효과인 가중평균유통보통주식수를 산출하는 방법을 알아야 하는데, 논의의 편의상 분자효과를 먼저 설명하고 분모효과를 후술하기로 한다.

02 보통주이익

보통주이익은 당기순이익(계속영업이익)에서 우선주배당금 등을 차감한 금액을 말하며 순수하게 보통주에 귀속되는 이익을 말한다.

> • 보통주당기순이익 = 당기순이익 - 우선주배당금 등
> • 보통주계속영업이익 = 계속영업손익 - 우선주배당금 등

보통주이익을 계산할 때에는 법인세비용과 부채로 분류되는 우선주에 대한 배당금을 포함하여 보통주에 귀속되는 특정 회계기간에 인식된 모든 수익과 비용 항목은 보통주에 귀속되는 특정 회계기간의 당기순손익 결정에 포함한다. 다만, 우선주배당금 등을 고려할 때에는 다음과 같은 사항들에 주의를 기울어야 하는데 그 내용은 다음과 같다.

(1) 비누적적 우선주

비누적적 우선주의 경우에는 당해 회계기간과 관련하여 배당결의된 비누적적 우선주에 대한 세후 배당금을 차감하여 계산한다.

(2) 누적적 우선주

누적적 우선주의 경우에는 배당결의 여부와 관계없이 당해 회계기간과 관련한 누적적 우선주에 대한 세후 배당금을 차감하여 계산한다. 따라서 전기 이전의 기간과 관련하여 당기에 지급되거나 결의된 누적적 우선주배당금은 제외하여야 한다.

> **✍ 저자 견해 누적적 우선주를 배당결의 여부와 관계없이 차감하는 이유**
>
> 보통주 당기순이익은 당기순이익 중 보통주의 귀속분을 말하는데, 누적적 우선주는 당기에 적자가 나서 당기순손실이 발생하여도 차기 이후에 흑자가 나면 지급해야 하므로 보통주의 귀속이익이 배당결의 여부에 상관없이 매 보고기간에 줄어드는 효과가 있다. 즉, 보통주의 주주들은 해당 회계기간의 당기순손실뿐만 아니라 약속한 우선주배당금지급액까지 추가로 벌어야 향후 배당금을 지급받을 수 있기 때문에 배당결의와 관계없이 차감하는 것이다.

(3) 할증배당우선주

할증배당우선주(Increasing Rate Preference Shares)는 우선주를 시가보다 할인발행한 기업에 대한 보상으로 초기에 낮은 배당을 지급하는 우선주 또는 우선주를 시가보다 할증금액으로 매수한 투자자에 대한 보상으로 이후 기간에 시장보다 높은 배당을 지급하는 우선주를 말한다. 할증배당우선주의 당초 할인발행차금이나 할증발행차금은 유효이자율법을 사용하여 상각하여 이익잉여금에 가감하며, 주당이익을 계산할 때 상각액을 우선주배당금으로 처리하여 차감하여 계산하여야 한다.

(4) 공개매수 방식으로 우선주를 재매입손실

기업이 공개매수 방식으로 우선주를 재매입할 때 우선주 주주에게 지급한 대가의 공정가치가 우선주의 장부금액을 초과하는 부분은 우선주 주주에 대한 이익배분으로서 이익잉여금에서 차감한다. 이 금액은 보통주에 귀속되는 당기순손익을 계산할 때 차감하여 계산한다.

$$우선주\ 재매입손실 = 우선주\ 재매입대가(공정가치) - 우선주\ 장부금액$$

(5) 전환우선주의 조기 유도전환

전환우선주 발행기업이 처음의 전환조건보다 유리한 조건을 제시하거나 추가적인 대가를 지급하여 조기 전환을 유도하는 경우가 있다. 전환우선주의 조기 유도전환의 경우 처음의 전환조건에 따라 발행될 보통 주의 공정가치를 초과하여 지급하는 보통주나 그 밖의 대가의 공정가치는 전환우선주에 대한 이익배분으로 보아 기본주당이익을 계산할 때 보통주에 귀속되는 당기순손익에서 차감하여 계산한다.

(6) 우선주 재매입이익

우선주의 장부금액이 우선주의 매입을 위하여 지급하는 대가의 공정가치를 초과하는 경우 그 차액을 보통 주에 귀속되는 당기순손익을 계산할 때 가산하여 계산한다.

$$우선주\ 재매입이익 = 우선주\ 장부금액 - 우선주\ 재매입대가(공정가치)$$

⚡ POINT 보통주이익 중 우선주배당금 등에서 조정할 사항

구분	보통주이익에 차감 또는 가산할 사항
비누적적 우선주	배당결의된 세후 배당금은 차감
누적적 우선주	배당결의와 상관없이 당해 회계기간과 관련한 세후 배당금은 차감
할증배당우선주	유효이자율법에 의한 상각액은 차감
우선주 재매입손실	기업이 공개매수 방식의 우선주 재매입손실은 차감
전환우선주 유도전환	발행될 보통주의 공정가치를 초과하여 지급하는 보통주나 그 밖의 대가의 공정가치는 차감
우선주 재매입이익	우선주 재매입이익은 가산

예제 1 ┃ 할증배당우선주(K - IFRS 사례)

20×1년 1월 1일에 (주)신일은 액면금액이 ₩10,000이고 전환이 되지 않고 상환도 되지 않는 A종류 누적적 우선주를 발행하였다. A종류 우선주는 20×4년부터 누적적으로 연간 주당 ₩700의 배당금을 받게 된다.

> (1) 발행일의 A종류 우선주에 대한 시장배당수익률은 연 7%이다. 따라서 발행일에 주당 ₩700의 배당률이 유효하다면, (주)신일은 A종류 우선주당 ₩10,000의 발행금액을 기대할 수 있다.
> (2) (주)신일은 우선주에 대하여 배당금을 3년간 지급하지 않을 예정이며, 3기간의 7% 연금현가계수는 2.6243이다.

물음 1 A종류 우선주의 발행금액을 계산하고 유효이자율법에 의한 상각표를 작성하시오.

물음 2 20×1년 초부터 20×3년 말까지 할증배당우선주와 관련된 회계처리를 수행하시오.

물음 3 만약 20×3년 (주)신일의 당기순이익이 ₩100,000이라고 한다면, 20×3년 보통주당기순손익이 얼마인지 계산하시오. (단, 할증배당우선주를 제외한 다른 종류의 우선주는 없다고 가정한다)

해답 **물음 1**

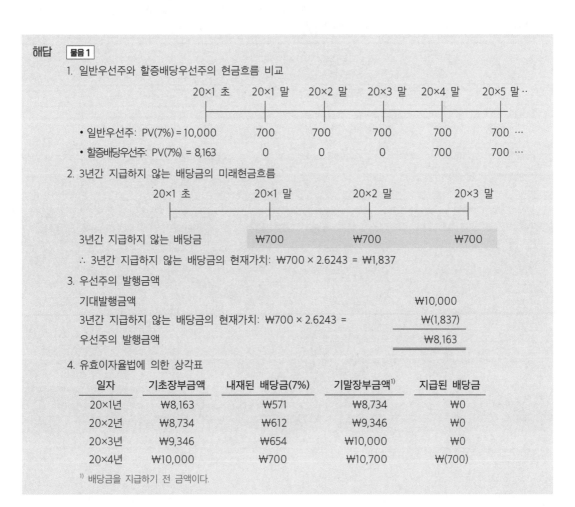

1. 일반우선주와 할증배당우선주의 현금흐름 비교

	20×1 초	20×1 말	20×2 말	20×3 말	20×4 말	20×5 말…
• 일반우선주: PV(7%) = 10,000		700	700	700	700	700 …
• 할증배당우선주: PV(7%) = 8,163		0	0	0	700	700 …

2. 3년간 지급하지 않는 배당금의 미래현금흐름

	20×1 초	20×1 말	20×2 말	20×3 말
3년간 지급하지 않는 배당금		₩700	₩700	₩700

∴ 3년간 지급하지 않는 배당금의 현재가치: ₩700 × 2.6243 = ₩1,837

3. 우선주의 발행금액

기대발행금액	₩10,000
3년간 지급하지 않는 배당금의 현재가치: ₩700 × 2.6243 =	₩(1,837)
우선주의 발행금액	₩8,163

4. 유효이자율법에 의한 상각표

일자	기초장부금액	내재된 배당(7%)	기말장부금액[1]	지급된 배당금
20×1년	₩8,163	₩571	₩8,734	₩0
20×2년	₩8,734	₩612	₩9,346	₩0
20×3년	₩9,346	₩654	₩10,000	₩0
20×4년	₩10,000	₩700	₩10,700	₩(700)

[1] 배당금을 지급하기 전 금액이다.

> ⊘ 참고 **할증배당우선주의 상각액을 우선주배당금으로 보는 이유**
>
> 자본파트에서 언급한 대로 회사와 주주와의 거래 즉, 자본거래에서 회사가 이익을 본 부분은 법적 형식과 관계없이 실질적으로 출자로 보고, 회사가 손실을 본 부분은 법적 형식과 관계없이 경제적 실질로 판단하여 배당으로 본다고 하였다. 위의 [예제 1]의 경우는 회사가 주주에게 ₩10,000을 받고 주주에게 배당을 다시 ₩1,837만큼 선급하였다고 볼 수 있다. 화폐의 시간가치인 이자요소를 고려하여 ₩1,837은 20×1년에 ₩571, 20×2년에 ₩612, 20×3년에 ₩654만큼 배분되며, 이는 이익잉여금을 통하여 상계되어 회계처리된다. 할증배당우선주의 상각액은 배당을 선급한 부분에 대한 각 회계연도의 우선주배당금 귀속을 나타낸다. 따라서 보통주 귀속 당기순손익에서 할증배당우선주 상각액을 차감하는 것이 이론적으로 타당하고 화폐의 시간가치를 고려한 우수한 방법이라 판단된다.

예제 2 보통주이익

다음은 (주)강남의 20×1년 기본주당이익계산에 필요한 자료이다. (주)강남의 회계기간은 1월 1일부터 12월 31일까지이며, 20×1년 당기순이익은 각각 ₩10,000,000이다.

(1) 비누적적 비상환우선주(액면 ₩5,000, 1,000주): 20×1년의 배당률은 10%이며, 20×1년 초에 발행주식수는 1,000주이고 기중 추가로 발행한 주식은 없다.

(2) 누적적 비상환우선주(액면 ₩5,000, 2,000주): 배당률은 8%이며, 당기에 총발행주식 3,000주 중 1,000주를 공개매수 방식으로 재매입하였다. 공개매수 방식의 재매입가격은 주당 ₩11,000이며, 재매입한 우선주의 장부금액은 ₩10,000이다. 한편, (주)강남은 전기에 누적적 비상환우선주에 대해서 배당금을 지급하지 않았다.

(3) 누적적 할증배당우선주(액면 ₩5,000, 1,000주): 20×0년에 할인발행한 것으로 20×3년부터 배당(배당률 10%)하며, 20×1년에 유효이자율법으로 상각한 할인발행차금은 ₩200,000이다.

(4) 누적적 전환우선주(액면 ₩5,000, 200주): 전기에 발행한 누적적 전환우선주 400주 중 200주가 7월 1일에 보통주로 전환(전환우선주 1주당 보통주 1주로 전환)되었다. 당기 전환우선주에 대한 배당률은 연 4%이며, 7월 1일 전환된 전환우선주에 대하여 전환을 유도하기 위하여 보통주의 공정가치를 초과하여 지급한 대가는 ₩460,000이다.

20×1년 기본주당이익을 산정하기 위한 보통주당기순이익을 계산하시오.

해답	보통주당기순이익		₩10,000,000
	비누적적 비상환우선주		
	배당금: ₩5,000 × 1,000주 × 10% × 12/12 =	₩500,000	₩(500,000)
	누적적 비상환우선주[1]		
	배당금: ₩5,000 × 2,000주 × 8% × 12/12 =	₩800,000	
	재매입손실: 1,000주 × (₩11,000 - ₩10,000) =	₩1,000,000	₩(1,800,000)
	누적적 할증배당우선주		
	할증배당우선주상각액	₩200,000	₩(200,000)
	누적적 전환우선주		
	전환우선주 유도전환 대가	₩460,000	
	미전환분 배당금: ₩5,000 × 200주 × 4% =	₩40,000	₩(500,000)
	계		₩7,000,000

[1] 보통주당기순이익 산정 시 배당결의 여부와 관계없이 당해 회계기간과 관련한 누적적 우선주에 대한 세후 배당금만을 차감하며, 전기 이전의 기간과 관련하여 당기에 지급되거나 결의된 누적적 우선주배당금은 제외한다.

03 가중평균유통보통주식수

기본주당이익을 계산하기 위한 보통주식수는 그 기간에 유통된 보통주식수를 가중평균한 주식수(이하 '가중평균유통보통주식수'라 함)로 한다. 특정 회계기간의 가중평균유통보통주식수는 그 기간 중 각 시점의 유통주식수의 변동에 따라 자본금액이 변동할 가능성을 반영한다.

가중평균유통보통주식수는 기초의 유통보통주식수에 회계기간 중 취득된 자기주식수 또는 신규 발행된 보통주식수를 각각의 유통기간에 따른 가중치를 고려하여 조정한 보통주식수이다. 이 경우 유통기간에 따른 가중치는 그 회계기간의 총일수에 대한 특정 보통주의 유통일수의 비율로 산정하며, 가중평균에 대한 합리적 근사치도 사용될 수 있다.

> ⊘ 참고 **가중평균유통보통주식수**
>
> 실무에서 재무제표를 작성하는 경우 주당이익은 반드시 일할계산해야 한다. 그러나 회계학 시험에서는 문제의 언급대로 풀어야 하는데 2010년 이후에 모든 문제는 월할계산하라고 문제에 제시되어 있다. 따라서 본서의 모든 문제는 월할계산을 기준으로 해답을 제시하였으나, 회계사 혹은 세무사에 합격하여 실무에서 재무제표의 주당이익을 검증할 때에는 반드시 일할 계산한다는 것을 명심하도록 한다.

가중평균유통보통주식수를 산정하기 위한 보통주유통일수 계산의 기산일은 통상 주식발행의 대가를 받을 권리가 발생하는 시점(일반적으로 주식발행일)이다. 보통주유통일수를 계산하는 기산일의 예를 들면 다음과 같다.

> ① 현금납입의 경우 현금을 받을 권리가 발생하는 날
> ② 보통주나 우선주배당금을 자발적으로 재투자하여 보통주가 발행되는 경우 배당금의 재투자일
> ③ 채무상품의 전환으로 인하여 보통주를 발행하는 경우 최종이자발생일의 다음 날
> ④ 그 밖의 금융상품에 대하여 이자를 지급하거나 원금을 상환하는 대신 보통주를 발행하는 경우 최종이자발생일의 다음 날
> ⑤ 채무를 변제하기 위하여 보통주를 발행하는 경우 채무변제일
> ⑥ 현금 이외의 자산을 취득하기 위하여 보통주를 발행하는 경우 그 자산의 취득을 인식한 날
> ⑦ 용역의 대가로 보통주를 발행하는 경우 용역제공일

보통주유통일수를 계산하는 기산일은 주식발행과 관련된 특정 조건에 따라 결정하며, 이때 주식발행에 관한 계약의 실질을 적절하게 고려한다.

(1) 자기주식과 유상증자

주당이익은 유통된 보통주식수에 대하여 산정하는 것이므로 자기주식은 취득시점부터 매각시점까지의 보유기간 동안 유통보통주식수에 포함하지 아니한다. 따라서 가중평균유통보통주식수를 계산할 때 자기주식은 취득시점부터 가중평균유통보통주식수에서 제외하고, 자기주식을 처분하면 가중평균유통보통주식수에 포함하여야 한다.

또한 당해 회계기간 중에 시가로 유상증자되어 보통주가 발행된 경우에는 유통보통주식수를 현금을 받을 권리가 발생하는 납입일을 기준으로 기간경과에 따라 가중평균하여 계산한다.

예제 3 유통보통주식수: 자기주식과 유상증자(K - IFRS 사례 수정)

다음은 보고기간이 1월 1일부터 12월 31일까지인 (주)강남의 20×1년 기본주당이익계산에 필요한 자료이다.

> (1) (주)강남의 1월 1일의 유통보통주식수는 1,000주이다.
> (2) 당기 중 자본금 변동내역은 다음과 같다.
>   ① 7월 1일에 보통주 유상증자를 실시하여 추가로 800주를 발행하였다.
>   ② 12월 1일에 보통주 자기주식을 300주 취득하였다.

20×1년 기본주당이익 산정을 위한 가중평균유통보통주식수는 얼마인지 계산하시오.

해답

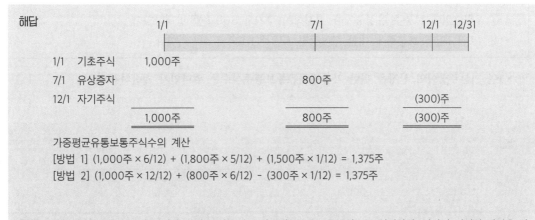

가중평균유통보통주식수의 계산
[방법 1] (1,000주 × 6/12) + (1,800주 × 5/12) + (1,500주 × 1/12) = 1,375주
[방법 2] (1,000주 × 12/12) + (800주 × 6/12) - (300주 × 1/12) = 1,375주

해설 [방법 1]과 [방법 2]의 어떠한 방법을 사용해도 가중평균유통보통주식수는 일치한다. 따라서 어떠한 방법을 사용해도 무관하다. 본서에서는 [방법 2]를 사용하여 모든 문제를 풀이하였는데 그 방법이 이론적으로 우수하거나 계산과정이 단순해서가 아니라, 저자가 예전에 수험기간에 [방법 2]를 사용했었고 주당이익의 강의도 [방법 2]를 사용하여 익숙하기 때문이다.

(2) 무상증자, 주식배당, 주식분할 및 주식병합

무상증자, 주식배당, 주식분할 및 주식병합과 같은 예는 자원의 실질적인 변동을 유발하지 않으면서 보통주가 새로 발행될 수도 있고 유통보통주식수가 감소할 수도 있다. 자본금전입, 무상증자, 주식분할의 경우에는 추가로 대가를 받지 않고 기존 주주에게 보통주를 발행하므로 자원은 증가하지 않고 유통보통주식수만 증가한다. 한편, 주식병합은 일반적으로 자원의 실질적인 유출 없이 유통보통주식수를 감소시킨다.[2] 이러한 경우 당해 사건이 있기 전의 유통보통주식수를 비교표시되는 최초기간의 개시일에 그 사건이 일어난 것처럼 비례적으로 조정한다. 예를 들어, 1주당 2주(200%)의 신주를 발행하는 무상증자의 경우 무상증자 전의 유통보통주식수에 3(= 1 + 200%)을 곱하여 새로운 총보통주식수를 계산한다. 당기 중에 무상증자, 주식배당, 주식분할 및 주식병합이 실시된 경우에는 기초에 실시된 것으로 간주하여 유통보통주식수를 비례적으로 조정한다. 단, 기중에 유상증자로 발행된 신주에 대한 무상증자, 주식배당, 주식분할 또는 주식병합은 당해 유상증자 납입일에 실시된 것으로 간주하여 유통보통주식수를 비례적으로 조정해야 한다. 이러한 방식을 원구주를 따르는 방식이라고 한다.

예제 4 ㅣ 유통보통주식수: 무상증자, 주식배당, 주식분할 및 주식병합

다음은 보고기간이 1월 1일부터 12월 31일까지인 (주)강남의 20×1년 기본주당이익계산과 관련된 자료이다.

> (1) (주)강남의 1월 1일의 유통보통주식수는 1,000주이다.
> (2) 당기 중 자본금 변동내역은 다음과 같다.
> ① 7월 1일에 보통주 유상증자를 실시하여 추가로 800주를 발행하였다.
> ② 12월 1일에 보통주에 대한 무상증자 180주(10%)를 실시하였다.

20×1년 기본주당이익 산정을 위한 가중평균유통보통주식수는 얼마인지 계산하시오.

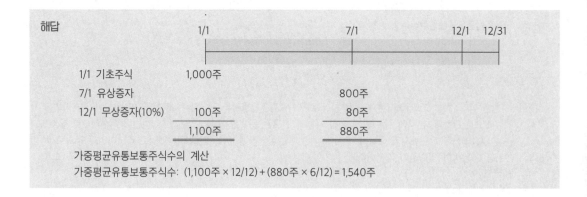

가중평균유통보통주식수의 계산
가중평균유통보통주식수: (1,100주 × 12/12) + (880주 × 6/12) = 1,540주

---

2) 주식병합은 일반적으로 자원의 실질적인 유출 없이 유통보통주식수를 감소시킨다. 그러나 전반적으로 주식을 공정가치로 매입한 효과가 있는 경우에는 실질적으로 자원이 유출되면서 유통보통주식수가 감소한다. 특별배당과 결합된 주식병합이 그 예가 된다. 이러한 결합거래가 발생한 기간의 가중평균유통보통주식수는 특별배당이 인식된 날부터 보통주식수의 감소를 반영하여 조정한다.

(3) 주주우선배정 신주발행 유상증자

앞에서 설명한 바와 같이 시가로 발행되는 유상증자의 경우에는 무상증자의 요소를 포함하고 있지 않기 때문에 유통보통주식수를 현금을 받을 권리가 발생하는 납입일을 기준으로 기간경과에 따라 가중평균하여 계산한다.

주주우선배정 신주발행의 경우에는 행사가격이 주식의 공정가치보다 작은 것이 보통이므로 우선배정 신주발행은 무상증자 요소를 수반하게 된다. 이러한 주주우선배정방식에 따라 공정가치 이하로 유상증자를 실시한 경우에는 총유상증자주식수를 공정가치 유상증자 시 발행가능주식수와 무상증자주식수로 구분해야 한다. 여기서 공정가치는 유상증자 권리행사일 직전의 공정가치를 말하며, 다음과 같이 무상증자비율을 계산할 수 있다.

> ① 공정가치 유상증자 시 발행가능주식수: 실제 유상증자 납입액 ÷ 권리행사일 직전의 공정가치
> ② 무상증자주식수: 유상증자로 발행된 총주식수 − 공정가치 유상증자 시 발행가능주식수
> ③ 무상증자비율: 무상증자주식수 ÷ (유상증자 전 주식수 + 공정가치 유상증자 시 발생가능주식수)

주주우선배정 신주발행에서 공정가치 이하로 유상증자를 실시한 경우에는 공정가치 유상증자 시 발행가능주식수는 납입일을 기준으로 조정하고, 무상증자주식수에 대해서는 원구주를 따른다.

예제 5 │ 유통보통주식수: 주주우선배정 신주발행(K-IFRS 사례 수정)

다음은 보고기간이 1월 1일부터 12월 31일까지인 (주)강남의 20×1년 기본주당이익계산과 관련된 자료이다.

> (주)강남의 1월 1일 유통보통주식수는 450주이다. 10월 1일에 보통주 유상증자를 실시하여 추가로 100주를 발행하였으며, 이는 주주우선배정방식의 신주발행이며 권리행사일 직전의 보통주의 시장가치는 ₩100이며, 주당 발행금액은 ₩50이다.

20×1년 기본주당이익 산정을 위한 가중평균유통보통주식수는 얼마인지 계산하시오.

해답 1. 무상증자비율
　　　① 공정가치 유상증자 시 발행가능주식수: 실제 유상증자 납입액 ÷ 권리행사일 직전의 공정가치
　　　　= (100주 × ₩50) ÷ ₩100 = 50주
　　　② 무상증자주식수: 유상증자로 발행된 총주식수 − 공정가치 유상증자 시 발행가능주식수
　　　　= 100주 − 50주 = 50주
　　　③ 무상증자비율: 무상증자주식수 ÷ (유상증자 전 주식수 + 공정가치 유상증자 시 발생가능주식수)
　　　　= 50주 ÷ (450주 + 50주) = 10%

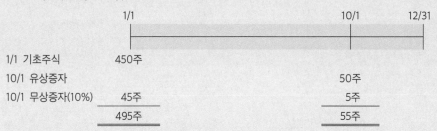

	1/1		10/1	12/31
1/1 기초주식	450주			
10/1 유상증자			50주	
10/1 무상증자(10%)	45주		5주	
	495주		55주	

2. 가중평균유통보통주식수의 계산
    가중평균유통보통주식수: (495주 × 12/12) + (55주 × 3/12) = 509주

(4) 옵션과 주식매입권 등

옵션과 주식매입권이 회계기간 중에 행사되어 보통주가 추가로 발행된 경우에는 행사가격에 해당하는 금액의 현금납입이 있으므로 납입일을 기준으로 기간경과에 따라 가중평균하여 유통보통주식수를 계산한다.

예제 6 **유통보통주식수: 옵션과 주식매입권**

다음은 보고기간은 1월 1일부터 12월 31일까지인 (주)강남의 20×1년 기본주당이익계산과 관련된 자료이다.

> (1) (주)강남의 1월 1일의 유통보통주식수는 1,000주이다.
> (2) 당기 중 자본금 변동내역은 다음과 같다.
>   ① 7월 1일에 옵션이 행사되어 보통주 500주를 추가로 발행하였다.
>   ② 10월 1일에 신주인수권부사채의 신주인수권이 행사되어 보통주 160주를 추가로 발행하였다.

20×1년 기본주당이익 산정을 위한 가중평균유통보통주식수는 얼마인지 계산하시오.

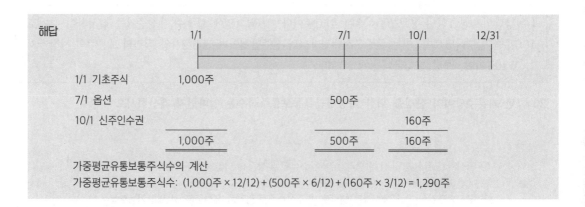

가중평균유통보통주식수의 계산
가중평균유통보통주식수: (1,000주 × 12/12) + (500주 × 6/12) + (160주 × 3/12) = 1,290주

(5) 전환금융상품

전환금융상품은 전환권을 행사하면 보통주로 전환되는 금융상품을 말하며, 전환우선주와 전환사채가 이에 해당한다. 이러한 전환우선주와 전환사채가 전환되어 보통주가 발행되는 경우 전환일[3]로부터 유통보통주식수에 포함해야 한다. 여기서 유의할 점은 보통주로 반드시 전환하여야 하는 전환금융상품은 계약체결시점부터 기본주당이익을 계산하기 위한 보통주식수에 포함해야 한다는 것이다.

> ⊘ 참고 **전환간주일**
>
> 상법 제350조(전환의 효력발생) 3항에 의하면 전환금융상품이 회계기간 중에 전환되었을 경우 이익배당과 관련하여 기말에 전환되는 것을 원칙으로 하고 예외적으로 기초에 전환된 것으로도 할 수 있다는 규정이 있는데 이를 전환간주일이라고 한다. 따라서 전환간주일이 기말이면 기중에 전환되더라도 당기에는 이자와 우선주배당금을 지급하고, 전환간주일이 기초이면 기중에 전환되더라도 보통주배당금을 지급하였으나 전환간주일은 2021년 폐지되었다.
> IFRS가 도입되기 전에는 이 전환간주일에 따라 전환간주일의 다음 날부터 유통보통주식수를 조정해야 했으나 K-IFRS와 상법에는 전환간주일에 대한 규정이 없기 때문에 전환일부터 유통보통주식수에 포함해서 계산하면 된다.

예제 7 │ 유통보통주식수: 전환금융상품

다음은 보고기간이 1월 1일부터 12월 31일까지인 (주)강남의 20×1년 기본주당이익계산과 관련된 자료이다.

> (1) (주)강남의 1월 1일의 유통보통주식수는 1,000주이다.
> (2) 당기 중 자본금 변동내역은 다음과 같다.
>   ① 7월 1일에 전환사채의 전환권이 행사되어 보통주 200주를 추가로 발행하였다.
>   ② 10월 1일에 전환우선주의 전환권이 행사되어 보통주 100주를 추가로 발행하였다.

20×1년 기본주당이익 산정을 위한 가중평균유통보통주식수는 얼마인지 계산하시오.

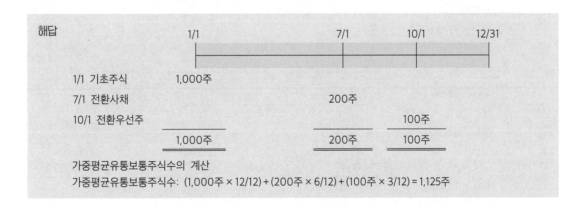

해답

1/1 기초주식 1,000주
7/1 전환사채 200주
10/1 전환우선주 100주

가중평균유통보통주식수의 계산
가중평균유통보통주식수: (1,000주 × 12/12) + (200주 × 6/12) + (100주 × 3/12) = 1,125주

---

3) 그 밖의 금융상품에 대하여 이자를 지급하거나 원금을 상환하는 대신 보통주를 발행하는 경우 최종이자발생일의 다음 날을 기산일로 한다. 그 날은 전환일과 정확히 일치한다.

(6) 조건부발행보통주

조건부발행보통주(Contingently Issuable Shares)는 조건부주식약정에 명시된 특정 조건이 충족된 경우에 현금 등의 대가가 없거나 거의 없이 발행하게 되는 보통주를 말한다.

조건부발행보통주는 모든 필요조건이 충족된 날에 발행된 것으로 보아 기본주당이익을 계산하기 위한 보통주식수에 포함하여야 한다. 단순히 일정 기간이 경과한 후 보통주를 발행하기로 하는 계약 등의 경우 기간의 경과에는 불확실성이 없으므로 조건부발행보통주로 보지 않는다. 조건부로 재매입할 수 있는 보통주를 발행한 경우 이에 대한 재매입가능성이 없어질 때까지는 보통주로 간주하지 않으며, 기본주당이익을 계산하기 위한 보통주식수에 포함하지 않는다.

예제 8 유통보통주식수: 조건부발행보통주(K - IFRS 사례)

다음은 보고기간이 1월 1일부터 12월 31일까지인 (주)강남의 20×1년 기본주당이익계산과 관련된 자료이다.

> (1) (주)강남의 1월 1일 유통보통주식수는 1,000,000주이다.
> (2) (주)강남의 20×1년 당기순이익은 ₩2,900,000이다.
> (3) 조건부발행보통주와 관련된 사항은 다음과 같다.
> ① 영업점조건: 20×1년에 새로 개점하는 영업점 1개당 보통주 5,000주 발행
> ② 당기순이익조건: 20×1년 12월 31일에 종료하는 연도에 당기순이익이 ₩2,000,000을 초과하는 경우 매 초과액 ₩1,000에 대하여 보통주 1,000주 발행
> (4) 이 기간 동안 개점한 영업점: 20×1년 5월 1일에 1개, 20×1년 9월 1일에 1개

20×1년 기본주당이익 산정을 위한 가중평균유통보통주식수를 계산하고 기본주당순손익을 계산하시오. (단, 주당이익은 소수점 셋째 자리에서 반올림한다. 예 2.887 → 2.89)

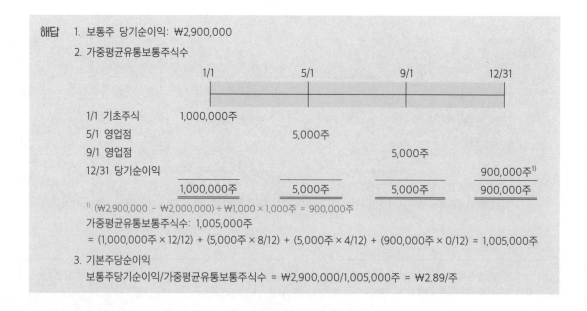

해답 1. 보통주 당기순이익: ₩2,900,000
　　　2. 가중평균유통보통주식수

	1/1	5/1	9/1	12/31
1/1 기초주식	1,000,000주			
5/1 영업점		5,000주		
9/1 영업점			5,000주	
12/31 당기순이익				900,000주[1]
	1,000,000주	5,000주	5,000주	900,000주

[1] (₩2,900,000 - ₩2,000,000) ÷ ₩1,000 × 1,000주 = 900,000주
　가중평균유통보통주식수: 1,005,000주
　= (1,000,000주 × 12/12) + (5,000주 × 8/12) + (5,000주 × 4/12) + (900,000주 × 0/12) = 1,005,000주

　　　3. 기본주당순이익
　　　보통주당기순이익/가중평균유통보통주식수 = ₩2,900,000/1,005,000주 = ₩2.89/주

POINT   가중평균유통보통주식수

자기주식	취득시점부터 가중평균유통보통주식수에서 제외하고, 자기주식을 처분하면 가중평균유통보통주식수에 포함함
시가로 발행된 유상증자	납입일을 기준으로 기간경과에 따라 가중평균하여 계산함
무상증자, 주식배당, 주식분할 및 주식병합	① 원칙: 기초에 실시된 것으로 간주함 ② 기중에 유상증자로 발행된 신주: 납입일에 실시된 것으로 간주함
주주우선배정 신주발행 유상증자	① 공정가치 유상증자 발행가능주식: 납입일에 실시된 것으로 간주함 ② 무상증자주식수: 원구주를 따름
옵션과 주식매입권	납입일을 기준으로 기간경과에 따라 가중평균하여 계산함
전환우선주와 전환사채	전환일로부터 유통보통주식수에 포함함
조건부발행보통주	모든 필요조건이 충족된 날에 발행된 것으로 보아 유통보통주식수에 포함함

예제 9   기본주당순이익: 종합

(주)대한의 회계연도는 1월 1일부터 12월 31일까지이다. 20×1년 1월 1일 (주)대한의 발행주식은 보통주 9,000주(주당 액면금액 ₩1,000)와 우선주 5,000주(배당률 10%, 비누적적, 비참가적, 주당 액면금액 ₩1,000)이다. 다음은 20×1년도 중 (주)대한의 보통주와 우선주의 변동사항이다.

구분	보통주	우선주
1월 1일 유통주식수	9,000주	5,000주
4월 1일 유상증자(20%)	1,800주	1,000주
7월 1일 무상증자(10%)	1,080주	600주
10월 1일 자기주식 취득	(2,000)주	
	9,880주	6,600주

(1) 20×1년 4월 1일 유상증자는 주주우선배정 신주발행에 해당된다. 보통주 유상신주의 주당 발행가액은 ₩1,000이며 3월 31일의 공정가치는 주당 ₩1,800이다.

(2) 우선주 유상신주의 주당 발행가액은 ₩1,000이며 3월 31일의 공정가치는 주당 ₩1,000이다. 유상신주의 배당기산일은 납입한 때이고, 무상신주는 원구주에 따른다.

(3) 20×1년도의 당기순이익과 계속영업이익은 ₩1,672,000과 ₩1,500,000이다.

(4) 유통보통주식수를 구하기 위한 유통기간의 가중평균은 월할계산하며, 기본주당순이익 계산 시 소수점 첫째 자리에서 반올림한다.

물음1   (주)대한의 20×1년의 기본주당순이익은 얼마인가?

물음2   (주)대한의 20×1년의 기본주당계속영업이익은 얼마인가?

해답 물음1

1. 보통주당기순이익: (1) - (2) = ₩1,039,500
   (1) 당기순이익: ₩1,672,000
   (2) 우선주배당금: ₩632,500

① 구주: 5,000주 × 1.1 × 12/12 × ₩1,000 × 10% =	₩550,000
② 신주: 1,000주 × 1.1 × 9/12 × ₩1,000 × 10% =	₩82,500
계	₩632,500

2. 가중평균유통보통주식수

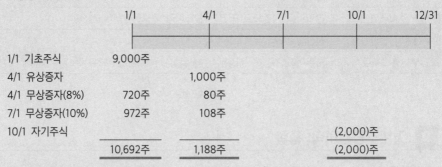

	1/1	4/1	7/1	10/1	12/31
1/1 기초주식	9,000주				
4/1 유상증자		1,000주			
4/1 무상증자(8%)	720주	80주			
7/1 무상증자(10%)	972주	108주			
10/1 자기주식				(2,000)주	
	10,692주	1,188주		(2,000)주	

   (1) 유상증자 시 무상증자비율
   ① 공정가치로 유상증자 시 발행가능한 주식수: (1,800주 × ₩1,000) ÷ ₩1,800 = 1,000주
   ② 무상증자주식수: 1,800주 - 1,000주 = 800주
   ③ 무상증자비율: 800주 ÷ (9,000주 + 1,000주) = 8%
   (2) 가중평균유통보통주식수
   10,692주 × 12/12 + 1,188주 × 9/12 - 2,000주 × 3/12 = 11,083주

3. 기본주당순이익
   ₩1,039,500 ÷ 11,083주 = ₩94/주

물음2

1. 보통주계속영업이익: (1) - (2) = ₩867,500
   (1) 계속영업이익: ₩1,500,000
   (2) 우선주배당금: ₩632,500

① 구주: 5,000주 × 1.1 × 12/12 × ₩1,000 × 10% =	₩550,000
② 신주: 1,000주 × 1.1 × 9/12 × ₩1,000 × 10% =	₩82,500
계	₩632,500

2. 가중평균유통보통주식수
   10,692주 × 12/12 + 1,188주 × 9/12 - 2,000주 × 3/12 = 11,083주

3. 기본주당계속영업이익
   ₩867,500 ÷ 11,083주 = ₩78/주

(7) 참가적 지분상품과 두 종류의 보통주

기업의 자본에 ① 경우에 따라 참가범위에 상한을 두면서 사전에 정해진 방식에 따라 보통주와 같이 배당에 참가하는 지분상품(예 참가적 우선주)과 ② 우선적 권리가 없지만 다른 종류의 보통주와 배당률이 상이한 보통주와 같은 항목이 포함될 수 있다. 보통주로 전환할 수 없는 금융상품의 경우에는 배당에 대한 권리 또는 잔여이익의 분배에 참가할 권리에 따라 당기순손익을 각 종류의 주식과 참가적 지분상품에 배분한다. 즉, 기본 및 희석주당이익을 계산할 때 다음과 같이 처리한다.

① 보통주에 귀속되는 당기순손익은 그 기간에 각 종류의 주식에 대하여 배당하기로 결의된 금액과 그 기간에 대하여 지급하여야 하는 배당약정금액만큼 조정한다.
② 잔여손익은 모든 당기순손익을 배당한 것으로 가정할 때 각 지분상품에 돌아가는 부분만큼 보통주와 참가적 지분상품에 배분한다. 각 종류의 지분상품에 배분하는 당기순손익의 총액은 배당으로 배분하는 금액과 이익참가 형식으로 배분하는 금액을 합산하는 방법으로 결정한다.
③ 각 종류의 지분상품에 대한 주당이익을 결정하기 위하여 그 지분상품에 배분한 당기순손익의 총금액을 그 지분상품의 유통수량으로 나눈다.

예제 10 │ 참가적 우선주가 있는 경우

다음은 (주)강남의 20×1년 주당이익을 계산하기 위하여 필요한 자료들이다. (주)강남의 20×1년 당기순이익은 ₩1,000,000이다.

(1) 20×1년 초 자본금내역

보통주자본금(액면 ₩5,000, 800주)	₩4,000,000
우선주자본금(액면 ₩5,000, 200주, 누적적·참가적 우선주)	₩1,000,000
계	₩5,000,000

(2) 당기 중 보통주와 우선주의 추가발행은 없었으며, 당기순이익에 대한 배당은 보통주와 우선주 모두 10%이다. 참가분 배당에 대한 배분비율은 4(보통주) : 1(우선주)이다.
(3) 우선주에 대한 과거 누적배당금은 없다.

(주)강남의 20×1년 기본주당순이익을 계산하여라.

해답　1. 당기순이익의 배분

구분	우선주	보통주	합계
과거분 배당	-	-	-
당기분 배당	₩1,000,000 × 10% = ₩100,000	₩4,000,000 × 10% = ₩400,000	₩500,000
참가분 배당	₩500,000 × 1/5 = ₩100,000	₩500,000 × 4/5 = ₩400,000	₩500,000
합계	₩200,000	₩800,000	₩1,000,000

2. 가중평균유통보통주식수: 800주

3. 기본주당순이익: ₩800,000 ÷ 800주 = ₩1,000/주

Ⅲ | 희석주당이익

01 의의

희석주당이익(DEPS: Diluted Earnings Per Share)은 희석효과가 있는 잠재적보통주가 모두 기초에 전환 또는 행사되었다고 가정[4]하고 유통보통주식수를 계산하여 산출한 주당이익을 말한다. 희석주당이익을 계산하기 위해서는 모든 희석효과가 있는 잠재적보통주(이하 '희석성 잠재적보통주'라 한다)의 영향을 고려하여 보통주에 귀속되는 당기순손익 및 가중평균유통보통주식수를 조정한다. 따라서 희석주당이익은 일반적으로 분모가 증가하기 때문에 희석주당이익은 기본주당이익보다 금액이 작아지는데 이를 희석효과(Dilutive Effect)라고 한다. 또한 희석주당이익은 분자에 보통주이익을 당기순이익으로 하느냐 계속영업이익으로 하느냐에 의해서도 구분된다. 따라서 희석주당이익은 희석주당순이익과 희석주당계속영업이익으로 구분되며 기본산식은 다음과 같다.

$$\bullet \text{희석주당순이익} = \left(\frac{\text{보통주당기순이익}}{\text{가중평균유통보통주식수}} + \frac{\text{세후 잠재적보통주이익}}{\text{잠재적보통주식수}} \right)$$

$$\bullet \text{희석주당계속영업이익} = \left(\frac{\text{보통주계속영업이익}}{\text{가중평균유통보통주식수}} + \frac{\text{세후 잠재적보통주이익}}{\text{잠재적보통주식수}} \right)$$

여기서 잠재적보통주(Potential Ordinary Share)는 보통주를 받을 수 있는 권리가 보유자에게 부여된 금융상품이나 계약을 말한다. 잠재적보통주의 예는 다음과 같다.

① 전환금융상품: 보통주로 전환할 수 있는 전환권이 부여된 금융상품 예 전환우선주, 전환사채
② 옵션과 주식매입권: 보유자가 보통주를 매입할 수 있는 권리를 가지는 금융상품
　　예 옵션, 주식매입권, 신주인수권부사채 및 주식결제형 주식기준보상 등
③ 조건부발행보통주: 조건부주식약정에 명시된 특정 조건이 충족된 경우에 현금 등의 대가가 없거나 거의 없이 발행하게 되는 보통주

후술하겠지만 잠재적보통주는 보통주로 전환된다고 가정할 경우 주당이익을 감소시키거나 주당손실을 증가시킬 수 있는 경우에만 희석성 잠재적보통주로 취급한다. 반면에 잠재적보통주가 보통주로 전환된다고 가정할 경우 주당이익을 증가시키거나 주당손실을 감소시킬 수 있는 경우에는 반희석성 잠재적보통주가 된다. 희석주당이익을 계산할 때 이러한 반희석성 잠재적보통주는 전환, 행사 또는 기타의 발행이 이루어지지 않는다고 가정하여 계산과정에서 제외하여야 하는 것에 유의해야 한다.

또한 여러 종류의 잠재적보통주를 발행한 경우에는 잠재적보통주가 희석효과를 가지는지 반희석효과를 가지는지에 대하여 판단할 때 여러 종류의 잠재적보통주를 모두 통합해서 고려하는 것이 아니라 개별적으로 고려한다. 이때 잠재적보통주를 고려하는 순서가 각각의 잠재적보통주가 희석효과를 가지는지 반희석효과를 가지는지에 대하여 판단하는 데 영향을 미칠 수 있다. 따라서 기본주당이익을 최대한 희석할 수 있도록 희석효과가 가장 큰 잠재적보통주부터 순차적으로 고려하여 계산해야 한다.

---

4) 당해 잠재적보통주의 발행일이 당기 중인 경우에는 발행일에 전환 또는 행사된 것으로 가정한다.

02 희석주당이익 계산방법

(1) 세후 잠재적보통주이익

희석성 잠재적보통주가 전환 또는 행사되었다고 가정하면 관련된 배당금과 이자비용 등은 발생하지 않는다. 따라서 보통주이익에 이미 포함되어 있는 관련 잠재적보통주 이익을 가산해야 한다. 즉, 희석주당이익을 계산하기 위해서는 지배기업의 보통주에 귀속되는 당기순손익을 다음의 사항에서 법인세효과를 차감한 금액만큼 조정한다.

> ① 배당금과 기타항목: 보통주에 귀속되는 당기순손익을 계산할 때 차감한 희석성 잠재적보통주에 대한 배당금이나 기타항목
> ② 이자비용: 희석성 잠재적보통주와 관련하여 그 회계기간에 인식한 이자비용
> ③ 수익 또는 비용의 변동사항: 희석성 잠재적보통주를 보통주로 전환하였다면 발생하였을 그 밖의 수익 또는 비용의 변동사항

잠재적보통주의 전환이 결과적으로 다른 수익 또는 비용의 변동을 가져오는 경우가 있다. 예를 들어, 잠재적보통주와 관련된 이자비용의 감소와 그에 따른 순이익의 증가나 순손실의 감소는 비재량적 종업원 이익분배제도와 관련된 비용의 증가를 가져올 수 있다. 이 경우 희석주당이익을 계산하기 위해서는 지배기업의 보통주에 귀속되는 당기순손익을 이와 같은 수익 또는 비용의 변동에 따른 효과만큼 추가적으로 조정한다.

(2) 잠재적보통주식수

희석주당이익을 계산하기 위한 보통주식수는 기본주당이익 계산방법에 따라 계산한 가중평균유통보통주식수에 희석성 잠재적보통주가 모두 전환될 경우에 발행되는 보통주의 가중평균유통보통주식수를 가산하여 산출한다. 여기서 희석성 잠재적보통주는 회계기간의 기초에 전환된 것으로 보되 당기에 발행된 것은 그 발행일에 전환된 것으로 본다는 것에 유의해야 한다.

잠재적보통주는 유통기간을 가중치로 하여 가중평균한다. 해당 기간에 효력을 잃었거나 유효기간이 지난 잠재적보통주는 해당 기간 중 유통된 기간에 대해서만 희석주당이익의 계산에 포함하며, 당기에 보통주로 전환된 잠재적보통주는 기초부터 전환일의 전일까지 희석주당이익의 계산에 포함한다. 한편 전환으로 발행되는 보통주는 전환일부터 기본 및 희석주당이익의 계산에 포함한다.

[그림 21-2] 유통보통주식수와 잠재적보통주식수

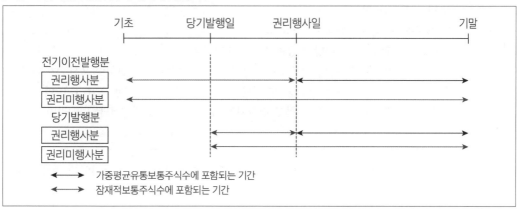

03 전환금융상품

(1) 전환우선주

전환우선주의 경우 당기에 보통주로 전환된 전환우선주는 기초부터 전환일의 전일까지 희석주당이익의 계산에 포함한다. 한편 전환으로 발행되는 보통주는 전환일부터 기본 및 희석주당이익의 계산에 포함시킨다. 이러한 잠재적보통주식수를 계산할 때 전환우선주는 전환이 되더라도 기업에 추가적인 현금의 유입이 없으므로 전환가정법(If-Converted Method)에 의하여 모든 주식이 전환권을 행사하였다고 가정하여 잠재적보통주식수를 계산한다. 다만, 희석성 잠재적보통주는 회계기간의 기초에 전환된 것으로 보되 당기에 발행된 것은 그 발행일에 전환된 것으로 본다는 것에 유의해야 한다.

보통주에 귀속되는 당기순손익을 계산할 때 차감한 희석성 잠재적보통주에 대한 배당금이나 기타항목은 기초에 전환된 것으로 가정하면 우선주에 대한 배당금이 존재하지 않으므로 분자의 보통주이익에 다시 가산하여 계산해야 한다. 이때 배당금은 이익잉여금에서 지급된 금액이므로 이미 법인세효과가 반영되어 있으므로 별도의 세금효과를 추가로 고려할 필요가 없다. 또한, 전환우선주 발행기업이 처음의 전환조건 보다 유리한 조건을 제시하거나 추가적인 대가를 지급하여 조기 전환을 유도하는 경우가 있다. 전환우선주의 조기 유도전환의 경우 처음의 전환조건에 따라 발행될 보통주의 공정가치를 초과하여 지급하는 보통주나 그 밖의 대가의 공정가치는 전환우선주에 대한 이익배분으로 보아 기본주당이익을 계산할 때 보통주에 귀속되는 당기순손익에서 차감하여 계산한다.

$$\text{희석주당순이익(계속영업이익)} = \left(\frac{\text{당기순이익(계속영업이익)} - \text{우선주배당금}}{\text{가중평균유통보통주식수}} \right) + \left(\frac{\text{전환우선주배당금}}{\text{잠재적보통주식수}} \right)$$

예제 11 전환우선주

다음은 1월 1일부터 12월 31일이 보고기간인 (주)강남의 주당이익 계산과 관련된 자료이다. (주)강남의 20×1년 당기순이익은 ₩1,000,000이며 기초유통보통주식수는 1,000주(액면: ₩5,000)이다. 회사는 전환우선주를 제외하고 희석성 잠재적보통주를 발행하지 않고 있으며, 전환우선주와 관련된 자료는 다음과 같다.

> (1) 20×0년에 발행한 전환우선주
>   ① 총발행주식수: 1,100주(액면: ₩5,000)
>   ② 전환조건: 전환우선주 1주당 보통주 1주로 전환가능
> (2) 20×1년 4월 1일에 전환우선주 100주가 보통주로 전환되었다. 전환된 전환우선주에 대해 처음의 전환조건에 따라 발행될 보통주의 공정가치를 초과하여 지급한 금액은 ₩10,000이다.
> (3) 전환우선주에 대한 배당금은 기말 현재 전환되지 않은 우선주에 대해서만 지급되며 배당률은 연 5%이다.

(주)강남의 20×1년 기본주당순이익과 희석주당순이익은 얼마인가? (단, 주당이익을 계산할 때 소수점 첫째 자리에서 반올림한다)

해답 　1. 기본주당순이익
　　　(1) 보통주당기순이익: ① - ② = ₩1,000,000 - ₩260,000 = ₩740,000
　　　　　① 당기순이익: ₩1,000,000
　　　　　② 우선주배당금

유도전환대가	₩10,000
기말보유분: ₩5,000 × 1,000주 × 5% × 12/12 =	₩250,000
계	₩260,000

　　　(2) 가중평균유통보통주식수

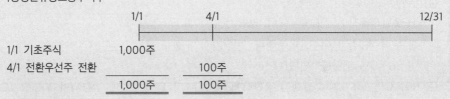

```
                    1/1              4/1                              12/31
                     ├────────────────┼─────────────────────────────────┤
  1/1 기초주식      1,000주
  4/1 전환우선주 전환                 100주
                  ─────────────────────────
                    1,000주          100주
```

　　　　∴ 가중평균유통보통주식수: 1,000주 × 12/12 + 100주 × 9/12 = 1,075주
　　　(3) 기본주당순이익: ₩740,000 ÷ 1,075주 = ₩688/주

　　2. 희석주당순이익
　　　(1) 희석효과 분석

$$\frac{전환우선주배당금}{잠재적보통주식수} = \frac{₩10,000 + ₩250,000}{100주 × 3/12 + 1,000주 × 12/12} = \frac{₩260,000}{1,025주} = ₩254(희석효과 있음)$$

　　　(2) 잠재적보통주의 희석효과

구분	당기순이익	보통주식수	주당이익	희석효과
기본주당이익	₩740,000	1,075주	₩688	
전환우선주	₩260,000	1,025주		
계	₩1,000,000	2,100주	₩476	희석성

　　　(3) 희석주당순이익: ₩476/주

(2) 전환사채

전환사채의 경우 당기에 보통주로 전환된 전환사채는 기초부터 전환일의 전일까지 희석주당이익의 계산에 포함한다. 한편 전환으로 발행되는 보통주는 전환일부터 기본 및 희석주당이익의 계산에 포함시킨다. 이러한 잠재적보통주식수를 계산할 때 전환사채는 전환이 되더라도 기업에 추가적인 현금의 유입이 없으므로 전환가정법(If-Converted Method)에 의하여 모든 주식이 전환권을 행사하였다고 가정하여 잠재적보통주식수를 계산한다. 다만, 희석성 잠재적보통주는 회계기간의 기초에 전환된 것으로 보되 당기에 발행된 것은 그 발행일에 전환된 것으로 본다는 것에 유의해야 한다.

보통주에 귀속되는 당기순손익을 계산할 때 차감한 희석성 잠재적보통주와 관련하여 그 회계기간에 인식한 이자비용은 기초에 전환된 것으로 가정하면 전환사채에 대한 이자비용이 존재하지 않으므로 분자의 보통주이익에 다시 가산하여 계산해야 한다. 여기서 유의할 점은 잠재적보통주이익은 법인세효과를 고려해야 하므로 세전 이자비용이 주어진다면 해당 금액에 (1 - 법인세율)을 곱한 금액을 가산하여야 한다는 것이다.

$$희석주당순이익(계속영업이익) = \left(\frac{당기순이익(계속영업이익) - 우선주배당금}{가중평균유통보통주식수}\right) + \left(\frac{전환사채이자비용 × (1 - t)}{잠재적보통주식수}\right)$$

다음은 1월 1일부터 12월 31일이 보고기간인 (주)강남의 주당이익 계산과 관련된 자료이다. (주)강남의 20×1년 당기순이익은 ₩1,000,000이며 기초유통보통주식수는 1,000주(액면: ₩5,000)이다. 회사는 전환사채를 제외하고 희석성 잠재적보통주를 발행하지 않고 있으며, 전환사채 및 우선주와 관련된 자료는 다음과 같다.

---

(1) 우선주
　① 총발행주식수: 200주(액면: ₩5,000)
　② 누적 및 참가 여부: 비누적적, 비참가적 우선주
　③ 20×1년 배당률: 연 10%
(2) 20×0년 1월 1일에 발행한 전환사채 중 20%가 10월 1일에 전환되어 보통주 40주를 발행하여 교부하였다. 포괄손익계산서에 계상된 전환사채의 이자비용은 ₩10,000이다.
(3) 20×1년 법인세율은 30%이다.

(주)강남의 20×1년 기본주당순이익과 희석주당순이익은 얼마인가? (단, 주당이익을 계산할 때 소수점 첫째 자리에서 반올림한다)

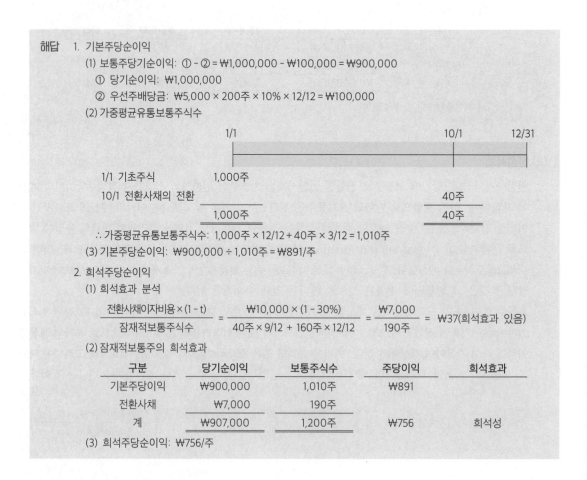

해답　1. 기본주당순이익
　　(1) 보통주당기순이익: ① - ② = ₩1,000,000 - ₩100,000 = ₩900,000
　　　① 당기순이익: ₩1,000,000
　　　② 우선주배당금: ₩5,000 × 200주 × 10% × 12/12 = ₩100,000
　　(2) 가중평균유통보통주식수

	1/1		10/1	12/31
1/1 기초주식	1,000주			
10/1 전환사채의 전환			40주	
	1,000주		40주	

　　　∴ 가중평균유통보통주식수: 1,000주 × 12/12 + 40주 × 3/12 = 1,010주
　　(3) 기본주당순이익: ₩900,000 ÷ 1,010주 = ₩891/주
　2. 희석주당순이익
　　(1) 희석효과 분석

$$\frac{전환사채이자비용 \times (1 - t)}{잠재적보통주식수} = \frac{₩10,000 \times (1 - 30\%)}{40주 \times 9/12 + 160주 \times 12/12} = \frac{₩7,000}{190주} = ₩37(희석효과 있음)$$

　　(2) 잠재적보통주의 희석효과

구분	당기순이익	보통주식수	주당이익	희석효과
기본주당이익	₩900,000	1,010주	₩891	
전환사채	₩7,000	190주		
계	₩907,000	1,200주	₩756	희석성

　　(3) 희석주당순이익: ₩756/주

04 옵션과 주식매입권

(1) 옵션과 주식매입권

옵션과 주식매입권의 경우 당기에 행사된 잠재적보통주는 기초부터 행사일의 전일까지 희석주당이익의 계산에 포함한다. 한편 행사로 발행되는 보통주는 행사일부터 기본 및 희석주당이익의 계산에 포함시킨다. 이러한 잠재적보통주식수를 계산할 때 옵션과 주식매입권은 행사가 되면 기업에 추가적인 현금의 유입이 발생하므로 행사 가능한 전체주식수를 잠재적보통주식수로 간주하지 않는다. 대신에 자기주식법(Treasury Stock Method)에 의하여 행사 시 발행가능한 주식수에서 회계기간의 평균시장가격으로 재매입가능한 보통주식수의 차이를 추가로 증분되는 잠재적보통주식수로 본다. 즉, 잠재적보통주식수는 자기주식법에 의하여 다음과 같이 계산한다.

$$\text{잠재적보통주식수} = \text{행사가격으로 발행가능한 주식수} \times \left(\frac{\text{보통주 평균시장가격} - \text{행사가격}}{\text{보통주의 평균시장가격}} \right)$$

$$= \text{행사가격으로 발행가능한 주식수} - \left(\frac{\text{권리행사로 인한 현금유입액}}{\text{보통주의 평균시장가격}} \right)$$

> ⊘ 참고 **자기주식법**
>
> 옵션이나 주식매입권 등의 경우, 보통주를 행사가격으로 발행할 때 유입되는 현금으로 이미 유통되고 있는 자기주식을 회계기간의 평균시장가격으로 매입하는 것으로 가정하는 방법을 말한다. 즉, 행사가격으로 발행될 주식수와 유입되는 현금으로 매입할 수 있는 자기주식수의 차이를 희석주당이익을 계산하기 위한 보통주식수에 포함시키는 방법을 자기주식법(Treasury Stock Method)이라고 한다.

옵션과 주식매입권은 그 회계기간의 보통주 평균시장가격보다 낮은 금액으로 보통주를 발행하는 결과를 가져올 수 있는 경우에 희석효과가 있으며, 이때 그 회계기간의 보통주 평균시장가격에서 발행금액을 차감한 금액이 희석효과 금액이 된다. 즉, 옵션과 주식매입권은 그 회계기간의 보통주의 평균시장가격이 옵션과 주식매입권의 행사가격을 초과하는 경우에만 희석효과가 있다(즉, '내가격'에 있다). 반대로 옵션과 주식매입권은 그 회계기간의 보통주의 평균시장가격이 옵션과 주식매입권의 행사가격보다 낮은 경우에는 권리가 행사되지 않을 것이므로 희석효과가 존재하지 않음에 유의하기 바란다.

$$\text{희석주당순이익(계속영업이익)} = \left(\frac{\text{당기순이익(계속영업이익)} - \text{우선주배당금}}{\text{가중평균유통보통주식수}} \right) + \left(\frac{\text{₩0}}{\text{잠재적보통주식수}} \right)$$

다음은 1월 1일부터 12월 31일이 보고기간인 (주)강남의 주당이익 계산과 관련된 자료이다. (주)강남의 20×1년 당기순이익은 ₩1,000,000이며 기초유통보통주식수는 1,000주(액면: ₩5,000)이다. 회사는 옵션를 제외하고 희석성 잠재적보통주를 발행하지 않고 있으며, 옵션 및 우선주와 관련된 자료는 다음과 같다.

> (1) 우선주
>   ① 총발행주식수: 200주(액면: ₩5,000)
>   ② 누적 및 참가 여부: 비누적적, 비참가적 우선주
>   ③ 20×1년 배당률: 연 10%
> (2) 20×0년 1월 1일에 행사하면 보통주로 전환되는 옵션 1,000개를 발행하였다. 옵션의 행사가격은 개당 ₩15,000이며, 20×1년의 보통주 평균시장가격은 ₩20,000이다. 10월 1일에 옵션 400개가 행사되어 보통주 400주를 발행하여 교부하였다.
> (3) 20×1년 법인세율은 30%이다.

(주)강남의 20×1년 기본주당순이익과 희석주당순이익은 얼마인가? (단, 주당이익을 계산할 때 소수점 첫째 자리에서 반올림한다)

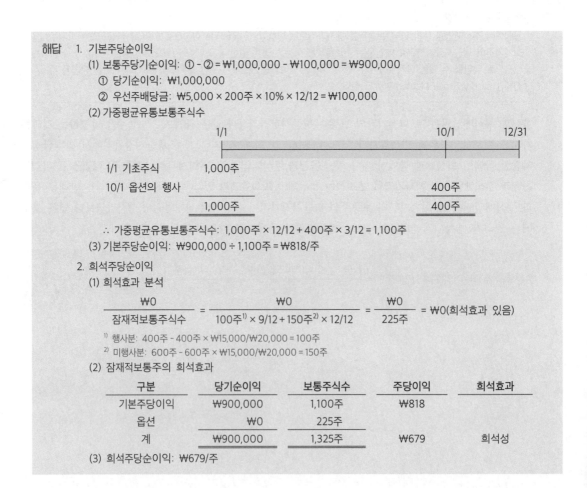

해답   1. 기본주당순이익
    (1) 보통주당기순이익: ① - ② = ₩1,000,000 - ₩100,000 = ₩900,000
      ① 당기순이익: ₩1,000,000
      ② 우선주배당금: ₩5,000 × 200주 × 10% × 12/12 = ₩100,000
    (2) 가중평균유통보통주식수

	1/1		10/1	12/31
1/1 기초주식	1,000주			
10/1 옵션의 행사			400주	
	1,000주		400주	

      ∴ 가중평균유통보통주식수: 1,000주 × 12/12 + 400주 × 3/12 = 1,100주
    (3) 기본주당순이익: ₩900,000 ÷ 1,100주 = ₩818/주

   2. 희석주당순이익
    (1) 희석효과 분석

$$\frac{\text{₩}0}{\text{잠재적보통주식수}} = \frac{\text{₩}0}{100주^{1)} × 9/12 + 150주^{2)} × 12/12} = \frac{\text{₩}0}{225주} = \text{₩}0(\text{희석효과 있음})$$

      [1] 행사분: 400주 - 400주 × ₩15,000/₩20,000 = 100주
      [2] 미행사분: 600주 - 600주 × ₩15,000/₩20,000 = 150주
    (2) 잠재적보통주의 희석효과

구분	당기순이익	보통주식수	주당이익	희석효과
기본주당이익	₩900,000	1,100주	₩818	
옵션	₩0	225주		
계	₩900,000	1,325주	₩679	희석성

    (3) 희석주당순이익: ₩679/주

(2) 신주인수권부사채

신주인수권부사채의 경우 당기에 행사된 잠재적보통주는 기초부터 행사일의 전일까지 희석주당이익의 계산에 포함한다. 한편 행사로 발행되는 보통주는 행사일부터 기본 및 희석주당이익의 계산에 포함시킨다. 이러한 잠재적보통주식수를 계산할 때 신주인수권부사채는 행사가 되면 기업에 추가적인 현금의 유입이 발생하므로 행사 가능한 전체주식수를 잠재적보통주식수로 간주하지 않는다. 대신에 자기주식법(Treasury Stock Method)에 의하여 행사 시 발행가능한 주식수에서 회계기간의 평균시장가격으로 재매입가능한 보통주식수의 차이를 추가로 증분되는 잠재적보통주식수로 본다. 즉, 잠재적보통주식수는 자기주식법에 의하여 다음과 같이 계산한다.

$$\text{잠재적보통주식수} = \text{행사가격으로 발행가능한 주식수} \times \left(\frac{\text{보통주 평균시장가격} - \text{행사가격}}{\text{보통주의 평균시장가격}} \right)$$

$$= \text{행사가격으로 발행가능한 주식수} - \left(\frac{\text{권리행사로 인한 현금유입액}}{\text{보통주의 평균시장가격}} \right)$$

신주인수권부사채는 그 회계기간의 보통주 평균시장가격보다 낮은 금액으로 보통주를 발행하는 결과를 가져올 수 있는 경우에 희석효과가 있으며, 이때 그 회계기간의 보통주 평균시장가격에서 발행금액을 차감한 금액이 희석효과 금액이 된다. 즉, 신주인수권부사채는 그 회계기간의 보통주의 평균시장가격이 신주인수권부사채의 행사가격을 초과하는 경우에만 희석효과가 있다.

신주인수권부사채의 경우에는 신주인수권을 행사해도 사채가 존속하는 점이 전환사채와 다르다. 따라서 신주인수권이 행사되어도 잠재적보통주식수는 증가하지만 보통주이익에는 일반적으로 영향이 없다. 그러나 상환할증조건부 신주인수권부사채의 경우에는 신주인수권이 행사되면 상환할증금은 지급할 의무가 소멸되므로 상환할증금에 대한 이자비용에 (1 - 법인세율)을 곱한 금액을 보통주이익에 가산하여야 한다.

$$\text{희석주당순이익(계속영업이익)}$$
$$= \left(\frac{\text{당기순이익(계속영업이익)} - \text{우선주배당금}}{\text{가중평균유통보통주식수}} \right) + \left(\frac{\text{상환할증금에 대한 이자비용} \times (1 - t)}{\text{잠재적보통주식수}} \right)$$

예제 14 │ 신주인수권부사채

다음은 1월 1일부터 12월 31일이 보고기간인 (주)강남의 주당이익 계산과 관련된 자료이다. (주)강남의 20×1년 당기순이익은 ₩1,000,000이며 기초유통보통주식수는 1,000주(액면: ₩5,000)이다. 회사는 신주인수권부사채를 제외하고 희석성 잠재적보통주를 발행하지 않고 있으며, 신주인수권부사채 및 우선주와 관련된 자료는 다음과 같다.

(1) 우선주
   ① 총발행주식수: 200주(액면: ₩5,000)
   ② 누적 및 참가 여부: 비누적적, 비참가적 우선주
   ③ 20×1년 배당률: 연 10%
(2) 20×1년 4월 1일에 신주인수권부사채를 발행하였다. 신주인수권부사채의 행사가격은 주당 ₩15,000이며, 20×1년의 보통주 평균시장가격은 ₩20,000이다. 10월 1일에 신주인수권부사채 40%가 행사되어 보통주 400주를 발행하여 교부하였다. 20×1년 포괄손익계산서에 상환할증금에 대한 이자비용 ₩300,000이 계상되어 있다.
(3) 20×1년 법인세율은 30%이다.

(주)강남의 20×1년 기본주당순이익과 희석주당순이익은 얼마인가? (단, 주당이익을 계산할 때 소수점 첫째 자리에서 반올림한다)

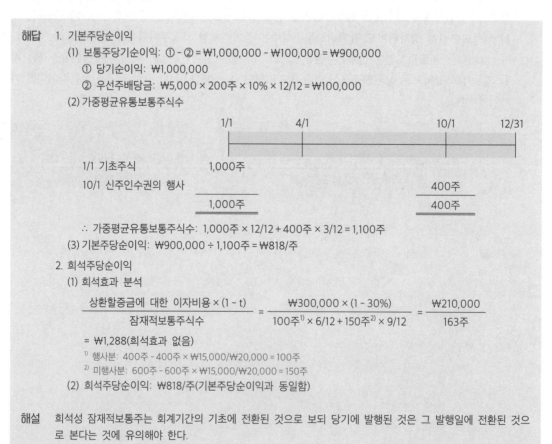

해답　1. 기본주당순이익
　　　(1) 보통주당기순이익: ① - ② = ₩1,000,000 - ₩100,000 = ₩900,000
　　　　　① 당기순이익: ₩1,000,000
　　　　　② 우선주배당금: ₩5,000 × 200주 × 10% × 12/12 = ₩100,000
　　　(2) 가중평균유통보통주식수

	1/1	4/1	10/1	12/31

　　　1/1 기초주식　　　　　1,000주
　　　10/1 신주인수권의 행사　　　　　　　　　　　　400주
　　　　　　　　　　　　　　1,000주　　　　　　　　400주

　　　∴ 가중평균유통보통주식수: 1,000주 × 12/12 + 400주 × 3/12 = 1,100주
　　　(3) 기본주당순이익: ₩900,000 ÷ 1,100주 = ₩818/주

　　　2. 희석주당순이익
　　　(1) 희석효과 분석

$$\frac{\text{상환할증금에 대한 이자비용} \times (1-t)}{\text{잠재적보통주식수}} = \frac{₩300,000 \times (1-30\%)}{100주^{1)} \times 6/12 + 150주^{2)} \times 9/12} = \frac{₩210,000}{163주}$$

　　　= ₩1,288(희석효과 없음)
　　　1) 행사분: 400주 - 400주 × ₩15,000/₩20,000 = 100주
　　　2) 미행사분: 600주 - 600주 × ₩15,000/₩20,000 = 150주
　　　(2) 희석주당순이익: ₩818/주(기본주당순이익과 동일함)

해설　희석성 잠재적보통주는 회계기간의 기초에 전환된 것으로 보되 당기에 발행된 것은 그 발행일에 전환된 것으로 본다는 것에 유의해야 한다.

(3) 주식결제형 주식기준보상

주식결제형 주식기준보상(이하 '주식선택권'이라 함)의 경우 당기에 행사된 잠재적보통주는 기초부터 행사일의 전일까지 희석주당이익의 계산에 포함한다. 한편 행사로 발행되는 보통주는 행사일부터 기본 및 희석주당이익의 계산에 포함시킨다. 이러한 잠재적보통주식수를 계산할 때 주식선택권은 행사가 되면 기업에 추가적인 현금의 유입이 발생하므로 행사 가능한 전체주식수를 잠재적보통주식수로 간주하지 않는다. 대신에 자기주식법(Treasury Stock Method)에 의하여 행사 시 발행가능한 주식수에서 회계기간의 평균시장가격으로 재매입가능한 보통주식수의 차이를 추가로 증분되는 잠재적보통주식수로 본다. 즉, 잠재적보통주식수는 자기주식법에 의하여 다음과 같이 계산한다.

> - 잠재적보통주식수 = 행사가격으로 발행가능한 주식수 × $\left(\dfrac{\text{보통주 평균시장가격 - 행사가격}}{\text{보통주의 평균시장가격}} \right)$
>
>   = 행사가격으로 발행가능한 주식수 - $\left(\dfrac{\text{권리행사로 인한 현금유입액}}{\text{보통주의 평균시장가격}} \right)$
>
> - 조정된 행사가격 = 행사가격 + 주식선택권에 따라 미래에 유입될 재화나 용역의 공정가치
>
> - 주식선택권에 미래에 유입될 재화나 용역의 공정가치 = $\dfrac{\text{잔여가득기간에 인식할 주요보상비용}}{\text{주식선택권의 행사예상개수}}$

여기서 유의할 사항은 주식선택권이 가득되지 않은 경우 행사가격에는 주식선택권이나 그 밖의 주식기준보상약정에 따라 미래에 유입될 재화나 용역의 공정가치가 포함된다는 것이다. 왜냐하면 주식선택권이 행사가격은 임직원의 용역제공기간 동안 제공할 재화나 용역의 공정가치를 고려하여 일반적으로 행사가격이 낮게 결정되기 때문이다.

조건은 확정되었거나 결정할 수 있지만 아직 가득되지 않은 종업원 주식선택권은 미래 가득 여부에 대한 불확실성에도 불구하고 희석주당이익을 계산할 때 옵션으로 보며 부여일부터 유통되는 것으로 취급한다. 성과조건이 부과된 종업원 주식선택권은 시간의 경과 외에 특정 조건이 충족되는 경우에 발행되므로 조건부발행보통주로 취급한다.

주식선택권의 경우에는 주식선택권을 행사하면 주식보상비용이 당기비용으로 처리되지 않았을 것이다. 따라서 주식보상비용에 (1 - 법인세율)을 곱한 금액을 보통주이익에 가산하여야 한다.

> 희석주당순이익(계속영업이익) = $\left(\dfrac{\text{당기순이익(계속영업이익) - 우선주배당금}}{\text{가중평균유통보통주식수}} \right) + \left(\dfrac{\text{주식보상비용} \times (1 - t)}{\text{잠재적보통주식수}} \right)$

다음은 1월 1일부터 12월 31일이 보고기간인 (주)강남의 주당이익 계산과 관련된 자료이다. (주)강남의 20×1년 당기순이익은 ₩1,000,000이며 기초유통보통주식수는 1,000주(액면: ₩5,000)이다. 회사는 주식선택권을 제외하고 희석성 잠재적보통주를 발행하지 않고 있으며, 주식선택권 및 우선주와 관련된 자료는 다음과 같다.

(1) 우선주
  ① 총발행주식수: 200주(액면: ₩5,000)
  ② 누적 및 참가 여부: 비누적적, 비참가적 우선주
  ③ 20×1년 배당률: 연 10%
(2) 20×0년 1월 1일에 주식결제형 주식선택권을 종업원에게 500개를 부여하였다. 용역제공기간은 4년이며 주식선택권 1개당 주식 1주를 구입할 수 있다. 주식선택권의 행사가격은 주당 ₩10,000이며 주식기준보상약정에 따라 종업원이 잔여가득기간 동안 주식선택권 1개당 제공해야 할 용역의 가치는 ₩1,000이다. 20×1년의 보통주 평균시장가격은 ₩22,000이다.
(3) 당기 포괄손익계산서에 주식보상비용이 ₩100,000만큼 계상되었으며, 20×1년 법인세율은 30%이다.

(주)강남의 20×1년 기본주당순이익과 희석주당순이익은 얼마인가? (단, 주당이익을 계산할 때 소수점 첫째 자리에서 반올림한다)

해답　1. 기본주당순이익
　　　(1) 보통주당기순이익: ① - ② = ₩1,000,000 - ₩100,000 = ₩900,000
　　　　① 당기순이익: ₩1,000,000
　　　　② 우선주배당금: ₩5,000 × 200주 × 10% × 12/12 = ₩100,000
　　　(2) 가중평균유통보통주식수: 1,000주 × 12/12 = 1,000주
　　　(3) 기본주당순이익: ₩900,000 ÷ 1,000주 = ₩900/주
　　　2. 희석주당순이익
　　　(1) 희석효과 분석

$$\frac{\text{주식보상비용} \times (1-t)}{\text{잠재적보통주식수}} = \frac{\text{₩100,000} \times (1-30\%)}{250주^{1)} \times 12/12} = \frac{\text{₩70,000}}{250주} = \text{₩280(희석효과 있음)}$$

　　　　1) 미행사분: 500주 - 500주 × (₩10,000 + ₩1,000)/₩22,000 = 250주
　　　(2) 잠재적보통주의 희석효과

구분	당기순이익	보통주식수	주당이익	희석효과
기본주당이익	₩900,000	1,000주	₩900	
주식선택권	₩70,000	250주		
계	₩970,000	1,250주	₩776	희석성

　　　(3) 희석주당순이익: ₩776/주

구분		이익(분자효과)	잠재적보통주식수(분모효과)	비고
전환가정법	전환우선주	전환우선주배당금	전환가정법 적용	
	전환사채	전환사채이자 × (1 - t)	전환가정법 적용	
자기주식법	옵션과 주식매입권	₩0	자기주식법 적용	평균시장가격 > 행사가격인 경우에만 희석효과가 있음
	신주인수권부 사채	상환할증금에 대한 이자비용 × (1 - t)	자기주식법 적용	평균시장가격 > 행사가격인 경우에만 희석효과가 있음
	주식선택권	주식보상비용 × (1 - t)	자기주식법 적용	조정된 행사가격: 행사가격 + 주식선택권에 따라 미래에 유입될 재화나 용역의 공정가치

05 조건부발행보통주

기본주당이익을 계산할 때와 마찬가지로 희석주당이익을 계산할 때에도 조건부발행보통주는 그 조건이 충족된 상태라면 이미 발행되어 유통되고 있는 것으로 보아 희석주당이익을 계산하기 위한 보통주식수에 포함한다. 조건부발행보통주는 그 회계기간 초부터(그 회계기간에 조건부발행보통주에 대한 약정이 이루어졌다면 약정일부터) 포함한다. 만약 조건이 충족되지 않은 상태일 경우 조건부발행보통주는 그 회계기간 말이 조건기간의 만료일이라면 발행할 보통주식수만큼 희석주당이익을 계산하기 위한 보통주식수의 계산에 포함한다. 그러나 실제로 조건기간이 만료될 때까지 조건이 충족되지 않은 경우에도 그 계산결과를 수정하지 아니한다. 일정 기간 동안 특정한 목표이익을 달성하거나 유지한다면 보통주를 발행하기로 하는 경우, 보고기간말에 그 목표이익이 달성되었지만 그 보고기간말 이후의 추가적인 기간 동안 그 목표이익이 유지되어야 한다면 추가로 발행해야 하는 보통주가 희석효과를 가지고 있는 경우 희석주당이익을 계산할 때 추가로 발행해야 하는 그 보통주가 유통되고 있는 것으로 본다. 이때 희석주당이익은 보고기간말의 이익 수준이 조건기간 말의 이익수준과 같다면 발행될 보통주식수에 기초하여 계산한다. 이익 수준이 미래의 기간에 변동할 수 있기 때문에 모든 필요조건이 아직 충족된 것은 아니므로 이러한 조건부발행보통주를 조건기간 말까지 기본주당이익의 계산에는 포함하지 아니한다.

다음은 보고기간이 1월 1일부터 12월 31일까지인 (주)강남의 20×1년 주당이익계산과 관련된 자료이다.

---

(1) (주)강남의 1월 1일 유통보통주식수는 1,000,000주이다.
(2) (주)강남의 20×1년 당기순이익은 ₩2,900,000이다.
(3) 조건부발행보통주와 관련된 사항은 다음과 같다.
  ① 영업점조건: 20×1년에 새로 개점하는 영업점 1개당 보통주 5,000주 발행
  ② 당기순이익조건: 20×1년 12월 31일에 종료하는 연도에 당기순이익이 ₩2,000,000을 초과하는 경우 매 초과액 ₩1,000에 대하여 보통주 1,000주 발행
(4) 이 기간 동안 개점한 영업점: 20×1년 5월 1일에 1개, 20×1년 9월 1일에 1개

20×1년 기본주당순이익과 희석주당순이익을 계산하시오. (단, 주당이익은 소수점 셋째 자리에서 반올림한다. 예 2.887 → 2.89)

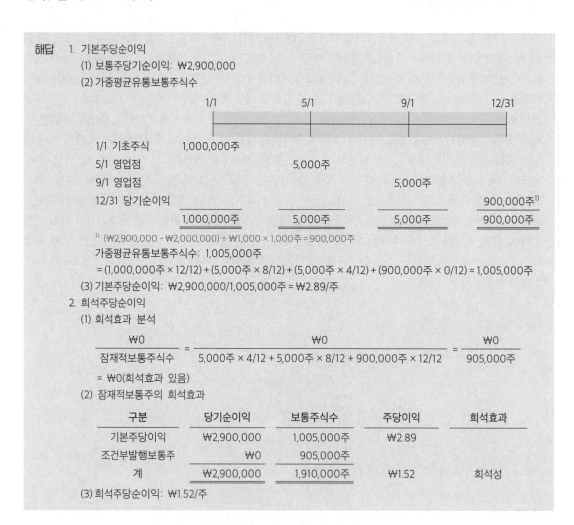

해답
1. 기본주당순이익
   (1) 보통주당기순이익: ₩2,900,000
   (2) 가중평균유통보통주식수

	1/1	5/1	9/1	12/31
1/1 기초주식	1,000,000주			
5/1 영업점		5,000주		
9/1 영업점			5,000주	
12/31 당기순이익				900,000주[1]
	1,000,000주	5,000주	5,000주	900,000주

   [1] (₩2,900,000 - ₩2,000,000) ÷ ₩1,000 × 1,000주 = 900,000주
   가중평균유통보통주식수: 1,005,000주
   = (1,000,000주 × 12/12) + (5,000주 × 8/12) + (5,000주 × 4/12) + (900,000주 × 0/12) = 1,005,000주
   (3) 기본주당순이익: ₩2,900,000/1,005,000주 = ₩2.89/주
2. 희석주당순이익
   (1) 희석효과 분석

   $$\frac{₩0}{잠재적보통주식수} = \frac{₩0}{5,000주 × 4/12 + 5,000주 × 8/12 + 900,000주 × 12/12} = \frac{₩0}{905,000주}$$

   = ₩0(희석효과 있음)
   (2) 잠재적보통주의 희석효과

구분	당기순이익	보통주식수	주당이익	희석효과
기본주당이익	₩2,900,000	1,005,000주	₩2.89	
조건부발행보통주	₩0	905,000주		
계	₩2,900,000	1,910,000주	₩1.52	희석성

   (3) 희석주당순이익: ₩1.52/주

06 희석효과의 판단

잠재적보통주는 보통주로 전환된다고 가정할 경우 주당이익을 감소시키거나 주당손실을 증가시킬 수 있는 경우에만 희석성 잠재적보통주로 취급한다. 반면에 잠재적보통주가 보통주로 전환된다고 가정할 경우 주당이익을 증가시키거나 주당손실을 감소시킬 수 있는 경우에는 반희석성 잠재적보통주가 된다. 희석주당이익을 계산할 때 이러한 반희석성 잠재적보통주는 전환, 행사 또는 기타의 발행이 이루어지지 않는다고 가정하여 계산과정에서 제외하여야 하는 것에 유의해야 한다.

(1) 계속영업손익의 적용

잠재적보통주는 보통주로 전환된다고 가정할 경우 희석효과에 대한 판단은 주당계속영업손익에 대한 희석효과 유무로 판단한다. 즉, 주당계속영업이익을 감소시키거나 주당계속영업손실을 증가시킬 수 있는 경우에만 희석성 잠재적보통주로 취급한다.

(2) 여러 종류의 잠재적보통주를 발행한 경우

여러 종류의 잠재적보통주를 발행한 경우에는 잠재적보통주가 희석효과를 가지는지 반희석효과를 가지는지에 대하여 판단할 때 여러 종류의 잠재적보통주를 모두 통합해서 고려하는 것이 아니라 개별적으로 고려한다. 이때 잠재적보통주를 고려하는 순서가 각각의 잠재적보통주가 희석효과를 가지는지 반희석효과를 가지는지에 대하여 판단하는 데 영향을 미칠 수 있다. 따라서 기본주당이익을 최대한 희석할 수 있도록 희석효과가 가장 큰 잠재적보통주부터 순차적으로 고려하여 계산해야 한다. 즉, 증분주식 1주당 이익이 작은 것부터 고려해야 한다.

⚡ POINT 희석효과의 판단

계속영업손익의 적용	잠재적보통주는 보통주로 전환된다고 가정할 경우 희석효과에 대한 판단은 주당계속영업손익에 대한 희석효과 유무로 판단함
여러 종류의 잠재적보통주를 발행한 경우	기본주당이익을 최대한 희석할 수 있도록 희석효과가 가장 큰 잠재적보통주부터 순차적으로 고려하여 계산해야 함

다음은 1월 1일부터 12월 31일이 보고기간인 (주)서울의 주당이익과 관련된 자료이다.

(1) 이익

구분	기본주당계속영업이익	기본주당순이익
계속영업이익(당기순이익)	₩16,400,000	₩12,400,000
우선주배당금	₩(6,400,000)	₩(6,400,000)
보통주이익	₩10,000,000	₩6,000,000
유통보통주식수	2,000,000주	2,000,000주
기본주당이익	₩5/주	₩3/주

(2) 잠재적보통주

구분	① 이익의 증가	② 보통주식수의 증가	③ 증분주식 1주당 이익(① ÷ ②)
옵션	₩0	20,000주	₩0
전환우선주	₩6,400,000	1,600,000주	₩4
전환사채	₩3,000,000	2,000,000주	₩1.5

(주)서울의 희석주당계속영업이익과 희석주당순이익을 계산하시오. (단, 주당이익을 계산할 때 소수점 셋째 자리에서 반올림한다)

해답 1. 희석효과 적용순서의 결정

구분	① 이익의 증가	② 보통주식수의 증가	③ 증분주식 1주당 이익 (① ÷ ②)	적용순서
옵션	₩0	20,000주	₩0	1순위
전환우선주	₩6,400,000	1,600,000주	₩4	3순위
전환사채	₩3,000,000	2,000,000주	₩1.5	2순위

2. 계속영업손익 희석효과의 적용

구분	계속영업이익	보통주식수	주당이익	희석효과
기본주당계속영업이익	₩10,000,000	2,000,000주	₩5	
옵션	₩0	20,000주		
계	₩10,000,000	2,020,000주	₩4.95	희석성
전환사채	₩3,000,000	2,000,000주		
계	₩13,000,000	4,020,000주	₩3.23	희석성
전환우선주	₩6,400,000	1,600,000주		
계	₩19,400,000	5,620,000주	₩3.45	반희석성

3. 희석주당계속영업손익: ₩3.23

4. 희석주당순이익

$$\frac{₩6,000,000 + ₩0 + ₩3,000,000}{2,000,000주 + 20,000주 + 2,000,000주} = ₩2.24/주$$

다음은 (주)대한의 20×1년 주당이익계산에 필요한 자료이다.

구분	보통주	전환우선주
기초	5,000주	1,000주
5월 1일 전환우선주 전환	600주	(600)주
9월 1일 전환사채 전환	1,200주	
10월 1일 자기주식 취득	(500)주	
기말	6,300주	400주

[추가자료]

(1) 보통주와 우선주의 액면금액은 1주당 ₩5,000이다. 20×1년도 당기순이익은 ₩12,000,000이며, 계속영업이익은 ₩10,000,000이며, 적용할 법인세율은 25%이다.

(2) 전환우선주(누적적·비참가적)의 배당률은 연 20%이며, 기말 현재 유통 중인 전환우선주에 대하여 배당금을 지급한다.

(3) 전환사채(액면금액 ₩5,000,000, 액면이자율 연 8%, 만기 4년, 매년 말 이자지급, 액면상환조건)는 전액 20×0년 1월 1일에 액면발행한 것으로 전환권이 부여되지 않은 일반사채였다면 ₩4,392,530(유효이자율 연 12%)에 발행되었을 것이다. 당기 중 전환된 전환사채는 전체의 40%에 해당된다.

(4) 당기 초 종업원에게 2년 후부터 3년간 행사 가능한 주식선택권 500개를 부여하였으며, 주식선택권 1개당 보통주 1주를 ₩19,500에 구입할 수 있다. 동 주식선택권으로 인하여 20×1년도 포괄손익계산서에 ₩300,000의 비용을 인식하였고, 종업원은 주식선택권 1개당 ₩500의 가치에 해당하는 용역을 제공해야 한다. 당기 (주)대한의 보통주 평균주가는 ₩25,000이다.

물음 1 (주)대한이 20×1년 포괄손익계산서에 표시해야 할 전환사채의 이자비용은 얼마인가?

물음 2 (주)대한이 20×1년 포괄손익계산서에 표시해야 할 기본주당계속영업이익 및 기본주당순이익은 각각 얼마인가? (단, 계산의 편의를 위하여 월할계산하고 소수점 첫째 자리에서 반올림한다)

물음 3 (주)대한이 20×1년 포괄손익계산서에 표시해야 할 희석주당계속영업이익 및 희석주당순이익은 각각 얼마인가? (단, 계산의 편의를 위하여 월할계산하고 소수점 첫째 자리에서 반올림한다)

해답 　**물음1**

전환사채의 이자비용: ₩470,042

(1) 20×0년 상각액: ₩4,392,530 × 12% − ₩400,000 = ₩127,104
(2) 20×1년 유효이자
　(₩4,392,530 + ₩127,104) × 12% × 60% + (₩4,392,530 + ₩127,104) × 12% × 40% × 8/12
　= ₩470,042

물음2

(1) 보통주계속영업이익: ₩10,000,000 − 400주 × ₩5,000 × 20% = ₩9,600,000
(2) 보통주당기순이익: ₩12,000,000 − 400주 × ₩5,000 × 20% = ₩11,600,000
(3) 유통보통주식수

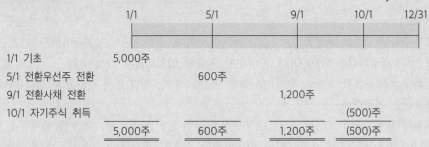

	1/1	5/1	9/1	10/1　12/31

1/1 기초　　　　　　　5,000주
5/1 전환우선주 전환　　　　　　　600주
9/1 전환사채 전환　　　　　　　　　　　　　　1,200주
10/1 자기주식 취득　　　　　　　　　　　　　　　　　　　　(500)주

5,000주	600주	1,200주	(500)주

유통보통주식수: 5,000주 + 600주 × 8/12 + 1,200주 × 4/12 − 500주 × 3/12 = 5,675주
(4) 기본주당계속영업이익: ₩9,600,000 ÷ 5,675주 = ₩1,692/주
(5) 기본주당순이익: ₩11,600,000 ÷ 5,675주 = ₩2,044/주

물음3

(1) 잠재적보통주의 희석효과

　① 전환우선주: $\dfrac{\text{₩400,000}}{600\text{주} \times 4/12 + 400\text{주} \times 12/12} = \dfrac{\text{₩400,000}}{600\text{주}} = ₩667$(희석효과 있음)

　② 전환사채: $\dfrac{\text{₩470,042}^{1)} \times (1-25\%)}{1,200\text{주} \times 8/12 + 1,800\text{주} \times 12/12} = \dfrac{\text{₩352,532}}{2,600\text{주}} = ₩136$(희석효과 있음)

　　1) **물음1** 참조

　③ 주식선택권: $\dfrac{\text{₩300,000} \times (1-25\%)}{100\text{주}^{1)}} = \dfrac{\text{₩225,000}}{100\text{주}} = ₩2,250$(희석효과 없음)

　　1) 500주 − 500주 × (₩19,500 + ₩500)/₩25,000 = 100주

(2) 계속영업손익 희석효과의 적용

구분	계속영업이익	보통주식수	주당이익	희석효과
기본주당계속영업이익	₩9,600,000	5,675주	₩1,692	
전환사채	₩352,532	2,600주		
계	₩9,952,532	8,275주	₩1,203	희석성
전환우선주	₩400,000	600주		
계	₩10,352,532	8,875주	₩1,166	희석성
주식선택권	₩225,000	100주		
계	₩10,577,532	8,975주	₩1,179	반희석성

(3) 희석주당계속영업손익: ₩1,166/주

(4) 희석주당순이익: $\dfrac{\text{₩11,600,000} + \text{₩400,000} + \text{₩352,532}}{5,675\text{주} + 600\text{주} + 2,600\text{주}} = ₩1,392/주$

해설
1. 주당이익은 유통된 보통주식수에 대하여 산정하는 것이므로 자기주식은 취득시점부터 매각시점까지의 보유 기간 동안 유통보통주식수에 포함하지 아니한다.
2. 희석성 잠재적보통주의 잠재적보통주식수를 계산할 때 전환우선주와 전환사채는 전환가정법을 주식선택권 은 자기주식법을 적용한다.
3. 주식선택권이 가득되지 않은 경우 행사가격에는 주식선택권이나 그 밖의 주식기준보상약정에 따라 미래에 유입될 재화나 용역의 공정가치가 포함된다는 것에 유의해야 한다. 왜냐하면 주식선택권이 행사가격은 임직 원의 용역제공기간 동안 제공할 재화나 용역의 공정가치를 고려하여 일반적으로 행사가격이 낮게 결정되기 때문이다.
4. 주식선택권은 희석효과가 없으므로 희석주당이익 계산 시 고려하지 않는다.
5. 잠재적보통주는 보통주로 전환된다고 가정할 경우 희석효과에 대한 판단은 주당계속영업손익에 대한 희석 효과 유무로 판단한다.
6. 여러 종류의 잠재적보통주를 발행한 경우에는 잠재적보통주가 희석효과를 가지는지 반희석효과를 가지는지 에 대하여 판단할 때 여러 종류의 잠재적보통주를 모두 통합해서 고려하는 것이 아니라 개별적으로 고려한 다. 이때 잠재적보통주를 고려하는 순서가 각각의 잠재적보통주가 희석효과를 가지는지 반희석효과를 가지 는지에 대하여 판단하는 데 영향을 미칠 수 있다. 따라서 기본주당이익을 최대한 희석할 수 있도록 희석효 과가 가장 큰 잠재적보통주부터 순차적으로 고려하여 계산해야 한다. 즉, 증분주식 1주당 이익이 작은 것부 터 고려해야 한다.

Ⅳ | 소급수정 및 중간재무보고

01 소급수정

유통되는 보통주식수나 잠재적보통주식수가 자본금전입, 무상증자, 주식분할로 증가하였거나 주식병합으로 감소하였다면, 비교표시하는 모든 기본주당이익과 희석주당이익을 소급하여 수정한다. 만약, 이러한 변동이 보고기간 후와 재무제표의 발행이 승인된 날 사이에 발생하였다면 당기와 비교표시되는 이전 기간의 주당이익을 새로운 유통보통주식수에 근거하여 재계산하며, 주당이익을 계산할 때 이와 같은 유통보통주식수의 변동을 반영하였다는 사실을 공시한다. 또한, 오류의 수정과 회계정책의 변경을 소급적용하는 경우에는 그 효과를 반영하여 비교표시하는 모든 기본주당이익과 희석주당이익을 수정한다.

반면에, 주당이익의 계산과정에 사용한 가정이 달라지거나 잠재적보통주가 보통주로 전환되더라도 표시되는 전기 이전 기간의 희석주당이익은 재작성하지 아니한다.

> **⚡ POINT 소급수정**
>
> ① 유통되는 보통주식수나 잠재적보통주식수가 자본금전입, 무상증자, 주식분할로 증가하였거나 주식병합으로 감소하였다면, 비교표시하는 모든 기본주당이익과 희석주당이익을 소급하여 수정함
> ② 오류의 수정과 회계정책의 변경을 소급적용하는 경우에는 그 효과를 반영하여 비교표시하는 모든 기본주당이익과 희석주당이익을 수정함

예제 19 소급수정

(주)서울의 보고기간은 1월 1일부터 12월 31일까지이다. 다음은 (주)서울의 20×1년과 20×2년의 기본주당이익계산에 관련된 자료들이다.

> (1) 보통주 당기순이익
>
> | 구분 | 20×1년 | 20×2년 |
> |---|---|---|
> | 보통주 당기순이익 | ₩1,200,000 | ₩1,500,000 |
>
> (2) 20×1년 유통보통주식수: 10,000주
> (3) 20×2년 유통보통주식수
>   ① 기초 유통보통주식수: 10,000주
>   ② 4월 1일 무상증자(20%): 2,000주

20×2년의 비교재무제표상 기본주당순이익을 나타내시오.

해답
1. 20×2년 비교재무제표상 기본주당순이익
   (1) 20×1년: ₩1,200,000 ÷ 12,000주 = ₩100/주
   (2) 20×2년: ₩1,500,000 ÷ 12,000주 = ₩125/주

2. 20×2년 비교재무제표

포괄손익계산서

(주)서울	20×2년	20×1년
⋮	⋮	⋮
당기순이익	₩1,500,000	₩1,200,000
기본주당순손익	₩125/주	₩100/주

02 중간재무보고

잠재적보통주식수는 표시되는 각 회계기간마다 독립적으로 결정한다. 즉, 누적중간기간의 희석주당이익 계산에 포함된 희석성 잠재적보통주식수는 각 중간기간의 희석주당이익 계산에 포함된 희석성 잠재적보통주식수를 가중평균하여 산출해서는 안 되며 각 회계기간마다 독립적으로 계산해야 한다.

01. 보통주나 현금으로 결제할 수 있는 계약

보통주나 현금으로 결제할 수 있는 계약이란 기업의 선택이나 보유자의 선택에 따라 결제방식을 선택할 수 있는 계약을 말한다. 보통주나 현금으로 결제할 수 있는 계약의 예로는 만기에 원금을 현금이나 자기주식으로 결제할 수 있는 제한 없는 권리를 기업에 부여하는 채무상품이 있다. 또 다른 예로는 보통주나 현금으로 결제할 수 있는 선택권을 보유자에게 부여하는 풋옵션을 매도하는 경우가 있다.

(1) 기업의 선택에 따라 보통주나 현금으로 결제할 수 있는 계약을 한 경우

기업의 선택에 따라 보통주나 현금으로 결제할 수 있는 계약을 한 경우에 기업은 그 계약이 보통주로 결제될 것으로 가정하고 그로 인한 잠재적보통주가 희석효과를 가진다면 희석주당이익의 계산에 포함한다. 그러한 계약이 회계 목적상 자산이나 부채로 표시되거나 자본요소와 부채요소를 모두 가지는 경우, 그 계약 전체가 지분상품으로 분류되어 왔다면 그 기간 동안 발생하였을 손익의 변동액을 분자에 반영하여 희석주당이익을 계산한다.

(2) 보유자의 선택에 따라 보통주나 현금으로 결제하게 되는 계약의 경우

보유자의 선택에 따라 보통주나 현금으로 결제하게 되는 계약의 경우에는 주식결제와 현금결제 중 희석효과가 더 큰 방법으로 결제된다고 가정하여 희석주당이익을 계산한다.

⚡POINT 보통주나 현금으로 결제할 수 있는 계약

기업이 선택하는 경우	그 계약이 보통주로 결제될 것으로 가정하고 그로 인한 잠재적보통주가 희석효과를 가진다면 희석주당이익의 계산에 포함함
보유자가 선택하는 경우	주식결제와 현금결제 중 희석효과가 더 큰 방법으로 결제된다고 가정하여 희석주당이익을 계산함

02. 매입옵션

기업이 자신의 보통주에 기초한 옵션(풋옵션이나 콜옵션)을 매입하여 보유하는 경우에는 반희석효과가 있으므로 희석주당이익의 계산에 포함하지 아니한다. 그 이유는 일반적으로 풋옵션은 행사가격이 시장가격보다 높을 경우에만 행사되고, 콜옵션은 행사가격이 시장가격보다 낮을 경우에만 행사되기 때문이다.

⊘ **참고 매입옵션을 희석주당이익 계산에 포함하지 않는 이유**

1. **매입 풋옵션**

   풋옵션을 매입하여 보유하는 경우 풋옵션은 행사가격(₩1,000)이 시장가격(₩500)보다 높을 때만 행사된다. 기업이 자금조달(예 ₩5,000)을 위하여 보통주를 발행할 경우 풋옵션이 없는 상황에서는 10주(= ₩5,000 ÷ ₩500)를 발행해야 한다. 그러나 풋옵션이 있는 상황에서는 5주(= ₩5,000 ÷ ₩1,000)만 발행해도 되기 때문에 유통보통주식수가 5주만큼 감소되는 반희석효과가 있으므로 매입 풋옵션은 희석주당이익 계산에 포함하지 않는다.

2. **매입 콜옵션**

   콜옵션을 매입하여 보유하는 경우 콜옵션은 행사가격(₩500)이 시장가격(₩1,000)보다 낮을 때만 행사된다. 기업이 유통보통주식수를 감소시키기 위하여 여유자금(예 ₩10,000)으로 보통주를 매입할 경우 콜옵션이 없는 상황에서는 10주(= ₩10,000 ÷ ₩1,000)를 매입할 수 있다. 그러나 콜옵션이 있는 상황에서는 20주(= ₩10,000 ÷ ₩500)를 매입할 수 있으므로 유통보통주식수가 10주만큼 감소되는 반희석효과가 있으므로 매입 콜옵션은 희석주당이익 계산에 포함하지 않는다.

03. 매도풋옵션

매도풋옵션과 선도매입계약과 같이 기업이 자기주식을 매입하도록 하는 계약이 희석효과가 있다면 희석주당이익의 계산에 반영한다. 이러한 계약이 그 회계기간 동안에 '내가격'에 있다면(즉, 행사가격이나 결제가격이 그 회계기간의 평균시장가격보다 높으면), 주당이익에 대한 잠재적 희석효과는 다음과 같이 계산한다.

① 계약 이행에 필요한 자금조달을 위해 충분한 수의 보통주를 그 회계기간의 평균시장가격으로 기초에 발행한다고 가정한다.
② 주식발행으로 유입된 현금은 그 계약을 이행하는 용도(즉, 자기주식의 매입)로 사용한다고 가정한다.
③ 증가될 보통주식수(즉, 발행할 것으로 가정하는 보통주식수와 계약을 이행할 경우 받게 되는 보통주식수의 차이)는 희석주당이익의 계산에 포함한다.

⊘ **참고 매도풋옵션**

기업이 보통주에 대한 120단위의 풋옵션을 ₩35의 행사가격으로 발행하였다고 가정한다. 그 기간의 보통주의 평균시장가격은 ₩28이다. 희석주당이익의 계산에서 기업은 기초에 ₩4,200의 풋의무를 이행하기 위하여 보통주 150주를 주당 ₩28에 발행하였다고 가정한다. 발행한 것으로 가정한 150주의 보통주와 120단위의 풋옵션의 행사로 받게 되는 보통주 120주의 차이 30주는 희석주당이익을 계산할 때 분모의 가산항목이 된다.

⚡POINT 매입옵션과 매도풋옵션

매입옵션	기업이 자신의 보통주에 기초한 옵션(풋옵션이나 콜옵션)을 매입하여 보유하는 경우에는 반희석효과가 있으므로 희석주당이익의 계산에 포함하지 아니함
매도풋옵션	매도풋옵션과 선도매입계약과 같이 기업이 자기주식을 매입하도록 하는 계약이 희석효과가 있다면 희석주당이익의 계산에 반영함(단, 행사가격이나 결제가격이 그 회계기간의 평균시장가격보다 높아야 함)

04. 잠재적보통주의 계약조건

희석성 잠재적보통주의 전환으로 인하여 발행되는 보통주식수는 잠재적보통주의 계약조건에 따라 결정된다. 이때 두 가지 이상의 전환기준이 존재하는 경우에는 잠재적보통주의 보유자에게 가장 유리한 전환비율이나 행사가격을 적용하여 계산한다.

05. 부분 납입주식

보통주가 발행되었지만 부분 납입된 경우 완전 납입된 보통주와 비교하여, 당해 기간의 배당에 참가할 수 있는 정도까지는 보통주의 일부로 취급하여 기본주당이익을 계산한다. 부분 납입으로 당해 기간의 배당에 참가할 자격이 없는 주식의 미납입부분은 희석주당이익의 계산에 있어서 주식매입권이나 옵션과 같이 취급한다. 미납입액은 보통주를 매입하는 데 사용한 것으로 가정한다. 희석주당이익의 계산에 포함되는 주식수는 배정된 주식수와 매입된 것으로 가정한 주식수의 차이이다.

Chapter 21
O, X 연습문제

01 주당이익은 상장기업 또는 상장예정기업의 재무제표를 작성하는 경우에 적용되며, 기본주당이익   **(O, X)**
과 희석주당이익은 제시되는 모든 기간에 대하여 동등한 비중으로 제시해야 한다.

02 누적적 우선주의 경우에는 당해 회계기간과 관련하여 배당결의된 비누적적 우선주에 대한 세후   **(O, X)**
배당금을 차감하여 계산한다.

03 지배기업의 보통주에 귀속되는 당기순이익 계산 시 비지배지분에 귀속되는 순이익이나 우선주   **(O, X)**
배당금은 가산한다.

04 기본주당이익 계산을 위한 가중평균유통보통주식수 산정 시 당기 중에 유상증자와 주식분할로   **(O, X)**
증가된 보통주식은 그 발행일을 기산일로 하여 유통보통주식수를 계산한다.

05 조건부발행보통주는 모든 필요조건이 충족된 날에 발행된 것으로 보아 기본주당이익을 계산하기   **(O, X)**
위한 보통주식수에 포함하여야 한다.

정답 및 해설

01   O

02   X   누적적 우선주의 경우에는 배당결의 여부와 관계없이 당해 회계기간과 관련한 누적적 우선주에 대한 세후 배당금을 차감하여 계산
한다. 따라서 전기 이전의 기간과 관련하여 당기에 지급되거나 결의된 누적적 우선주배당금은 제외한다.

03   X   기본주당이익을 계산할 때 지배기업의 보통주에 귀속되는 금액은 지배기업에 귀속되는 당기순이익에서 자본으로 분류된 우선주에
대한 세후 우선주배당금, 우선주 상환 시 발생한 차액 및 유사한 효과를 조정한 금액이다.

04   X   기본주당이익 계산을 위한 가중평균유통보통주식수 산정 시 당기 중에 유상증자는 그 납입일을 기산일로 하여 유통보통주식수를
계산하지만 주식분할로 증가된 보통주식은 비교표시되는 최초기간의 개시일에 실시된 것으로 간주한다. 다만, 기중의 유상증자로
발행된 신주에 대한 주식분할은 유상신주의 납입일에 실시된 것으로 간주하여 유통보통주식수로 간주한다.

05   O

06 희석주당이익 계산 시 당기 중에 발행된 잠재적보통주는 보고기간초부터 희석주당 계산식의 분 (O, X)
모에 포함한다.

07 기업이 여러 종류의 잠재적보통주를 발행한 경우에는 특정 잠재적보통주가 희석효과를 가지는 (O, X)
지 판별하기 위해 모든 잠재적보통주를 고려하며, 기본주당이익에 대한 희석효과가 가장 작은
잠재적보통주부터 순차적으로 고려하여 희석주당이익을 계산한다.

08 기업이 자신의 보통주에 기초한 풋옵션이나 콜옵션을 매입한 경우 반희석효과가 있으므로 희석 (O, X)
주당이익의 계산에 포함하지 아니한다.

09 유통되는 보통주식수나 잠재적보통주식수가 자본금전입, 무상증자, 주식분할로 증가하였거나 주 (O, X)
식병합으로 감소하였다면, 비교표시하는 모든 기본주당이익과 희석주당이익을 소급하여 수정하
지 않고 전진적용한다.

10 잠재적보통주는 보통주로 전환된다고 가정할 경우 주당계속영업이익을 감소시키거나 주당계속 (O, X)
영업손실을 증가시킬 수 있는 경우에만 희석성 잠재적보통주로 취급한다.

정답 및 해설

06	X	희석주당이익 계산 시 당기 중에 발행된 잠재적보통주는 발행일부터 희석주당 계산식의 분모에 포함한다.
07	X	기업이 여러 종류의 잠재적보통주를 발행한 경우에는 특정 잠재적보통주가 희석효과를 가지는지 판별하기 위해 여러 종류의 잠재적보통주를 통합해서 고려하는 것이 아니라 개별적으로 고려하며, 기본주당이익에 대한 희석효과가 가장 큰 잠재적보통주부터 순차적으로 고려하여 희석주당이익을 계산한다.
08	O	
09	X	유통되는 보통주식수나 잠재적보통주식수가 자본금전입, 무상증자, 주식분할로 증가하였거나 주식병합으로 감소하였다면, 비교표시하는 모든 기본주당이익과 희석주당이익을 소급하여 수정한다.
10	O	

01 (주)세무의 20×1년 초 유통보통주식수는 15,000주였다. 20×1년 중 보통주식수의 변동내역이 다음과 같다면, 20×1년도 기본주당이익 계산을 위한 가중평균유통보통주식수는? (단, 가중평균유통보통주식수는 월할계산한다) [2017 세무사 1차]

- 2월 1일: 유상증자(발행가격: 공정가치) 20%
- 7월 1일: 주식배당 10%
- 9월 1일: 자기주식 취득 1,800주
- 10월 1일: 자기주식 소각 600주
- 11월 1일: 자기주식 재발행 900주

① 17,750주 ② 18,050주 ③ 18,650주
④ 18,925주 ⑤ 19,075주

02 20×5년 1월 1일 현재 (주)한국이 기발행한 보통주 500,000주(1주당 액면금액 ₩5,000)와 배당률 연 10%의 비누적적 전환우선주 150,000주(1주당 액면금액 ₩10,000)가 유통 중에 있다. 전환우선주는 20×3년 3월 1일에 발행되었으며, 1주당 보통주 1주로 전환이 가능하다. 20×5년도에 발생한 보통주식의 변동 상황을 요약하면 다음과 같다.

구분	내용	변동주식수	유통주식수
1월 1일	기초 유통보통주식수	–	500,000주
4월 1일	전환우선주 전환	100,000주	600,000주
9월 1일	1대 2로 주식분할	600,000주	1,200,000주
10월 1일	자기주식 취득	(200,000주)	1,000,000주

20×5년도 당기순이익은 ₩710,000,000이며, 회사는 현금배당을 결의하였다. (주)한국의 20×5년도 기본주당순이익은 얼마인가? (단, 기중에 전환된 전환우선주에 대해서는 우선주배당금을 지급하지 않으며, 가중평균유통보통주식수 계산 시 월할계산한다. 단수차이로 인해 오차가 있는 경우 가장 근사치를 선택한다) [2015 공인회계사 1차]

① ₩500 ② ₩555 ③ ₩591
④ ₩600 ⑤ ₩645

03 20×1년 초 현재 (주)한국이 기발행한 보통주 100,000주(주당 액면금액 ₩5,000)가 유통 중에 있으며, 우선주는 없다. 20×1년 중에 발생한 거래는 다음과 같다.

구분	내용	변동주식수
1월 1일	기초 유통보통주식수	100,000주
4월 1일	무상증자	20,000주
7월 1일	유상증자	15,000주
10월 1일	자기주식 취득	(1,500)주

20×1년 7월 1일 주당 ₩5,000에 유상증자가 이루어졌으며, 증자 직전 주당공정가치는 ₩15,000이다. 20×1년 당기순이익이 ₩500,000,000일 때, 기본주당이익은 얼마인가? (단, 가중평균유통보통주식 수 계산 시 월할계산하며, 단수차이로 인해 오차가 있는 경우 가장 근사치를 선택한다)

[2016 공인회계사 1차]

① ₩3,578　　② ₩3,790　　③ ₩3,899
④ ₩3,937　　⑤ ₩4,092

04 (주)갑의 20×1년 당기순이익은 ₩1,232,500이며, 20×1년 초 유통되고 있는 보통주식수는 3,000주이다. 다음 자료를 이용하면 20×1년 포괄손익계산서상 (주)갑의 희석주당이익은 얼마인가?

[2012 공인회계사 1차]

(1) 20×1년 7월 1일에 15%의 주식배당을 하였다.
(2) 20×1년 10월 1일에 보통주 1,000주를 시장가격으로 발행하였다.
(3) 20×1년 11월 1일에 자기주식 1,200주를 취득하였다.
(4) (주)갑은 직전연도에 1매당 보통주 2주로 교환 가능한 전환사채 500매를 발행하였는데, 20×1년 중 해당 전환사채는 보통주로 전환되지 않았다. 20×1년도 전환사채 관련 이자비 용은 ₩200,000이며 법인세율은 30%이다.

① ₩300　　② ₩305　　③ ₩318
④ ₩321　　⑤ ₩335

05 (주)대경의 20×2년 1월 1일 현재 보통주자본금은 ₩50,000,000(주당 액면금액은 ₩5,000)이고 자기주식과 우선주자본금은 없다. (주)대경의 20×2년 당기 희석주당이익 계산을 위한 자료는 다음과 같다.

- 기초미행사 신주인수권: 1,000개(신주인수권 1개당 보통주 1주 인수)
- 신주인수권 행사가격: 주당 ₩6,000
- 기중 보통주 평균시가: 주당 ₩10,000

20×2년 10월 1일에 신주인수권 800개가 행사되었다. 가중평균주식수를 월할계산했을때 20×2년 당기 희석주당이익이 ₩620이라고 하면, 20×2년 (주)대경의 당기순이익은 얼마인가? (단, 법인세효과는 고려하지 않는다) [2014 공인회계사 1차]

① ₩6,398,400   ② ₩6,423,200   ③ ₩6,522,400

④ ₩6,572,000   ⑤ ₩6,671,200

06 다음은 (주)대한의 20×1년도 주당이익과 관련한 자료이다.

(1) 20×1년 중 보통주 변동내용은 다음과 같다. 7월 1일 유상증자는 주주우선배정 신주발행에 해당하며, 유상증자 전일의 보통주 공정가치는 주당 ₩800이고, 유상증자 시점의 발행가액은 주당 ₩500이다.

일자	변동내용	유통보통주식수
20×1. 1. 1.	전기 이월	1,000주
20×1. 7. 1.	유상증자 400주	1,400주

(2) 20×1년 초 신주인수권 800개를 부여하였는데, 동 신주인수권 1개로 보통주 1주를 인수할 수 있다. 신주인수권의 개당 행사가격은 ₩600이고, 20×1년 중 (주)대한이 발행한 보통주식의 평균주가는 주당 ₩750이다.

(3) 20×1년도 당기순이익으로 ₩919,800을 보고하였다.

(주)대한의 20×1년도 희석주당순이익은 얼마인가? (단, 가중평균유통주식수는 월할계산한다) [2018 공인회계사 1차]

① ₩600   ② ₩648   ③ ₩657

④ ₩669   ⑤ ₩730

정답

01 ⑤　　02 ④　　03 ②　　04 ②　　05 ③　　06 ②

해설

01　⑤　1. 가중평균유통보통주식수

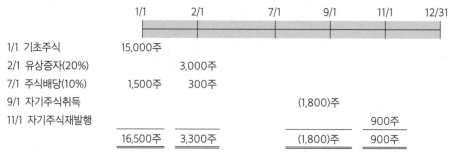

	1/1	2/1	7/1	9/1	11/1	12/31
1/1 기초주식	15,000주					
2/1 유상증자(20%)		3,000주				
7/1 주식배당(10%)	1,500주	300주				
9/1 자기주식취득				(1,800)주		
11/1 자기주식재발행					900주	
	16,500주	3,300주		(1,800)주	900주	

∴ 16,500주 × 12/12 + 3,300주 × 11/12 − 1,800주 × 4/12 + 900주 × 2/12 = 19,075주

2. 주당이익은 유통된 보통주식수에 대하여 산정하는 것이므로 자기주식은 취득시점부터 매각시점까지의 보유
기간 동안 유통보통주식수에 포함하지 아니한다. 따라서 가중평균유통보통주식수을 계산할 때 자기주식은 취
득시점부터 가중평균유통보통주식수에서 제외하고, 자기주식을 처분하면 가중평균유통보통주식수에 포함하
여야 한다.

02　④　1. 보통주당기순이익: ₩710,000,000 − 50,000주 × ₩10,000 × 10% = ₩660,000,000

2. 유통보통주식수: 1,000,000주 × 12/12 + 200,000주 × 9/12 − 200,000주 × 3/12 = 1,100,000주

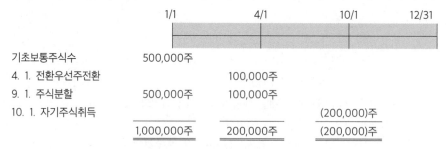

	1/1	4/1	10/1	12/31
기초보통주식수	500,000주			
4. 1. 전환우선주전환		100,000주		
9. 1. 주식분할	500,000주	100,000주		
10. 1. 자기주식취득			(200,000)주	
	1,000,000주	200,000주	(200,000)주	

3. 기본주당순이익: ₩660,000,000 ÷ 1,100,000주 = ₩600/주

03 ② 1. 보통주당기순이익: ₩500,000,000
2. 유통보통주식수: 129,600주 × 12/12 + 5,400주 × 6/12 - 1,500주 × 3/12 = 131,925주

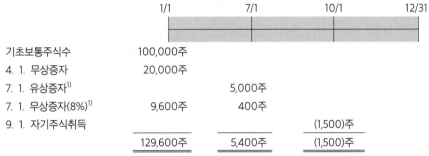

기초보통주식수	100,000주	
4. 1. 무상증자	20,000주	
7. 1. 유상증자[1]		5,000주
7. 1. 무상증자(8%)[1]	9,600주	400주
9. 1. 자기주식취득		
	129,600주	5,400주

(자기주식취득 10/1: (1,500)주, 계 (1,500)주)

[1] 무상증자비율
(1) 공정가치 증자 시 발행가능한 주식수: (15,000주 × ₩5,000) ÷ ₩15,000 = 5,000주
(2) 무상증자주식수: 15,000주 - 5,000주 = 10,000주
(3) 무상증자비율: 10,000주 ÷ (100,000주 + 20,000주 + 5,000주) = 8%

3. 기본주당순이익: ₩500,000,000 ÷ 131,925주 = ₩3,790/주

04 ② 1. 기본주당순이익
(1) 보통주당기순이익: ₩1,232,500 - ₩0 = ₩1,232,500
(2) 유통보통주식수
3,000주(기초) × 12/12 + 450주(주식배당) × 12/12 + 1,000주(유상증자) × 3/12 - 1,200주(자기주식) × 2/12
= 3,500주
(3) 기본주당순이익: ₩1,232,500 ÷ 3,500주 = ₩352/주
2. 희석주당순이익

$$\frac{₩1,232,500 + ₩200,000 × (1 - 30\%)}{3,500주 + 1,000주} = ₩305/주$$

05 ③ 1. 유통보통주식수: 10,000주 × 12/12 + 800주 × 3/12 = 10,200주
2. 신주인수권부사채의 잠재적보통주식수
행사분: (800주 - 800주 × ₩6,000 ÷ ₩10,000) × 9/12 = 240주
미행사분: (200주 - 200주 × ₩6,000 ÷ ₩10,000) × 12/12 = 80주
계 320주
3. 당기순이익(보통주당기순이익)을 x라고 하면,

희석주당순이익: $\dfrac{x + ₩0}{10,200주 + 320주} = ₩620/주$

∴ 당기순이익(x): ₩6,522,400

06 ② 1. 20×1년 기본주당순이익

① 보통주당기순이익: ₩919,800

② 가중평균유통보통주식수: 1,120주 × 12/12 + 280주 × 6/12 = 1,260주

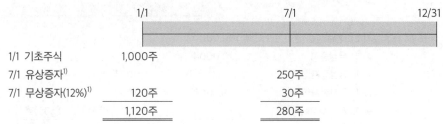

	1/1	7/1	12/31
1/1 기초주식	1,000주		
7/1 유상증자[1]		250주	
7/1 무상증자(12%)[1]	120주	30주	
	1,120주	280주	

[1] 무상증자비율

   (1) 공정가치 증자 시 발행가능한 주식수: (400주 × ₩500) ÷ ₩800 = 250주

   (2) 무상증자주식수: 400주 - 250주 = 150주

   (3) 무상증자비율: 150주 ÷ (1,000주 + 250주) = 12%

③ 기본주당순이익: ₩919,800 ÷ 1,260주 = ₩730/주

2. 20×1년 희석주당순이익

① 신주인수권 희석효과 분석

$$\frac{₩0}{160주^{1)} × 12/12} = \frac{₩0}{160주} = ₩0(희석효과 있음)$$

[1] 800주 - 800주 × ₩600/₩750 = 160주

② 잠재적보통주의 희석효과

구분	당기순이익	보통주식수	주당이익	희석효과
기본주당이익	₩919,800	1,260주	₩730	
신주인수권	₩0	160주		
계	₩919,800	1,420주	₩648	희석성

③ 희석주당순이익: ₩648/주

Chapter 21
주관식 연습문제

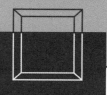

주당이익 종합

01 다음에 제시되는 물음은 각각 독립된 상황이다.   [2012 공인회계사 2차]

물음1 12월 말 결산법인인 (주)여름에 관한 20×1년 자료는 다음과 같다.

〈자료 1〉
• 기초 보통주식수: 100,000주(액면금액 ₩1,000)
• 기초 우선주식수: 10,000주(액면금액 ₩500)
• 비누적적, 비참가적 우선주이며, 배당률은 7%
• 전환우선주에 해당하며, 우선주 2주당 보통주 1주로 전환가능
• 20×1년 10월 1일에 전환우선주 40%가 보통주로 전환됨

〈자료 2〉
20×1년 4월 1일에 (주)여름은 전환사채(액면금액 ₩5,000,000)를 액면발행하였으며, 액면금액 ₩5,000당 보통주 1주로 전환가능하다. 20×1년 7월 1일 전환권 행사로 전환사채의 60%가 보통주로 전환되었다. 당기포괄손익계산서에 인식된 전환사채 관련 이자비용은 ₩300,000이다.

〈자료 3〉
20×0년 4월 1일에 (주)여름은 상환할증금을 지급하는 조건으로 행사가격이 ₩450인 신주인수권부사채를 발행하였다. 20×1년 4월 1일에 신주인수권의 50%가 행사되어 보통주 2,000주를 교부하였다. 20×1년도 (주)여름의 보통주 주당 평균시장가격은 ₩600이다. (주)여름이 신주인수권부사채에 대해 20×1년에 인식한 이자비용은 모두 ₩2,000,000이며, 이 중 사채상환할증금과 관련된 이자비용은 ₩100,000이다.

〈자료 4〉
(주)여름의 당기순이익은 ₩50,000,000이고 법인세율(법인세에 부가되는 세액 포함)은 25%로 가정하며, 기말에 미전환된 우선주에 대해서만 배당금을 지급한다(상법의 관련 규정은 무시한다). 각 물음 계산 시 소수점 아래 첫째 자리에서 반올림하고(예 12.34 → 12), 가중평균유통보통주식수의 계산과정에서 가중치는 월 단위로 계산한다.

(1) (주)여름의 20×1년도 기본주당이익을 계산하시오.

(2) 다음은 (주)여름의 20×1년도 희석주당이익을 계산하기 위하여 희석효과를 분석하는 표이다. ①~⑦을 구하시오.

구분	분자요소	분모요소	주당효과
전환우선주	①	②	?
전환사채	③	④	⑤
신주인수권부사채	⑥	⑦	?

(3) (주)여름의 20×1년도 희석주당이익은 얼마인지 계산하시오.

물음2 잠재적보통주가 존재할 때, 기본주당이익과 별도로 희석주당이익을 공시하도록 규정하고 있다. 그 이유를 3줄 이내로 서술하시오.

해답 **물음 1**

(1) 20×1년도 기본주당이익

　① 보통주당기순이익: ₩50,000,000 - 6,000주 × ₩500 × 7% = ₩49,790,000

　② 유통보통주식수

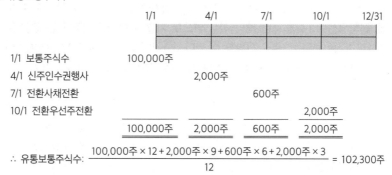

	1/1	4/1	7/1	10/1	12/31

　　1/1 보통주식수　　　100,000주

　　4/1 신주인수권행사　　　　　2,000주

　　7/1 전환사채전환　　　　　　　　600주

　　10/1 전환우선주전환　　　　　　　　　　2,000주

　　　　　　　　　100,000주　2,000주　600주　2,000주

∴ 유통보통주식수: $\dfrac{100,000주 \times 12 + 2,000주 \times 9 + 600주 \times 6 + 2,000주 \times 3}{12}$ = 102,300주

　③ 기본주당이익: ₩49,790,000 ÷ 102,300주 = ₩487/주

(2) 희석효과분석

구분	분자요소	분모요소	주당효과
전환우선주	① ₩210,000	② 4,500주	?
전환사채	③ ₩225,000	④ 450주	⑤ ₩500
신주인수권부사채	⑥ ₩75,000	⑦ 625주	?

　① 전환우선주: 10,000주 × 60% × ₩500 × 7%/(2,000주 × 9/12 + 3,000주 × 12/12) = ₩47(희석효과 있음)

　② 전환사채: ₩300,000 × (1 - 0.25)/(600주 × 3/12 + 400주 × 9/12) = ₩500(희석효과 없음)

　③ 신주인수권부사채: ₩100,000 × (1 - 0.25)/(500주[1] × 3/12 + 500주[1] × 12/12) = ₩120(희석효과 있음)

　　[1] 2,000주 - 2,000주 × ₩450/₩600 = 500주

(3) 희석주당이익

구분	당기순이익	보통주식수	주당이익	희석효과
기본주당이익	₩49,790,000	102,300주	₩487	
전환우선주	₩210,000	4,500주		
계	₩50,000,000	106,800주	₩468	희석성
신주인수권부사채	₩75,000	625주		
계	₩50,075,000	107,425주	₩466	희석성

∴ 희석주당이익: ₩466/주

물음 2

현재 및 잠재적 투자자들에게 현재의 주당이익에서 잠재적보통주의 권리행사를 고려한, 보수적인 경우의 주당이익에 대하여 공시함으로써 투자자들을 보호하기 위해서이다.

02 다음에 제시되는 물음은 각각 독립된 상황이다. 12월 말 결산법인인 (주)개신의 20×1년 초 유통보통주식수는 3,000,000주이다. 20×0년에 자산 매입거래의 대가로 전환우선주 4,000,000주가 발행되었는데, 전환우선주 1주에 대한 배당금은 ₩1으로 기말 현재 유통되고 있는 전환우선주에 대해서 지급하며, 우선주 1주는 보통주 1주로 전환할 수 있다. 20×1년 7월 1일에 2,000,000주의 전환우선주가 보통주로 전환되었다. 조건부발행보통주와 당기순이익에 대한 자료는 다음과 같다. [2011 공인회계사 2차]

1. (주)개신은 새로 개점하는 영업점 1개당 보통주 120,000주를 발행하며, 당기순이익이 ₩20,000,000을 초과하는 경우 매 초과액 ₩10,000에 대하여 보통주 100주를 추가로 발행하기로 하였다. 20×1년 7월 1일에 10개, 20×2년 7월 1일에 10개의 영업점을 각각 개점하였다.
2. (주)개신의 20×1년도 당기순이익은 ₩11,200,000이고, 20×2년도 당기순이익은 ₩88,000,000이다.

(주)개신은 20×1년도와 20×2년도의 당기순이익에 대해 배당을 결의하였으며, 우선주는 비참가적이라고 가정하고, ①부터 ④까지를 계산하시오. (단, 가중평균은 월할계산하며, 주당이익은 소수점 이하 셋째 자리에서 반올림한다. 예 ₩2.456 → ₩2.46)

구분	20×1년도	20×2년도
기본주당이익	①	③
희석주당이익	②	④

해답 1. 20×1년

  (1) 기본주당순이익

    ① 보통주당기순이익: ₩11,200,000 − 2,000,000주 × ₩1 = ₩9,200,000

    ② 가중평균유통보통주식수: 3,000,000주 × 12/12 + 2,000,000주 × 6/12 + 1,200,000주 × 6/12 = 4,600,000주

    ③ 기본주당순이익: ₩9,200,000 ÷ 4,600,000주 = ₩2/주

  (2) 희석주당순이익

    ① 희석효과 분석

      ⓐ 전환우선주

$$\frac{₩2,000,000}{2,000,000주 × 12/12 + 2,000,000주 × 6/12} = ₩0.67$$

      ⓑ 조건부발행보통주

$$\frac{₩0}{1,200,000주 × 6/12} = ₩0$$

    ② 잠재적보통주의 희석효과

구분	당기순이익	보통주식수	주당이익	희석효과
기본주당이익	₩9,200,000	4,600,000주	₩2	
조건부발행보통주	₩0	600,000주		
계	₩9,200,000	5,200,000주	₩1.77	희석성
전환우선주	₩2,000,000	3,000,000주		
계	₩11,200,000	8,200,000주	₩1.37	희석성

    ③ 희석주당순이익: ₩1.37/주

2. 20×2년

  (1) 기본주당순이익

    ① 보통주당기순이익: ₩88,000,000 − 2,000,000주 × ₩1 = ₩86,000,000

    ② 가중평균유통보통주식수: 6,200,000주 × 12/12 + 1,200,000주 × 6/12 + 680,000주 × 0/12 = 6,800,000주

    ③ 기본주당순이익: ₩86,000,000 ÷ 6,800,000주 = ₩12.65/주

  (2) 희석주당순이익

    ① 희석효과 분석

      ⓐ 전환우선주

$$\frac{₩2,000,000}{2,000,000주 × 12/12} = ₩1$$

      ⓑ 조건부발행보통주

$$\frac{₩0}{1,200,000주 × 6/12 + 680,000주 × 12/12} = ₩0$$

    ② 잠재적보통주의 희석효과

구분	당기순이익	보통주식수	주당이익	희석효과
기본주당이익	₩86,000,000	6,800,000주	₩12.65	
조건부발행보통주	₩0	1,280,000주		
계	₩86,000,000	8,080,000주	₩10.64	희석성
전환우선주	₩2,000,000	2,000,000주		
계	₩88,000,000	10,080,000주	₩8.73	희석성

    ③ 희석주당순이익: ₩8.73/주

3.

구분	20×1년도	20×2년도
기본주당이익	① ₩2/주	③ ₩12.65/주
희석주당이익	② ₩1.37/주	④ ₩8.73/주

03 (주)대한의 다음 <자료>를 이용하여 물음에 답하시오. [2021 공인회계사 2차]

〈자료〉

1. 20×1년 1월 1일 (주)대한의 유통주식수는 다음과 같다.
   • 유통보통주식수: 5,000주(액면가 ₩1,000)
   • 유통우선주식수: 1,000주(액면가 ₩1,000)

2. 20×1년 4월 1일 보통주에 대해 10%의 주식배당을 실시하였다.

3. 우선주는 누적적, 비참가적 전환우선주로 배당률은 연 7%이다. (주)대한은 기말에 미전환된 우선주에 대해서만 우선주배당금을 지급한다. 우선주 전환 시 1주당 보통주 1.2주로 전환 가능하며, 20×1년 5월 1일 우선주 300주가 보통주로 전환되었다.

4. 20×1년 7월 1일 자기주식 500주를 취득하고 이 중 100주를 소각하였다.

5. 20×1년 초 대표이사에게 3년 근무조건으로 주식선택권 3,000개를 부여하였다. 주식선택권 1개로 보통주 1주의 취득(행사가격 ₩340)이 가능하며, 20×1년 초 기준으로 잔여가득기간에 인식할 총보상원가는 1개당 ₩140이다. 당기 중 주식보상비용으로 인식한 금액은 ₩140,000이다.

6. (주)대한의 20×1년도 당기순이익은 ₩500,000이며, 법인세율은 20%이다. 20×1년 보통주 1주당 평균 주가는 ₩900이다.

7. (주)대한은 가중평균 유통보통주식수 산정 시 월할계산한다.

물음1 (주)대한의 20×1년도 기본주당이익을 계산하기 위한 ① 보통주 귀속 당기순이익과 ② 가중평균 유통보통주식수를 계산하시오.

보통주 귀속 당기순이익	①
가중평균 유통보통주식수	②

물음2 다음은 (주)대한의 20×1년도 희석주당이익을 계산하기 위하여 전환우선주 및 주식선택권의 희석효과를 분석하는 표이다. 당기순이익 조정금액(분자요소)과 조정주식수(분모요소)를 각각 계산하시오.

구분	당기순이익 조정금액	조정주식수
전환우선주	①	②
주식선택권	③	④

물음3 (주)대한의 희석주당이익은 얼마인지 계산하시오. 단, 희석주당이익 계산 시 소수점 아래 둘째 자리에서 반올림하여 계산하시오(예) 4.57은 4.6으로 계산).

희석주당이익	①

물음1 1. 정답

보통주 귀속 당기순이익	① ₩451,000
가중평균 유통보통주식수	② 5,490주

2. 20×1년도 기본주당이익
   ① 보통주당기순이익: ₩500,000 - 700주 × ₩1,000 × 7% = ₩451,000
   ② 유통보통주식수

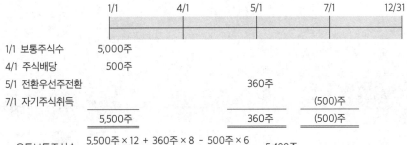

	1/1	4/1	5/1	7/1	12/31

1/1 보통주식수   5,000주
4/1 주식배당   500주
5/1 전환우선주전환   360주
7/1 자기주식취득   (500)주
        5,500주   360주   (500)주

∴ 유통보통주식수: $\dfrac{5,500주 \times 12 + 360주 \times 8 - 500주 \times 6}{12}$ = 5,490주

   ③ 기본주당이익: ₩451,000 ÷ 5,490주 = ₩82.1/주

물음2 1. 정답

구분	당기순이익 조정금액	조정주식수
전환우선주	① ₩49,000	② 960주
주식선택권	③ ₩112,000	④ 1,400주

2. 희석효과분석
   ① 전환우선주 분자요소: 700주 × ₩1,000 × 7% = ₩49,000
   ② 전환우선주 분모요소: 360주 × 4/12 + 840주 × 12/12 = 960주
   ∴ 전환우선주 희석효과: ₩49,000/960주 = ₩51/주(희석효과 있음)
   ③ 주식선택권 분자요소: ₩140,000 × (1 - 20%) = ₩112,000
   ④ 주식선택권 분모요소: 1,400주[1] × 12/12 = 1,400주
       [1] 3,000주 - 3,000주 × (₩340 + ₩140)/₩900 = 1,400주
   ∴ 주식선택권 희석효과: ₩112,000/1,400주 = ₩80/주(희석효과 있음)

물음3 1. 정답

희석주당이익	① ₩77.5

2. 희석주당순이익

구분	당기순이익	보통주식수	주당이익	희석효과
기본주당이익	₩451,000	5,490주	₩82.1	
전환우선주	₩49,000	960주		
계	₩500,000	6,450주	₩77.5	희석성
주식선택권	₩112,000	1,400주		
계	₩612,000	7,850주	₩80.0	반희석성

∴ 희석주당이익 = ₩77.5/주

해커스 IFRS 김원종 중급회계 하

Chapter 22

회계변경과 오류수정

I | 회계변경과 오류수정의 일반론

01 의의

회계변경(Accounting Change)은 기업회계기준 또는 관계 법령의 제정, 개정 및 경제환경이나 경영환경의 변화 등으로 기업이 채택한 회계처리방법을 새로운 회계처리방법으로 변경하는 것을 말한다. 이러한 회계변경에는 회계정책의 변경과 회계추정치의 변경이 있다.

기업이 회계정책의 변경이나 회계추정치의 변경을 무조건 인정하게 되면 재무제표의 신뢰성이 훼손되고, 비교가능성을 저해할 수 있으며, 자의적인 이익조작이 가능할 수 있다. 따라서 기업은 유사한 거래, 기타 사건 및 상황에는 동일한 회계정책을 선택하여 동일 기간 내에 그리고 기간 간에 일관성 있게 적용해야 하며, 회계추정 시 최근의 이용가능하고 신뢰성 있는 정보에 기초하여 자산과 부채의 현재 상태나 예상되는 미래효익과 의무를 합리적으로 평가해야 한다.

전기오류(Prior Period Error)란 과거기간 동안에 재무제표를 작성할 때 신뢰할 만한 정보를 이용하지 못했거나 잘못 이용하여 발생한 재무제표에의 누락이나 왜곡표시를 말한다. 이러한 오류에는 산술적 계산오류, 회계정책의 적용 오류, 사실의 간과 또는 해석의 오류 및 부정 등의 영향을 포함한다.

재무제표의 중요한 오류는 수정되어야 하며, 이러한 중요한 전기오류를 수정하여 해당 후속기간의 재무제표에 비교표시된 재무정보를 재작성하는 것을 오류수정이라고 한다.

⚡ POINT 회계변경과 오류수정의 의의

회계변경의 정의	기업회계기준 또는 관계 법령의 제정, 개정 및 경제환경이나 경영환경의 변화 등으로 기업이 채택한 회계처리방법을 새로운 회계처리방법으로 변경하는 것
회계변경의 유형	회계정책의 변경, 회계추정치의 변경
전기오류의 정의	과거기간 동안에 재무제표를 작성할 때 신뢰할 만한 정보를 이용하지 못했거나 잘못 이용하여 발생한 재무제표에의 누락이나 왜곡표시
오류수정의 정의	중요한 전기오류를 수정하여 해당 후속기간의 재무제표에 비교표시된 재무정보를 재작성하는 것

02 회계처리방법

이론적으로 회계변경과 오류수정의 회계처리방법에는 소급적용, 당기일괄적용, 전진적용 등의 3가지 방법이 있다. 여기서는 각 방법의 회계처리, 장점과 단점 및 K-IFRS의 적용방법에 대해서 설명하기로 한다.

(1) 소급적용

소급적용(Retrospective Method)이란 새로운 회계정책을 처음부터 적용한 것처럼 거래, 기타 사건 및 상황에 적용하고, 과거 재무제표를 새로운 회계정책을 적용하여 수정하는 방법을 말한다.

소급적용은 회계변경의 누적효과를 이익잉여금으로 처리하며, 회계변경으로 인하여 새롭게 채택한 회계정책을 처음부터 적용한 것으로 가정하므로 비교재무제표를 공시할 때 비교 대상이 되는 과거연도의 재무제표를 새로운 회계처리방법을 적용하여 수정하여야 한다.

> ⊘ 참고 **회계변경의 누적효과와 전기오류수정**
>
> 재산의 증감 및 변화를 일으키는 사건인 거래에서 자본거래가 아닌 손익거래의 경우에는 자산과 부채의 증감은 수익과 비용의 증감을 동반하게 된다. 따라서 회계정책의 변경 또는 중요한 오류수정에 의하여 발생한 기초 이월이익잉여금의 증감효과인 회계변경의 누적효과(Cummulative Effect)와 전기오류수정효과는 다음과 같이 계산할 수 있다.
> ① 회계변경의 누적효과
> = 변경 후 회계정책에 의한 전기 말 이익잉여금 - 변경 전 회계정책에 의한 전기 말 이익잉여금
> = 변경 후 회계정책에 의한 전기 말 자산·부채의 장부금액 - 변경 전 회계정책에 의한 전기 말 자산·부채의 장부금액
> ② 전기오류수정효과
> = 오류수정 후 전기 말 이익잉여금 - 오류수정 전 전기 말 이익잉여금
> = 오류수정 후 전기 말 자산·부채의 장부금액 - 오류수정 전 전기 말 자산·부채의 장부금액

회계변경을 소급적용하는 경우에는 회계변경의 누적효과가 비교재무제표를 공시할 때 비교 대상이 되는 과거연도의 재무제표에 반영되므로 재무제표의 비교가능성이 제고된다는 장점이 있으나, 과거의 재무제표를 새로운 회계정책에 따라 소급 수정하므로 재무제표의 신뢰성이 훼손된다는 단점이 있다.

(2) 당기일괄적용

당기일괄적용(Current Method)이란 기초시점에서 새로운 회계정책의 채택으로 인한 회계변경의 누적효과를 계산하여, 이를 회계변경손익과목으로 당기손익에 반영하며, 비교공시하는 전기 재무제표는 수정하지 않는 방법이다.

이 방법은 비교공시하는 전기 재무제표는 수정하지 않으므로 재무제표의 신뢰성은 제고된다는 장점이 있다. 그러나 전기와 당기 재무제표의 비교가능성이 훼손되며, 회계변경의 누적효과가 당기손익에 반영되므로 경영자의 회계변경에 의하여 자의적으로 이익이 조작될 가능성이 있다.

(3) 전진적용

전진적용(Prospective Method)이란 비교공시하는 전기 재무제표는 수정하지 않고 변경된 새로운 회계정책을 당기와 미래기간에 반영하는 방법이다. 전진적용은 회계변경의 누적효과를 계산하지 않고 변경된 보고기간 이후에 반영하는 방법이므로 이익조작가능성은 방지할 수 있으며, 비교공시하는 전기 재무제표는 수정하지 않기 때문에 재무제표의 신뢰성이 제고될 수 있는 장점이 있다. 그러나 회계변경의 누적효과를 파악할 수 없으며, 과거와 당기의 회계정책이 다르므로 비교공시되는 재무제표의 비교가능성이 훼손되는 단점이 있다.

(4) K - IFRS

K-IFRS에서는 회계정책의 변경은 소급적용하며, 회계추정치의 변경은 전진적용하도록 규정하고 있다. 또한, 중요한 전기오류는 소급하여 수정하도록 규정하고 있다. 구체적인 회계처리는 후술하기로 한다.

> 💡 **POINT 회계변경과 오류수정의 회계처리방법**

소급적용	① 정의: 새로운 회계정책을 처음부터 적용한 것처럼 거래, 기타 사건 및 상황에 적용하고, 과거 재무제표를 새로운 회계정책을 적용하여 수정하는 방법 ② 비교표시되는 과거 재무제표: 수정함 ③ 장점: 재무제표의 비교가능성 제고 ④ 단점: 재무제표의 신뢰성 훼손
당기 일괄적용	① 정의: 기초시점에서 새로운 회계정책의 채택으로 인한 회계변경의 누적효과를 당기손익에 반영하는 방법 ② 비교표시되는 과거 재무제표: 수정하지 아니함 ③ 장점: 재무제표의 신뢰성 제고 ④ 단점: 재무제표의 비교가능성 훼손, 자의적인 이익조작가능성
전진적용	① 정의: 비교공시하는 전기 재무제표는 수정하지 않고 변경된 새로운 회계정책을 당기와 미래기간에 반영하는 방법 ② 비교표시되는 과거 재무제표: 수정하지 아니함 ③ 장점: 재무제표의 신뢰성 제고, 자의적인 이익조작가능성 방지 ④ 단점: 재무제표의 비교가능성 훼손, 회계변경의 누적효과를 파악할 수 없음
K - IFRS	① 회계정책의 변경: 소급적용 ② 회계추정치의 변경: 전진적용 ③ 중요한 전기오류수정: 소급적용 ④ 중요하지 않은 전기오류수정: K - IFRS의 규정 없음

> ⊘ **참고 중요하지 않은 전기오류수정**
>
> K - IFRS는 중요하지 않은 전기오류수정에 대하여 명문화된 규정이 없다. 수험목적상으로 중요하지 않은 전기오류는 명확한 언급없이 출제할 수 없으며, 과거의 기출문제는 모두 '전기오류는 모두 중요하다'는 언급이 있으므로 오류수정의 회계처리는 모두 중요한 오류라고 가정하고 풀이하였다.

예제 1 회계변경의 다양한 회계처리

20×1년 1월 1일에 (주)체인지는 기계장치를 ₩3,000,000에 취득하였다. 동 기계장치의 내용연수는 3년이며 잔존가치는 없다. (주)체인지는 이 기계장치를 연수합계법으로 감가상각하였으나, 20×2년부터 정액법으로 변경하기로 하였다. 단, 회계변경에 따른 법인세효과는 무시한다.

물음 1 위의 회계변경에 대하여 소급적용법에 의하여 20×2년 회계처리를 나타내시오.

물음 2 위의 회계변경에 대하여 당기일괄적용법에 의하여 20×2년 회계처리를 나타내시오.

물음 3 위의 회계변경에 대하여 전진적용법에 의하여 20×2년 회계처리를 나타내시오.

해답 **물음 1**

1. 회계변경의 누적효과 계산

구분	20×1년	20×2년
연수합계법	(₩3,000,000 − ₩0) × 3/6 = ₩1,500,000	N/A
정액법	(₩3,000,000 − ₩0) × 1/3 = ₩1,000,000	(₩3,000,000 − ₩0) × 1/3 = ₩1,000,000(감가상각비)
차이	₩1,000,000 − ₩1,500,000 = ₩(500,000)(이익잉여금)	N/A

2. 20×2년 회계처리

일자	회계처리			
① 회계변경의 누적효과	(차) 감가상각누계액	500,000	(대) 이익잉여금	500,000
② 20×2년 감가상각비	(차) 감가상각비	1,000,000	(대) 감가상각누계액	1,000,000

3. 20×2년 말 비교표시재무제표

구분	20×1년	20×2년
[재무상태표]		
기계장치	₩3,000,000	₩3,000,000
감가상각누계액	₩(1,000,000)	₩(2,000,000)
장부금액	₩2,000,000	₩1,000,000
[포괄손익계산서]		
감가상각비	₩(1,000,000)	₩(1,000,000)

4. 소급적용은 회계변경의 누적효과를 이익잉여금으로 처리하며, 회계변경으로 인하여 새롭게 채택한 회계정책을 처음부터 적용한 것으로 가정하므로 비교재무제표를 공시할 때 비교 대상이 되는 과거연도의 재무제표를 새로운 회계처리방법을 적용하여 수정하여야 한다.

물음 2

1. 회계변경의 누적효과 계산

구분	20×1년	20×2년
연수합계법	(₩3,000,000 − ₩0) × 3/6 = ₩1,500,000	N/A
정액법	(₩3,000,000 − ₩0) × 1/3 = ₩1,000,000	(₩3,000,000 − ₩0) × 1/3 = ₩1,000,000(감가상각비)
차이	₩1,000,000 − ₩1,500,000 = ₩(500,000)(당기손익)	N/A

2. 20×2년 회계처리

일자	회계처리
① 회계변경의 누적효과	(차) 감가상각누계액　500,000　　(대) 회계변경이익(NI)　500,000
② 20×2년 감가상각비	(차) 감가상각비　1,000,000　　(대) 감가상각누계액　1,000,000

3. 20×2년 말 비교표시재무제표

구분	20×1년	20×2년
[재무상태표]		
기계장치	₩3,000,000	₩3,000,000
감가상각누계액	₩(1,500,000)	₩(2,000,000)
장부금액	₩1,500,000	₩1,000,000
[포괄손익계산서]		
감가상각비	₩(1,500,000)	₩(1,000,000)
회계변경손익		₩500,000

4. 당기일괄적용은 기초시점에서 새로운 회계정책의 채택으로 인한 회계변경의 누적효과를 계산하여, 이를 회계변경손익과목으로 당기손익에 반영하며, 비교공시하는 전기 재무제표는 수정하지 않는다.

물음 3

1. 20×2년 회계처리

일자	회계처리
① 회계변경의 누적효과	N/A
② 20×2년 감가상각비	(차) 감가상각비　750,000[1]　　(대) 감가상각누계액　750,000 [1] (₩3,000,000 − ₩1,500,000 − ₩0) × 1/2 = ₩750,000

2. 20×2년 말 비교표시재무제표

구분	20×1년	20×2년
[재무상태표]		
기계장치	₩3,000,000	₩3,000,000
감가상각누계액	₩(1,500,000)	₩(2,250,000)
장부금액	₩1,500,000	₩750,000
[포괄손익계산서]		
감가상각비	₩(1,500,000)	₩(750,000)

3. 전진적용은 회계변경의 누적효과를 계산하지 않고 변경된 보고기간 이후에 반영하는 방법으로 비교공시하는 전기 재무제표는 수정하지 않는다.

Ⅱ | 회계정책의 변경

01 회계정책의 의의

(1) 회계정책의 정의

회계정책(Accounting Policies)이란 기업이 재무제표를 작성·표시하기 위하여 적용하는 구체적인 원칙, 근거, 관습, 규칙 및 관행을 말한다. 우리나라는 거래, 기타 사건 또는 상황에 한국채택국제회계기준을 구체적으로 적용하는 경우, 그 항목에 적용되는 회계정책은 한국채택국제회계기준을 적용하여 결정될 것이다.

한국채택국제회계기준은 회계정책의 적용대상인 거래, 기타 사건 및 상황에 관한 정보가 목적적합하고 신뢰성 있게 재무제표에 반영될 수 있도록 한다. 이러한 회계정책의 적용효과가 중요하지 않은 경우에는 그 회계정책을 적용하지 않을 수 있다. 그러나 기업의 재무상태, 재무성과 또는 현금흐름을 특정한 의도대로 표시하기 위하여 한국채택국제회계기준에 위배된 회계정책을 적용하는 것은 그것이 중요하지 않더라도 적절하다고 할 수 없다.

(2) 회계정책의 개발 및 적용

거래, 기타 사건 또는 상황에 대하여 구체적으로 적용할 수 있는 한국채택국제회계기준이 없는 경우, 경영진은 판단에 따라 회계정책을 개발 및 적용하여 회계정보를 작성할 수 있으며, 이때 회계정보는 다음과 같은 특성을 모두 보유하여야 한다.

① 이용자의 경제적 의사결정 요구에 목적적합하다.
② 신뢰할 수 있다. 신뢰할 수 있는 재무제표는 다음의 속성을 포함한다.
    a. 기업의 재무상태, 재무성과 및 현금흐름을 충실하게 표현한다.
    b. 거래, 기타 사건 및 상황의 단순한 법적 형태가 아닌 경제적 실질을 반영한다.
    c. 중립적이다. 즉, 편의가 없다.
    d. 신중하게 고려한다.
    e. 중요한 사항을 빠짐없이 고려한다.

(3) 회계정책의 일관성

K-IFRS에서 특정 범주별로 서로 다른 회계정책을 적용하도록 규정하거나 허용하는 경우를 제외하고는 유사한 거래, 기타 사건 및 상황에는 동일한 회계정책을 선택하여 일관성 있게 적용한다. 만약 한국채택국제회계기준에서 범주별로 서로 다른 회계정책을 적용하도록 규정하거나 허용하는 경우, 각 범주에 대하여 선택한 회계정책을 일관성 있게 적용한다.

회계정책의 정의	기업이 재무제표를 작성·표시하기 위하여 적용하는 구체적인 원칙, 근거, 관습, 규칙 및 관행 ① 회계정책의 적용효과가 중요하지 않은 경우에는 그 회계정책을 적용하지 않을 수 있음 ② 기업의 재무상태, 재무성과 또는 현금흐름을 특정한 의도대로 표시하기 위하여 한국채택국제 회계기준에 위배된 회계정책을 적용하는 것은 그것이 중요하지 않더라도 적절하다고 할 수 없음
회계정책의 개발 및 적용	거래, 기타 사건 또는 상황에 대하여 구체적으로 적용할 수 있는 한국채택국제회계기준이 없는 경우, 경영진은 판단에 따라 회계정책을 개발 및 적용하여 회계정보를 작성할 수 있음
회계정책의 일관성	① K-IFRS에서 특정 범주별로 서로 다른 회계정책을 적용하도록 규정하거나 허용하는 경우를 제외하고는 유사한 거래, 기타 사건 및 상황에는 동일한 회계정책을 선택하여 일관성 있게 적 용함 ② 한국채택국제회계기준에서 범주별로 서로 다른 회계정책을 적용하도록 규정하거나 허용하는 경우, 각 범주에 대하여 선택한 회계정책을 일관성 있게 적용함

02 회계정책의 변경

(1) 회계정책의 변경의 정의

회계정책의 변경(Change In Accounting Policies)은 기업이 채택한 회계정책을 새로운 회계정책으로 변경하는 것을 말한다. 여기서 회계정책의 변경은 한국채택국제회계기준에서 인정된 회계원칙에서 한국채택국제회계기준에서 인정하는 다른 대체적인 회계원칙으로 변경하는 것을 의미한다는 것에 유의해야 한다. 만약 한국채택국제회계기준에서 인정된 회계원칙에서 인정하지 않는 원칙으로 변경하는 것은 오류이므로 허용되지 않으며, 한국채택국제회계기준에서 인정하지 않는 원칙에서 인정하는 원칙으로 변경하는 것은 회계정책의 변경이 아니라 오류수정이다.

[그림 22-1] 회계정책의 변경

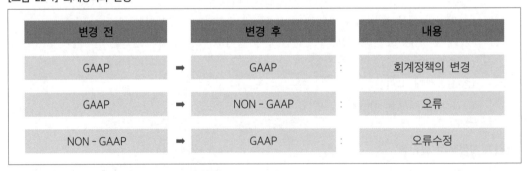

변경 전	변경 후	내용
GAAP ➡	GAAP	: 회계정책의 변경
GAAP ➡	NON-GAAP	: 오류
NON-GAAP ➡	GAAP	: 오류수정

기업은 다음 중 하나의 경우에 회계정책을 변경할 수 있다.

> ① 한국채택국제회계기준에서 회계정책의 변경을 요구하는 경우
> ② 회계정책의 변경을 반영한 재무제표가 거래, 기타 사건 또는 상황이 재무상태, 재무성과 또는 현금흐름에 미치는 영향에 대하여 신뢰성 있고 더 목적적합한 정보를 제공하는 경우

재무제표이용자는 기업의 재무상태, 재무성과 및 현금흐름의 추이를 알기 위하여 기간별 재무제표를 비교할 수 있어야 한다. 그러므로 회계정책의 변경이 위에서 제시한 기준 중 어느 하나를 충족하는 경우가 아니라면, 동일 기간 내에 그리고 기간 간에 동일한 회계정책을 적용하여야 한다.

🔅 POINT 회계정책의 변경의 정의

회계정책의 정의	기업이 채택한 회계정책을 새로운 회계정책으로 변경하는 것
회계정책을 변경할 수 있는 경우	① 한국채택국제회계기준에서 회계정책의 변경을 요구하는 경우 ② 회계정책의 변경을 반영한 재무제표가 거래, 기타 사건 또는 상황이 재무상태, 재무성과 또는 현금흐름에 미치는 영향에 대하여 신뢰성 있고 더 목적적합한 정보를 제공하는 경우

(2) 회계정책의 변경의 사례

위의 2가지 요건 중 어느 하나를 충족하여 회계정책을 변경할 수 있는 사례는 다음과 같다.

> ① 유형자산과 무형자산의 측정기준의 변경(원가모형 ⇔ 재평가모형)
> ② 투자부동산의 측정기준의 변경(원가모형 ⇔ 공정가치모형)
> ③ 재고자산의 단가결정방법의 변경(선입선출법 ⇔ 가중평균법)

(3) 회계정책의 변경에 해당하지 않는 예

다음의 경우는 회계정책의 변경에 해당하지 아니한다.

> ① 과거에 발생한 거래와 실질이 다른 거래, 기타 사건 또는 상황에 대하여 다른 회계정책을 적용하는 경우
> ② 과거에 발생하지 않았거나 발생하였어도 중요하지 않았던 거래, 기타 사건 또는 상황에 대하여 새로운 회계정책을 적용하는 경우

🔅 POINT 회계정책의 변경의 사례

회계정책 변경의 사례	① 유형자산과 무형자산의 측정기준의 변경(원가모형 ⇔ 재평가모형) ② 투자부동산의 측정기준의 변경(원가모형 ⇔ 공정가치모형) ③ 재고자산의 단가결정방법의 변경(선입선출법 ⇔ 가중평균법)
회계정책 변경에 해당하지 않는 예	① 과거에 발생한 거래와 실질이 다른 거래, 기타 사건 또는 상황에 대하여 다른 회계정책을 적용하는 경우 ② 과거에 발생하지 않았거나 발생하였어도 중요하지 않았던 거래, 기타 사건 또는 상황에 대하여 새로운 회계정책을 적용하는 경우

03 회계정책 변경의 적용

(1) 원칙

회계정책의 변경은 원칙적으로 다음과 같이 회계처리한다.

> ① 경과규정이 있는 K - IFRS를 최초 적용하는 경우에 발생하는 회계정책의 변경은 해당 경과규정에 따라 회계처리한다.
> ② 경과규정이 없는 K - IFRS를 최초 적용하는 경우에 발생하는 회계정책의 변경이나 자발적인 회계정책의 변경은 소급적용한다.

회계정책의 변경을 위의 규정에 따라 소급적용하는 경우, 비교표시되는 가장 이른 과거기간의 영향받는 자본의 각 구성요소의 기초금액과 비교표시되는 각 과거기간의 공시되는 그 밖의 대응금액을 새로운 회계정책이 처음부터 적용된 것처럼 조정한다.

① K-IFRS 제1008호 '회계정책, 회계추정치 변경과 오류'의 제정 목적에 따라, K-IFRS를 조기적용하는 것은 자발적인 회계정책의 변경에 해당하지 아니한다.
② 거래, 기타 사건 또는 상황에 구체적으로 적용되는 K-IFRS가 없는 경우, 경영진은 유사한 개념체계를 사용하여 회계기준을 개발하는 그 밖의 회계기준제정기구가 가장 최근에 발표한 회계기준에 기초한 회계정책을 적용할 수 있다. 만약, 그러한 회계기준의 개정에 따라 회계정책을 변경하기로 하였다면, 이 경우의 회계변경은 자발적인 회계정책의 변경으로 회계처리하고 공시해야 한다.

(2) 예외: 소급적용의 한계

회계정책의 변경은 특정 기간에 미치는 영향이나 누적효과를 실무적으로 결정할 수 없는 경우를 제외하고는 소급적용한다. 그러나 특정 기간에 미치는 영향이나 누적효과를 실무적으로 결정할 수 없다면 다음과 같이 회계처리해야 한다.

① 비교표시되는 하나 이상의 과거기간의 비교정보에 대해 특정 기간에 미치는 회계정책 변경의 영향을 실무적으로 결정할 수 없는 경우, 실무적으로 소급적용할 수 있는 가장 이른 회계기간의 자산 및 부채의 기초장부금액에 새로운 회계정책을 적용하고, 그에 따라 변동하는 자본 구성요소의 기초금액을 조정한다. 실무적으로 적용할 수 있는 가장 이른 회계기간은 당기일 수도 있다.
② 당기 기초시점에 과거기간 전체에 대한 새로운 회계정책 적용의 누적효과를 실무적으로 결정할 수 없는 경우, 실무적으로 적용할 수 있는 가장 이른 날부터 새로운 회계정책을 전진적용하여 비교정보를 재작성한다.
③ 실무적으로 적용할 수 없는 경우란 기업이 모든 합리적인 노력을 했어도 요구사항을 적용할 수 없다는 것을 말하는데, 다음의 경우는 특정 과거기간에 대하여 회계정책 변경의 소급적용이나 오류수정을 위한 소급재작성을 실무적으로 적용할 수 없는 경우에 해당한다.
  a. 소급적용이나 소급재작성의 영향을 결정할 수 없는 경우
  b. 소급적용이나 소급재작성을 위하여 대상 과거기간의 경영진의 의도에 대한 가정이 필요한 경우
  c. 소급적용이나 소급재작성을 위하여 금액의 유의적인 추정이 필요하지만, 그러한 추정에 필요한 정보로서 다른 정보와 객관적으로 식별할 수 없는 경우

> ⊘ 참고 **유형자산이나 무형자산에 대하여 재평가모형을 최초로 적용하는 회계변경**
>
> K-IFRS 제1016호 '유형자산' 또는 K-IFRS 제1038호 '무형자산'에 따라 자산을 재평가하는 회계정책을 최초 적용하는 경우의 회계정책 변경은 이 기준서를 적용하지 아니하고 K-IFRS 제1016호 '유형자산'과 K-IFRS 제1038호 '무형자산'에 따라 회계처리한다. 따라서 유형자산이나 무형자산에 대하여 원가모형에서 재평가모형으로 최초로 적용하는 회계변경에 대해서는 전진적용해야 하며, 이후에 다시 원가모형으로 회계정책을 변경하는 경우에는 K-IFRS 제1008호 '회계정책, 회계추정치 변경과 오류'에 따라 소급적용해야 한다.

🔑 POINT 회계정책의 변경의 적용

원칙	경과규정이 있는 경우	경과규정에 따라 회계처리
	경과규정이 없는 경우	소급적용
예외	일부기간에 대해 실무적으로 적용할 수 없는 경우	실무적으로 적용가능한 기간부터 소급적용
	과거기간 전체에 대해 실무적으로 적용할 수 없는 경우	실무적으로 적용할 수 있는 가장 이른 날부터 전진적용

예제 2 재고자산의 회계정책의 변경

(주)강남은 20×1년 초에 설립되어 재고자산 단위원가 결정방법으로 가중평균법을 사용하여 왔다. 다음은 (주)강남의 20×1년과 20×2년의 재고자산과 당기순이익에 관한 자료이다.

> (1) (주)강남은 가중평균법을 적용하여 재고자산 단위원가를 결정하였으며, 20×1년과 20×2년의 매출원가내역은 다음과 같다.
>
> | 구분 | 20×1년 | 20×2년 |
> |---|---|---|
> | 기초재고액 | ₩0 | ₩200,000 |
> | 당기매입액 | ₩1,200,000 | ₩800,000 |
> | 기말재고액 | ₩(200,000) | ₩(100,000) |
> | 매출원가 | ₩1,000,000 | ₩900,000 |
>
> (2) (주)강남은 20×2년 12월 31일 직전에 실제 재고자산의 흐름을 살펴보았을 때 선입선출법이 보다 신뢰성 있고 더 목적적합한 정보를 제공하는 것으로 판단되어 20×2년 말에 재고자산의 단위원가 결정방법을 가중평균법에서 선입선출법으로 변경하였다.
>
> (3) (주)강남이 설립 시부터 선입선출법을 적용하였더라면 재고자산금액은 다음과 같다.
>
> | 구분 | 20×1년 말 | 20×2년 말 |
> |---|---|---|
> | 선입선출법 | ₩150,000 | ₩180,000 |
>
> (4) (주)강남은 20×1년과 20×2년에 각각 ₩100,000, ₩200,000의 당기순이익을 보고하였으며, 이 기간 중 배당 등의 이익처분은 없었다.

이러한 회계변경으로 인하여 (주)강남이 20×1년 말 이익잉여금 잔액과 20×2년 당기순이익은 얼마인가?

해답　1. 20×1년 말 이익잉여금 잔액
　　　　(1) 가중평균법하에서 매출원가(20×1년): ₩1,000,000
　　　　(2) 선입선출법하에서 매출원가(20×1년): ₩1,200,000 - ₩150,000 = ₩1,050,000
　　　　(3) 매출원가 차이: (1) - (2) = ₩(50,000)
　　　　∴ 20×1년 말 이익잉여금 잔액: ₩100,000 + ₩(50,000) = ₩50,000

　　　2. 20×2년 당기순이익
　　　　(1) 가중평균법하에서 매출원가(20×2년): ₩900,000
　　　　(2) 선입선출법하에서 매출원가(20×2년): ₩150,000 + ₩800,000 - ₩180,000 = ₩770,000
　　　　(3) 매출원가 차이: (1) - (2) = ₩130,000
　　　　∴ 20×2년 당기순이익: ₩200,000 + ₩130,000 = ₩330,000

별해

정산표

구분	20×1년	20×2년
가중평균법하에서 당기순이익	₩100,000	₩200,000
20×1년 기말재고 과대	₩(50,000)	₩50,000
20×2년 기말재고 과소	-	₩80,000
선입선출법하에서 당기순이익	₩50,000	₩330,000

해설　재산의 증감 및 변화를 일으키는 사건인 거래에서 자본거래가 아닌 손익거래의 경우에는 자산과 부채의 증감
　　　은 수익과 비용의 증감을 동반하게 된다. 따라서 회계정책의 변경에 의하여 발생한 기초 이월이익잉여금의 증
　　　감효과인 회계변경의 누적효과(Cummulative Effect)는 다음과 같이 계산할 수 있다.
　　　회계변경의 누적효과
　　　= 변경 후 회계정책에 의한 전기 말 이익잉여금 - 변경 전 회계정책에 의한 전기 말 이익잉여금
　　　= ₩50,000 - ₩100,000 = ₩(50,000)
　　　= 변경 후 회계정책에 의한 전기 말 자산·부채의 장부금액 - 변경 전 회계정책에 의한 전기 말 자산·부채의
　　　　장부금액
　　　= ₩150,000 - ₩200,000 = ₩(50,000)

(주)투명은 20×1년 초 건물을 ₩1,000,000에 취득하여 투자부동산으로 분류하고 원가모형을 적용하여 정액법으로 감가상각(내용연수 10년, 잔존가치 ₩0)하여 왔으나, 20×3년 초부터 공정가치모형을 적용하였다. 건물의 공정가치와 원가모형을 적용할 경우 이익잉여금은 다음과 같다. (주)투명은 20×1년 초 이후에 이익 처분은 없다.

[2011 공인회계사 2차 수정]

구분	20×1년 말	20×2년 말	20×3년 말
건물의 공정가치	₩1,000,000	₩900,000	₩1,100,000
이익잉여금	₩500,000	₩1,000,000	?

20×3년 말에 동 건물과 관련하여 (주)투명의 비교재무제표를 작성할 경우 ①부터 ④까지의 금액을 계산하시오. 손실의 경우에는 금액 앞에 (−)표시를 하시오.

구분	금액
20×2년 말 투자부동산	①
20×2년 당기순이익	②
20×2년 말 이익잉여금	③
20×3년 투자부동산평가손익	④

해답 1. 정답

구분	금액
20×2년 말 투자부동산	① ₩900,000
20×2년 당기순이익	② ₩500,000
20×2년 말 이익잉여금	③ ₩1,100,000
20×3년 투자부동산평가손익	④ ₩200,000

2. 20×2년 말 투자부동산: ₩900,000

> 참고 투자부동산의 측정기준의 변경
> 투자부동산을 원가모형에서 공정가치모형으로 변경하는 것은 회계정책의 변경에 해당하므로 소급적용하여 비교표시되는 전기 재무제표를 재작성한다. 따라서 비교표시되는 20×2년 말 투자부동산의 장부금액은 20×2년 말의 공정가치인 ₩900,000이다.

3. 20×2년 당기순이익: ₩500,000

비교표시되는 20×2년 당기순이익	
원가모형의 당기순이익: ₩1,000,000 − ₩500,000 =	₩500,000
감가상각비 취소(20×2년)	₩100,000
투자부동산평가손실	₩(100,000)
20×2년 당기순이익	₩500,000

4. 20×2년 말 이익잉여금: ₩1,100,000

비교표시되는 20×2년 말 이익잉여금	
원가모형의 이익잉여금	₩1,000,000
회계변경누적효과	₩100,000
20×2년 말 이익잉여금	₩1,100,000

5. 20×3년 투자부동산평가이익: ₩1,100,000 − ₩900,000 = ₩200,000

6. 회계변경누적효과

구분	20×1년 말	20×2년 말
공정가치모형의 장부금액	₩1,000,000	₩900,000
원가모형의 장부금액	₩(900,000)	₩(800,000)
회계변경누적효과	₩100,000	₩100,000
당기순이익효과	₩100,000	₩0

7. 회계처리

일자	회계처리			
20×1년 초	(차) 투자부동산	1,000,000	(대) 현금	1,000,000
20×1년 말	(차) 감가상각비 1) (₩1,000,000 − ₩0) ÷ 10년 = ₩100,000	100,000[1]	(대) 감가상각누계액	100,000
20×2년 말	(차) 감가상각비 1) (₩1,000,000 − ₩0) ÷ 10년 = ₩100,000	100,000[1]	(대) 감가상각누계액	100,000
20×3년 초	(차) 감가상각누계액	200,000	(대) 투자부동산 이익잉여금	100,000 100,000
20×3년 말	(차) 투자부동산 1) ₩1,100,000 − ₩900,000 = ₩200,000	200,000[1]	(대) 투자부동산평가이익	200,000

Ⅲ | 회계추정치의 변경

01 회계추정치의 변경

(1) 회계추정치

회계추정치는 측정불확실성의 영향을 받는 재무제표상 화폐금액을 말한다. 회계정책은 측정불확실성을 고려하여 재무제표의 항목을 측정하도록 요구할 수 있다. 즉, 회계정책은 직접 관측할 수 없어 추정해야 하는 화폐금액으로 재무제표의 항목을 측정하도록 요구할 수 있다. 이 경우, 기업은 회계정책에서 정한 목적을 이루기 위해 회계추정치를 개발한다. 회계추정치의 개발은 이용할 수 있고 신뢰성 있는 가장 최근 정보에 기초한 판단이나 가정이 수반된다. 회계추정치의 예는 다음과 같다.

> ① 기대신용손실에 대한 손실충당금
> ② 재고자산 항목의 순실현가능가치
> ③ 자산이나 부채의 공정가치
> ④ 유형자산 항목의 감가상각비
> ⑤ 보증의무에 대한 충당부채

합리적 추정을 사용하는 것은 재무제표 작성의 필수적인 과정이며 재무제표의 신뢰성을 손상시키지 않는다.

> ⊘ 참고 **감가상각방법의 변경**
>
> 국제회계기준이 도입되면서 감가상각방법의 변경은 과거 회계정책의 변경에서 회계추정치의 변경으로 그 내용이 개정되었다. K - IFRS에서는 감가상각방법을 변경하는 것은 자산의 미래경제적효익이 소비됨에 따라 기업이 감가상각을 인식하는 회계정책을 적용하는 데 사용된 기법의 변경이므로 이를 회계추정치의 변경으로 규정하고 있다. 즉, 감가상각방법은 해당 자산의 미래경제적효익의 소비되는 형태를 반영하여 매기 말 추정해야 하는 사항이므로 감가상각방법의 변경을 회계추정치의 변경으로 본다.

⚡ POINT 회계추정치

회계추정치의 정의	측정불확실성의 영향을 받는 재무제표상 화폐금액
회계추정치가 필요할 수 있는 항목의 예	① 기대신용손실에 대한 손실충당금 ② 재고자산 항목의 순실현가능가치 ③ 자산이나 부채의 공정가치 ④ 유형자산 항목의 감가상각비 ⑤ 보증의무에 대한 충당부채
회계추정치의 의의	합리적 추정을 사용하는 것은 재무제표 작성의 필수적인 과정이며 재무제표의 신뢰성을 손상시키지 않음

(2) 회계추정치의 변경

회계추정치의 변경이란 자산과 부채의 현재 상태를 평가하거나 자산과 부채와 관련된 예상되는 미래효익과 의무를 평가한 결과에 따라 자산이나 부채의 장부금액 또는 기간별 자산의 소비액을 조정하는 것을 말한다. 회계추정치의 변경은 새로운 정보의 획득, 새로운 상황의 전개 등에 따라 지금까지 사용해오던 회계적 추정치를 바꾸는 것이며, 따라서 이는 오류수정에 해당하지 아니한다.

① 회계추정치의 근거가 되었던 상황의 변화, 새로운 정보의 획득, 새로운 상황의 전개나 추가 경험의 축적이 있는 경우에 회계추정치 변경이 필요할 수 있다. 성격상 회계추정치 변경은 과거기간과 연관되지 않으며 오류수정으로 보지 아니한다.
② 측정기준의 변경은 회계추정치 변경이 아니라 회계정책의 변경에 해당한다. 회계정책의 변경과 회계추정치 변경을 구분하는 것이 어려운 경우에는 이를 회계추정치 변경으로 본다.

⚡ POINT 회계추정치의 변경

구분	내용
회계추정치의 변경의 정의	자산과 부채의 현재 상태를 평가하거나 자산과 부채와 관련된 예상되는 미래효익과 의무를 평가한 결과에 따라 자산이나 부채의 장부금액 또는 기간별 자산의 소비액을 조정하는 것
유의사항	① 회계추정치의 근거가 되었던 상황의 변화, 새로운 정보의 획득, 새로운 상황의 전개나 추가 경험의 축적이 있는 경우에 회계추정치 변경이 필요할 수 있음. 성격상 회계추정치 변경은 과거기간과 연관되지 않으며 오류수정으로 보지 아니함 ② 측정기준의 변경은 회계추정치 변경이 아니라 회계정책의 변경에 해당함 ③ 회계정책의 변경과 회계추정치 변경을 구분하는 것이 어려운 경우에는 이를 회계추정치 변경으로 봄

02 회계추정치의 변경의 회계처리

회계추정치의 변경효과는 다음의 회계기간의 당기손익에 포함하여 전진적으로 인식한다.

① 변경이 발생한 기간에만 영향을 미치는 경우에는 변경이 발생한 기간
② 변경이 발생한 기간과 미래기간에 모두 영향을 미치는 경우에는 변경이 발생한 기간과 미래기간

① 회계추정치의 변경이 자산 및 부채의 장부금액을 변경하거나 자본의 구성요소에 관련되는 경우, 회계추정치를 변경한 기간에 관련 자산, 부채 또는 자본 구성요소의 장부금액을 조정하여 회계추정치의 변경효과를 인식한다.
② 회계추정치 변경효과를 전진적으로 인식하는 것은 그 변경이 발생한 시점 이후부터 거래, 그 밖의 사건 및 상황에 적용하는 것을 말한다. 회계추정치 변경은 당기손익에만 영향을 미치는 경우와 당기손익과 미래기간의 손익에 모두 영향을 미치는 경우가 있다. 예를 들면, 기대신용손실에 대한 손실충당금의 변경은 당기손익에만 영향을 미치므로 변경의 효과가 당기에 인식된다. 그러나 감가상각자산의 추정내용연수 변경이나 감가상각자산에 내재된 미래경제적효익의 예상소비 형태의 변경은 당기 감가상각비뿐만 아니라 그 자산의 잔존 내용연수에 걸쳐 미래기간의 감가상각비에 영향을 미친다. 위의 두 경우 모두 당기에 미치는 변경의 효과는 당기손익으로 인식하며, 미래기간에 영향을 미치는 변경의 효과는 해당 미래기간의 손익으로 인식한다.

⚡POINT 회계추정치의 변경의 회계처리

구분	내용
회계추정치의 변경의 회계처리	회계추정치의 변경효과는 다음의 회계기간의 당기손익에 포함하여 전진적으로 인식함 ① 변경이 발생한 기간에만 영향을 미치는 경우에는 변경이 발생한 기간 ② 변경이 발생한 기간과 미래기간에 모두 영향을 미치는 경우에는 변경이 발생한 기간과 미래 기간
유의사항	① 회계추정치 변경이 자산 및 부채의 장부금액을 변경하거나 자본의 구성요소에 관련되는 경우, 회계추정치를 변경한 기간에 관련 자산, 부채 또는 자본 구성요소의 장부금액을 조정하여 회계추정의 변경효과를 인식함 ② 회계추정치 변경효과를 전진적으로 인식하는 것은 그 변경이 발생한 시점 이후부터 거래, 기타 사건 및 상황에 적용하는 것을 말함 ③ 회계추정치 변경은 당기손익에만 영향을 미치는 경우와 당기손익과 미래기간의 손익에 모두 영향을 미치는 경우로 구분됨

예제 4 ┃ 회계추정치의 변경

(주)강남은 20×1년 1월 1일 기계장치를 취득(취득원가 ₩100,000, 잔존가치 ₩0, 내용연수 4년)하여 정액법으로 감가상각하고 원가모형을 적용하고 있다. 20×3년 1월 1일 동 기계장치에 대하여 회계추정치의 변경사항은 다음과 같다.

(1) 감가상각방법: 연수합계법
(2) 잔존내용연수: 5년
(3) 잔존가치: ₩5,000

물음1 위의 회계변경이 정당하게 이루어졌다고 한다면, 20×3년 감가상각비와 20×3년 말 기계장치의 장부금액을 계산하시오.

물음2 (주)강남이 20×3년에 수행할 회계처리를 나타내시오.

해답 물음1

1. 20×1년 감가상각비: (₩100,000 - ₩0) ÷ 4년 = ₩25,000

2. 20×2년 감가상각비: (₩100,000 - ₩0) ÷ 4년 = ₩25,000

3. 20×2년 말 감가상각누계액: (₩100,000 - ₩0) × 2년/4년 = ₩50,000

4. 20×3년 감가상각비: (₩100,000 - ₩50,000 - ₩5,000) × 5/15 = ₩15,000

5. 20×3년 말 기계장치의 장부금액: ₩50,000 - ₩15,000 = ₩35,000

물음2

일자	회계처리			
20×3년 말	(차) 감가상각비	15,000[1]	(대) 감가상각누계액	15,000
	[1] (₩100,000 - ₩50,000 - ₩5,000) × 5/15 = ₩15,000			

Ⅳ | 오류수정

01 오류와 오류수정

(1) 전기오류의 정의

전기오류란 과거기간 동안에 재무제표를 작성할 때 신뢰할 만한 정보를 이용하지 못했거나 잘못 이용하여 발생한 재무제표에의 누락이나 왜곡표시를 말한다. 여기서 신뢰할 만한 정보는 다음을 모두 충족하는 정보를 의미한다.

> ① 해당 기간의 재무제표의 발행승인일에 이용가능한 정보
> ② 당해 재무제표의 작성과 표시를 위하여 획득하여 고려할 것이라고 합리적으로 기대되는 정보

이러한 오류에는 산술적 계산오류, 회계정책의 적용 오류, 사실의 간과 또는 해석의 오류 및 부정 등의 영향을 포함한다.

⚡ POINT 전기오류의 정의

전기오류의 정의	과거기간 동안에 재무제표를 작성할 때 신뢰할 만한 정보를 이용하지 못했거나 잘못 이용하여 발생한 재무제표에의 누락이나 왜곡표시
신뢰할 만한 정보	신뢰할 만한 정보는 다음을 모두 충족하는 정보를 의미함 ① 해당 기간의 재무제표의 발행승인일에 이용가능한 정보 ② 당해 재무제표의 작성과 표시를 위하여 획득하여 고려할 것이라고 합리적으로 기대되는 정보

(2) 오류수정의 정의

재무제표이 중요한 오류는 수정되어야 하며, 이러한 중요한 전기오류를 수정하여 해당 후속기간의 재무제표에 비교표시된 재무정보를 재작성하는 것을 오류수정이라고 한다.

오류는 재무제표 구성요소의 인식, 측정, 표시 또는 공시와 관련하여 발생할 수 있다. 기업의 재무상태, 재무성과 또는 현금흐름을 특정한 의도대로 표시하기 위하여 중요하거나 중요하지 않은 오류를 포함하여 작성된 재무제표는 한국채택국제회계기준에 따라 작성되었다고 할 수 없다. 당기 중에 발견한 당기의 잠재적 오류는 재무제표의 발행승인일 전에 수정한다. 그러나 중요한 오류를 후속기간에 발견하는 경우, 이러한 전기오류는 해당 후속기간의 재무제표에 비교표시된 재무정보를 재작성하여 수정한다.

오류수정은 회계추정치 변경과 구별된다. 회계추정치는 성격상 추가 정보가 알려지는 경우에 변경이 필요할 수도 있는 근사치이다. 예를 들어, 우발상황의 결과에 따라 인식되는 손익은 오류에 해당하지 아니한다.

POINT 오류수정의 정의

오류수정의 정의	중요한 전기오류를 수정하여 해당 후속기간의 재무제표에 비교표시된 재무정보를 재작성하는 것
유의사항	① 중요한 오류를 후속기간에 발견하는 경우, 이러한 전기오류는 해당 후속기간의 재무제표에 비교표시된 재무정보를 재작성하여 수정함 ② 오류의 수정은 회계추정치의 변경과 구별됨 　예 우발상황의 결과에 따라 인식되는 손익은 오류에 해당하지 아니함

02 오류수정의 회계처리

(1) 원칙

중요한 전기오류가 발견된 이후 최초로 발행을 승인하는 재무제표에 다음의 방법으로 전기오류를 소급하여 수정한다.

> ① 오류가 발생한 과거기간의 재무제표가 비교표시되는 경우에는 그 재무정보를 재작성한다.
> ② 오류가 비교표시되는 가장 이른 과거기간 이전에 발생한 경우에는 비교표시되는 가장 이른 과거기간의 자산, 부채 및 자본의 기초금액을 재작성한다.

여기서 전기오류가 처음부터 발생하지 않은 것처럼 재무제표 구성요소의 인식, 측정 및 공시를 수정하는 것을 소급재작성(Retrospective Restatement)이라고 말하며, K-IFRS에서는 중요한 전기오류의 경우에는 재무제표를 소급재작성해야 한다.

(2) 예외: 소급재작성의 한계

전기오류는 특정 기간에 미치는 오류의 영향이나 오류의 누적효과를 실무적으로 결정할 수 없는 경우를 제외하고는 소급재작성에 의하여 수정한다.

① 비교표시되는 하나 이상의 과거기간의 비교정보에 대해 특정 기간에 미치는 오류의 영향을 실무적으로 결정할 수 없는 경우, 실무적으로 소급재작성할 수 있는 가장 이른 회계기간의 자산, 부채 및 자본의 기초금액을 재작성한다(실무적으로 소급재작성할 수 있는 가장 이른 회계기간은 당기일 수도 있음).

② 당기 기초시점에 과거기간 전체에 대한 오류의 누적효과를 실무적으로 결정할 수 없는 경우, 실무적으로 적용할 수 있는 가장 이른 날부터 전진적으로 오류를 수정하여 비교정보를 재작성한다.

③ 전기오류의 수정은 오류가 발견된 기간의 당기손익으로 보고하지 않는다. 따라서 과거 재무자료의 요약을 포함한 과거기간의 정보는 실무적으로 적용할 수 있는 최대한 앞선 기간까지 소급재작성한다.

⚡ POINT 오류수정의 회계처리

원칙	중요한 전기오류가 발견된 경우	소급적용 ① 오류가 발생한 과거기간의 재무제표가 비교표시되는 경우에는 그 재무정보를 재작성 ② 오류가 비교표시되는 가장 이른 과거기간 이전에 발생한 경우에는 비교표시되는 가장 이른 과거기간의 자산, 부채 및 자본의 기초금액을 재작성
예외	일부기간에 대해 실무적으로 적용할 수 없는 경우	실무적으로 적용가능한 기간부터 소급적용
	과거기간 전체에 대해 실무적으로 적용할 수 없는 경우	실무적으로 적용할 수 있는 가장 이른 날부터 전진적용

03 오류의 유형

회계상 오류가 재무제표에 미치는 영향이 중요하다면 반드시 수정되어야 한다. 중요한 오류를 발견하였을 경우 오류수정분개를 통하여 재무제표에 반영되며, 이러한 오류는 당기순이익에 영향을 미치지 않는 오류와 당기순이익에 영향을 미치는 오류로 구분할 수 있다.

(1) 당기순이익에 영향을 미치지 않는 오류

당기순이익에 영향을 미치지 않는 오류는 계정과목 분류상의 오류를 말한다. 이러한 오류는 재무상태표 계정 구분의 오류와 포괄손익계산서 계정 구분의 오류로 구분된다.

① 재무상태표 계정 구분의 오류

재무상태표 계정 구분의 오류는 재무상태표의 자산, 부채 및 자본계정의 분류상 오류를 말한다. 예를 들어 기업의 주요 영업활동에서 발생한 채권을 매출채권이 아닌 미수금으로 분류한 경우, 재무상태표일로부터 12개월 이내에 상환해야 하는 장기차입금(비유동부채)을 유동성장기차입금(유동부채)으로 계정대체하지 않는 경우 등에서 발생한다. 이와 같은 오류를 수정하는 과정에서는 수익과 비용계정을 동반하지 않으므로 당기순이익에 영향을 미치지 않는다.

--- 사례 ---

상기업을 운영하는 (주)강남은 20×1년 상품 ₩100,000을 외상으로 매출하고 차변에 미수금을 기입하고, 대변에 매출을 기입하여 회계처리하였다.

1. 회사측 회계처리

일자	회계처리			
20×1년	(차) 미수금	100,000	(대) 매출	100,000

2. 올바른 회계처리

일자	회계처리			
20×1년	(차) 매출채권	100,000	(대) 매출	100,000

3. 오류수정분개

일자	회계처리				
20×1년	(차) 매출채권(B/S)	100,000	(대) 미수금(B/S)	100,000

② 포괄손익계산서 계정 구분의 오류

포괄손익계산서 계정 구분의 오류는 포괄손익계산서의 수익과 비용계정의 분류상 오류를 말한다. 예를 들어 회사의 종업원에 대한 근로의 대가를 급여가 아니라 접대비로 회계처리한 경우, 유형자산의 미래경제적효익을 비용으로 인식하는 과정에서 감가상각비를 임차료로 회계처리한 경우 등에서 발생한다.

포괄손익계산서의 계정 구분의 오류를 오류가 발생한 보고기간에 발견하였다면 적절하게 오류수정분개를 수행하면 된다. 그러나 이러한 오류를 오류가 발생한 보고기간 이후에 발견한 경우에는 차변과 대변에 동일한 금액만큼 이익잉여금에 반영되므로 오류수정 분개를 수행할 필요가 없다.

사례

상기업을 운영하는 (주)강남은 20×1년 12월분 급여를 ₩100,000을 지급하면서 차변에 접대비로 기록하고, 대변에 현금을 기입하였다.

1. 회사측 회계처리

일자	회계처리				
20×1년	(차) 접대비	100,000	(대) 현금	100,000

2. 올바른 회계처리

일자	회계처리				
20×1년	(차) 급여	100,000	(대) 현금	100,000

3. 오류수정분개

일자	회계처리				
20×1년	(차) 급여(I/S)	100,000	(대) 접대비(I/S)	100,000

---

(2) 당기순이익에 영향을 미치는 오류

당기순이익에 영향을 미치는 오류는 재무상태표 계정과목과 포괄손익계산서 계정과목에 동시에 영향을 미치는 오류를 말한다. 예를 들어 미지급이자를 누락한 경우에는 비용계정과 부채계정이 동시에 과소계상되어 당기순이익이 과대계상되며, 재고자산을 과소계상한 경우에는 자산계정이 과소계상되며, 비용계정이 과대계상되어 당기순이익이 과소계상되어 당기순이익에 영향을 미친다.

당기순이익에 영향을 미치는 오류는 자동조정오류와 비자동조정오류로 구분할 수 있는데 이에 대해서 자세히 살펴보기로 한다.

당기순이익에 영향을 미치지 않는 오류	재무상태표 계정 구분의 오류	재무상태표의 자산, 부채 및 자본계정의 분류상 오류
	포괄손익계산서 계정 구분의 오류	포괄손익계산서의 수익과 비용계정의 분류상 오류
당기순이익에 영향을 미치는 오류	정의	재무상태표 계정과목과 포괄손익계산서 계정과목에 동시에 영향을 미치는 오류
	유형	자동조정오류, 비자동조정오류

04 자동조정오류

자동조정오류(Counter-Balancing Errors)는 오류의 효과가 두 보고기간을 통하여 정확하게 상쇄되는 오류를 말한다. 이러한 오류는 선급비용, 미지급비용, 미수수익, 선수수익, 재고자산, 매출채권 및 매입채무 등의 유동항목에서 발생한다. 즉, 자동조정오류는 주로 기간귀속과 관련하여 전기와 당기의 유동항목을 과대계상하거나 과소계상함에 따라 이익잉여금과 당기순이익에 영향을 미치게 되며, 오류가 발생한 보고기간에 오류효과는 오류가 발생한 다음 보고기간에 반대의 효과를 나타내어 자동적으로 조정된다.

이러한 자동조정오류는 재무상태표등식(회계등식)에 의하여 자산·부채의 과대·과소계상효과가 연도별 이익에 미치는 효과를 다음과 같이 쉽게 파악할 수 있다.

자산 =	부채	+ 자본(당기순이익)
자산 과대계상		➡ 당기순이익 과대계상
자산 과소계상		➡ 당기순이익 과소계상
	부채 과대계상	➡ 당기순이익 과소계상
	부채 과소계상	➡ 당기순이익 과대계상

(1) 선급비용의 오류

선급비용은 차기에 발생하는 비용에 대해서 당기에 현금을 미리 지급하는 경우에 사용하는 자산계정이다. 만약 20×1년(당기)에 선급비용을 과소계상했다면 당기비용은 과대계상되어 당기손익이 과소계상된다. 반대로 20×1년(당기)에 선급비용을 과대계상했다면 당기비용은 과소계상되어 당기손익이 과대계상되는 결과가 된다. 이러한 오류가 발생한 보고기간에 오류효과는 오류가 발생한 다음 보고기간에 반대의 효과를 나타내어 자동적으로 조정된다.

> ① 20×1년: 20×1년 말 선급비용 과소계상 ➡ 당기비용 과대계상 ➡ 당기순이익 과소계상
> ② 20×2년: 20×2년 초 선급비용 과소계상 ➡ 당기비용 과소계상 ➡ 당기순이익 과대계상

예제 5 선급비용의 오류

(주)수정은 20×1년 7월 1일에 1년분 보험료 ₩12,000을 현금으로 지급하고 전액 20×1년의 비용으로 회계처리하였다. (주)수정은 20×1년의 당기순이익을 ₩50,000으로 보고하였으며, 20×2년의 당기순이익을 ₩100,000으로 보고하였다.

물음1 선급비용과 관련된 오류를 20×1년에 발견한 경우 오류수정분개를 제시하시오.

물음2 선급비용과 관련된 오류를 20×2년에 발견한 경우 오류수정분개를 제시하시오.

물음3 선급비용과 관련된 오류를 20×3년에 발견한 경우 오류수정분개를 제시하시오.

물음4 20×1년과 20×2년의 정확한 당기순이익을 계산하시오.

해답 물음1

1. 회사측 회계처리

일자	회계처리			
20×1. 7. 1.	(차) 보험료	12,000	(대) 현금	12,000
20×1. 12. 31.	N/A			
20×2. 6. 30.	N/A			

2. 올바른 회계처리

일자	회계처리			
20×1. 7. 1.	(차) 보험료	12,000	(대) 현금	12,000
20×1. 12. 31.	(차) 선급보험료	6,000	(대) 보험료	6,000
20×2. 6. 30.	(차) 보험료	6,000	(대) 선급보험료	6,000

3. 20×1년 말 오류수정분개

일자	회계처리			
20×1년 말	(차) 선급보험료	6,000	(대) 보험료	6,000

물음2

일자	회계처리			
20×2년 말	(차) 보험료	6,000	(대) 이익잉여금	6,000

물음3

일자	회계처리
20×3년 말	N/A

물음4

구분	20×1년	20×2년
수정 전 당기순이익	₩50,000	₩100,000
20×1년 선급보험료 과소	₩6,000	₩(6,000)
정확한 당기순이익	₩56,000	₩94,000

(2) 미지급비용의 오류

미지급비용은 당기에 발생한 비용이나 현금을 지급하지 않은 경우 사용하는 계정이다. 만약 20×1년 (당기)에 미지급비용을 과소계상했다면 당기비용은 과소계상되어 당기손익이 과대계상된다. 반대로 20×1년(당기)에 미지급비용을 과대계상했다면 당기비용은 과대계상되어 당기손익이 과소계상되는 결과가 된다. 이러한 오류가 발생한 보고기간에 오류효과는 오류가 발생한 다음 보고기간에 반대의 효과를 나타내어 자동적으로 조정된다.

> ① 20×1년: 20×1년 말 미지급비용 과소계상 ➡ 당기비용 과소계상 ➡ 당기순이익 과대계상
> ② 20×2년: 20×2년 초 미지급비용 과소계상 ➡ 당기비용 과대계상 ➡ 당기순이익 과소계상

예제 6 │ 미지급비용의 오류

(주)수정은 20×1년 7월 1일에 은행으로부터 연이자율 12%로 차입금 ₩100,000(만기: 1년)을 차입하였다. 위 차입금에 대한 이자는 20×2년 6월 30일에 전액 현금으로 지급하며, (주)수정은 이자지급 시 전액 비용으로 회계처리하였다. (주)수정은 20×1년의 당기순이익을 ₩50,000으로 보고하였으며, 20×2년의 당기순이익을 ₩100,000으로 보고하였다.

물음 1 미지급비용과 관련된 오류를 20×1년에 발견한 경우 오류수정분개를 제시하시오.

물음 2 미지급비용과 관련된 오류를 20×2년에 발견한 경우 오류수정분개를 제시하시오.

물음 3 미지급비용과 관련된 오류를 20×3년에 발견한 경우 오류수정분개를 제시하시오.

물음 4 20×1년과 20×2년의 정확한 당기순이익을 계산하시오.

해답 **물음 1**

1. 회사측 회계처리

일자	회계처리			
20×1. 7. 1.	N/A			
20×1. 12. 31.	N/A			
20×2. 6. 30.	(차) 이자비용	12,000	(대) 현금	12,000

2. 올바른 회계처리

일자	회계처리			
20×1. 7. 1.	N/A			
20×1. 12. 31.	(차) 이자비용	6,000	(대) 미지급이자	6,000
20×2. 6. 30.	(차) 미지급이자	6,000	(대) 현금	12,000
	이자비용	6,000		

3. 20×1년 말 오류수정분개

일자	회계처리			
20×1년 말	(차) 이자비용	6,000	(대) 미지급이자	6,000

물음 2

일자	회계처리			
20×2년 말	(차) 이익잉여금	6,000	(대) 이자비용	6,000

물음 3

일자	회계처리
20×3년 말	N/A

물음 4

구분	20×1년	20×2년
수정 전 당기순이익	₩50,000	₩100,000
20×1년 미지급이자 과소	₩(6,000)	₩6,000
정확한 당기순이익	₩44,000	₩106,000

(3) 미수수익의 오류

미수수익은 당기에 발생한 수익이나 현금을 회수하지 못한 경우 사용하는 계정이다. 만약 20×1년(당기)에 미수수익을 과소계상했다면 당기수익은 과소계상되어 당기손익이 과소계상된다. 반대로 20×1년(당기)에 미수수익을 과대계상했다면 당기수익은 과대계상되어 당기손익이 과대계상되는 결과가 된다. 이러한 오류가 발생한 보고기간에 오류효과는 오류가 발생한 다음 보고기간에 반대의 효과를 나타내어 자동적으로 조정된다.

① 20×1년: 20×1년 말 미수수익 과소계상 ➡ 당기수익 과소계상 ➡ 당기순이익 과소계상
② 20×2년: 20×2년 초 미수수익 과소계상 ➡ 당기수익 과대계상 ➡ 당기순이익 과대계상

예제 7 | 미수수익의 오류

(주)수정은 20×1년 7월 1일에 은행에 연이자율 12%로 정기예금 ₩100,000(만기: 1년)을 가입하였다. 위 정기예금에 대한 이자는 20×2년 6월 30일에 전액 현금으로 수취하며, (주)수정은 이자수취 시 전액 수익으로 회계처리하였다. (주)수정은 20×1년의 당기순이익을 ₩50,000으로 보고하였으며, 20×2년의 당기순이익을 ₩100,000으로 보고하였다.

| 물음 1 | 미수수익과 관련된 오류를 20×1년에 발견한 경우 오류수정분개를 제시하시오.

| 물음 2 | 미수수익과 관련된 오류를 20×2년에 발견한 경우 오류수정분개를 제시하시오.

| 물음 3 | 미수수익과 관련된 오류를 20×3년에 발견한 경우 오류수정분개를 제시하시오.

| 물음 4 | 20×1년과 20×2년의 정확한 당기순이익을 계산하시오.

해답 | 물음 1 |
1. 회사측 회계처리

일자	회계처리			
20×1. 7. 1.	N/A			
20×1. 12. 31.	N/A			
20×2. 6. 30.	(차) 현금	12,000	(대) 이자수익	12,000

2. 올바른 회계처리

일자	회계처리			
20×1. 7. 1.	N/A			
20×1. 12. 31.	(차) 미수이자	6,000	(대) 이자수익	6,000
20×2. 6. 30.	(차) 현금	12,000	(대) 미수이자	6,000
			이자수익	6,000

3. 20×1년 말 오류수정분개

일자	회계처리			
20×1년 말	(차) 미수이자	6,000	(대) 이자수익	6,000

| 물음 2 |

일자	회계처리			
20×2년 말	(차) 이자수익	6,000	(대) 이익잉여금	6,000

| 물음 3 |

일자	회계처리			
20×3년 말	N/A			

구분	20×1년	20×2년
수정 전 당기순이익	₩50,000	₩100,000
20×1년 미수이자 과소	₩6,000	₩(6,000)
정확한 당기순이익	₩56,000	₩94,000

물음4 (표 위 라벨)

(4) 선수수익의 오류

선수수익은 차기에 발생하는 수익이나 당기에 현금을 미리 수취하였을 경우 사용하는 계정이다. 만약 20×1년(당기)에 선수수익을 과소계상했다면 당기수익은 과대계상되어 당기손익이 과대계상된다. 반대로 20×1년(당기)에 선수수익을 과대계상했다면 당기수익은 과소계상되어 당기손익이 과소계상되는 결과가 된다. 이러한 오류가 발생한 보고기간에 오류효과는 오류가 발생한 다음 보고기간에 반대의 효과를 나타내어 자동적으로 조정된다.

① 20×1년: 20×1년 말 선수수익 과소계상 ➡ 당기수익 과대계상 ➡ 당기순이익 과대계상
② 20×2년: 20×2년 초 선수수익 과소계상 ➡ 당기수익 과소계상 ➡ 당기순이익 과소계상

예제 8 선수수익의 오류

(주)수정은 20×1년 7월 1일에 1년간 임대료 ₩10,000을 전액 20×1년 7월 1일에 수취하였다. (주)수정은 임대료 수취 시 전액 수익으로 회계처리하였다. (주)수정은 20×1년의 당기순이익을 ₩50,000으로 보고하였으며, 20×2년의 당기순이익을 ₩100,000으로 보고하였다.

물음1 선수수익과 관련된 오류를 20×1년에 발견한 경우 오류수정분개를 제시하시오.

물음2 선수수익과 관련된 오류를 20×2년에 발견한 경우 오류수정분개를 제시하시오.

물음3 선수수익과 관련된 오류를 20×3년에 발견한 경우 오류수정분개를 제시하시오.

물음4 20×1년과 20×2년의 정확한 당기순이익을 계산하시오.

해답 물음 1

1. 회사측 회계처리

일자	회계처리			
20×1. 7. 1.	(차) 현금	10,000	(대) 임대료수익	10,000
20×1. 12. 31.	N/A			
20×2. 6. 30.	N/A			

2. 올바른 회계처리

일자	회계처리			
20×1. 7. 1.	(차) 현금	10,000	(대) 임대료수익	10,000
20×1. 12. 31.	(차) 임대료수익	5,000	(대) 선수임대료	5,000
20×2. 6. 30.	(차) 선수임대료	5,000	(대) 임대료수익	5,000

3. 20×1년 말 오류수정분개

일자	회계처리			
20×1년 말	(차) 임대료수익	5,000	(대) 선수임대료	5,000

물음 2

일자	회계처리			
20×2년 말	(차) 이익잉여금	5,000	(대) 임대료수익	5,000

물음 3

일자	회계처리
20×3년 말	N/A

물음 4

구분	20×1년	20×2년
수정 전 당기순이익	₩50,000	₩100,000
20×1년 선수임대료 과소	₩(5,000)	₩5,000
정확한 당기순이익	₩45,000	₩105,000

(5) 재고자산의 오류

기초재고금액과 당기매입금액의 합계인 판매가능상품은 원가배분을 통하여 재고자산과 매출원가로 배분된다. 따라서 20×1년(당기) 말 재고자산을 과대(과소)계상한다면 매출원가는 과소(과대)계상되어 당기손익이 과대(과소)계상된다. 또한 재고자산은 유동자산으로 20×2년(차기)에 보통 판매되므로 20×2년(당기) 초 재고자산이 과대(과소)계상되어 매출원가는 과대(과소)계상되어 당기손익이 과소(과대)계상된다. 즉, 이러한 오류가 발생한 보고기간에 재고자산의 오류효과는 오류가 발생한 다음 보고기간에 반대의 효과를 나타내어 자동적으로 조정된다.

> ① 20×1년: 20×1년 말 재고자산의 과대(과소)계상 ➡ 당기 매출원가 과소(과대)계상
> ➡ 당기순이익 과대(과소)계상
> ② 20×2년: 20×2년 초 재고자산의 과대(과소)계상 ➡ 당기 매출원가 과대(과소)계상
> ➡ 당기순이익 과소(과대)계상

예제 9 │ 재고자산의 오류

다음은 (주)수정의 20×1년과 20×2년의 재고자산, 매출원가, 당기순이익과 관련된 자료이다.

> (1) (주)수정의 회계감사인 나치밀씨는 20×1년 말 재고자산이 ₩10,000 과대계상되어 있음을 발견하였다.
> (2) 위의 오류를 수정하기 전에 당기순이익과 매출원가는 다음과 같다.
>
> | 구분 | 20×1년 | 20×2년 |
> |---|---|---|
> | 당기순이익 | ₩50,000 | ₩100,000 |
> | 매출원가 | ₩(1,000,000) | ₩(800,000) |

물음1 재고자산과 관련된 오류를 20×1년에 발견한 경우 오류수정분개를 제시하시오.

물음2 재고자산과 관련된 오류를 20×2년에 발견한 경우 오류수정분개를 제시하시오.

물음3 재고자산과 관련된 오류를 20×3년에 발견한 경우 오류수정분개를 제시하시오.

물음4 20×1년과 20×2년의 정확한 당기순이익을 계산하시오.

물음5 20×1년과 20×2년의 정확한 매출원가를 계산하시오.

해답

물음 1

일자	회계처리			
20×1년 말	(차) 매출원가	10,000	(대) 재고자산	10,000

물음 2

일자	회계처리			
20×2년 말	(차) 이익잉여금	10,000	(대) 매출원가	10,000

물음 3

일자	회계처리
20×3년 말	N/A

물음 4

구분	20×1년	20×2년
수정 전 당기순이익	₩50,000	₩100,000
20×1년 재고자산 과대	₩(10,000)	₩10,000
정확한 당기순이익	₩40,000	₩110,000

물음 5

구분	20×1년	20×2년
수정 전 매출원가	₩1,000,000	₩800,000
20×1년 재고자산 과대	₩10,000	₩(10,000)
정확한 매출원가	₩1,010,000	₩790,000

(6) 대손충당금의 오류

대손충당금은 기말 매출채권 중 회수가능성에 불확실성이 있을 경우 매출채권을 평가하기 위하여 사용하는 자산의 차감계정이다. 20×1년(당기) 말 대손충당금을 과대(과소)계상한다면 대손상각비는 과대(과소)계상되어 당기손익이 과소(과대)계상된다. 이러한 오류가 발생한 보고기간에 대손충당금의 오류효과는 오류가 발생한 다음 보고기간에 반대의 효과를 나타내어 자동적으로 조정된다.

① 20×1년: 20×1년 말 대손충당금의 과대(과소)계상 ➡ 당기 대손상각비 과대(과소)계상
  ➡ 당기순이익 과소(과대)계상
② 20×2년: 20×2년 초 대손충당금의 과대(과소)계상 ➡ 당기 대손상각비 과소(과대)계상
  ➡ 당기순이익 과대(과소)계상

예제 10 대손충당금의 오류

다음은 (주)수정의 20×1년과 20×2년의 대손충당금, 대손상각비, 당기순이익과 관련된 자료이다.

> (1) (주)수정의 회계감사인 나치밀씨는 20×1년 말 대손충당금이 ₩10,000 과소계상되어 있음을 발견하였다.
>
> (2) 위의 오류를 수정하기 전에 당기순이익은 다음과 같다.

구분	20×1년	20×2년
당기순이익	₩50,000	₩100,000

물음 1 대손충당금과 관련된 오류를 20×1년에 발견한 경우 오류수정분개를 제시하시오.

물음 2 대손충당금과 관련된 오류를 20×2년에 발견한 경우 오류수정분개를 제시하시오.

물음 3 대손충당금과 관련된 오류를 20×3년에 발견한 경우 오류수정분개를 제시하시오.

물음 4 20×1년과 20×2년의 정확한 당기순이익을 계산하시오.

해답

물음 1

일자	회계처리			
20×1년 말	(차) 대손상각비	10,000	(대) 대손충당금	10,000

물음 2

일자	회계처리			
20×2년 말	(차) 이익잉여금	10,000	(대) 대손상각비	10,000

물음 3

일자	회계처리
20×3년 말	N/A

물음 4

구분	20×1년	20×2년
수정 전 당기순이익	₩50,000	₩100,000
20×1년 대손충당금 과소	₩(10,000)	₩10,000
정확한 당기순이익	₩40,000	₩110,000

(7) 매입·매출의 기간귀속 오류

재고자산의 매입과 매출거래 중 결산일 전후에 발생한 거래는 보고기간의 귀속이 잘못될 수 있다. 예를 들어 20×1년의 매입거래를 20×2년의 매입거래로 기록하거나, 20×2년의 매출거래를 20×1년의 매출거래로 기록하는 경우가 있다. 이러한 매입·매출의 기간귀속 오류는 매입채무와 매출채권 등 유동항목과 관련된 오류이므로 다음 보고기간에 오류의 효과가 상쇄되는 자동조정오류이다.

매입·매출의 기간귀속 오류가 발생하면 기말재고자산의 과대 또는 과소의 오류가 수반되는 경우도 있으므로 유의해야 한다.

예제 11 매입·매출의 기간귀속 오류

(주)수정은 20×1년의 외상매입 ₩10,000을 20×2년의 매입으로 회계처리하였고, 20×2년의 외상매출 ₩20,000을 20×1년의 매출로 처리하였으며 이는 중요한 오류에 해당한다. 이러한 매입과 매출의 오류효과로 인하여 20×1년 말 기말재고자산은 ₩10,000만큼 과소되어 있다. 위의 오류를 수정하기 전에 당기순이익은 다음과 같다.

구분	20×1년	20×2년
당기순이익	₩50,000	₩100,000

물음 1 상기 모든 오류를 20×1년에 발견한 경우 오류수정분개를 제시하시오.

물음 2 상기 모든 오류를 20×2년에 발견한 경우 오류수정분개를 제시하시오.

물음 3 상기 모든 오류를 20×3년에 발견한 경우 오류수정분개를 제시하시오.

물음 4 20×1년과 20×2년의 정확한 당기순이익을 계산하시오.

해답　**물음 1**

일자	회계처리				
	(차) 매출원가	10,000	(대) 매입채무	10,000
20×1년 말	(차) 매출	20,000	(대) 매출채권	20,000
	(차) 재고자산	10,000	(대) 매출원가	10,000

물음 2

일자	회계처리				
	(차) 이익잉여금	10,000	(대) 매출원가	10,000
20×2년 말	(차) 이익잉여금	20,000	(대) 매출	20,000
	(차) 매출원가	10,000	(대) 이익잉여금	10,000

물음 3

일자	회계처리
20×3년 말	N/A

물음 4

구분	20×1년	20×2년
수정 전 당기순이익	₩50,000	₩100,000
20×1년 매입채무 과소	₩(10,000)	₩10,000
20×1년 매출채권 과대	₩(20,000)	₩20,000
20×1년 재고자산 과소	₩10,000	₩(10,000)
정확한 당기순이익	₩30,000	₩120,000

⚡ POINT 자동조정오류(자산·부채법)

오류효과의 판단	자산과대/부채과소	자산과소/부채과대
당기순이익에 미치는 효과	이익과대	이익과소
오류수정 정산표	(-)	(+)
당기오류 회계처리	(차) 수익·비용 ××× (대) 자산·부채 ×××	(차) 자산·부채 ××× (대) 수익·비용 ×××
전기오류 회계처리	(차) 이익잉여금 ××× (대) 수익·비용 ×××	(차) 수익·비용 ××× (대) 이익잉여금 ×××

05 비자동조정오류

비자동조정오류(Non-Counter-Balancing Errors)란 두 보고기간을 초과하여 오류의 효과가 지속되는 오류를 말하며, 일반적으로 비유동항목과 관련하여 발생한다. 비자동조정오류가 주로 발생하는 계정은 유형자산, 무형자산, 사채 등이 있다.

비자동조정적 오류를 발견한 경우 오류수정분개를 하는 방법은 다음과 같이 수행하는 것이 편리하다. 먼저 오류가 발견된 기간까지 회사측 회계처리와 올바른 회계처리를 수행한다.

---

① 회사측 회계처리와 올바른 회계처리의 재무상태표 계정의 차이(오류의 총효과)를 수정한다.
② 회사측 회계처리와 올바른 회계처리의 포괄손익계산서 계정의 차이(오류의 당기효과)를 수정한다.
③ 대차차액을 이익잉여금(오류의 전기이전효과)으로 처리한다.

비자동조정오류	두 보고기간을 초과하여 오류의 효과가 지속되는 오류
회계처리	오류가 발견된 기간까지 회사측 회계처리와 올바른 회계처리를 수행함 ① 회사측 회계처리와 올바른 회계처리의 재무상태표 계정의 차이(오류의 총효과)를 수정함 ② 회사측 회계처리와 올바른 회계처리의 포괄손익계산서 계정의 차이(오류의 당기효과)를 수정함 ③ 대차차액을 이익잉여금(오류의 전기이전효과)으로 처리함
오류수정 정산표	오류의 당기효과(포괄손익계산서 계정의 차이)는 당기에 반영하며, 오류의 전기이전효과(이익잉여금)는 전기이전에 반영함

예제 12 | 감가성 유형자산의 오류

(주)수정은 20×2년도 재무제표 작성 중에 다음과 같은 오류를 발견하였다.

> (1) 20×1년 초 ₩20,000에 취득한 유형자산(비품)을 취득 시 전액 비용(소모품비)으로 처리하였다. 유형자산은 내용연수 5년, 잔존가치 ₩0, 정액법으로 감가상각한다.
>
> (2) 위의 오류를 수정하기 전에 당기순이익은 다음과 같다.
>
> | 구분 | 20×1년 | 20×2년 |
> |---|---|---|
> | 당기순이익 | ₩50,000 | ₩100,000 |

물음 1 20×2년의 장부가 아직 마감되지 않았다면, (주)수정이 20×2년 말 수행할 오류수정분개를 제시하시오.

물음 2 20×1년과 20×2년의 정확한 당기순이익을 계산하시오.

물음 3 20×2년의 장부가 마감되었다면, (주)수정이 20×3년 초 수행할 오류수정분개를 제시하시오.

해답 **물음 1**

1. 회사측 회계처리

일자	회계처리			
20×1년 초	(차) 소모품비	20,000	(대) 현금	20,000

2. 올바른 회계처리

일자	회계처리			
20×1년 초	(차) 비품	20,000	(대) 현금	20,000
20×1년 말	(차) 감가상각비	4,000	(대) 감가상각누계액	4,000
20×2년 말	(차) 감가상각비	4,000	(대) 감가상각누계액	4,000

3. 20×2년 말 오류수정분개

일자	회계처리			
20×2년 말	(차) 비품	20,000	(대) 감가상각누계액	8,000
	감가상각비(20×2)	4,000	이익잉여금(20×1)	16,000

[물음 2]

1. 오류수정 정산표

구분	20×1년	20×2년
수정 전 당기순이익	₩50,000	₩100,000
비품 과소	₩20,000	
감가상각비 과소	₩(4,000)	₩(4,000)
정확한 당기순이익	₩66,000	₩96,000

2. 오류수정효과분석

구분	20×1년	20×2년	20×3년	20×4년	20×5년
회사측 손익효과	₩(20,000)	-	-	-	-
올바른 손익효과	₩(4,000)	₩(4,000)	₩(4,000)	₩(4,000)	₩(4,000)
오류수정효과	₩16,000	₩(4,000)	₩(4,000)	₩(4,000)	₩(4,000)

[물음 3]

일자	회계처리			
20×3년 초	(차) 비품	20,000	(대) 감가상각누계액	8,000
			이익잉여금(20×1, 20×2)	12,000

예제 13 사채의 오류

20×1년 1월 1일에 설립된 (주)수정의 회계담당자로 새롭게 입사한 김치밀씨는 20×2년에 당사의 과거 자료를 살펴보던 중 다음과 같은 오류가 수정되지 않았음을 확인하였다.

(주)수정은 20×1년 1월 1일에 사채(액면금액 ₩100,000, 3년 만기)를 ₩95,026에 발행하였다. 동 사채의 액면이자율은 8%(매년 말 이자지급), 유효이자율은 10%이다. (주)수정은 사채발행 시 적절하게 회계처리하였으나, 20×1년과 20×2년의 이자비용은 현금지급이자에 대해서만 회계처리하였다.

[물음 1] 20×2년의 장부가 아직 마감되지 않았다면, (주)수정이 20×2년 말 수행할 오류수정분개를 제시하시오.

[물음 2] 20×2년의 장부가 마감되었다면, (주)수정이 20×3년 초 수행할 오류수정분개를 제시하시오.

해답 **물음1**

1. 회사측 회계처리

일자	회계처리			
20×1년 초	(차) 현금 　　 사채할인발행차금	95,026 4,974	(대) 사채	100,000
20×1년 말	(차) 이자비용	8,000	(대) 현금	8,000
20×2년 말	(차) 이자비용	8,000	(대) 현금	8,000

2. 올바른 회계처리

일자	회계처리			
20×1년 초	(차) 현금 　　 사채할인발행차금	95,026 4,974	(대) 사채	100,000
20×1년 말	(차) 이자비용 1) ₩95,026 × 10% = ₩9,503	9,503[1)]	(대) 현금 　　 사채할인발행차금	8,000 1,503
20×2년 말	(차) 이자비용 1) (₩95,026 + ₩1,503) × 10% = ₩9,653	9,653[1)]	(대) 현금 　　 사채할인발행차금	8,000 1,653

3. 20×2년 말 오류수정분개

일자	회계처리			
20×2년 말	(차) 이자비용(20×2) 　　 이익잉여금(20×1)	1,653 1,503	(대) 사채할인발행차금	3,156

물음2

일자	회계처리			
20×3년 초	(차) 이익잉여금(20×1, 20×2)	3,156	(대) 사채할인발행차금	3,156

06 오류수정 정산표

중요한 오류를 발견한 경우 재무상태표와 포괄손익계산서에 미치는 영향을 분석하고 오류수정분개를 수행해야 한다. 복잡하고 다양한 오류가 존재하는 경우 오류의 재무상태표와 포괄손익계산서에 미치는 영향을 분석하기 위해서는 오류수정 정산표를 사용한다. [오류수정 종합예제]를 통하여 오류수정의 정산표에 대해 살펴보기로 한다.

예제 14 오류수정 종합예제

20×1년 1월 1일에 설립된 (주)수정의 회계담당자로 새롭게 입사한 김치밀씨는 20×2년에 당사의 과거
자료를 살펴보던 중 다음과 같은 오류가 수정되지 않았음을 확인하였다.

(1) 재고자산, 선급비용, 미지급비용의 오류		
구분	20×1년	20×2년
기말재고자산	₩5,000 과소계상	₩10,000 과대계상
선급보험료	₩3,000 누락	₩5,000 누락
미지급이자	₩10,000 누락	₩4,000 누락

(2) (주)수정은 20×1년 1월 1일 기계성능을 개선하기 위해 지출한 ₩100,000을 수선비로 처리하였
다. 20×1년 말 현재 이 기계의 잔존내용연수는 9년이며 감가상각은 정액법으로 한다.

(3) 위의 오류를 수정하기 전에 당기순이익은 다음과 같다.

구분	20×1년	20×2년
당기순이익	₩100,000	₩200,000

물음 1 상기 오류를 수정한 후 다음 항목에 대하여 계산하시오.

제품	20×1년	20×2년
정확한 당기순이익	①	②
이익잉여금에 미치는 영향	③	④
당기순이익에 미치는 영향	-	⑤
각 연도 말 정확한 이익잉여금	⑥	⑦

물음 2 20×2년의 오류수정분개를 제시하시오.

해답 **물음 1**

1. 오류수정 정산표

구분	20×1년	20×2년
수정 전 당기순이익	₩100,000	₩200,000
20×1년 재고자산 과소	₩5,000	₩(5,000)
20×2년 재고자산 과대		₩(10,000)
20×1년 선급보험료 과소	₩3,000	₩(3,000)
20×2년 선급보험료 과소		₩5,000
20×1년 미지급이자 과소	₩(10,000)	₩10,000
20×2년 미지급이자 과소		₩(4,000)
자본적 지출 오류효과	₩90,000	₩(10,000)
정확한 당기순이익	₩188,000	₩183,000

2. 정답

구분	20×1년	20×2년
정확한 당기순이익	① ₩188,000	② ₩183,000
이익잉여금에 미치는 영향	③ ₩88,000	④ ₩88,000 + ₩(17,000) = ₩71,000
당기순이익에 미치는 영향	-	⑤ ₩(17,000)
각 연도 말 정확한 이익잉여금	⑥ ₩188,000	⑦ ₩188,000 + ₩183,000 = ₩371,000

물음 2

1. 재고자산 오류수정분개

일자	회계처리			
20×2년 말	(차) 매출원가	5,000	(대) 이익잉여금	5,000
	(차) 매출원가	10,000	(대) 재고자산	10,000

2. 선급보험료 오류수정분개

일자	회계처리			
20×2년 말	(차) 보험료	3,000	(대) 이익잉여금	3,000
	(차) 선급보험료	5,000	(대) 보험료	5,000

3. 미지급이자 오류수정분개

일자	회계처리			
20×2년 말	(차) 이익잉여금	10,000	(대) 이자비용	10,000
	(차) 이자비용	4,000	(대) 미지급이자	4,000

4. 자본적지출 오류수정분개

일자	회계처리			
20×2년 말	(차) 기계장치	100,000	(대) 감가상각누계액	20,000
	감가상각비	10,000	이익잉여금	90,000

(1) 회사측 회계처리

일자	회계처리			
20×1년 초	(차) 수선비	100,000	(대) 현금	100,000

(2) 올바른 회계처리

일자	회계처리			
20×1년 초	(차) 기계장치	100,000	(대) 현금	100,000
20×1년 말	(차) 감가상각비	10,000	(대) 감가상각누계액	10,000
20×2년 말	(차) 감가상각비	10,000	(대) 감가상각누계액	10,000

07 재무제표의 소급재작성

앞에서 설명한 바와 같이 기업이 회계정책을 변경하거나 중요한 전기오류를 수정하는 경우 K-IFRS에서는 이를 소급적용하도록 규정하고 있으므로 과거의 재무제표를 수정해야 한다. 여기서 전기오류가 처음부터 발생하지 않은 것처럼 재무제표 구성요소의 인식, 측정 및 공시를 수정하는 것을 소급재작성(Retrospective Restatement)이라고 말하며, K-IFRS에서는 기업이 회계정책을 변경하거나 중요한 전기오류를 수정하는 경우에는 재무제표를 소급재작성해야 한다. 중요한 전기오류가 발견된 이후 최초로 발행을 승인하는 재무제표에 다음의 방법으로 전기오류를 소급하여 수정한다.

---

① 오류가 발생한 과거기간의 재무제표가 비교표시되는 경우에는 그 재무정보를 재작성한다.
② 오류가 비교표시되는 가장 이른 과거기간 이전에 발생한 경우에는 비교표시되는 가장 이른 과거기간의 자산, 부채 및 자본의 기초금액을 재작성한다.

K-IFRS상 회계정책 변경의 누적효과와 전기오류의 경우 미처분이익잉여금을 수정한다. 이러한 미처분이익잉여금은 세법상 익금 또는 손금에 해당하지만, 회계정책 변경이나 오류가 발생한 보고기간에 과세소득에 포함되거나 차기 이후에 포함되기도 한다. 이러한 미처분이익잉여금의 수정효과는 일시적차이를 발생시키는 경우와 일시적차이를 발생시키지 않는 경우로 구분할 수 있다.

01. 일시적차이를 발생시키는 경우

일시적차이를 발생시키는 경우에는 법인세효과는 이연법인세자산·부채로 인식한다. 예컨대, 20×1년 말에 과거 회계연도에 감가상각비를 ₩10,000만큼 과대계상한 오류를 발견한 경우 회계처리를 나타내면 다음과 같다.

일자	회계처리				
20×1년 말	(차)	감가상각누계액	10,000	(대) 이익잉여금	10,000

만약 법인세법에서 미처분이익잉여금의 증가 ₩10,000이 당기 과세소득이 아니라 차기 이후 과세소득에 포함된다면 일시적차이가 발생한다. 따라서 전기오류수정에 따른 일시적차이에 대한 법인세효과를 인식해야 하는데 법인세율이 20%라고 가정할 경우 회계처리를 나타내면 다음과 같다.

일자	회계처리				
20×1년 말	(차)	법인세비용	2,000[1]	(대) 이연법인세부채	2,000
	(차)	이익잉여금	2,000	(대) 법인세비용	2,000
	[1] △유보(가산할일시적차이) ₩10,000 × 20% = ₩2,000				

즉, K-IFRS상 감가상각누계액과 법인세법상 감가상각누계액에 차이가 발생하므로 이에 대한 법인세효과만큼 이연법인세부채를 인식하는데, 이러한 경우에는 위의 회계처리가 동시에 이루어져야 한다. 왜냐하면, 감가상각방법을 변경하더라도 과세소득에는 영향이 없으므로 법인세비용을 다시 ₩2,000만큼 감소시켜야 하기 때문이다. 그리고 이 경우 이익잉여금도 동액만큼 감소하게 되므로 전기오류수정에 따른 이익잉여금의 증가분은 이에 대한 법인세효과를 차감한 ₩8,000[= ₩10,000 × (1 - 20%)]임을 알 수 있다.

> ⊘ 참고 **세무조정**
> <익금산입> 이익잉여금 10,000(기타)
> <익금불산입> 감가상각누계액 10,000(△유보)

02. 일시적차이를 발생시키지 않는 경우

일시적차이를 발생시키는 않는 경우에는 법인세효과는 당기법인세부채로 조정한다. 예컨대, 20×1년 말에 과거 회계연도에 감가상각비를 ₩10,000만큼 과대계상한 오류를 발견한 경우 회계처리를 나타내면 다음과 같다.

일자	회계처리				
20×1년 말	(차)	감가상각누계액	10,000	(대) 이익잉여금	10,000

만약 법인세법에서 수정신고를 인정하여 미처분이익잉여금의 증가 ₩10,000이 당기 과세소득에 포함된다면 일시적차이는 발생하지 않는다. 따라서 전기오류수정에 따른 일시적차이에 대한 법인세효과를 인식하지 않고 당기법인세부채로 조정한다. 법인세율이 20%라고 가정할 경우 회계처리를 나타내면 다음과 같다.

일자	회계처리				
	(차)	법인세비용	2,000[1]	(대) 당기법인세부채	2,000
20×1년 말	(차)	이익잉여금	2,000	(대) 법인세비용	2,000
	[1] 기타: ₩10,000 × 20% = ₩2,000				

즉, K-IFRS상 감가상각누계액과 법인세법상 감가상각누계액에 차이가 발생하지 않지만 미처분이익잉여금의 변동에 대한 법인세효과만큼 당기법인세부채를 인식하는데, 이러한 경우에는 위의 회계처리가 동시에 이루어져야 한다. 왜냐하면, 감가상각방법을 변경하여 수정신고가 인정된다면 오류수정 금액만큼 과세소득에 영향이 미치지만 미처분이익잉여금에 대한 법인세비용을 다시 ₩2,000만큼 감소시켜야 하기 때문이다. 그리고 이 경우 이익잉여금도 동액만큼 감소하게 되므로 전기오류수정에 따른 이익잉여금의 증가분은 이에 대한 법인세효과를 차감한 ₩8,000[= ₩10,000×(1-20%)]임을 알 수 있다.

> ⊘ **참고 세무조정**
>
> <익금산입> 이익잉여금 10,000(기타)

O, X 연습문제

01 K - IFRS에서는 회계정책의 변경은 전진적용하며, 회계추정치의 변경은 소급적용하도록 규정하고 있다. (O, X)

02 기업의 재무상태, 재무성과 또는 현금흐름을 특정한 의도대로 표시하기 위하여 한국채택국제회계기준에 위배된 회계정책을 적용하는 것은 그것이 중요하지 않더라도 적절하다고 할 수 없다. (O, X)

03 거래, 기타 사건 또는 상황에 대하여 구체적으로 적용할 수 있는 한국채택국제회계기준이 없는 경우, 어떠한 경우에도 경영진은 판단에 따라 회계정책을 개발 및 적용하여 회계정보를 작성할 수 없다. (O, X)

04 과거에 발생하지 않았거나 발생하였어도 중요하지 않았던 거래, 기타 사건 또는 상황에 대하여 새로운 회계정책을 적용하는 경우는 회계정책의 변경에 해당한다. (O, X)

05 비교표시되는 하나 이상의 과거기간의 비교정보에 대해 특정 기간에 미치는 회계정책 변경의 영향을 실무적으로 결정할 수 없는 경우, 실무적으로 소급적용할 수 있는 가장 이른 회계기간의 자산 및 부채의 기초장부금액에 새로운 회계정책을 적용하고, 그에 따라 변동하는 자본 구성요소의 기초금액을 조정한다. 실무적으로 적용할 수 있는 가장 이른 회계기간은 당기일 수도 있다. (O, X)

정답 및 해설

01 X K - IFRS에서는 회계정책의 변경은 소급적용하며, 회계추정치의 변경은 전진적용하도록 규정하고 있다.

02 O

03 X 거래, 기타 사건 또는 상황에 대하여 구체적으로 적용할 수 있는 한국채택국제회계기준이 없는 경우, 경영진은 판단에 따라 회계정책을 개발 및 적용하여 회계정보를 작성할 수 있다.

04 X 과거에 발생하지 않았거나 발생하였어도 중요하지 않았던 거래, 기타 사건 또는 상황에 대하여 새로운 회계정책을 적용하는 경우는 회계정책의 변경에 해당하지 않는다.

05 O

06 합리적 추정을 사용하는 것은 재무제표 작성의 필수적인 과정이며 재무제표의 신뢰성을 손상시키지 않는다. (O, X)

07 감가상각방법의 변경은 회계정책의 변경에 해당하므로 소급적용한다. (O, X)

08 회계정책의 변경과 회계추정치의 변경을 구분하는 것이 어려운 경우에는 이를 회계추정치의 변경으로 본다. (O, X)

09 중요한 오류를 후속기간에 발견하는 경우, 이러한 전기오류는 해당 후속기간의 재무제표에 비교표시된 재무정보를 재작성하여 수정한다. (O, X)

10 우발상황의 결과에 따라 인식되는 손익은 오류에 해당한다. (O, X)

11 전기오류의 수정은 오류가 발견된 기간의 당기손익으로 보고한다. (O, X)

정답 및 해설

06 O

07 X K-IFRS에서는 감가상각방법을 변경하는 것은 자산의 미래경제적효익이 소비됨에 따라 기업이 감가상각을 인식하는 회계정책을 적용하는 데 사용된 기법의 변경이므로 이를 회계추정치의 변경으로 규정하고 있다. 즉, 감가상각방법은 해당 자산의 미래경제적효익의 소비되는 형태를 반영하여 매 기말 추정해야 하는 사항이므로 감가상각방법의 변경을 회계추정치의 변경으로 본다.

08 O

09 O

10 X 오류의 수정은 회계추정치의 변경과 구별된다. 회계적 추정치는 성격상 추가 정보가 알려지는 경우 수정이 필요할 수도 있는 근사치의 개념이다. 예를 들어, 우발상황의 결과에 따라 인식되는 손익은 오류에 해당하지 아니한다.

11 X 전기오류의 수정은 오류가 발견된 기간의 당기손익으로 보고하지 않는다. 따라서 과거 재무자료의 요약을 포함한 과거기간의 정보는 실무적으로 적용할 수 있는 최대한 앞선 기간까지 소급재작성한다.

객관식 연습문제

01 (주)국세는 설립일 이후 재고자산 단위원가 결정방법으로 가중평균법을 사용하여 왔다. 그러나 실제 재고 자산의 흐름을 살펴보았을 때 선입선출법이 보다 신뢰성 있고 더 목적적합한 정보를 제공하는 것으로 판단되어 20×2년 초에 단위원가 결정방법을 선입선출법으로 변경하였다. 각 방법하에서의 20×1년 초와 20×1년 말의 재고자산가액은 다음과 같으며 가중평균법으로 인식한 20×1년도의 포괄손익계산서상 매출원가는 ₩400,000이다.

구분	20×1년 초	20×1년 말
가중평균법	₩20,000	₩35,000
선입선출법	₩25,000	₩38,000

(주)국세가 20×2년도에 선입선출법을 소급적용하는 경우, 20×2년도 포괄손익계산서에 비교정보로 공시되는 20×1년도 매출원가는 얼마인가? [2010 세무사 1차]

① ₩401,000   ② ₩402,000   ③ ₩403,000

④ ₩404,000   ⑤ ₩405,000

02 (주)한국은 20×1년 1월 1일에 영업용 건물(취득원가 ₩100,000, 잔존가치 ₩0, 내용연수 10년, 정액법 감가상각)을 취득하여 원가모형을 적용하고 있다. 20×3년 1월 1일에 ₩30,000의 수선비가 지출되었고, 이로 인하여 내용연수가 2년 연장될 것으로 추정하였다. 수선비는 자산화하기로 하였으며, (주)한국은 감가상각방법을 20×3년 초부터 연수합계법으로 변경하기로 하였다. 영업용 건물의 회계처리가 (주)한국의 20×3년도 당기순이익에 미치는 영향은? (단, 단수차이로 인해 오차가 있다면 가장 근사치를 선택한다) [2017 공인회계사 1차]

① ₩11,000 감소   ② ₩14,545 감소   ③ ₩16,666 감소

④ ₩20,000 감소   ⑤ ₩21,818 감소

03 (주)대한의 회계담당자는 20×2년도 장부를 마감하기 전에 다음과 같은 오류사항을 발견하였으며, 모두 중요한 오류에 해당한다.

---

(1) (주)대한은 20×1년 초에 사무실을 임차하고 2년어치 임차료 ₩360,000을 미리 지급하면서 선급임차료로 기록하였다. 이와 관련하여 (주)대한은 20×2년 말에 다음과 같이 수정분개하였다.

(차) 임차료	360,000	(대) 선급임차료	360,000

(2) (주)대한은 실지재고조사법을 적용하면서 선적지인도조건으로 매입하여 매기말 현재 운송 중인 상품을 기말재고자산에서 누락하였다. 이로 인해 20×0년 말의 재고자산이 ₩150,000 과소계상되었으며, 20×1년 말의 재고자산도 ₩200,000 과소계상되었다. 과소계상된 재고자산은 모두 그 다음 연도에 판매되었다.

(3) 20×1년 초 (주)대한은 정액법으로 감가상각하고 있던 기계장치에 대해 ₩100,000의 지출을 하였다. 동 지출은 기계장치의 장부금액에 포함하여 인식하여야 하는데, (주)대한은 이를 전액 수선비로 회계처리하였다. 20×2년 말 현재 동 기계장치의 잔존내용연수는 3년이다.

위 오류사항에 대한 수정효과가 (주)대한의 20×2년 전기이월이익잉여금과 당기순이익에 미치는 영향은 얼마인가? (단, 법인세효과는 고려하지 않는다) [2015 공인회계사 1차]

	전기이월이익잉여금	당기순이익
①	₩80,000 증가	₩40,000 감소
②	₩100,000 증가	₩40,000 감소
③	₩80,000 증가	₩220,000 감소
④	₩100,000 증가	₩220,000 감소
⑤	영향 없음	영향 없음

04 회계변경의 유형(또는 오류수정)과 전기재무제표의 재작성 여부에 대한 다음의 문항 중 옳은 것은? (단, 각 항목은 전기 및 당기의 재무제표에 중요한 영향을 준다고 가정한다) [2012 공인회계사 1차]

문항	항목	회계변경의 유형 또는 오류수정	전기재무제표 재작성 여부
①	재고자산 단위원가 계산방법을 후입선출법에서 선입선출법으로 변경함	회계추정치의 변경	재작성 안 함
②	패소의 가능성이 높았고 손해배상금액의 합리적 추정이 가능하였던 소송사건을 우발부채로 주석 공시하였다가 충당부채로 변경함	회계추정치의 변경	재작성 안 함
③	미래 경제적효익의 변화를 인식하여 새로운 회계처리방법을 채택하였으나 회계정책의 변경인지 추정의 변경인지 분명하지 않음	회계정책의 변경	재작성함
④	장기건설계약의 회계처리방법을 완성기준에서 진행기준으로 변경함	오류수정	재작성 안 함
⑤	유형자산의 감가상각방법을 정률법에서 이중체감법으로 변경함	회계추정치의 변경	재작성 안 함

05 (주)대한의 회계감사인은 20×2년도 재무제표에 대한 감사과정에서 20×1년 말 재고자산 금액이 ₩10,000만큼 과대계상되어 있음을 발견하였으며, 이는 중요한 오류에 해당한다. 동 재고자산의 과대계상 오류가 수정되지 않은 (주)대한의 20×1년과 20×2년의 손익은 다음과 같다.

구분	20×1년	20×2년
수익	₩150,000	₩170,000
비용	90,000	40,000
당기순이익	₩60,000	₩130,000

한편, 20×2년 말 재고자산 금액은 정확하게 계상되어 있으며, (주)대한의 20×1년 초 이익잉여금은 ₩150,000이다. 상기 재고자산 오류를 수정하여 비교재무제표를 작성할 경우, (주)대한의 20×1년 말과 20×2년 말의 이익잉여금은 각각 얼마인가? [2022 공인회계사 1차]

	20×1년 말	20×2년 말
①	₩200,000	₩330,000
②	₩200,000	₩340,000
③	₩210,000	₩330,000
④	₩210,000	₩340,000
⑤	₩220,000	₩340,000

정답 및 해설

정답

01 ②　　02 ④　　03 ②　　04 ⑤　　05 ②

해설

01 ② 1. 회계정책의 변경이 발생한 경우 새로운 회계정책을 처음부터 적용한 것처럼 소급적용하고 비교표시되는 과거기간의 대응금액을 새로운 회계정책이 처음부터 적용된 것처럼 조정한다.

2. 매출원가에 미치는 영향

구분	20×1년 초	20×1년 말
가중평균법하 재고자산	₩20,000	₩35,000
선입선출법하 재고자산	₩25,000	₩38,000
20×1년 매출원가에 미치는 영향	₩5,000	₩(3,000)

3. 비교정보로 공시되는 20×1년 매출원가: ₩400,000 + ₩5,000 - ₩3,000 = ₩402,000

02 ④ 1. 20×2년 말 감가상각누계액: ₩100,000 × 2년/10년 = ₩20,000

2. 20×3년 잔존내용연수: 10년 - 2년 + 2년 = 10년

3. 20×3년 감가상각비: (₩100,000 - ₩20,000 + ₩30,000 - ₩0) × 10/55 = ₩20,000

4. 20×3년도 당기순이익에 미치는 영향: ₩20,000 감소

03 ② 1. 오류수정 정산표

구분	20×0년	20×1년	20×2년
20×1년 말 선급임차료 과대		₩(180,000)	₩180,000
20×0년 말 기말재고 과소	₩150,000	₩(150,000)	
20×1년 말 기말재고 과소		₩200,000	₩(200,000)
20×1년 초 수선유지비		₩80,000	₩(20,000)
당기손익에 미치는 영향	₩150,000	₩(50,000)	₩(40,000)

2. 20×2년 당기순이익에 미치는 영향: ₩(40,000) 감소

3. 20×2년 말 전기이월이익잉여금에 미치는 영향: ₩150,000 + ₩(50,000) = ₩100,000 증가

04 ⑤ ① 재고자산 단위원가 계산방법을 후입선출법에서 선입선출법으로 변경하는 경우 오류수정에 해당하며 전기 재무제표를 재작성한다.

② 패소의 가능성이 높았고 손해배상금액의 합리적 추정이 가능하였던 소송사건을 우발부채로 주석 공시하였다가 충당부채로 변경하는 경우에는 오류수정에 해당하며 전기 재무제표를 재작성한다.

③ 미래 경제적효익의 변화를 인식하여 새로운 회계처리방법을 채택하였으나 회계정책의 변경인지 추정치의 변경인지 분명하지 않은 경우에는 회계추정치의 변경으로 보며 전기 재무제표를 재작성하지 않는다.

④ 장기건설계약의 회계처리방법을 완성기준에서 진행기준으로 변경하는 경우 오류수정에 해당하며 전기 재무제표를 재작성한다.

05 ② 1. 오류수정 정산표

구분	20×1년	20×2년
재고자산		
20×1년 과대	₩(10,000)	₩10,000
오류수정으로 인한 증감금액	₩(10,000)	₩10,000

2. 20×1년 말의 이익잉여금: ₩150,000 + ₩60,000 − ₩10,000 = ₩200,000

3. 20×2년 말의 이익잉여금: ₩150,000 + ₩60,000 + ₩130,000 − ₩10,000 + ₩10,000 = ₩340,000

회계정책의 변경

01 (주)대경은 20×4년도에 재고자산평가방법을 선입선출법에서 평균법으로 변경하였다. 그 결과 20×4년도의 기초재고자산과 기말재고자산이 각각 ₩22,000과 ₩18,000만큼 감소하였다. 이러한 회계정책 변경은 한국채택국제회계기준에 의할 때 인정된다. 만일 회계정책 변경을 하지 않았다면 (주)대경의 20×4년 당기순이익은 ₩160,000이고, 20×4년 12월 31일 현재 이익잉여금은 ₩540,000이 된다. 회계정책 변경 후 (주)대경의 20×4년 당기순이익과 20×4년 12월 31일 현재 이익잉여금을 계산하면 각각 얼마인가? (단, 법인세효과는 고려하지 않는다)   [2014 공인회계사 1차 수정]

해답 1. 정산표

구분	20×3년	20×4년
20×3년 말 기말재고 감소	₩(22,000)	₩22,000
20×4년 말 기말재고 감소	–	₩(18,000)
당기손익에 미치는 영향	₩(22,000)	₩4,000

2. 20×4년 당기순이익: ₩160,000 + ₩4,000 = ₩164,000

3. 20×4년 말 이익잉여금: ₩540,000 - ₩22,000 + ₩4,000 = ₩522,000

02 다음의 각 물음은 독립된 상황이다. 다만, 회계변경은 한국채택국제회계기준에서 제시하는 조건을 충족하며, 모든 오류는 재무제표의 신뢰성을 심각하게 손상시킬 수 있는 매우 중요한 오류이다. 법인세효과는 무시하고, 매 보고기간말과 그 다음 보고기간초의 공정가치는 동일하다고 가정한다.

[2011 공인회계사 2차]

물음1 (주)투명은 20×1년 초 건물을 ₩5,000,000에 취득하여 투자부동산으로 분류하고 원가모형을 적용하여 정액법으로 감가상각(내용연수 10년, 잔존가치 ₩0)하여 왔으나, 20×3년 초부터 공정가치모형을 적용하였다. 건물의 공정가치와 원가모형을 적용할 경우 이익잉여금은 다음과 같다.

구분	20×2년 말	20×3년 말	20×4년 말
건물의 공정가치	₩4,200,000	₩4,000,000	₩3,900,000
이익잉여금	₩900,000	₩1,000,000	₩1,200,000

20×4년 말에 동 건물과 관련하여 (주)투명의 비교재무제표를 작성할 경우 ①부터 ④까지의 금액을 계산하시오. 손실의 경우에는 금액 앞에 (-)표시를 하시오.

구분	20×3년 말	20×4년 말
투자부동산	①	?
이익잉여금	②	③
투자부동산평가손익	?	④

물음2 20×2년도 (주)정의의 재무제표에 대한 회계감사 과정에서 외부감사인은 20×1년 말 재고자산 금액이 ₩5,000 과대계상되어 있음을 발견하였다. 그러나 20×2년 말 재고자산은 정확하게 계상되어 있다.

상기 재고자산의 과대계상 오류가 수정되지 않은 (주)정의의 20×1년과 20×2년의 손익은 다음과 같다.

구분	20×1년	20×2년
수익	₩70,000	₩80,000
비용	₩(55,000)	₩(60,000)
당기순이익	₩15,000	₩20,000

재고자산 과대계상 오류를 수정하여 비교재무제표를 작성할 경우, ① 20×1년 말 이익잉여금과 ② 20×2년 말 이익잉여금을 각각 계산하시오. (단, 20×1년 초 이익잉여금은 ₩20,000이다)

해답 　**물음1**　1. 정답

구분	20×3년 말	20×4년 말
투자부동산	① ₩4,000,000	?
이익잉여금	② ₩1,500,000	③ ₩2,100,000
투자부동산평가손익	?	④ ₩100,000

2. 20×3년 투자부동산: ₩4,000,000

　참고　**투자부동산의 측정기준의 변경**

　　투자부동산을 원가모형에서 공정가치모형으로 변경하는 것은 회계정책의 변경에 해당하므로 소급적용하여 비교표시되는 전기 재무제표를 재작성한다. 따라서 비교표시되는 20×3년 말 투자부동산의 장부금액은 20×3년 말의 공정가치인 ₩4,000,000이다.

3. 20×3년 말 이익잉여금: ₩1,500,000

비교표시되는 20×3년 말 이익잉여금	
원가모형의 이익잉여금	₩1,000,000
회계변경누적효과	₩200,000
감가상각비 취소(20×3년)	₩500,000
투자부동산평가손실	₩(200,000)
20×3년 말 이익잉여금	₩1,500,000

4. 20×4년 말 이익잉여금: ₩2,100,000

20×4년 말 이익잉여금	
원가모형의 20×4년 말 이익잉여금	₩1,200,000
회계변경누적효과	₩200,000
감가상각비 취소(20×3년, 20×4년)	₩1,000,000
투자부동산평가손실(20×3년, 20×4년)	₩(300,000)
20×4년 말 이익잉여금	₩2,100,000

5. 20×4년 투자부동산평가손익: ₩3,900,000 - ₩4,000,000 = (-)₩100,000

6. 20×3년 초 회계정책 변경시점의 원가모형과 공정가치모형 적용 시 투자부동산의 장부금액을 나타내면 다음과 같다.

[원가모형]

재무상태표	
투자부동산	₩5,000,000
감가상각누계액	₩(1,000,000)
	₩4,000,000

[공정가치모형]

재무상태표	
투자부동산	₩4,200,000

7. 회계처리

일자	회계처리			
20×1년 초	(차) 투자부동산	5,000,000	(대) 현금	5,000,000
20×1년 말	(차) 감가상각비	500,000[1]	(대) 감가상각누계액	500,000
	[1] (₩5,000,000 – ₩0) ÷ 10년 = ₩500,000			
20×2년 말	(차) 감가상각비	500,000[1]	(대) 감가상각누계액	500,000
	[1] (₩5,000,000 – ₩0) ÷ 10년 = ₩500,000			
20×3년 초	(차) 감가상각누계액	1,000,000	(대) 투자부동산	800,000
			이익잉여금	200,000
20×3년 말	(차) 투자부동산평가손실	200,000[1]	(대) 투자부동산	200,000
	[1] ₩4,000,000 – ₩4,200,000 = (–)₩200,000			
20×4년 말	(차) 투자부동산평가손실	100,000[1]	(대) 투자부동산	100,000
	[1] ₩3,900,000 – ₩4,000,000 = (–)₩100,000			

물음 2 오류수정 정산표

구분	20×1년 말	20×2년 말
수정 전 당기순이익	₩15,000	₩20,000
20×1년 재고자산 과대계상	₩(5,000)	₩5,000
수정 후 당기순이익	₩10,000	₩25,000

① 20×1년 말 이익잉여금: 기초 ₩20,000 + (당기순이익 ₩15,000 – 오류수정 ₩5,000) = ₩30,000

② 20×2년 말 이익잉여금: 기초 ₩30,000 + (당기순이익 ₩20,000 + 오류수정 ₩5,000) = ₩55,000

03 12월 말 결산법인인 (주)한라는 20×1년 7월 1일 기계장치를 ₩50,000,000에 취득하였다. 이 기계장치의 내용연수는 4년, 잔존가치는 ₩5,000,000으로 추정하였으며, 감가상각방법으로는 연수합계법을 사용하였다. 20×3년 1월 1일 (주)한라의 상기 기계장치를 20×7년 12월 31일까지 사용할 수 있고, 잔존가치는 없는 것으로 다시 추정하였다. 또한 이와 동시에 감가상각방법도 정액법으로 변경하였다. 이러한 회계변경으로 인하여 (주)한라의 20×3년의 기초이익잉여금에 미치는 영향과 20×3년의 감가상각비는 얼마인가? (단, 회계변경은 정당하다고 가정하며, 법인세효과는 무시한다)

해답 1. 20×1년 감가상각비
   (₩50,000,000 - ₩5,000,000) × 4/10 × 6/12 = ₩9,000,000
   2. 20×2년 감가상각비
   (₩50,000,000 - ₩5,000,000) × 4/10 × 6/12 + (₩50,000,000 - ₩5,000,000) × 3/10 × 6/12 = ₩15,750,000
   3. 20×3년 감가상각비
   (₩50,000,000 - ₩9,000,000 - ₩15,750,000) × 1/5 = ₩5,050,000
   4. 회계추정치의 변경에 대해서는 전진적용을 하므로 기초이익잉여금에 미치는 영향은 없다.

04 (주)대한은 20×1년 초에 영업을 개시하였으며, 다음은 (주)대한의 회계담당자가 20×3년도 장부를 마감하기 전에 발견한 중요 사항들을 정리한 것이다. (주)대한의 회계변경은 타당한 것으로 간주하고, 회계정책의 적용효과가 중요하며, 오류가 발견된 경우 중요한 오류로 간주한다. 다음 각 사항은 독립적이다.

[2018 공인회계사 2차]

〈중요 사항〉

1. (주)대한은 동종업계의 대손경험만을 고려하여 연도별 신용매출액의 2%를 대손상각비로 인식하고 다음과 같이 회계처리하였다. 단, 과거 3년간 (주)대한이 대손 확정한 금액과 환입한 금액은 없다.

   [20×1년 말]
   (차) 대손상각비   40,000   (대) 대손충당금   40,000

   [20×2년 말]
   (차) 대손상각비   50,000   (대) 대손충당금   50,000

   [20×3년 말]
   (차) 대손상각비   60,000   (대) 대손충당금   60,000

   과거 3년간 (주)대한의 신용매출액과 매 연도 말 추정한 기대신용손실금액은 다음과 같다.

구분	20×1년	20×2년	20×3년
신용매출액	₩2,000,000	₩2,500,000	₩3,000,000
추정기대신용손실금액	₩35,000	₩27,000	₩28,000

2. (주)대한은 20×1년 7월 1일에 차입한 장기차입금의 3년간 이자 ₩36,000(20×1년 7월 1일 ~ 20×4년 6월 30일)을 동일자에 현금으로 선지급하고 전액 비용으로 처리하였다. 단, 현재가치 계산은 고려하지 않는다.

3. (주)대한은 20×2년 초 ₩500,000에 무형자산을 취득하였다. 취득 시점에 해당 무형자산이 순현금유입을 창출할 것으로 기대되는 기간을 합리적으로 결정할 수 없어서 내용연수가 비한정(Indefinite)이라고 판단하고 무형자산을 상각하지 않았다.
   20×3년 말에 해당 무형자산의 내용연수가 비한정이라는 평가가 계속하여 정당화되는지를 검토한 결과, 사건과 상황이 그러한 평가를 정당화하지 않는다고 판단하여 비한정 내용연수를 유한한 내용연수 4년(정액법 상각, 추정잔존가치 ₩0)으로 변경하고 다음과 같이 소급하여 회계처리하였다.

   [20×3년 말]
   (차) 전기이월이익잉여금   100,000   (대) 무형자산   200,000
        무형자산상각비   100,000

---

4. (주)대한은 20×3년 초에 특허권을 ₩1,000,000에 취득하였으며 동 특허권의 법적 권리 기간은 20년이나 순현금유입이 가능한 기간은 10년이 될 것으로 예상한다. (주)대한은 취득가액의 60%인 ₩600,000으로 5년 후에 특허권을 구매하려는 제3자와 약정하였으며 5년 후에 특허권을 매각할 의도를 가지고 있다. 동 금액에 대한 매각예정시점으로부터의 현재가치는 ₩550,000이다. (주)대한은 이와 관련하여 다음과 같이 정액법을 적용하여 회계처리 하였다.

[20×3년 초]

(차) 무형자산	1,000,000	(대) 현금	1,000,000

[20×3년 말]

(차) 무형자산상각비	100,000	(대) 무형자산	100,000

물음 1 상기 거래들에 대한 회계처리를 올바르게 수정하였을 때 (주)대한의 20×3년 전기이월이익잉여금 및 당기순이익에 미치는 영향을 계산하시오. 단, 감소하는 경우에는 (-)를 숫자 앞에 표시하시오.

항목	20×3년	
	전기이월이익잉여금	당기순이익
1. 대손상각	①	②
2. 이자지급	③	④
3. 무형자산	⑤	⑥
4. 특허권 거래		⑦

물음 2 한국채택국제회계기준(K-IFRS)하에서 유형자산과 무형자산의 감가상각방법 변경을 회계정책의 변경이 아닌 회계추정치의 변경으로 회계처리하는 이유를 간략하게 설명하시오.

1. 정답

항목	20×3년	
	전기이월이익잉여금	당기순이익
1. 대손상각	① ₩63,000	② ₩59,000
2. 이자지급	③ ₩18,000	④ (-)₩12,000
3. 무형자산	⑤ ₩100,000	⑥ (-)₩25,000
4. 특허권 거래		⑦ ₩20,000

2. 오류수정분개

(1) 대손상각

일자	회계처리
20×3년 말	(차) 대손충당금 122,000[1) (대) 이익잉여금 63,000[2) 대손상각비 59,000 1) (₩40,000 + ₩50,000 + ₩60,000) - ₩28,000 = ₩122,000 2) (₩40,000 + ₩50,000) - ₩27,000 = ₩63,000

(2) 이자지급

일자	회계처리
20×3년 말	(차) 선급이자 6,000[1) (대) 이익잉여금 18,000[2) 이자비용 12,000 1) ₩36,000 ÷ 3년 × 6/12 = ₩6,000 2) ₩36,000 ÷ 3년 × 18/12 = ₩18,000

(3) 무형자산

① 20×3년 정확한 무형자산상각비: (₩500,000 - ₩0) ÷ 4년 = ₩125,000

② 회계처리

일자	회계처리
20×3년 말	(차) 무형자산상각비 25,000 (대) 이익잉여금 100,000 무형자산 75,000

③ 무형자산의 내용연수를 비한정에서 유한한 내용연수로 변경한 경우 소급적용하는 것이 아니라 전진적용한다.

(4) 특허권 거래

① 20×3년 정확한 무형자산상각비: (₩1,000,000 - ₩600,000) ÷ 5년 = ₩80,000

② 회계처리

일자	회계처리
20×3년 말	(차) 무형자산 20,000 (대) 무형자산상각비 20,000

[사례] 특허 기술에 의해 보호를 받는 제품이 적어도 15년 동안 순현금유입의 원천이 될 것으로 예상된다. 기업은 특허권 취득일 현재 공정가치의 60%로 5년 후에 특허권을 구매하려는 제3자와 약정하였으며 5년 후에 특허권을 매각할 의도를 가지고 있다.

[해설] 기업은 특허권을 취득일 현재 공정가치의 60%에 대한 현재가치를 잔존가치로 하여 5년의 내용연수에 걸쳐 상각 할 것이다. 특허권도 매 보고기간말마다 자산손상을 시사하는 징후가 있는지를 평가하여 한국채택국제회계기준 제 1036호 '자산손상'에 따라 손상을 검토할 것이다.

3. 내용연수가 유한한 무형자산의 잔존가치는 다음 중 하나에 해당하는 경우를 제외하고는 영(0)으로 본다.

(1) 내용연수 종료 시점에 제3자가 자산을 구입하기로 한 약정이 있다.

(2) 무형자산의 활성시장이 있고 다음을 모두 충족한다.

① 잔존가치를 그 활성시장에 기초하여 결정할 수 있다.

② 그러한 활성시장이 내용연수 종료 시점에 존재할 가능성이 높다.

4. 위의 무형자산 기준의 사례는 특허권의 현재 공정가치에 대한 현재가치를 잔존가치로 제시하고 있으나 감가상 각은 이론적으로 현재가치평가를 적용하지 않는 개념이다. 따라서 예상되는 처분금액인 ₩600,000을 잔존가치 로 사용하는 것이 적절하다고 판단된다.

물음 2 감가상각방법을 변경하는 것은 자산의 미래경제적효익이 소비됨에 따라 기업이 감가상각을 인식하는 회계정책을 적용하는 데 사용된 기법의 변경이므로 이는 회계추정치의 변경이다.

해커스 IFRS 김원종 중급회계 하

회계사 · 세무사 · 경영지도사 단번에 합격!
해커스 경영아카데미 cpa.Hackers.com

Chapter 23

현금흐름표

I | 현금흐름표의 일반론

01 의의

(1) 정의

기업의 현금흐름정보는 재무제표이용자에게 현금및현금성자산의 창출능력과 현금흐름의 사용 용도를 평가하는 데 유용한 기초를 제공한다. 재무제표이용자는 경제적 의사결정을 하기 위하여 현금및현금성자산의 창출능력 및 현금흐름의 시기와 확실성을 평가해야 한다. 이러한 목적으로 정보이용자에게 제공하는 재무제표가 현금흐름표이다.

K-IFRS 제1001호 '재무제표 표시'에서는 현금흐름표(Statement of Cash Flow)를 기업의 현금및현금성자산 창출능력과 기업의 현금흐름 사용 필요성에 대한 평가의 기초를 재무제표이용자에게 제공하는 재무제표라고 정의하고 있다. 즉, 현금흐름표는 일정 기간 동안 현금의 유입과 유출을 나타내는 재무제표를 말한다.

재무제표이용자는 기업이 현금및현금성자산을 어떻게 창출하고 사용하는지에 대하여 관심이 있다. 이것은 기업활동의 성격에 관계없이, 그리고 금융회사의 경우와 같이 현금이 그 기업의 상품으로 간주될 수 있는지의 여부와 관계없이 모든 기업에 적용된다. 기업은 주요 수익창출활동이 서로 다르더라도 본질적으로 동일한 이유에서 현금을 필요로 한다. 기업은 영업활동을 수행하고, 채무를 상환하며, 투자자에게 투자수익을 분배하기 위하여 현금이 필요하다. 따라서 K-IFRS에서는 모든 기업이 현금흐름표를 작성·공시할 것을 요구하고 있다.

> ⚡ **POINT** 현금흐름표의 정의
>
> 기업의 현금및현금성자산 창출능력과 기업의 현금흐름 사용 필요성에 대한 평가의 기초를 재무제표이용자에게 제공하는 재무제표

(2) 현금흐름표상의 현금

현금및현금성자산(Cash and Cash Equivalents)은 K-IFRS 제1007호 '현금흐름표'에서 정의하고 있다. 현금흐름표상 현금은 현금및현금성자산을 말한다. 현금및현금성자산은 현금과 현금성자산으로 구별되며, 이에 관한 내용은 다음과 같다.

① 현금

현금(Cash)은 보유현금과 요구불예금(Demand Deposit)을 말한다. 보유현금이란 기업이 보유하는 현금을 말하며, 요구불예금이란 언제든지 인출이 가능한 예금, 즉 수시입출금이 가능한 예금을 말한다.

a. **보유현금:** 통화 및 통화대용증권

b. **요구불예금:** 보통예금과 당좌예금(Current Deposit) 등의 언제든지 인출이 가능한 예금

② 현금및현금성자산

현금성자산(Cash Equivalents)이란 유동성이 매우 높은 단기 투자자산으로서 확정된 금액의 현금으로 전환이 용이하고 가치 변동의 위험이 경미한 자산을 말한다.

현금성자산은 투자나 다른 목적이 아닌 단기의 현금수요를 충족하기 위한 목적으로 보유한다. 투자자산이 현금성자산으로 분류되기 위해서는 확정된 금액의 현금으로 전환이 용이하고, 가치 변동의 위험이 경미해야 한다. 따라서 투자자산은 일반적으로 만기일이 단기에 도래하는 경우(예를 들어, 취득일로부터 만기일이 3개월 이내인 경우)에만 현금성자산으로 분류된다. 지분상품은 현금성자산에서 제외하나, 상환일이 정해져 있고 취득일로부터 상환일까지의 기간이 단기인 우선주와 같이 실질적인 현금성자산인 경우에는 예외적으로 포함될 수 있다.

K-IFRS에서는 현금흐름표상 현금을 현금및현금성자산에서 금융회사의 요구에 따라 즉시 상환하여야 하는 당좌차월을 차감한 금액으로 규정하고 있다.[1] 따라서 재무상태표에는 당좌차월이 단기차입금으로 보고되나 현금흐름표에서는 현금및현금성자산의 구성요소에 포함되어 현금에서 차감되어 공시되는 경우가 발생할 수 있다.

> **POINT** **현금흐름표상의 현금**

통화	지폐, 주화
통화대용증권	수표, 우편환증서, 만기가 된 공·사채 이자표, 배당금지급통지표, 국세환급통지서
요구불예금	당좌예금, 보통예금
현금성자산	유동성이 매우 높은 단기투자자산으로서 ① 확정된 금액의 현금으로 전환이 용이하고 ② 가치 변동의 위험이 중요하지 않은 자산으로서, 일반적으로 만기일이 단기(취득일로부터 만기가 3개월 이내)에 도래하는 것 cf. 지분상품은 현금성자산에서 제외하나, 상환일이 정해져 있고 취득일로부터 상환일까지의 기간이 3개월 이내인 상환우선주의 경우에는 예외적으로 포함됨
K-IFRS의 현금흐름표상 현금	현금및현금성자산에서 금융회사의 요구에 따라 즉시 상환하여야 하는 당좌차월을 차감한 금액

---

[1] 은행 차입은 일반적으로 재무활동으로 간주된다. 그러나 일부 국가의 경우 금융회사의 요구에 따라 즉시 상환하여야 하는 당좌차월은 기업의 현금관리의 일부를 구성한다. 이때 당좌차월은 현금및현금성자산의 구성요소에 포함된다. 그러한 은행거래약정이 있는 경우 은행잔고는 예금과 차월 사이에서 자주 변동하는 특성이 있다.

(3) 현금흐름표상 활동구분 원칙

현금흐름표는 회계기간 동안 발생한 현금흐름을 영업활동(Operating Activity), 투자활동(Investing Activity) 및 재무활동(Financing Activity)으로 분류하여 보고한다. 즉, 기업의 경영활동별로 구분하여 표시하여야 하며 원칙적으로는 다음의 활동구분에 따른다.

⚡ POINT 현금흐름표상 활동구분 원칙

구분	활동유형
영업활동	기업의 주요 수익창출활동, 그리고 투자활동이나 재무활동이 아닌 기타의 활동을 말한다. 영업활동은 주로 제품의 생산과 판매활동, 상품과 용역의 구매와 판매활동 및 관리활동을 포함한다.
투자활동	장기성 자산 및 현금성자산에 속하지 않는 기타 투자자산의 취득과 처분을 말한다. 투자활동은 유·무형자산, 다른 기업의 지분상품이나 채무상품 등의 취득과 처분활동, 제3자에 대한 대여 및 회수활동 등을 포함한다.
재무활동	기업의 납입자본과 차입금의 크기 및 구성내용에 변동을 가져오는 활동을 말한다. 재무활동은 자본과 차입금의 조달, 환급 및 상환에 관한 활동을 포함한다.

(4) 활동구분의 특수항목(별도표시항목)

K-IFRS에서는 현금흐름표에서 이자의 수취·지급, 배당금의 수취·지급으로 인한 현금흐름은 별도로 공시하고 매기 일관성 있게 영업활동, 투자활동 또는 재무활동으로 분류하도록 규정하고 있다. 한편, 법인세로 인한 현금흐름은 별도로 공시하며, 재무활동과 투자활동에 명백히 관련되지 않는 한 영업활동 현금흐름으로 분류한다.

금융회사의 경우 이자지급, 이자수입 및 배당금수입은 일반적으로 영업활동 현금흐름으로 분류한다. 그러나 다른 업종의 경우 이러한 현금흐름의 분류 방법에 대하여 합의가 이루어지지 않았다. 이자지급, 이자수입 및 배당금수입은 당기순손익의 결정에 영향을 미치므로 영업활동 현금흐름으로 분류할 수 있다. 대체적인 방법으로 이자지급, 이자수입 및 배당금수입은 재무자원을 획득하는 원가나 투자자산에 대한 수익이므로 각각 재무활동 현금흐름과 투자활동 현금흐름으로 분류할 수도 있다.

배당금의 지급은 재무자원을 획득하는 원가이므로 재무활동 현금흐름으로 분류할 수 있다. 대체적인 방법으로, 재무제표이용자가 영업활동 현금흐름에서 배당금을 지급할 수 있는 기업의 능력을 판단하는 데 도움을 주기 위하여 영업활동 현금흐름의 구성요소로 분류할 수도 있다.

⚡ POINT 활동구분의 특수항목(별도표시항목)

구분	활동구분방법
이자의 수취	영업활동 또는 투자활동으로 분류
이자의 지급	영업활동 또는 재무활동으로 분류
배당금의 수취	영업활동 또는 투자활동으로 분류
배당금의 지급	영업활동 또는 재무활동으로 분류
법인세의 납부	투자 및 재무활동과 명백히 관련되어 있지 않은 경우에는 영업활동으로 분류

(5) 현금흐름표의 양식

현금흐름표는 현금의 증감내역을 영업활동, 투자활동, 재무활동으로 구분하여 보고기간 동안의 발생한 현금및현금성자산의 증가(감소)에 기초의 현금및현금성자산을 합계하여 기말의 현금및현금성자산을 산출하여 표시하도록 규정하고 있다. 이와 관련된 내용은 다음과 같다.

① 영업활동 현금흐름의 보고

영업활동 현금흐름은 총현금유입과 총현금유출을 주요 항목별로 구분하여 표시하는 방법(직접법) 또는 당기순손익에 당기순손익 조정항목을 가감하여 표시하는 방법(간접법) 중 선택하여 하나의 방법으로 보고한다.

② 투자활동 현금흐름과 재무활동 현금흐름의 보고

투자활동 현금흐름과 재무활동 현금흐름은 총현금유입과 총현금유출을 주요 항목별로 구분하여 총액으로 표시하는 것을 원칙으로 한다.

③ 현금및현금성자산의 환율변동효과

환율변동으로 인한 미실현손익은 현금흐름이 아니다. 그러나 외화로 표시된 현금및현금성자산의 환율변동효과는 기초와 기말의 현금및현금성자산을 조정하기 위해 현금흐름표에 보고한다. 이 금액은 영업활동, 투자활동 및 재무활동 현금흐름과 구분하여 별도로 표시하며, 그러한 현금흐름을 기말 환율로 보고하였다면 발생하게 될 차이를 포함한다.

위에서 설명한 내용을 기초로 하여 현금흐름표의 양식을 나타내면 다음과 같다.

[그림 23-1] 현금흐름표의 양식

<table>
<tr><td colspan="3" align="center">현금흐름표</td></tr>
<tr><td>××회사</td><td align="center">20×1년 1월 1일부터 20×1년 12월 31일까지</td><td align="right">(단위: 원)</td></tr>
<tr><td>Ⅰ. 영업활동 현금흐름(직접법 또는 간접법)</td><td></td><td>×××</td></tr>
<tr><td>　　1. 영업에서 창출된 현금</td><td>×××</td><td></td></tr>
<tr><td>　　2. 특수항목(별도표시) 현금흐름</td><td>×××</td><td></td></tr>
<tr><td>Ⅱ. 투자활동 현금흐름</td><td></td><td>×××</td></tr>
<tr><td>　　투자활동 현금유입액</td><td>×××</td><td></td></tr>
<tr><td>　　투자활동 현금유출액</td><td>(×××)</td><td></td></tr>
<tr><td>Ⅲ. 재무활동 현금흐름</td><td></td><td>×××</td></tr>
<tr><td>　　재무활동 현금유입액</td><td>×××</td><td></td></tr>
<tr><td>　　재무활동 현금유출액</td><td>(×××)</td><td></td></tr>
<tr><td>Ⅳ. 현금및현금성자산의 환율변동효과</td><td></td><td>×××</td></tr>
<tr><td>Ⅴ. 현금및현금성자산의 증감</td><td></td><td>×××</td></tr>
<tr><td>Ⅵ. 기초의 현금및현금성자산</td><td></td><td>×××</td></tr>
<tr><td>Ⅶ. 기말의 현금및현금성자산</td><td></td><td>×××</td></tr>
</table>

(6) 현금흐름표의 유용성

① 현금흐름의 금액과 시기를 조절하는 능력을 평가

현금흐름표는 다른 재무제표와 같이 사용되는 경우 순자산의 변화, 재무구조(유동성과 지급능력 포함), 그리고 변화하는 상황과 기회에 적용하기 위하여 현금흐름의 금액과 시기를 조절하는 능력을 평가하는 데 유용한 정보를 제공한다. 현금흐름정보는 현금및현금성자산의 창출능력을 평가하는 데 유용할 뿐만 아니라, 서로 다른 기업의 미래현금흐름의 현재가치를 비교·평가하는 모형을 개발할 수 있도록 한다.

② 영업성과에 대한 기업 간의 비교가능성을 제고

현금흐름정보는 동일한 거래와 사건에 대하여 서로 다른 회계처리를 적용함에 따라 발생하는 영향을 제거하기 때문에 영업성과에 대한 기업 간의 비교가능성을 제고한다.

③ 미래현금흐름의 금액, 시기 및 확실성에 대한 지표

역사적 현금흐름정보는 미래현금흐름의 금액, 시기 및 확실성에 대한 지표로 자주 사용된다. 또한 과거에 추정한 미래현금흐름의 정확성을 검증하고, 수익성과 순현금흐름 간의 관계 및 물가 변동의 영향을 분석하는 데 유용하다.

④ 이익의 질의 판단

발생주의 당기순이익은 발생주의에 의하여 작성되기 때문에 현금주의에 의하여 작성된 영업활동 현금흐름과 차이가 존재할 수 있다. 이러한 경우 동일한 발생주의 당기순이익을 보고한 기업들을 비교할 때 영업활동 현금흐름이 큰 기업이 이익의 질(Quality of Earnings)이 높다고 할 수 있으며, 현금흐름표는 이를 판단하는 데 도움을 준다.

02 현금흐름 활동의 구분

현금흐름표는 회계기간 동안 발생한 현금흐름을 영업활동, 투자활동 및 재무활동으로 분류하여 보고한다. 즉, 기업의 경영활동별도 구분하여 표시하여야 하는데 이러한 활동의 구분은 재무상태표의 계정을 기준으로 분류하는 것이 편리하다. 재무상태표의 대변은 자금의 조달 측면을 나타내므로 원칙적으로 재무활동으로 구분되고, 재무상태표의 차변은 자금의 운용을 나타내므로 원칙적으로 투자활동으로 구분된다. 현금및현금성자산은 분석해야 할 대상이므로 제외하며, 자산, 부채 중 매출, 매입, 기타수익활동, 기타비용활동에서 발생한 자산과 부채항목만 별도로 영업활동으로 구분한다.

현금및현금성자산을 구성하는 항목 간 이동은 영업활동, 투자활동 및 재무활동의 일부가 아닌 현금관리의 일부이므로 이러한 항목 간의 변동은 현금흐름에서 제외한다. 현금관리는 잉여현금을 현금성자산에 투자하는 것을 포함한다.

재무상태표의 계정과목별 현금흐름 활동을 구분한 예는 다음과 같다.

⚡ POINT 현금흐름 활동의 구분

자산(자금의 운용)	부채 및 자본(자금의 조달)
현금및현금성자산	영업활동 현금흐름 관련 부채
영업활동 현금흐름 관련 자산 ① 매출: 매출채권 ② 매입: 선급금, 재고자산(당기손익공정가치측정금융자산 포함) ③ 기타수익: 미수수익 ④ 기타비용: 선급비용	① 매출: 선수금 ② 매입: 매입채무 ③ 기타수익: 선수수익 ④ 기타비용: 미지급비용
투자활동 현금흐름 관련 자산 (유형자산, 무형자산, 투자부동산, 기타자산 등)	재무활동 현금흐름 관련 부채와 자본 (차입금, 사채, 납입자본, 기타자본요소 등)

기업은 사업 특성을 고려하여 가장 적절한 방법으로 영업활동, 투자활동 및 재무활동에서 발생하는 현금흐름을 표시한다. 활동에 따른 분류는 이러한 활동이 기업의 재무상태와 현금및현금성자산의 금액에 미치는 영향을 재무제표이용자가 평가할 수 있도록 정보를 제공한다. 또한 이 정보는 각 활동 간의 관계를 평가하는 데 사용될 수 있다. 하나의 거래에는 서로 다른 활동으로 분류되는 현금흐름이 포함될 수 있다. 예를 들어 이자와 차입금을 함께 상환하는 경우, 이자지급은 영업활동으로 분류될 수 있고 원금상환은 재무활동으로 분류된다.

(1) 영업활동

영업활동(Operating Activity)은 기업의 주요 수익창출활동, 그리고 투자활동이나 재무활동이 아닌 기타의 활동을 말한다. 영업활동에서 발생하는 현금흐름의 금액은 기업이 외부의 재무자원에 의존하지 않고 영업을 통하여 차입금 상환, 영업능력의 유지, 배당금지급 및 신규투자 등에 필요한 현금흐름을 창출하는 정도에 대한 중요한 지표가 된다. 역사적 영업현금흐름의 특정 구성요소에 대한 정보를 다른 정보와 함께 사용하면, 미래 영업현금흐름을 예측하는 데 유용하다.

영업활동 현금흐름은 주로 기업의 주요 수익창출활동에서 발생한다. 따라서 영업활동 현금흐름은 일반적으로 당기순손익의 결정에 영향을 미치는 거래나 그 밖의 사건의 결과로 발생한다. 영업활동 현금흐름의 예는 다음과 같다.

⚡POINT 영업활동 현금흐름의 예

영업활동과 관련된 현금유입	영업활동과 관련된 현금유출
① 재화의 판매와 용역 제공에 따른 현금유입	① 재화와 용역의 구입에 따른 현금유출
② 로열티, 수수료, 중개료 및 기타수익에 따른 현금유입	② 종업원과 관련하여 직·간접으로 발생하는 현금유출
③ 보험회사의 경우 수입보험료, 보험금, 연금 및 기타 급부금과 관련된 현금유입	③ 보험회사의 경우 수입보험료, 보험금, 연금 및 기타 급부금과 관련된 현금유출
④ 법인세의 환급. 다만 재무활동과 투자활동에 명백히 관련되는 것은 제외한다.	④ 법인세의 납부. 다만 재무활동과 투자활동에 명백히 관련되는 것은 제외한다.
⑤ 단기매매목적으로 보유하는 계약에서 발생하는 현금유입	⑤ 단기매매목적으로 보유하는 계약에서 발생하는 현금유출

설비 매각과 같은 일부 거래에서도 인식된 당기순손익의 결정에 포함되는 처분손익이 발생할 수 있다. 그러나 그러한 거래와 관련된 현금흐름은 투자활동 현금흐름이다. 그러나 타인에게 임대할 목적으로 보유하다가 후속적으로 판매목적으로 보유하는 자산을 제조하거나 취득하기 위한 현금지급액은 영업활동 현금흐름이다. 이러한 자산의 임대 및 후속적인 판매로 수취하는 현금도 영업활동 현금흐름이다.

기업은 단기매매목적으로 유가증권이나 대출채권을 보유할 수 있으며, 이때 유가증권이나 대출채권은 판매를 목적으로 취득한 재고자산과 유사하므로 단기매매목적으로 보유하는 유가증권의 취득과 판매에 따른 현금흐름은 영업활동으로 분류한다. 마찬가지로 금융회사의 현금 선지급이나 대출채권은 주요 수익창출활동과 관련되어 있으므로 일반적으로 영업활동으로 분류한다.

(2) 투자활동

투자활동(Investing Activity)은 장기성 자산 및 현금성자산에 속하지 않는 기타 투자자산의 취득과 처분활동을 말한다. 투자활동 현금흐름은 미래수익과 미래현금흐름을 창출할 자원의 확보를 위하여 지출된 정도를 나타내기 때문에 현금흐름을 별도로 구분 공시하는 것이 중요하다. 재무상태표에 자산으로 인식되는 지출만이 투자활동으로 분류하기에 적합하다. 투자활동 현금흐름의 예는 다음과 같다.

> ⚡ **POINT** 투자활동 현금흐름의 예

투자활동과 관련된 현금유입	투자활동과 관련된 현금유출
① 유형자산, 무형자산 및 기타 장기성 자산의 처분에 따른 현금유입	① 유형자산, 무형자산 및 기타 장기성 자산의 취득에 따른 현금유출. 이 경우 현금유출에는 자본화된 개발원가와 자가건설 유형자산에 관련된 지출이 포함된다.
② 다른 기업의 지분상품이나 채무상품 및 공동기업 투자지분의 처분에 따른 현금유입(현금성자산으로 간주되는 상품이나 단기매매목적으로 보유하는 상품의 처분에 따른 유입액은 제외)	② 다른 기업의 지분상품이나 채무상품 및 공동기업 투자지분의 취득에 따른 현금유출(현금성자산으로 간주되는 상품이나 단기매매목적으로 보유하는 상품의 취득에 따른 유출액은 제외)
③ 제3자에 대한 선급금 및 대여금의 회수에 따른 현금유입(금융회사의 현금 선지급과 대출채권은 제외)	③ 제3자에 대한 선급금 및 대여금의 지급(금융회사의 현금 선지급과 대출채권은 제외)
④ 선물계약, 선도계약, 옵션계약 및 스왑계약에 따른 현금유입(단기매매목적으로 계약을 보유하거나 현금유입이 재무활동으로 분류되는 경우는 제외)	④ 선물계약, 선도계약, 옵션계약 및 스왑계약에 따른 현금유출(단기매매목적으로 계약을 보유하거나 현금유출이 재무활동으로 분류되는 경우는 제외)

한편 파생상품계약에서 식별가능한 거래에 대하여 위험회피회계를 적용하는 경우, 그 계약과 관련된 현금흐름은 위험회피대상 거래의 현금흐름과 동일하게 분류한다.

(3) 재무활동

재무활동(Financing Activity)은 기업의 납입자본과 차입금의 크기 및 구성내용에 변동을 가져오는 활동을 말한다. 재무활동 현금흐름은 미래현금흐름에 대한 자본 제공자의 청구권을 예측하는 데 유용하기 때문에 현금흐름을 별도로 구분 공시하는 것이 중요하다. 재무활동 현금흐름의 예는 다음과 같다.

> ⚡ **POINT** 재무활동 현금흐름의 예

재무활동과 관련된 현금유입	재무활동과 관련된 현금유출
① 주식이나 기타 지분상품의 발행에 따른 현금유입	① 주식의 취득이나 상환에 따른 소유주에 대한 현금유출
② 담보·무담보부사채 및 어음의 발행과 기타 장·단기차입에 따른 현금유입	② 차입금의 상환에 따른 현금유출
	③ 리스이용자의 리스부채 상환에 따른 현금유출

Ⅱ | 영업활동 현금흐름

영업활동 현금흐름(Operating Activity Cash Flow)은 기업의 주요 수익창출활동, 그리고 투자활동이나 재무활동이 아닌 기타의 활동에서 발생하는 현금흐름을 말한다. 영업활동 현금흐름은 현금주의로 기중거래를 기록하여 결산절차를 통하여 현금주의 손익계산서를 작성하면 되지만 이는 실무상 시간과 비용이 많이 들어 효율적이지 않다. 따라서 실무에서는 발생주의로 작성된 포괄손익계산서의 당기순이익이나 손익항목을 기초로 발생주의와 현금주의의 관계에 따라 조정하여 작성한다.

K-IFRS에서는 영업활동 현금흐름은 총현금유입과 총현금유출을 주요 항목별로 구분하여 표시하는 방법인 직접법 또는 당기순손익에 당기순손익 조정항목을 가감하여 표시하는 방법인 간접법 중 선택하여 하나의 방법으로 보고할 수 있도록 규정하고 있다. 직접법과 간접법의 정의는 다음과 같다.

> ① 직접법: 총현금유입과 총현금유출을 주요 항목별로 구분하여 표시하는 방법
> ② 간접법: 당기순손익에 현금을 수반하지 않는 거래, 과거 또는 미래의 영업활동 현금유입이나 현금유출의 이연 또는 발생, 투자활동 현금흐름이나 재무활동 현금흐름과 관련된 손익항목의 영향을 조정하여 표시하는 방법

즉, 영업활동 현금흐름을 표시하는 방법은 직접법과 간접법으로 구분할 수 있으며 이에 대해서 살펴보기로 한다.

01 직접법

직접법(Direct Method)은 총현금유입과 총현금유출을 주요 항목별로 구분하여 표시하는 방법을 말한다. 즉, 직접법은 영업활동을 보다 세부적인 여러 활동으로 구분하여 구분된 세부 단위현금흐름의 합계로서 영업활동 현금흐름을 계산하는 방법이다. 각 세부 단위현금흐름을 산식으로 나타내면 다음과 같다.

> 각 활동별 영업현금흐름=각 활동별 손익±각 활동 관련 자산·부채의 변동

위의 산식을 이용하여 각 활동별 손익에 해당 활동과 관련된 자산·부채의 변동을 적절히 가감하여 각 활동별 영업현금흐름을 산출한다.

K-IFRS는 영업활동 현금흐름을 보고하는 경우에 직접법을 사용할 것을 권장한다. 직접법을 적용하여 표시한 현금흐름은 간접법에 의한 현금흐름에서는 파악할 수 없는 정보를 제공하며, 미래현금흐름을 추정하는데 보다 유용한 정보를 제공하기 때문이다.

한편, 이자수취, 이자지급, 배당금수취, 배당금지급 및 법인세로 인한 현금흐름은 K-IFRS에서 별도로 공시하도록 규정하고 있다. 그러나 직접법은 이미 이들을 별도로 공시하고 있으므로 이자수취, 이자지급, 배당금수취, 배당금지급 및 법인세로 인한 현금흐름을 제외한 영업에서 창출된 현금에 이자수취, 이자지급, 배당금수취, 배당금지급 및 법인세로 인한 현금흐름을 가감하여 영업활동 현금흐름을 산출하면 되므로 별도의 조정과정은 필요하지 않다.

⊘ 참고 **영업활동과 관련된 자산·부채 변동의 양(+)의 부호, 음(-)의 부호 결정**

간접법 또는 직접법에서 영업활동과 관련된 자산·부채 변동금액을 정확하게 계산하는 방법은 분개법, T계정법, 증감분석법 등 다양한 방법이 있다. 본서는 증감분석법을 채택하고 있는 바 증감분석법의 가장 쉬운 논리는 회계등식을 통하여 부호를 도출하는 것이다.

1. 회계등식을 통한 부호 결정

재무상태표 등식을 이용하여 현금 이외의 자산이 증가할 때 대차가 일치하기 위해선 현금이 감소하면 된다. 또한, 부채가 증가할 때 대차가 일치하기 위해선 현금이 증가하면 된다. 관련 내용은 아래 등식으로 요약된다.

자산		=	부채	+	자본
현금	현금 이외의 자산	=	부채	+	자본
② 감소 ↓	① 증가 ↑				
② 증가 ↑	① 감소 ↓				
② 증가 ↑			① 증가 ↑		
② 감소 ↓			① 감소 ↓		

2. 복식부기의 원리를 이용한 부호결정방법

영업활동과 관련된 자산·부채와 현금흐름의 관계이므로 복식부기의 원리를 통해서도 부호를 도출할 수 있다. 즉, 자산의 증가와 부채의 감소는 차변에 기입할 사항이므로 이와 현금과의 관계로부터 대변에 현금을 기입하면 현금이 감소되므로 음(-)의 부호이며, 자산의 감소와 부채의 증가는 대변에 기입할 사항이므로 이와 현금과의 관계로부터 차변에 현금을 기입하면 현금의 증가되므로 양(+)의 부호이다.

구분	회계처리			
자산의 증가	(차) 자산의 증가	×××	(대) 현금	(-)
자산의 감소	(차) 현금	(+)	(대) 자산의 감소	×××
부채의 증가	(차) 현금	(+)	(대) 부채의 증가	×××
부채의 감소	(차) 부채의 감소	×××	(대) 현금	(-)

[그림 23-2] 발생주의와 현금주의의 관계(직접법)

영업 관련 발생주의 손익	① 관련 손익	➡ ② 각 활동과 관련된 자산·부채의 변동	➡ ③ 현금주의 영업활동 순현금흐름 (③ = ① ± ②)
=			
매출활동 관련 손익	매출, 대손상각비 등	➡ ± 매출채권의 증감 ± 대손충당금의 증감 ± 선수금의 증감	고객으로부터 유입된 현금
매입활동 관련 손익	매출원가 등	➡ ± 매입채무의 증감 ± 선급금의 증감 ± 재고자산의 증감	➡ 공급자에 대한 현금유출
기타수익활동 관련 비용	기타수익 등	➡ ± 선수수익의 증감 ± 미수수익의 증감	기타영업활동에 대한 현금유입
종업원급여 관련 비용	급여 등	➡ ± 미지급급여의 증감 ± 선급급여의 증감	➡ 종업원에 대한 현금유출
기타영업활동 관련 비용	기타영업비 등	➡ ± 미지급영업비의 증감 ± 선급영업비의 증감	➡ 기타영업활동에 대한 현금유출
소계			**영업에서 창출된 현금**
이자수취 관련 수익	이자수익, 상각후원가측정금융 자산할인액 상각 등	➡ ± 미수이자의 증감 ± 선수이자의 증감	➡ 이자수취 현금유입
이자비용 관련 비용	이자비용, 사채할인액 상각 등	➡ ± 미지급이자의 증감 ± 선급이자의 증감	➡ 이자지급 현금유출
배당금 관련 수익	배당금수익	➡ ± 미수배당금의 증감 ± 선수배당금의 증감	배당금수취 현금유입
법인세 관련 비용	법인세비용	➡ ± 미지급법인세의 증감 ± 선급법인세의 증감 ± 이연법인세자산의 증감 ± 이연법인세부채의 증감	➡ 법인세납부 현금유출
=			
영업 관련 발생주의 손익			**영업활동 순현금흐름**

(1) 고객으로부터 유입된 현금

고객으로부터 유입된 현금은 매출활동에서 발생한 현금유입액을 의미한다. 따라서 포괄손익계산서의 매출활동 관련 손익에 매출활동과 관련된 자산·부채의 변동을 가감하여 계산한다. 여기서 매출활동과 관련된 자산·부채에는 매출채권, 대손충당금, 선수금 등이 있다. 고객으로부터 유입된 현금의 계산과정은 다음과 같이 요약할 수 있다.

🔆 POINT 고객으로부터 유입된 현금

구분		금액
포괄손익계산서의 매출활동 관련 손익	매출	×××
	대손상각비	(×××)
	외화환산이익과 외환차익(매출채권 관련)	×××
	외화환산손실과 외환차손(매출채권 관련)	(×××)
매출활동과 관련된 자산·부채의 변동	매출채권의 증가	(×××)
	매출채권의 감소	×××
	대손충당금의 증가	×××
	대손충당금의 감소	(×××)
	선수금의 증가	×××
	선수금의 감소	(×××)
고객으로부터 유입된 현금		×××

다음은 (주)대한의 20×1년도 재무제표의 일부이다. 직접법을 사용하여 20×1년도 현금흐름표의 영업활동 현금흐름을 구할 때, 고객으로부터 유입된 현금흐름은 얼마인가?

(1) 재무상태표의 일부

계정과목	기초잔액	기말잔액
매출채권(총액)	₩200,000	₩140,000
대손충당금	₩10,000	₩14,000
재고자산	₩60,000	₩50,000
매입채무	₩50,000	₩100,000
선수금	₩10,000	₩8,000

(2) 포괄손익계산서의 일부

계정과목	금액
매출액	₩1,500,000
매출원가	₩1,000,000
대손상각비	₩7,000
재고자산감모손실	₩50,000
외환차익(매입채무 관련)	₩20,000

(3) (주)대한은 재고자산감모손실과 외환차익을 매출원가에 반영하지 않는다.

해답

구분		금액
포괄손익계산서의 매출활동 관련 손익	매출	₩1,500,000
	대손상각비	₩(7,000)
매출활동과 관련된 자산·부채의 변동	매출채권의 감소	₩60,000
	대손충당금의 증가	₩4,000
	선수금의 감소	₩(2,000)
고객으로부터 유입된 현금		₩1,555,000

> ⊘ 참고 **환율변동효과**
>
> 환율변동효과와 관련된 손익은 해당 재무상태표 계정에 따라 영업활동, 투자활동 및 재무활동 현금흐름으로 구분하여야 한다. 환율변동효과는 다음과 같이 구분된다.
> ① 현금및현금성자산의 환율변동손익: 별도표시
> ② 매출채권 및 매입채무 관련 환율변동손익: 영업활동
> ③ 대여금 관련 환율변동손익: 투자활동
> ④ 차입금 관련 환율변동손익: 재무활동

(2) 공급자에 대한 현금유출

공급자에 대한 현금유출은 매입활동에서 발생한 현금유출액을 의미한다. 따라서 포괄손익계산서의 매입활동 관련 손익에 매입활동과 관련된 자산·부채의 변동을 가감하여 계산한다. 여기서 매입활동과 관련된 자산·부채에는 매입채무, 재고자산, 선급금 등이 있다. 공급자에 대한 현금유출액의 계산과정은 다음과 같이 요약할 수 있다.

POINT 공급자에 대한 현금유출

구분		금액
포괄손익계산서의 매입활동 관련 손익	매출원가	(×××)
	재고자산감모손실(비정상감모)	(×××)
	외화환산이익과 외환차익(매입채무 관련)	×××
	외화환산손실과 외환차손(매입채무 관련)	(×××)
매입활동과 관련된 자산·부채의 변동	매입채무의 증가	×××
	매입채무의 감소	(×××)
	선급금의 증가	(×××)
	선급금의 감소	×××
	재고자산의 증가	(×××)
	재고자산의 감소	×××
공급자에 대한 현금유출		×××

예제 2 공급자에 대한 현금유출

다음은 (주)대한의 20×1년도 재무제표의 일부이다. 직접법을 사용하여 20×1년도 현금흐름표의 영업활동 현금흐름을 구할 때, 공급자에 대한 현금유출액은 얼마인가?

(1) 재무상태표의 일부

계정과목	기초잔액	기말잔액
매출채권(총액)	₩200,000	₩140,000
대손충당금	₩10,000	₩14,000
재고자산	₩60,000	₩50,000
매입채무	₩50,000	₩100,000
선수금	₩10,000	₩8,000

(2) 포괄손익계산서의 일부

계정과목	금액
매출액	₩1,500,000
매출원가	₩1,000,000
대손상각비	₩7,000
재고자산감모손실	₩50,000
외환차익(매입채무 관련)	₩20,000

(3) (주)대한은 재고자산감모손실과 외환차익을 매출원가에 반영하지 않는다.

해답	구분		금액
포괄손익계산서의 매입활동 관련 손익	매출원가		₩(1,000,000)
	재고자산감모손실		₩(50,000)
	외환차익		₩20,000
매입활동과 관련된 자산·부채의 변동	매입채무의 증가		₩50,000
	재고자산의 감소		₩10,000
공급자에 대한 현금유출			₩(970,000)

(3) 종업원에 대한 현금유출

종업원에 대한 현금유출액은 급여 또는 퇴직급여를 통하여 종업원에게 지급한 금액을 말한다. 종업원에 대한 현금유출액은 포괄손익계산서의 종업원급여 관련 비용에 급여활동과 관련된 자산·부채의 변동을 가감하여 계산한다. 여기서 급여활동과 관련된 자산·부채에는 미지급급여, 선급급여, 확정급여채무 등이 있다.

여기서 유의할 점은 주식결제형 주식기준보상거래에 의하여 자본항목에 계상된 주식선택권과 관련된 재무활동손익이 급여에 포함되어 있다면 이를 제외하고 영업활동 현금흐름을 산출해야 하며, 해당 비용은 재무활동에서 분석해야 한다는 것이다. 종업원에 대한 현금유출액의 계산과정은 다음과 같이 요약할 수 있다.

⚡POINT 종업원에 대한 현금유출

구분		금액
포괄손익계산서의 급여활동 관련 손익	급여	(×××)
	퇴직급여	(×××)
	주식보상비용(주식결제형 관련)	×××
급여활동과 관련된 자산·부채의 변동	미지급급여의 증가	×××
	미지급급여의 감소	(×××)
	선급급여의 증가	(×××)
	선급급여의 감소	×××
	확정급여채무의 증가	×××
	확정급여채무의 감소	(×××)
종업원에 대한 현금유출		(×××)

예제 3 종업원에 대한 현금유출

다음은 (주)대한의 20×1년도 재무제표의 일부이다. 직접법을 사용하여 20×1년도 현금흐름표의 영업활동 현금흐름을 구할 때, 종업원에 대한 현금유출액은 얼마인가?

(1) 재무상태표의 일부

계정과목	기초잔액	기말잔액
미지급급여	₩100,000	₩120,000
확정급여부채	₩200,000	₩250,000

(2) 포괄손익계산서의 일부

계정과목	금액
급여	₩200,000
퇴직급여	₩100,000

해답

구분		금액
포괄손익계산서의 급여활동 관련 손익	급여	₩(200,000)
	퇴직급여	₩(100,000)
급여활동과 관련된 자산·부채의 변동	미지급급여의 증가	₩20,000
	확정급여채무의 증가	₩50,000
종업원에 대한 현금유출		₩(230,000)

(4) 이자수취

이자수취 현금유입은 이자수취 활동에서 발생한 현금유입액을 의미한다. 따라서 포괄손익계산서의 이자수취활동 관련 손익에 이자수취 활동과 관련된 자산·부채의 변동을 가감하여 계산한다. 여기서 이자수취 활동과 관련된 자산·부채에는 미수이자, 선수이자 등이 있다. 이때 유의할 사항은 상각후원가측정금융자산의 할인액 상각과 관련된 이자수익은 투자활동으로 분류해야 하므로 포괄손익계산서의 총이자수익에서 차감하여야 한다는 것이다. 이자수취 현금유입액의 계산과정을 요약하면 다음과 같다.

⚡ POINT 이자수취 현금유입액

구분		금액
포괄손익계산서의 이자수취활동 관련 손익	이자수익	×××
	상각후원가측정금융자산의 상각액	(×××)
이자수취활동과 관련된 자산·부채의 변동	미수이자의 증가	(×××)
	미수이자의 감소	×××
	선수이자의 증가	×××
	선수이자의 감소	(×××)
이자수취 현금유입액		×××

⊘ 참고 상각후원가측정금융자산의 할인액 상각은 왜 투자활동인가?

B기업이 만기 2년, 액면금액 ₩1,000인 사채를 ₩900에 발행하여 당기에 유효이자율법으로 인식할 이자비용은 ₩140이며 액면이자로 지급할 현금은 ₩100이다. 또한, A기업은 B기업의 사채를 발행시점에 취득하여 상각후원가측정금융자산으로 분류하여 보유 중이며 당기에 유효이자율법으로 인식할 이자수익은 ₩140이며 액면이자로 수취할 현금은 ₩100이다.

A기업

일자	회계처리			
당기 말	(차) 현금	100	(대) 이자수익(영업 또는 투자)	100
	(차) 상각후원가측정금융자산	40	(대) 이자수익(투자)	40

A기업의 이자수익은 모두 당기순이익에 포함되어 있다. 당기순손익에 대한 활동구분은 재무상태표의 계정과목을 기준으로 분석하므로 현금이 수취된 부분은 일반적으로 영업활동으로 분류된다.[2] 상각후원가측정금융자산의 할인액 상각 부분은 상각후원가측정금융자산이 투자활동과 관련된 자산이므로 투자활동과 관련된 손익으로 분석해야 한다.

---

2) 이자수취는 영업활동 또는 투자활동으로 분류할 수 있다. 일반적으로 영업활동 현금흐름으로 분류되는 경우가 많다.

예제 4 이자수취 현금유입액

다음은 (주)대한의 20×1년도 재무제표의 일부이다. 직접법을 사용하여 20×1년도 현금흐름표의 영업활동 현금흐름을 구할 때, 이자수취로 인한 현금유입액은 얼마인가?

(1) 재무상태표의 일부

계정과목	기초잔액	기말잔액
미수이자	₩100,000	₩150,000

(2) 포괄손익계산서의 일부

계정과목	금액
이자수익	₩200,000

(3) 포괄손익계산서의 이자수익에는 상각후원가측정금융자산의 할인액 상각과 관련된 이자수익이 ₩20,000 포함되어 있다.

해답

구분		금액
포괄손익계산서의 이자수취활동 관련 손익	이자수익	₩200,000
	상각후원가측정금융자산 할인상각액	₩(20,000)
이자수취활동과 관련된 자산·부채의 변동	미수이자의 증가	₩(50,000)
이자수취 현금유입액		₩130,000

해설 상각후원가측정금융자산의 할인액 상각부분은 상각후원가측정금융자산이 투자활동과 관련된 자산이므로 투자활동과 관련된 손익으로 분석해야 한다. 따라서 총이자수익에서 차감하여 계산한다.

(5) 이자지급

이자지급 현금유출은 이자지급활동에서 발생한 현금유출액을 의미한다. 따라서 포괄손익계산서의 이자지급활동 관련 손익에 이자지급활동과 관련된 자산·부채의 변동을 가감하여 계산한다. 여기서 이자지급활동과 관련된 자산·부채에는 미지급이자, 선급이자 등이 있다. 이때 유의할 사항은 사채의 할인액 상각과 관련된 이자비용은 재무활동으로 분류해야 하므로 포괄손익계산서의 총이자비용에서 차감하여야 한다는 것이다. 이자지급 현금유출액의 계산과정을 요약하면 다음과 같다.

⚡ POINT 이자지급 현금유출액

구분		금액
포괄손익계산서의 이자지급활동 관련 손익	이자비용	(×××)
	사채의 할인액 상각	×××
이자지급활동과 관련된 자산·부채의 변동	미지급이자의 증가	×××
	미지급이자의 감소	(×××)
	선급이자의 증가	(×××)
	선급이자의 감소	×××
이자지급 현금유출액		(×××)

⊘ **참고 사채의 할인액 상각은 왜 재무활동인가?**

B기업이 만기 2년, 액면금액 ₩1,000인 사채를 ₩900에 발행하여 당기에 유효이자율법으로 인식할 이자비용은 ₩140이며 액면이자로 지급할 현금은 ₩100이다. 또한, A기업은 B기업의 사채를 발행시점에 취득하여 상각후원가측정금융자산으로 분류하여 보유 중이며 당기에 유효이자율법으로 인식할 이자수익은 ₩140이며 액면이자로 수취할 현금은 ₩100이다.

B기업

일자	회계처리				
당기 말	(차) 이자비용(영업 또는 재무)	100	(대) 현금	100
	(차) 이자비용(재무)	40	(대) 사채할인발행차금(사채)	40

A기업과 반대로 B기업의 이자비용은 모두 당기순이익에 포함되어 있다. 당기순손익에 대한 활동구분은 재무상태표의 계정과목을 기준으로 분석하므로 현금이 지출된 부분은 일반적으로 영업활동으로 분류된다.[3] 사채의 할인액 상각부분은 사채가 재무활동와 관련된 자산이므로 재무활동과 관련된 손익으로 분석해야 한다.

---

3) 이자지급은 영업활동 또는 재무활동으로 분류할 수 있다. 일반적으로 영업활동 현금흐름으로 구분되는 경우가 많다.

다음은 (주)대한의 20×1년도 재무제표의 일부이다. 직접법을 사용하여 20×1년도 현금흐름표의 영업활동 현금흐름을 구할 때, 이자지급으로 인한 현금유출액은 얼마인가?

(1) 재무상태표의 일부

계정과목	기초잔액	기말잔액
미지급이자	₩100,000	₩80,000
사채	₩300,000	₩300,000
사채할인발행차금	₩(30,000)	₩(20,000)

(2) 포괄손익계산서의 일부

계정과목	금액
이자비용	₩200,000

(3) 포괄손익계산서의 이자비용에는 사채의 할인액 상각과 관련된 이자비용 ₩10,000이 포함되어 있다. 당기 중 사채의 발행과 취득은 없었다.

해답

구분		금액
포괄손익계산서의 이자지급활동 관련 손익	이자비용	₩(200,000)
	사채의 할인액 상각	₩10,000
이자지급활동과 관련된 자산·부채의 변동	미지급이자의 감소	₩(20,000)
이자지급 현금유출액		₩(210,000)

해설 사채의 할인액 상각부분은 사채가 재무활동와 관련된 부채이므로 재무활동과 관련된 손익으로 분석해야 한다. 따라서 총이자비용에서 차감하여 계산한다.

(6) 법인세지급

법인세지급 현금유출은 법인세지급활동에서 발생한 현금유출액을 의미한다. 따라서 포괄손익계산서의 법인세지급활동 관련 손익에 법인세지급활동과 관련된 자산·부채의 변동을 가감하여 계산한다. 여기서 법인세지급활동과 관련된 자산·부채에는 미지급법인세(당기법인세부채), 선급법인세(당기법인세자산), 이연법인세자산·부채 등이 있다.

법인세로 인한 현금흐름은 별도로 공시하며, 재무활동과 투자활동에 명백히 관련되지 않는 한 영업활동 현금흐름으로 분류한다. 법인세는 현금흐름표에서 영업활동, 투자활동 또는 재무활동으로 분류되는 현금흐름을 유발하는 거래에서 발생한다. 법인세비용이 투자활동이나 재무활동으로 쉽게 식별가능한 경우에도 관련된 법인세 현금흐름은 실무적으로 식별할 수 없는 경우가 많으며, 당해 거래의 현금흐름과 다른 기간에 발생하기도 한다. 따라서 법인세의 지급은 일반적으로 영업활동 현금흐름으로 분류한다. 그러나 투자활동이나 재무활동으로 분류한 현금흐름을 유발하는 개별 거래와 관련된 법인세 현금흐름을 실무적으로 식별할 수 있다면, 그 법인세 현금흐름은 투자활동이나 재무활동으로 적절히 분류한다. 법인세 현금흐름이 둘 이상의 활동에 배분되는 경우에는 법인세의 총지급액을 공시한다. 법인세지급 현금유출액의 계산과정을 요약하면 다음과 같다.

🔆 POINT 법인세지급 현금유출액

구분		금액
포괄손익계산서의 법인세지급활동 관련 손익	법인세비용	(×××)
법인세지급활동과 관련된 자산·부채의 변동	미지급법인세의 증가	×××
	미지급법인세의 감소	(×××)
	선급법인세의 증가	(×××)
	선급법인세의 감소	×××
	이연법인세자산의 증가	(×××)
	이연법인세자산의 감소	×××
	이연법인세부채의 증가	×××
	이연법인세부채의 감소	(×××)
법인세지급 현금유출액		(×××)

예제 6 | 법인세지급 현금유출액

다음은 (주)대한의 20×1년도 재무제표의 일부이다. 직접법을 사용하여 20×1년도 현금흐름표의 영업활동 현금흐름을 구할 때, 법인세지급으로 인한 현금유출액은 얼마인가?

(1) 재무상태표의 일부

계정과목	기초잔액	기말잔액
미지급법인세	₩100,000	₩150,000
이연법인세자산	₩150,000	₩180,000

(2) 포괄손익계산서의 일부

계정과목	금액
법인세비용	₩100,000

해답

구분		금액
포괄손익계산서의 법인세지급활동 관련 손익	법인세비용	₩(100,000)
법인세지급활동과 관련된 자산·부채의 변동	미지급법인세의 증가	₩50,000
	이연법인세자산의 증가	₩(30,000)
법인세지급 현금유출액		₩(80,000)

02 간접법

> **⊘ 참고 간접법에 의한 영업활동 현금흐름 분석의 교재 설명방법**
>
> 한국채택국제회계기준(K-IFRS)이 전면 도입되면서 현금흐름표의 간접법을 표시하는 방법이 개정되었다. 물론 과거 기업회계기준(K-GAAP)의 방법을 잘 알고있다면 변경된 간접법 표시방법에 대해 쉽게 이해할 수 있을 것이다. 그러나 대다수 중급회계를 처음 공부하는 독자들에게 K-IFRS에 의한 간접법에 의한 영업활동 현금흐름을 이해시키기란 쉽지 않은 일이다. 따라서 본서에서는 먼저 과거 기업회계기준(K-GAAP)에 의한 영업활동 현금흐름의 간접법을 설명하고 K-GAAP 방법을 변형하여 K-IFRS에 의한 영업활동 현금흐름을 간접법으로 표시하여 작성하는 방법으로 설명하기로 한다.

(1) 과거 기업회계기준(K - GAAP)에 의한 간접법

간접법이란 당기순손익에 당기순손익의 조정항목을 가감하여 표시하는 방법을 말한다. 발생주의 당기순이익에는 영업 관련 손익, 투자 관련 손익, 재무 관련 손익, 현금및현금성자산의 환율변동효과가 모두 포함되어 있으므로 당기순이익에서 영업과 무관한 손익(투자 관련 손익, 재무 관련 손익, 현금및현금성자산의 환율변동효과)을 먼저 제거한다. 이렇게 계산된 영업활동 관련 발생주의 당기순이익에 영업활동과 관련된 자산·부채의 변동을 가감하여 현금주의 영업활동 현금흐름을 산출한다. 이를 산식과 그림으로 나타내면 다음과 같다.

> 영업활동 현금흐름 = (당기순이익 - 영업과 무관한 손익) ± 영업활동 관련 자산·부채의 변동
> = 영업활동 관련 발생주의 손익 ± 영업활동 관련 자산·부채의 변동

[그림 23-3] 간접법에 의한 발생주의와 현금주의의 관계

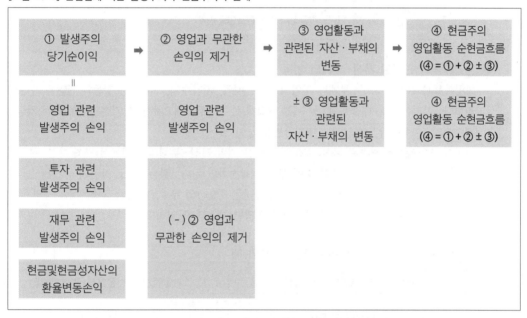

[그림 23-4] 간접법에 의한 영업활동 현금흐름

포괄손익계산서상의 발생주의 당기순이익	×××
1. 영업과 무관한 손익의 제거	
영업과 무관한 수익	(×××)
영업과 무관한 비용	×××
2. 영업활동과 관련된 자산·부채의 변동	
자산의 증가	(×××)
자산의 감소	×××
부채의 증가	×××
부채의 감소	(×××)
현금주의 영업활동 순현금흐름	×××

① 발생주의 당기순이익

발생주의로 계산된 당기순이익은 기업의 포괄손익계산서의 당기순이익을 사용한다.

② 영업과 무관한 손익의 제거

영업과 무관한 손익이란 투자활동과 관련된 손익, 재무활동과 관련된 손익, 현금및현금성자산의 환율변동손익을 말한다. 영업과 무관한 손익의 예는 다음과 같다.

POINT 영업과 무관한 손익의 예

투자활동과 관련된 손익	① 자산처분손익: 유형자산처분손익, 무형자산처분손익 등 ② 감가상각비, 무형자산상각비 등 ③ 상각후원가측정금융자산의 할인액 상각(이자수익)
재무활동과 관련된 손익	① 부채상환손익: 사채상환손익 등 ② 사채의 할인액 상각(이자비용)
현금및현금성자산의 환율변동효과	현금및현금성자산의 환율변동손익

③ 영업활동과 관련된 자산·부채의 변동

영업활동과 관련된 자산·부채란 기업의 매출, 매입, 기타수익, 기타비용 활동과 관련된 자산·부채를 말한다. 이러한 예는 매출채권, 선수금, 매입채무, 선급금, 재고자산, 당기손익공정가치측정금융자산, 선수수익, 미수수익, 선급비용, 미지급비용 등이 있다.

이러한 영업활동과 관련된 자산·부채의 변동은 기말 자산·부채의 금액에서 기초 자산·부채의 금액을 차감하여 순증감액을 계산한 후에 부호를 결정하면 된다. 결론적으로 자산의 증가는 음(−)의 부호, 자산의 감소는 양(+)의 부호, 부채의 증가는 양(+)의 부호, 부채의 감소는 음(−)의 부호로 조정한다. 이와 관련된 내용은 직접법에서 설명한 내용과 동일하다.

POINT 영업활동과 관련된 자산·부채의 예

영업활동 현금흐름 관련 자산	영업활동 현금흐름 관련 부채
① 매출: 매출채권 ② 매입: 선급금, 재고자산(당기손익공정가치측정금융자산 포함) ③ 기타수익: 미수수익 ④ 기타비용: 선급비용	① 매출: 선수금 ② 매입: 매입채무 ③ 기타수익: 선수수익 ④ 기타비용: 미지급비용

(2) K - IFRS에 의한 간접법

K-IFRS에서는 현금흐름표에서 이자의 수취·지급, 배당금의 수취·지급 및 법인세로 인한 현금흐름은 별도로 공시하고 매기 일관성 있게 분류하도록 규정하고 있다. 따라서 K-GAAP에 의한 간접법과 다른 방법으로 접근하여 공시해야 한다.

이자수취, 이자지급, 배당금수취, 배당금지급 및 법인세로 인한 현금흐름은 K-GAAP에 의한 간접법에서는 별도로 공시되지 않고 영업활동 현금흐름에 포함되어 있으므로 이자수취, 이자지급, 배당금수취, 배당금지급 및 법인세로 인한 현금흐름은 직접법을 이용하여 별도로 공시하여야 한다. 따라서 이자수취, 이자지급, 배당금수취, 배당금지급 및 법인세로 인한 현금흐름을 제외한 영업에서 창출된 현금에 이자수취, 이자지급, 배당금수취, 배당금지급 및 법인세로 인한 현금흐름을 가감하여 영업활동 현금흐름을 산출한다. 관련된 표시방법과 계산방법은 관련 예제를 통하여 자세히 설명하기로 한다.

[그림 23-5] K - IFRS에 의한 영업활동 현금흐름의 양식

<간접법>		<직접법>	
영업활동 현금흐름		**영업활동 현금흐름**	
당기순이익	×××	고객으로부터 유입된 현금	×××
법인세비용	×××	공급자에 대한 현금유출	×××
이자수익	(×××)	종업원에 대한 현금유출	(×××)
이자비용	×××	⋮	×××
⋮			
매출채권의 증가	(×××)		
재고자산의 감가	×××		
매입채무의 증가	×××		
⋮			
영업에서 창출된 현금	×××	**영업에서 창출된 현금**	×××
이자수취	×××	이자수취	×××
이자지급	(×××)	이자지급	(×××)
법인세지급	(×××)	법인세지급	(×××)
⋮		⋮	
영업활동 순현금흐름	×××	**영업활동 순현금흐름**	×××

다음은 (주)한국의 재무상태표와 포괄손익계산서이다. (주)한국의 회계팀 사원인 김대한씨는 재무상태표와 포괄손익계산서를 이용하여 영업활동 현금흐름을 계산하고자 한다.

(1) 재무상태표

재무상태표

(주)한국   20×2. 12. 31.

자산	20×1년 말	20×2년 말	부채 및 자본	20×1년 말	20×2년 말
현금및현금성자산	₩110,000	₩290,000	단기차입금	₩30,000	₩10,000
매출채권	₩100,000	₩120,000	매입채무	₩100,000	₩120,000
대손충당금	₩(10,000)	₩(20,000)	미지급이자	₩50,000	₩40,000
미수이자	₩40,000	₩10,000	미지급법인세	₩10,000	₩30,000
재고자산	₩300,000	₩310,000	장기차입금	₩150,000	₩200,000
이연법인세자산	₩30,000	₩40,000	사채	₩200,000	₩200,000
상각후원가측정금융자산	₩150,000	₩100,000	사채할인발행차금	₩(20,000)	₩(10,000)
토지	₩100,000	₩50,000	자본금	₩300,000	₩350,000
건물	₩200,000	₩250,000	자본잉여금	₩100,000	₩50,000
(감가상각누계액)	₩(40,000)	₩(50,000)	이익잉여금	₩60,000	₩110,000
합계	₩980,000	₩1,100,000	합계	₩980,000	₩1,100,000

(2) 포괄손익계산서

포괄손익계산서

(주)한국   20×2. 1. 1. ~ 20×2. 12. 31.

매출액		₩1,000,000
매출원가		₩(890,000)
매출총이익		₩110,000
판매비와관리비		₩(80,000)
급여	₩(40,000)	
대손상각비	₩(30,000)	
감가상각비	₩(10,000)	
영업이익		₩30,000
영업외수익		₩90,000
이자수익	₩50,000	
유형자산처분이익	₩30,000	
외화환산이익	₩10,000	
영업외비용		₩(30,000)
금융자산처분손실	₩(10,000)	
이자비용	₩(20,000)	
법인세비용차감전순이익		₩90,000
법인세비용		₩(30,000)
당기순이익		₩60,000

(3) 관련 자료

① 회사는 이자수취, 이자지급, 법인세지급은 영업활동 현금흐름으로, 배당금지급은 재무활동 현금
흐름으로 분류하고 있다.

② 20×2년에 발생한 외화환산이익 ₩10,000은 모두 외화현금에서 발생한 사항이다.

③ 20×2년에 장부금액 ₩50,000의 상각후원가측정금융자산을 현금 ₩40,000에 처분하였다.

④ 20×2년에 토지를 ₩80,000에 처분하여 유형자산처분이익 ₩30,000을 계상하였으며, 당기
중 토지의 취득내역은 없다.

⑤ 20×2년에 건물을 ₩50,000에 구입하였으며, 건물과 관련된 감가상각비 ₩10,000을 포괄손
익계산서에 인식하였다.

⑥ 20×2년에 단기차입금 ₩20,000을 상환하였으며, 당기 중 단기차입금의 차입내역은 없다.

⑦ 20×2년에 장기차입금 ₩50,000을 차입하였다.

⑧ 20×2년 중 자본잉여금 ₩50,000을 재원으로 하여 무상증자를 실시하였다.

⑨ 20×1년도 이익처분으로 20×2년 2월에 ₩10,000을 현금배당하였다.

물음 1 (주)한국의 현금흐름표 중 영업활동 현금흐름을 직접법에 의하여 작성하시오.

물음 2 (주)한국의 현금흐름표 중 영업활동 현금흐름을 간접법에 의하여 작성하시오. (단, 이자수취, 이자지급, 법인세지급을 구분하지 않는 방법으로 작성한다)

물음 3 (주)한국의 현금흐름표 중 영업활동 현금흐름을 한국채택국제회계기준에 의한 간접법에 의하여 작성하시오. (단, 이자수취, 이자지급, 법인세지급을 구분하여 영업에서 창출된 현금과 영업활동 현금흐름을 구분하여 나타내시오)

해답 **물음 1**

1. 직접법에 의한 각 활동별 현금흐름

(1) 고객으로부터 유입된 현금

구분		금액
포괄손익계산서의 매출활동 관련 손익	매출	₩1,000,000
	대손상각비	₩(30,000)
매출활동과 관련된 자산·부채의 변동	매출채권의 증가	₩(20,000)
	대손충당금의 증가	₩10,000
고객으로부터 유입된 현금		₩960,000

(2) 공급자에 대한 현금유출

구분		금액
포괄손익계산서의 매입활동 관련 손익	매출원가	₩(890,000)
매입활동과 관련된 자산·부채의 변동	매입채무의 증가	₩20,000
	재고자산의 증가	₩(10,000)
공급자에 대한 현금유출		₩(880,000)

(3) 종업원에 대한 현금유출

구분		금액
포괄손익계산서의 급여활동 관련 손익	급여	₩(40,000)
종업원에 대한 현금유출		₩(40,000)

(4) 이자수취로 인한 현금유입액

구분		금액
포괄손익계산서의 이자수취활동 관련 손익	이자수익	₩50,000
이자수취활동과 관련된 자산·부채의 변동	미수이자의 감소	₩30,000
이자수취 현금유입액		₩80,000

(5) 이자지급으로 인한 현금유출액

구분		금액
포괄손익계산서의 이자지급활동 관련 손익	이자비용	₩(20,000)
	사채 할인액 상각	₩10,000
이자지급활동과 관련된 자산·부채의 변동	미지급이자의 감소	₩(10,000)
이자지급 현금유출액		₩(20,000)

(6) 법인세지급으로 인한 현금유출액

구분		금액
포괄손익계산서의 법인세지급활동 관련 손익	법인세비용	₩(30,000)
법인세지급활동과 관련된 자산·부채의 변동	미지급법인세의 증가	₩20,000
	이연법인세자산의 증가	₩(10,000)
법인세지급 현금유출액		₩(20,000)

2. 직접법에 의한 영업활동 현금흐름

현금흐름표

(주)한국   20×2. 1. 1. ~ 20×2. 12. 31.

<영업활동 현금흐름>	
1. 고객으로부터 유입된 현금	₩960,000
2. 공급자에 대한 현금유출	₩(880,000)
3. 종업원에 대한 현금유출	₩(40,000)
영업에서 창출된 현금	₩40,000
1. 이자수취	₩80,000
2. 이자지급	₩(20,000)
3. 법인세지급	₩(20,000)
영업활동 순현금흐름	₩80,000

물음 2

간접법에 의한 영업활동 현금흐름(이자수취, 이자지급, 법인세지급을 구분하지 않는 방법)

현금흐름표

(주)한국	20×2. 1. 1. ~ 20×2. 12. 31.	
<영업활동 현금흐름>		
1. 당기순이익		₩60,000
2. 영업과 무관한 손익의 제거		₩(10,000)
감가상각비	₩10,000	
유형자산처분이익	₩(30,000)	
외화환산이익	₩(10,000)	
금융자산처분손실	₩10,000	
사채할인액상각	₩10,000	
3. 영업활동 관련 자산·부채의 변동		₩30,000
매출채권의 증가	₩(20,000)	
대손충당금의 증가	₩10,000	
미수이자의 감소	₩30,000	
재고자산의 증가	₩(10,000)	
이연법인세자산의 증가	₩(10,000)	
매입채무의 증가	₩20,000	
미지급이자의 감소	₩(10,000)	
미지급법인세의 증가	₩20,000	
4. 영업활동 순현금흐름		₩80,000

물음 3

간접법에 의한 영업활동 현금흐름(이자수취, 이자지급, 법인세지급을 구분하는 방법)

현금흐름표

(주)한국	20×2. 1. 1. ~ 20×2. 12. 31.	
<영업활동 현금흐름>		
당기순이익	₩60,000	법인세비용차감전순이익
법인세비용	₩30,000	₩90,000으로 표시
이자수익	₩(50,000)	
이자비용	₩20,000	
감가상각비	₩10,000	
유형자산처분이익	₩(30,000)	
외화환산이익	₩(10,000)	
금융자산처분손실	₩10,000	
매출채권의 증가	₩(20,000)	
대손충당금의 증가	₩10,000	
재고자산의 증가	₩(10,000)	
매입채무의 증가	₩20,000	
영업에서 창출된 현금	₩40,000	
이자수취[1]	₩80,000	
이자지급[1]	₩(20,000)	
법인세지급[1]	₩(20,000)	
영업활동 순현금흐름	₩80,000	

1) 계산내역: 직접법 참조

해설 본 예제의 물음2 와 물음3 의 방법을 비교하면 다음과 같다.

물음2 방법		물음3 방법	
<영업활동 현금흐름>		**<영업활동 현금흐름>**	
		당기순이익	
당기순이익	₩60,000	(법인세비용, 이자수익,	₩60,000
		이자비용 포함)	
		법인세비용	₩30,000
		이자수익	₩(50,000)
		이자비용	₩20,000
감가상각비	₩10,000	감가상각비	₩10,000
유형자산처분이익	₩(30,000)	유형자산처분이익	₩(30,000)
외화환산이익	₩(10,000)	외화환산이익	₩(10,000)
금융자산처분손실	₩10,000	금융자산처분손실	₩10,000
사채 할인액 상각	₩10,000		
매출채권의 증가	₩(20,000)	매출채권의 증가	₩(20,000)
대손충당금의 증가	₩10,000	대손충당금의 증가	₩10,000
미수이자의 감소	₩30,000		
재고자산의 증가	₩(10,000)	재고자산의 증가	₩(10,000)
이연법인세자산의 증가	₩(10,000)		
매입채무의 증가	₩20,000	매입채무의 증가	₩20,000
미지급이자의 감소	₩(10,000)		
미지급법인세의 증가	₩20,000		
		영업에서 창출된 현금	₩40,000
		이자수취: (+)이자수익 + 미수이자의 감소	₩80,000
		이자지급: (-)이자비용 + 사채할인액상각 - 미지급이자의 감소	₩(20,000)
		법인세지급: (-)법인세비용 + 미지급법인세의 증가 - 이연법인세자산의 증가	₩(20,000)
영업활동 순현금흐름	**₩80,000**	**영업활동 순현금흐름**	**₩80,000**

위의 두 방법을 비교해보면 당기순이익에는 이미 이자수익, 이자비용, 법인세비용이 포함되어 있으나 K - IFRS 는 이를 별도로 표시하는 것을 요구하고 있으므로 이자수익, 이자비용, 법인세비용이 영업활동 현금흐름에 두 번 고려되지 않기 위해 당기순이익에서 먼저 가감하여 제거한다. 또한, 미수이자의 감소, 사채할인액상각, 미지급이자의 감소, 미지급법인세의 증가 및 이연법인세자산의 증가는 이자수취, 이자지급, 법인세지급의 계산에 이미 포함되어 있으므로 영업활동 관련 자산, 부채 변동의 고려사항에서 제외한다. 참고로 이와 같은 이유로 법인세비용이 두 번 고려되는 것을 방지하기 위하여 위 현금흐름표는 법인세비용차감전순이익 ₩90,000에서 출발하여 법인세비용을 가감하지 않는 방법으로 표시하여도 된다.

Ⅲ │ 투자활동 및 재무활동 현금흐름

01 투자활동 현금흐름

(1) 의의

투자활동 현금흐름(Investing Activity Cash Flow)은 장기성 자산 및 현금성자산에 속하지 않는 기타 투자자산의 취득과 처분활동을 말한다. 투자활동 현금흐름은 미래수익과 미래현금흐름을 창출할 자원의 확보를 위하여 지출된 정도를 나타내기 때문에 현금흐름을 별도로 구분 공시하는 것이 중요하다. 한편 재무상태표에 자산으로 인식되는 지출만이 투자활동으로 분류하기에 적합하다.

투자활동 현금흐름은 영업활동 현금흐름과 유사하게 투자활동 관련 발생주의 손익에 투자활동과 관련된 자산·부채의 변동을 가감하여 현금주의 투자활동 현금흐름을 산출할 수 있다. 이를 산식으로 나타내면 다음과 같다.

> 투자활동 현금흐름 = 투자활동 관련 발생주의 손익 ± 투자활동 관련 자산·부채의 변동

그러나 K-IFRS는 영업활동 현금흐름과는 달리 투자활동 현금흐름은 총현금유입과 총현금유출을 주요 항목별로 구분하여 총액으로 표시하는 것을 원칙으로 하고 있다. 따라서 앞에서 설명한 증감분석법으로 투자활동 순현금흐름을 구한다면 유입액과 유출액 중 하나를 계산하여 나머지를 역산하는 방법을 수행해야 하므로 번거롭다. 따라서 투자활동 현금흐름의 계산은 분개법을 이용하여 풀이하고 증감분석법은 해설에서 추가로 설명하기로 한다.

투자활동 현금흐름을 분석할 때 투자활동 관련 자산의 기초잔액에 증가와 감소를 가감하면 기말잔액이 산출된다. 이때 기중의 증가와 감소의 거래를 모두 회계처리하여 분개상 현금이 차변에 있으면 증가로 분개상 현금이 대변에 있으면 감소로 투자활동 현금흐름에 표시하면 된다. 만약 간접법으로 영업활동 현금흐름을 표시한다면 투자활동 분석 시 수행한 분개상 수익과 비용항목은 영업과 무관한 손익에서 고려되어야 할 사항이다.

투자활동 현금흐름을 발생시키는 자산은 크게 유형자산, 무형자산, 투자부동산, 상각후원가측정금융자산, 기타포괄손익공정가치측정금융자산(지분상품, 채무상품) 등이 있다. 여기서는 대표적인 상각자산인 유형자산, 채무상품인 상각후원가측정금융자산 및 지분상품인 기타포괄손익공정가치측정금융자산을 구체적으로 살펴보기로 한다.

(2) 유형자산

유형자산을 취득하고 처분하는 과정에서 발생하는 현금흐름은 투자활동 현금흐름으로 표시해야 한다. 상각자산인 유형자산을 분석할 때에는 관련 자산의 차감계정인 감가상각누계액도 함께 고려해야 함에 유의하여야 한다. 제시되는 자료에 취득, 처분, 감가상각의 관련 내용 중 하나가 제시되지 않는다면 추정이나 역산을 통하여 제시되지 않은 자료를 추적하여야 한다. 원가모형에서 유형자산의 기초금액에서 장부금액이 증가되고 장부금액이 감소되어 기말금액으로 산출되는 과정은 다음과 같이 나타낼 수 있다.

> **⚡ POINT 유형자산의 장부금액**

기초금액	+	증가	−	감소	=	기말금액
유형자산(기초)	+	취득	−	처분	=	유형자산(기말)
(감가상각누계액) (기초)	+		−	처분, 상각	=	(감가상각누계액) (기말)
장부금액(기초)	+	취득	−	처분, 상각	=	장부금액(기말)

> **예제 8 투자활동 현금흐름: 유형자산**

다음은 (주)한국의 유형자산 및 감가상각누계액의 기초잔액, 기말잔액 및 당기 변동과 관련된 자료이다.

(1) 재무상태표의 일부

계정과목	기초잔액	기말잔액
유형자산	₩100,000	₩140,000
감가상각누계액	₩(30,000)	₩(25,000)

(2) (주)한국은 당기 중 취득원가 ₩40,000(감가상각누계액 ₩20,000)의 유형자산을 ₩15,000에 처분하였다.

모든 유형자산의 취득 및 처분거래는 현금거래라고 가정할 때, 유형자산과 관련한 투자활동 현금흐름을 분석하시오. (단, (주)한국은 유형자산에 대해 원가모형을 적용하고 있다)

해답 1. 처분

처분	(차) 현금(투자)	15,000	(대) 유형자산	40,000
	감가상각누계액	20,000		
	유형자산처분손실	5,000[1]		

[1] 처분대가 ₩15,000 - 장부금액 ₩20,000 = ₩(5,000)

2. 감가상각

계정과목	:	기초	+	증가	-	감소	=	기말금액
감가상각누계액	:	₩30,000	+	감가상각(x)	-	처분 ₩20,000	=	₩25,000

∴ 감가상각(x) = ₩15,000

감가상각	(차) 감가상각비	15,000	(대) 감가상각누계액	15,000

3. 취득

계정과목	:	기초	+	증가	-	감소	=	기말금액
유형자산	:	₩100,000	+	취득(x)	-	처분 ₩40,000	=	₩140,000

∴ 취득(x) = ₩80,000

취득	(차) 유형자산	80,000	(대) 현금(투자)	80,000

4. 투자활동 현금흐름: 순현금유출 ₩(65,000)
   ① 유형자산의 처분: ₩15,000
   ② 유형자산의 취득: ₩(80,000)

별해

1. 유형자산처분손실: 처분대가 ₩15,000 - 장부금액 ₩20,000 = ₩(5,000)

2. 감가상각비: ₩(15,000)

계정과목	:	기초	+	증가	-	감소	=	기말금액
감가상각누계액	:	₩30,000	+	감가상각비(x)	-	처분 ₩20,000	=	₩25,000

∴ 감가상각비(x) = ₩15,000

3. 투자활동 순현금흐름

구분		금액
포괄손익계산서의 투자활동 관련 손익	유형자산처분손실	₩(5,000)
	감가상각비	₩(15,000)
투자활동과 관련된 자산·부채의 변동	유형자산(총액)의 증가	₩(40,000)
	감가상각누계액의 감소	₩(5,000)
투자활동 순현금흐름		₩(65,000)

4. 투자활동 현금흐름
   유형자산의 처분 ₩15,000 + 유형자산의 취득(x) = 투자활동 순현금흐름 ₩(65,000)
   ∴ 유형자산의 처분 ₩15,000, 유형자산의 취득(x) = ₩(80,000)

해커스 IFRS 김원종 중급회계 하 Chapter 23 현금흐름표

Ⅲ 투자활동 및 재무활동 현금흐름 Ch23-35

(3) 상각후원가측정금융자산

상각후원가측정금융자산을 취득하고 처분하는 과정에서 발생하는 현금흐름은 투자활동 현금흐름으로 표시해야 한다. 제시되는 자료에 취득, 처분, 할인액 상각의 관련 내용 중 하나가 제시되지 않는다면 추정이나 역산을 통하여 제시되지 않은 자료를 추적하여야 한다. 상각후원가측정금융자산의 기초금액에서 장부금액이 증가되고 감소되어 기말금액으로 산출되는 과정은 다음과 같이 나타낼 수 있다.

⚡POINT 상각후원가측정금융자산의 장부금액

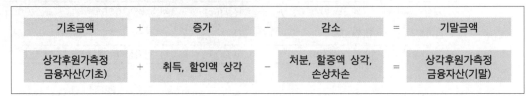

기초금액	+	증가	−	감소	=	기말금액
상각후원가측정 금융자산(기초)	+	취득, 할인액 상각	−	처분, 할증액 상각, 손상차손	=	상각후원가측정 금융자산(기말)

예제 9 ┃ 투자활동 현금흐름: 상각후원가측정금융자산

다음은 (주)한국의 상각후원가측정금융자산의 기초잔액, 기말잔액 및 당기 변동과 관련된 자료이다.

> (1) 재무상태표의 일부
>
> | 계정과목 | 기초잔액 | 기말잔액 |
> |---|---|---|
> | 상각후원가측정금융자산 | ₩100,000 | ₩200,000 |
>
> (2) (주)한국은 당기 중 상각후원가측정금융자산을 ₩95,000에 현금 취득하였으며, 당기 중 상각후원가측정금융자산의 처분은 없었다. 또한, 포괄손익계산서의 이자수익은 ₩100,000이다.

상각후원가측정금융자산과 관련한 투자활동 현금흐름을 분석하시오.

해답   1. 취득

취득	(차) 상각후원가측정금융자산	95,000	(대) 현금(투자)	95,000

2. 할인액 상각

계정과목	:	기초	+	증가	−	감소	=	기말금액
상각후원가측정 금융자산	:	₩100,000	+	취득 ₩95,000 +할인액 상각(x)	−	-	=	₩200,000

∴ 할인액 상각(x) = ₩5,000

할인액 상각	(차) 상각후원가측정금융자산	5,000	(대) 이자수익	5,000

3. 투자활동 현금흐름: 순현금유출 ₩(95,000)
    상각후원가측정금융자산의 취득: ₩(95,000)

별해

1. 할인액 상각

계정과목	:	기초	+	증가	-	감소	=	기말금액
상각후원가측정 금융자산	:	₩100,000	+	취득 ₩95,000 +할인액 상각(x)	-	-	=	₩200,000

∴ 할인액 상각(x) = ₩5,000

2. 투자활동 순현금흐름

구분		금액
포괄손익계산서의 투자활동 관련 손익	상각후원가측정금융자산의 할인액 상각	₩5,000
투자활동과 관련된 자산·부채의 변동	상각후원가측정금융자산의 증가	₩(100,000)
투자활동 순현금흐름		₩(95,000)

3. 투자활동 현금흐름

상각후원가측정금융자산의 취득 ₩(95,000) = 투자활동 순현금흐름 ₩(95,000)

∴ 상각후원가측정금융자산의 취득 ₩(95,000)

(4) 투자지분상품인 기타포괄손익공정가치측정금융자산

투자지분상품인 기타포괄손익공정가치측정금융자산을 취득하고 처분하는 과정에서 발생하는 현금흐름은 투자활동 현금흐름으로 표시해야 한다. 제시되는 자료에 취득, 처분, 기말평가의 관련 내용 중 하나가 제시되지 않는다면 추정이나 역산을 통하여 제시되지 않은 자료를 추적하여야 한다. 지분상품인 기타포괄손익공정가치측정금융자산은 기말평가 시 공정가치 변동분이 기타포괄손익으로 인식되며, 처분 시 재분류조정이 되지 않으므로 당기순이익에서 조정될 부분은 없다는 것에 유의해야 한다. 지분상품인 기타포괄손익공정가치측정금융자산의 기초금액에서 장부금액이 증가되고 장부금액이 감소되어 기말금액으로 산출되는 과정은 다음과 같이 나타낼 수 있다.

⚡ POINT **기타포괄손익공정가치측정금융자산의 장부금액**

기초금액	+	증가	-	감소	=	기말금액
기타포괄손익 공정가치측정 금융자산(기초)	+	취득, 기말평가(+)	-	처분, 기말평가(-)	=	기타포괄손익 공정가치측정 금융자산(기말)
기타포괄손익 공정가치측정 금융자산평가손익 (기초)	+	평가(+)	-	평가(-), 이익잉여금대체	=	기타포괄손익 공정가치측정 금융자산평가손익 (기말)

다음은 (주)한국의 지분상품인 기타포괄손익공정가치측정금융자산의 기초잔액, 기말잔액 및 당기 변동과 관련된 자료이다.

(1) 재무상태표의 일부

계정과목	기초잔액	기말잔액
기타포괄손익공정가치측정금융자산	₩200,000	₩300,000
기타포괄손익공정가치측정금융자산평가이익	₩50,000	₩100,000

(2) (주)한국은 당기 중 처분 직전 장부금액이 ₩100,000인 기타포괄손익공정가치측정금융자산을 ₩130,000에 현금 처분하였다. 처분된 기타포괄손익공정가치측정금융자산과 관련하여 평가이익이 ₩30,000만큼 발생하였다. 단, 처분된 자산과 관련된 기타포괄손익누계액은 이익잉여금으로 대체하지 않는다.

(3) 당기 중 취득한 기타포괄손익공정가치측정금융자산은 모두 현금 취득하였다.

기타포괄손익공정가치측정금융자산과 관련한 투자활동 현금흐름을 분석하시오.

해답　1. 처분

처분	(차) 기타포괄손익공정가치측정금융자산	30,000	(대) 기타포괄손익공정가치측정금융자산평가이익	30,000
	(차) 현금(투자)	130,000	(대) 기타포괄손익공정가치측정금융자산	130,000

2. 기말평가

계정과목	:	기초	+	증가	-	감소	=	기말금액
기타포괄손익공정가치측정금융자산평가이익		₩50,000	+	처분 시 평가 ₩30,000 + 기말평가(x)	-	-	=	₩100,000

∴ 기말평가(x) = ₩20,000

기말평가	(차) 기타포괄손익공정가치측정금융자산	20,000	(대) 기타포괄손익공정가치측정금융자산평가이익	20,000

3. 취득

계정과목	:	기초	+	증가	-	감소	=	기말금액
기타포괄손익공정가치측정금융자산	:	₩200,000	+	처분 시 평가 ₩30,000 + 기말평가 ₩20,000 + 취득(x)	-	처분 ₩130,000	=	₩300,000

∴ 취득(x) = ₩180,000

취득	(차) 기타포괄손익공정가치측정금융자산	180,000	(대) 현금(투자)	180,000

4. 투자활동 현금흐름: 순현금유출 ₩(50,000)
   ① 기타포괄손익공정가치측정금융자산의 취득: ₩(180,000)
   ② 기타포괄손익공정가치측정금융자산의 처분: ₩130,000

02 재무활동 현금흐름

(1) 의의

재무활동 현금흐름(Financing Activity Cash Flow)은 기업의 납입자본과 차입금의 크기 및 구성 내용에 변동을 가져오는 활동을 말하며, 자본과 차입금의 조달, 환급 및 상환에 관한 활동을 포함한다. 재무활동 현금흐름은 미래현금흐름에 대한 자본 제공자의 청구권을 예측하는 데 유용하기 때문에 현금흐름을 별도로 구분 공시하는 것이 중요하다.

재무활동 현금흐름은 영업활동 현금흐름과 유사하게 재무활동 관련 발생주의 손익에 재무활동과 관련된 자산·부채의 변동을 가감하여 현금주의 재무활동 현금흐름을 산출할 수 있다. 이를 산식으로 나타내면 다음과 같다.

> 재무활동 현금흐름 = 재무활동 관련 발생주의 손익 ± 재무활동 관련 자산·부채의 변동

그러나 K-IFRS는 영업활동 현금흐름과는 달리 재무활동 현금흐름은 총현금유입과 총현금유출을 주요 항목별로 구분하여 총액으로 표시하는 것을 원칙으로 하고 있다. 따라서 앞에서 설명한 증감분석법으로 재무활동 순현금흐름을 구한다면 유입액과 유출액 중 하나를 계산하여 나머지를 역산하는 방법을 수행해야 하므로 번거롭다. 따라서 재무활동 현금흐름의 계산은 분개법을 이용하여 풀이하고 증감분석법은 해설에서 추가로 설명하기로 한다.

재무활동 현금흐름을 분석할 때 재무활동 관련 자산의 기초잔액에 장부금액의 증가와 감소를 가감하면 기말잔액이 산출된다. 이때 기중의 증가와 감소의 거래를 모두 회계처리하여 분개상 현금이 차변에 있으면 증가로 분개상 현금이 대변에 있으면 감소로 재무활동 현금흐름에 표시하면 된다. 만약 간접법으로 영업활동 현금흐름을 표시한다면 재무활동 분석 시 수행한 분개상 수익과 비용항목은 영업과 무관한 손익에서 고려되어야 할 사항이다.

재무활동 현금흐름을 발생시키는 부채와 자본항목은 크게 차입금, 사채, 자본금, 자본잉여금, 이익잉여금(당기순이익 제외) 등이 있다. 여기서는 사채와 배당금지급 관련 재무활동 내용을 살펴보기로 한다.

(2) 사채

사채를 발행하고 처분하는 과정에서 발생하는 현금흐름은 재무활동 현금흐름으로 표시해야 한다. 사채를 분석할 때에는 관련 부채의 차감계정인 사채할인발행차금도 함께 고려해야 함에 유의하여야 한다. 사채의 기초금액에서 장부금액이 증가되고 감소되어 기말금액으로 산출되는 과정은 다음과 같이 나타낼 수 있다.

⚡ POINT 사채의 장부금액

기초금액	+	증가	-	감소	=	기말금액
사채(기초)	+	발행	-	상환	=	사채(기말)
(사채할인발행차금)(기초)	+	발행	-	상환, 상각	=	(사채할인발행차금)(기말)
장부금액(기초)	+	발행	-	상환, 상각	=	장부금액(기말)

예제 11 재무활동 현금흐름: 사채

다음은 (주)한국의 사채 및 사채할인발행차금의 기초잔액, 기말잔액 및 당기 변동과 관련된 자료이다.

(1) 재무상태표의 일부

계정과목	기초잔액	기말잔액
사채	₩500,000	₩400,000
사채할인발행차금	₩(50,000)	₩(25,000)

(2) (주)한국의 포괄손익계산서상 이자비용은 ₩100,000이며, 당기에 액면금액 ₩200,000(장부금액 ₩180,000)의 사채를 ₩200,000에 상환하였다.

(3) 사채할인발행차금의 상각으로 인한 이자비용은 ₩20,000이다.

모든 사채의 발행 및 상환거래는 현금거래라고 가정할 때, 사채와 관련한 재무활동 현금흐름을 분석하시오.

해답 1. 상환

상환	(차) 사채	200,000	(대) 사채할인발행차금	20,000
	사채상환손실	20,000[1]	현금(재무)	200,000

[1] 장부금액 ₩180,000 - 상환금액 ₩200,000 = ₩(20,000)

2. 사채할인발행차금 상각

할인액 상각	(차) 이자비용	20,000	(대) 사채할인발행차금	20,000

3. 발행

계정과목	:	기초	+	증가	-	감소	=	기말금액
사채	:	₩500,000	+	발행(x)	-	상환 ₩200,000	=	₩400,000

∴ 발행(x) = ₩100,000

계정과목	:	기초	+	증가	-	감소	=	기말금액
사채할인발행차금	:	₩50,000	+	발행(x)	-	상환 ₩20,000 +상각 ₩20,000	=	₩25,000

∴ 사채발행 관련 사채할인발행차금(x) = ₩15,000

발행	(차) 현금(재무)	85,000	(대) 사채	100,000
	사채할인발행차금	15,000		

4. 재무활동 현금흐름: 순현금유출 ₩(115,000)
   ① 사채의 상환: ₩(200,000)
   ② 사채의 발행: ₩85,000

별해

1. 사채상환손실: 장부금액 ₩180,000 - 상환금액 ₩200,000 = ₩(20,000)

2. 재무활동 순현금흐름

구분		금액
포괄손익계산서의 재무활동 관련 손익	사채상환손실	₩(20,000)
	이자비용(사채 할인액 상각)	₩(20,000)
재무활동과 관련된 자산·부채의 변동	사채(총액)의 감소	₩(100,000)
	사채할인발행차금의 감소	₩25,000
재무활동 순현금흐름		₩(115,000)

3. 재무활동 현금흐름

사채의 상환 ₩(200,000) + 사채의 발행(x) = 재무활동 순현금흐름 ₩(115,000)

∴ 사채의 상환 ₩(200,000), 사채의 발행(x) = ₩85,000

(3) 배당금의 지급

회사가 배당금지급을 재무활동으로 분류하였을 경우에는 이익잉여금을 통하여 배당금지급액을 산출하여야 한다. 이익잉여금은 기초이익잉여금에서 당기순이익을 가산하고 배당처분액을 차감하면 기말이익잉여금이 산출되며, 그 과정은 다음과 같다.

⚡ POINT 이익잉여금의 장부금액

기초금액	+	증가	-	감소	=	기말금액
이익잉여금(기초)	+	당기순이익	-	처분(배당 등)	=	이익잉여금(기말)

예제 12 재무활동 현금흐름: 배당금의 지급

다음은 (주)한국의 이익잉여금의 기초잔액, 기말잔액 및 당기 변동과 관련된 자료이다.

(1) 재무상태표의 일부

계정과목	기초잔액	기말잔액
이익잉여금	₩100,000	₩119,000

(2) (주)한국의 포괄손익계산서상 당기순이익은 ₩28,000이다.
(3) 이익잉여금의 변동은 당기순이익과 현금배당의 선언에 의해서만 영향을 받았다.
(4) 배당금지급은 재무활동으로 분류한다고 가정한다.

배당금지급과 관련한 재무활동 현금흐름을 분석하시오.

해답   1. 당기순이익

당기순이익	(차) 당기순이익	28,000	(대) 이익잉여금	28,000

2. 현금배당

계정과목	:	기초	+	증가	-	감소	=	기말금액
이익잉여금	:	₩100,000	+	당기순이익 ₩28,000	-	현금배당(x)	=	₩119,000

∴ 현금배당(x) = ₩(9,000)

현금배당	(차) 이익잉여금	9,000	(대) 현금(재무)	9,000

3. 재무활동 현금흐름: 현금배당 ₩(9,000)

03 비현금거래

현금및현금성자산의 사용을 수반하지 않는 투자활동과 재무활동 거래는 현금흐름표에서 제외한다. 그러한 거래는 투자활동과 재무활동에 대하여 모든 목적적합한 정보를 제공할 수 있도록 재무제표의 다른 부분에 공시한다. 즉, 현금의 유입과 유출을 수반하지 않는 거래의 경우 주석을 통하여 공시한다. 많은 투자활동과 재무활동은 자본과 자산 구조에 영향을 미치지만, 당기의 현금흐름에는 직접적인 영향을 미치지 않는다. 비현금거래의 경우 당기에 현금흐름을 수반하지 않으므로 그 항목을 현금흐름표에서 제외하는 것은 현금흐름표의 목적에 부합한다. 비현금거래의 예를 들면 다음과 같다.

① 자산 취득 시 직접 관련된 부채를 인수하거나 리스로 자산을 취득하는 경우
② 주식발행을 통한 기업의 인수
③ 채무의 지분전환

Ⅳ | 현금흐름표의 기타사항

01 순증감액에 의한 현금흐름의 보고

K-IFRS는 영업활동 현금흐름과는 달리 투자활동과 재무활동 현금흐름은 총현금유입과 총현금유출을 주요 항목별로 구분하여 총액으로 표시하는 것을 원칙으로 하고 있다. 그러나 다음의 영업활동, 투자활동 또는 재무활동에서 발생하는 현금흐름은 순증감액으로 보고할 수 있다.

---

① 현금흐름이 기업의 활동이 아닌 고객의 활동을 반영하는 경우로서 고객을 대리함에 따라 발생하는 현금유입과 현금유출
- 은행의 요구불예금 수신 및 인출
- 투자기업이 보유하고 있는 고객예탁금
- 부동산 소유주를 대신하여 회수한 임대료와 소유주에게 지급한 임대료
② 회전율이 높고 금액이 크며 만기가 짧은 항목과 관련된 현금유입과 현금유출
- 신용카드 고객에 대한 대출과 회수
- 투자자산의 구입과 처분
- 기타 단기차입금(예) 차입 당시 만기일이 3개월 이내인 경우)

⚡POINT 순증감액에 의한 현금흐름의 보고

다음의 영업활동, 투자활동 또는 재무활동에서 발생하는 현금흐름은 순증감액으로 보고할 수 있음
① 현금흐름이 기업의 활동이 아닌 고객의 활동을 반영하는 경우로서 고객을 대리함에 따라 발생하는 현금유입과 현금유출
② 회전율이 높고 금액이 크며 만기가 짧은 항목과 관련된 현금유입과 현금유출

---

02 외화현금흐름

외화거래에서 발생하는 현금흐름은 현금흐름 발생일의 기능통화와 외화 사이의 환율을 외화 금액에 적용하여 환산한 기능통화 금액으로 기록한다. 외화로 표시된 현금흐름은 K-IFRS 제1021호 '환율변동효과'와 일관된 방법으로 보고한다. 이 기준서에서는 실제 환율에 근접한 환율의 적용을 허용하고 있다. 예를 들어 외화거래를 기록하거나 해외 종속기업의 현금흐름을 환산할 때 일정 기간 동안의 가중평균환율을 적용할 수 있다.

환율변동으로 인한 미실현손익은 현금흐름이 아니다. 그러나 외화로 표시된 현금및현금성자산의 환율변동효과는 기초와 기말의 현금및현금성자산을 조정하기 위해 현금흐름표에 보고한다. 이 금액은 영업활동, 투자활동 및 재무활동 현금흐름과 구분하여 별도로 표시하며, 그러한 현금흐름을 기말 환율로 보고하였다면 발생하게 될 차이를 포함한다.

03 차입원가 관련 이자비용

K-IFRS 제1023호 '차입원가'에 따라 회계기간 동안 지급한 이자금액은 당기손익의 비용항목으로 인식하는지 또는 자본화하는지에 관계없이 현금흐름표에 총지급액을 공시한다.

💡 POINT 외화현금흐름과 차입원가

외화현금흐름	외화거래에서 발생하는 현금흐름은 현금흐름 발생일의 기능통화와 외화 사이의 환율을 외화 금액에 적용하여 환산한 기능통화 금액으로 기록함
외화로 표시된 현금및현금성자산의 환율변동효과	영업활동, 투자활동 및 재무활동 현금흐름과 구분하여 별도로 표시함
차입원가 관련 이자비용	K-IFRS 제1023호 '차입원가'에 따라 회계기간 동안 지급한 이자금액은 당기손익의 비용항목으로 인식하는지 또는 자본화하는지에 관계없이 현금흐름표에 총지급액을 공시함

O, X 연습문제

01 현금흐름표상 현금을 현금및현금성자산에서 금융회사의 요구에 따라 즉시 상환하여야 하는 당좌   **(O, X)** 차월을 차감한 금액으로 규정하고 있다.

02 현금흐름표에서 이자의 수취 · 지급, 배당금의 수취 · 지급 및 법인세로 인한 현금흐름은 별도로   **(O, X)** 공시하고 영업활동으로만 분류해야 한다.

03 투자활동 현금흐름과 재무활동 현금흐름은 총현금유입과 총현금유출을 주요 항목별로 구분하지   **(O, X)** 않고 순액으로 표시하는 것을 원칙으로 한다.

04 하나의 거래에는 서로 다른 활동으로 분류되는 현금흐름이 포함될 수 있다.   **(O, X)**

05 리스이용자의 리스부채 상환에 따른 현금유출은 재무활동 현금흐름으로 구분된다.   **(O, X)**

정답 및 해설

01   O

02   X   현금흐름표에서 이자의 수취 · 지급, 배당금의 수취 · 지급 및 법인세로 인한 현금흐름은 별도로 공시하고 매기 일관성 있게 영업활 동, 투자활동 또는 재무활동으로 분류하도록 규정하고 있다.

03   X   투자활동 현금흐름과 재무활동 현금흐름은 총현금유입과 총현금유출을 주요 항목별로 구분하여 총액으로 표시하는 것을 원칙으로 한다.

04   O   하나의 거래에는 서로 다른 활동으로 분류되는 현금흐름이 포함될 수 있다. 예를 들어 이자와 차입금을 함께 상환하는 경우, 이자 지급은 영업활동으로 분류될 수 있고 원금상환은 재무활동으로 분류된다.

05   O

06 K - IFRS는 영업활동 현금흐름을 보고하는 경우에는 간접법을 사용할 것을 권장한다. (O, X)

07 법인세로 인한 현금흐름은 별도로 공시하며, 재무활동과 투자활동에 명백히 관련되지 않는 한 (O, X)
재무활동 현금흐름으로 분류한다.

08 현금및현금성자산의 사용을 수반하지 않는 투자활동과 재무활동 거래는 현금흐름표에 표시한다. (O, X)

09 현금흐름이 기업의 활동이 아닌 고객의 활동을 반영하는 경우로서 고객을 대리함에 따라 발생하 (O, X)
는 현금유입과 현금유출과 회전율이 높고 금액이 크며 만기가 짧은 항목과 관련된 현금유입과
현금유출은 총액이 아닌 순증감액으로 표시할 수 있다.

10 '차입원가'에 따라 회계기간 동안 지급한 이자금액은 당기손익의 비용항목으로 인식하는 부분만 (O, X)
현금흐름표에 공시한다.

정답 및 해설

06 X K - IFRS는 영업활동 현금흐름을 보고하는 경우에는 직접법을 사용할 것을 권장한다. 직접법을 적용하여 표시한 현금흐름은 간접법
에 의한 현금흐름에서는 파악할 수 없는 정보를 제공하며, 미래현금흐름을 추정하는 데 보다 유용한 정보를 제공하기 때문이다.

07 X 법인세로 인한 현금흐름은 별도로 공시하며, 재무활동과 투자활동에 명백히 관련되지 않는 한 영업활동 현금흐름으로 분류한다.

08 X 현금및현금성자산의 사용을 수반하지 않는 투자활동과 재무활동 거래는 현금흐름표에서 제외한다. 그러한 거래는 투자활동과 재무
활동에 대하여 모든 목적적합한 정보를 제공할 수 있도록 재무제표의 다른 부분에 공시한다.

09 O

10 X '차입원가'에 따라 회계기간 동안 지급한 이자금액은 당기손익의 비용항목으로 인식하는지 또는 자본화하는지에 관계없이 현금흐름
표에 총지급액을 공시한다.

객관식 연습문제

01 (주)갑의 20×1년 현금매출 및 신용매출은 각각 ₩160,000과 ₩1,200,000이고, 20×1년 기초와 기말의 매출채권 잔액은 각각 ₩180,000과 ₩212,000이다. (주)갑의 20×1년 영업비용은 ₩240,000이다. 20×1년 선급비용 기말잔액은 기초보다 ₩16,000이 증가하였고, 20×1년 미지급비용 기말잔액은 기초보다 ₩24,000이 감소하였다. 20×1년에 고객으로부터 유입된 현금흐름과 영업비용으로 유출된 현금흐름은 얼마인가?

[2012 공인회계사 1차]

	고객으로부터 유입된 현금흐름	영업비용으로 유출된 현금흐름
①	₩1,328,000	₩232,000
②	₩1,328,000	₩280,000
③	₩1,360,000	₩232,000
④	₩1,360,000	₩280,000
⑤	₩1,332,000	₩202,000

02 다음은 (주)대한의 20×1년도 이자지급과 관련된 자료이다.

(1) 포괄손익계산서에 인식된 이자비용 ₩20,000에는 사채할인발행차금 상각액 ₩2,000이 포함되어 있다.

(2) 재무상태표에 인식된 이자 관련 계정과목의 기초 및 기말잔액은 다음과 같다.

계정과목	기초잔액	기말잔액
미지급이자	₩2,300	₩3,300
선급이자	₩1,000	₩1,300

(주)대한의 20×1년도 이자지급으로 인한 현금유출액은 얼마인가? [2014 세무사 1차]

① ₩16,300   ② ₩17,300   ③ ₩18,700

④ ₩21,300   ⑤ ₩22,700

03 다음은 제조기업인 (주)대한의 20×1년도 간접법에 의한 현금흐름표를 작성하기 위한 자료이다.

- 법인세비용차감전순이익: ₩500,000
- 대손상각비: ₩30,000
- 재고자산평가손실: ₩10,000
- 건물 감가상각비: ₩40,000
- 이자비용: ₩50,000
- 법인세비용: ₩140,000
- 단기매매금융자산 처분이익: ₩15,000
- 재무상태표 계정과목의 기초금액 대비 기말금액의 증감
  - 매출채권(순액): ₩100,000 증가
  - 매입채무: ₩50,000 감소
  - 재고자산(순액): ₩20,000 증가
  - 단기매매금융자산: ₩50,000 감소
  - 미지급이자: ₩70,000 증가

이자지급 및 법인세납부를 영업활동으로 분류한다고 할 때, 20×1년 (주)대한이 현금흐름표에 보고할 영업에서 창출된 현금은 얼마인가?   [2015 공인회계사 1차]

① ₩420,000   ② ₩456,000   ③ ₩470,000
④ ₩495,000   ⑤ ₩535,000

04 (주)대한의 20×1년도 현금흐름표상 영업에서 창출된 현금(영업으로부터 창출된 현금)은 ₩100,000이다. 다음에 제시된 자료를 이용하여 계산한 (주)대한의 20×1년도 포괄손익계산서상 법인세비용차감전순이익은 얼마인가? (단, 이자와 배당금수취, 이자지급 및 법인세납부는 영업활동으로 분류한다)   [2019 공인회계사 1차]

감가상각비	₩2,000	미지급이자 감소	₩1,500
유형자산처분이익	₩1,000	재고자산(순액) 증가	₩3,000
이자비용	₩5,000	매입채무 증가	₩4,000
법인세비용	₩4,000	매출채권(순액) 증가	₩2,500
재고자산평가손실	₩500	미수배당금 감소	₩1,000
배당금수익	₩1,500	미지급법인세 감소	₩2,000

① ₩90,000   ② ₩96,500   ③ ₩97,000
④ ₩97,500   ⑤ ₩99,000

05 다음 자료는 (주)코리아의 20×0년 말과 20×1년 말 재무상태표와 20×1년 포괄손익계산서 및 현금흐름 표에서 발췌한 회계자료의 일부이다. (주)코리아는 이자의 지급을 영업활동으로 분류하고 있다. 다음의 자료만을 이용할 때 20×1년도 '법인세비용차감전순이익' 및 '영업에서 창출된 현금'을 계산하면 각각 얼마인가? [2015 공인회계사 1차]

(1) 감가상각비	₩40,000
(2) 유형자산처분손실	₩20,000
(3) 이자비용	₩25,000
(4) 법인세비용	₩30,000
(5) 미지급법인세의 감소액	₩5,000
(6) 이연법인세부채의 증가액	₩10,000
(7) 이자지급액	₩25,000
(8) 매출채권의 증가액	₩15,000
(9) 대손충당금의 증가액	₩5,000
(10) 재고자산의 감소액	₩4,000
(11) 매입채무의 감소액	₩6,000
(12) 영업활동 순현금흐름	₩200,000

	법인세비용차감전순이익	영업에서 창출된 현금
①	₩177,000	₩250,000
②	₩172,000	₩245,000
③	₩225,000	₩192,000
④	₩167,000	₩240,000
⑤	₩172,000	₩220,000

06 현금흐름표는 회계기간 동안 발생한 현금흐름을 영업활동, 투자활동 및 재무활동으로 분류하여 보고한다. 다음 중 현금흐름의 분류가 다른 것은? [2010 세무사 1차]

① 리스이용자의 금융리스부채 상환에 따른 현금유출
② 판매목적으로 보유하는 재고자산을 제조하거나 취득하기 위한 현금유출
③ 보험회사의 경우 보험금과 관련된 현금유출
④ 기업이 보유한 특허권을 일정 기간 사용하도록 하고 받은 수수료 관련 현금유입
⑤ 단기매매목적으로 보유하는 계약에서 발생한 현금유입

07 (주)한국은 20×1년도 현금흐름표를 작성 중이다. 기계장치 관련 내역은 다음과 같으며, 당기 중 취득 및 처분 거래는 모두 현금으로 이루어졌다.

계정과목	기초금액	기말금액
기계장치	₩300,000	₩320,000
감가상각누계액	₩55,000	₩60,000

(주)한국은 당기 중 기계장치를 ₩100,000에 취득하였으며, 포괄손익계산서에는 기계장치처분이익 ₩5,000과 감가상각비(기계장치) ₩35,000이 보고되었다. (주)한국의 기계장치 관련 거래가 20×1년도의 투자활동 현금흐름에 미치는 영향은?　　　　　　　　　　　　　　　[2017 공인회계사 1차]

① 현금유출　₩45,000
② 현금유출　₩15,000
③ 현금유출　₩10,000
④ 현금유입　₩5,000
⑤ 현금유입　₩30,000

08 다음은 (주)대한의 20×1년도 현금흐름표를 작성하기 위한 자료이다.

- 20×1년도 포괄손익계산서 관련 자료

법인세비용차감전순이익	₩2,150,000
법인세비용	?
이자비용	30,000
감가상각비	77,000

- 20×1년 말 재무상태표 관련 자료

계정과목	기말잔액	기초잔액	증감
매출채권	₩186,000	₩224,000	₩38,000 감소
재고자산	130,000	115,000	15,000 증가
매입채무	144,000	152,000	8,000 감소
미지급이자	9,500	12,000	2,500 감소
당기법인세부채	31,000	28,000	3,000 증가
이연법인세부채	2,600	4,000	1,400 감소

(주)대한은 간접법으로 현금흐름표를 작성하며, 이자지급과 법인세납부는 영업활동현금흐름으로 분류한다. (주)대한이 20×1년도 현금흐름표에 보고한 영업활동순현금유입액이 ₩1,884,900일 경우, 20×1년도 당기순이익은 얼마인가? [2023 공인회계사 1차]

① ₩1,713,600   ② ₩1,754,200   ③ ₩1,791,300

④ ₩1,793,800   ⑤ ₩1,844,100

정답 및 해설

정답

01 ②   02 ②   03 ③   04 ③   05 ①   06 ①   07 ①   08 ④

해설

01   ②   1. 고객으로부터 유입된 현금흐름

매출액: ₩160,000(현금매출)+₩1,200,000(신용매출) =	₩1,360,000
매출채권의 증가	₩(32,000)
고객으로부터 유입된 현금흐름	₩1,328,000

2. 영업비용으로 유출된 현금흐름

영업비용	₩(240,000)
선급비용 증가	₩(16,000)
미지급비용 감소	₩(24,000)
영업비용으로 유출된 현금흐름	₩(280,000)

02   ②

포괄손익계산서상 이자비용	₩(20,000)
사채할인차금상각액	₩2,000
미지급이자 증가	₩1,000
선급이자 증가	₩(300)
이자지급으로 인한 현금유출액	₩(17,300)

03   ③

법인세비용차감전순이익	₩500,000
감가상각비	₩40,000
이자비용	₩50,000
매출채권(순액)의 증가	₩(100,000)
매입채무의 감소	₩(50,000)
재고자산(순액)의 증가	₩(20,000)
단기매매금융자산의 감소	₩50,000
영업에서 창출된 현금	₩470,000

04 ③   (1) 법인세비용차감전순이익을 x라 가정한다.

     (2) 영업에서 창출된 현금

법인세비용차감전순이익	x
이자비용	₩5,000
배당금수익	₩(1,500)
감가상각비	₩2,000
유형자산처분이익	₩(1,000)
재고자산(순액)의 증가	₩(3,000)
매입채무의 증가	₩4,000
매출채권(순액)의 증가	₩(2,500)
영업에서 창출된 현금	₩100,000
이자지급	₩(6,500)[1]
배당금수취	₩2,500[2]
법인세지급	₩(6,000)[3]
영업활동 현금흐름	₩90,000

    [1] 이자지급: 이자비용 ₩(5,000) - 미지급이자의 감소 ₩1,500 = ₩(6,500)
    [2] 배당금수취: 배당금수익 ₩1,500 + 미수배당금의 감소 ₩1,000 = ₩2,500
    [3] 법인세지급: 법인세비용 ₩(4,000) - 미지급법인세의 감소 ₩2,000 = ₩(6,000)

    ∴ x = ₩97,000

05 ①

법인세비용차감전순이익	x			
감가상각비	₩40,000			
유형자산처분손실	₩20,000			
이자비용	₩25,000			
매출채권의 증가	₩(15,000)			
대손충당금의 증가	₩5,000		* 법인세 납부	
재고자산의 감소	₩4,000		I/S 법인세비용	₩(30,000)
매입채무의 감소	₩(6,000)		B/S 미지급법인세의 감소	₩(5,000)
영업에서 창출된 현금	y		이연법인세부채의 증가	₩10,000
법인세지급액	₩(25,000)	◀	법인세지급액	₩(25,000)
이자지급액	₩(25,000)			
영업활동 순현금흐름	₩200,000			

  ∴ 영업에서 창출된 현금(y): ₩200,000 + ₩50,000 = ₩250,000

  ∴ 법인세비용차감전순이익(x): ₩177,000

06 ①   ① 리스이용자의 금융리스부채 상환에 따른 현금유출: 재무활동
    ② 판매목적으로 보유하는 재고자산을 제조하거나 취득하기 위한 현금유출: 영업활동
    ③ 보험회사의 경우 보험금과 관련된 현금유출: 영업활동
    ④ 기업이 보유한 특허권을 일정 기간 사용하도록 하고 받은 수수료 관련 현금유입: 영업활동
    ⑤ 단기매매목적으로 보유하는 계약에서 발생한 현금유입: 영업활동

07 ① 1. 취득

| 취득 | (차) 기계장치 | 100,000 | (대) 현금(투자) | 100,000 |

2. 감가상각

| 감가상각 | (차) 감가상각비 | 35,000 | (대) 감가상각누계액 | 35,000 |

3. 처분

계정과목	:	기초	+	증가	-	감소	=	기말금액
기계장치	:	₩300,000	+ 취득 ₩100,000	-	처분(x)	=	₩320,000

∴ 처분(x) = ₩80,000

계정과목	:	기초	+	증가	-	감소	=	기말금액
감가상각누계액	:	₩55,000	+	감가상각 ₩35,000	-	처분(x)	=	₩60,000

∴ 처분(x) = ₩30,000

| 처분 | (차) 현금(투자) | 55,000 | (대) 기계장치 | 80,000 |
| | 감가상각누계액 | 30,000 | 유형자산처분이익 | 5,000 |

4. 투자활동 현금흐름: 순현금유출 ₩(45,000)
   ① 유형자산의 처분: ₩55,000
   ② 유형자산의 취득: ₩(100,000)

별해

투자활동 순현금흐름

구분		금액
포괄손익계산서의 투자활동 관련 손익	유형자산처분이익	₩5,000
	감가상각비	₩(35,000)
투자활동과 관련된 자산·부채의 변동	기계장치(총액)의 증가	₩(20,000)
	감가상각누계액의 증가	₩5,000
투자활동 순현금흐름		₩(45,000)

08 ④ 1. 영업활동순현금흐름

법인세비용차감전순이익	₩2,150,000
이자비용	30,000
감가상각비	77,000
매출채권의 감소	38,000
재고자산의 증가	(15,000)
매입채무의 감소	(8,000)
영업에서 창출된 현금	₩2,272,000
이자지급	(32,500)[1]
법인세지급	x
영업활동 현금흐름	₩1,884,900

[1] 이자지급: 이자비용 ₩(30,000) + 미지급이자의 감소 ₩(2,500) = ₩(32,500)

∴ 법인세지급(x) = ₩(354,600)

2. 법인세지급 ₩(354,600) = 법인세비용(y) + 당기법인세부채의 증가 ₩3,000 + 이연법인세부채의 감소 ₩(1,400)

∴ 법인세비용(y) = ₩(356,200)

3. 당기순이익: ₩2,150,000 - ₩356,200 = ₩1,793,800

주관식 연습문제

현금흐름표의 작성

01 다음은 (주)한국의 재무상태표와 포괄손익계산서이다. (주)한국의 회계팀 사원인 김대한씨는 재무상태표와 포괄손익계산서를 이용하여 현금흐름표를 작성하고자 한다.

(1) 재무상태표

재무상태표

(주)한국

자산	20×1년 말	20×2년 말	부채 및 자본	20×1년 말	20×2년 말
현금및현금성자산	₩110,000	₩290,000	단기차입금	₩30,000	₩10,000
매출채권	₩100,000	₩120,000	매입채무	₩100,000	₩120,000
대손충당금	₩(10,000)	₩(20,000)	미지급이자	₩50,000	₩40,000
미수이자	₩40,000	₩10,000	미지급법인세	₩10,000	₩30,000
재고자산	₩300,000	₩310,000	장기차입금	₩150,000	₩200,000
이연법인세자산	₩30,000	₩40,000	사채	₩200,000	₩200,000
상각후원가측정금융자산	₩150,000	₩100,000	사채할인발행차금	₩(20,000)	₩(10,000)
토지	₩100,000	₩50,000	자본금	₩300,000	₩350,000
건물	₩200,000	₩250,000	자본잉여금	₩100,000	₩50,000
(감가상각누계액)	₩(40,000)	₩(50,000)	이익잉여금	₩60,000	₩110,000
합계	₩980,000	₩1,100,000	합계	₩980,000	₩1,100,000

(2) 포괄손익계산서

포괄손익계산서

(주)한국	20×2. 1. 1. ~ 20×2. 12. 31.	
매출액		₩1,000,000
매출원가		₩(890,000)
매출총이익		₩110,000
판매비와관리비		₩(80,000)
급여	₩(40,000)	
대손상각비	₩(30,000)	
감가상각비	₩(10,000)	
영업이익		₩30,000
영업외수익		₩90,000
이자수익	₩50,000	
유형자산처분이익	₩30,000	
외화환산이익	₩10,000	
영업외비용		₩(30,000)
금융자산처분손실	₩(10,000)	
이자비용	₩(20,000)	
법인세비용차감전순이익		₩90,000
법인세비용		₩(30,000)
당기순이익		₩60,000

(3) 관련 자료

① 회사는 이자수취, 이자지급, 법인세지급은 영업활동 현금흐름으로, 배당금지급은 재무활동 현금흐름으로 분류하고 있다.

② 20×2년에 발생한 외화환산이익 ₩10,000은 모두 외화현금에서 발생한 사항이다.

③ 20×2년에 장부금액 ₩50,000의 상각후원가측정금융자산을 현금 ₩40,000에 처분하였다.

④ 20×2년에 토지를 ₩80,000에 처분하여 유형자산처분이익 ₩30,000을 계상하였으며, 당기 중 토지의 취득내역은 없다.

⑤ 20×2년에 건물을 ₩50,000에 구입하였으며, 건물과 관련된 감가상각비 ₩10,000을 포괄손익계산서에 인식하였다.

⑥ 20×2년에 단기차입금 ₩20,000을 상환하였으며, 당기 중 단기차입금의 차입내역은 없다.

⑦ 20×2년에 장기차입금 ₩50,000을 차입하였다.

⑧ 20×2년 중 자본잉여금 ₩50,000을 재원으로 하여 무상증자를 실시하였다.

⑨ 20×1년도 이익처분으로 20×2년 2월에 ₩10,000을 현금배당하였다.

물음1 (주)한국의 현금흐름표를 작성하시오. (단, 영업활동 현금흐름을 직접법에 의하여 표시한다)

물음2 (주)한국의 현금흐름표를 작성하시오. (단, 영업활동 현금흐름을 간접법에 의하여 표시한다)

해답 **물음1** 1. 직접법에 의한 영업활동 현금흐름

(1) 고객으로부터 유입된 현금

구분		금액
포괄손익계산서의 매출활동 관련 손익	매출	₩1,000,000
	대손상각비	₩(30,000)
매출활동과 관련된 자산·부채의 변동	매출채권의 증가	₩(20,000)
	대손충당금의 증가	₩10,000
고객으로부터 유입된 현금		₩960,000

(2) 공급자에 대한 현금유출

구분		금액
포괄손익계산서의 매입활동 관련 손익	매출원가	₩(890,000)
매입활동과 관련된 자산·부채의 변동	매입채무의 증가	₩20,000
	재고자산의 증가	₩(10,000)
공급자에 대한 현금유출		₩(880,000)

(3) 종업원에 대한 현금유출

구분		금액
포괄손익계산서의 급여활동 관련 손익	급여	₩(40,000)
종업원에 대한 현금유출		₩(40,000)

(4) 이자수취로 인한 현금유입액

구분		금액
포괄손익계산서의 이자수취활동 관련 손익	이자수익	₩50,000
이자수취활동과 관련된 자산·부채의 변동	미수이자의 감소	₩30,000
이자수취 현금유입액		₩80,000

(5) 이자지급으로 인한 현금유출액

구분		금액
포괄손익계산서의 이자지급활동 관련 손익	이자비용	₩(20,000)
	사채 할인액 상각	₩10,000
이자지급활동과 관련된 자산·부채의 변동	미지급이자의 감소	₩(10,000)
이자지급 현금유출액		₩(20,000)

(6) 법인세지급으로 인한 현금유출액

구분		금액
포괄손익계산서의 법인세지급활동 관련 손익	법인세비용	₩(30,000)
법인세지급활동과 관련된 자산·부채의 변동	미지급법인세의 증가	₩20,000
	이연법인세자산의 증가	₩(10,000)
법인세지급 현금유출액		₩(20,000)

2. 투자활동 계정분석
   (1) 상각후원가측정금융자산
      ① 처분

계정과목	:	기초	+	증가	-	감소	=	기말금액
상각후원가측정 금융자산	:	₩150,000	+	-	-	처분 ₩50,000	=	₩100,000

처분	(차) 현금(투자)	40,000	(대) 상각후원가측정금융자산	50,000
	금융자산처분손실	10,000		

   (2) 토지
      ① 처분

계정과목	:	기초	+	증가	-	감소	=	기말금액
토지	:	₩100,000	+	-	-	처분(x)	=	₩50,000

∴ 처분(x) = ₩50,000

처분	(차) 현금(투자)	80,000	(대) 토지	50,000
			유형자산처분이익	30,000

   (3) 건물
      ① 취득

계정과목	:	기초	+	증가	-	감소		기말금액
건물	:	₩200,000	+ 취득 ₩50,000	-			=	₩250,000

취득	(차) 건물	50,000	(대) 현금(투자)	50,000

      ② 감가상각

계정과목	:	기초	+	증가	-	감소	=	기말금액
감가상가누계액	:	₩40,000	+	감가상각 ₩10,000	-	-	=	₩50,000

감가상각	(차) 감가상각비	10,000	(대) 감가상각누계액	10,000

3. 재무활동 계정분석
   (1) 단기차입금
      ① 상환

계정과목	:	기초	+	증가	-	감소	=	기말금액
단기차입금	:	₩30,000	+	-	-	상환 ₩20,000	=	₩10,000

상환	(차) 단기차입금	20,000	(대) 현금(재무)	20,000

   (2) 장기차입금
      ① 차입

계정과목	:	기초	+	증가	-	감소	=	기말금액
장기차입금	:	₩150,000	+ 차입 ₩50,000	-	-		=	₩200,000

차입	(차) 현금(재무)	50,000	(대) 장기차입금	50,000

   (3) 사채
      ① 상각

계정과목	:	기초	+	증가	-	감소	=	기말금액
사채할인발행차금	:	₩20,000	+	-	-	상각 ₩10,000	=	₩10,000

상각	(차) 이자비용	10,000	(대) 사채할인발행차금	10,000

(4) 무상증자

계정과목	:	기초	+	증가	-	감소	=	기말금액
자본금	:	₩300,000	+	무상증자 ₩50,000	-	-	=	₩350,000
자본잉여금	:	₩100,000	+	-	-	무상증자 ₩50,000	=	₩50,000

무상증자	(차) 자본잉여금	50,000	(대) 자본금	50,000

(5) 이익잉여금(배당)

계정과목	:	기초	+	증가	-	감소	=	기말금액
이익잉여금	:	₩60,000	+	당기순이익 ₩60,000	-	현금배당 ₩10,000	=	₩110,000

당기순이익	(차) 당기순이익(집합손익)	60,000	(대) 이익잉여금	60,000
현금배당	(차) 이익잉여금	10,000	(대) 현금(재무)	10,000

4. 현금흐름표(직접법)

현금흐름표

(주)한국   20×2. 1. 1. ~ 20×2. 12. 31.

Ⅰ. 영업활동 현금흐름		
1. 고객으로부터 유입된 현금	₩960,000	
2. 공급자에 대한 현금유출	₩(880,000)	
3. 종업원에 대한 현금유출	₩(40,000)	
영업에서 창출된 현금		₩40,000
1. 이자수취	₩80,000	
2. 이자지급	₩(20,000)	
3. 법인세지급	₩(20,000)	
영업활동 순현금흐름		₩80,000
Ⅱ. 투자활동 현금흐름		
1. 상각후원가측정금융자산의 처분		₩40,000
2. 토지의 처분		₩80,000
3. 건물의 구입		₩(50,000)
Ⅲ. 재무활동 현금흐름		
1. 단기차입금의 상환		₩(20,000)
2. 장기차입금의 차입		₩50,000
3. 배당금지급		₩(10,000)
Ⅳ. 현금및현금성자산의 환율변동효과		₩10,000
Ⅴ. 현금및현금성자산의 증가		₩180,000
Ⅵ. 기초의 현금및현금성자산		₩110,000
Ⅶ. 기말의 현금및현금성자산		₩290,000

현금흐름표(간접법)

현금흐름표

(주)한국 20×2. 1. 1. ~ 20×2. 12. 31.

I. 영업활동 현금흐름	
당기순이익	₩60,000
법인세비용	₩30,000
이자수익	₩(50,000)
이자비용	₩20,000
감가상각비	₩10,000
유형자산처분이익	₩(30,000)
외화환산이익	₩(10,000)
금융자산처분손실	₩10,000
매출채권의 증가	₩(20,000)
대손충당금의 증가	₩10,000
재고자산의 증가	₩(10,000)
매입채무의 증가	₩20,000
영업에서 창출된 현금	₩40,000
이자수취[1]	₩80,000
이자지급[1]	₩(20,000)
법인세지급[1]	₩(20,000)
영업활동 순현금흐름	₩80,000
II. 투자활동 현금흐름	
1. 상각후원가측정금융자산의 처분	₩40,000
2. 토지의 처분	₩80,000
3. 건물의 구입	₩(50,000)
III. 재무활동 현금흐름	
1. 단기차입금의 상환	₩(20,000)
2. 장기차입금의 차입	₩50,000
3. 배당금지급	₩(10,000)
IV. 현금및현금성자산의 환율변동효과	₩10,000
V. 현금및현금성자산의 증가	₩180,000
VI. 기초의 현금및현금성자산	₩110,000
VII. 기말의 현금및현금성자산	₩290,000

[1] 계산내역: 직접법 참조

해설 본 문제에서 간접법에 의한 영업활동 현금흐름을 과거 기업회계기준(K - GAAP)에 의한 방법과 K - IFRS에 의한 방법을 비교하면 다음과 같다.

과거 기업회계기준(K - GAAP)에 의한 방법		K - IFRS에 의한 방법	
<영업활동 현금흐름>		**<영업활동 현금흐름>**	
당기순이익	₩60,000	당기순이익 (법인세비용, 이자수익, 이자비용 포함)	₩60,000
		법인세비용	₩30,000
		이자수익	₩(50,000)
		이자비용	₩20,000
감가상각비	₩10,000	감가상각비	₩10,000
유형자산처분이익	₩(30,000)	유형자산처분이익	₩(30,000)
외화환산이익	₩(10,000)	외화환산이익	₩(10,000)
금융자산처분손실	₩10,000	금융자산처분손실	₩10,000
사채 할인액 상각	₩10,000		
매출채권의 증가	₩(20,000)	매출채권의 증가	₩(20,000)
대손충당금의 증가	₩10,000	대손충당금의 증가	₩10,000
미수이자의 감소	₩30,000		
재고자산의 증가	₩(10,000)	재고자산의 증가	₩(10,000)
이연법인세자산의 증가	₩(10,000)		
매입채무의 증가	₩20,000	매입채무의 증가	₩20,000
미지급이자의 감소	₩(10,000)		
미지급법인세의 증가	₩20,000		
		영업에서 창출된 현금	₩40,000
		이자수취: (+)이자수익 + 미수이자의 감소	₩80,000
		이자지급: (-)이자비용 + 사채할인액상각 - 미지급이자의 감소	₩(20,000)
		법인세지급: (-)법인세비용 + 미지급법인세의 증가 - 이연법인세자산의 증가	₩(20,000)
영업활동 현금흐름	**₩80,000**	**영업활동 현금흐름**	**₩80,000**

위의 두 방법을 비교해보면 당기순이익에는 이미 이자수익, 이자비용, 법인세비용이 포함되어 있으나 K - IFRS는 이를 별도로 표시하는 것을 요구하고 있으므로 이자수익, 이자비용, 법인세비용이 영업활동 현금흐름에 두 번 고려되지 않기 위해 당기순이익에서 먼저 가감하여 제거한다. 또한, 미수이자의 감소, 사채할인액상각, 미지급이자의 감소, 미지급법인세의 증가 및 이연법인세자산의 증가는 이자수취, 이자지급, 법인세지급의 계산에 이미 포함되어 있으므로 영업활동 관련 자산, 부채 변동의 고려사항에서 제외한다. 참고로 이와 같은 이유로 법인세비용이 두 번 고려되는 것을 방지하기 위하여 위 현금흐름표는 법인세비용차감전순이익 ₩90,000에서 출발하여 법인세비용을 가감하지 않는 방법으로 표시하여도 된다.

02 다음은 유통업을 영위하고 있는 (주)일산의 20×1년 말 및 20×2년 말의 재무상태표 및 20×2년의 포괄손익계산서이다.

현금흐름표

(주)일산   20×2. 1. 1. ~ 20×2. 12. 31.   (단위: 원)

	20×2. 1. 1.	20×2. 12. 31.
자산		
현금및현금성자산	219	458
매출채권	517	767
재고자산	168	98
파생상품	40	25
유형자산	232	236
(감가상각누계액)	(49)	(35)
특허권 등 무형자산	13	21
자산총액	1,140	1,570
부채		
매입채무	171	271
미지급법인세	180	190
미지급이자	0	10
유동성장기차입금	128	0
장기차입금	435	635
사채	0	200
(사채할인발행차금)	0	(30)
자본		
자본금	100	135
이익잉여금	126	159
부채 및 자본총액	1,140	1,570

포괄손익계산서

(주)일산   20×2. 1. 1. ~ 20×2. 12. 31.   (단위: 원)

매출	550
매출원가	(270)
매출총이익	280
판매관리비	(95)
이자비용	(60)
파생상품평가손실	(15)
유형자산처분이익	10
법인세비용차감전순이익	120
법인세비용	(60)
당기순이익	60

당기의 (주)일산의 추가적인 거래자료는 다음과 같다.

1. 공정가치가 ₩55인 유형자산을 현금 ₩20을 지급하고 나머지는 보통주를 발행하여 취득하였다.

2. 취득원가가 ₩51인 유형자산을 현금 ₩37을 수취하고 처분하였다.

3. 현금 ₩13을 지급하고 특허권을 취득하였다.

4. 판매관리비는 감가상각비 및 무형자산상각비를 포함하고 있으며, 이들을 제외한 비용은 전액 현금지급되었다.

5. 주거래은행으로부터 ₩200을 장기차입하여 만기도래한 유동성장기차입금을 상환하는데 일부 사용하였다. 장기차입금 중 당기에 유동성장기차입금으로 대체된 금액은 없다.

6. 위험회피목적과는 상관없이 보유 중인 파생상품에서 평가손실이 발생하여 당기에 반영하였다. 당기 중 취득 및 처분한 파생상품은 없다.

7. 당기 중 액면 ₩200인 사채를 ₩160에 할인발행하였다.

8. 당기 중 현금배당을 결의하고 지급하였다.

9. (주)일산은 이자와 배당의 지급 및 수취를 현금흐름표에서 영업활동 현금흐름 항목으로 처리하는 정책을 채택하고 있다.

물음1 다음과 같이 간접법을 이용하여 현금흐름표를 작성할 때 ①~⑥에 알맞은 금액을 구하되, 감소는 (-)로 표시한다.

현금흐름표

(주)일산	20×2. 1. 1. ~ 20×2. 12. 31.	(단위: 원)
영업활동 현금흐름		
당기순이익		60
가감:		
감가상각비		①
무형자산상각비		②
이자비용		?
파생상품평가손실		?
유형자산처분이익		?
법인세비용		?
매출채권 증가		?
재고자산 감소		?
매입채무 증가		?
영업에서 창출된 현금		?
이자지급액		③
배당지급액		④
법인세납부		?
영업활동 순현금흐름		?
투자활동 현금흐름		
유형자산의 취득		?
유형자산의 매각		?
무형자산의 취득		?
투자활동 순현금흐름		⑤
재무활동 현금흐름		
유동성장기차입금의 상환		?
장기차입금의 차입		?
사채의 발행		?
재무활동 순현금흐름		⑥
현금및현금성자산 순증가		239
기초 현금및현금성자산		219
기말 현금및현금성자산		458

물음 2 (주)일산의 영업활동 현금흐름을 직접법을 이용하여 작성한다고 가정하고, 아래 ①~③에 알맞은 금액을 구하시오. 감소는 (-)로 표시한다.

현금흐름표

(주)일산	20×2. 1. 1. ~ 20×2. 12. 31.	(단위: 원)
영업활동 현금흐름		
고객으로부터 유입된 현금		①
공급자 및 종업원에 대한 현금유출		②
영업에서 창출된 현금		?
이자지급액		?
배당지급액		?
법인세납부		?
영업활동 순현금흐름		③

물음 3 위 추가적인 거래자료 중 현금흐름표와 관련하여 주석에 공시하여야 할 사항은 무엇인가? 한 줄로 답하시오.

해답 | 물음 1 |

1. 감가상각비: ₩10
   (1) 취득

취득	(차) 유형자산	55	(대) 현금(투자)	20
			자본금	35

   (2) 처분

처분	(차) 현금(투자)	37	(대) 유형자산	51
	감가상각누계액	24	유형자산처분이익	10

   (3) 감가상각

계정과목	:	기초	+	증가	-	감소	=	기말금액
감가상각누계액	:	₩49	+	감가상각(x)	-	처분 ₩24	=	₩35

   ∴ 감가상각(x) = ₩10

감가상각	(차) 감가상각비	10	(대) 감가상각누계액	10

2. 무형자산상각비: ₩5
   (1) 취득

취득	(차) 무형자산	13	(대) 현금(투자)	13

   (2) 상각

계정과목	:	기초	+	증가	-	감소	=	기말금액
무형자산	:	₩13	+	취득 ₩13	-	상각(x)	=	₩21

   ∴ 무형자산상각비(x) = ₩5

감가상각	(차) 무형자산상각비	5	(대) 무형자산	5

3. 이자지급액: ₩(40)

구분		금액
포괄손익계산서의 이자지급활동 관련 손익	이자비용	₩(60)
	사채 할인액 상각	₩10[1]
이자지급활동과 관련된 자산·부채의 변동	미지급이자의 증가	₩10
이자지급 현금유출액		₩(40)

   [1] (₩200 - ₩160) - ₩30 = ₩10

4. 배당금지급액: ₩(27)
   (1) 당기순이익

당기순이익	(차) 당기순이익	60	(대) 이익잉여금	60

   (2) 현금배당

계정과목	:	기초	+	증가	-	감소	=	기말금액
이익잉여금	:	₩126	+	당기순이익 ₩60	-	현금배당(x)	=	₩159

   ∴ 현금배당(x) = ₩(27)

현금배당	(차) 이익잉여금	27	(대) 현금(재무)	27

5. 투자활동 순현금흐름: ₩4

유형자산의 취득	₩(20)
유형자산의 매각	₩37
무형자산의 취득	₩(13)
투자활동 순현금흐름	₩4

6. 재무활동 순현금흐름: ₩232

유동성장기차입금의 상환	₩(128)
장기차입금의 차입	₩200
사채의 발행	₩160
재무활동 순현금흐름	₩232

(1) 장기차입금의 차입

차입	(차) 현금(재무)	200	(대) 장기차입금	200

(2) 유동성장기차입금의 상환

상환	(차) 유동성장기차입금	128	(대) 현금(재무)	128

(3) 사채의 발행

사채의 발행	(차) 현금(재무)	160	(대) 사채	200
	사채할인발행차금	40		

(4) 사채 할인액 상각

계정과목 :	기초	+	증가	−	감소	=	기말금액
사채할인발행차금 :	₩0	+	발행 ₩40	−	상각(x)	=	₩30

∴ 할인액 상각(x) = ₩10

할인액 상각	(차) 이자비용	10	(대) 사채할인발행차금	10

물음 2

1. 고객으로부터 유입된 현금: ₩300

매출액	₩550
매출채권의 증가	₩(250)
고객으로부터 유입된 현금	₩300

2. 공급자 및 종업원에 대한 현금유출: ₩(180)

매출원가	₩(270)
판매관리비	₩(95)
감가상각비	₩10
무형자산상각비	₩5
재고자산의 감소	₩70
매입채무의 증가	₩100
공급자 및 종업원에 대한 현금유출	₩(180)

3. 영업활동 순현금흐름: ₩3

고객으로부터 유입된 현금	₩300
공급자 및 종업원에 대한 현금유출	₩(180)
영업에서 창출된 현금	₩120
이자지급액	₩(40)
배당지급액	₩(27)
법인세지급[1]	₩(50)
영업활동 순현금흐름	₩3

[1] 법인세비용 ₩(60) + 미지급법인세의 증가 ₩10 = ₩(50)

물음 3 현물출자에 의한 유형자산의 취득과 같은 중요한 비현금거래는 주석에 공시한다.

해커스 IFRS 김원종 중급회계 하

회계사·세무사·경영지도사 단번에 합격!
해커스 경영아카데미 cpa.Hackers.com

Chapter 24

중간재무보고와 재무비율분석

I | 중간재무보고

01 의의

(1) 정의

중간재무보고(Interim Financial Reporting)는 중간기간에 대한 재무보고를 하는 것을 말한다. 또한 중간기간은 한 회계기간보다 짧은 기간을 말하며, 일반적으로 상장기업에서 3개월을 분기, 6개월을 반기라고 부른다. 중간재무보고서(Interim Financial Report)는 중간기간에 대한 재무보고서로서 K-IFRS 제1001호 '재무제표 표시'에 따른 전체 재무제표 또는 이 기준서에 따른 요약재무제표를 포함한 보고서를 말한다. 중간재무보고서에는 최소한 다음의 구성요소를 포함해야 한다.

① 요약재무상태표
② 요약된 하나 또는 그 이상의 포괄손익계산서
③ 요약자본변동표
④ 요약현금흐름표
⑤ 선별적 주석

적시성과 재무제표 작성 비용의 관점에서 또한 이미 보고된 정보와의 중복을 방지하기 위하여 중간재무보고서에는 연차재무제표에 비하여 적은 정보를 공시할 수 있다. K-IFRS 제1034호 '중간재무보고'에서는 중간재무보고서의 최소 내용은 요약재무제표와 선별적 주석을 포함하는 것으로 본다.
중간재무보고서는 직전의 전체 연차재무제표를 갱신하는 정보를 제공하기 위하여 작성한 것으로 본다. 따라서 중간재무보고서는 새로운 활동, 사건과 환경에 중점을 두며 이미 보고된 정보를 반복하지 않는다.

⚡POINT 중간재무보고의 정의

중간재무보고	중간기간에 대한 재무보고를 하는 것
중간기간	한 회계기간보다 짧은 기간 예 3개월: 분기, 6개월: 반기
중간재무보고서	중간기간에 대한 재무보고서로서 전체 재무제표 또는 요약재무제표를 포함
중간재무보고서의 최소 내용	요약재무제표와 선별적 주석을 포함
중간재무보고서의 역할	직전의 전체 연차재무제표를 갱신하는 정보를 제공

(2) 형식과 내용

요약재무제표를 중간재무보고서에 포함하는 경우, 이러한 재무제표는 최소한 직전 연차재무제표에 포함되었던 제목, 소계 및 이 기준서에서 정하는 선별적 주석을 포함하여야 한다. 단, 추가적인 항목이나 다른 주석들이 생략될 경우 요약중간재무제표가 재무제표이용자의 오해를 유발할 수 있다면 그러한 항목이나 주석은 추가되어야 한다.

기본주당이익과 희석주당이익은 기업이 기업회계기준서 제1033호 '주당이익'의 적용범위에 해당하는 경우에 중간기간의 당기순손익의 구성요소를 표시하는 재무제표에 표시한다.

직전 연차재무보고서를 연결기준으로 작성하였다면 중간재무보고서도 연결기준으로 작성해야 한다. 지배기업의 별도재무제표는 직전 연차연결재무제표와 일관되거나 비교가능한 재무제표가 아니다. 연차재무보고서에 연결재무제표 외에 추가적으로 지배기업의 별도재무제표가 포함되어 있더라도, 이 기준서는 중간재무보고서에 지배기업의 별도재무제표를 포함하는 것을 요구하거나 금지하지 않는다.

⚡ POINT 중간재무보고의 형식과 내용

최소한 직전 연차재무제표에 포함되었던 제목, 소계 및 이 기준서에서 정하는 선별적 주석을 포함

(3) 유의적인 사건과 거래와 중요성

중간재무보고서에는 직전 연차보고기간말 후 발생한 재무상태와 경영성과의 변동을 이해하는 데 유의적인 거래나 사건에 대한 설명을 포함한다. 이러한 사건과 거래에 관하여 공시된 정보는 직전 연차재무보고서에 표시된 관련 정보를 갱신해야 한다. 중간재무보고서의 이용자는 해당 기업의 직전 연차재무보고서도 이용할 수 있을 것이다. 따라서 직전 연차재무보고서에 이미 보고된 정보에 대한 갱신사항이 상대적으로 경미하다면 중간재무보고서에 주석으로 보고할 필요는 없다.

중간재무보고서를 작성할 때 인식, 측정, 분류 및 공시와 관련된 중요성의 판단은 해당 중간기간의 재무자료에 근거하여 이루어져야 한다. 중요성을 평가하는 과정에서 중간기간의 측정은 연차재무자료의 측정에 비하여 추정에 의존하는 정도가 크다는 점을 고려하여야 한다.

⚡ POINT 유의적인 사건과 거래와 중요성

유의적인 사건과 거래	직전 연차보고기간말 후 발생한 재무상태와 경영성과의 변동을 이해하는 데 유의적인 거래나 사건에 대한 설명을 포함함
중요성	중요성의 판단은 해당 중간기간의 재무자료에 근거하여 이루어져야 함

(4) 중간재무제표가 제시되어야 하는 기간

중간재무보고서는 다음 기간에 대한 중간재무제표(요약 또는 전체)를 포함하여야 한다.

> ① 당해 중간보고기간말과 직전 연차보고기간말을 비교하는 형식으로 작성한 재무상태표
> ② 당해 중간기간과 당해 회계연도 누적기간을 직전 회계연도의 동일기간과 비교하는 형식으로 작성한 포괄손익계산서
> ③ 당해 회계연도 누적기간을 직전 회계연도의 동일기간과 비교하는 형식으로 작성한 자본변동표
> ④ 당해 회계연도 누적기간을 직전 회계연도의 동일기간과 비교하는 형식으로 작성한 현금흐름표

계절성이 높은 사업을 영위하는 기업의 경우, 중간보고기간말까지 12개월 기간의 재무정보와 직전 회계연도의 동일기간에 대한 비교 재무정보는 유용할 것이다. 따라서 계절성이 높은 사업을 영위하는 기업은 이러한 정보를 보고할 것을 권장한다.

⚡ POINT 중간재무제표가 제시되어야 하는 기간의 예(20×1년 반기재무제표 가정)

구분	당기	전기
재무상태표	20×1년 6월 30일	20×0년 12월 31일
포괄손익계산서 (누적중간기간) (중간기간)	20×1년 1월 1일 ~ 20×1년 6월 30일 20×1년 4월 1일 ~ 20×1년 6월 30일	20×0년 1월 1일 ~ 20×0년 6월 30일 20×0년 4월 1일 ~ 20×0년 6월 30일
현금흐름표 (누적중간기간)	20×1년 1월 1일 ~ 20×1년 6월 30일	20×0년 1월 1일 ~ 20×0년 6월 30일
자본변동표 (누적중간기간)	20×1년 1월 1일 ~ 20×1년 6월 30일	20×0년 1월 1일 ~ 20×0년 6월 30일

(5) 연차재무제표 공시

특정 중간기간에 보고된 추정금액이 최종 중간기간에 중요하게 변동하였지만 최종 중간기간에 대하여 별도의 재무보고를 하지 않는 경우, 추정의 변동 성격과 금액을 해당 회계연도의 연차재무제표에 주석으로 공시하여야 한다.

02 인식과 측정

(1) 연차기준과 동일한 회계정책

중간재무제표는 연차재무제표에 적용하는 회계정책과 동일한 회계정책을 적용하여 작성한다. 다만 직전 연차보고기간말 후에 회계정책을 변경하여 그 후의 연차재무제표에 반영하는 경우에는 변경된 회계정책을 적용한다. 그러나 연차재무제표의 결과가 보고빈도(연차보고, 반기보고, 분기보고)에 따라 달라지지 않아야 한다. 이러한 목적을 달성하기 위하여 중간재무보고를 위한 측정은 당해 회계연도 누적기간을 기준으로 하여야 한다. 이와 같은 예를 들면 다음과 같다.

① 중간기간에 재고자산의 감액, 구조조정 및 자산손상을 인식하고 측정하는 원칙은 연차재무제표만을 작성할 때 따르는 원칙과 동일하다. 그러나 이러한 항목들이 특정 중간기간에 인식되고 측정되었으나 그 추정치가 당해 회계연도의 후속 중간기간에 변경되는 경우에는 당해 후속 중간기간에 추가로 손실금액을 인식하거나 이전에 인식한 손실을 환입함으로써 당초 추정치가 변경된다.
② 중간보고기간말 현재 자산의 정의를 충족하지 못하는 원가는 그 후에 이러한 정의를 충족할 가능성이 있다는 이유로 또는 중간기간의 이익을 유연화하기 위하여 자산으로 계상할 수 없다.
③ 법인세비용은 각 중간기간에 전체 회계연도에 대해서 예상되는 최선의 가중평균연간법인세율의 추정에 기초하여 인식한다. 연간법인세율에 대한 추정을 변경하는 경우에는 이미 한 중간기간에 인식한 법인세비용을 이후 중간기간에 조정하여야 할 수도 있다.

(2) 계절적, 주기적 또는 일시적인 수익

계절적, 주기적 또는 일시적으로 발생하는 수익은 연차보고기간말에 미리 예측하여 인식하거나 이연하는 것이 적절하지 않은 경우 중간보고기간말에도 미리 예측하여 인식하거나 이연하여서는 아니 된다. 배당수익, 로열티수익 및 정부보조금 등이 위와 같은 예이다. 또한 소매업의 계절적 수익 등과 같이 특정 중간 기간마다 다른 중간기간에 비해 지속적으로 더 많이 발생하는 수익도 있다. 이러한 수익은 발생할 때 수익으로 인식한다.

(3) 연중 고르지 않게 발생하는 원가

연중 고르지 않게 발생하는 원가는 연차보고기간말에 미리 비용으로 예측하여 인식하거나 이연하는 것이 타당한 방법으로 인정되는 경우에 한하여 중간재무보고서에서도 동일하게 처리한다.

(4) 추정치의 사용

중간재무보고서 작성을 위한 측정절차는 측정결과가 신뢰성이 있으며 기업의 재무상태와 경영성과를 이해하는 데 적합한 모든 중요한 재무정보가 적절히 공시되었다는 것을 보장할 수 있도록 설계한다. 연차기준과 중간기준의 측정 모두 합리적인 추정에 근거하지만, 일반적으로 중간기준의 측정은 연차기준의 측정보다 추정을 더 많이 사용한다.

⚡ POINT 중간재무보고의 인식과 측정

연차기준과 동일한 회계정책	① 중간재무제표는 연차재무제표에 적용하는 회계정책과 동일한 회계정책을 적용하여 작성함 ② 중간재무보고를 위한 측정은 당해 회계연도 누적기간을 기준으로 함
계절적, 주기적 또는 일시적인 수익	계절적, 주기적 또는 일시적으로 발생하는 수익은 중간보고기간말에 미리 예측하여 인식하거나 이연하여서는 아니 됨
연중 고르지 않게 발생하는 원가	연중 고르지 않게 발생하는 원가는 연차보고기간말에 미리 비용으로 예측하여 인식하거나 이연하는 것이 타당한 방법으로 인정되는 경우에 한하여 중간재무보고서에서도 동일하게 처리함
추정치의 사용	일반적으로 중간기준의 측정은 연차기준의 측정보다 추정을 더 많이 사용

Ⅱ | 특수관계자 공시

01 의의

특수관계자는 보고기업과 특수관계에 있는 개인이나 기업을 말한다. K-IFRS에서는 회계기간 내에 특수관계자와의 거래가 있는 경우, 기업은 이용자가 재무제표의 미치는 특수관계의 잠재적 영향을 파악하는 데 필요한 거래, 약정을 포함한 채권·채무 잔액에 대한 정보뿐만 아니라 특수관계의 성격도 공시하여야 한다. 이러한 특수관계자와 관련된 공시를 이해하기 위해서 특수관계자 공시의 목적과 특수관계자의 범위 및 공시사항을 이해해야 하는데, 이를 차례로 설명하기로 한다.

02 특수관계자 공시의 목적

특수관계는 기업의 당기순손익과 재무상태에 영향을 미칠 수 있다. 특수관계자는 특수관계가 아니라면 이루어지지 않을 거래를 성사시킬 수 있다. 예를 들어, 기업이 지배기업에 원가로 판매하는 재화를 다른 고객에게는 동일한 조건으로 판매하지 않을 수 있다. 또한 특수관계자거래의 거래금액은 특수관계에 있지 않은 자와의 거래의 거래금액과는 다르게 이루어질 수 있다. 이러한 이유로 특수관계자와의 거래, 약정을 포함한 채권·채무 잔액 및 특수관계에 대한 이해는 재무제표이용자가 기업이 직면하고 있는 위험과 기회에 대한 평가를 포함하여 기업의 영업을 평가하는 데 영향을 줄 수 있다.

⚡ POINT 특수관계자의 의의 및 공시의 목적

특수관계자의 정의	보고기업과 특수관계에 있는 개인이나 기업
특수관계자의 공시사항	회계기간 내에 특수관계자와의 거래가 있는 경우, 기업은 이용자가 재무제표의 미치는 특수관계의 잠재적 영향을 파악하는 데 필요한 거래, 약정을 포함한 채권·채무 잔액에 대한 정보뿐만 아니라 특수관계의 성격도 공시하여야 함
공시의 목적	특수관계자와의 거래, 약정을 포함한 채권·채무 잔액 및 특수관계에 대한 이해는 재무제표이용자가 기업이 직면하고 있는 위험과 기회에 대한 평가를 포함하여 기업의 영업을 평가하는 데 영향을 줄 수 있음

03 특수관계자의 범위

특수관계자는 보고기업과 특수관계에 있는 개인이나 기업을 말한다. 개인이 다음 중 어느 하나에 해당하는 경우, 그 개인이나 그 개인의 가까운 가족은 보고기업과 특수관계에 있다.

> ① 보고기업에 지배력 또는 공동지배력이 있는 경우
> ② 보고기업에 유의적인 영향력이 있는 경우
> ③ 보고기업 또는 그 지배기업의 주요 경영진의 일원인 경우

여기서 개인과 가까운 가족은 당해 기업과의 거래 관계에서 당해 개인의 영향을 받거나 당해 개인에게 영향력을 행사할 것으로 예상되는 가족으로서 다음의 경우를 포함한다.

> ① 자녀 및 배우자(사실상 배우자 포함. 이하 같다)
> ② 배우자의 자녀
> ③ 당해 개인이나 배우자의 피부양자

기업의 경우는 다음의 조건 중 어느 하나에 적용될 경우 보고기업과 특수관계에 있다.

> ① 기업과 보고기업이 동일한 연결실체 내의 일원인 경우
> ② 한 기업이 다른 기업의 관계기업이거나 공동기업인 경우
> ③ 두 기업이 동일한 제3자의 공동기업인 경우
> ④ 제3의 기업에 대해 한 기업이 공동기업이고 다른 기업이 관계기업인 경우
> ⑤ 기업이 보고기업이나 그 보고기업과 특수관계에 있는 기업의 종업원급여를 위한 퇴직급여제도인 경우
> ⑥ 기업이 보고기업과 특수관계에 있는 개인에 의하여 지배 또는 공동지배되는 경우
> ⑦ 보고기업에 지배력 또는 공동지배력이 있는 개인이 기업에 유의적인 영향력이 있거나 그 기업(또는 그 기업의 지배기업)의 주요 경영진의 일원인 경우
> ⑧ 보고기업이나 보고기업의 지배기업에게 주요 경영인력용역을 제공하는 기업이나 그 기업이 속한 연결실체의 모든 일원

여기서 유의할 점은 다음의 경우는 특수관계자가 아니라는 것이다.

> ① 단순히 두 기업의 이사가 동일인이거나 그 밖의 주요 경영진의 일원이 동일인인 경우의 두 기업 또는 한 기업의 주요 경영진의 일원이 다른 기업에 유의적인 영향력이 있는 경우의 두 기업
> ② 하나의 공동기업을 공동지배하는 두 참여자
> ③ 기업과 단순히 통상적인 업무 관계를 맺고 있는 ㈎ 자금제공자, ㈏ 노동조합, ㈐ 공익기업 그리고 ㈑ 보고기업에 지배력, 공동지배력 또는 유의적인 영향력이 없는 정부부처와 정부기관
> ④ 유의적인 규모의 거래를 통해 단지 경제적 의존 관계만 있는 고객, 공급자, 프랜차이저, 유통업자 또는 총대리인

⚡POINT 특수관계자의 범위

개인	① 보고기업에 지배력 또는 공동지배력이 있는 경우 ② 보고기업에 유의적인 영향력이 있는 경우 ③ 보고기업 또는 그 지배기업의 주요 경영진의 일원인 경우
개인과 가까운 가족	① 자녀 및 배우자(사실상 배우자 포함. 이하 같다) ② 배우자의 자녀 ③ 당해 개인이나 배우자의 피부양자
기업	① 기업과 보고기업이 동일한 연결실체 내의 일원인 경우 ② 한 기업이 다른 기업의 관계기업이거나 공동기업인 경우 ③ 두 기업이 동일한 제3자의 공동기업인 경우 ④ 제3의 기업에 대해 한 기업이 공동기업이고 다른 기업이 관계기업인 경우 ⑤ 기업이 보고기업이나 그 보고기업과 특수관계에 있는 기업의 종업원급여를 위한 퇴직급여제도인 경우 ⑥ 기업이 보고기업과 특수관계에 있는 개인에 의하여 지배 또는 공동지배되는 경우 ⑦ 보고기업에 지배력 또는 공동지배력이 있는 개인이 기업에 유의적인 영향력이 있거나 그 기업(또는 그 기업의 지배기업)의 주요 경영진의 일원인 경우 ⑧ 보고기업이나 보고기업의 지배기업에게 주요 경영인력용역을 제공하는 기업이나 그 기업이 속한 연결실체의 모든 일원
특수관계자가 아닌 예	① 단순히 두 기업의 이사가 동일인이거나 그 밖의 주요 경영진의 일원이 동일인인 경우의 두 기업 또는 한 기업의 주요 경영진의 일원이 다른 기업에 유의적인 영향력이 있는 경우의 두 기업 ② 하나의 공동기업을 공동지배하는 두 참여자 ③ 기업과 단순히 통상적인 업무 관계를 맺고 있는 ㈎ 자금제공자, ㈏ 노동조합, ㈐ 공익기업 그리고 ㈑ 보고기업에 지배력, 공동지배력 또는 유의적인 영향력이 없는 정부부처와 정부기관 ④ 유의적인 규모의 거래를 통해 단지 경제적 의존 관계만 있는 고객, 공급자, 프랜차이저, 유통업자 또는 총대리인

04 공시

(1) 지배기업과 종속기업

지배기업과 그 종속기업 사이의 관계는 거래의 유무에 관계없이 공시한다. 기업은 지배기업의 명칭을 공시한다. 다만, 최상위 지배자와 지배기업이 다른 경우에는 최상위 지배자의 명칭도 공시한다. 지배기업과 최상위 지배자가 일반이용자가 이용할 수 있는 연결재무제표를 작성하지 않는 경우에는 일반이용자가 이용할 수 있는 연결재무제표를 작성하는 가장 가까운 상위의 지배기업의 명칭도 공시한다.

(2) 주요경영진에 대한 보상

주요 경영진에 대한 보상의 총액과 다음 분류별 금액을 공시한다.

① 단기종업원급여
② 퇴직급여
③ 기타 장기급여
④ 해고급여
⑤ 주식기준보상

(3) 회계기간 내에 특수관계자거래가 있는 경우

회계기간 내에 특수관계자거래가 있는 경우, 기업은 이용자가 재무제표에 미치는 특수관계의 잠재적 영향을 파악하는 데 필요한 거래, 약정을 포함한 채권·채무 잔액에 대한 정보뿐만 아니라 특수관계의 성격도 공시한다.

Ⅲ | 재무비율분석

재무제표분석(Financial Statement Analysis)이란 기업의 작성하는 재무제표를 기초로 하여 회계정보이용자들의 투자의사결정에 유용한 추가적 정보를 산출하는 것을 말한다. 따라서 회계정보이용자들은 재무제표분석을 통하여 산출된 정보를 이용하여 과거 및 현재의 재무상태와 재무성과를 평가하여 미래의 기업의 수익성과 위험을 예측하기 위한 수단으로 사용한다.

재무제표분석에는 추세분석, 비교분석, 재무비율분석 등이 있는데, 일반적으로 재무비율분석이 가장 많이 이용되고 있다. 재무비율분석(Financial Ratio Analysis)은 재무제표의 구성요소 중 두 항목의 관계를 비율로 표현한 것을 말한다. 재무제표 항목을 단순히 절대치로 비교한 것에 비하여 분자와 분모의 비율로 분석하게 되면 분모 한 단위로 기준이 통일되게 된다. 따라서 재무비율분석은 기업의 규모의 차이에 의한 분석오류를 제거할 수 있어 비교가능성을 증가시키는 효용이 있다.

재무비율은 그 종류가 상당히 많으며 지속적으로 발전하고 있지만 일반적으로 유동성비율, 안전성비율, 활동성비율 및 수익성비율이 많이 사용되며, 그 정의는 다음과 같다.

---

① 유동성비율: 기업의 단기지급능력에 대한 지표
② 안전성비율: 기업의 장기채무상환능력을 알려주는 지표
③ 활동성비율: 기업의 각 자산을 효율적 또는 효과적으로 이용하였는지를 나타내는 지표
④ 수익성비율: 기업의 일정 기간 동안의 재무성과를 나타내는 지표

---

01 유동성비율

유동성비율(Liquidity Ratio)은 기업의 단기지급능력을 나타내는 지표이다. 유동성비율에는 유동비율과 당좌비율 등이 있으며 관련된 내용은 다음과 같다.

(1) 유동비율

유동비율(Current Ratio)이란 유동자산을 유동부채로 나누어 산출한 비율로서 단기채무를 충당할 유동자산이 얼마나 되는지를 평가하는 비율이다. 유동비율은 기업의 단기지급능력 또는 신용능력을 평가하는 데 가장 많이 활용되는 재무비율이다. 일반적으로 유동비율은 200% 이상이면 바람직하다고 볼 수 있다.

$$유동비율 = \frac{유동자산}{유동부채}$$

(2) 당좌비율

당좌비율(Quick Ratio)은 당좌자산(유동자산－재고자산)을 유동부채로 나눈 비율을 말한다. 당좌비율은 유동자산 중 현금화되는 속도가 가장 느린 재고자산을 제외하고 분석하기 때문에 유동비율에 비하여 보다 엄격한 잣대가 적용된다. 일반적으로 당좌비율이 높을수록 기업의 단기지급능력은 양호하다고 평가하며 100% 이상이면 바람직하다고 볼 수 있다.

$$\text{당좌비율} = \frac{\text{유동자산} - \text{재고자산}}{\text{유동부채}}$$

⚡ POINT 유동성비율

재무비율	계산방법	내용
유동비율	$\dfrac{\text{유동자산}}{\text{유동부채}}$	단기지급능력의 지표
당좌비율	$\dfrac{\text{유동자산} - \text{재고자산}}{\text{유동부채}}$	재고자산을 제외한 단기지급능력의 지표

02 안전성비율

안전성비율(Safety Ratio)은 기업의 채무상환능력을 나타내는 비율로서 레버리지비율(Leverage Ratio)이라고도 한다. 이는 기업의 재무상태를 파악하여 장기적인 존속가능성을 판단하는 지표로 활용된다. 안전성비율에는 부채비율, 이자보상비율 등이 있다.

(1) 부채비율

부채비율(Debt-to-Equity Ratio)은 부채를 자기자본으로 나눈 비율로서 타인자본과 자기자본 조달의 상대적인 크기를 나타내는 지표이다. 부채비율이 크다는 것은 타인자본에 대한 의존도가 높다는 것을 의미하므로 채권자들이 원금회수와 이자수취에 관한 위험을 평가하는 데 가장 많이 사용되는 지표이다.

$$\text{부채비율} = \frac{\text{부채}}{\text{자기자본}}$$

(2) 이자보상비율

이자보상비율(Times Coverage Ratio)은 이자비용 및 법인세비용차감전순이익이 이자비용의 몇 배에 해당하는가를 나타내는 지표로서 기업이 이자를 지급할 능력을 파악하는 데 이용된다. 일반적으로 100% 이상이어야 정상적으로 이자비용을 지급할 수 있는 것으로 본다.

$$이자보상비율 = \frac{이자비용 + 법인세차감전순이익}{이자비용}$$

⚡ POINT 안전성비율

재무비율	계산방법	내용
부채비율	$\dfrac{부채}{자기자본}$	자기자본과 타인자본의 상대적인 크기
이자보상비율	$\dfrac{이자비용 + 법인세차감전순이익}{이자비용}$	기업의 이자지급능력

03 활동성비율

활동성비율(Activity Ratio)이란 기업이 얼마나 효율적이고 효과적으로 자산을 이용하였는가에 대한 정보를 제공하는 지표를 말한다. 활동성비율은 일반적으로 매출액에 대한 주요자산의 회전율로 나타낸다.

(1) 매출채권회전율 및 매출채권회수기간

매출채권회전율(Receivables Turnover Ratio)은 매출채권의 투자효율성을 나타내기 위하여, 매출액을 평균매출채권으로 나누어 계산한 지표이다. 보통 매출채권회전율이 높을수록 매출채권의 현금화 속도가 빠르다고 볼 수 있다.

$$매출채권회전율 = \frac{매출액}{평균매출채권} = \frac{매출액}{(기초매출채권 + 기말매출채권) \div 2}$$

매출채권회수기간(Average Receivable Collection Period)은 회계기간(365일)을 매출채권회전율로 나누어서 산출한 지표이다. 즉, 매출채권회수기간은 판매시점부터 매출채권을 현금으로 회수하는 데 소요되는 기간을 나타낸 것으로 기간이 짧을수록 영업효율성이 높다.

$$매출채권회수기간 = \frac{365일}{매출채권회전율}$$

(2) 재고자산회전율과 재고자산회전기간

재고자산회전율(Inventory Turnover Ratio)이란 매출액 또는 매출원가를 평균재고자산으로 나눈 비율로서, 이 비율이 높을수록 재고자산의 판매의 효율성이 높다는 것을 알려준다. 분자에 매출액을 분자에 사용하기보다는 재고자산은 원가로 표시되기 때문에 분자와 분모의 기준을 통일하기 위하여 매출원가로 산출하는 것이 이론적으로 타당하다고 판단된다.

$$재고자산회전율 = \frac{매출원가}{평균재고자산} = \frac{매출원가}{(기초재고자산 + 기말재고자산) \div 2}$$

재고자산회전기간(Average Turnover Period)은 회계기간(365일)을 재고자산회전율로 나누어 계산한다. 재고자산회전기간은 상품매매기업에서 재고자산을 구입한 시점부터 판매시점까지의 기간을 의미한다.

$$재고자산회전기간 = \frac{365일}{재고자산회전율}$$

⊘ **참고 정상영업주기**

영업주기(Operating Cycle)는 영업활동을 위한 자산의 취득시점부터 그 자산이 현금이나 현금성자산으로 실현되는 시점까지 소요되는 기간이다. 즉, 재고자산을 구입한 시점부터 외상으로 판매하여 매출채권을 회수하는 기간까지를 말한다. 따라서 정상영업주기는 재고자산회전기간과 매출채권회수기간의 합계로 계산된다.

$$정상영업주기 = 재고자산회전기간 + 매출채권회수기간$$

---

(3) 총자산회전율

기업 총자산의 효율성을 평가하기 위하여 사용되는 지표는 총자산회전율이다. 총자산회전율(Total Assets Turnover)이란 매출액을 평균총자산으로 나눈 비율이다. 비율이 높을수록 기업의 총자산이 효율적임을 알려준다.

$$총자산회전율 = \frac{매출액}{평균총자산} = \frac{매출액}{(기초총자산 + 기말총자산) \div 2}$$

POINT 활동성 비율

재무비율	계산방법	내용
매출채권회전율	$\dfrac{매출액}{평균매출채권}$	매출채권의 현금화 속도와 기간
매출채권회수기간	$\dfrac{365일}{매출채권회전율}$	
재고자산회전율	$\dfrac{매출원가}{평균재고자산}$	재고자산의 판매 속도와 기간
재고자산회전기간	$\dfrac{365일}{재고자산회전율}$	
총자산회전율	$\dfrac{매출액}{평균총자산}$	총자산 효율성의 지표

04 수익성비율

수익성비율(Profitability Ratio)은 기업의 일정 기간 동안 재무성과 또는 이익의 창출능력을 나타내는 지표이다. 수익성비율에는 매출액이익률, 자기자본순이익률, 주가수익비율 등이 있다.

(1) 매출액이익률

매출액이익률(Profit to Net Sales Ratio)은 이익을 매출액으로 나눈 비율로서 이익을 어떻게 보느냐에 따라 매출총이익률, 매출액영업이익률, 매출액순이익률로 구분할 수 있다.

$$매출총이익률 = \frac{매출총이익}{매출액}$$

$$매출액영업이익률 = \frac{영업이익}{매출액}$$

$$매출액순이익률 = \frac{당기순이익}{매출액}$$

(2) 자기자본순이익률

자기자본순이익률(ROE: Return On Equity ratio)은 당기순이익을 자기자본으로 나누어 산출한 지표로서 기업이 투자한 자기자본에 대한 수익성을 측정하는 데 사용된다.

$$자기자본순이익률 = \frac{당기순이익}{자기자본}$$

(3) 총자본순이익률

총자본순이익률(ROI: Return On Investments)은 당기순이익을 총자본으로 나눈 비율로서 기업이 조달한 총자본이 얼마나 효율적으로 이용되었는지를 나타내는 비율이다.

$$총자본순이익률 = \frac{당기순이익}{총자본(자산)}$$

(4) 주당순이익

주당순이익(EPS: Earnings Per Share)이란 보통주에 귀속되는 이익을 가중평균유통보통주식수로 나눈 금액으로서 보통주 1주당 보고기간에 벌어들인 이익을 나타내는 수익성의 지표이다.

$$주당순이익 = \frac{보통주이익}{가중평균유통보통주식수}$$

(5) 주가수익비율

주가수익비율(PER: Price-Earnings Ratio)은 보통주 1주당 시가를 주당순이익으로 나눈 것을 의미한다. 주가수익비율이 낮다는 것은 동종업계의 다른 기업에 비하여 저평가되어 있어 주가가 향후 상승할 가능성을 의미한다. 즉, 동종기업의 비하여 주식이 저평가 또는 고평가되었는지 판단하는 데 가장 많이 사용되는 비율이다.

$$주가수익비율 = \frac{1주당 \ 시장가격}{주당순이익}$$

(6) 배당성향과 배당수익률

배당성향(Payout Ratio)이란 주당배당금을 주당순이익으로 나눈 비율이며, 배당수익률(Dividend Yield)은 주당 배당금을 1주당 시가로 나눈 비율이다. 정보이용자들은 이 두 지표를 활용하여 기업의 배당정책과 유보정책을 파악할 수 있다.

$$배당성향 = \frac{주당배당금}{주당순이익}$$

$$배당수익률 = \frac{주당배당금}{1주당\ 시장가격}$$

⚡ POINT 수익성 비율

재무비율	계산방법	내용
매출액이익률	$\dfrac{이익}{매출액}$	매출액에 대한 이익의 크기
자기자본순이익률	$\dfrac{당기순이익}{자기자본}$	자기자본에 대한 수익성을 나타내는 지표
총자본순이익률	$\dfrac{당기순이익}{총자본}$	총자본에 대한 수익성을 나타내는 지표
주당이익	$\dfrac{보통주이익}{가중평균유통보통주식수}$	기업의 주당 수익성을 나타내는 지표
주가수익비율	$\dfrac{1주당\ 시장가격}{주당순이익}$	주가와 주당순이익의 상관관계를 나타내는 지표
배당성향	$\dfrac{주당배당금}{주당순이익}$	당기순이익에서 배당으로 지급된 비율
배당수익률	$\dfrac{주당배당금}{1주당\ 시장가격}$	시장가격대비 배당금을 측정한 비율

보론 1 | 영업부문

기업은 재무제표이용자가 기업이 영위하는 사업활동의 내용 및 재무효과 그리고 영업을 영위하는 경제환경을 평가할 수 있도록 정보를 공시해야 하는데, 특히 공개기업과 공개예정기업이 재무제표 작성할 경우에는 영업부문(Operating Segments)과 관련된 내용을 주석으로 공시하도록 규정하고 있다. 여기서는 영업부문의 주석공시 사항과 관련된 내용을 살펴보기로 한다.

01. 의의

(1) 영업부문

기업의 영업부문이란 다음 사항을 모두 충족하는 구성단위를 말한다.

> ① 수익을 창출하고 비용을 발생(동일 기업 내의 다른 구성단위와의 거래와 관련된 수익과 비용을 포함)시키는 사업활동을 영위한다.
> ② 부문에 배분될 자원에 대한 의사결정을 하고 부문의 성과를 평가하기 위하여 최고영업의사결정자가 영업성과를 정기적으로 검토한다.
> ③ 구분된 재무정보의 이용이 가능하다.

영업부문은 아직까지 수익을 창출하지 않는 사업활동을 영위할 수 있다. 예를 들어, 신규 영업은 수익을 창출하기 전에도 영업부문이 될 수 있다. 기업의 모든 부분이 반드시 하나의 영업부문이나 영업부문의 일부에 귀속되는 것은 아니다. 예를 들어, 수익을 창출하지 못하거나 기업 활동에 부수적인 수익을 창출하는 본사나 일부 직능부서는 영업부문이 될 수 없을 것이다.

(2) 보고부문

다음의 조건을 모두 충족하는 각 영업부문에 대한 정보는 별도로 보고해야 한다.

> ① 영업부문으로 식별되거나 둘 이상의 영업부문을 통합한 영업부문
> ② 양적기준을 초과하는 영업부문

⚡ POINT 영업부문과 보고부문의 정의

영업부문	기업의 영업부문이란 다음 사항을 모두 충족하는 구성단위를 말함 ① 수익을 창출하고 비용을 발생시키는 사업활동을 영위함 ② 부문에 배분될 자원에 대한 의사결정을 하고 부문의 성과를 평가하기 위하여 최고영업의사결정자가 영업성과를 정기적으로 검토함 ③ 구분된 재무정보의 이용가능함
보고부문	다음의 조건을 모두 충족하는 각 영업부문에 대한 정보는 별도로 보고해야 함 ① 영업부문으로 식별되거나 둘 이상의 영업부문을 통합한 영업부문 ② 양적기준을 초과하는 영업부문

① 통합기준

영업부문을 통합하는 것이 이 기준서의 핵심원칙과 일관성이 있으며 부문들의 경제적 특성이 유사하고 다음 사항이 부문 간에 유사한 경우에는 둘 이상의 영업부문을 하나의 영업부문으로 통합할 수 있다.

- 제품과 용역의 성격
- 생산과정의 성격
- 제품과 용역에 대한 고객의 유형이나 계층
- 제품을 공급하거나 용역을 제공하는 데 사용하는 방법
- 해당사항이 있는 경우, 규제환경의 성격 예 은행, 보험 또는 공공설비

② 양적기준

a. 다음 양적기준 중 하나에 해당하는 영업부문에 대한 정보는 별도로 보고한다. 만약, 경영진이 재무제표이용자에게 유용한 부문정보라고 판단한다면 양적기준을 충족하지 못하는 영업부문도 별도의 보고부문으로 공시할 수 있다.

- 수익기준: 부문수익(외부고객에 대한 매출과 부문 간 매출이나 이전을 포함)이 모든 영업부문 수익(내부 및 외부수익) 합계액의 10% 이상인 영업부문
- 당기손익기준: 부문당기손익의 절대치가 다음 중 큰 금액의 10% 이상인 영업부문
  (가) 손실이 발생하지 않은 모든 영업부문의 이익 합계액의 절대치
  (나) 손실이 발생한 모든 영업부문의 손실 합계액의 절대치
- 자산기준: 부문자산이 모든 영업부문의 자산 합계액의 10% 이상인 영업부문

b. 양적기준을 충족하지 못한 영업부문들에 관한 정보를 통합하여 하나의 보고부문으로 할 수 있다. 단, 영업부문들의 경제적 특성이 유사하고 통합기준 중 과반수를 충족하는 경우에만 해당한다.

c. 보고되는 영업부문들의 외부수익 합계가 기업 전체 수익의 75% 미만인 경우, 보고부문들의 외부수익 합계가 기업 전체 수익의 최소한 75%가 되도록 양적기준을 충족하지 못하는 영업부문이라도 추가로 보고부문으로 식별한다.

d. 보고대상이 아닌 기타 사업활동과 영업부문들에 대한 정보는 통합하여 조정사항에서 '그 밖의 모든 부문'으로 분류하여 다른 조정항목과 별도로 공시한다. '그 밖의 모든 부문'의 범주에 포함된 수익의 원천은 설명하여야 한다.

e. 직전 기간에 보고부문으로 식별되었던 영업부문이 당기에 양적기준을 충족하지 않더라도, 그 부문이 계속 중요하다고 경영진이 판단하는 경우에는 그 부문에 대한 정보를 당기에도 계속하여 별도로 보고한다.

f. 영업부문이 양적기준에 따라 당기에 보고부문으로 새로 식별된 경우에, 비교목적으로 표시되는 전기의 부문정보는 그 부문이 전기에 양적기준을 충족하지 못하였더라도 당기의 보고부문을 반영하여 별도의 부문으로 재작성한다. 단, 필요한 정보를 이용할 수 없고 그 정보를 산출하는 비용이 과도한 경우는 예외로 한다.

g. 별도로 공시하는 보고부문의 개수에 대한 실무적인 한계가 있을 수 있는데, 이러한 한계를 초과하면 부문정보가 지나치게 상세해질 수 있다. 보고부문의 개수의 한계가 정확히 정해져 있지는 않으나, 보고부문의 개수가 10개를 초과하는 경우에는 실무적인 한계에 도달했는지를 판단해야 한다.

통합기준	부문들의 경제적 특성이 유사한 경우에는 둘 이상의 영업부문을 하나의 영업부문으로 통합할 수 있음
양적기준	다음 양적기준 중 하나에 해당하는 영업부문에 대한 정보는 별도로 보고함 ① 수익기준: 부문수익이 모든 영업부문 수익 합계액의 10% 이상인 영업부문 ② 당기손익기준: 부문당기손익의 절대치가 다음 중 큰 금액의 10% 이상인 영업부문 　a. 손실이 발생하지 않은 모든 영업부문의 이익 합계액의 절대치 　b. 손실이 발생한 모든 영업부문의 손실 합계액의 절대치 ③ 자산기준: 부문자산이 모든 영업부문의 자산 합계액의 10% 이상인 영업부문

02. 공시 및 측정

(1) 공시

기업은 재무제표이용자가 기업이 영위하는 사업활동의 내용 및 재무효과 그리고 영업을 영위하는 경제 환경을 평가할 수 있도록 정보를 공시한다. 기업은 영업부문과 관련된 내용을 공시하기 위하여 다음 사항을 주석으로 공시하여야 한다.

① 일반정보
　a. 조직기준을 포함하여 보고부문을 식별하기 위하여 사용한 요소(경영진이 어떤 기준을 택하여 기업을 조직하였는지와 영업부문들을 통합하였는지 등)
　b. 각 보고부문이 수익을 창출하는 제품과 용역의 유형
② 부문당기손익, 부문자산, 부문부채 및 측정기준에 대한 정보
　a. 보고부문별로 당기손익을 보고한다. 보고부문별 자산과 부채의 총액이 최고영업의사결정자에게 정기적으로 제공된다면 그러한 금액들도 보고한다. 다음 사항이 최고영업의사결정자가 검토하는 부문당기손익에 포함되어 있거나 부문당기손익에 포함되어 있지 않더라도 최고영업의사결정자에게 정기적으로 제공된다면, 그 사항도 각 보고부문별로 공시한다.

> • 외부고객으로부터의 수익
> • 기업 내의 다른 영업부문과의 거래로부터의 수익
> • 이자수익
> • 이자비용
> • 감가상각비와 상각비
> • K - IFRS 제1001호 '재무제표 표시'에 따라 공시하는 수익과 비용의 중요항목
> • 관계기업 및 공동기업으로부터의 지분법손익
> • 법인세비용(법인세수익)
> • 감가상각비와 상각비 외의 중요한 비현금항목

　b. 각 보고부문의 이자수익과 이자비용은 총액으로 보고한다. 다만, 이자수익이 부문수익의 대부분이고 최고영업의사결정자가 부문성과를 평가하고 자원을 배분하기 위하여 주로 순이자수익을 사용하는 경우는 예외로 한다. 이러한 상황에서는 부문의 이자수익에서 부문의 이자비용을 차감한 순이자수익으로 보고할 수 있으며 이러한 사실을 공시한다.

c. 다음 사항이 최고영업의사결정자가 검토하는 부문자산에 포함되어 있거나 부문자산에 포함되어 있지 않더라도 최고영업의사결정자에게 정기적으로 제공된다면 그 사항을 각 보고부문별로 공시한다.

> • 관계기업 및 공동기업 투자의 지분법적용 투자지분 금액
> • 비유동자산의 증가액(금융상품, 이연법인세자산, 순확정급여자산 및 보험계약에서 발생하는 권리의 취득액은 제외)

(2) 측정

각 부문항목 금액은 부문에 대한 자원배분의 의사결정과 보고부문의 성과평가를 위하여 최고영업의사결정자에게 보고되는 측정치이어야 한다. 기업 전체 재무제표 작성을 위한 수정과 제거 그리고 수익, 비용 및 차익 또는 차손의 배분은 최고영업의사결정자가 이러한 금액을 부문당기손익 측정에 이용하는 경우에 한하여 부문당기손익에 포함한다. 이와 마찬가지로 최고영업의사결정자가 이용하는, 부문의 자산과 부채 측정치에 포함되어 있는 자산과 부채만을 부문자산과 부문부채로 보고한다. 보고되는 부문당기손익, 부문자산 또는 부문부채에 배분되는 금액은 합리적 기준에 따라 배분한다.

(3) 과거에 보고된 부문정보의 재작성

내부조직의 구조를 변경하여 보고부문의 구성이 변한 경우 과거기간(중간기간 포함)의 해당 부문정보를 재작성한다. 단, 필요한 정보를 이용할 수 없고 그 정보를 산출하는 비용이 과도한 경우에는 예외로 한다(필요한 정보를 이용할 수 없고 그 정보를 산출하는 비용이 과도한지는 공시되는 개별 항목별로 결정한다). 그리고 보고부문의 구성이 변경된 후에는 과거기간의 부문정보 항목을 재작성하였는지를 공시한다. 내부조직의 구조를 변경하여 보고부문 구성이 변하였지만 과거기간(중간기간 포함)의 부문정보를 재작성하지 않는다면, 변경이 발생한 회계연도의 당기 부문정보를 과거 부문구분기준과 새로운 부문구분기준에 따라 모두 작성하여 공시한다. 단, 필요한 정보를 이용할 수 없고 그 정보를 산출하는 비용이 과도한 경우에는 예외로 한다.

(4) 기업 전체 수준에서의 공시

단 하나의 보고부문을 가진 기업 또는 기업의 사업활동이 제품과 용역, 영업지역의 차이에 근거하여 조직되지 않는 기업의 경우에는 영업부문의 정보가 공시되지 않는다. 따라서 이러한 기업의 경우에는 다음의 정보를 주석으로 공시하여야 한다.

> ① 제품과 용역에 대한 정보
> ② 지역에 대한 정보
> ③ 주요 고객에 대한 정보

01 중간재무보고서는 당해 중간기간과 당해 회계연도 누적기간을 직전 회계연도의 동일기간과 비교 (O, X)
하는 형식으로 작성한 현금흐름표를 포함하여야 한다.

02 중간보고기간말 현재 자산의 정의를 충족하지 못하는 원가는 그 후에 이러한 정의를 충족할 가 (O, X)
능성이 있다는 이유로 자산으로 계상할 수 있다.

03 계절적, 주기적 또는 일시적으로 발생하는 수익은 연차보고기간말에 미리 예측하여 인식하거나 (O, X)
이연하는 것이 적절하지 않은 경우 중간보고기간말에도 미리 예측하여 인식하거나 이연하여서는
아니 된다.

04 연차기준과 중간기준의 측정 모두 합리적인 추정에 근거하지만, 일반적으로 중간기준의 측정은 (O, X)
연차기준의 측정보다 추정을 더 많이 사용한다.

05 특수관계자와의 거래, 약정을 포함한 채권·채무 잔액 및 특수관계에 대한 이해는 재무제표이용 (O, X)
자가 기업이 직면하고 있는 위험과 기회에 대한 평가를 포함하여 기업의 영업을 평가하는 데
영향을 줄 수 있다.

정답 및 해설

01	X	중간재무보고서는 당해 회계연도 누적기간을 직전 회계연도의 동일기간과 비교하는 형식으로 작성한 현금흐름표를 포함하여야 한다.
02	X	중간보고기간말 현재 자산의 정의를 충족하지 못하는 원가는 그 후에 이러한 정의를 충족할 가능성이 있다는 이유로 또는 중간기간의 이익을 유연화하기 위하여 자산으로 계상할 수 없다.
03	O	
04	O	
05	O	

06 하나의 공동기업을 공동지배하는 두 참여자는 특수관계자이다. (O, X)

07 주가순자산비율(PBR: 주가총액/자본)이 높다는 것은 시장의 투자자들이 해당 기업의 미래 이익 (O, X)
증가를 예상한 결과일 수도 있지만, 자산의 장부가치가 시장가치보다 낮게 평가되었거나, 주가
자체가 고평가되었다고 볼 수도 있다.

08 자기자본순이익률(ROE: 순이익/자본)과 부채비율(부채/자본)이 고정되어 있다면, 매출액순이익 (O, X)
률과 총자산회전율은 반비례관계이다.

09 이자보상비율(영업이익/이자비용)이 낮은 기업일수록 자금조달과 자금운용이 원활하고, 추가적 (O, X)
인 부채조달이 용이하며, 차입이자율이 낮다.

10 부문수익(외부고객에 대한 매출과 부문 간 매출이나 이전을 포함)이 모든 영업부문 수익(내부 (O, X)
및 외부수익) 합계액의 20% 이상인 영업부문은 별도로 보고해야 한다.

정답 및 해설

06 X 하나의 공동기업을 공동지배하는 두 참여자는 특수관계자에서 제외해야 한다.

07 O

08 O

09 X 이자보상비율은 영업이익이 이자비용의 몇 배인가를 나타내는 비율로써, 기업이 부채 사용에 따른 이자비용을 지급할 능력을 가지
고 있느냐를 파악하는 데 이용된다. 이 비율은 채권자에게 지급할 고정비용의 안전도를 나타내는데, 이 비율이 높을수록 안전도가
높다고 본다. 즉, 이자보상비율이 높으면 이자지급능력이 높고 이자보상비율이 낮으면 이자지급능력이 낮다는 것을 의미한다. 따라
서, 이자보상비율이 높을수록 자금조달이 용이하고 차입이자율은 낮아진다.

10 X 부문수익(외부고객에 대한 매출과 부문 간 매출이나 이전을 포함)이 모든 영업부문 수익(내부 및 외부수익) 합계액의 10% 이상인
영업부문은 별도로 보고해야 한다.

01 중간재무보고에 관한 설명으로 옳지 않은 것은? [2017 세무사 1차]

① 직전 연차재무보고서를 연결기준으로 작성하였다면 중간재무보고서도 연결기준으로 작성해야 한다. 연차보고기간말에 연결재무제표를 작성할 때에 자세하게 조정되는 일부 내부거래 잔액은 중간보고기간말에 연결재무제표를 작성할 때는 덜 자세하게 조정될 수 있다.

② 중간재무보고서는 당해 중간보고기간말과 직전 연차보고기간말을 비교하는 형식으로 작성한 재무상태표, 당해 중간기간과 당해 회계연도 누적기간을 직전 회계연도의 동일기간과 비교하는 형식으로 작성한 포괄손익계산서, 당해 회계연도 누적기간을 직전 회계연도의 동일기간과 비교하는 형식으로 작성한 자본변동표와 당해 회계연도 누적기간을 직전 회계연도의 동일기간과 비교하는 형식으로 작성한 현금흐름표를 포함한다.

③ 계절적, 주기적 또는 일시적으로 발생하는 수익은 연차보고기간말에 미리 예측하여 인식하거나 이연하는 것이 적절하지 않은 경우 중간보고기간말에도 미리 예측하여 인식하거나 이연하여서는 아니 된다. 배당수익, 로열티수익 및 정부보조금 등이 예이다.

④ 중간재무보고서를 작성할 때 인식, 측정, 분류 및 공시와 관련된 중요성의 판단은 연차재무보고서의 재무자료에 근거하여 이루어져야 한다. 중요성을 평가하는 과정에서 중간기간의 측정은 연차재무자료의 측정에 비하여 추정에 의존하는 정도가 크다는 점을 고려하여야 한다.

⑤ 중간기간의 법인세비용은 기대총연간이익에 적용될 수 있는 법인세율, 즉 추정 평균연간유효법인세율을 중간기간의 세전 이익에 적용하여 계산한다. 세무상결손금의 소급공제 혜택은 관련 세무상결손금이 발생한 중간기간에 반영한다.

02 기업회계기준서 제1034호 '중간재무보고'에 대한 다음 설명 중 옳지 않은 것은?

[2022 공인회계사 1차]

① 중간재무보고서는 최소한 요약재무상태표, 요약된 하나 또는 그 이상의 포괄손익계산서, 요약자본변동표, 요약현금흐름표 그리고 선별적 주석을 포함하여야 한다.

② 중간재무보고서에는 직전 연차보고기간 말 후 발생한 재무상태와 경영성과의 변동을 이해하는 데 유의적인 거래나 사건에 대한 설명을 포함한다.

③ 특정 중간기간에 보고된 추정금액이 최종 중간기간에 중요하게 변동하였지만 최종 중간기간에 대하여 별도의 재무보고를 하지 않는 경우에는, 추정의 변동 성격과 금액을 해당 회계연도의 연차재무제표에 주석으로 공시하지 않는다.

④ 중간재무보고서를 작성할 때 인식, 측정, 분류 및 공시와 관련된 중요성의 판단은 해당 중간기간의 재무자료에 근거하여 이루어져야 한다.

⑤ 중간재무제표는 연차재무제표에 적용하는 회계정책과 동일한 회계정책을 적용하여 작성한다. 다만 직전 연차보고기간 말 후에 회계정책을 변경하여 그 후의 연차재무제표에 반영하는 경우에는 변경된 회계정책을 적용한다.

03 재무제표를 작성하는 보고기업과 특수관계에 있는 개인이나 기업을 특수관계자라고 한다. 특수관계자에 해당하는 경우로 옳은 것은?

[2012 세무사 1차 수정]

① 두 기업의 동일한 제3자의 공동기업

② 하나의 공동기업을 공동지배하는 두 참여자

③ 기업과 단순히 통상적인 업무 관계를 맺고 있는 자금제공자

④ 단순히 두 기업의 이사가 동일인이거나 그 밖의 주요 경영진의 일원이 동일인인 경우의 두 기업

⑤ 유의적인 규모의 거래를 통해 단지 경제적 의존 관계만 있는 고객, 공급자, 프랜차이저, 유통업자 또는 총대리인

04 다음은 현금판매 없이 외상판매만을 하는 (주)국세의 20×1년도 관련 사항이다.

| • 영업순환주기 | 236일 | • 매출액 | ₩100,000 |
| • 매출원가율(매출원가÷매출액) | 90% | • 평균재고자산 | ₩50,000 |

기업의 재고자산보유기간(또는 회전기간)과 매출채권회수기간의 합을 영업순환주기라고 할 때, (주)국세의 20×1년도 평균매출채권은 얼마인가? (단, 재고자산회전율 계산 시 매출원가를 사용하며, 평균재고자산과 평균매출채권은 기초와 기말의 평균으로 계산한다. 또한 1년은 360일로 가정한다)

[2010 세무사 1차]

① ₩5,000   ② ₩10,000   ③ ₩15,000

④ ₩20,000   ⑤ ₩36,000

정답 및 해설

정답

01 ④　02 ③　03 ①　04 ②

해설

01 ④　중간재무보고서를 작성할 때 인식, 측정, 분류 및 공시와 관련된 중요성의 판단은 해당 중간기간의 재무자료에 근거하여 이루어져야 한다. 중요성을 평가하는 과정에서 중간기간의 측정은 연차재무자료의 측정에 비하여 추정에 의존하는 정도가 크다는 점을 고려하여야 한다.

02 ③　특정 중간기간에 보고된 추정금액이 최종 중간기간에 중요하게 변동하였지만 최종 중간기간에 대하여 별도의 재무보고를 하지 않는 경우, 추정의 변동 성격과 금액을 해당 회계연도의 연차재무제표에 주석으로 공시하여야 한다.

03 ①　다음의 경우는 특수관계자가 아니다.
　　a. 단순히 두 기업의 이사가 동일인이거나 그 밖의 주요 경영진의 일원이 동일인인 경우의 두 기업 또는 한 기업의 주요 경영진의 일원이 다른 기업에 유의적인 영향력이 있는 경우의 두 기업
　　b. 하나의 공동기업을 공동지배하는 두 참여자
　　c. 기업과 단순히 통상적인 업무 관계를 맺고 있는 (가) 자금제공자, (나) 노동조합, (다) 공익기업 그리고 (라) 보고기업에 지배력, 공동지배력 또는 유의적인 영향력이 없는 정부부처와 정부기관
　　d. 유의적인 규모의 거래를 통해 단지 경제적 의존 관계만 있는 고객, 공급자, 프랜차이저, 유통업자 또는 총대리인
　　따라서, 두 기업의 동일한 제3자의 공동기업이 특수관계에 해당한다.

04 ②　1. 영업순환주기: 재고자산회전기간 + 매출채권회전기간 = 236일
　　2. 매출원가: ₩100,000 × 90% = ₩90,000
　　3. 재고자산회전율(매출원가/평균재고자산): ₩90,000/₩50,000 = 1.8
　　4. 재고자산회전기간(360일/재고자산회전율): 360일/1.8 = 200일
　　5. 매출채권회수기간(360일/매출채권회전율): 236일 - 200일 = 36일
　　6. 매출채권회전율(외상매출액/평균매출채권): ₩100,000/평균매출채권 = 360일/36일 = 10회
　　7. 평균매출채권: ₩10,000

Chapter 24
주관식 연습문제

재무비율분석

01 (주)도매는 20×1년 말 화재로 인해 창고에 보관 중이던 재고자산이 모두 소실되었다. 관련 자료는 다음과 같다.

> (1) 20×1년 초 장부상 재고자산의 금액은 ₩4,500이고, 재고실사를 통해 확인한 금액이다.
> (2) 20×1년 (주)도매의 평균매출채권은 ₩12,500이며 매출채권 회수기간은 90일이다.
> (3) 20×1년 (주)도매의 매출총이익률은 20%이다.
> (4) (주)도매는 시장수요에 대비하여 재고자산보유(회전)기간을 36일로 하는 재고보유 정책을 유지하여 왔으며, 20×1년 말 화재가 발생하지 않았다면 해당 정책에 따른 재고를 보유하고 있을 것이다.

위 자료를 이용하여 (주)도매의 화재로 인한 재고자산 손실금액을 추정하면 얼마인가? (단, (주)도매는 현금매출이 없으며, 재고자산과 관련하여 화재로 인한 손실 외의 손실은 없다. 그리고 1년은 360일로 가정한다) [2010 공인회계사 1차]

해답 1. 매출채권회수기간: $\dfrac{360일}{매출액/₩12,500}$ = 90일

∴ 매출액: ₩50,000

2. 매출원가: ₩50,000 × (1 - 20%) = ₩40,000

3. 재고자산회전기간: $\dfrac{360일}{₩40,000/평균재고자산}$ = 36일

∴ 평균재고자산: ₩4,000

4. 평균재고자산: $\dfrac{₩4,500 + 기말재고자산}{2}$ = ₩4,000

∴ 기말재고자산: ₩3,500

5. 기말재고자산: 화재손실액 = ₩3,500

해커스 IFRS 김원종 중급회계 하

회계사·세무사·경영지도사 단번에 합격!
해커스 경영아카데미 cpa.Hackers.com

부록

현가표

01 | 종가표(미래가치이자요소)

$$\mathrm{FVIF}(i,\ n)\ =\ (1\ +\ i)^{\mathrm{n}}$$

(n = 기간, i = 기간당 할인율)

이자율(i) \ 기간(n)	1%	2%	3%	4%	5%	6%	7%	8%	9%	10%
1	1.01000	1.02000	1.03000	1.04000	1.05000	1.06000	1.07000	1.08000	1.09000	1.10000
2	1.02010	1.04040	1.06090	1.08160	1.10250	1.12360	1.14490	1.16640	1.18810	1.21000
3	1.03030	1.06121	1.09273	1.12486	1.15763	1.19102	1.22504	1.25971	1.29503	1.33100
4	1.04060	1.08243	1.12551	1.16986	1.21551	1.26248	1.31080	1.36049	1.41158	1.46410
5	1.05101	1.10408	1.15927	1.21665	1.27628	1.33823	1.40255	1.46933	1.53862	1.61051
6	1.06152	1.12616	1.19405	1.26532	1.34010	1.41852	1.50073	1.58687	1.67710	1.77156
7	1.07214	1.14869	1.22987	1.31593	1.40710	1.50363	1.60578	1.71382	1.82804	1.94872
8	1.08286	1.17166	1.26677	1.36857	1.47746	1.59385	1.71819	1.85093	1.99256	2.14359
9	1.09369	1.19509	1.30477	1.42331	1.55133	1.68948	1.83846	1.99900	2.17189	2.35795
10	1.10462	1.21899	1.34392	1.48024	1.62889	1.79085	1.96715	2.15892	2.36736	2.59374

이자율(i) \ 기간(n)	11%	12%	13%	14%	15%	16%	17%	18%	19%	20%
1	1.11000	1.12000	1.13000	1.14000	1.15000	1.16000	1.17000	1.18000	1.19000	1.20000
2	1.23210	1.25440	1.27690	1.29960	1.32250	1.34560	1.36890	1.39240	1.41610	1.44000
3	1.36763	1.40493	1.44290	1.48154	1.52088	1.56090	1.60161	1.64303	1.68516	1.72800
4	1.51807	1.57352	1.63047	1.68896	1.74901	1.81064	1.87389	1.93878	2.00534	2.07360
5	1.68506	1.76234	1.84244	1.92541	2.01136	2.10034	2.19245	2.28776	2.38635	2.48832
6	1.87041	1.97382	2.08195	2.19497	2.31306	2.43640	2.56516	2.69955	2.83976	2.98598
7	2.07616	2.21068	2.35261	2.50227	2.66002	2.82622	3.00124	3.18547	3.37932	3.58318
8	2.30454	2.47596	2.65844	2.85259	3.05902	3.27841	3.51145	3.75886	4.02139	4.29982
9	2.55804	2.77308	3.00404	3.25195	3.51788	3.80296	4.10840	4.43545	4.78545	5.15978
10	2.83942	3.10585	3.39457	3.70722	4.04556	4.41144	4.80683	5.23384	5.69468	6.19174

02 | 연금의 종가표(연금의 미래가치이자요소)

$$FVIFA(i,\ n) = \frac{(1+i)^n - 1}{i}$$

(n = 기간, i = 기간당 할인율)

이자율(i) 기간(n)	1%	2%	3%	4%	5%	6%	7%	8%	9%	10%
1	1.00000	1.00000	1.00000	1.00000	1.00000	1.00000	1.00000	1.00000	1.00000	1.00000
2	2.01000	2.02000	2.03000	2.04000	2.05000	2.06000	2.07000	2.08000	2.09000	2.10000
3	3.03010	3.06040	3.09090	3.12160	3.15250	3.18360	3.21490	3.24640	3.27810	3.31000
4	4.06040	4.12161	4.18363	4.24646	4.31013	4.37462	4.43994	4.50611	4.57313	4.64100
5	5.10101	5.20404	5.30914	5.41632	5.52563	5.63709	5.75074	5.86660	5.98471	6.10510
6	6.15202	6.30812	6.46841	6.63298	6.80191	6.97532	7.15329	7.33593	7.52333	7.71561
7	7.21354	7.43428	7.66246	7.89829	8.14201	8.39384	8.65402	8.92280	9.20043	9.48717
8	8.28567	8.58297	8.89234	9.21423	9.54911	9.89747	10.25980	10.63663	11.02847	11.43589
9	9.36853	9.75463	10.15911	10.58280	11.02656	11.49132	11.97799	12.48756	13.02104	13.57948
10	10.46221	10.94972	11.46388	12.00611	12.57789	13.18079	13.81645	14.48656	15.19293	15.93742

이자율(i) 기간(n)	11%	12%	13%	14%	15%	16%	17%	18%	19%	20%
1	1.00000	1.00000	1.00000	1.00000	1.00000	1.00000	1.00000	1.00000	1.00000	1.00000
2	2.11000	2.12000	2.13000	2.14000	2.15000	2.16000	2.17000	2.18000	2.19000	2.20000
3	3.34210	3.37440	3.40690	3.43960	3.47250	3.50560	3.53890	3.57240	3.60610	3.64000
4	4.70973	4.77933	4.84980	4.92114	4.99338	5.06650	5.14051	5.21543	5.29126	5.36800
5	6.22780	6.35285	6.48027	6.61010	6.74238	6.87714	7.01440	7.15421	7.29660	7.44160
6	7.91286	8.11519	8.32271	8.53552	8.75374	8.97748	9.20685	9.44197	9.68295	9.92992
7	9.78327	10.08901	10.40466	10.73049	11.06680	11.41387	11.77201	12.14152	12.52271	12.91590
8	11.85943	12.29969	12.75726	13.23276	13.72682	14.24009	14.77325	15.32700	15.90203	16.49908
9	14.16397	14.77566	15.41571	16.08535	16.78584	17.51851	18.28471	19.08585	19.92341	20.79890
10	16.72201	17.54874	18.41975	19.33730	20.30372	21.32147	22.39311	23.52131	24.70886	25.95868

03 | 현가표(현재가치이자요소)

$$PVIF(i, \ n) = \frac{1}{(1 \ + \ i)^n}$$

(n = 기간, i = 기간당 할인율)

이자율(i) 기간(n)	1%	2%	3%	4%	5%	6%	7%	8%	9%	10%
1	0.99010	0.98039	0.97087	0.96154	0.95238	0.94340	0.93458	0.92593	0.91743	0.90909
2	0.98030	0.96117	0.94260	0.92456	0.90703	0.89000	0.87344	0.85734	0.84168	0.82645
3	0.97059	0.94232	0.91514	0.88900	0.86384	0.83962	0.81630	0.79383	0.77218	0.75131
4	0.96098	0.92385	0.88849	0.85480	0.82270	0.79209	0.76290	0.73503	0.70843	0.68301
5	0.95147	0.90573	0.86261	0.82193	0.78353	0.74726	0.71299	0.68058	0.64993	0.62092
6	0.94205	0.88797	0.83748	0.79031	0.74622	0.70496	0.66634	0.63017	0.59627	0.56447
7	0.93272	0.87056	0.81309	0.75992	0.71068	0.66506	0.62275	0.58349	0.54703	0.51316
8	0.92348	0.85349	0.78941	0.73069	0.67684	0.62741	0.58201	0.54027	0.50187	0.46651
9	0.91434	0.83676	0.76642	0.70259	0.64461	0.59190	0.54393	0.50025	0.46043	0.42410
10	0.90529	0.82035	0.74409	0.67556	0.61391	0.55839	0.50835	0.46319	0.42241	0.38554

이자율(i) 기간(n)	11%	12%	13%	14%	15%	16%	17%	18%	19%	20%
1	0.90090	0.89286	0.88496	0.87719	0.86957	0.86207	0.85470	0.84746	0.84034	0.83333
2	0.81162	0.79719	0.78315	0.76947	0.75614	0.74316	0.73051	0.71818	0.70616	0.69444
3	0.73119	0.71178	0.69305	0.67497	0.65752	0.64066	0.62437	0.60863	0.59342	0.57870
4	0.65873	0.63552	0.61332	0.59208	0.57175	0.55229	0.53365	0.51579	0.49867	0.48225
5	0.59345	0.56743	0.54276	0.51937	0.49718	0.47611	0.45611	0.43711	0.41905	0.40188
6	0.53464	0.50663	0.48032	0.45559	0.43233	0.41044	0.38984	0.37043	0.35214	0.33490
7	0.48166	0.45235	0.42506	0.39964	0.37594	0.35383	0.33320	0.31393	0.29592	0.27908
8	0.43393	0.40388	0.37616	0.35056	0.32690	0.30503	0.28478	0.26604	0.24867	0.23257
9	0.39092	0.36061	0.33288	0.30751	0.28426	0.26295	0.24340	0.22546	0.20897	0.19381
10	0.35218	0.32197	0.29459	0.26974	0.24718	0.22668	0.20804	0.19106	0.17560	0.16151

$$PVIFA(i,\ n) = \frac{(1\ +\ i)^n\ -\ 1}{i(1\ +\ i)^n}$$

(n = 기간, i = 기간당 할인율)

이자율(i) 기간(n)	1%	2%	3%	4%	5%	6%	7%	8%	9%	10%
1	0.99010	0.98039	0.97087	0.96154	0.95238	0.94340	0.93458	0.92593	0.91743	0.90909
2	1.97040	1.94156	1.91347	1.88609	1.85941	1.83339	1.80802	1.78326	1.75911	1.73554
3	2.94099	2.88388	2.82861	2.77509	2.72325	2.67301	2.62432	2.57710	2.53129	2.48685
4	3.90197	3.80773	3.71710	3.62990	3.54595	3.46511	3.38721	3.31213	3.23972	3.16987
5	4.85343	4.71346	4.57971	4.45182	4.32948	4.21236	4.10020	3.99271	3.88965	3.79079
6	5.79548	5.60143	5.41719	5.24214	5.07569	4.91732	4.76654	4.62288	4.48592	4.35526
7	6.72819	6.47199	6.23028	6.00205	5.78637	5.58238	5.38929	5.20637	5.03295	4.86842
8	7.65168	7.32548	7.01969	6.73274	6.46321	6.20979	5.97130	5.74664	5.53482	5.33493
9	8.56602	8.16224	7.78611	7.43533	7.10782	6.80169	6.51523	6.24689	5.99525	5.75902
10	9.47130	8.98259	8.53020	8.11090	7.72173	7.36009	7.02358	6.71008	6.41766	6.14457

이자율(i) 기간(n)	11%	12%	13%	14%	15%	16%	17%	18%	19%	20%
1	0.90090	0.89286	0.88496	0.87719	0.86957	0.86207	0.85470	0.84746	0.84034	0.83333
2	1.71252	1.69005	1.66810	1.64666	1.62571	1.60523	1.58521	1.56564	1.54650	1.52778
3	2.44371	2.40183	2.36115	2.32163	2.28323	2.24589	2.20958	2.17427	2.13992	2.10648
4	3.10245	3.03735	2.97447	2.91371	2.85498	2.79818	2.74324	2.69006	2.63859	2.58873
5	3.69590	3.60478	3.51723	3.43308	3.35216	3.27429	3.19935	3.12717	3.05763	2.99061
6	4.23054	4.11141	3.99755	3.88867	3.78448	3.68474	3.58918	3.49760	3.40978	3.32551
7	4.71220	4.56376	4.42261	4.28830	4.16042	4.03857	3.92238	3.81153	3.70570	3.60459
8	5.14612	4.96764	4.79877	4.63886	4.48732	4.34359	4.20716	4.07757	3.95437	3.83716
9	5.53705	5.32825	5.13166	4.94637	4.77158	4.60654	4.45057	4.30302	4.16333	4.03097
10	5.88923	5.65022	5.42624	5.21612	5.01877	4.83323	4.65860	4.49409	4.33893	4.19247